高等学校交通运输类核心课程教材

城市轨道交通运营管理

（第 2 版）

主　编　张星臣

副主编　陈军华

中国教育出版传媒集团

高等教育出版社·北京

内容提要

　　城市轨道交通系统作为城市发展的重要基础设施，其运营与管理工作与城市的正常运行、市民的日常生活及区域经济社会的稳定发展息息相关。本书基于北京交通大学"城市轨道交通运营管理"课程方向多年的教学科研成果，充分考虑我国城市轨道交通行业快速发展实际，在第 1 版的基础上修订而成。

　　本书在全面介绍城市轨道交通各种形式（如轻轨系统、地铁系统、自动导向系统、单轨系统、磁浮系统和市域快轨系统等）技术经济特征的基础上，以地铁系统为主要对象，从理论、技术、管理和政策四个维度全面阐述城市轨道交通系统运营相关概念、服务设计原理、运营计划编制、运输能力理论、运营调度指挥、列车运行控制、运营维修、运营安全、网络化运营、客运组织、票务系统、运营模式及行业政策等方面内容。

　　本书可作为高等学校城市轨道交通方向及相关专业的本科生、研究生教材，亦可供城市轨道交通运营管理领域的科研人员、工程技术人员等参考。

图书在版编目（CIP）数据

　　城市轨道交通运营管理／张星臣主编 . -- 2 版 . --北京：高等教育出版社，2025.8 . -- ISBN 978-7-04-064035-9

　　Ⅰ. U239.5

　　中国国家版本馆 CIP 数据核字第 20254R3F67 号

CHENGSHI GUIDAO JIAOTONG YUNYING GUANLI

策划编辑	葛 心	责任编辑	葛 心	封面设计	王 琰	版式设计	徐艳妮
责任绘图	马天驰	责任校对	刘丽娴	责任印制	张益豪		

出版发行	高等教育出版社	网　址	http://www.hep.edu.cn
社　址	北京市西城区德外大街 4 号		http://www.hep.com.cn
邮政编码	100120	网上订购	http://www.hepmall.com.cn
印　刷	河北鹏盛贤印刷有限公司		http://www.hepmall.com
开　本	787 mm×1092 mm　1/16		http://www.hepmall.cn
印　张	26.5	版　次	2017 年 1 月第 1 版
字　数	680 千字		2025 年 8 月第 2 版
购书热线	010-58581118	印　次	2025 年 8 月第 1 次印刷
咨询电话	400-810-0598	定　价	63.00 元

本书如有缺页、倒页、脱页等质量问题，请到所购图书销售部门联系调换
版权所有　侵权必究
物 料 号　64035-00

新形态教材网使用说明

城市轨道交通运营管理

（第2版）

主　编
张星臣

1　计算机访问 https://abooks.hep.com.cn/64035 或手机微信扫描下方二维码进入新形态教材网。

2　注册并登录后，计算机端进入"个人中心"，点击"绑定防伪码"，输入图书封底防伪码（20位密码，刮开涂层可见），完成课程绑定；或手机端点击"扫码"按钮，使用"扫码绑图书"功能，完成课程绑定。

3　在"个人中心"→"我的学习"或"我的图书"中选择本书，开始学习。

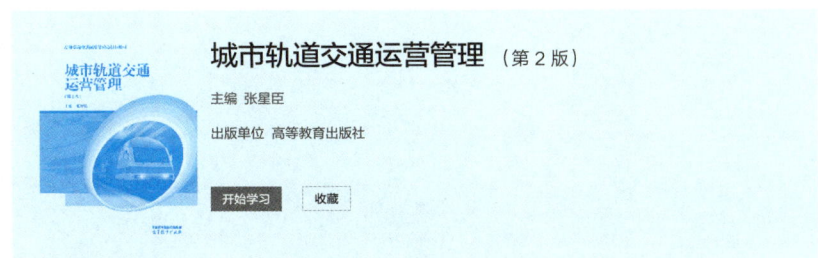

　　受硬件限制，部分内容可能无法在手机端显示，请按照提示通过计算机访问学习。如有使用问题，请直接在页面点击答疑图标进行咨询。

https://abooks.hep.com.cn/64035

第2版前言

时光荏苒，《城市轨道交通运营管理》教材第1版问世以来，深受广大师生的喜爱，在全国50余所高校与企事业单位的课堂教学和科学研究中广泛应用。在过往的一段时期内，城市轨道交通运营规模的持续扩大、服务质量要求的不断提高、新运营场景的不断涌现，都迫切需要教材知识体系与时俱进，以满足教学与实践的新需求。此外高等教育教学改革强调培养学生的综合能力，对教材的内涵也提出了新要求。在此背景下，我们对原有教材的理论体系进行补充与完善，以保证教材内容的科学性与时效性，更好地契合当下学科发展的实际需求。

在第2版的编写过程中，编写团队秉持着严谨的治学态度和对行业发展的高度责任感，深入研究了国内外城市轨道交通运营管理的最新实践与理论成果，对教材的内容进行了重新梳理与整合，使其更加系统、全面地呈现城市轨道交通运营管理的全貌。同时，为了增强教材的实用性，增加了大量实践教学案例和课程设计，让读者能够在具体的情境中理解和掌握理论知识。此外，还对教材的图表、数据和引用的标准、法规等进行了更新与完善，确保其准确性和时效性。

为配合教学改革，本版教材还建设配套了丰富的教学资源。包括在线课程、教学课件、案例库、虚拟仿真软件等。这些资源可以帮助教师更好地组织教学，也方便学生自主学习和拓展知识。例如，开发城市轨道交通运营管理虚拟仿真软件，让学生在虚拟环境中体验运营管理流程，提高实践操作能力；建立在线案例库，定期更新案例内容，为教师和学生提供丰富的教学素材。

具体的修改说明如下：

（1）对第1、2章的相关数据进行了更新；对第3、4章的相关概念进行了修订和完善，重新梳理了4.1.2和4.1.3小节内容；对第5章的5.2和5.3节进行重新梳理并增加了图例分析；对第6、7章的部分插图和公式进行了更新；新增市域快轨快慢车混合运营能力计算章节，作为新的第8章；对原第8章的提纲和内容进行重新梳理；对原第9章补充了新的列控技术及基础理论知识；对原第11章的相关概念和表达进行完善；对原第14章的安全规章制度进行重新梳理和更新。

（2）增加课程设计和实践教学案例：① 基于第4章的网络客流分析与服务设计原理案例；② 基于第5章的运输计划综合案例设计；③ 基于第6章的线路能力计算综合案例；④ 基于原第8章的行车组织与调度指挥实践教学案例；⑤ 基于原第10章的车站客流组织综合实践教学案例。

参与本版教材修订的人员及任务分工如下：张星臣、陈军华（第1~4、13、14、17章）；陈垚（第4、5章）；许奇（第5、9、15章）；王志美（第6、7、17章）；郑汉（第8章）；宋丽英（第10章）；崔赞扬（第11章）；杜鹏（第12章）；许红（第16章）。全书由张星臣负责统筹并审核。研究生陈增鑫、王怡等参与了相关资料整理、录入和图表制作工作。

感谢本教材第 1 版所有参编作者的付出；感谢第 1 版教材使用者对教材修订提出的宝贵意见；感谢北京交通大学聂磊、朱晓宁、何世伟、毛保华等教授的支持与帮助；同时还要感谢本书所引用的所有参考文献的作者，限于篇幅未能在书中一一标注，敬希谅解。

感谢高等教育出版社的编辑为教材的出版所做的努力。

由于作者水平有限，书中不妥之处在所难免，欢迎读者批评指正。

张星臣

2024 年 11 月于北京

第1版前言

近年来，城市轨道交通在城市公共交通中的骨干地位已经成为人们的共识，越来越多的城市把发展城市轨道交通作为缓解交通拥堵的重要手段之一。城市轨道交通作用的发挥离不开合理高效的运营管理，在各地陆续出现的城市轨道交通建设热潮背后，如何运营好、管理好城市轨道交通系统，培养一批城市轨道交通领域懂运营、会管理的专业技术人才，便成为一个需要深入思考和亟待解决的问题。

城市轨道交通运营管理涉及面广，头绪多，相互间关系也较为复杂。从宏观上讲，涉及政策、体制和模式，从微观上讲，可以从"车""客"和"管"三个角度来展开。政府的宏观政策、资源配置机制及城市管理者对轨道交通系统的管理体制和模式，直接影响企业运营的持续发展，同时城市轨道交通企业的运营管理也必须适应政府的宏观政策和管理者的要求。

就运营管理的微观技术层面来讲，与"车"相关的问题，指的是如何有效运用现有技术装备组织生产、提供高质量的运营服务。列车是城市轨道交通系统的载运工具，城市轨道交通系统的运营服务是通过列车运行来实现的。城市轨道交通系统与我国传统的铁路系统虽然在技术上具有很强的相似性，但是在服务对象上却存在明显的不同。短途通勤出行的乘客与中长途城际间出行的旅客具有完全不同的出行规律，对服务水平的要求也有较大的差异。如何制定合理的列车运行方案，设计有效的城市轨道交通服务，既满足乘客出行需求又尽量减少运力的浪费便是运营管理工作需要解决的首要问题。与"客"相关的问题，指的是配合列车运行，如何组织乘客安全高效乘降，将运营服务最终落实。车站作为乘客与列车交互的场所，承担了聚集和疏散乘客的工作。与传统铁路车站"候车式"的客运组织模式不同，城市轨道交通系统高频率、公交化的发车特点形成了车站"通过式"的客运组织模式。乘客流线不仅仅需要解决"通达"的问题，更需要解决大客流下的"通畅"问题。大都市通勤客流所表现出的严重的时空不均衡性成为当前一段时期城市轨道交通运营管理中的一个新的热点问题。与"管"相关的问题，指的是企业和行业管理。城市轨道交通所提供的服务，既具有商品的特点，又表现出较强的公益性，这决定了在城市轨道交通行业管理中，既要尊重市场规律，也不能排斥政府的管理。例如，合理的票价票制体系、适度的竞争机制、高效的运营管理架构等，解决这些问题，是为了理顺行业管理机制，保证城市轨道交通运营的财务可持续性。大量乘客在城市轨道交通系统的聚散同时也带来了特殊的外部性，如何充分利用这种外部性，实现外部收益的内部化，也是管理者需要考虑的问题。

编者在多年教学工作和行业研究工作的积累上，对其中的若干问题进行了总结和提炼，形成本书。全书分为16章，参加编写的教师分工为第1章（张星臣）、第2章（张星臣、徐彬）、第3章（杜鹏）、第4章（杜鹏）、第5章（杜鹏）、第6章

（张星臣、王志美）、第 7 章（张星臣、陈军华）、第 8 章（陈军华）、第 9 章（彭宏勤）、第 10 章（张星臣、王伶俐、刘智丽）、第 11 章（杜鹏）、第 12 章（张星臣、王伶俐、刘智丽）、第 13 章（张星臣、丁勇、许奇）、第 14 章（肖贵平）、第 15 章（许红）、第 16 章（张星臣、王志美）。全书由张星臣制定框架并统稿。根据教学计划的要求，使用本书推荐教学时间为 64 学时。

在本书编写过程中，得到了北京交通大学毛保华教授的大力支持和帮助，城市轨道交通系统的许多老师也为本书的完成提供了资料和便利，北京地铁研究所蒋玉琨教授审阅了本书稿，并提出了很多建设性意见。研究生马孟祺、殷瑞琴、胡汪源等参加了本书的资料整理工作。本书还引用了大量国内外作者发表的有关城市轨道交通运营管理的文献及国内部分城市轨道交通运营机构的资料，在此谨向有关专家及单位致以衷心感谢。

限于编者水平有限，书中难免存在不足和缺陷，恳请广大读者不吝批评指正。

张星臣
2016 年 10 月于北京交通大学

目　录

第 1 章
绪　论

1.1　概述

社会与经济的发展，使世界城市化水平不断提高，城市规模不断扩大。据联合国统计，20 世纪 50 年代，全球人口只有 25.2 亿，城市人口为 6.7 亿；到 2022 年年底，世界人口达到 80 亿，其中城市人口达到 40 亿；联合国预测，到 2050 年全球人口将增长至 97 亿左右，而城市人口将达到 65.96 亿。目前，世界人口每年增长 7 500 万人左右，其中城市人口年增长量达 6 050 万人（每周逾 100 万人）。在我国，百万以上人口的大城市在 20 世纪 80 年代末时只有 28 座，2021 年达到 164 座，其中 1 000 万以上人口的城市有 7 座，（500~1 000）万人口的城市有 14 座。城市数量和人口规模的增加带来了一系列交通问题，如交通拥堵、环境污染和出行效率低下等。为了解决这些问题，许多国家采取了发展公共交通的策略，尤其是以城市轨道交通为主的公共交通系统。

在国际上，一些代表性城市通过发展公共交通系统来缓解城市交通压力。例如，新加坡通过建设高效的地铁系统和公共巴士网络，实现了 "20 min 市镇、45 min 城市" 的愿景，提供了便捷、高效的公共交通服务。东京则以其庞大的轨道交通系统著称，通过地铁、私营铁路、有轨电车等多种交通方式的一体化服务，满足了大量市民的出行需求。这些城市的公共交通系统因其车站密度高、位置便利，线路设计合理，换乘方便，车辆较少出现延误或中断，综合服务到位等特点，受到多数民众的青睐。目前，伦敦地面公交拥有线路 600 余条，其中高频线路占 82%，乘客平均等候时间为 6.2 min，公交车到站准点率达 83.3%，100 余条线路全天 24 h 运营。较高的服务水平使得伦敦地面公交日均客流量达 600 万人次，超过地铁和市郊铁路（均为 480 万人次左右），是伦敦公共交通体系中规模最大的服务系统。

长期以来，我国多数城市的公共交通方式主要还是公共汽车和无轨电车。由于城市基础设施建设的速度滞后于交通流量的增长速度，市区频发的交通堵塞也影响了公共交通的服务质量。这种状况间接促进了个人交通工具的发展，主要体现在大中城市私家车保有量的不断攀升，公交份额进一步下降，公共交通发展处境维艰，严重影响了城市居民的生活质量和经济发展活力。在这种情况下，大力发展城市轨道交通，已经成为解决大都市交通出行问题的共识。在修建城市轨道交通线路的同时，运营管理问题也日益引起大家的重视。良好的运营管理能够最大限度地发挥城市轨道交通系统的作用，而平庸的运营管理则会浪费运力、降低城市轨道交通的吸引力。本书致力于介绍和探讨城市轨道交通系统运营管理领域的基本理论、概念和方法，希望能够为城市轨道交通系统运营管理方面的实践和研究工作提供有益的借鉴。

1.2　国外城市轨道交通发展历程

1863 年 1 月 10 日，用明挖法施工的世界上第一条地铁在伦敦建成通车，列车用蒸汽机车牵引，线路全长约 6.4 km；1890 年 12 月 8 日伦敦首次用盾构法施工，建成了世界上第一条电气化地铁。继伦敦之后，芝加哥、布达佩斯、波士顿、维也纳等城市在 1900 年前相继建成了蒸汽驱动或电气化地铁。从 1900 年至 1924 年，欧洲和美洲又有 9 座城市修建了地铁，包括柏林、马德里、费城等；从 1925 年至 1949 年，受第二次世界大战的影响，城市轨道建设速度放慢，仅莫斯科第一条地铁于 1935 年建成通车；从 1950 年至今，地铁建设在世界范围内发展开来。城市轨道交通的发展是一个曲折的过程，大致分为以下几个阶段。

初步发展阶段（1863—1924 年）：世界第一条地下铁道的诞生，为人口密集的大都市如何发展公共交通取得了宝贵的经验。特别是 1879 年电力驱动机车的研究成功，大大改善了地下铁道的环境，免除了蒸汽机车污染环境的顾虑。事实上，城市轨道交通由此步入了连续发展时期。在这一阶段，欧美的城市轨道交通发展较快。

停滞萎缩阶段（1924—1949 年）：这个阶段发生的战争及汽车工业的发展，造成了城市轨道交通的停滞和萎缩。汽车因其灵活、便捷及可达性，得到了飞速的发展。轨道交通因投资大，建设周期长，一度失宠。这一阶段只有 5 个城市发展了城市地铁，有轨电车则停滞不前，有些线路被拆除。美国 1912 年已有 370 个城市建有有轨电车，到 1970 年受拆除风的影响，只剩下 8 个城市保留有轨电车。

由于地下空间对于战火的特殊防护作用，部分处于战争状态中的国家反而加速进行地铁的建设，如日本的东京、大阪和苏联的莫斯科等。特别是莫斯科，第一条地铁于 1935 年建成通车后，二战期间建设速度反而更快了。

再发展阶段（1949—1969 年）：汽车过度增加，使城市道路异常堵塞，行车速度下降，严重时还会导致交通瘫痪，加之空气污染，噪声严重，大量耗费石油资源，市区汽车有时甚至难以找到停车之处。人们重新认识到，解决城市客运交通必须依靠电力驱动的轨道交通。这期间，轨道交通扩展到日本、中国、韩国、巴西、伊朗、埃及等国家，有 17 个城市新建了地铁，平均每年有 0.85 个城市新建地铁。

高速发展阶段（1970 年至今）：世界各国城市化的趋势，导致人口高度集中，要求轨道交通高速发展以适应日益增加的客流运输，科学技术的进步也为轨道交通奠定了良好的发展基础。很多国家都确立了发展轨道交通的方针，立法解决建设轨道交通的资金来源。轨道交通从欧、美、亚洲又扩展到了大洋洲的澳大利亚，从发达国家扩展到了快速发展中国家。这一阶段，地铁建设以每年 1.4 个城市的速度增长。

1999 年的统计表明，世界上已有 115 座城市建成了地下铁路，线路总长度超过了 7 000 km；同时，产生了其他多种形式的轨道交通，如新交通系统（简称 AGT）、磁悬浮列车等。当今世界的大城市和特大城市中，轨道交通已在公共交通系统中处于骨干（又称主动脉）的地位。

1.3　国内城市轨道交通发展现状

自 20 世纪 60 年代北京建成第一条地铁线路以来，经过 60 余年的发展，中国内地城市轨道交通发展也经历了一条曲折的道路。总结发展过程，大致经历了以下几个阶段。

1. 起步阶段

从 20 世纪 50 年代，我国开始筹备地铁建设，规划了北京地铁网络。1965—1976 年建设了北京地铁一期工程（54 km）。当时地铁建设的指导思想更注重人防功能。随后建设了天津地铁（7.1 km，现已拆除重建）、哈尔滨人防隧道等工程。

2. 开始建设阶段

20 世纪 80 年代末至 90 年代初，由于城市规模限制及道路等基础设施比较薄弱，北京、上海、广州等特大城市的交通问题非常突出。以上海轨道交通 1 号线（21 km）、北京地铁复八线（13.6 km）和地铁一期工程改造、广州地铁 1 号线（18.5 km）等建设项目为标志，我国内地真正以城市交通为目的的地铁项目开始建设。我国台湾省台北市也于 1997 年 3 月开通了第一条地铁线路。

3. 建设高潮开始阶段

进入 20 世纪 90 年代，随着上海、广州地铁项目的建设，一批城市包括沈阳、天津、南京、重庆、武汉、深圳、成都、青岛等开始计划建设轨道交通项目，并进行了大量的前期工作。

4. 调整阶段

由于各大城市要求建设的地铁项目较多，且在建地铁项目的工程造价较高，1995 年 12 月国务院办公厅发布《国务院办公厅关于暂停审批城市地下快速轨道交通项目的通知》（国办发〔1995〕60 号文），暂停了地铁项目的审批，并要求做好发展规划和国产化工作。同时，原国家计委开始研究制定城市轨道交通设备国产化政策。至 1997 年底，提出以深圳地铁 1 号线（19.5 km）、上海轨道交通 3 号线（24.5 km）和广州地铁 2 号线（23 km）作为国产化依托项目，并于 1998 年批复了上述三个项目的立项，从此城市轨道交通建设项目重新开始启动。

5. 建设高潮阶段

随着实施积极的财政政策以进一步扩大内需，国家于 1999 年开始陆续批准一批城市轨道交通项目开工建设。

截至 2023 年年底，中国大陆地区共有 59 个城市开通城市轨道交通运营线路 338 条，运营线路总长度 11 224.54 km。其中，地铁运营线路 8 543.11 km，占比 76.11%；其他制式城轨交通运营线路 2 681.43 km，占比 23.89%。拥有 4 条及以上运营线路，且换乘站 3 座及以上的城市 27 个，占已开通城轨交通运营城市总数的 45.76%。在实施城轨交通线网建设规划的城市共计 46 个，在实施的建设规划线路

参考文献出处：城市轨道交通 2023 年度统计和分析报告. 中国城市轨道交通协会，2024. 3.

总长 6 118.62 km。

1.4　城市轨道交通系统特点

作为现代化都市生活中不可缺少的重要组成部分之一，城市轨道交通在都市交通系统中具有独特的优势。与常规公交和私家车相比，城市轨道交通具有以下特点：

1. 运量大

轨道交通列车往往由多节车辆编组而成，一列典型的 6B 列车定员为 1 440 人，远远高于常规公交和私家车的载客量。一条城市轨道交通线路单方向断面运力能超过 3 万人/h，而一条两车道的城市主干道的基本通行能力一般只有 2 000 车/h，且还受到车型等诸多因素的影响。

2. 正点率高

城市轨道交通系统列车一般运行在专用车道上，具有独享路权，不受其他交通工具干扰，具有较高的正点率。在道路资源紧张的城市中心，常规公共交通和私家车往往被交通拥堵所困扰，出行时间难以保障。

3. 安全性好

城市轨道交通系统列车由于在专用车道上，系统独立，与其他交通模式没有平面交叉，且拥有先进的通信信号和控制设备，具有很高的运营安全性，极少发生交通事故。

4. 节能环保

轨道交通作为一种集约型的运输工具，单位能耗和污染物的排放远远低于普通公交和私家车。美国能源基金会的一项调查显示了轨道交通、普通公交和私家车三种交通方式实现每百万人公里的能耗分别为 2.6、6.9 和 49.2，CO_2 排放量分别为 7.5、19.8 和 140.2（单位均为 t）。

由于具有以上特点，许多人口密集的大都市都将轨道交通作为城市公共交通的骨架，轨道交通承担了居民日常出行的主要份额。然而，与常规公交所提供的服务和私家车出行相比，城市轨道交通系统存在服务灵活性差和运营维护成本高的特点。

城市轨道交通难以实现私家车那样的"门对门"服务，城市轨道交通系统一旦建成，只能沿固定的线路、在固定的站点间提供服务，很难改变；乘客往往需要步行或采用其他交通工具来连接轨道交通车站与出行起点或终点；网络运营环境下，线路间的乘客出行也往往只能通过换乘来实现。影响城市轨道交通系统运营维护成本的主要因素是电能消耗。城市轨道交通系统虽然单位能耗较低，但是系统能耗总量巨大，而其中牵引耗电又占到总耗电量的一半左右。在车辆编组数一般都固定的情况下，所开行列车的数量对于运营维护成本的影响非常显著。

1.5　运营管理主要工作内容

国内外大都市的城市轨道交通系统以乘客为服务对象，以移动和固定设备为依托，以运营组织技术和方法为手段，以管理方法为保障，实现安全、可靠以及高效的运转。实际中的运营管理工作主要有以下主要内容：

1. 客流调查与服务设计

客流调查是轨道交通日常运营活动的组成部分，目的是掌握客流现状和变化规律，为运营服务设计方案和列车开行计划的编制提供依据。客流调查涉及调查内容、地点和时间的确定，调查表格的设计、调查设备的选用和调查方式的选择，以及调查资料汇总整理、指标计算和结果分析等多方面内容。在客流调查的基础上做好服务设计是一项体现质量和水平的基础性工作，它是制定好列车开行计划的前提。

2. 列车开行计划编制

列车开行计划是城市轨道交通系统日常运营组织的基础，决定了城市轨道交通系统或线路的运营服务质量及服务水平。一般列车开行计划的内容除了全日行车计划（不同运营时段列车的开行对数）外，还包括列车运行交路，列车停站设计和车辆运营计划等。

3. 列车运行图编制

城市轨道交通系统通过列车运行图来落实列车开行计划，并协调相关部门的工作。列车运行图规定了车辆与运行线的匹配方案（车辆周转计划）和列车在车站到发时刻，同时也是车辆、乘务、设备维护等部门协同工作的基本技术文件。

4. 乘务计划编制

乘务计划是安排乘务员值乘列车所需要遵循的技术文件，合理的乘务计划在满足乘务员作息时间、保证值乘安全的前提下，能够优化值乘方案、降低人工成本。

5. 运输能力分析与核定

运输能力是评价运力资源利用情况的重要指标集，也是优化城市轨道交通运力资源配置和指导运输组织生产实践的重要理论基础。一般在完成一个运行计划和运行图后，总是需要对城市轨道交通系统关键环节（也称限制环节）运输能力利用情况进行分析，以便对运行计划和运行图的质量进行评价。线路、车站以及折返站的通过能力和输送能力是运输能力计算、分析与核定的关注点。

6. 调度指挥

运营调度指挥工作是城市轨道交通运营的中心工作。运营计划和运行图一旦进入实施阶段，整个系统的运营调度工作由运营调度控制中心负责实施，实行高度集中统一指挥，其核心工作内容是对列车行车组织进行全面管控，即负责监控运营各线路的列车、环境、灾害、乘客、供电、动车及车站主要设备的运行情况。同时在遇有计划偏离、突发事件或特殊情况时，及时采取调整措施，尽快恢复正常运营。

7.　车站客运组织

城市轨道交通的主要业务是客运，而车站作为运输乘客的载体，服务乘客的窗口单位，客运组织是其最基本的业务之一。车站客运组织工作的主要内容是有序、畅通、安全地组织乘客乘降，其核心内容是流线的设计与实施。

8.　票价制定

城市轨道交通系统所提供的运营服务可以纳入准公共用品的范畴，票价率的制定一方面应尽量发挥其公共产品的福利属性，满足所服务地区居民的基本出行需求，同时也应反映价值规律，鼓励运营机构提高效率。同时，如何采用合理的票制来实现票价率，也是制定票价所需要考虑的一个重要问题。

9.　维修与安全

维修工作是城市轨道交通系统运营过程中的重要组成部分，为安全运营提供保障。维修主要是指对城市轨道交通固定设备和车辆设备的维护和修理。除维修外，也可使用安全管理的手段保障安全运营，即利用管理的活动，将事故预防、应急措施与保险补偿三种手段有机地结合在一起，以达到保障安全的目的。

10.　补贴机制

补贴机制是政府对城市轨道交通企业进行宏观调控，给予必要的财政支持，实现企业盈亏平衡的重要手段。补贴机制主要包含直接补贴和间接补贴两种模式，其中直接补贴主要采用统包补贴、包干补贴、基于客运周转量的补贴、加入服务及成本监督的补贴等方式，间接补贴主要是政府通过宏观政策，对运营的企业提供了资金外的一些政策性补助。

以上内容，以及其中所包含的科学问题，都属于"城市轨道交通系统运营管理"这门课程的研究范围，并可以归纳为理论、技术、管理和政策四个方面。

1.　理论方面

介绍城轨系统运营的相关概念及理论基础，包括对城轨系统七种分类的概念、技术经济特性和适用条件的介绍，对列车运行和乘客出行基本概念的梳理，对客流特性的分析和对运营服务设计理论及城轨系统运输能力理论的系统归纳等。

2.　技术方面

对城市轨道交通系统运营管理中的相关技术进行探讨，包括运营计划编制技术、列车运营速度提高和运输能力加强技术、运营调度指挥技术、列车运行控制技术、客流组织技术及网络化运营组织技术等。

3.　管理方面

从运营机构经营管理角度，介绍了城市轨道交通票价和票务管理、车站管理、设备维修管理、安全管理及城轨企业运营机构与组织管理模式等。

4.　政策方面

政策是政府对行业进行宏观管理的手段之一。这部分内容从产业政策和一般原理入手，分析轨道交通运输的产业特性及相关产业政策的制定依据和合理性，并对行业运营主体的经营模式进行归纳。

城市轨道交通系统的建设虽然时间不长，但是其运营管理却是一项持续百年的工作。通过在既有运营管理实践基础上的总结和提炼，不断丰富运营管理相关理论，将对城市轨道交通系统运营管理的实践工作发挥更加重要的指导作用。

思考题

1. 城市轨道交通与道路交通相比有哪些优点？
2. 城市轨道交通发展的各个阶段都受到了哪些因素的影响？

第 2 章
城市轨道交通系统技术经济特征

章导语：
本章主要介绍城市轨道交通系统的分类及城市轨道交通系统所包含的出行形式的经济技术特征。不同出行形式交通的定义和区分方法是本章的重难点，学生需重点学习。建议教学学时 2 学时左右。

2-2：座式
列车 1

2-3：座式
列车 2

城市轨道交通指采用专用轨道导向运行的城市公共客运交通系统。据此，凡同时具备"专用轨道导向运行""城市郊区范围内""提供客运服务的公交系统"三要素的交通运输方式，即为城市轨道交通。城市轨道交通已经成为现代城市交通体系的重要组成部分，在服务城市客运的同时，城市轨道交通系统也出现了多种技术形式，具有不同的经济特征。本章从城市轨道交通系统的分类入手，分析现有的不同类型的城市轨道交通系统的技术经济特性和运营特征，从时间与空间角度探讨城市轨道交通系统运营组织的特点和原理，剖析运营组织工作的主要目标和基本要求。

2.1　城市轨道交通系统的分类

从所使用的运输方式来看，人们的出行方式可以分为私人交通和公共交通。私家车出行是最常见的一种私人交通，出行者驾驶自己的车辆按照自己的意志出行，可以自由选择出行时间和路径。摩托车、自行车及步行，都属于私人交通的范畴。公共交通则是借助于具有固定运营线路和时间的公共交通系统的出行，出行者只要支付相应的费用都可以使用公共交通系统。公共汽车、城市轨道交通系统（轻轨、地铁等）是常见的公共交通系统。公共交通系统原则上是为所有人提供服务的，但是也有一些公共交通系统只为一部分人服务，或者带有一些私人交通的特征，例如定制公交车、出租车等。有时候这些交通系统也被称为准公共交通系统。私人交通满足个人出行需求，公共交通则满足大众出行需求。承担公共运输服务的城市轨道交通系统有多种形式，名称也多样，可从技术经济特征、线路敷设方式和综合技术经济运营三大特性等方面进行分类。

2.1.1　按技术特征分类

城市轨道系统技术特征主要是指列车运行过程中所具有的机械特征，主要包括支撑方式、导向方式、驱动方式和运行控制方式四项特征。

1. 按支撑方式划分

支撑方式指城市轨道交通列车和轨道间的纵向作用方式，即列车重量的传递方式。轮轨系是最常见的支撑方式，列车的重量通过钢轮传递到钢轨上。也有使用橡胶轮，运行在混凝土或沥青轨道上的轮轨系方式。轮轨系支撑方式中根据列车与轨道的位置关系，有座式和悬挂式。座式列车在上、轨道在下，悬挂式列车在下、轨道在上。座式的支撑方式中，既有双轨的形式，也有单轨的形式。磁悬浮系统是另外一种支撑方式，这种方式下的列车在运行时依靠电磁力从轨道上浮起一定的高度。根据电磁力的来源不同，又有磁吸式和磁斥式两种形式。

2. 按导向方式划分

导向方式指采用何种方式将列车约束在轨道方向上，有轮缘导向和导向装置导向两种形式。在钢轮和钢轨的支撑方式下，列车通过轮缘的突起被约束在轨道方向上。采用橡胶轮胎时，因为没有轮缘突起，往往需要额外的导向装置将列车约束在轨道方向上。

3. 按驱动方式划分

驱动方式包括牵引力的来源和牵引力的传递形式。电力牵引是目前最普遍的城市轨道交通列车驱动方式，此外，人们使用过的牵引力形式还有蒸汽动力、燃气轮机动力、内燃动力等。牵引力传递的形式有黏着制和非黏着制两种，前者通过轮轨间的摩擦实现，也受制于这种摩擦；后者则与轮轨间的摩擦无关。传统的轮轨系轨道交通方式都是黏着制；采用线性电机技术的轨道交通方式以及磁浮系统则是非黏着制。非黏着制可以实现更大的牵引力和制动力，轨道的铺设也更灵活。

4. 按运行控制方式划分

城市轨道交通系统中的轨道由多列车共享使用，相邻列车间必须保证一定的运行间隔来实现安全。运行控制方式即对这种空间间隔进行管理的方式，也决定了列车的驾驶方式。目前，主要存在两种列车运行控制方式：有人驾驶和无人驾驶。其中，有人驾驶的控制方式又分为完全由司机依据目测来驾驶列车和由司机依据地面信号的显示驾驶列车。无人驾驶控制方式是依据目前最先进的列车运行控制系统实现的。

2.1.2　按线路敷设方式分类

按构筑物的形态或轨道的敷设方式划分，城市轨道交通系统有三种类型：

地下线路　位于地下隧道内的那部分轨道交通线路称为地下线路。其优点是与地面交通完全分离，且不占城市地面与空间，不受气候的影响。其缺点是需要较大的一次性投资，较高的施工技术，较先进的管理，完善的环控、防灾措施与设备；建设过程会影响地面交通，建设与运营成本较高，改造调整与路面维护均较困难。

高架线路　位于地面之上的高架桥的轨道交通线路称为高架线路。其优点是既保持了专用道形式，又占地较少，对城市交通干扰也较小，工程造价介于地下与地面之间，施工、维护、环控、防灾较地下线路方便；其缺点是要占用一定的城市用地和空间，并有光照、景观、噪声等负效应，也受气候影响。

地面线路　位于地面的轨道交通线路称为地面线路。地面线路的优点是造价最低，施工简便，运营成本低，线路调整与维护方便；缺点是运营速度难以提高（有部分信号控制的平面交叉点），占地面积较大，破坏城市道路路面，使城市道路交叉口复杂化，容易受气候影响，乘车环境难改善，有一定的污染等负效应。

2.1.3　综合技术、经济、运营特征分类

仅仅依据某一方面对城市轨道交通系统进行分类，难以全面反映各种城市轨道交通的实质与特性。如依据 2.1.2 所介绍的依据线路敷设方式可将城市轨道交通系

2-4：座式列车 3

2-5：悬挂式列车

2-6：磁浮列车

2-7：轮缘导向列车

2-8：导向装置
导向列车

2-9：地下线路

2-10：高架
线路

2-11：地面
线路

统划分为地下线路、高架线路与地面线路，但由于城市用地功能及土地性质等方面的差异，地铁、轻轨及自动导向交通等城市交通轨道系统均可能存在地下线路、高架线路与地面线路等多种形式，这并不能较好体现城市轨道交通的实质与特性。因此，在实际操作时，往往综合技术、经济与运营特征对城市轨道交通系统进行分类，基于该分类思想，《城市轨道交通分类》（GB/T 44413—2024）中将城市轨道交通系统地分为：地铁系统、有轨电车系统、轻轨系统、跨座式单轨系统、悬挂式单轨系统、高速磁浮系统、中低速磁浮系统、自动导向轨道系统、导轨式胶轮电车系统和城域快速轨道系统，共十类。在 2.2 节对各系统的技术经济特征展开介绍时，按照系统之间的相似度，对部分系统采取了合并介绍的方式。例如，把跨座式单轨系统与悬挂式单轨系统归入单轨系统范畴，将中低速磁浮系统和高速磁浮系统纳入磁浮系统，把导轨式胶轮电车系统融合于自动导向轨道系统之中。

　　每个系统的代表性运营图例如图 2-1 所示：

地铁

有轨电车

轻轨

跨座式单轨

悬挂式单轨

高速磁悬浮

低速磁悬浮

自动导向

导轨式胶轮电车系统　　　　　市域快速轨道

图 2-1　城市轨道交通系统代表性运营图

2.2　城市轨道交通系统及技术经济特征

依据国标《城市轨道交通分类》（GB/T 44413—2024）对城市轨道交通系统进行划分的方式，按照系统之间的相似度进行合并后，分别对地铁系统、有轨电车系统、轻轨系统、单轨系统、磁浮系统、自动导向轨道系统和市域快速轨道系统的概念、技术经济特征、适用条件等进行介绍，并探讨其异同点。

2.2.1　地铁系统

地铁系统简称地铁，国际隧道协会将地铁定义为轴重相对较重，单方向输送能力在 3 万人[①]/h 以上的城市轨道交通系统。一般线路全封闭，在市中心区全部或大部分位于地下隧道内，因而可实现信号控制的自动化，具有容量大、速度快、安全、准时、舒适、运输成本低、不占城市用地，但建设成本高等特点，适用于出行距离较长、客运量需求大的城市中心区域。

根据资料分析，为了降低工程费用，地铁系统中地面和高架线路所占的比重越来越大。在世界范围内，地铁系统地下部分约占 70%，地面和高架部分约占 30%，甚至有的城市地铁系统全部采用高架形式，只有部分城市地铁系统是完全在地下的，如图 2-2 所示。

图 2-2　地铁系统（北京地铁）

---

① 表示运输时，单位"人"即为"人次"。

地铁系统通常采用专用线路，没有平面交叉。一般采用双线，个别城市也有四线地铁的情况。正线最大坡度一般≤3%，最小曲线半径一般为300~400 m。轨道较多采用焊接长钢轨，混凝土整体道床。

地铁车站按其运营功能划分为终点站、中间站和换乘站。车站由出入口、站厅、通道、楼梯、自动扶梯、站台、售票房、行车作业用房和机电设备用房等组成。车站设备的通过能力根据远期高峰客流量以及考虑留有余地进行确定。车站的站台设计为高站台，有侧式、岛式和混合式等形式。早期地铁多为侧式站台，现在较多选择的是岛式站台，但高架中间站的站台宜采用侧式站台。站台长度应满足远期列车编组长度的需要。

地铁车辆宽度在2.8~3 m左右。车辆设计除具有大容量的特点外，在牵引控制、调速制动及故障诊断等方面广泛采用了各种先进技术，具有自动化程度较高的特点。车辆座席有纵向和横向两种布置方式，车辆定员为200~320人，车辆的构造速度一般为80~120 km/h，运营速度（时刻表速度）约为35~60 km/h。列车编组辆数通常为4~8辆，但也有10~12辆编组的情况。单向小时最大运输能力在30 000~80 000人之间。

地铁列车在信号系统控制下运行，控制方式主要有两种类型。类型1：列车运行控制采用自动闭塞系统，调度指挥采用调度集中控制系统；类型2：列车运行控制采用列车自动控制系统，调度指挥采用计算机集中控制系统。列车自动控制（ATC）系统由列车自动防护（ATP）、列车自动驾驶（ATO）和列车自动监控（ATS）3个子系统组成。

各国地铁系统的建设标准并不完全一致，地铁系统的一般技术经济参数主要有：

① 最小运行时间间隔：2 min。

② 每节车厢的乘客人数：280人（按0.14 m²/人计算）。

③ 列车编组辆数：6~10节。

④ 单向小时最大输送能力：30 000~80 000人。

⑤ 时刻表速度：35~60 km/h。

⑥ 最低经济运输量：12 200人/（km·d）。

⑦ 平均站间距：500~2 000 m。

⑧ 车辆构造速度：80~120 km/h。

⑨ 与地面交通隔离率：100%。

地铁的技术经济优势主要有：

① 是一种大容量的城市轨道交通系统，在客流密集的城市中心地带修建地铁可以提供更充足的公共交通服务。

② 速度快、准时可靠。

③ 与其他线路无平交，不受干扰，安全性高。

④ 地铁噪声小，污染少，对城市环境影响小。可充分利用地下空间，节约了城市土地。

地铁的缺点包括：

① 地铁大部分位于地下，施工工作量大。

② 建设费用高。

③ 建设周期长。

④ 出现意外情况疏散困难。

地铁领域中还有一种技术称为线性地铁（小断面地铁）。它是由线性电机牵引，轮轨导向，运行在小断面隧道、地面、高架专用线路上的中运量城市轨道交通系统。它是利用线性电机在磁场作用下，直接产生牵引力，属于非黏着驱动，车轮只起到支承和导向作用。根据传统的电动机原理，它将转子、定子的半径设计成无限大，转子、定子即相对为平行的平面，将转子和定子平面相对安装在车辆底部和轨道中间，通电之后即可如电动机原理一样驱动车辆在线路上运行。在运输能力上属于中运量系统，使用在地铁中也被称为小断面地铁。线性电机车辆轮径小，可以明显降低车辆台面高度和缩小车辆尺寸而不减小内部空间，如图 2-3 所示。

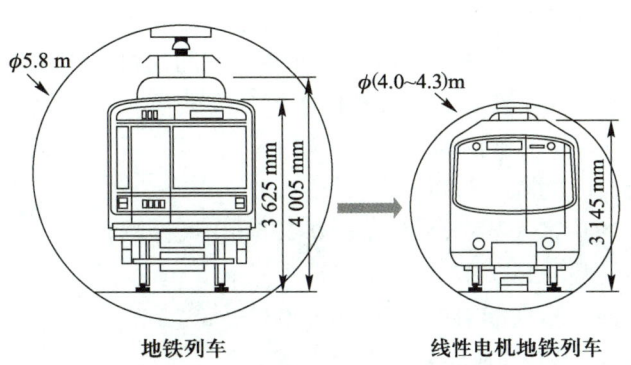

图 2-3　地铁列车与线性电机地铁列车的断面尺寸比较

与传统电动车辆相比，线性电机驱动方式具有车辆自重轻、爬坡能力强（6%~8%）、线路曲线半径小（最小 50 m）等优点。这种地铁的特点是断面较一般地铁断面小，从而降低了建设成本；它还采用了较小的曲线半径和较大的坡度，可以更加灵活地选线。其主要技术经济特征有：

① 最小运行时间间隔：2 min。

② 每节车厢的乘客人数：142 人（按 0.14 m²/人计算）。

③ 列车编组辆数：4~8 节。

④ 单向小时最大输送能力：17 000~35 000 人。

⑤ 时刻表速度：35 km/h。

⑥ 最低经济运输量：12 200 人/(km·d)。

2.2.2　有轨电车系统

有轨电车系统是采用电力驱动并在轨道上行驶的轻型轨道交通车辆来提供客运服务的一种轨道交通系统。作为一种公共交通工具，有轨电车亦称路面电车或简称电车。有轨电车的车辆通常也组合成列车，但是编组数量较少，通常不超过三节，

北京机场线：
　　北京地铁机场线（以下简称"机场线"），是北京市第一条快轨线路，连接北京市区与北京首都国际机场。该线全长 28.1 km，共设 4 座车站和 1 座车辆段，于 2008 年 7 月 19 日全线开通。
　　北京机场线采用直线电机车辆制式，这种牵引方式具有爬坡能力强、转弯半径小、线路适应性强的特点，能减少对周边环境的影响。

2-12：直线
电机车辆

2-13：直线
电机车辆

单节成列的情况也很多。

20 世纪初，路面电车在欧洲、美洲、大洋洲和亚洲的一些城市风行一时，那时候道路上的汽车还很少，路面电车的轨道直接在道路上铺设。20 世纪 50 年代后，随着私家汽车、公共汽车及其他路面交通的普及，路面电车混合型的路权使用方式带来很多问题，在与私家车和公共汽车的竞争中处于劣势。于是很多路面电车系统于 20 世纪中叶陆续被拆除。

20 世纪 70 年代以来，以汽车为主导的交通模式所带来的能源、环境污染、交通拥堵等问题日益严重，人们重新认识到轨道交通在城市公共交通中的重要作用。由于中小城市无法负担地铁的巨额投资，有轨电车又回到了人们的视野。采用先进技术的现代有轨电车摒弃了老式有轨电车噪声大、性能差、耗电多的缺点，在便捷性、舒适度和美观性方面也有很大提高。在 1978—2005 年间，欧洲有数十座城市发展了现代有轨电车。

现代有轨电车与旧式有轨电车的不同之处主要是它不但具有鲜明的现代化外观色彩，而且车辆轻（轴重仅 9 t 左右）、速度快，车厢内设有空调。现代有轨电车系统一般包括普通电车、铰接电车、双铰接电车。有轨电车的车辆宽度通常受城市道路可容纳性的限制。其主要技术特征指标如下：

鞍山市有轨电车

① 最小运行时间间隔：2 min。

② 每节车厢的乘客人数：75 人（按 0.125 m^2/人计算）。

③ 列车编组辆数：1~2 节。

④ 单向小时最大输送能力：5 000~12 000 人/h（2 节）。

⑤ 时刻表速度：20~30 km/h。

现代有轨电车的优点有：

① 造价低廉。对于中小型城市来说，由于无须在地下挖掘隧道，有轨电车是实用廉宜的选择。1 km 有轨电车线所需的投资只是 1 km 地下铁路的 1/20~1/3，以长春为例，每公里造价（包含车辆采购、轨道铺设、线网架设、整流站修建等全部设备）仅 2 000 余万元人民币，远远低于地铁每公里数亿元[①]的造价。

② 多样性路权。与汽车共用路面可采用专用路、专用道、混合使用等多种路权形式及铺设方式，灵活性强。这也是有轨电车造价低于地铁的主要原因。

③ 灵活性运行。可根据客流需求特征采用不同的编组方式，可提高使用效率，降低运营成本。

④ 智能化系统。通过信号控制实现交叉口信号优先，可提高运输效率，保障行车安全。

⑤ 环境友好。采用电力牵引不产生废气，可减少环境污染。

现代有轨电车的缺点有：

① 机动性差，受电力轨道限制，其服务范围不能随意改变。

② 建设复杂，对路面结构的整体性和强度不利。

③ 电力架线影响城市景观。

---

① 人民币，余同。

④ 路面电车的速度一般较地铁慢，还会受到其他路面交通方式的干扰。

2.2.3　轻轨系统

轻轨是从旧式有轨电车系统发展演变而来的，20 世纪初，美国、欧洲、日本、印度和我国的有轨电车曾发展到一定规模。旧式有轨电车行驶在城市道路中间，速度慢、噪声大、舒适度差，随着小汽车的迅速发展，私家车大量涌上街道争夺道路资源，很多城市纷纷拆除有轨电车，到 1970 年只剩下 8 个城市还保留着有轨电车。20 世纪 70 年代以来，欧洲和北美的一些国家对旧式有轨电车系统进行了技术改造，建成了一种全新的有轨系统。相对于地铁，其车辆轴重和施加在轨道上的荷载比较轻，因而称为轻轨。

1978 年，国际公共交通联合会（UITP）在比利时布鲁塞尔召开的会议上，把在有轨电车基础上发展而成的中等运量的新型有轨电车交通方式统一定名为"轻轨交通"，缩写为 LRT（light rail transit 或 light rapid transit）。所谓轻轨系统，实际上就是利用现代交流牵引技术、计算机控制技术等，对基于轮轨运行方式的城市有轨电车客运系统进行一系列改造，使安全性和舒适度均有大幅提高的新型有轨电车系统。

轻轨系统有几种类型，一种是德国的轻轨系统，基本上是从有轨电车改造而成的，如斯图加特、法兰克福等地的轻轨，如图 2-4、图 2-5 所示；第二种轻轨大部分是新建的，如伦敦道克兰轻轨；第三种是利用原有城市间的铁路或市域快轨铁路线路，如曼彻斯特的梅株凌克、洛杉矶等地的轻轨。

2-14：LRT2 路权轻轨

2-15：LRT3 路权轻轨

图 2-4　轻轨系统（斯图加特）

图 2-5　轻轨系统（法兰克福）

　　轻轨线路的设计方案较多，没有固定的模式。线路修建往往是因地制宜，既可修建在市区街道上，也可修建在地下隧道或高架桥上。地面轻轨线路可分为三种类型：无平面交叉的专用行车线路、有平面交叉的专用行车线路和与其他机动车辆共用行车线路。新建轻轨要求有至少40%的股道与道路完全隔离，以避免拥挤，这使得它与有轨电车明显不同。轻轨线路大多是双线，但支线、短程区间或道路用地较为紧张的地段也有设计为单线的情况。线路最大坡度可达8%，最小曲线半径可达30 m。

　　新建的轻轨中，越来越多地采用部分或者全部隔离的地面线路来穿过市中心。这些线路在路口拥有先行权，路权形式也有多种。伦敦把轻轨路权分为三种：LRT1，指与其他交通及行人共享路面；LRT2，线路固定于道路上，在紧急情况下其他车辆可驶入其路面，类似公共汽车专用道；LRT3，路权专用，线路与其他交通及行人全部隔离，或是立交化的地面铁路，或是地下或高架铁路。

　　轻轨铁路车站按其运营功能划分为终点站、中间站和换乘站。终点站和位于中心商业区的中间站应具备集散较大客流的能力。车站的站台大多设计为低站台，有侧式、岛式和混合式等布置。侧式站台又有横列式、纵列式和单列式几种形式。

　　轻轨车辆是由旧式有轨电车发展而来的，旧型轻轨车辆宽度为2.2~2.4 m，新型轻轨车辆为适应客运量增加的需求，有向长和宽发展的趋势，宽度为2.5~2.6 m。车辆具有大容量、轻型化、铰接式、低地板和宽敞舒适等特点。车辆座席有纵向和横向两种布置，横向又分两边双人座、两边单人座和一边双人座一边单人座等布置形式。近年来各国制造的新型轻轨车辆有4轴车、6轴单铰接车和8轴双铰接车3种车型，车辆定员为130~270人，而旧型轻轨车辆定员一般在100人左右。新型轻轨车辆的构造速度可达80~120 km/h；旧型轻轨车辆的构造速度约70 km/h。

　　轻轨列车的运行控制有人工/视觉控制、列车自动防护（ATP）系统控制和列车自动控制（ATC）系统控制3种类型。

　　一般LRT的主要技术特征指标大致如下：

① 最小运行时间间隔：2 min。

② 每节车厢的乘客人数：225人（按0.14 m²/人计算，2节/组）。

③ 列车编组辆数：2~4节（2-2组）。

④ 单向小时最大输送能力：10 000~30 000人。

⑤ 时刻表速度：20~35 km/h。

⑥ 最低经济运量：2 100人/km·d。

⑦ 线路形式：有地面、地下和高架三种形式。

⑧ 曲线半径：正线不小于100 m，地面困难时不小于50 m，车场线不小于30 m。

　　德国在轻轨交通的技术标准研究方面处于领先水平，先后颁布了《德国联邦轻轨运输系统建设和运行规范》等技术标准。德国轻轨交通系统的等级及其主要特征如表2-1所示。

表 2-1　德国轻轨交通系统的等级及其主要特征

系统等级		I	II	III	IV
线路	地面线路	100%			
	混行线路	70%	20%		
	地下/高架线路		≤5%	≤20%	≤50%
	专用道比例	30%	80%	100%	100%
车站	平均站间距/m	500	600	750	1 000
	站台长度/m	40	60	90	120
	站台形式	低	低/高	高	高
车辆	司机室形式	单/双向	双向	双向	双向
	车辆宽度/m	2.4	2.4/2.56	2.56	2.56
	地板面高度	低	低/高	高	高
	6 轴车定员/(6 人/m²)	135	135/230	230	230
运营	车辆编组/辆	2	3/2	3	4
	列车最小运行间隔/s	120	120	90	90
	最大单向客运量/(人次/h)	8 000	12 000	28 000	37 000
信号	信号设备	无行车信号	部分线路设行车信号	大部分线路设行车信号	全部线路设行车信号
	道口信号控制	部分控制	全部控制		
速度	平均（旅行）速度/(km/h)	20	25	32	38

注：资料来源于《城市轨道交通发展研讨会论文集》，中国铁道出版社，2003 年。

轻轨系统具有如下特征。

与地铁和区域铁路比：

① 轻轨系统路权等级可以不同，能够深入行人区域，便于乘客出行。

② 轻轨需要的投资费用低，在建设和施工上更灵活，易于分阶段建造。

③ 更适合低运量场合。在中等规模城市用以补充巴士运输。

④ 可作为区域性的观光线，起到输送乘客和美化城市景观的作用。

轻轨与有轨电车的区别：

① 前者有专用车道，运行安全准时；后者行驶在各种车辆共行的路面上，容易堵塞，也不安全。

② 前者运营速度快，每小时可达 50~80 km；后者运营速度慢，每小时只有 20~30 km。

③ 前者可编成列车运行，运输能力大，每小时单向可运送（1~3）万人次；后者运输能力小，每小时单向仅运送（0.6~1.2）万人次。

④ 前者可设地面、地下或高架轨道，道路空间利用率高；后者仅有地面线路，道路空间利用率低。

⑤ 前者车辆宽敞，舒适，容量大；后者车辆狭窄，拥挤，容量小。

⑥ 前者噪声低，电力消耗少；后者噪声大，电力消耗大。

2.2.4 单轨系统

2-16：单轨系统实体图

单轨系统是一种轨道为一条带形梁体，车辆跨坐于其上或悬挂于其下行驶的交通系统。单轨系统的发展有近百年历史，现存最早的单轨系统是德国乌帕塔尔市在1901—1903 年间修建的一条约 13 km 的悬挂式单轨系统，牵引动力为电力驱动，该条轨道现仍在运营中。单轨早期主要用于游乐，作为城市交通，由于其本身的局限性而发展缓慢。20 世纪 60 年代以来，由于地面交通十分拥挤，一些城市将目光转向空间利用以改善交通服务。目前，日本是单轨系统最多的国家，此外，德国、美国、意大利、澳大利亚和乌克兰等国家也建有单轨系统。

国外已建单轨系统长度通常为 10 km 左右，单、双线均有，但以单线为主；最大坡度可达 6%，最小曲线半径可达 60 m。

2-17：单轨系统立体图

单轨通常分为跨座式和悬挂式两种，如图 2-6、图 2-7 所示。前者车辆跨在一根走行轨道上行走，其重心位于走行轨道上方；后者车辆悬挂于可在轨道梁上行走的走行装置的下面，其重心处于轨道梁的下方。

图 2-6 跨座式单轨交通   图 2-7 悬挂式单轨交通

轨道由轨道梁、支柱与道岔 3 部分组成。轨道梁为预应力钢筋混凝土结构，起承载、运行、导向与稳定车辆的作用。跨座式单轨的轨道梁顶面是列车的运行轨道，两侧面的上、下部分分别是导向轮与稳定轮轨道。支柱的主要形式有"T"型、倒"L"型和"门"型等。道岔的基本原理是轨道梁的一部分为可活动部分，通过活动部分的移动使一条线路与其他线路联接，达到车辆过岔的目的。单轨车的走行轮采用特制的橡胶车轮，以减少振动的噪声。单轨车的两侧还装有导向轮和稳定轮，控制列车转弯，保证列车运行稳定可靠。

车站为高架设计，常见结构由下至上一层为道路面、二层为集散厅、三层为站台，乘客由自动扶梯和电梯上下。站台为岛式，长约 100 m，站台两侧安装栅栏或屏蔽门，站台顶棚与边墙连在一起。

跨座式与悬挂式两种类型单轨的车辆形式是不同的，但两种形式的单轨车辆都是在走行轨道上采用胶轮行驶的电动客车。车体的宽度：跨座式单轨车辆较宽，约为 3 m 左右；悬挂式单轨车辆宽度在 2.6 m 左右。受橡胶轮胎载重的限制，车辆采取轻型化设计。车辆定员：跨座式单轨车辆定员为 140～190 人，其中座席为 30～40 人；悬挂式单轨车辆定员为 100～160 人，其中座席为 40～50 人。车内座席可以根据客流量情况设计成纵向、横向和混合排列等不同布置。车辆的最高速度可达 80 km/h，运营速度约为 30 km/h。

单轨列车通常为 4 辆编组，由于受站台长度限制，最多为 6 辆编组。单轨铁路的道岔转换时间较长，从而延长了列车的折返时间。

一般单轨系统的主要技术特征指标如下：

① 最小运行时间间隔：2 min。

② 每节车厢的乘客人数：140 人（按 0.14 m^2/人计算）。

③ 列车编组辆数：2～6 节。

④ 单向小时最大输送能力：5 000～10 000 人（悬挂式）；10 000～20 000 人（跨座式）。

⑤ 时刻表速度：20～35 km/h（悬挂式）；30～35 km/h（跨座式）。

⑥ 最低经济运输量：4 000 人/(km·d)（假定平均票价为 7.96 元/人）。

单轨交通的优点有：

① 占地面积小，空间利用率高。一般利用城市道路中央隔离带设置结构墩柱，每根支柱直径仅为 1～1.5 m。区间双线轨道结构宽度约为 5～7 m，窄于其他的高架轻轨系统。

② 运量较大。国外单轨列车一般由 4～6 辆组成，列车运营能力为 5 000～20 000 人次/h。

③ 能适应复杂的地形要求。适宜在狭窄街道的上空穿行，可减少对地面道路资源的占用。

④ 建设工期短，造价低。高架单轨结构简单，易于建造，因此工期较短，造价较低，一般为地铁的 1/3。

⑤ 由于采用橡胶轮胎，所以振动和噪声大大降低，具有噪声小、振动低，无废气污染等多方面优点。是一种高速、舒适的交通工具。

⑥ 运输安全性较高。由于车辆与轨道的特殊结构，在轨道梁两侧均有起稳定作用的导向轮，能确保运行安全。

⑦ 对日照和城市景观影响小。由于占用空间小，沿线不会投下很大的遮光阴影，并且对城市景观还能起一定的点缀作用。

但是单轨车还有速度低、能耗大、粉尘污染等缺点。由于橡胶轮与混凝土轨面的滚动摩擦阻力比钢轨大，所以其能耗要比普通钢轮钢轨的城市轨道交通约大 40%；橡胶轮与轨道间的摩擦会形成橡胶粉尘，对环境有轻度污染；列车运行在区间发生事故时，面积狭小的轨道梁难以安设救援设施，疏散和救援工作都比较困难。该系统适宜于在市区较窄的街道上建造高架线路，目前一般多用于运动会、体育场、机场和大型展览会等场所与市区的短途联系。

2.2.5　磁浮系统

磁浮（也称磁悬浮）技术的研究源于德国。1922 年，德国工程师赫尔曼·肯佩尔提出了电磁悬浮原理，并于 1934 年申请了磁浮列车的专利。1970 年以后，随着世界工业化国家经济实力的不断加强，为提高交通运输能力以适应经济发展的需要，德国等发达国家及中国都相继开始筹划进行磁浮运输系统的开发。我国第一条磁浮线路于 2003 年 1 月开始在上海运行。

　　磁浮系统（magnific levitation for transportation）是一种非轮轨黏着传动、列车悬浮于地面的交通运输系统。磁浮列车实际上是依靠电磁吸力或斥力将列车悬浮于空中并进行导向，实现列车与地面轨道间的无机械接触，再利用线性电机驱动列车运行，使其成为高速、安全、舒适、节能、环保、维护简单、占地少的新一代交通运输工具，如图 2-8 所示。虽然磁浮列车仍然属于陆上有轨交通运输系统，并保留了轨道、道岔和车辆转向架及悬挂系统等许多传统机车车辆的特点，但由于列车在牵引运行时与轨道之间无机械接触，因此从根本上克服了传统列车轮轨黏着限制、机械噪声和磨损等问题。

图 2-8　磁浮列车（中国上海）

　　磁浮列车主要有超导型磁浮列车、常导型高速磁浮列车及常导型中低速磁浮列车三类。常导型也称常导磁吸型，常导型高速磁浮列车以德国 transrapid（TR）为代表，它是利用普通直流电磁铁电磁吸力的原理将列车悬起，悬浮的气隙较小，一般为 10 mm 左右。常导型高速磁浮列车的速度可达 400~500 km/h，适合于城市间的长距离快速运输。常导型中低速磁浮列车以日本 HSST-100L 为代表。常导型中低速磁浮列车的速度可达 100~110 km/h，适合于城市内的短距离运输。而超导型磁浮列车也称超导磁斥型，以日本 MAGLEV 为代表。它是利用超导磁体产生的强磁场，列车运行时与布置在地面上的线圈相互作用，产生电动斥力将列车悬起，悬浮气隙较大，一般为 100 mm 左右，速度可达 500 km/h 以上。

　　中低速磁浮具有环保、安全性高、爬坡能力强、转弯半径小、建设成本低等优点，适用于城市市区、近距离城市间和旅游景区的交通连接，可替代轻轨和地铁。下面以上海高速磁浮系统和日本东部丘陵线中低速磁浮系统为例，对高速磁浮系统和中低速磁浮系统的主要技术特点进行比较，如表 2-2 所示。

表 2-2　高速磁浮系统与中低速磁浮系统主要技术特点比较

项　　目	上海高速磁浮系统	日本东部丘陵线中低速磁浮系统
悬浮方式	常导电磁悬浮	常导电磁悬浮
悬浮气隙	10 mm	10 mm

续表

项　　目	上海高速磁浮系统	日本东部丘陵线中低速磁浮系统
最高运行速度	430 km/h	130 km/h
对线路要求	高	低
导向装置	需要	不需要
最大坡度	100‰	70‰
最小竖曲线半径	1 500 m	1 000 m
最大运客量	2.3 万人次/h	3 万人次/h
设计载客量	959 人/列	688 人/列
线路造价	较高	较低

磁浮铁路一般技术经济指标如下：

① 最小运行时间间隔：1~5 min。

② 每节车厢的乘客人数：95 或 110 人（按 0.14 m²/人计算）。

③ 列车编组辆数：9 节（高速磁浮），3~8 节（中低速磁浮）。

④ 单向小时最大输送能力：11 500 人。

⑤ 最高运行速度：100 km/h（中低速磁浮系统）、430~500 km/h（高速磁浮系统，常导型）、≥500 km/h（高速磁浮系统，超导型）。

⑥ 与地面交通隔离率：100%。

⑦ 时刻表速度：30~80 km/h（中低速磁浮系统，长沙磁浮线），>80 km/h（高速磁浮系统，上海磁浮）。

德国常导超高速磁浮铁路 TR 系统与日本超导超高速磁浮铁路 MLX 系统的主要技术性能方面的比较见表 2-3。

表 2-3　德日磁浮系统主要技术特点比较

项　　目	德国 TR 系统	日本 MLX 系统
悬浮方式	电磁吸引式	侧壁电动式
悬浮气隙	8~10 mm	10 mm 以上
运行速度	高速、超高速	超高速
低速时悬浮状态	悬浮	车轮支承和导向
悬浮、导向控制	需闭环控制	不需控制，具有自稳定性
线路载荷分布	连续分散（动力响应小）	相对集中
电磁铁的安全冗余	常导电磁铁有安全冗余	超导电磁铁无安全冗余
最高试验速度	500 km/h	580 km/h
最高运行速度	430 km/h	500 km/h
车内磁力线泄漏	几乎没有，对人体无碍	相对较强，但经测试对生物无害
技术难点	精确控制技术	低温超导制冷技术
线路造价	较低	较高

综合对比分析日本磁浮 MLX 系统与德国磁浮 TR 系统在技术、经济、环境三方面的性能，可以得出如下结论。

① MLX 系统造价高、超导技术难度大；TR 系统造价相对较低，虽然控制系统复杂、精确，但技术相对成熟，大部分零部件具有通用性，市场供应方便。

② MLX 系统车辆悬浮气隙较大，对轨面平整度要求较低、抗震性能好、速度快并且还有进一步提高速度的可能性，它还具有低速时不能悬浮的特点，因此更适合于大运量、长距离、更高速度的客运。

③ 从经济和效率来看，在 450 km/h 以上速度运行时，日本 MLX 系统优于德国 TR 系统；在 300~450 km/h 的速度范围内运行时，TR 系统比较优越；300 km/h 以下速度时，采用轮轨高速可能更好。

在城市轨道交通中比较成熟的直线电机交通系统包括中低速磁浮系统（HSST）和直线电机轮轨交通系统，为了便于比较，表 2-4 中列出了传统城市轨道交通系统（地铁、轻轨）的综合技术经济指标。

表 2-4　传统城市轨道交通系统综合技术经济指标

比 较 项 目		传统轨道交通	直线电机轮轨系统	中低速磁浮系统
运营实践		技术成熟，国产化率高	9 条线 180 km，技术成熟，可逐步消化吸收	技术比较成熟
能力指标	V_{max}	约 80 km/h	约 110 km/h	约 110 km/h
	运能/人次	≤8 万	≤4 万	≤2 万
轨道	导向方式	轮轨导向	轮轨导向（径向转向架）	电磁导向
	驱动方式	轮轨黏着牵引	通过定子感应牵引	通过定子感应牵引
	支承方式	轮轨	轮轨	电子悬浮
	道岔	普通道岔	可动轨道岔、规模小	移动钢梁或混凝土预制梁实现
	道床	整体道床、碎石道床均可，荷载较大	以整体道床为主，碎石道床也可	轨道梁
隧道桥梁限界		较大	较小	大
供电	供电	高架或第三轨	高架或第三、第四轨	供电轨
	耗电量	增加机械传动附加能耗	牵引耗电	除牵引耗电外，增加磁浮耗电，约 0.8 kW/(t·km)
车辆段	工艺	工艺等级多，量大	—	—
	占地	约 20 hm²	约 10 hm²	约 10 hm²
环境	噪声	较大	较小	小
	振动	较大	较小	小

续表

比　较　项　目		传统轨道交通	直线电机轮轨系统	中低速磁浮系统
平均造价		地铁 ［约（4~5） 亿元/km］ 轻轨 （约2亿元/km）	约1.8亿元/km	约2.2亿元/km
运营 指标	维护工作 量费用	维护检修工作 量大、费用大	维护检修工作量小、 费用小	维护检修工作量小、 费用较小
	运营费用	较低	最低	较高
安全、防灾性能		易疏散、易救援	易疏散、易救援	不脱轨、不撞车

通过表 2-4 分析可以认为：城市轨道交通（包括市中心到机场之间的铁路）距离较短，一般为十几千米至几十千米，沿途需要停靠的车站比较密集。目前，国内城市（包括机场内）轨道交通主要以地铁为主，但是由于工程造价、环境等诸多原因，延缓了地铁的发展速度；中低速磁浮技术先进，但工程费用和运营费用较高；直线电机轮轨交通技术先进、系统成熟、安全可靠、工程造价低、运营费用低、环保性能好，适合市内和市郊的中等运量运输。

磁浮轨道交通的优越性有：

① 速度高。与传统铁路相比，磁浮铁路去除了轮轨接触，因而无刚体直接摩擦阻力，可获得比一般高速铁路更高的速度。

② 噪声低。由于列车在牵引运行时与轨道之间无机械接触，因此从根本上克服了传统列车轮轨摩擦造成的机械噪声。

③ 维修少。由于没有钢轨、车轮、机械传动和接触导电轨等摩擦部件，维修费用大为降低，年运行维修费仅为总投资的 1.2%，而轮轨列车高达 4.4%。

④ 能耗小。磁浮列车采用电力驱动，其发展几乎不受能源结构，特别是燃油供应的限制，其能源消耗仅是汽车的 1/2、飞机的 1/4。

⑤ 环境污染少。它以电为动力，在轨道沿线不会排放废气，是一种名副其实的绿色交通工具。

磁浮轨道交通的缺点：

① 无法利用既有线路，必须全部重新建设。

② 断电后磁浮的安全保障措施仍然没有得到完全解决。

③ 强磁场对人的健康与电子产品的运行都会产生不良影响（但磁浮列车周围的电磁场对人体影响目前尚无实际论证）。

④ 磁浮列车意外情况下的制动能力可靠性有待提高。磁浮列车没有轮轨，突发停电时，仅靠滑动摩擦很难。

⑤ 造价高昂。

2.2.6　自动导向轨道系统

自动导向轨道系统的研究起源于 1968 年美国一份名为 "Tomorrow's Transportation"（未来的运输）的报告。20 世纪 70 年代先后建成投入自动导向轨道系统运营的自动导向轨道系统有美国达拉斯沃斯堡机场的 People Movers 系统和摩根城的 Personal Rapid Transit 系统等。20 世纪 80 年代后，日本、法国和德国等国家也先后建成自动导向轨道系统，其中尤以日本发展最快。1981 年日本神户首先建成了一条从三宫至中公园的全长 6.4 km 的自动导向轨道系统，目前日本已有 10 余条这样的线路在运行。1983 年，法国里昂也首次建成自动导向轨道系统，法国人称之为 VAL。2007 年，北京首都国际机场建成首条自动导向轨道系统，主要服务于 3 号航站楼国际及港澳台进出港旅客；2010 年中国内地第一条用于城市轨道交通系统的自动导向轨道系统在广州珠江新城正式开通运行，该线路主要功能是观光。

自动导向轨道系统是指由电气牵引，具有特殊导向、操纵和转折方式的胶轮车辆，单车或数辆编组运行在专用轨道梁上的中运量轨道运输系统，如图 2-9 所示。

(a)   (b)

图 2-9   自动导向轨道系统

自动导向轨道系统线路长度通常在 5~15 km 间，以双线为主，但也有环形单线和网状线路。最大坡度可达 7%~10%，最小曲线半径可达 10~30 m。轨道多为混凝土高架结构，其与街道的交叉可通过地下或高架方式。车辆一般由电力驱动，在导轨上行驶，主要的导向方式有中央凸型导向、中央内侧导向和两侧侧面导向三种。线路分岔是以混凝土轨道侧面分岔道岔的沉浮方式进行。

自动导向轨道系统的车站分终点站、中间站和管理站，站间距较短。有的中间站也铺设侧线。管理站有停留备用车、空车及紧急待避等设施。

自动导向轨道系统车辆为轻小型，车体宽度在 2 m 左右，长度多为 4~8 m。电力驱动，动力从侧面供给，交、直流均可以。车轮采用橡胶轮胎。车辆定员在 70 人左右，最高速度在 60 km/h 左右。

自动导向交通系统列车运行采用自动控制，ATC 系统按列车运行图集中调度，自动控制列车上的限速装置和驾驶装置，同时兼管车站作业。列车通常采用短编组，大多为 2 辆编组，但也可以单车运行或 6 辆编组运行，以适应运输需求。此外，列车在按列车运行图运行的同时，也可按乘客要求方式运行。

一般条件下，AGT 的技术经济指标如下：

① 最小运行时间间隔：2 min。

② 每节车厢的乘客人数：70 人（按 0.14 m²/人计算）。

③ 列车编组辆数：2~6 节。

④ 单向小时最大输送能力：5 000~15 000 人。

⑤ 时刻表速度：30~35 km/h。

⑥ 最低经济运输量：4 300 人/(km·d)（假定平均票价为 7.96 元/人）。

导轨式胶轮电车系统与自动导向轨道系统相似度极高。自动导向轨道系统通常在高架上运行，而导轨式胶轮电车系统在高架和地面两种环境下均可运行。当导轨式胶轮电车系统在地面运行时，会于路面铺设一条与地面齐平的导向轨道，这一设计使其能够与其他交通形式共享路权。此系统车辆的导向部分位于车体下方和导向轨道上方之间，通过与轨道的左上角、右上角或者顶部相接触来达成导向功能。当导轨式胶轮电车系统在高架运行时，它是在传统胶轮导轨系统基础上进行小型化研发而得来的新型低运能胶轮导轨轨道交通系统。在运营速度和运量这两方面，它均低于自动导向轨道系统。

自动导向交通系统的技术经济特点还有工程造价低，运行噪声小，占地面积少，旅客乘坐舒适，能适应陡坡急弯等。

图 2-10 是橡胶轮胎铁路系统的示意图。

橡胶轮胎铁路的优点是：

① 客运能力为 5 000~15 000 人/h，高于公共汽车，而且建设成本与地铁、轻轨相比又低得多。

② 与单轨系统相似，运行在专用的高架轨道上，与其他车辆不构成干扰，运输效率较高。

③ 车辆除采用橡胶轮胎外，其他部分与有轨车辆相差不多，在技术上容易实现。

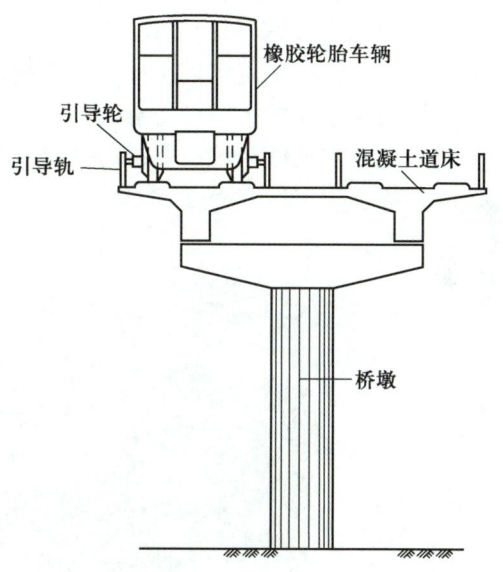

图 2-10　橡胶轮胎铁路系统示意图

④ 既可以采用列车无人驾驶、车站无人管理的方式，也可以省去自动驾驶系统，由人工操纵，因而机动灵活，使用方便。

⑤ 节约能源，基本上没有噪声污染，有利环保。

但其同时存在下列缺点：

① 轮胎承重不如钢轮，故它不适合运量太大的客运系统。

② 高速运营时会导致轮胎过热，它说明实际速度不能太高，目前最大速度一般为 60~70 km/h。

③ 轮胎运行阻力大于钢轨系统，故其能耗较钢轨系统要大。

④ 股道干燥时，轮胎摩擦系数为钢轨的 3 倍，但潮湿时，与钢轨差不多。

⑤ 由于轮胎车辆由股道引导，其技术较钢轨铁路更复杂。

⑥ 股道交叉与折返钢轨系统更复杂，所需时间也更多。

⑦ 轮胎车辆需要 1 个导向轨，这使得车辆结构更为复杂。

轮胎铁路系统能力可以通过增加列车编组来提高。不过，由于其车辆承重有限，折返能力难以提高，其最终能力一般小于钢轨铁路系统。一般说来，橡胶轮胎铁路输送能力为钢轨铁路的 $1/3 \sim 1/2$。

2.2.7　市域快速轨道系统

市域快速轨道系统是由电气机车或内燃机车牵引，轮轨导向，车辆编组运行在城市中心与市郊、市郊与市郊、市郊与新建城镇间，以地面专用线路为主的大运量快速城市轨道交通系统，如图 2-11 所示。关于市域快速轨道系统的名称存在不同的叫法，例如市域铁路、市郊铁路、市域快线、都市快轨和市域快轨等。根据我国的国家标准《城市轨道交通分类》（GB/T 44413—2024），统称为市域快速轨道系统。这一称谓既明确了其城市轨道交通系统的属性，又直接反映了其速度快的特点，因此，本书中统一采用市域快速轨道系统的名称，简称为市域快轨。

市域快轨主要承担城市功能的扩展，沟通城市中心区域与市郊地区和卫星城之间的联系。它与地铁系统虽然都是公交化的城市客运轨道系统，但两者在服务地域和运距目标、列车运行密度和服务水平、信号制式和运营模式及产权归属和管理体制等方面存在差异。

图 2-11　市域快轨

市域快轨主要为中长距离通勤者提供运输服务，故有时也称通勤铁路（commuter rail）或地区铁路（regional rail），运行组织与铁路干线有所不同。一般的，市域快轨线路的运行速度可以达到 100 km/h 以上。市域快轨站间距略大，终点站大都设在城区边缘地区或卫星城，与市内公共交通有较好的衔接。伦敦、巴黎具有较大规模的市域快轨运输网络，它们与城市中心区的交通体系有很好的衔接。

市域快轨的运营形式多样，一种形式是具有独立的城市铁路线路，指专门或主要用于城市交通的铁路。其技术设备好，列车运行速度快，效率高。高峰时每小时最小列车间隔可达 $1.5 \sim 2.0$ min，旅客候车时间短。但多数采用地下或高架线路，投资费用比较高。另一种形式是在独立的城市铁路线路之外，利用既有铁路网开展市域列车运营的方式。

市域快轨按照服务范围可分两种类型：一种是城市中心连接城市边缘的居民区，一般范围为 20~40 km，站间距离小（1 000~1 500 m）；另一种是连接城市中心与卫星城市，一般范围为 40~60 km，甚至更大，其站间距离也相应较长（3 000~4 000 m）。

虽然市域快轨的起讫站可设在城市中心区，但线路上的大多数车站仍分布在郊区，因此市域快轨兼具地铁和干线铁路的部分特点。其列车运行速度比地铁高，比干线铁路低，一般在 120 km/h 左右。随着轨道交通的发展，一些城市正在建设更高速度的市域快轨。市域快轨列车通常由机车牵引，也可以采用动车组（电力或内燃）。有些列车还采用双层客车来增加座位数量。

市域快轨的其他技术经济特点还包括投资省、见效快、工程量小、环境污染少以及能耗低等，可利用既有铁路资源。由于速度快、线路长，市域快轨每客公里成本相对较低。研究市域快轨服务于城市的重点在于建立一体化的快速旅客运输系统，保证乘客能够迅速到达目的地。在过去只开行货运列车的既有线路开展城市客运服务已经成为发展的方向。

不同城市轨道交通类型综合技术指标比较见表 2-5、表 2-6，在我国，城市公共交通应由市域快轨、地铁、轻轨、有轨电车、常规公共交通系统等共同组成一个功能多样化和结构合理的现代化城市客运体系。对于不同的城市在城市轨道交通系统选型时要因地制宜，综合考虑城市的经济、地理及城市发展和建设的实际情况。

表 2-5　不同城市轨道交通类型综合技术指标比较表

技术指标	有轨电车	轻轨	市域快轨	地铁
城市人口/万人	20~50	≥100	≥50	≥300
商业区雇员/万人	≥2	≥2	≥4	≥8
CBD 线路长/km	≤10	≤20	≤40	≤24
股道	在街道	40%隔离	—	隔离
CBD 可达性	地面	地面或地下	地面到 CBD 边缘	地下
郊区站距/km	0.350	1.5	1~1.5/3~4	2
CBD 站距/km	0.250	0.300	—	0.5~1
最大坡度	10%	8%	3%	3%~4%
最小半径/m	15~25	30	200	300
工程量	最小	轻	中等	质
车辆质量/t	16	<20	46	33
车辆数	1 或 2	2 或 4	至多 12	至多 8
车辆能力	50 座 75 站	40 座 60 站	60 座 120 站	50 座 150 站
供电电流	DC500~750 V	DC600~750 V	DC600~1.5 V 或 AC 25 kV	DC750 V DC1500 V
供电方式	顶上	顶上	顶上或三轨	三轨或顶上
平均速度/(km/h)	10~20	30~40	45~60	35~40
最大速度/(km/h)	50~70	80	120	80
高峰间隔/min	2	4	3	2~5
小时客流量/(人/h)	6 000~12 000	10 000~30 000	30 000	30 000~80 000
造价/(亿元/km)	—	1~2	0.5~1	5~8

"地铁站距短、车速低，如果乘地铁去河北，需要两个多小时才能抵达目的地，显然不能满足需求。"周正宇说。因此，第三层区域快线应运而生，这也是目前三地之间比较欠缺的一张轨道网，将主要解决 30~70 km 的出行需求。区域快线第一条线路初步确定为平谷线，全长 72 km，其中约 22 km 穿过河北。

此外的两层，第二层为城际铁路，主要是快速连通京津冀主要城市群，最佳运行距离是 70~150 km。第一层是干线铁路网，主要依托目前既有的铁路，负责沟通 150 km 及以上的区域。

2-18：京津冀交通骨架示意图

表 2-6　不同城市轨道交通类型综合技术指标比较表

系统类型	技术指标								
	运行组织					车站		车辆	
	高峰小时单向客流量/万人	列车编组/辆	列车最小间隔/s	最高运行速度/(km/h)	平均运行速度/(km/h)	站台长度/m	站台高度/mm	类型	车辆定员/人
市域快轨	3.0~8.0	8~12	180~300	80~120	>80	200~300	965 低 300~650	YZ-25型	单层:128 双层:180
地铁	3.0~5.0 5.0~8.0	4~6 6~8	90~120	100	35~60	120~200	965	国标A或B型	同城市快速铁路
轻轨	1.0~3.0	2~4	120~300	60~80	15~25(混用) 25~35(专用)	60~80	300~650 (965)	国标B、C(四、六、八轴车)型	B型车同上。C型车有/无司机室: 四轴-200/210, 六轴-240/250, 八轴-315/325
单轨	跨座:1.0~2.5 悬挂:0.3~1.5	跨座:4 悬挂:2~4	120~300	65~80	30~35 25~35	跨座:60 悬挂:30~60	与车辆地板同高	跨座悬挂	跨座-140~190 悬挂-100~160
自动导向轨道系统(AGT)	0.5~1.5	2~6	120	50~60	20~30	25~50	与车辆地板同高		动车-66 拖车-75
磁浮铁路(常导或超导)	2~3	中低速:3~8; 高速:9	60~300	中低速:100~110; 高速:300~600	中低速:30~80; 高速:>80	110~300	与车辆地板同高		有/无司机室: 95/110
有轨电车	0.6~1.5	1~2	120~300	70	20~30	20	300	C型	292
线性电机车辆系统	1.5~3.5	4~8	90~120	70~80	30~35	100	365		有/无司机室: 165/183

续表

系统类型	技术指标								
	车辆	供电		信号		形式	线路		平均站距/km
	动力形式	馈电电压/V	馈电方式	列车自动防护	列车控制技术		最大坡度/%	最小曲线半径/m	
市域快轨	内燃或电力集中或分散全动车	DC1 500	接触网	有（无）	—	全封闭专用道	3.0	600~800	近郊：2.0~4.0 远郊：3.0~5.0
地铁	动、拖组合；全动车	DC750；DC1 500	第三轨；接触网	有	ATP/ATS或ATC	同城市快速铁路	3.5	A：300~350 B：250~300	0.8~1.5
轻轨	动、拖组合；全动车；铰接式动车	DC750；DC1 500	第三轨；接触网	有	ATP/ATS或ATC	全封闭高架、地面、地下；或混合道路	3.5~8	B：250~300 C：30~100	0.3~1.5
单轨	动、拖组合；全动车	DC750；DC1 500	第三轨/第四轨	有	ATC	全封闭高架、隧道	跨座：6 悬挂：5.3	跨座：80 悬挂：50	跨座：0.6~2.0 悬挂：0.7~1.0
自动导向轨道系统（AGT）	动、拖组合；全动车	DC750；AC600/3 相	第三轨/第四轨	有	ATC	全封闭高架	7~10	10~30	0.8~1.4
磁浮铁路（常导或超导）	全动车	变频变压≤20 000	—	有	ATC	全封闭高架、地面	10	中低速：300~350 高速：1 600~3 000	—
有轨电车	铰接式动车	DC750	接触网	无		混合道路	6	20	0.5~0.8
线性电机车辆系统	全动车	DC750；DC1 500	第三轨；接触网	有	ATC	同市域快轨	6~8	50	0.5~1.0

注：资料来源于《北京市城市轨道交通线网优化调整报告（2002 年）》。

2.3   城市轨道交通系统的运输组织特性

由城市轨道交通设施、设备的系统构成可知，这是一个庞大而复杂的系统，其技术专业门类从传统的土木建筑、机械、电机电器，到属于高新技术的电子产品、自动控制、信息传输等技术范畴。从运营功能看大体可分为三大系统：

列车运行系统：隧道、站台、线路、车辆、牵引供电、信号、通信、控制中心、车站行车等。

客运服务系统：车站及其照明、售检票及计算中心、导向及预告措施、消防、环控、自动扶梯、电梯、车站服务等。

检修保障系统：为保障上述设备性能良好，能随时启动重新投入运行而具备的检修手段及检修能力等。

2.3.1   系统联动性

城市轨道交通系统建设和运营的目的是为市民提供快速、安全、准时、舒适、便利的运输服务，使乘客能够便利地进站购票乘车、安全而舒适地旅行、快速而准确地到达目的地。

安全运行和优质服务的基础是：城市轨道交通三大系统同时正常、协调地运行。

如何保证城市轨道三大系统、30 余项不同的专业设施、设备每天 $18 \sim 24$ h 正常而协调地运行是摆在运营组织者面前的课题。解决的途径应该从基础入手，以目标为依据，结合时间、空间等因素，系统而协调地进行。

车辆和设备之间、各种设备之间在正常运行时均有相互依托的关系，这些关系的存在要求它们之间有严格的技术配合。如列车和钢轨；列车和接触网；列车和信号（ATP、ATO）；列车和通信；供电和通信信号；通信和信号；供电和自动售检票；自动售检票和供电、通信、信号等。可以说在列车运行时，它们相互之间环环相扣共同保证列车正常运行和服务的良好。任何一环故障均会不同程度地使地铁的正常运行受到影响，严重的甚至造成列车停运。如果说这些设施、设备系统在建设阶段和停运检修时主要部分为各自独立的个体，那么一旦建成（修复）投入运行，它们就可喻为链轮和链条，共同维持地铁这一大的联动机的正常运行。

2.3.2   时空关联性

列车运行是根据乘客的出行需要安排的。大中城市要求高速度、高密度的列车运行来为市民出行服务，因此，现代城市轨道交通的旅行速度市中心一般设计为 $35 \sim 40$ km/h，市郊高速达到 60 km/h 以上，最小行车间隔（密度）为 2 min。

城市轨道交通系统的产品是人的移动而不是物的加工，更使得时间和空间的概念变得尤为重要。由于时间和其相对应的空间是城市轨道交通运营中不可存储的，一旦失去势必造成列车运行晚点，严重的就会发生事故。具体来说，一旦运行的车辆、设备故障影响列车的正常运行，必须立即处理，尽快恢复正常，确保列车运行。安装在车站的设备，白天的检修与故障处理要定时、定点；线路设备检修、巡视等工作一般安排在夜间进行。城市轨道交通系统的夜间也是十分繁忙的，各专业的检修计划要提前制定，经批准后才能进行。进入区间时要取得调度命令，根据调度命令登记好开工时间及结束时间、检修作业的工作区间（上、下行，公里数等），检修工作必须按时完成。由于各专业维修均在夜间作业，夜间允许检修工作的时间又很短（一般为午夜 0 点至凌晨 4 点），有时还需开行施工列车，有时需停电，因此，维修作业需要统一组织，并按时间完成，否则就可能发生人员或设备事故或影响列车正常运行。

设备检修有时可以由单一专业完成，有时各专业之间相互渗透，检修时有关专业人员需同时到场联合作业。如车辆夜间检查时，通信、信号检修人员同时到场，并排定车辆检查、通信、信号三者的作业程序，检查车载的无线通信、信号（ATP、ATO）设备和车辆，按时完成。夜间回库车集中到达，需检查的列车数量较多，必须在限定时间内检查确认，保证清晨出车。因此，对检查人员的时间和空间概念的要求也是很严格的。此外，如属线路专业的道岔，它是和信号系统的转辙机联合运行的，一旦发生故障双方必须同时到场各自检查，找出问题，共同处理。因此，对于城市轨道交通运营企业来说，时间和空间的概念是必备的基本概念。

2.3.3　调度指挥集中性

多专业多工种联合运行，时间、空间概念要求很高，一旦发生故障，后果及影响都很严重的城市轨道交通运营系统，需要严格的一体化统一调度指挥。控制中心（调度所）就是为此而设置的。

一条完整的交路运行的现代城市轨道交通线路需设一调度所。调度所一般设于线路适中车站附近。信号系统（ATS）、供电系统（SCADA）、环控系统（FAS、BAS）、主机及显示屏均设于调度所内。通信系统及自动售检票（AFC）系统一般也设于此。列车运行时由行车调度员、电力调度员、环控调度员分别担任行车系统、供电系统及环控系统的调度指挥。

正常情况下，现代城市轨道交通的上述三个自动化系统均由系统主机按调度员设定的列车运行图、供电及环控模式自动控制信号、供电及环控系统正常运行，列车也在司机的监护及必要的操作下正常行驶。同时，运行的信息如列车位置、列车间的间隔及是否偏离设定的运行图、供电及环控系统运行状态均在显示屏上实时显示，调度员可随时监视、掌握列车及有关系统运行状况。调度员还可以利用有线及无线通信系统随时和有关人员（列车驾驶员、行车、供电、环控、自动售检票等系统运行值班人员）通话了解有关情况。

当然，无论是列车运行图、各设备系统正常运行模式，还是事故处理预案等，调度员据以进行每天正常指挥或事故抢修的文件，都是运营公司的决策机构经过市场调查及服务水平的要求，阶段性地研究制订的。除极特殊的情况外，调度所是无权改变的。因此，严格地说，运营决策机构和调度所的有机结合形成了城市轨道交通的运营统一指挥的中心。

2.3.4 管理的严格性

某一系统的管理是建立在该系统的技术基础上的。现代城市轨道交通的设备技术含量和 20 世纪中后期传统的设备技术相比较，应该说有了质的飞跃。信息技术的采用使传统技术时代许多人工操作为技术设备所取代，从而在更加安全的基础上提高了效率。如列车的自动驾驶、信号设备的自动化、售检票系统的自动化以及其他设备的远程控制等。但不可否认的是，任何先进的技术设备永远不可能完全取代管理，更何况以上讨论的仅仅是系统运行的管理，还有许多其他层面的管理尚未涉及。

对城市轨道交通运营企业而言，技术管理的核心是规章制度，它是规范人员生产活动的行为准则，各岗位人员只有严格执行规章制度才能使得规模庞大而技术复杂的系统有序、安全而高效运转。反之，系统运转就会受到阻碍从而降低效率甚至发生事故造成严重后果。

企业规章制度也是有层次的，例如，具有"企业宪法"性质的是"技术管理规程"（简称"技规"），其内容规定城市轨道交通的运营宗旨、企业精神、技术规范、服务要求、管理规则、指挥系统等运营系统的规则及带有规律性的问题，以统领和规范列车运行、客运服务、检修保障三大系统的生产活动。它应该在采用设备的技术基础上反映运营企业的运行规律，涵盖三大系统的有机联系，适应城市轨道交通运营的社会要求。随着运营规模、运营技术、社会环境的发展，技规也应不定期地补充和定期修改，以使其更加符合运营实际，以保持其统领和规范作用和"企业宪法"的性质。

具有系统性、规范性的制度有："行车组织规则""客运组织规则""调度规则""安全规则""事故处理规则"及设备、设施的"运行检修规则"等。这些规则应该在"技规"原则的指导之下，在各系统设备技术基础上制定，以规范各系统的日常生产活动。如"行车组织规则"是列车运行系统的行为规则，可以在列车、线路、车站设施、信号（ATC）及通信系统的技术基础上，在列车不同的运行模式（如正常、晚点、故障等）下规范调度员、列车驾驶员、车站及各设备系统值班人员的活动，以及进行活动所必须办理的手续（如调度命令）。

"客运组织规则"是客运服务系统的行为规则。设备、设施的"运行检修规则"是检修保障系统的行为规则。

"安全规则""事故处理规则"是为贯彻安全第一的方针，保证运行、检修和服务工作人员、设备安全而编制的从预防为主到发生了事故后的调查、处理的各种规定。

此外，还有各专业、各工种、各单项作业更为具体详细的，针对性、操作性更强的技术管理方面的制度、工艺、办法等。如"车站管理细则"、各专业的具体规则、作业办法。

一系列的规章制度系统地涵盖了运营系统的每一个技术角落，使得日常的运营和故障的处理均有章可循，从而保证了地铁运营这一庞大的联动运输机构的正常运行，更好地保证"城市动脉"的畅通和社会的发展。

2.3.5　服务的安全可靠性

城市轨道交通系统（网络）每天要面对数十万乃至数百万的乘客，并负责将他们从其出发站输送到目的站，同时使每一位乘客在从购票乘车到下车出站的全过程中都感到满意，这是城市轨道交通运营的宗旨。因此，运营企业必须在每一个环节均为乘客提供优良的服务。

首先，在线运行的列车必须按照运行图的规定安全、准时地运行，以保证乘客顺利地完成出行。这是列车运行系统人员包括从调度员的指挥到列车驾驶员的操作都应该完成的任务。可以说这是优良服务的一个根本环节之一。

其次，根据市场需求和客流规律及其变化，制定不同的运行图，以使运能适应运量的需求，至少使乘客能够及时乘车而不感到太拥挤。和城市间的客流规律不同，城市客流的规律是上下班比较集中、不定期的大型公共活动时段客流集中及双休、节假日客流集中等。运营管理决策层应据此制定不同的运行图以满足需要。

换乘问题是城市轨道交通从单线运营发展到网络运营不能回避的问题。正确的考虑应该是从规划建设城市第一条城市轨道交通线路开始就从网络规划的角度，从网络运营组织的角度，特别是从乘客感受的角度来考虑换乘的问题。而不是从投资、工期或其他的角度来考虑。尽量采用方便的平行换乘方式建设列车交叉运行的同站台换乘的枢纽车站，使大量的换乘客流在站台层就被消化，既方便了乘客又省去了站厅层客流换乘的面积和设施。应该说有若干个这样换乘枢纽的网络，才是高服务质量的城市轨道交通网络。

乘客进站、上车、下车到出站，这几个环节的服务应该是以售、检票和乘客导向为中心的。自动售检票（APC）系统的使用在技术基础上将服务质量提高了一个层次。乘客可以一次购票（储值 IC 卡）多次使用，大大节省了购票时间和减少了手续的麻烦。分段计程票价制使乘客的负担更加合理，且在网络内换乘不同线路连续计程和一卡通用（公交、出租、轮渡等公共交通工具），在一定程度上实现了城市公共交通"一体化"。单程票是在城市轨道交通网络内部使用的，这就提出了城市轨道交通网络内部单程票制式（当然包括售检票机）统一的问题。网络的建设方便了乘客的出行，而乘客的出行往往要换乘，乘客出行的起讫点站遍布网络内每一座车站，那么单程票就应该各站通用，其制式统一势在必行。售、检票机的数量及其在站厅层的布置应结合车站的地面出入口的位置、付费区的分隔方式、站厅站台间阶梯的位置综合考虑，运用好整个站厅层的面积和距离，使进、出站客流，购票、检票客流通行顺畅，不致造成交叉拥挤。

车站出入口，出入口外的街区，进站后的通道，站厅内售、检票及查询服务设施，换乘方向等均应有明显的、不间断的乘客导向和指定标志，引导乘客顺利地进站、购票、检票或换乘出站。站台层的标志应能正确引导乘客候乘目的站方向的列车。站厅、站台、列车内明显处还应有安全提示及本线线路图（图中应标明本站位置及换乘站、线）、城市轨道交通网络图、票价表、车站平面布置图乃至计算机查询系统等。在站台及列车上设置候车乘客视线可及的电子行车预告显示，及时预告后续列车及列车前方到站等信息，必要时可发布运行故障及乘车安排通告的服务，做到自助乘车旅行，乘兴而来，满意而去。一系列智能化的服务既节省了人力又无形中增加了对客流的吸引度。当然不能忘记特殊的乘客群体：老人、儿童、残疾乘客等，必要时还应有服务人员的指引和服务。

总之，三大系统组成的城市轨道交通运营是一个整体，是一个联合运输的大系统，其唯一宗旨就是"安全第一，乘客至上"。

思考题

1. 对于具有不同技术经济特征的城市轨道交通系统，在实际工程选用时，应从哪些方面考虑其适用性？

2. 城市轨道交通系统具有哪些运输组织特性？其合理性在哪里？

第 3 章
列车运行和乘客出行的基本概念

3-1：思维导图

章导语：
　　本章主要从固定设备、移动设备和服务对象三个方面介绍城市轨道交通系统的一些基本概念和运营统计指标，这些概念和指标将帮助学生建立城市轨道交通系统运营管理的基本理论框架，为学习后续章节奠定基础。本章中反映供需匹配程度的相关指标及从不同角度衡量列车运行与乘客出行时间和速度的指标是重点，学生可结合案例体会、学习。建议教学学时4学时左右。

3-2：上海地铁线路图
（注意3、4号线的共线运营）

　　城市轨道交通系统通过组织列车在线路上运行和在车站停靠，为乘客提供站间运输服务。乘客出行有其内在规律，应在分析和掌握乘客出行规律的基础上，制定列车运行计划并按计划行车。城市轨道交通系统提供运营服务的过程是列车运行与乘客出行相协调的过程。本章将介绍列车运行和乘客出行的一些基本概念，包括组成运营系统最基本的元素，例如线路、车辆和客流；对服务水平的评价指标，例如发车频率和发车间隔；对运营系统能力和运输效率的统计指标，例如断面运力、定员公里等；以及从不同角度来衡量的时间和速度，例如列车运营时间和速度、乘客出行时间和速度等。

3.1　运营基本要素

　　城市轨道交通所提供的旅客运输服务，是由列车根据预先确定的时间表沿固定线路运行来实现的。线路和车站是提供服务的基础，车辆是提供服务的工具，客流是提供服务的依据，这三项是城市轨道交通系统运营的基本要素。

3.1.1　线路、车站和路权

　　轨道交通系统中的线路在不同的环境下指代不同的内容，一般的，可以从工程和运营两个角度定义城市轨道交通系统的线路。从工程的角度，线路一般指为列车运行而敷设的具有固定走向和长度空间的轨道、路基等基础设施；从运营的角度，线路是指城市轨道交通中运营列车沿固定路线和车站运行的通路，有时也被称为交路。作为基础设施的线路和作为运营服务的线路有时候是一对一的，采用这种类型运营方式的线路一般称为独立运营线路，例如北京地铁1号线，作为基础设施的1号线指的是从苹果园到四惠东的轨道和路基等设施，作为运营服务的1号线提供的也是从苹果园到四惠东沿线的双向运输服务。有时候两者也不是完全一一对应的，存在多条运营线路共享部分基础设施的情况，这种类型的运营方式一般称为共线运营，例如上海地铁的3号线和4号线，在宝山路至宜山路高架区段，共享基础设施。从方便乘客的角度，轨道交通运营机构对外发布的线路图，均为运营线路。

　　车站指设置在线路上，供运营列车停靠、折返及乘客乘降、换乘等使用的具备相应设施的场所。轨道交通系统的车站有的非常简单，仅有一个供旅客乘降的站台，例如大连有轨电车的车站（图3-1），有的则包括多重建筑、众多设施。

　　轨道交通系统车站除提供乘降和换乘功能外，作为大量人流集散地点，有些也提供一些如购物、餐饮等其他服务（图3-2）。

　　轨道线路是列车运行的基础，是轨道交通运输的重要技术设备之一。从一般意义上统计，线路长度为从线路一端到另一端之间的沿线路走向所经过的距离，或者是指一条线路起点到终点的里程。为准确反映城市轨道交通的建设投入和发展规模，一般会从工程角度和运营角度两个口径定义线路长度的统计指标。从工程的角度，线路的长度为延展里程，从线路起点的道岔尖端或车挡内侧的坡脚量起至终点的道岔尖端或车挡止的所有线路，按单线长度计算，复线加倍。从营运的角度，为线路首站与末站的站中心之间的长度，也称为运营里程。当一条线路与已开通线路有共线区段时，其运营里程应剔除重复里程，且折返线、侧线、支线、渡线、避难线、联络线及库线的长度也不计入运营里程中。线网的运营里程为所有线路的运营里程之和。

图 3-1　大连有轨电车车站

图 3-2　香港地铁青衣站的商场

路权（right of way，ROW）即交通参与者的权利，是交通参与者根据相关规定，一定空间和时间内在线路上进行交通活动的权利。城市轨道交通系统的路权形式可以概括为以下 3 类：

A 型路权（专用路权）

此种路权采用与外界交通完全隔离的车道或轨道，无平交道且不与其他车辆混合行驶，行车速度高、正点率高且安全性好，一般都有复杂的信号控制系统。

B 型路权（隔离路权）

此种路权是采用部分与外界隔离的轨道及部分与外界交通混合行驶的车道，行

青衣城（Maritime Square）是我国香港大型商场之一，位于香港新界青衣站，是地铁上盖物业的成功案例之一。青衣站是香港铁路有限公司所辖东涌线和机场快线上的车站，铁路修建之时，香港地铁有限公司便联同长江实业等地产发展商，发展地铁车站上盖商场及物业，青衣城随之出现。

青衣城共有 4 层，设有超市、电影城、美食及各类商铺，附近亦有写字楼和住宅区。利用地铁车站人流大量集散的优势，商场生意非常兴隆，一方面便利了乘客的生活，另一方面也给香港铁路有限公司带来了丰厚的利润。

城市轨道交通设计和施工人员工作中经常使用从工

车安全性较好，但一般都没有复杂的信号控制系统，列车按可视距离间隔运行，行车速度稍低。受路面其他交通形式的影响，列车运行的正点率一般难以得到保障。

C 型路权（共享路权）

此种路权是采用与其他运输车辆和行人共用车道或轨道，与其他城市交通系统有平面交叉。运行在此种路权形式下的城市轨道交通列车受路面其他交通参与者影响较大，很容易因为路面拥堵而产生延误，列车运行时间波动范围较大，安全性也较差。

共享路权是最容易实现的路权形式，城市轨道交通系统的线路直接在路面敷设，但是采用这种路权形式的城市轨道交通系统，其运营特征与路面公交相似。为发挥轨道交通的优势，就必须提高路权的专属程度，因此城市轨道交通系统经常采用高架和地下的敷设方式，与路面交通隔离。但是，路权专属程度的提高也伴随着工程造价的提高。一般而言，在城市中心等高度建成区，城市轨道交通线路往往在地下敷设，在郊区以及土地开发程度较低的区域，城市轨道交通线路往往直接在地面敷设或采用高架的形式。

3.1.2   车辆、车组和列车

城市轨道交通系统中的车辆一般指可编入列车中运行的单节车，车辆可以是有动力的动车，也可以是无动力的拖车。车辆的车厢是乘客室，动车的动力设备一般设在车底板下方，拖车往往为控制车，设有司机室。车辆往往若干节编成一组来使用，称为车组，实际工作中也称为车底。在运行过程中车组一般不解体，一列车组中车辆的个数称为编组辆数。为了满足运营的灵活性和维修的需要，若干数目较少的车辆也可以先组成单元，再由单元组成车组。

动力分散在列车中各节车厢的方式称为动力分散型的牵引方式。采用动力分散型牵引方式的车组一般都有牵引动力控制系统，用来操作控制分散在各节动力车厢下面的动力同步输出。这类车组通常简称为动车。在轨道交通运营中也经常见到由机车牵引若干无动力车辆运行的情况，这种牵引方式一般称为动力集中型牵引方式。

列车一般指将车辆按运营时刻表、施工行车通告及有关规定编成的有动力、可运行的车列，一般配备司乘人员，并分配固定的标志（车次）。城市轨道交通系统中开行的列车绝大多数为客运列车，也有少量的工程列车和救援列车等。

3.1.3   发生量、吸引量、出行量和断面客流量

城市轨道交通沿线乘客出行需求是运营部门提供服务的基础，这种需求可用出行量和客流量这两个概念表示。出行量（passenger number）表示某一时段内某一区域乘坐轨道交通的出行人数；断面客流量（passenger volume）表示某一时段内沿某方向经过某一断面的出行人数，有时也被简称为客流量。

在交通规划阶段，出行量可以通过预测小区交通发生量和吸引量、经过模式分

担和流量分配来计算。城市轨道交通系统一般有固定的线路走向和吸引范围，设任意面积区域 s 轨道交通发生量和吸引量函数分别为 $o(s)$ 和 $d(s)$，轨道交通线路覆盖总面积为 S，则覆盖区域内轨道发生量和吸引量可以用面积分表示为

$$O(S)=\int_0^S o(s)\mathrm{d}s,\ D(S)=\int_0^S d(s)\mathrm{d}s \tag{3-1}$$

在线路覆盖范围内，发生量和吸引量相等，即出行量。发生量和吸引量分配到不同的线路上，便形成了流量。线网较多且交织成网时，配流的过程比较复杂。考虑轨道交通系统往往以线路为单位独立运营，下面以一条线路为例介绍发生量、吸引量与断面流量的关系。

假设线路为直线，两侧吸引距离均固定为 r，单位时间内沿某一方向在距离 l 处的任意面积发生量和吸引量密度函数为 $o(s)$ 和 $d(s)$，则发生量和吸引量分别为 $o(s)\mathrm{d}s$ 和 $d(s)\mathrm{d}s$，考虑到 $\mathrm{d}s=\mathrm{d}(2rl)=2r\mathrm{d}l$，$o(s)$ 和 $d(s)$ 也可以表示为 $o'(l)$ 和 $d'(l)$，则该方向距离 l 处累积的发生量和吸引量分别为

$$O(l)=\int_0^S o(s)\mathrm{d}s=2r\int_0^l o'(l)\mathrm{d}l \tag{3-2}$$

$$D(l)=\int_0^S d(s)\mathrm{d}s=2r\int_0^l d'(l)\mathrm{d}l \tag{3-3}$$

不失一般性，我们用 $o(l)$ 和 $d(l)$ 来表示 $2ro'(l)$ 和 $2rd'(l)$，则发生量和吸引量可以表示为

$$O(l)=\int_0^l o(l)\mathrm{d}l \tag{3-4}$$

$$D(l)=\int_0^l d(l)\mathrm{d}l \tag{3-5}$$

这两个函数记录了该方向上累积到某一位置处、单位时间内的交通发生量和吸引量，设 L 为线路长度，则在全线覆盖区域内的发生量和吸引量为

$$O(L)=\int_0^L o(l)\mathrm{d}l$$

$$D(L)=\int_0^L d(l)\mathrm{d}l \tag{3-6}$$

显然 $O(L)=D(L)$。

发生量表示累积出行的乘客数,吸引量表示累积完成出行的乘客数,在某一位置,两者的差表示仍在沿该方向出行的乘客数,即断面客流量为

$$P(l)=O(l)-D(l)=\int_0^l o(l)\mathrm{d}l-\int_0^l d(l)\mathrm{d}l \tag{3-7}$$

令 $p(l)=o(l)-d(l)$，表示距离 l 处的断面客流密度（沿距离 l 的变化率），该值为正时，表示断面客流量不断增大；为负时，表示断面客流量不断减少。则距离 l 处的断面客流量就可以表示为

$$P(l)=\int_0^l p(l)\mathrm{d}l \tag{3-8}$$

用图形方式表示，从图 3-3（a）中可以看到，断面客流密度是客流发生密度与客流吸引密度的差；图 3-3（b）表示了断面客流量是客流发生量与客流吸引量的差；将断面客流量展开至水平坐标即图 3-3（c），可以看到断面客流量在 l_m 处取得

客流量是对客流的"流量"属性的量度。

为什么要设单位时间？
发生量和吸引量均是时间和空间的函数，简单起见，先固定时间，分析其在空间维度上的变化。设定单位时间是简化的一种方式，一般为 1 h、1 d 等。

$o(l)$ 和 $d(l)$ 表示单位时间内在极短的一段线路上的出行发生量和吸引量。

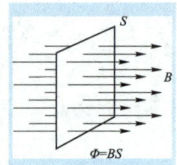

极值 $P_{\max}$，极值点对应断面客流密度函数取值为 0 的位置，即 $p(l_{\mathrm{m}})=0$，极值点同时也是客流发生密度函数与客流吸引密度函数相交的地方，即

$$o(l_{\mathrm{m}})=d(l_{\mathrm{m}}) \tag{3-9}$$

出行量是某一时段、一个区域内的乘客出行人数，强调的是出行的总量。

客流量是某一时段内沿某一方向通过某个断面的乘客人数，强调的是出行的集中程度。

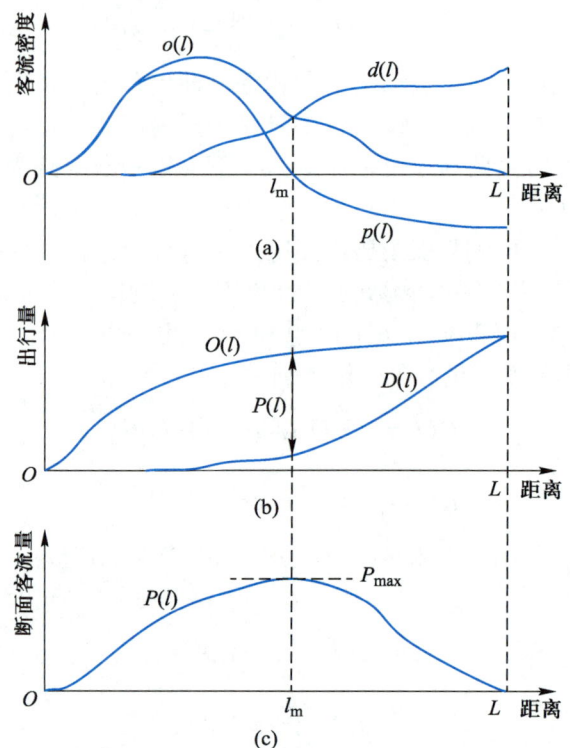

图3-3　出行量和客流量关系示意图

一条线路上的极值点可能不唯一，每个极值点都代表了客流量增减趋势的转变，所有极值点中的最大值即这条线路上的最大断面客流，取得最大断面客流的位置即最大客流断面。

实际运营中，乘客只能在设置车站的有限个地点进行乘降，客流发生和吸引密度函数表现为一系列离散值，客流发生量和吸引量以及断面客流量也表现为一系列离散值，在某一位置（车站）的客流发生量即该站的上车人数，吸引量即下车人数，断面客流量表示在车人数。如图 3-4 所示，设第 i 站上、下车的乘客人数分别用变量 b_i,a_i 表示，那么经过第 k 站后的区间断面客流量可以表示为

$$P_k=\sum_{i=1}^{k} b_i - \sum_{i=1}^{k} a_i \tag{3-10}$$

同样，沿线的最大断面客流 $P_{\max}$ 和取得最大客流断面的区间（最大客流断面）是线路设计和制定运营计划的重要依据。

运营机构经常用到的一个统计客流的概念是客运量，每运送一名乘客一次，就产生一个客运量。对于单一线路来说，客运量即出行量，与全线总上车人数或总下车人数相等。多条线路时，由于存在乘客一次出行中乘坐多条线路列车的情况，客运量往往大于出行量。

3-3：断面客流量的形成

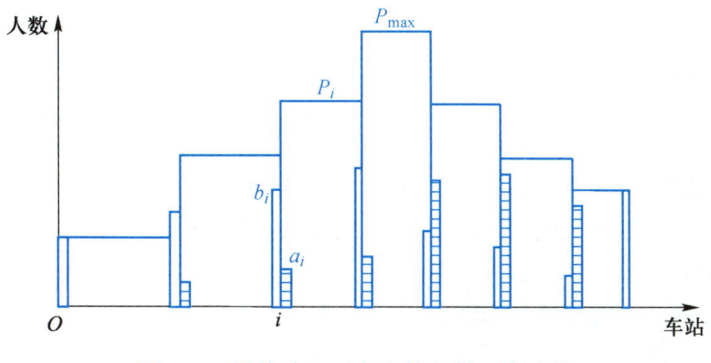

图 3-4　沿线路上下车人数和断面客流量

3.2　运营服务水平

运营服务水平（level of service，LOS），一般是指从乘客角度出发，对地铁运营服务某个方面的客观量测或主观感知。地铁运营服务包括多个方面，例如列车运行、车站旅客组织等，运营服务水平也包含许多指标，既有定性的也有定量的。这里从列车运行的角度出发，介绍包括发车间隔和发车频率、运营时间、满载率、正点率以及旅行速度（见 3.5 节）等服务水平指标。需要说明的是，这里的介绍都是从乘客角度对列车运营服务的评价，不包括乘客对运营设施的评价和对线网规划的评价，也不涉及运营机构本身对运营相关的成本和技术经济指标的评价。

3.2.1　发车间隔与发车频率

发车间隔（headway）与发车频率（frequency）是运营服务水平最为直观的指标。发车间隔是指在一条运营线路上两个连续的运输车辆沿同一个方向经过某个固定位置的时间间隔，它是运营服务水平的组成要素之一。发车间隔在运营调度中常用分钟来描述，而在能力分析中多以秒为计算单位。

发车频率一般指 1 h 内（或其他时间单位内）一条线路上沿同一个方向驶过某个固定点的列车数。发车频率是发车间隔的倒数，如果用 h 表示发车间隔，用 f 表示发车频率，则

$$f=\frac{60}{h} \tag{3-11}$$

发车间隔的大小影响了乘客在车站等待列车时间的长短，乘客们总是希望发车间隔越小越好。但是，发车间隔也不可能无限小，一方面是技术上难以实现，另一方面也与运营成本有关。当发车间隔减小到一定程度时，乘客对等待时间已经不敏感，此时是否进一步压缩发车间隔，往往取决于客流量与运力之间的关系。当发车间隔较大时，一般应提供时刻表。

关于乘客在车站的平均等待时间，一般认为，当发车间隔较小时（例如小于 10 min），乘客的平均等待时间为发车间隔的一半。

3.2.2　运营时间

运营时间（operating time）一般指一条城市轨道交通线路一天内提供服务的时间范围。运营时间应根据当地居民的出行规律及其变化来确定和调整。例如，当该地举办重大活动或者在节假日期间，应根据客流需要合理调整运营时间，及时疏散客流，方便乘客出行。大多数城市轨道交通系统一日内的运营时间都在 19~20 h 左右，其余时间用于设备检修和维护。也有的城市提供 24 h 不间断运营的城市轨道交通服务，比如美国的纽约。

3.2.3　满载率

满载率（load factor），也称满载系数、断面满载率，一般指乘客人数与列车定员之间的比值，反映了乘客在车内的拥挤程度。乘客人数代表需求，列车定员表示供给，因此满载率也是供求关系的体现。满载率在运营计划的编制和实际运营效果的评价中都有应用。根据乘客人数数据的来源不同，满载率分为设计满载率和实际满载率。设计满载率指在线路规划设计和运营计划制定阶段，使用预测分析的乘客人数计算出来的满载率；实际满载率是实际运营中统计得出的乘客人数与列车定员的比值。线路高峰小时平均断面客流量与线路高峰小时实际运输能力之比称为高峰小时最大断面满载率。

制定运营计划时，列车运力应满足客流需求，但是考虑到需要保证一定的服务水平和应对可能的客流波动，根据列车定员数计算出来的运力应乘以适当的满载系数后再与需求进行匹配，这个满载系数称为设计满载系数，也称为发散系数。设计满载系数在一日内的不同时段可以取不同的值。显然，设计满载率与车辆能力的利用成正比，而与所提供的服务水平呈反比。我国的城市轨道交通服务标准规定列车满载率不应大于 100%。

> 考虑客流在时段内的分布不一定均匀，断面满载率与每列车的满载率是有差异的。断面满载率是该时段内列车满载率的均值。

3.2.4　正点率

正点率（punctuality rate）是评价运营服务水平的指标之一。对于城市轨道交通系统，一般把列车在始发站出发或到达终到站的时刻与计划时刻相比大于某个范围（规定的晚点统计时间标准）的列车统计为晚点列车，其余列车统计为正点列车。一定时段内正点列车数与所有开行列车数的比值即正点率，相应的晚点列车数与所有开行列车数的比值即晚点率。

正点率的计算与晚点列车统计标准有关。根据《城市轨道交通运营指标体系》（GB/T 38374—2019）规定，在到达终点站的时刻与运行图计划相比绝对值大于 2 min 时，计入晚点列次（市域快速轨道交通系统、非独立路权有轨电车除外）；市域快速轨道交通系统晚点列车统计标准为大于 3 min；非独立路权有轨电车的晚点列车统计标准为大于 5 min。

乘客对列车正点的关心与发车间隔有关。一般来说，当发车间隔在 10 min 以内时，大多数乘客并不关心确切的列车到发时刻，对列车实际运行偏离运行图的程度也不敏感。但对于发车间隔较大的线路，则需要给出时刻表，这种情况下乘客对列车是否正点到达比较关注。

3.3　运力和运输效率

运力泛指运输系统的运输能力。一个系统或一套设施的能力，从广义上讲是在一定情况下所能获得的最大产出。城市轨道交通系统是运输系统的一种形式，其产出是人的位移，即人·km。因此，运力也应使用单位时间内产生的人·km数来衡量。但是，实际运营中，往往更关心一定情况下能够通过某一断面的乘客数，并将一定时段内、按照计划能够运送通过某一断面的乘客数称为断面运力。也有一些运营系统中并不将断面运力直接表示为通过断面的人数，而是表示为通过断面的车厢面积，这样在计算满载率时需要进行单位面积可容纳乘客人数的转换。实际工作中，人们经常混淆"运力"和"断面运力"的概念，有时用"运力"指代"断面运力"，因此在实际中要注意通过计量单位表述的不同来区分这两个概念。

城市轨道交通系统按照事先制定的计划进行生产，但是作为服务业，其产品的产生和消费同时进行，只有被消费者实现的产品才具有价值。为了区分，这里把计划生产的产品数量称为定员公里，把实现了的产品数量称为客运周转量，两者的单位均为人·km。运输系统的周转量与定员公里的比值反映了运运的效率，称为运输效率。

3.3.1　断面运力

断面运力（section capacity）指在单位时间内沿着一个方向经过某个断面可以运送的乘客数。某条线路的断面运力可以用单位时间内的发车频率与车辆定员的乘积来表示，并且可以表示为线路发车间隔的函数，即

$$C = C_v nf = \frac{60C_v n}{h} \tag{3-12}$$

其中，C_v 为车辆定员，n 为列车编组数量，f 为发车频率，h 为平均发车间隔。

一般情况下，线路在客流高峰时段提供的发车频率最大，具有最大的断面运力，即

$$C_{max} = C_v nf_{max} = \frac{60C_v n}{h_{min}} \tag{3-13}$$

高峰小时的断面运力往往用来考察线路是否能够满足客流的需求。

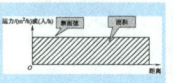

3-4：运力与断面运力关系示意图

3.3.2　定员公里

城市轨道交通系统提供运输服务的产品是乘客的位移。一定时段内，根据运营计划沿某方向所提供的运输服务总量（offered capacity）可以用定员公里 w_o 来表示，被实现的服务称为客运周转量（utilized capacity） w。

当所有该方向的列车都行驶在总长为 L 的线路上时，每小时的定员公里为

$$w_o = CL = C_v nfL \qquad (3-14)$$

其中，C 为断面运力。

如果线路上的列车沿 k 个不同的交路运行，第 k 个交路在该方向上的长度为 L_k，担当该交路列车的定员为 C_k、发车频率为 f_k，则该方向上所提供的定员公里为

$$w_o = \sum_k C_k f_k L_k \qquad (3-15)$$

如果全线由若干站间区间组成，其中第 i 个区间的断面客流量为 P_i，区间长度为 l_i，那么该区间的客运周转量 w_i 可以表示为

$$w_i = P_i \cdot l_i \qquad (3-16)$$

全线客运周转量 w 为

$$w = \sum_i w_i = \sum_i P_i \cdot l_i \qquad (3-17)$$

3.3.3　运输效率

满载率表示了断面运力的利用情况，运力（定员公里）的利用情况可以用运输效率（utilization rate）来衡量。运输效率 $\bar{\alpha}$ 是实际完成的客运周转量与所提供的运力（定员公里）之比，定义为

$$\bar{\alpha} = \frac{w}{w_o} = \frac{\sum_i P_i l_i}{CL} \qquad (3-18)$$

这个比例表示了运营部门沿着这条线路所提供的运力被乘客所利用的程度，也可以表示为线路列车平均满载率，即各区间列车实际满载率在距离上的平均。设 α_i 表示第 i 个区间的满载率，则由上式可得

$$\bar{\alpha} = \frac{\sum_i P_i l_i}{CL} = \frac{\sum_i \frac{P_i}{C} l_i}{L} = \frac{\sum_i \alpha_i l_i}{L} \qquad (3-19)$$

图 3-5 显示了当列车采用单一交路运行时，断面客流量、断面运力、满载率、运力、定员公里和运输效率等概念的关系。图中横坐标表示距离，车站中心线将全线划分为若干个站间区间，第 i 个区间长度为 l_i；纵坐标为单位时间内人数，表示断面客流量和断面运力，各站间区间阴影部分上边的 P_i 表示该区间的断面客流量，横线 C-C' 表示在全线提供的断面运力。根据上面的定义容易知道，图中 $OCC'L$ 所围矩形面积表示定员公里，即运力，阴影部分的面积表示实际的客运周转量，阴影部

分面积与外围矩形面积的比表示运输效率，对于每一个区间，断面客流量 P_i 与断面运力 C 的比值即为该区间的满载率。

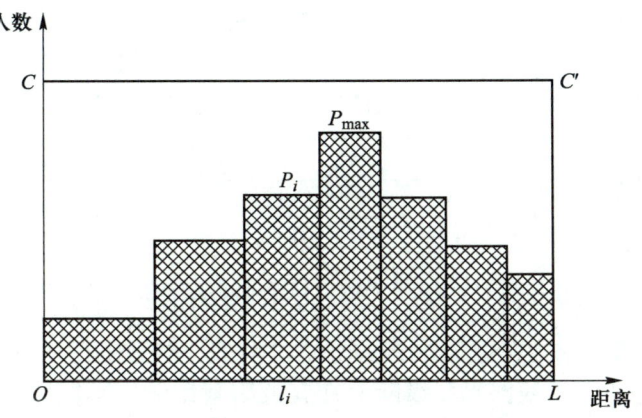

图 3-5　运力、客运周转量和运输效率

3.4　车辆速度和线路速度

速度是轨道交通运营中关注的重要指标，在实际运营工作中往往会遇到多种速度概念。根据关注角度的不同，可以把这些速度分为基于设施和设备所关注的速度，以及基于运营所关注的速度。本节主要介绍前者，后者将在 3.5 和 3.6 节中阐述。

3.4.1　车辆速度

构造速度 V_{max} 指根据车辆构造强度和动力作用所决定的最大行车速度，也称为最高运行速度。

实际运营中，人们往往总是希望列车运行更快一些，但是受城市轨道交通线路状况以及站间距离的影响，车辆往往较难实现其最高运行速度或以较高的速度运行。所以，在车辆选型时应该充分考虑线路和服务类型，根据能够实现的速度来选择合适的车辆，而不应该片面追求具有较高构造速度的车辆。

图 3-6 给出了城市轨道交通系统中列车站间运行的速度时间曲线参考图。从图中可以看到，城市轨道交通由于站间距较短，地铁列车两站间运行时间往往在 1.5 min 左右，列车运行时一般采用加速（牵引）-恒速（巡航）-制动或加速（牵引）-惰行-制动模式，表现出列车加速和制动频繁的特点。

3.4.2　线路速度

在轨道交通线路的设计和运营时，会涉及以下一些与线路相关的速度概念。

3-5：线路纵断面图和速度图

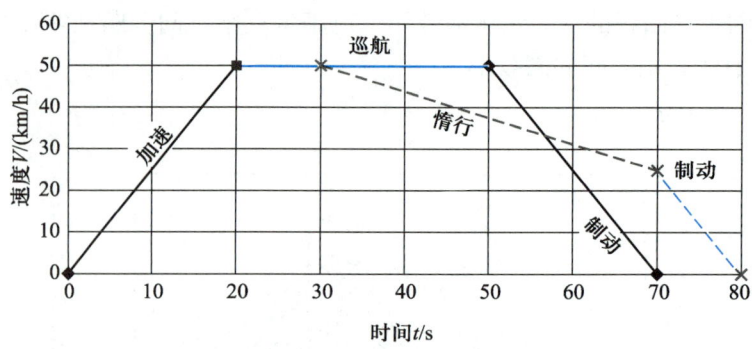

图 3-6　城市轨道交通系统中列车站间运行的速度时间曲线

线路设计速度 V_d 指在保证乘客的舒适度和安全性前提下车辆在一段线路上能够达到的最大速度。受线路平、纵断面和其他因素影响，不同路段、沿不同方向运行时的线路设计速度是不同的。

线路设计速度是线路建成后可以达到的最高速度。一条建成线路是否能达到设计速度，关键要看线路建设的质量标准和相关的配套设施是否能够达到设计要求。一般情况下，初期磨合阶段都要略低于设计速度，待磨合一段时间，系统状态达到设计要求时，才按设计速度运营。

允许运行速度 V_l 一段线路运营一个时期后，某些设施由于自身原因或环境影响不能保证其原有性能时，线路允许列车通过的速度就会下降，此时，列车在该段线路上运行的最大速度就是该线路的允许运行速度，有时也称为限速。

速度牵引曲线 V_g 指根据给定的安全标准、舒适度、经济效益和车辆的性能确定的运行速度值所形成的曲线。采用 ATO 的城市轨道交通列车可以精确地按照速度牵引曲线运行，由人驾驶的列车，其实际运行速度则接近速度牵引曲线，其偏离程度取决于驾驶员的驾驶技能和熟练程度。

3.5　列车运营里程、时间和速度

对运营中里程、时间和速度的统计分析能够考察运营的服务水平和运营效率，有利于服务的改善和效率的提高。

3.5.1　里程

列车载客里程，为载客列车一段时间自始发站至终到站之间的行驶里程统计。

列车空驶里程，是指列车在两端折返线间、车辆段（场）联络线和正线的空车行驶的里程。正线上空车行驶里程包括轧道车空驶里程、为运营业务放空到某站（段）的预备车里程及轧道兼通勤车里程等。

列车运营里程，为列车在运营线路上空车行驶和载客行驶的全部里程。

绝大多数城市轨道交通系统和高铁系统夜间都需要停电检修，恢复供电后线路上运行的第一班列车一般不载客，称为轧道车或确认车。

列车走行里程，指统计期内线路运营车辆所行驶的全部里程，包括列车运营里程、车辆段（场）内行驶里程、正线调试里程、救援里程和清客后里程等。

这里的里程概念都是一段时间内的统计指标，单位均为车·公里。

3.5.2　时间

对线路上运营的列车，可以从不同的角度定义若干不同的时间概念。

区间运行时间 t_r 指列车从某站出发开始至到达下一站停止的时间长度。

停站时间 t_s 指为了让乘客上下车，列车在车站停留的时间长度。

站间旅行时间 T_s 指列车先后从两个相邻车站出发的间隔时间长度，它等于区间运行时间与停站时间的和。第 i 个站间区间的旅行时间可表示为

$$T_{si} = t_{ri} + t_{si} \tag{3-20}$$

站间旅行时间是构成某条线路上列车旅行时间的基础。

折返时间 t_t 指列车在折返站的停留时间。列车完成折返作业所需的最小时间称为最小折返时间。一般情况下，列车在折返站的停留时间大于最小折返时间。因为，除列车折返作业的必要时间外，折返时间的设置还考虑了以下几种情况：

① 乘务员的换班或间休；

② 计划调整的需要（例如保持均匀的发车间隔）；

③ 为可能的运行晚点而作的预留。

周转时间 T 是线路上列车往返一周所用的时间，或者是一列车在正常情况下连续两次从同一个折返站出发的间隔时间，它包括线路上两个方向的运营时间 T'_y、T''_y 和折返时间 t'_t、t''_t，计算如下：

$$T = T'_y + T''_y + t'_t + t''_t \tag{3-21}$$

如果两个方向的运营时间和折返时间均相等，则可表示为

$$T = 2(T_y + t_t) \tag{3-22}$$

特殊线路（如环线等）周转时间的计算在折返时间上有差异，可根据列车实际运行情况确定。

周转时间是制定运营计划的基本时间单位，它与轨道交通系统的工程投资和运营成本也密切相关。

图 3-7 总结了上述几种时间的时空关系。

空驶时间 t_d 指列车走行过程中不对外营业（没有乘客）的时间，这段时间包括列车出入段时间、列车在线路之间调配产生的走行时间等。空驶时间没有收益，因此应尽量缩短。

平台时间 T_p 指一组车在运营中一次出车到收车的总时间。当一辆车在线路上行驶了 k 圈并且有两个相等的空驶时间，那么平台时间可以表示为

$$T_p = kT + 2t_d \tag{3-23}$$

平台时间反映了车组一次上线的总工作时间，可以用来计算线路运营所需要配备的司机人数。计算时，司机的接车、交车时间和一些必要的非驾驶时间都必须包含在 T_p 内。

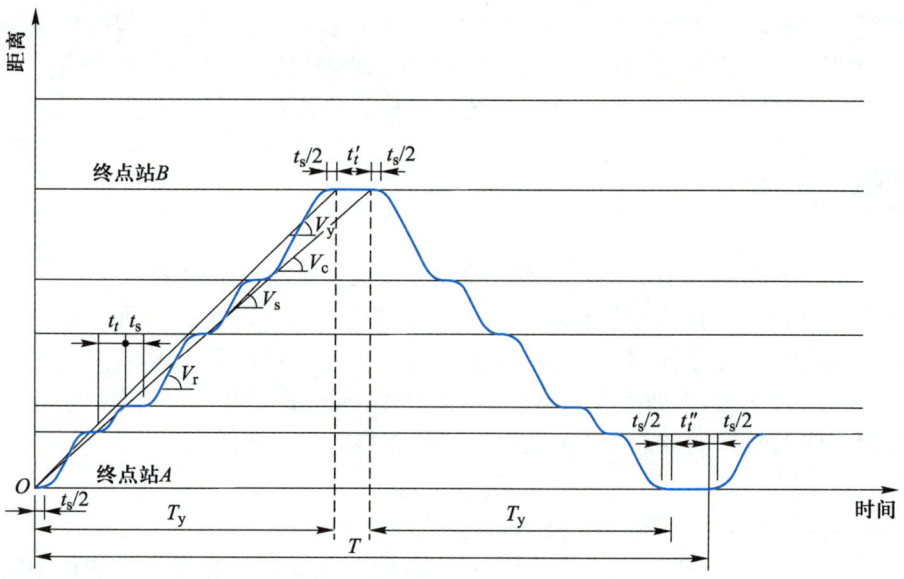

图 3-7 列车运行时间和速度示意图

3.5.3 速度

列车在线路上实际运行的速度受车辆构造速度和线路限速制约，也受停靠站和线路上交通状况的影响（路权不独享的线路）。列车速度指标包括技术速度、运营速度、周转速度、平台速度等四项。

技术速度 V_r 指列车在运营线路上自起点站至终点站，不计停站时间的运行速度，定义为运行线路长度与运行时间的比值，其中运行时间包括起停车附加时分，可用总时间减去所有停站时间来表示，即

$$技术速度 = \frac{线路长度}{旅行时间 - \sum 停站时间} \tag{3-24}$$

列车技术速度不仅受车辆构造速度和线路限速条件制约，也与线路沿途的停站次数、停站时间、站间距分布情况及发车间隔等因素密切相关。

运营速度（旅行速度）V_y 指列车在运营线路长度范围内从始发站发车到终点站到达（计停站时间）的平均运行速度，定义为线路运营长度与线路旅行时间的比值，它是列车沿某方向在全线或 j 个车站之间提供运营服务时的平均速度，即

$$V_{yi} = \frac{60S_i}{t_{ri} + t_{si}} = \frac{60S_i}{T_{yi}} \tag{3-25}$$

$$V_y = \frac{60 \sum_{i=1}^{j} S_i}{\sum_{i=1}^{j} T_{yi}} = \frac{60L}{T_y} = \frac{120L}{T_y' + T_y''} \tag{3-26}$$

运营速度 V_y 是提供给公众的列车运行速度，是轨道交通系统服务水平的要素之一。

周转速度 V_c 指列车沿线路运营完成一个往返的平均速度，计算公式为

$$V_c = \frac{60 \times 2L}{T} = \frac{120L}{T} \qquad (3-27)$$

周转速度对于制定运营计划非常重要，它决定了在给定的服务水平下所需要的车组数，从而影响线路的投资和运营成本。

平台速度 V_p 指列车（一组车）从离开车辆段进入线路运营到返回车辆段的平均速度，即在平台时间内的平均速度。一般情况下，平台速度可以计算为

$$V_p = \frac{120(kL + L_d)}{kT + 2t_d} = \frac{60L_p}{T_p} \qquad (3-28)$$

这里的 k 是指车辆在线路上行驶的圈数，L_d 是指空驶距离，L_p 是指列车一次出入段间行驶的总里程。平台速度的计算中包含了两个空驶距离的里程（从车辆段到运营线路）和在线路上多圈运行的里程，所以它受车辆段与线路间的距离以及其他一些计划因素的影响。平台速度可以用来评价线路上配属车辆的效率。

3.6　乘客出行距离、时间和速度

作为一种公共交通方式，轨道交通出行一般难以实现门到门运输，除了乘坐列车外，乘客往往还需要经过由出发地点到车站和从车站到达目的地点的过程（接近过程），有时还需要换乘。因此，从乘客的角度，出行距离、时间和速度又表现出不同于列车的特点。

3.6.1　出行距离

乘坐轨道交通出行的乘客一次出行中所经过的距离，一般包括两端的接近距离和在车距离，如果有换乘，则还包括换乘走行距离。

接近距离，指乘客从出发地点到达车站或从车站到达目的地的距离，包括在站内走行距离。轨道交通的吸引范围也可以用接近距离来表示，这种情况下的接近距离是一个统计量，它与轨道交通车站的平均站间距和乘客接近车站的交通方式等有关。

在车距离，指乘客搭乘轨道交通列车所经过的距离。

当乘客出行的上车站和下车站之间没有直达列车，则需要通过换乘来实现出行，乘客在换乘时走行的距离即换乘走行距离。换乘走行距离与换乘方式有关，采用同台换乘方式的车站，乘客走行距离一般较短，采用通道换乘或站外换乘方式的车站，乘客走行距离往往较长。

3.6.2　出行时间

采用公共交通模式出行时，乘客从起点到目的地的出行时间包括从起点到达车

关于接近距离的补充：

也有一些参考书进一步区分接近距离（access distance）和离开距离（egress distance），接近距离指从出发地到出发车站的距离，离开距离指从目的车站到最终目的地的距离。

站的时间、在车上的时间、换乘时间和离开车站到达目的地的时间，如图 3-8 所示。这个图表经常用于乘客在某条线路上出行时间的分析及乘客采用不同的出行模式时出行时间的比较。乘客出行时间有下列组成部分：

3-6：高铁与
飞机时间的比较

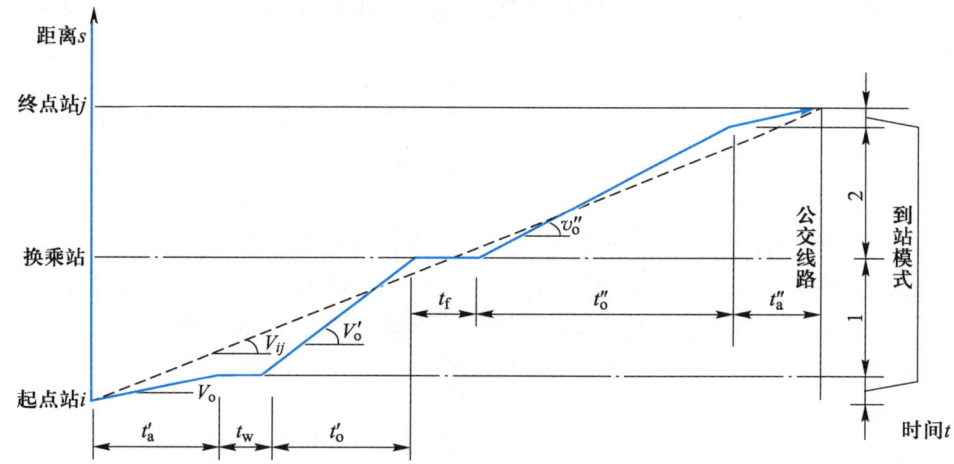

图 3-8 乘客出行时间和速度

接近时间 t_a 指乘客从出发点到达车站和从车站到达目的地所花费的时间，其中，t_a' 表示从出发站到达车站的接近时间，t_a'' 表示从车站到达目的地的接近时间。

等待时间 t_w 指乘客在车站等待车辆所花费的时间。对于发车频繁的公交系统，乘客的平均等待时间等于发车间隔的一半；在较长发车间隔的情况下（通常大于 6 min 或 10 min），乘客开始使用时刻表并且根据车辆发车时刻调整他们的到达时刻，所以等待时间通常比随机到达时的等候时间要短一些。

在车时间 t_o 指乘客在列车内随列车走行的时间，t_o' 和 t_o'' 分别是乘客换乘前后搭乘相应列车时的在车时间。

换乘时间 t_f 指乘客在不同线路或交通工具之间进行换乘时所花费的时间，即从离开一辆车，到登上另一辆车的时间间隔。换乘时间依赖于两个不同线路车站站台间的走行时间、接续线路上车辆的发车间隔以及线路间车辆运行时刻的协调程度。当然，并不是所有的出行都需要进行换乘。

总出行时间（OD 时间）T_{od} 指乘客完成从出发点（O）到达目的地（D）的出行所花费的总时间，这个时间包括前面的几项或所有项时间，即

$$T_{od} = t_a + t_w + t_o + t_f \tag{3-29}$$

3.6.3 出行速度

在乘客出行过程的各个阶段也会经历若干个不同的速度。

接近速度 V_a 指乘客从出发点到达车站和离开车站到达目的地的平均速度，计算方法为接近距离除以接近时间，不同乘客的这个速度可以相差很大，从步行 4～5 km/h 到开车 30～50 km/h，相同的路线可能有不同的接近速度，依赖于他们接近的方式，接近速度对于规划和分析交通网络布局和站间距非常重要。

在车速度 V_0 指乘客所选用的交通工具在其出行线路上的运营速度。

旅行速度（OD 速度）V_{od} 指乘客公交出行时，从起点到终点的平均速度。乘客的一次出行包括接近过程、等车过程、在车运行过程和可能的换乘过程。在从起点到终点所经过的全路段 S_{od} 上，V_{od} 的计算公式为

$$V_{od} = \frac{60 S_{od}}{T_{od}} \tag{3-30}$$

这个速度是影响人们出行选择的一个因素，也影响了交通方式的分担。

思考题

1. 城市轨道交通系统中，基础设施线路和运营服务线路之间有哪些区别和联系？什么情况下是一一对应的，什么情况下是完全不对应的？

2. 城市轨道交通乘客出行量与断面客流量之间有哪些区别与联系？

3. 城市轨道交通系统中的设计满载率和实际满载率之间有哪些不同？

4. 断面运力与定员公里之间有哪些区别和联系？哪些因素影响了定员公里与周转量？

5. 运输效率与服务水平是不是一对矛盾？如果是，如何协调这一矛盾？

6. 为什么城市轨道交通系统中的车辆往往较难实现其最高运行速度或以较高的速度运行？

7. 技术速度和运营速度之间有哪些区别和联系？

8. 乘坐城市轨道交通系统出行的乘客，其出行速度是不是就是列车的运营速度？乘客的旅行速度还受哪些因素的影响？

第4章
客流特性分析和服务设计原理

4-1：思维导图

章导语：
　　本章主要内容是城市轨道交通系统服务设计的原理。首先分析需求的特征，然后介绍供给的特征，接下来根据供需平衡的原则介绍城市轨道交通系统服务设计原理；最后介绍一些常用的客流特征指标。本章内容反映了城市轨道交通运营服务的一个基本特征，即"按需开车"。发车间隔是反映供给水平的一个重要指标，发车间隔的合理选取是服务设计的一个关键环节，也是本章的重点和难点。学生学习时应注意兼顾乘客和运营机构两方面的成本，深入体会设计满载率在不同客流需求下的变化。建议教学学时 4 学时。

轨道交通提供服务的过程是供给满足需求的过程。

　　乘客出行量和客流量是制定运营计划的重要依据，但是仅有出行量和客流量是远远不够的，还需要对客流特性进行分析，在此基础上设计运营服务。

4.1　客流特性分析

　　一般情况下，城市轨道交通所提供的运营服务应是需求导向型，即应满足乘客的出行需求。因此，了解乘客出行总量和进行客流特性分析是设计运营服务的前提和目标。作为公共交通出行的一种方式，城市轨道交通系统乘客出行总量与城市出行总量和出行方式影响因素有关，出行量在系统中随时间、空间的不同分布及在客流结构上所表现出的特征即客流特性。例如，在时间分布上，有些客流具有持续稳定性，有些则具有阵发性；在空间分布上，有些客流双向较为均衡，有些则具有较明显的方向差异；在客流结构上，有些客流以休闲出行为主，有些客流则表现出较为明显的通勤特性。

4.1.1　公交出行及影响因素

　　城市轨道交通系统是城市公共交通的一种方式，城市的公交出行量大体上依赖于所在城市（或区域）的出行总量及公共交通与其他竞争交通方式（如私家车等）之间的服务水平和出行费用的差异。

1. 公交出行需求和实际出行量

　　居民的公交出行需求包括两方面的含义：一方面，当它被定义为希望使用公交服务并愿意支付相应费用的乘客数时，公交出行需求与该公交系统中的实际客流量应该是一致的；另一方面，当它被定义为在一定条件下（例如一定的服务水平和可接受的票价水平下）的乘客数时，这种公交出行需求包含了潜在公交出行需求。这一类公交出行需求往往大于公交系统中的实际出行量，两者的差值是由于服务水平和票价等因素而未能实现公交出行的乘客数（图4-1）。在宏观的交通规划中所用到的出行需求概念，往往指的是后者，即潜在公交出行需求；而在城市轨道交通系统运营中所使用的出行需求概念则指前者，能实现的出行需求。

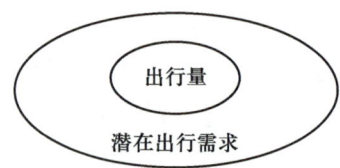

图 4-1　潜在出行需求与实际出行量的关系

　　服务水平和票价等因素的变化会影响潜在出行需求的实现，体现在客流量的变化上。例如，服务水平的提高和票价的降低往往会带来客流量的增长；相反，服务水平的降低或者票价的提高将会带来客流量的减少。

2. 公交出行影响因素

居民是否选择公共交通出行主要受到出行费用高低和不同交通方式服务水平优劣等因素的影响，这其中政府的作用非常巨大。对于公交系统而言，居民出行越分散、出行量越小，越不适宜建设公交系统；反过来出行越集中、出行量越大，越适宜建设公交系统。对于前者，公交服务水平相对较低，有购买能力的居民出行更倾向于采用私家车；对于后者，有条件提供高水平的公交服务，从而吸引更多出行向公交转移。

随着城市的发展，居民出行日益增多，在只有地面交通系统的城市，路面上的各种车辆也日益增多，导致城市主要交通干道几乎都被汽车占用，频繁的拥堵恶化了交通状况，使得不论采用地面公共交通还是私家车出行，都面对较低的服务水平。发展路权独享的城市轨道交通系统就成为解决路面拥堵的重要措施之一，同时也将极大地影响居民的出行选择。

拥有 700 多万人口的中国香港，居民采用公交出行的比例接近九成，为全球第一，这与香港多年来一直推行"公交优先"政策密切相关。香港于 20 世纪 70 年代开始兴建城市轨道交通，逐步建立以轨道交通为骨干、地面公交为辅助的高效公交系统。城市开发也以轨道交通沿线地点为核心，以减少市民出行对道路交通的依赖。几乎每个轨道交通车站外就是一个公交中心，大量公交线路接驳，市民通常只需要乘坐一趟巴士就能坐上地铁。同时，大量的同台换乘车站也极大提高了香港轨道交通系统的运输效率。据香港运输署统计，2010 年年底，香港平均每天公共交通乘客人数为 1 160 万人次。其中，铁路每日载客量占公共运输总载客量的约 36%；电车平均每日载客约 226 800 人；其他陆路交通工具主要包括专营巴士、公共小型巴士、的士和非专营的居民巴士等，占公共交通总客运量的 60%；专营巴士是全港载客量最多的陆路交通工具，每日载客量约占公共交通总载客量的 32%。

4.1.2　客流的空间分布

客流的空间特征通常指在城市或特定区域内，人们流动的模式和趋势。客流的空间特征表现为其在城市中的集中性、商业性、放射性及与卫星城通道的关联性。首先，客流通常集中于城市核心区域，如商业中心和中央商务区，因这些地区聚集了大量的经济活动和工作岗位。其次，商业区因购物、餐饮和娱乐设施的密集分布，吸引了大量消费者和游客，使得客流在这些区域高度集中。此外，城市的交通网络呈放射状分布，客流从城市中心向外扩散，特别是在地铁和主要公路的辐射区域。最后，卫星城与主城之间的通道形成了明显的客流双向流动，这些通道连接了城市与其周边区域，支撑了大都市圈的日常通勤。

1. 客流空间特征的中心性

城市中的客流集中于城市的核心区域或中心区，这些地方通常是城市的经济、行政、文化或商业中心。例如，纽约曼哈顿的中央商务区每天吸引约 170 万人通勤，

4-2：北京交通结构变化图（1986—2009 年）

小资料：
公共交通国际联会（UITP）成立于 1885 年，是一个以世界各国公共交通企业为主要成员的国际性组织，长期以来致力于先进科技与理念在发展公共交通事业上的研究和运用，为在世界范围内推广便捷、畅达、可持续的公共交通服务发挥了巨大而积极的影响。同学们可浏览该组织网站，获取世界范围的公交数据。

曼哈顿岛虽然只占纽约市总面积的 7.2%，但容纳了纽约市将近 60% 的就业岗位。

2. 客流空间特征的商业性

商业区通常是客流高度集中的区域，这些地区提供了购物、餐饮、娱乐等多种消费服务。以东京为例，东京银座是全球最著名的商业区之一，拥有大量高档商店、百货公司和餐厅。2019 年，银座的客流量约 5 000 万人次，其中大部分是购物者和游客。

3. 客流空间特征的放射状

客流从城市中心向外扩散，呈现放射状分布。这通常体现在城市交通网络的设计中，例如地铁线路和主要公路通常从市中心向外辐射。以伦敦的铁路网络为例，伦敦的铁路和地铁网络以市中心为核心，向外辐射。每天约有超过 500 万人次通过伦敦的交通网络进出市中心，其中大部分是郊区和卫星城通勤的居民。铁路系统的放射性设计帮助引导客流集中到市中心。

4. 客流空间特征的卫星城通道性

随着城市化进程的加快，卫星城或郊区与市中心之间的联系日益紧密，形成了特定的客流通道。这些通道通常是高速公路、轨道交通等快速交通方式。以北京为例，北京周边的卫星城如燕郊、大兴、通州等地，每天有大量的通勤客流通过高速公路和城际铁路进入北京市区。根据 2019 年的数据，每天约有 100 万人从燕郊、大兴等地通勤至北京市中心，这些通道承载了极大的客流。

城市客流空间特征的决定因素是多维度的，涉及土地利用规划、交通网络布局、建成环境和社会经济因素等多个方面。土地利用规划对城市客流空间特征的影响是深远的，它决定了城市中不同区域的功能定位，如住宅区、商业区、工业区等。合理的土地利用规划可以促进交通需求与供应的平衡，减少不必要的长距离出行，从而影响客流的时空分布；交通网络布局对客流特征的影响是显著的，它决定了乘客的出行路径、交通流量的分布及交通方式的选择；建成环境和社会经济因素对城市客流空间特征的影响是直接的，它们影响了人们的出行分布、出行频率和出行方式的选择，进而影响了客流空间总量。

4.1.3　客流的时间分布

客流的时间分布是指在一定时间范围内（如日、周、月、年），乘客数量随时间变化的规律，其主要受到社会经济因素、居民出行习惯、交通系统的服务质量、季节变化及节假日活动等因素影响。

图 4-2 表现了某城市几条线路一月内每日交通量的变化，客流的时间分布呈现出以一周为周期的规律性变化，周一至周五的客流量高，并且变化相对较小（周一和周五交通量最高），但是周六和周日客流量明显下降，节假日的情况和周末类似。主要原因是人们在工作日通过公交完成通勤出行，周末的大量私家车出行使工作日和周末的公交出行量的差别大大增加。然而，这种模式也有例外，对于一些通勤流不占主要地位的城市，或者在一些私家小汽车拥有率非常低和对公共交通依赖程度非常高的小城市，周末的公交出行量与工作日差别并不大。

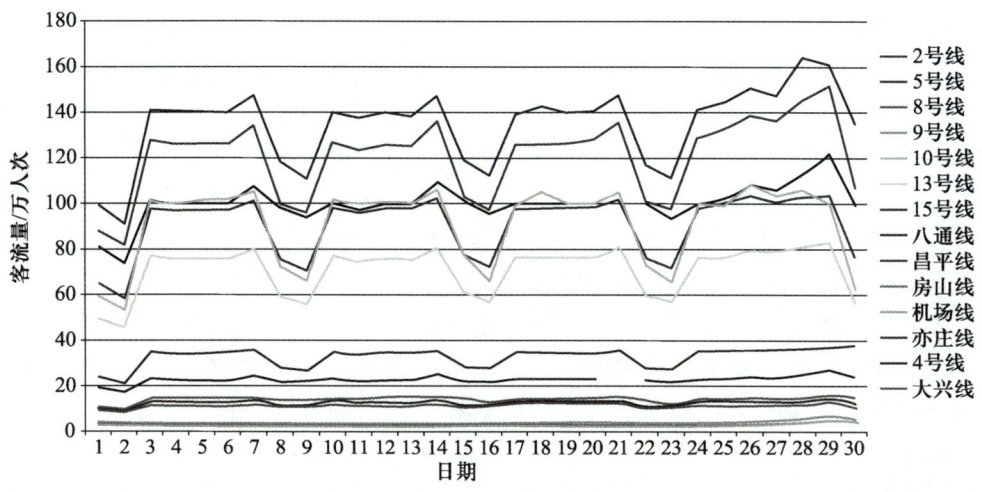

4-3：客流时间
分布示意图

4-4： 北京地铁
几条线路 2009
年工作日高峰小
时最大断面客流
量及其满载率

图 4-2　客流时间分布示意图

工作日的公交出行量随时间变化非常明显，如图 4-3 所示，通勤出行是产生这一特性的主要原因之一。在一天内的大多数时间里，按小时计算乘客的数量是非常准确的，但是这并不适合高峰时期内客流所发生的急剧变化。客流量的峰值特征可以用高峰小时客流量与平峰时段（比如上午 9 点到 12 点）客流量均值的比值来表示，称为高峰小时系数，即

4-5： 北京地
铁西单站客流
时间分布
（出站双峰）

$$P = \frac{P_{max}}{P_{av}} \tag{4-1}$$

式中，P_{max} 为高峰小时的最大断面客流量，P_{av} 为平峰时段平均的断面客流量。

4-6： 北京地铁
宣武门站客流
时间分布（进
出站双峰）

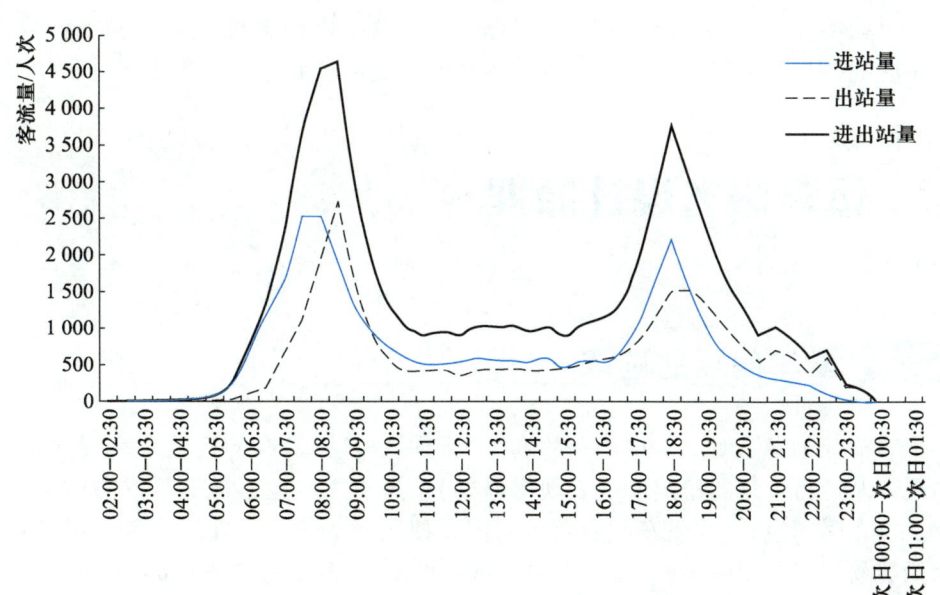

图 4-3　某城市日间进站量分布示意图

需要指出的是，客流高峰小时实际并非仅仅 1 个小时，一般情况下，7：30—10：30 和 16：00—19：00 都是客流的高峰期，往往将这 6 个小时称为高峰小时，其他时段称为平峰时段。另外，全天运营的第 1 个小时和最后 1 个小时，其行车计划的制定一般不是依据客流需求，而是为了保持服务水平和"出车""收车"的需要。

这个比值经常随交通方式的不同而不同。一般来说，这一比值在地区铁路线路上最大，紧随其后的是快速公交系统和公共汽车。相比之下，对于私家车出行方式，司机人数和乘客人数的峰谷效应不是很明显。

随着一日内不同时段客流量的大幅变化（图 4-3），提供运输服务的车辆数也相应发生变化，但客流量的变化幅度要大于提供运输服务的车辆数的变化幅度。这是因为高峰期采用了比平峰期大的车辆负载系数，使得高峰时期的车辆载客量计算出来要比平峰时期大，所以车辆的变化幅度要小于客流的变化幅度。

服务车辆数及车辆载客量的变化使得需要配备的服务人员数也有相应的变化，变化程度的高低还取决于车辆容量、列车组成和运营自动化程度，所以人员数的变化与车辆数的变化相比并不直接。如果在高峰和平峰期间使用不同长度的列车，那么轻轨和地铁系统中这种人员的变化程度较小。而自动化程度非常高的运营模式，如自动导向系统（AGT）和某些实现自动驾驶的地铁系统，甚至有更低的人员比例，这使得他们具有很高的运营效率。

在各种公共交通方式中，高峰小时系数在以通勤客流为主的放射线路中最高，如一些区域性的轨道系统和快速公交系统，而在城市中心区域、切向和环形线路中则比较低，因为这些线路上乘客的出行目的表现出多样性，很难找到一种占主导地位的客流。

在公共交通利用率较高、选择公交出行的群体多样化的城市，客流量的小时变化也不是很明显（即高峰与平峰的比例很小），这是因为多样化的公交出行群体填补了早晚通勤高峰之间的低谷。香港、墨西哥、莫斯科和纽约都表现出这种情况。

4.2　运营服务设计原理

4.2.1　发车间隔的选取

当客流较为稳定时，采用均一的发车间隔可以获得最高的运营效率（车辆的运营情况以及运行计划的稳定性也表现得最好），这对乘客也是最有吸引力的（简单、可靠、等车时间短）。当发车间隔较大、需要使用时刻表时，在运力满足的前提下，可采用容易记忆的 10 min、12 min、15 min、20 min、30 min 或 60 min 等作为发车间隔。当客流处于变化阶段时，发车间隔也相应发生变化。

一条线路最长的发车间隔是由这条线路提供的可以被接受的最低服务水平决定的，因此也被称为法定发车间隔（policy headway）h_p。法定发车间隔主要运用于客

例如，早高峰后客流量衰减，至午间平峰趋于稳定，在这一客流量的变化过程中，城市轨道交通列车发车间隔也随之由小变大。

流量少的线路及晚间时段（如 5:00—6:00，23:00—24:00）。

　　然而，采用法定发车间隔，往往发车间隔较大，乘客平均等待时间较长，乘客们都希望缩短发车间隔来减少他们的等待时间。而对于运送同样大小的客流，采用容量大的车辆少发几次要比采用容量小的车辆多发几次更节省成本，因而运营机构都希望使用大一点的发车间隔。实际采用的发车间隔往往综合考虑乘客出行的便捷程度和运营机构的运营成本。图 4-4 体现了当客流量一定时，发车间隔与乘客及运营机构成本的关系。

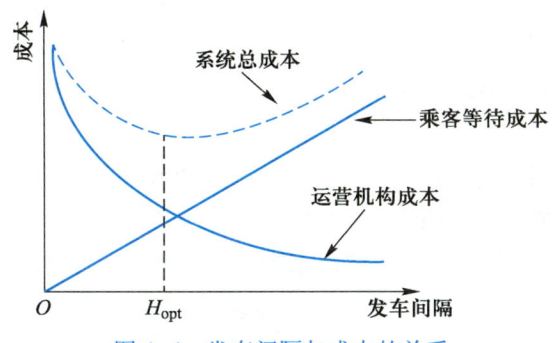

图 4-4　发车间隔与成本的关系

　　从图中可以看出，发车间隔越大，运营机构的成本越低，而乘客的等待成本将越高，系统总成本（运营成本和乘客等待成本之和）则先随着发车间隔的增加而减少，当发车间隔增加到一定大小时（图中 H_{opt} 点），系统总成本达到最低，当发车间隔继续增加时，系统总成本也开始增加。考虑运营机构和乘客等待的系统总成本的计算式可以表示为

$$Z = c\frac{t}{h} + br\frac{h}{2} \tag{4-2}$$

式中：Z——一个周期的系统总成本；

　　　　c——单位周期的运营成本；

　　　　t——往返一次的运行时间；

　　　　h——发车间隔；

　　　　b——乘客的单位周期等待时间成本；

　　　　r——单位周期的客流量。

　　上式取最小值时，发车间隔 H_{opt} 点的计算如下所示：

$$h = \sqrt{\frac{2ct}{br}} \text{ 或 } h = \sqrt{2\cdot\frac{c}{b}\cdot\frac{t}{r}} \tag{4-3}$$

　　式（4-2）和式（4-3）仅仅是从运营成本和乘客的等待时间成本角度来计算发车间隔，在实际的运营中，并非一定采用式（4-2）和式（4-3）计算出的发车间隔，往往还需要考虑线路的最小发车间隔。

　　线路的最小发车间隔 h_{min} 则是由系统的物理特性（技术水平、驾驶和控制方法、安全需求）和车站的运营情况（上下车乘客人数、列车出发控制等）决定，前一类因素决定了在两站间可以实现的区间最小发车间隔（way headway）H_{wmin}，后一类因素决定了可以在车站实现的车站最小发车间隔（station headway）H_{smin}，这两个最小发车间隔中较大者即为该线路上能够实现的最短发车间隔。

$$h_{min} = \text{Max}(h_{wmin}, h_{smin}) \tag{4-4}$$

一般情况下，车站最小发车间隔时间远大于区间最小发车间隔时间，即 $h_{smin} \gg h_{wmin}$，而线路中上下车乘客数最多的车站（乘客交换量最大的车站）往往最小发车间隔也最大，它决定了全线的最小发车间隔。

需要指出的是，这里没有考虑列车在折返站的发车间隔时间，这部分内容详见第6章。

4.2.2　服务设计原理

一天当中，沿某条城市轨道交通线从郊区的终端到达商业中心区域（CBD）（假设在某个特定的服务水平下）的出行人数，可以用一个三维图表示，距离和时间代表水平面，垂直于水平面的坐标代表乘客量，如图4-5所示。

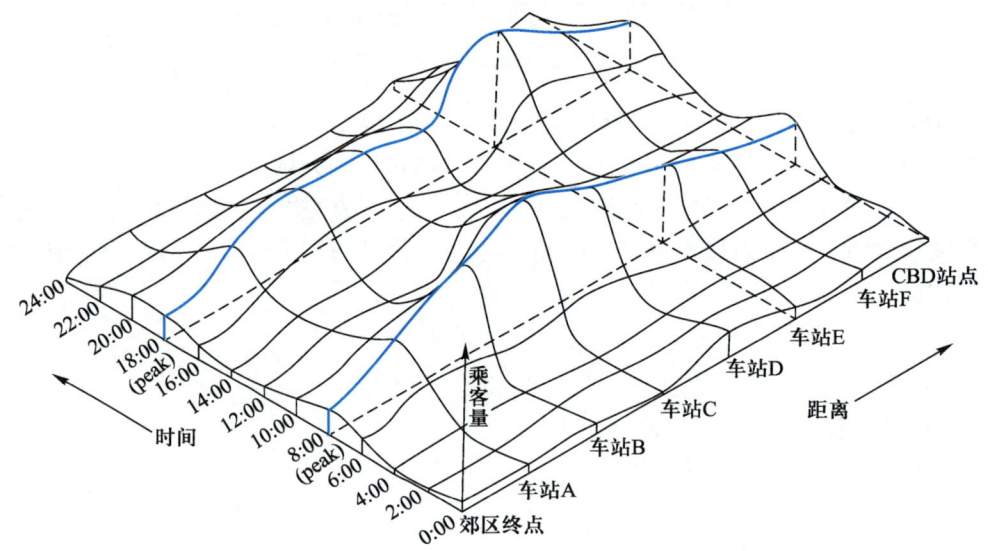

图4-5　理想情况下的客流随时间和空间分布图

在线路上运营的一列车的轨迹被描绘在图上，如图4-6所示，一条斜线代表了距离–时间路径图，由于车辆在站间的速度随着站间距离变化而变化，这条斜线是由若干不同斜率的线段组成的。车辆的容量被竖直地描绘出来了，车总是沿着线路的，它上面的载客量按照上车–下车的函数变化，并且在最大断面客流区间（MLS）达到最大乘客量 P_{max}。在这个反映乘客出行量的三维地形图上，公交服务可以被想象为一系列没有厚度的薄片，如图4-7所示，每个薄片代表了载有乘客的一列车，薄片的高度表示列车的定员，阴影部分表示实际乘客数。为了图的简洁起见，忽略了车辆在沿线的速度变化情况。相邻薄片之间的间隔，即发车间隔。薄片的多少，决定了运力投放的大小。

显然，如果在一天内提供某种固定不变的服务，那么在高峰时期，尤其是在最大断面客流区间，运输能力可能会不够，而在平峰时期，运输能力的利用率又会很低。就像如果用一个固定高度的方盒子把图 4-7 中的不规则形状装进去，高峰的地方可能会装不进去，而低谷的地方又会有很多空白的空间。

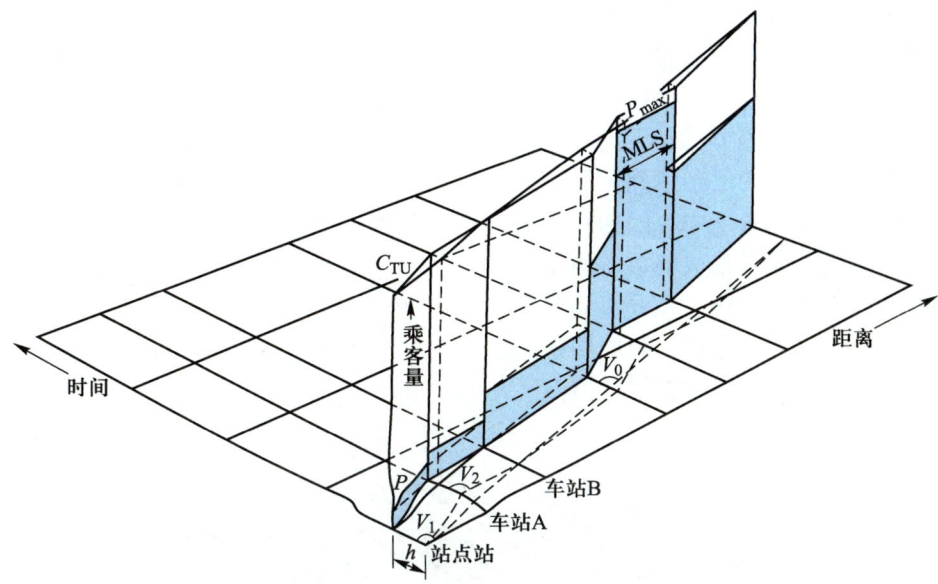

图 4-6　单列车开行效果示意图

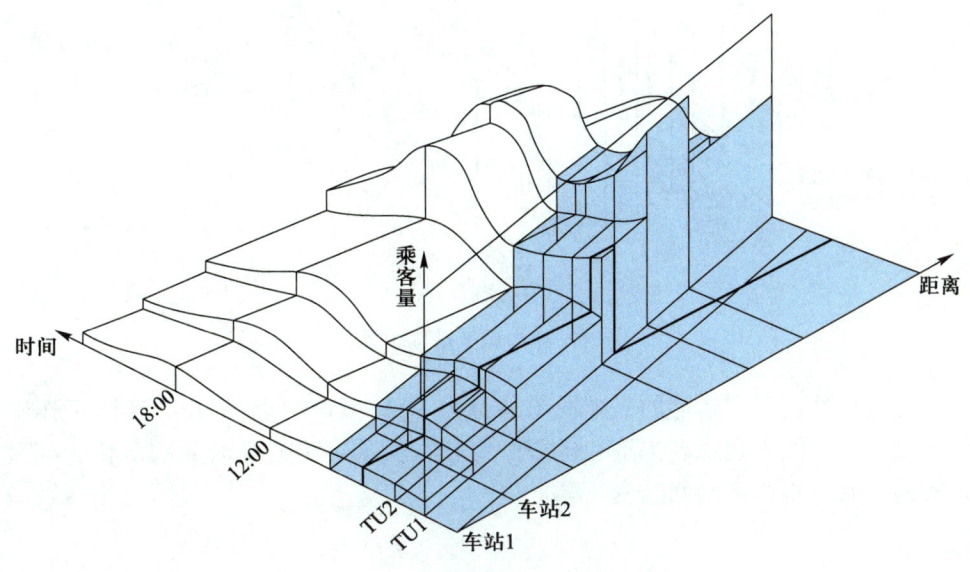

图 4-7　多列车开行效果示意图

为了满足这一变化的需求并充分利用运输能力，所提供的服务必须在满足需求的前提下与需求尽量接近。可以通过三种不同的方式来实现：

① 采用不同的发车间隔——例如在高峰时段缩小发车间隔（提高发车频率）；

② 采用不同容量的列车——例如高峰时段增加列车编组辆数；

③ 采用小交路运营——例如只在客流量较大的部分区段运营（相当于为突出的

高峰提供单独的盒子来装）。

对于从 CBD 引出的线路上客流渐行渐小的情况，将一条主线分为两条或多条支线也是一种平衡能力和需求的方法。这与上面的第 3 种方式比较类似，相当于增加了从线路的汇合点开始的某个小交路。

图 4-8 描绘了这三种能力调节措施的情况。这三种类型的能力调节措施在实际公交运营系统中都得到了应用，但不是在每种情况下这三种方式都是实用的。例如，第一种改变发车间隔方法，几乎在所有的运营系统中都有应用，除非受线路能力、单线区段等因素制约已经达到了最小的发车间隔。第二种改变列车容量的方法被应用于许多轨道交通系统中，因为在车场或存在配线的车站，可以实现车辆的连挂或分离，从而改变列车编成辆数。但是，在公共汽车的运营中做这样的调整（在高峰和平峰时用不同的车辆）不是很常见。第三种能力调节措施，通过小交路在线路的某一部分增加运力的方法，只应用于线路中间的车站上存在折返设备、并且与现有交路上车辆运行计划协调良好的情况。

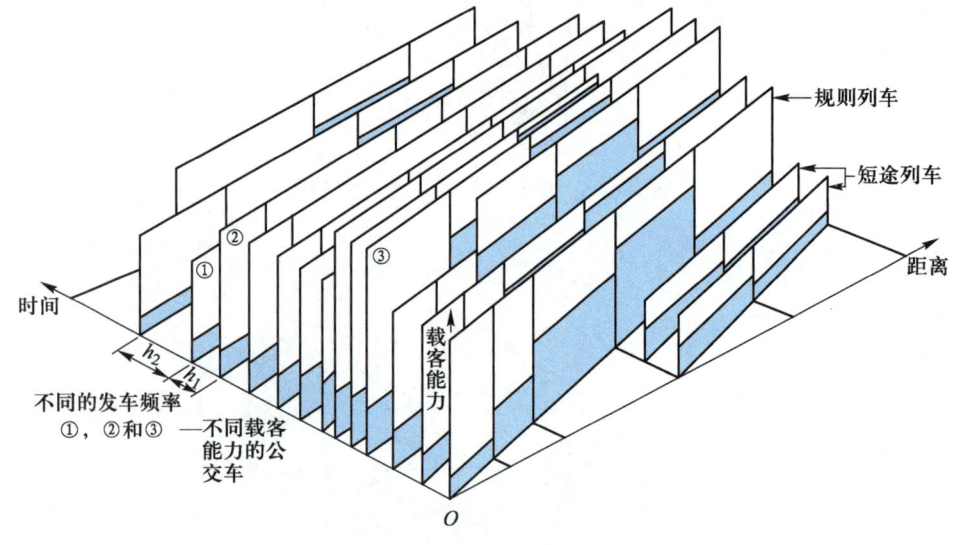

图 4-8   能力调节措施示意图

以上关于客流量和运能的三维视图只是为了帮助理解概念而设，实际工作中往往只采用二维视图来表示客流量和运能的变化，例如客流量随时间的变化、客流量随距离的分布、运能随时间的变化等。

4.3   乘客出行特性

运营线路上的客流情况可以用很多指标来分析，下面以一条线路为例，给出一些较为重要的指标：

客运周转量 P 为一段时间（1 h 或 1 d）内所有乘客的总出行距离，即

$$P = \sum_{i=1}^{n} P_i l_i \tag{4-5}$$

这里 P_i 和 l_i 分别是第 i 个站间区间的客流量和站间距。

出行量 P_t 为一段时间（1 h 或 1 d）内出行乘客的总量，即

$$P_t = \sum_{i=1}^{n} b_i \tag{4-6}$$

这里 b_i 是第 i 个站间区间的上车人数。

客运强度 Q 为一段时间（1 d）内单位运营长度上平均的载客量，计量单位为人次/(km·d)，即

$$Q = \frac{P_t}{L} \tag{4-7}$$

这里 L 是总运营长度。

平均运距 l_{av} 也称乘客平均出行距离，为一段时间（1 h 或 1 d）内所有乘客的总出行距离（周转量）与出行量的比值，即

$$l_{av} = \frac{\sum_{i=1}^{n} P_i l_i}{\sum_{i=1}^{n} b_i} = \frac{1}{P_t} \sum_{i=1}^{n} P_i l_i \tag{4-8}$$

4-7：2009 年 5 月各线路平均运距及其与线路长度的关系

平均客流密度 P_{av} 也称负荷强度，为一段时间内线路总客运周转量与线路长度 L 的比值，表示单位时间内，在单位运营长度上平均承担的客运周转量，一般计量单位为人/h 或人/d，即

$$P_{av} = \frac{\sum_{i=1}^{n} P_i l_i}{L} \tag{4-9}$$

客流不均衡系数 η_f 表示线路客流量达到高峰的程度，这里用来表示断面客流不均衡性，为某方向最大断面客流量 P_{max} 与平均客流量 P_{av} 的比值，即

$$\eta_f = \frac{P_{max}}{P_{av}} = \frac{L P_{max}}{\sum_{i=1}^{n} P_i l_i} \tag{4-10}$$

实际工作中，当站间距差不多相等时也可简化表示为

$$\eta_f' = \frac{P_{max}}{P_{av}'} = \frac{n P_{max}}{\sum_{i=1}^{n} P_i} \tag{4-11}$$

式中：n——区间数量。

η_f 的最小值为 1，表示沿线客流量非常均衡，例如只在两点间运营的车（一些从 CBD 到机场的一站直达快车）。η_f 越高，意味着平均满载率 α_{av} 越低，意味着越需要根据客流量对所提供的定员公里进行调整。假定在一条包括 n 个相等站间距的线路上，所有的乘客上车后都只乘坐一站便下车，那么 η_f 达到最大值，即

$$\eta_f = \frac{P_{max}}{\dfrac{P_{max}}{n}} = n \tag{4-12}$$

当然，这只是一种假设的情况。

此外，根据参考值的不同，还可以有方向不均衡系数、时间不均衡系数等。

乘客交换系数 η_x 指的是沿线交换乘客所占的比例，即乘客的周转率，定义为沿线上车的乘客总数与那些没有替换下车乘客的乘客数的比值。从图4-9（a）可以看得更清楚一些。区域 B_L 为所有上车的乘客总数，A_L 为所有下车的乘客总数，P_x 为 B_L 和 A_L 重叠区域，表示被下车的乘客所替换掉的那部分上车的乘客数。乘客交换系数 η_x 是区域 B_L 与区域 B_L 中没有被 A_L 重叠的区域的比值，指出了乘客交换程度。这一指标对于运营非常重要，在车辆设计、停站时间的确定和票价结构的确定等方面都有重要的参考意义。

一般情况下，上车人数和下车人数函数曲线沿着线路会有多次起伏，并且两函数线会相交，每一个交点都代表了客流量的一个极值——局部极小或极大。图4-9（b）给出了一个较为典型的直径线的例子，客流曲线有两个极大值，在城市中心的两个端点取得。

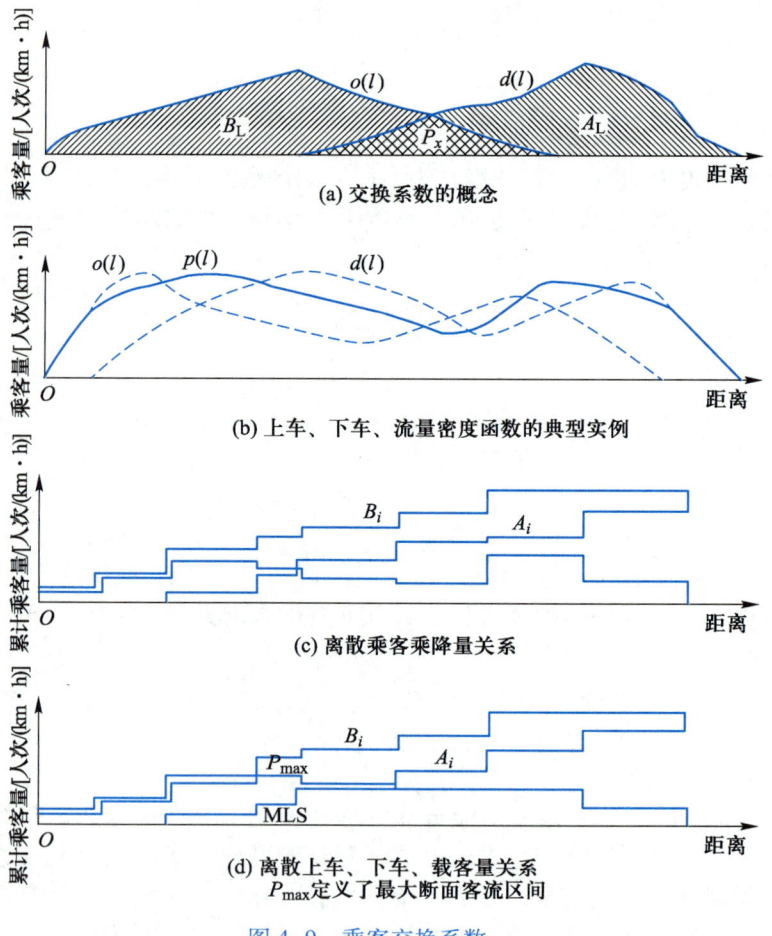

(a) 交换系数的概念

(b) 上车、下车、流量密度函数的典型实例

(c) 离散乘客乘降量关系

(d) 离散上车、下车、载客量关系
$P_{\max}$ 定义了最大断面客流区间

图4-9　乘客交换系数 η_x

对于一条实际的线路，上下车人数函数大体也遵循相同的变化趋势，只是以离散点的形式表现出来，如图4-9（c）所示。离散情况下乘客交换系数公式如下：

$$\eta_x = \frac{P_t}{P_t - \sum_{i=1}^{n} \min(b_i, a_i)} \qquad (4\text{-}13)$$

分母中的求和计算中出现了取最小值符号，即每站上、下车人数中的较小值。

如果在线路中上下车曲线相交的站点只有一个（例如第 k 站），即只有一个客流量的最大值（最大客流区间，最大值 P_{max}），如图 4-9（d）所示，则 η_x 可以简化为

$$\eta_x = \frac{\sum_{i=1}^{n-1} b_i}{\sum_{i=1}^{n-1} b_i - \left(\sum_{i=2}^{k} a_i + \sum_{i=k+1}^{n-1} b_i \right)} = \frac{P_t}{\sum_{i=1}^{k} (b_i - a_i)} = \frac{P_t}{P_{max}} \qquad (4\text{-}14)$$

把式（4-10）中的 P_{max} 值代入式（4-14）中，得到

$$\eta_x = \frac{L P_t}{\eta_f \sum_{i=1}^{n} P_i l_i} \qquad (4\text{-}15)$$

再进一步，用前面介绍的出行量的关系来取代这个总量，也就给出了乘客交换系数与线路长度、平均出行距离和乘客波动系数之间的关系为

$$\eta_x = \frac{L}{l_{av} \eta_f} \qquad (4\text{-}16)$$

从上式容易看出，当所有的乘客都在整条线路上出行、期间没有乘客下车时，η_x 取得最小值 $\eta_x = 1$；而当所有的乘客在线路上的所有 n 个站都进行交换，η_x 取得最大值 $\eta_x = \frac{L}{l_{av}} = n$。

思考题

1. 简述城市轨道交通系统与其他路面交通系统相比的优势和不足之处。

2. "职住分离"特征较为明显的城市，其居民出行规律在时间和空间的分布上有哪些明显的特征？为什么会有这些特征？

3. 本书第 2 章介绍了具有不同技术经济特征的多种城市轨道交通系统形式，针对不同的客流空间和时间分布，简述这些城市轨道交通系统形式的适用性。

4. 乘客出行特征是城市轨道交通系统线路设计和运营的重要依据。请分析本章第 3 节介绍的若干特征指标是如何影响线路长度和走向确定、车辆选型、速度目标值选取等工作的。

第 5 章
运营计划编制技术

5-1：思维导图

章导语：
　　本章内容是城市轨道交通服务设计原理的具体化，主要包括运营计划的编制流程、编制方法和图形化表示。首先介绍城市轨道交通系统运营计划的组成和一般的编制流程；然后从行业实际出发，分别介绍了列车开行计划、列车运行图和乘务计划等三个技术文件编制过程中关键指标或参数的确定方法、相互影响关系及实用的编制方法；最后介绍了特殊线路运营计划的编制特点。
　　本章是城市轨道交通运营管理课程体系的重点内容之一，所包含的众多知识点也往往是教学中的难点部分。学生学习时应注意：一方面从上一章所介绍的服务设计原理的理想状况出发，结合客流的时空不确定性和运力的自然属性，深入体会分项目制定运营计划时每个计划所需要解决的科学问题；另一方面也要通过大量的思维训

　　城市轨道交通系统运营中实行按计划行车，列车根据计划的规定在线路上按照既定的时间运行，完成乘客运输任务。这里所说的计划，指的是指导列车运行、车辆运用和乘务组织的技术文件，也称为运营计划。运营计划一般应包含发车频率、各次列车在各站的到发时刻、车底的周转安排和乘务员的值乘安排等信息，日常运营中这些相互关联的信息往往相对独立，分别形成相关的技术文件，主要表现为列车开行计划、列车运行图、车底周转图和乘务计划。编制这些技术文件的过程即运营计划的编制过程。除了产生运营相关的技术文件外，运营计划中的部分信息也将以时刻表的形式向公众发布。

5.1　运营计划组成和编制流程

　　城市轨道交通运营计划对外向乘客提供运营服务，对内指导各部门的运输生产，其编制流程受内外多方面因素影响，涉及多个需要相互协作的业务工种，是一项庞大而复杂的工作。各个城市轨道交通系统往往又有各自的区域特点和特殊的运营要求，因此运营计划的具体编制方法和流程也各不相同。但是，一般都表现出分阶段、分块编制再汇总、调整的特点。图 5-1 是一个较为典型的制定运营计划的流程示意图，该流程中将运营计划的编制分为数据准备、计划编制和分析调整三个阶段，每个阶段又包含相对独立的多块内容。

1. 数据准备

　　运营计划所要达到的主要目标是合理组织运力以适应乘客出行需求，所需要准备的数据可以分为运力资源配置、客流需求、服务水平和运营规范等四个主要方面。运力资源配置数据包括各条线路的基础设施基本情况，例如线路长度、配线设置、换乘车站设置等；和车辆相关的基本情况，例如车辆类型、编组辆数、运行时间、折返方式、折返时间、最小间隔时间等。客流需求包括分时段客流量、客流空间分布、换乘客流分布等反映乘客出行规律的数据。服务水平反映了对外提供服务的质量标准，一般包括发车间隔、旅行速度、满载率、首末车时间和换乘站列车接续等。运营规范则是合理组织运输生产的技术标准，对运力使用、服务提供以及计划编制流程等作出具体的规定。

　　以上四方面数据，除客流需求外，其他三类数据在一个较长时段内往往保持稳定，而反映乘客出行规律的客流需求数据则需要不断更新，以保证运营计划所提供的服务更贴合乘客的出行需求。

2. 计划编制

　　计划编制是整个运营计划编制过程的核心。由于牵涉面较广、制约因素较多，运营计划往往被分成若干部分分别编制，各部分间存在依赖和先后关系，形成运营计划的整体。每一部分运营计划一般称为一个技术文件，而列车开行计划、列车运行图和乘务计划是指导运营生产的最主要的三个技术文件。

　　列车开行计划是运力资源的安排计划，它规定了随客流需求不同而变化的分时段、分区段运力配置情况。当一定区段在一定时段内开行的列车都采用同样编组的

车底时，列车开行计划也可简单地表示为在该时段的列车开行数，或者发车间隔。

列车运行图规定了列车的运行时间、到发时刻、折返时间等运营要素，以图形方式提供给运营和管理人员，是列车开行计划的具体实现方案。城市轨道交通系统的列车运行图中还包含了车辆周转方案，车辆周转方案规定了运行图中的运行线与参与运营的车辆间的关系，是合理安排车辆完成列车运行图的方案。

乘务计划是安排司机出乘的计划，规定了运行图中的运行线与乘务员班次间的关系，是合理安排乘务员完成列车运行图的计划。更进一步，乘务计划依据列车运行图中所包含的车辆周转方案制定。

对于城市轨道交通系统，在运力富裕的情况，一般按照以上顺序来编制运营计划。如果其中的某一环节成为制约因素，编制顺序也会发生变化。

3. 分析调整

运营计划根据满足一定的服务水平的目标而制定，各种技术文件除了直接指导运营工作外，还提供了很多反映内部生产效率的数据，例如车辆（列车）走行公里、司机驾驶时间和总工作时间等等，对这些数据的统计和分析有助于成本核算和对生产效率进行评价，并为运营计划的改进和优化指明方向。

既要满足服务水平又要提高运营效率，使得实际运营计划的编制过程非常复杂，需要考虑非常多的细节因素，更何况这些因素在很多情况下都是多变的。因此，分析调整阶段往往通过不断反馈信息给运营计划编制人员，以达到不断更新和优化运营计划的目的，如图5-1中的虚线所示。

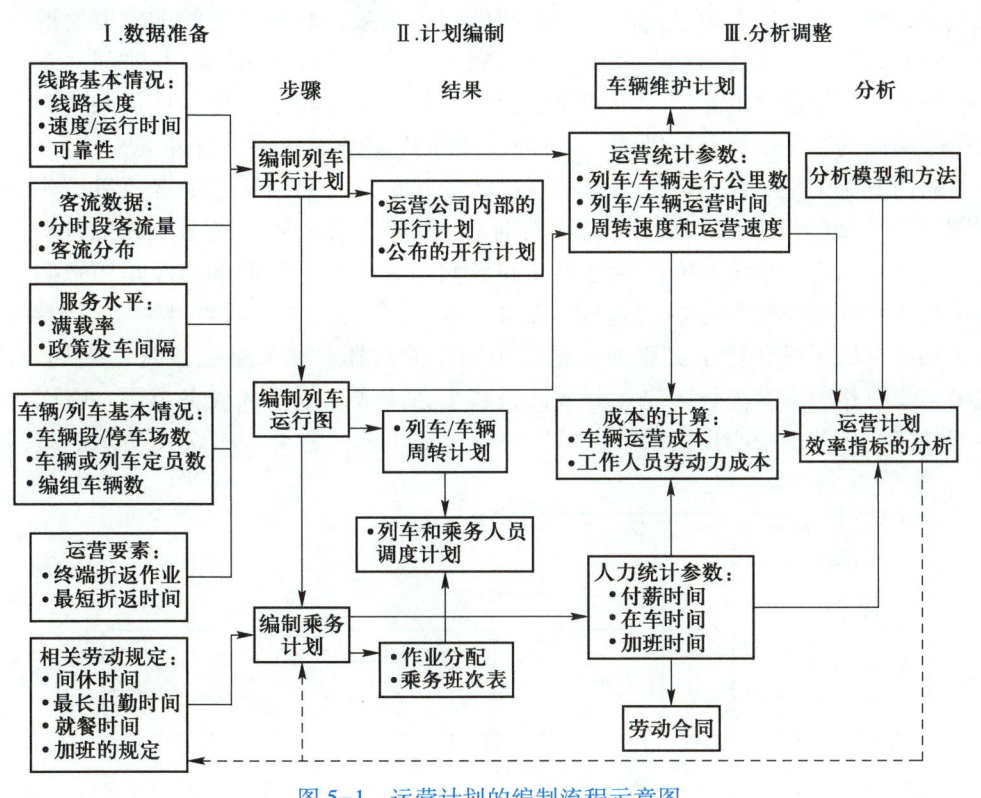

图 5-1 运营计划的编制流程示意图

当存在多种列车时，或同一种类列车间的发车间隔较大时，运营机构一般需要提供按车种别的列车时刻表。例如，下面的图片截取了东京小竹向原站时刻表的一部分。

5-2：小竹向
原站时刻表

列车开行计划的编制以客流为依据。面对在时间和空间两个维度上变化的客流，实际工作中采用了先固定其中一个维度、然后分析客流随另一个维度变化的近似处理方法。断面客流图是对时间的近似，全日分布图是对空间的近似。

5.2 列车开行计划的编制

城市轨道交通系统中的列车开行计划一般按线路分别编制，它规定了线路各区段、全日分时段列车开行对数和编组情况，是制定列车运行图的基础，也称为全日行车计划。列车开行计划在考虑尽量降低运营成本的情况下，必须实现两个服务水平目标：① 为乘客提供足够的运力；② 满足最低发车频率的要求。

在高峰时段和客流量一直较大的线路上，目标①是制约条件，运营计划必须考虑如何提供足够的运力，一般情况下满足了运力约束，则目标②自然能够得到满足；但是在平峰时段和客流量不大的线路上，如果仍然按照目标①来提供服务，那么往往导致较低的发车频率，难以满足目标②的要求，这时就需要以目标②来制定计划，而忽略目标①。

5.2.1 断面客流图和全日分布图

线路上的客流量以及客流在空间和时间上的分布情况是制定列车运行计划时所需要的最基本的数据。客流量是需求，列车运行计划所规定开行的列车服务是供给。现实中，作为需求的客流量是时间和空间的连续函数，而作为供给的轨道交通列车服务则是离散的，因此供给与需求不可能完全相等。另外需求同时与时间和空间相关也增加了供给设计的难度。因此在运营计划的制定过程中，往往使用某一时段沿线路各断面的客流图和某一断面一日内各时段的客流图来表示客流信息。

断面客流图是反映一段线路上不同站间区间单位时间内通过的客流量变化情况的图。图 5-2 给出了一个断面客流图的例子，横坐标表示从 O 站至 Q 站的各个站间区间，纵坐标表示单位时间内通过该站间区间的客流量。断面客流图是用来确定列车运行交路和该时段发车数的基础。如果在某一段上的客流量明显大于其他路段，那么在相应的区段开行小交路列车是一个不错的选择。如果是在线路的规划阶段，也可考虑将路段在客流量下降点分成两条或多条支线，以扩大服务范围、吸引更多客流，这在从城市中心出发的放射状线路的规划中较为常见。图 5-2 所示的站间区

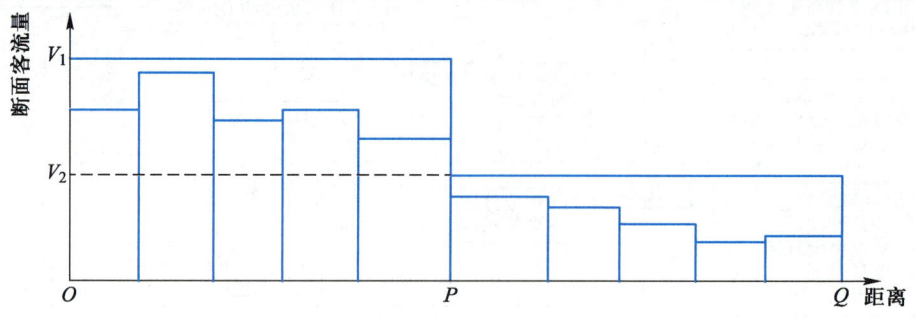

图 5-2 适宜开行大小交路的断面客流图

间断面客流量适宜开行大小交路，以客流量明显下降的车站 P 为界，O–Q 段开行大交路，O–P 段开行小交路。

全日客流分布图是显示部分线路或全线客流随时间变化的图，如图 5–3 所示。全日客流分布图与断面客流图类似，也是柱状图，纵坐标也是客流量，所不同的是横坐标不再表示距离，而是时间。因而断面客流图反映的是一段时间内客流在空间上的分布，全日客流分布图则反映了一段空间上客流随时间的变化。

考虑到运力资源配置的变化是"台阶"状的，一日内的运营计划一般分时段制定。全日客流分布图显示了整个运营时期的分时段计划模式，可用于决定计划时段的起始时间。一般情况下，一个计划时段内应有较为均匀的客流量，以便于均衡地安排运力。

计划时段的选择和范围与城市居民的出行规律密切相关。目前，世界上大多数城市轨道交通系统营业时间都在 18～20 h 之间，停止营业的目的主要是为设备维护和检修留出作业时间。

城市轨道交通客流具有较为显著的峰谷特性，因此一个运营时期（1 d）内往往有多个计划时段。如图 5–3 所示，5 点至 6 点为出车时段，6 点至 9 点为早高峰时段，9 点至 15 点为午间平峰时段，15 点至 19 点为晚高峰时段，19 点至 22 点为晚间时段，22 点至 24 点为收车时段。当一日内峰谷现象不显著时，例如周六、周日、节假日等，运营时段也会随之发生变化，甚至出现除出车和收车外，整个运营时期都是一个计划时段的情况。

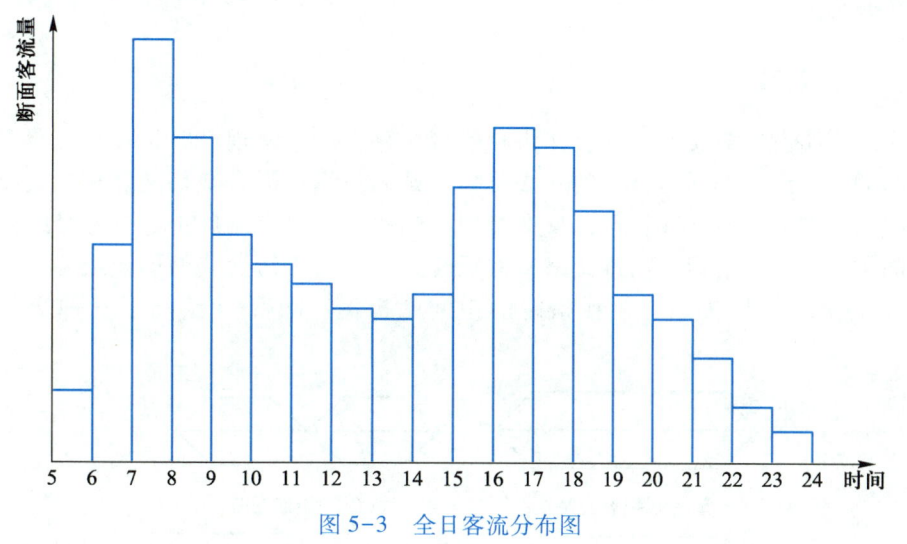

图 5–3　全日客流分布图

5.2.2　列车交路方案

城市轨道交通线路上的列车往往沿着某个固定的回路循环运行，这样的回路一般称为列车运行交路。当城市轨道交通线路较长，客流分布不均衡时，通过合理、可行的交路组合来安排列车输送能力是一种充分利用有限资源、降低运输成本的常

列车运行交路是城市轨道交通系统所提供运力的基本形式，同一个交路上各处的运力是相同的。交路形式和各交路列车发车频率反映了城市轨道交通系统所提供的运力的分布。

交路上各处的运力相同，但是各处的断面客流不同。以最大断面客流来确定发车频率时，在其他断面上就产生了运力的虚糜。如何减少虚糜，是编制运营计划时必须考虑的问题。

见方法，这种规定列车交路的方法与过程就是编制列车交路计划。

列车交路计划的确定应建立在对线路各区段客流量进行统计分析的基础上，并充分考虑行车组织与客运组织的条件，进行可行性研究。

首先，区段客流分析是列车交路计划确定的主要因素之一，也就是根据客流在时间上、空间上所表现出的不均衡性加以研究分析，作为列车交路计划确定的依据。

其次，行车条件决定了列车交路计划实现的可能性，城市轨道交通的线路设置由于其运营特点，不可能在每个车站设置具备调车作业功能的线路，交路的实现只能在两个设有调车或折返线路的车站之间进行，同时还必须注意列车交路是否会影响到行车组织的其他环节，例如，是否会影响行车间隔、后续列车的接车等。

最后，客运组织是列车交路确定的必要客观条件，由于列车交路计划的实现可能导致列车终到站的变化，相关车站的乘客乘降作业、列车清客、客运服务工作都会随之不断调整，对客运组织水平的要求比较高，如果客运组织不力将会直接影响到列车运行图的执行情况，因此，确定列车交路计划应该对客运组织的条件加以考虑。

列车交路计划规定了列车运行区段、折返车站和发车频率。由于城市轨道交通系统站线少甚至没有侧线，规定不同的交路要受客观条件的限制。根据城市轨道交通列车是否跨线，可以将交路分为本线交路和跨线交路两种。本线交路指列车沿着其规划的主要运行线运行，即列车在整个运行过程中都不需要离开主线路；跨线交路指列车在运行过程中需要离开主线路，转移到其他次要线路或支线上，然后再返回主线路继续运行。

一、本线交路

本线交路有常规交路、混合交路和衔接交路三种。常规交路又称长交路，列车在线路的两个终点站间运行，到达线路终点站后折返；混合交路又称长短交路，列车在线路的部分区段共线运行，长交路列车到达线路终点站后折返、短交路列车在指定的中间站单向折返；衔接交路又称短交路，是若干短交路的衔接组合，列车只在线路的某一区段内运行、在指定的中间站折返。图 5-4 给出了三种交路的示意图。

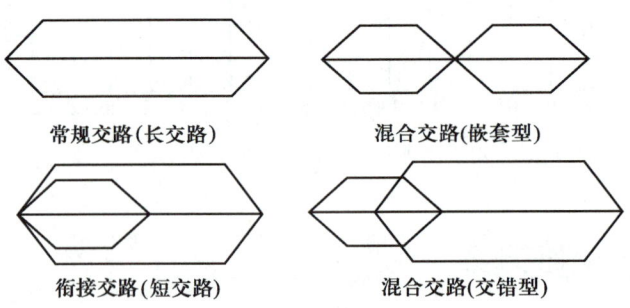

常规交路（长交路）　　　　混合交路（嵌套型）

衔接交路（短交路）　　　　混合交路（交错型）

图 5-4　常见本线交路类型

长交路具有对中间站折返线路要求不高、行车组织简单的优点，但没有考虑区段客流量不均衡的因素，在合理利用运能方面有所欠缺。短交路在城市轨道交通的运营组织中除特殊情况一般不采用。混合交路的行车组织方式是比较经济合理的一种运行方案，特别是在区段客流不均衡程度高，造成某一区段运能不能满足运量要求时，混合交路运营组织方式尤为适用；但这种行车组织方式相对较为复杂，同时对客运组织也有较高的要求。

以上海地铁为例，大多数线路在实际运营中都采取嵌套交路，其中，2 号线有七种交路，11 号线有八种交路。图 5-5 是东京地铁银座线在实际运营中采用的一种嵌套交路的示意图。

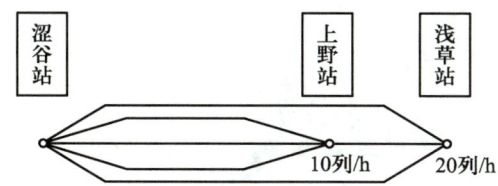

图 5-5　东京地铁银座线采用的一种嵌套交路示意图

二、跨线交路

在网络化运营促使轨道交通大力发展的时代背景下，跨线运营这一新运营模式已成为发展的必然趋势。结合国内外对于跨线运营的研究，常用的跨线交路分为以下三种类型，分别为一字型跨线、Y/T 字型跨线和十/双 Y 字型跨线，如图 5-6 所示。

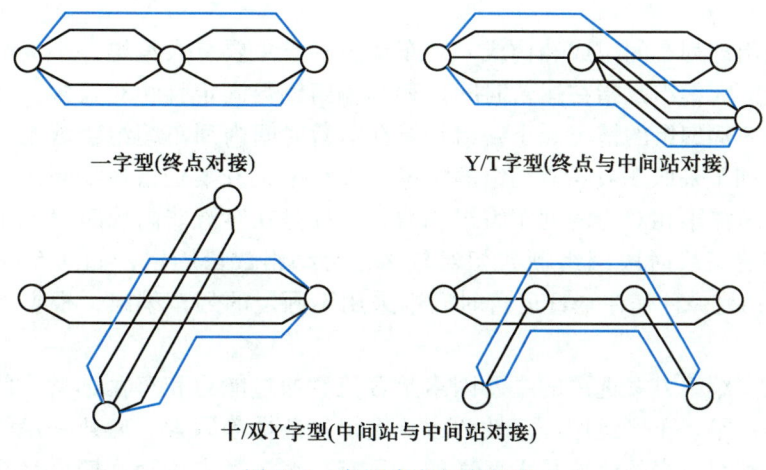

图 5-6　常见跨线交路类型

一字型线路即两条城市轨道交通线路在尽端站首尾相接形成一条贯通的"长干线"，列车可以在两条线路之间跨线运营。图 5-7 是北京地铁房山线与 9 号线跨线运营示意图，在工作日早晚高峰，房山线与 9 号线有部分列车实现跨线运行。

Y 字型线路由一条轨道交通干线和一条支线组成，是一种"一干一支"的轨道交通线网形态，形成 Y/T 字型的网络结构，如图 5-8 中的广州地铁 3 号线，干线和支线在体育西路连接。

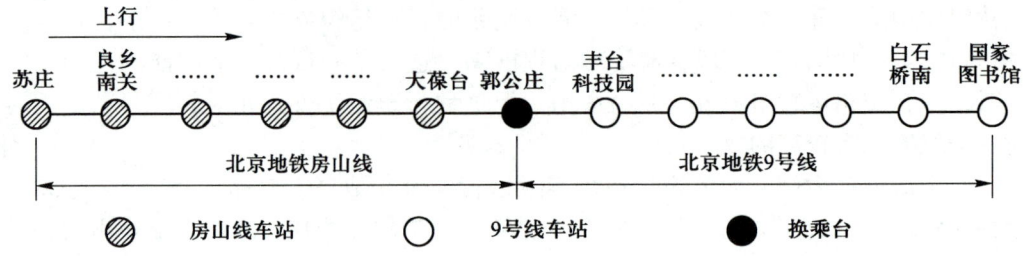

图 5-7　北京地铁房山线与 9 号线跨线运营示意图

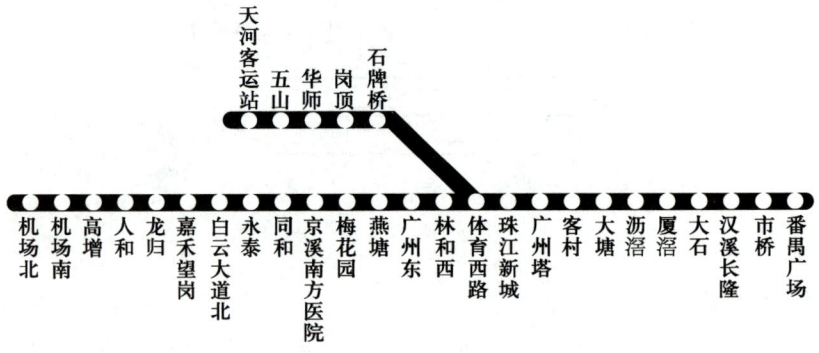

图 5-8　广州地铁 3 号线示意图

5.2.3　列车编组方案

　　列车编组即列车的组成和构成。列车编组种类主要有大编组、小编组和大小编组三种方案。大编组是指在运营时间内列车编组辆数固定且相对较多，如地铁列车采用的 6 或 8 辆编组的情况。小编组是指在运营时间内列车编组辆数固定且相对较少，如地铁列车采取 3 或 4 辆编组的情况。大小编组方案是指在不同运营时间内分别采用与客流需求相对应的列车编组辆数：一种是在客流非高峰时段编组辆数相对较少，在客流高峰时段编组辆数相对较多，且编组数量固定，如 3/6 辆、4/6 辆、4/8 辆编组；另一种是在全日运营时间内采用不固定的列车编组，根据客流需求灵活调整。

　　影响列车编组方案选用的主要因素是客流、通过能力和车辆选型，此外还应考虑乘客服务水平、车辆运用经济性和运营组织复杂性等因素。离开一定的客流条件来讨论列车编组方案的比选是无意义的。只有在客流尚未达到远期设计客流量，且分时客流不均衡程度较大的情况下，才有必要对列车编组方案进行比选。

5.2.4　列车停站方案

　　列车停站方案规定了列车停站的方式。列车停站种类主要有站站停车、区段停车和跨站停车三种。

　　站站停车（图 5-9）即列车在所有车站均停车，线路上开行列车种类简单，不存在列车越行，乘客无须换乘。

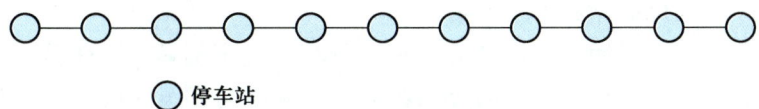

图 5-9　站站停方案示意图

区段停车（图 5-10）通常在长短交路情况下采用，长交路列车在短交路区段外每站停车，但在短交路区段内不停车通过，而短交路列车则在短交路区段内每站停车，短交路列车的中间站同时又是乘客换乘站。

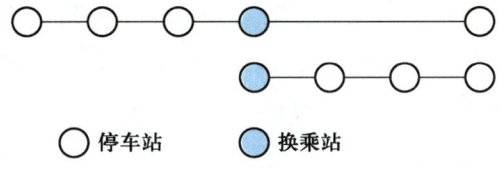

图 5-10　区段停车方案示意图

跨站停车（图 5-11）通常在长交路的情况下采用，线路上运行 A、B 两种停站方式的列车，A、B、C 为线路上三种类型的车站，A 类列车仅停 A 型、C 型站，在 B 型车站通过；B 类列车仅停 B 型、C 型站，在 A 型车站通过，C 型站作为两类列车的换乘站。

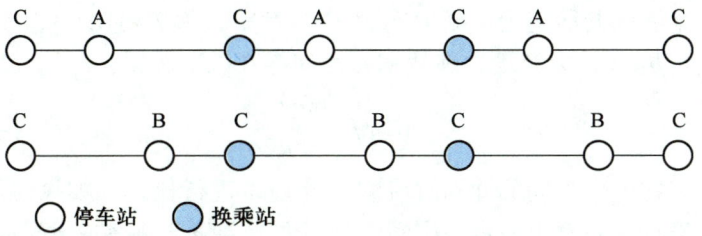

图 5-11　跨站停车方案示意图

部分列车跨多站停车（图 5-12）是指线路上开行两类长交路列车，即普速列车、站站停列车和快速、跨多站停列车，快速列车只在线路上的主要客流集散点停车而在其他站则不停站通过。

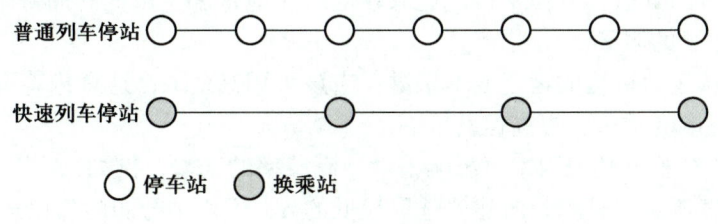

图 5-12　部分列车跨多站停车方案示意图

影响列车停站方案比选的主要因素为站间 OD 客流特征、乘客服务水平、运营经济性和运营组织复杂性等。

站间 OD 客流特征：在长距离出行乘客比例较大及某些发到站间的直达客流也

较大时，采用非站站停车方案通常是有利的；在线路上以同一区段内发到的短途客流为主时，不宜采用非站站停车方案。

乘客服务水平：采用非站站停方案是否可行，应根据站间 OD 客流，定量分析计算长途乘客节约的出行时间与部分乘客增加的换乘与候车时间。如果乘客的节约时间总和大于增加时间总和，或者乘客的节约时间与增加时间基本持平，采用非站站停车方案是可行的，能提高或至少不降低乘客服务水平。

运营经济性：非站站停车方案能加快列车周转、减少运用车数从而降低运营成本。但采用非站站停车方案时，通常要在部分中间站增设越行线，车站土建与轨道等费用的增加会引起车站造价上升。

运营组织复杂性：非站站停车方案的运营组织要比站站停车方案复杂，由于各类列车的停站安排不同及列车在中间站越行，控制中心、车站控制室对列车运行的监控及站台上的乘车导向服务均应加强。

5.2.5 断面运力与发车频率、列车编组和满载率的关系

线路上的客流量及客流在空间上和时间上的分布情况是制定列车运行计划时所需要的最基本的数据。客流量是需求，列车运行计划所规定开行的列车服务是供给，地铁的设计运输能力要满足预测的远期单向高峰小时最大断面客流量的需求。

制定全日行车计划的主要内容之一是确定发车频率或发车间隔，以保证在最大客流断面提供足够的断面运力。断面运力 C 与发车频率 f 和发车间隔 h、列车编成辆数 n 和车辆定员 C_v，以及设计满载率 α 之间存在以下关系：

$$C = nC_v\alpha f = \frac{60nC_v\alpha}{h} \tag{5-1}$$

该式可用于在各个不同的计划时段制定计划时进行比选。如果使用固定编组的同类型车辆，设计满载率也固定，则断面运力便只与发车频率或发车间隔相关。

关于设计满载率的选取，在客流量不是很大的线路上或低峰时期，线路上运营列车的发车间隔往往由法定间隔决定，并不取决于断面运力的大小；但是当客流量很大时，提供的断面运力必须能够满足断面客流量。考虑到计算断面运力的公式中有设计满载率 α，该值的选取应该在客流需求和运营效率之间寻求一种平衡。

① 从乘客的舒适和方便来讲，选取较低的 α 值带来了较低的拥挤率，更高的座位率和更加频繁的服务。

② 但是从运营机构的运营成本来讲，应该采用高的 α，这意味着可以用更少的车辆来运送更多的乘客，提高运营效率。

此外，还有若干其他因素也影响了设计满载率的选取，例如：

③ 沿线客流量比较均匀时建议选取较低的 α，不均匀分布时建议选取较高的 α，因为大的断面客流量只是在线路中某一段。

④ 车辆设计时座位与站着的乘客的比例高时，应该有低的 α（因为座位区域无法拥挤，而站立区域允许拥挤）。

⑤ 具有较长的平均运距时，反映了较低的乘客交换率，所以应该选取较低的

α，以提供更高的舒适度。

⑥ 老年人和携带包裹的购物者较多时，应该采用低的 α。

⑦ 对于因为某一个特殊事件乘客比较拥挤时，比如体育场馆比赛日、城市的假日活动、大型音乐会等，可选取较大的 α。

5.2.6　发车频率的确定

确定不同时段的发车频率，是列车开行计划最重要的核心工作。实际运营中由于计划先于客流，因此人们只能依据预测的客流来制定运营计划，所采用的确定发车频率的方法也是近似算法。本书介绍基于最大断面客流的发车频率计算方法，并对在一定前提下提高运输效率的计算方法进行探讨。需要说明的是，实际运营工作中发车频率的确定除了客流需求外，往往还有其他因素，不同运营系统的做法也不尽相同。

1. 根据断面客流确定发车频率

最大断面客流是确定发车频率的重要依据。由于线路客流的多样性，不同时段的最大断面客流区段可能一致，也可能不一致。对于第一种情况，各时段均以同一个断面的客流为计划依据；第二种情况，不同时段的参考区段是不同的，应以不同区段的断面客流为计划依据，即选取计划时段内最大客流断面的客流量为计算依据。

根据断面客流计算某时段的发车频率时，应保证所提供的断面运力满足最大断面客流并不低于法定发车频率的要求。根据上一节的介绍，断面运力 $C=nC_v\alpha f$，不小于最大断面客流 P，即 $C=nC_v\alpha f \geqslant P$，则

$$f \geqslant \frac{P}{nC_v\alpha}, \ \text{或} \ h \leqslant \frac{60nC_v\alpha}{P} \tag{5-2}$$

实际运营中计算结果一般会在满足客流需求的前提下取整，如果计算结果小于法定发车频率或大于法定发车间隔，则应以法定发车频率或法定发车间隔作为最终采用的结果。

2. 提高运输效率的探讨

根据最大断面客流来计算发车频率的方法，所提供的断面运力能够满足计划时段内所有区段的断面客流，但是当客流分布沿线路变化较大时，会带来较低的运输效率。如图 5-13 所示，一条线路在 a 和 b 两个计划时段的最大断面客流相同，因而计算出的发车频率是一样的，即两个运营计划在单位时间内所提供的定员公里数是相同的，但是由于客流分布不同，因而实际完成的周转量相差较大。图中阴影部分面积为实际产生的客运周转量，空白部分表示虚糜的定员公里，阴影部分面积与矩形的比值即为运输效率。可见 b 时段的运营计划明显运输效率较低。

在这种情况下，通过考察定员公里与线路客运周转量的关系而不仅仅依据最大断面客流来确定发车频率，就能够起到提高运输效率的效果。当然，这是一种服务水平与运输效率的折中，前提是实际情况允许实际满载率在计划满载率和最大满载率之间有限波动。

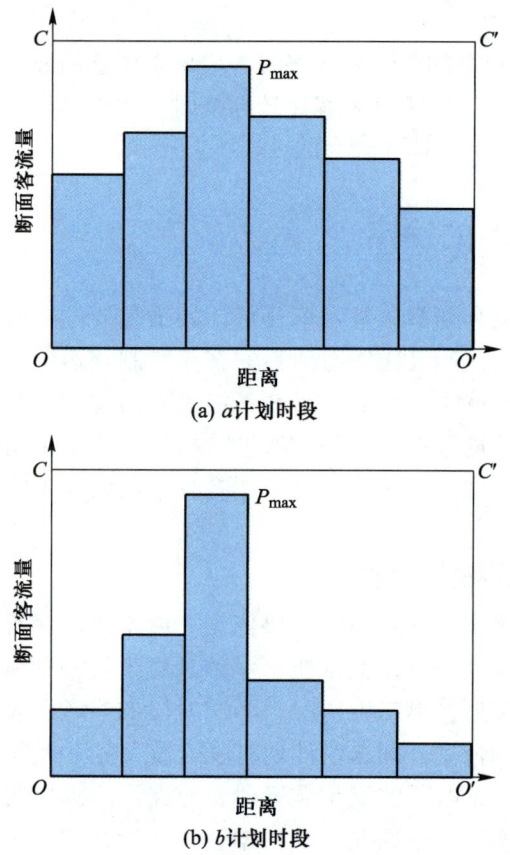

图 5-13　不同运输效率示意图

　　上线车组
数与周转速度呈
反比例关系。

　　因为车组
数只能取整数，
所以图形表现为
台阶状。从 *a*
点到 *b* 点的过
程中，周转速度
提高，发车间隔
减小；从 *b* 点到
c 点，表示恰好
能够减少一组
车，发车间隔恢
复为与 *a* 点相
同。

　　设线路全长为 L，设计满载率为 α，最大满载率为 α_{max}，法定发车频率为 F，第 i 个区间长度为 l_i、断面客流为 P_i，β 表示实际满载率超过设计满载率的区间占全线的比例，则考虑运输效率的折中后，计算发车频率的方法可以表示为

$$f = \max\left\{\frac{\sum_i P_i l_i}{nC_v \alpha L}, \frac{P_i}{nC_v \alpha_{max}}, F\right\} \tag{5-3}$$

$$\sum_{i \in I} l_i \leqslant \beta L$$

式中，$I = \{i \mid P_i > n \cdot C_v \alpha f\}$ 表示计划时段内实际满载率超过设计满载率的所有区间的集合，β 为控制参数。通过控制 β，可以设立一种服务水平准则，当 β 取 0 时，即等价于最大断面客流法。

5.2.7　上线车组数的计算

　　所谓上线车组数，即为完成一定时期内列车开行计划而需要投入的车列数。上线车组数与周转时间和发车频率相关。周转时间为运营时间与两端折返时间的和。这一时间在道路公交中往往受司机休息时间和晚点裕量的影响，在轨道交通系统中受到上述两种因素的影响较少，因此周转时间也较为固定。计算周转时间时，有时也使用折返时间与运营时间的比值来代替折返时间，即

$$T = 2(T_o + t_t) = 2T_o(1+\gamma) \tag{5-4}$$

可以通过周转时间和发车间隔来确定线路上所需要的车组数 N 为

$$N = \left[\frac{T}{h}\right]^+ = \left[\frac{fT}{60}\right]^+ \tag{5-5}$$

方括号表示取整，即车组数为不小于计算值的整数。

如果出现了舍入情况，还需要重新计算周转时间

$$T_f = hN \tag{5-6}$$

增加的时间可以通过延长折返时间来实现。折返时间延长后，相应的系数 γ 也随之变化。

实际工作中，如果希望节省车辆数，也可以保持折返时间不变，通过使用两种不同的发车间隔时间 h_1 和 h_2（通常相差 1 min）来实现。两种发车间隔分别使用的次数 k_1、k_2 与周转时间之间应满足

$$k_1h_1 + k_2h_2 = T \tag{5-7}$$

例如，考虑以下情况，如果发车间隔的计算值为 5.4 min，最初的周转时间为 81 min。理想情况下，应该采用 5 min 的均一发车间隔，周转时间修订为发车间隔的整倍数 85 min，所需车组数为 $(85/5)$ 组 = 17 组。但是，如果使用 9 次 5 min 发车间隔和 6 次 6 min 发车间隔，也可以满足 81 min 的周转时间 9×5+6×6 = 81，使用的车组数只有 $(9+6)$ 组 = 15 组，比采用 5 min 均一发车间隔减少了 2 组。采用 15 组车辆时，平均发车间隔正好为 81 min/15 = 5.4 min。

5.3　列车运行图的编制

列车运行图是用以表示列车在城市轨道交通线路的区间运行及在车站到发或通过时刻的技术文件，规定了各次列车占用区间的顺序、列车在每个车站的到达和出发（或通过）时刻、列车区间的运行时间、列车在车站的停站时间及车底交路等，是城市轨道交通系统组织列车运行的基础。

5.3.1　列车运行图的格式

列车运行图是运用坐标原理对列车运行时间、空间关系的二维图解表示，横坐标和纵坐标分别表示时间和空间，带有车次编号的斜直线近似表示了列车的时空运行过程，也称为列车运行线。此外，城市轨道交通列车运行图上还包含了车辆周转的信息。编制城市轨道交通列车运行图的过程，就是以满足列车开行计划为目标铺画列车运行线的过程。图 5-14 是一条城市轨道交通线路的典型运行图，图中折线部分表示的是列车从车辆段至正线与列车运行至正线的叠加。列车运行图主要格式内容包括：

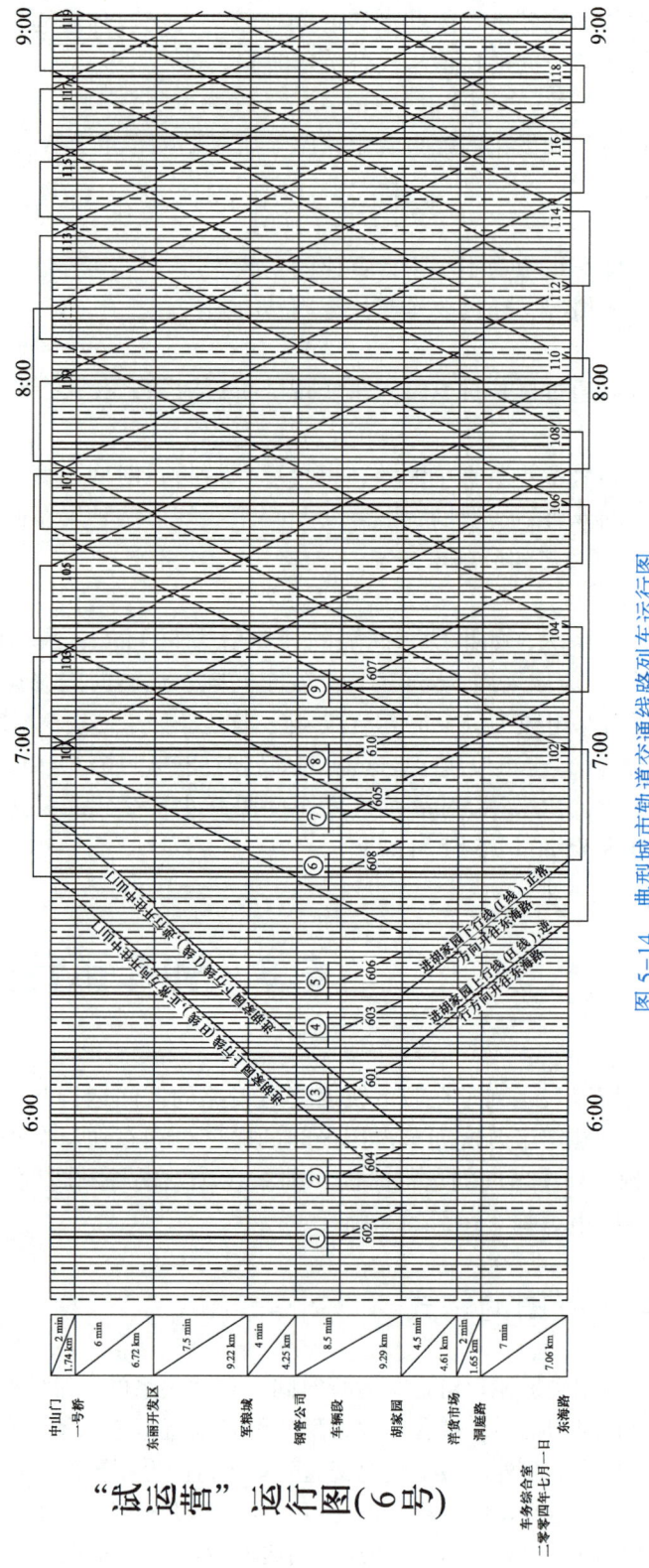

图 5-14　典型城市轨道交通线路列车运行图

①　横坐标：表示时间变量，按要求用一定的比例进行时间划分。一般城市轨道交通列车运行图采用 1 分格或 2 分格，即每一等分表示 1 min 或 2 min。

②　纵坐标：表示距离分割，根据区间实际里程，采用规定的比例，以车站中心线所在位置进行距离定点。

③　垂直线：是一族平行的等分线，表示时间等分段。

④　水平线：是一族平行的不等分线，表示各个车站中心线所在的位置。

⑤　斜线：表示列车运行的轨迹（径路），采用直线描述，即假定列车以平均速度运行。一般以上斜线表示上行列车，下斜线表示下行列车。

⑥　运行图上列车运行线与车站的交点即表示该列车到达、出发或通过的时刻。由于城市轨道交通列车停站时间较短，一般不标明到、发不同时间。列车运行线的表示方法见图 5-15。

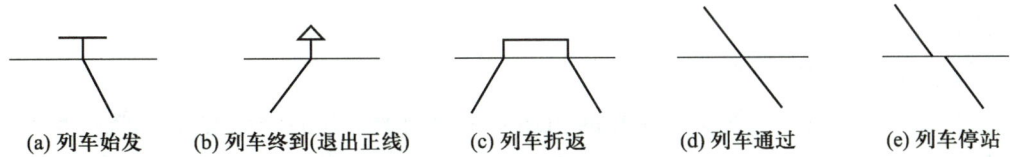

(a) 列车始发　　(b) 列车终到(退出正线)　　(c) 列车折返　　(d) 列车通过　　(e) 列车停站

图 5-15　列车运行线的表示方法

⑦　列车运行图上每个列车均有不同的车号与车次。一般按不同列车类别规定代号与列车号，如专运列车、客运列车、施工列车等。按发车顺序编列车车次，上行采用双数，下行采用单数。不同城市、不同线路列车车次的表示方法也不同。以北京市轨道交通某线路为例，列车车次由 4 位数组成：首位表示列车开行方向（"1"为下行，"2"为上行）；第 2 位表示列车性质，"0~4"表示计划客运列车，"5"表示临时加开列车，"6"表示调试列车，"7"表示救援列车，"8"表示回空列车，"9"表示施工列车；第 3、4 位表示列车运行顺序号。

5.3.2　运行图要素

城市轨道交通系统列车运行图要素由线路要素和时间要素组成，线路要素主要包括：正线数目和区间闭塞方式、车站配线数、折返方式、车辆段和停车场衔接正线方式。

1. 正线数目和区间闭塞方式

正线数目和区间闭塞方式决定了列车的运行方式，相应条件下的列车运行图铺画也各有特点。城市轨道交通系统一般为复线，也有单线和多线的情况，多采用固定自动闭塞或移动闭塞，列车在区间追踪运行，间隔时间较小。

2. 车站配线数

车站是供列车停靠、乘客乘降的地点，车站配线数目决定了车站可同时停靠的列车数目以及是否可以办理越行等作业。城市轨道交通系统车站一般不设配线，每方向仅有一条正线，列车在正线上停车，不能办理越行或会让作业。

5-4：2 号线出
入段与正线衔
接方式示意图

3. 折返方式

折返线是列车进行折返作业所必需的设备，折返线数目和折返配置情况决定了可以采用的折返方式和可停留的列车数。

4. 段场衔接正线方式

城市轨道交通系统均设有车辆段或停车场，列车日间在线运营、夜间回段场停泊，列车的出车和收车作业是体现在城市轨道交通列车运行图中的一大特点。段场与线路衔接车站位置和衔接方式，决定了出车和收车作业地点以及作业方式。

在一定的线路条件和车辆类型下，以牵引计算为基础，综合考虑信号、客流和其他因素，计算或查定出一系列与列车运行相关的时间标准，即列车运行图的时间要素。城市轨道交通系统中常用的列车运行图时间要素包括：列车区间运行时分、列车在车站停站时间、最小间隔时间标准、列车最小折返时间标准、出入场段作业时分标准、运营时间等。

1. 列车站间运行时分

列车站间运行时分是指列车在两相邻车站之间的运行时间标准，一般采用牵引计算和实际试验相结合的方法进行查定。列车站间运行时分一般应分不同的运行方向分别查定，此外列车在车站是通过还是停车也影响站间运行时分。城市轨道交通列车往往在沿线各站都停靠，这时的站间运行时分是在相邻两站分别起、停情况下的结果。

2. 列车在车站停站时间

车站是乘客乘降的场所，城市轨道交通列车需要在车站停靠以实现乘客的乘降作业。停站时间应能满足正常情况下乘客的乘降需求。线路较为复杂的情况下，停站时间也会受到其他技术作业的影响。

3. 最小间隔时间标准

间隔时间指保证安全前提下，相邻两列车先后通过某一参考位置的时间差。最小间隔时间是在设备运用极限基础上考虑必要的安全和缓冲时间确定的，在很大程度上影响了线路的最大通过能力，也决定了运行图上相邻列车线之间的最短距离。根据参考位置的不同，在线路上运营的列车间存在区间间隔时间和车站间隔时间，在折返站进行折返的列车间存在折返到达间隔时间和折返出发间隔时间，相应位置列车运行线间的时间差，都应遵守该位置的最小间隔时间标准。列车出段和入段作业，也需要满足一定的间隔时间标准。

4. 列车最小折返时间标准

列车在折返站的最小折返时间标准，取决于折返线配置方式和数目、信号类型以及折返组织方式等因素，人工值乘时，还需要考虑乘务员换向的时间。列车折返过程中往往会有多个间隔时间，最大的间隔时间决定了最终的最小折返时间标准。

5. 出入场段作业时分标准

出入场段作业时分标准指列车从车辆段或停车场到达与其相接的正线车站或返回的作业时间，需通过查标准确定。

6. 运营时间

运营时间是指城市轨道交通运营线路运送乘客的时间，由首末班车时间决定。一般说来，各国城市轨道交通系统均有一定的夜间时间（2~6 h 不等）用作设备、设施的维修和保养时间。

5.3.3　编制原则与编制步骤

城市轨道交通系统的运行图铺画相对铁路运输更为简单。例如，从运行图类型来说，城市轨道交通系统中由于均为旅客列车且列车速度差异很小，故基本都是平行运行图；从线路条件来看，城市轨道系统中单线很少见，这使运行图铺画的复杂度降低。此外，大多数线路车站都未设置专门的站线，即列车到达车站都采用正线停车，列车间的越行、会让较少见。当然，在城市轨道交通系统连接成网的城市，部分枢纽站的列车运行组织也是十分复杂的。

1. 列车运行图编制的原则

① 要以运行图评价的数量指标（列车数量、列车走行公里数等）和质量指标（平均技术速度、机车周转时间、机车日公里数等）为导向。

② 在保证安全的条件下，提高列车的运行速度，缩小列车的运行时分。较高的列车运行速度是城市轨道交通系统的主要优势，在安全得到保证的前提下，通过提高列车运行速度，压缩折返时间，减少出入库作业时间等方式，提高系统的运行效率和服务水平。

③ 尽量为乘客提供便利。城市轨道交通系统是城市公共交通的重要组成部分，编制运行图时主要考虑列车发车间隔在满足运行技术前提下尽量选择最小值，从而减少乘客的候车时间。在安排低谷运行时，最大的列车运行图间隔不宜过大。如能改变列车编组，保持较小列车间隔，不失为一种节省运能并减少乘客候车时间的良策。

④ 充分利用线路能力和车辆能力。通常情况下，折返站的折返能力是限制全线能力的关键，因此必须对折返线的折返作业时间进行精确的计算，尽可能安排平行作业。当车辆周转达不到运营要求时，要合理安排车辆解决高峰客流组织。

⑤ 在满足运量需求的条件下，减少运营车底组数。综合考虑高峰时段列车运行速度、折返时间、列车开行方式等要素，使运营列车数量达到最少，从而降低系统的车辆保有量与运营成本。

2. 列车运行图编制要求

（1）列车运行图编制需要准备的资料

列车运行图编制过程需要的编图资料可以分为行车计划类、能力类、时分类及其他类。

① 行车计划类包括：全日分时段断面客流分布、全日分时段行车计划、列车编组方案、列车交路方案和列车停站方案等。

② 能力类包括：线路通过能力、车站折返能力、出入段能力、车站存车线能

力、可用车底数、列车定员数。

③ 时分类包括：首末班车时间、区间运行时分、列车停站时分、折返作业时分、出入段作业时分、车站间隔时间、区间间隔时间、折返间隔时间等。

④ 其他类包括：乘务员安排、换乘衔接、与其他交通方式的衔接等。

（2）列车运行图编制的要求

确保行车安全：列车运行图应符合行车规章制度的有关规定，严格遵守行车作业程序和各项时间标准。

合理运用设备：列车运行图应流线结合，充分利用线路通过能力。在满足客流需求的同时，注意提高列车满载率和旅行速度，充分利用线路通过能力，合理分配冗余时间，确保运行图有一定的抗干扰能力。

优化运输产品：列车运行图应根据客流特点，开行列车间隔、编组辆数、列车交路和旅行速度不同的列车。列车运行图应合理规定列车到达换乘站时刻，减少乘客换乘时间；合理规定运营非高峰时段的列车间隔，减少乘客候车时间，此外需要考虑与其他交通方式的相互衔接。

配合站段工作：运行图编制应充分考虑折返站、换乘站的客运组织工作的要求，在线路成网后，尤其要充分考虑线路能力和首末班车时刻的衔接。

3. 列车运行图编制的步骤

在新线开通或线路客流量、技术设备和行车组织方式发生变化时都需编制列车运行图。列车运行图的编制由运营管理部门负责组织，涉及多个工种和多个部门，需要经历客流分析、全日行车计划编制、运行图草图编制、运行图优化调整、运行图发布等复杂的流程。其编制步骤如下：

① 按要求和编制目标确定编图的注意事项；

② 收集编图资料，对有关问题组织调查研究和试验；

③ 对于修改运行图应总结分析现行列车运行图完成情况和存在问题，提出改进意见；

④ 确定全日行车计划；

⑤ 计算所需运用车底数；

⑥ 初步编制列车运行方案；

⑦ 征求调度部门、行车和客运部门、车辆部门的意见，对列车运行方案进行调整；

⑧ 根据列车运行方案铺画详细的列车运行图、撰写运行图编制说明、编制列车运行时刻表；

⑨ 对列车运行图的编制质量进行全面的检查，并计算列车运行图的指标；

⑩ 将编制完毕的列车运行图、编制说明和时刻表报有关部门审核批准执行。

4. 铺画出初步列车运行图方案后进一步检查的方面

① 运行图实施所需的列车或动车组数量；

② 乘务工作方案是否超过规定标准；

③ 在岛式换乘车站上，要检查车站列车到达的均衡性，避免列车集中到达造成拥挤；

④ 需要铺设调试列车时，一般应安排在客流量较低时开行。

对于检查中发现的某些问题，需要返回到初始运行图对某些运行线重新修正，直到得到满意的运行图。

运行图铺画好后，经批准执行时，可以对乘客发布时刻表，表 5-1 给出了城市轨道交通系统时刻表的一般形式。

表 5-1　时刻表一例

车 站	am	am	am	am	am	am	am	am	am	am	am
益田										6：30	6：37
石厦										6：31	6：38
购物公园										6：33	6：40
福田										6：35	6：42
少年宫										6：38	6：45
莲花村										6：40	6：47
华新							6：19	6：27	6：35	6：42	6：49
通新岭							6：21	6：29	6：37	6：44	6：51
红岭							6：23	6：31	6：39	6：46	6：53
老街							6：25	6：33	6：41	6：48	6：56
晒布							6：27	6：35	6：43	6：51	6：58
翠竹							6：30	6：38	6：46	6：53	7：00
田贝							6：33	6：41	6：49	6：56	7：03
水贝							6：35	6：43	6：51	6：58	7：05
草埔							6：38	6：45	6：53	7：01	7：08
布吉							6：41	6：49	6：57	7：04	7：11
木棉湾							6：43	6：51	6：59	7：06	7：13
大芬							6：45	6：53	7：01	7：08	7：16
丹竹头							6：47	6：55	7：03	7：11	7：18
六约							6：52	7：00	7：08	7：15	7：22
塘坑	6：12	6：19	6：27	6：35	6：42	6：49	6：54	7：02	7：10	7：17	7：25
横岗	6：15	6：22	6：30	6：38	6：45	6：52	6：57	7：05	7：13	7：20	7：27
永湖	6：17	6：24	6：32	6：40	6：47	6：54	6：59	7：07	7：15	7：23	7：30
荷坳	6：20	6：27	6：35	6：43	6：50	6：57	7：02	7：10	7：18	7：25	7：32
大运	6：22	6：29	6：37	6：45	6：52	6：59	7：04	7：12	7：20	7：27	7：34
爱联	6：24	6：31	6：39	6：47	6：54	7：01	7：06	7：14	7：22	7：30	7：37
吉祥	6：27	6：34	6：42	6：50	6：57	7：04	7：09	7：17	7：25	7：32	7：39
龙城广场	6：29	6：36	6：44	6：52	6：59	7：06	7：11	7：19	7：27	7：34	7：41
南联	6：31	6：38	6：46	6：54	7：01	7：08	7：13	7：21	7：29	7：36：	7：44
双龙	6：33	6：40	6：48	6：56	7：03	7：10	7：16	7：24	7：32	7：39	7：46

注：本表源自深圳地铁 3 号线。

5.3.4   车底周转图

城市轨道交通系统中，车底周转图是车底（车组）运用的计划，即将列车运行图中的运行任务分配到车底的工作计划，具体表示为指定某个车底在某天中承担某些车次的运行任务。车底周转图应与列车运行图同时编制，即铺画列车运行线时应同时考虑到动车组的运用，包括确定动车组上线运营的数目、每一列动车组发车和收车的时间安排以及所承担的运行线序列。车底周转图一方面指导车辆的运用，另一方面指导乘务计划的制定。

列车运行图编制时，也需要结合车辆运用进行，具体表现为：

（1）确保每一条列车运行线都配备车辆

车辆周转计划应覆盖所有列车运行线，且每条列车运行线只有唯一的一个车底来执行。漏掉运行线或多个车底重复执行同一条运行线都是不合理的。

（2）符合车辆使用规定

车辆的使用要满足修程修制的规定。

（3）发车和收车后，在线运营的列车继续保持均一的发车间隔

从段场发车时，表现为运行图上增加一条列车运行线。加线前，应适当调整列车停站时间，留出空当供新车插入，并使运营间隔的减少均匀分布。收车时，表现为运行图上抽掉一条列车线。抽线后，也应该调整前后两列车的停站时间，使运营间隔的增加均匀分布。

（4）出入段场列车保持均衡

车辆周转计划的编制应使出入段场的列车数保持均衡。全线只设一个车辆段时，出段列车数应等于入段列车数。线路较长时除车辆段外还会增设停车场，这时一般应保证日间从段场出发的列车数与夜间回到段场的列车数相等，且段场之间存在列车的交换，以方便列车的检修。如果出现不均衡的情况，则应做互补的两个车辆周转计划，隔日执行，使当天不均衡的列车数在第二天得到弥补。虽然采用了不同的车辆周转计划，但是列车运行线不变。

编制列车运行图时，应注意提供均一发车间隔。在同一计划时段，发车间隔应相等；在不同的计划时段之间过渡时，发车间隔也应平滑变化。

对于发车频率较低的地面公交服务，例如长途线路、市郊线路和只在高峰时段运营的通勤线路，制定运营计划时往往首先考虑客流变动、车辆周转时间、司机需求等因素，其次再确定发车时间间隔，因此发车间隔时间往往是不固定的。但是对于大多数的城市轨道交通运营线路，分时段采用不同的均一发车间隔则能获得最佳运营效果。首先，对于随机到达的乘客，均一发车间隔可使等待时间最少；第二，均一发车间隔可以形成良好的行车秩序、降低晚点传播的影响，提高运输服务的可靠性；第三，均一发车间隔可使车站的客运作业保持较好的均衡性；第四，周期性发车间隔简单易记，方便乘客出行。正是由于这些原因，几乎所有运营状况良好的城市轨道交通系统制定运营计划时都是分时段采用均一发车间隔。对于采用多个交路的线路，执行同样交路的列车之间也

应保持均一发车间隔。

5.3.5 运行图指标

完成运行图编制后，便可以计算其各项指标，以评价运行图所反映的运营效率和服务水平。城市轨道交通系统列车运行图一般以一日为单位编制，各项指标也往往以一日为范围来统计。城市轨道交通系统列车运行图的指标统计，一般以车底周转图的形式进行。以一条线的运行图为例，这些指标一般包括以下几方面。

① 全日开行列车总数。具有独立车次的列车总数。一般在线路两个端点间的一次单程运行被赋予一个独立的车次。全日开行列车总数是一日内所提供的总的运力大小的一个反映。

② 上线车底数。上线运营车底数的最大值，一般在高峰时段获得，可根据车底周转方案来统计。运用车底数反映了所需要的移动设备的多少。

③ 车底日走行公里、日车小时和运营车小时。日走行公里指承担列车运行的每一组车底在一日内的走行公里之和，日车小时指一日内车底上线运行的总时间。走行公里包括载客里程和空驶里程，日车小时包括运营车小时和非运营车小时。运营车小时指列车载客运行的时间，非运营车小时指列车非载客运行的时间，例如车底出入段时间、在折返站的折返时间和等待时间等。运营车小时与日车小时的比例即载客运行比例，是反映该车底运用效率的指标之一。

④ 列车日走行公里数、日车小时和运营车小时。这三个指标分别是所有车底日走行里程、日车小时和运营车小时的总和。运营车小时与日车小时的比值，反映了全日车底的运用效率。

⑤ 车底平均走行公里。将全日所有车底走行公里数平均到每一组车上，即车底日均走行公里，反映了车底运用的平均程度。

⑥ 技术速度。指列车在运营线路上自起点站至终点站，不计停站时间的平均运行速度。

⑦ 平均运营速度（旅行速度）。指列车在运营线路长度范围内从始发站发车至终点站到达计停站时间的平均运行速度。平均运营速度考虑了列车在中间站的停站时间，较技术速度要小。平均运营速度反映了乘客乘车出行的实际速度。

5.4 列车运行图编制案例

以某城市地铁×号线 2012 年列车运行图编制为例，如图 5-16 所示。
其编制说明包括内容如下。

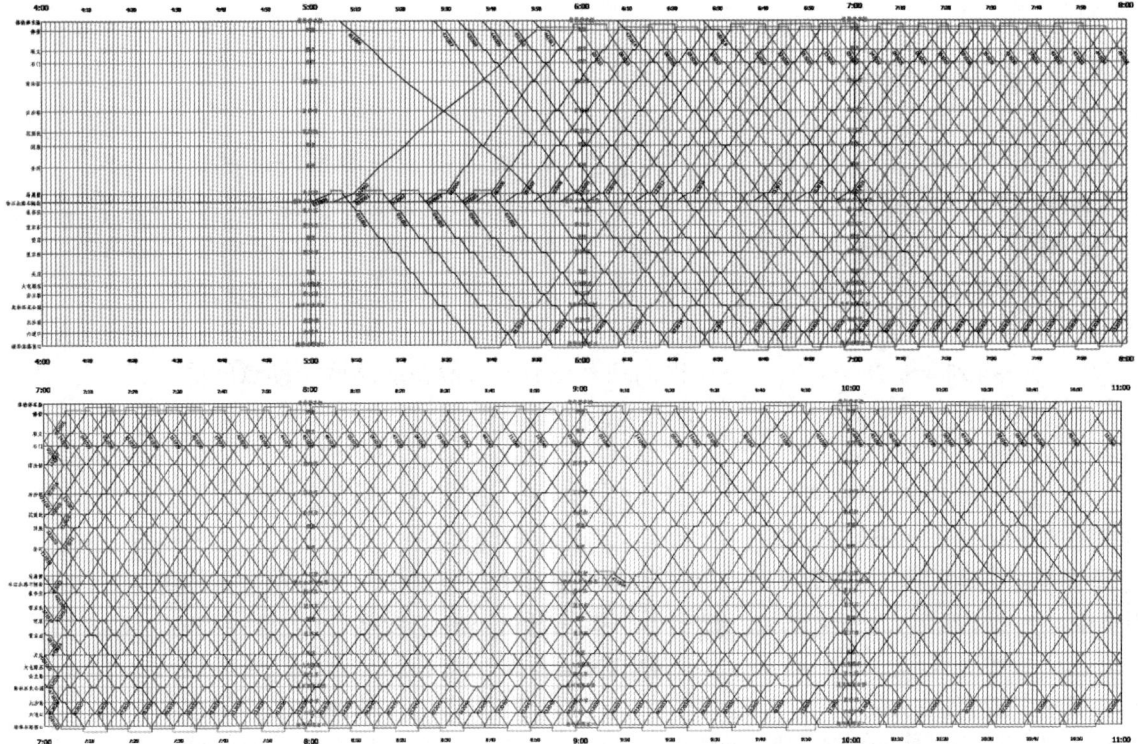

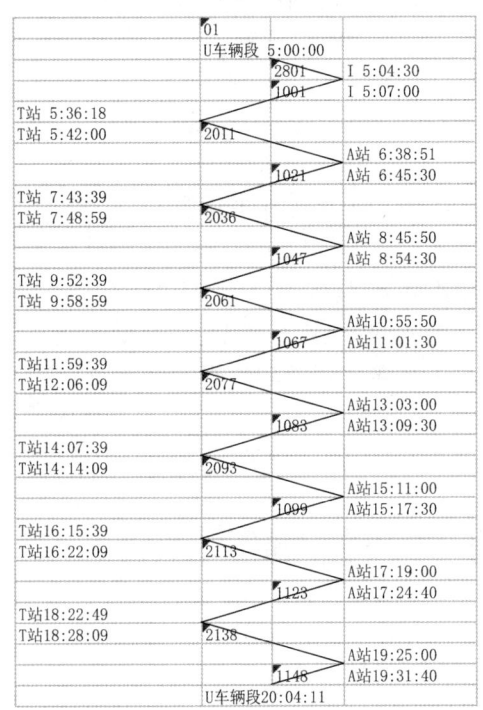

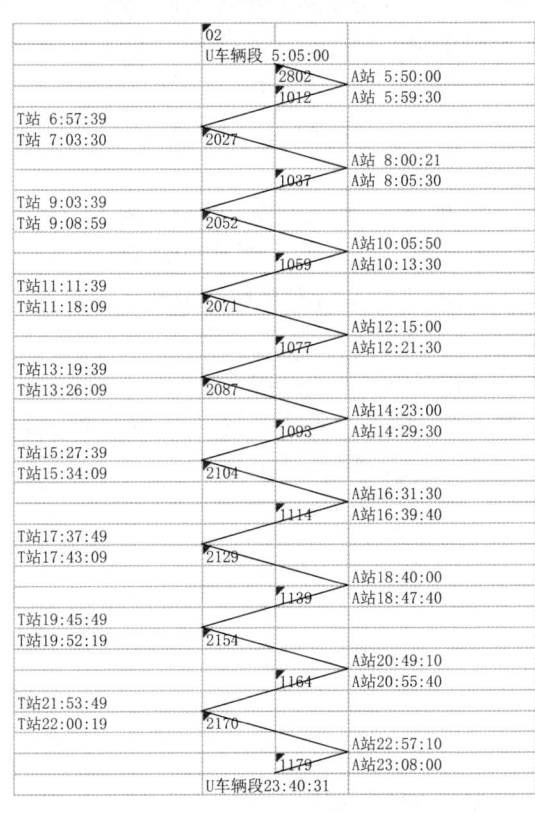

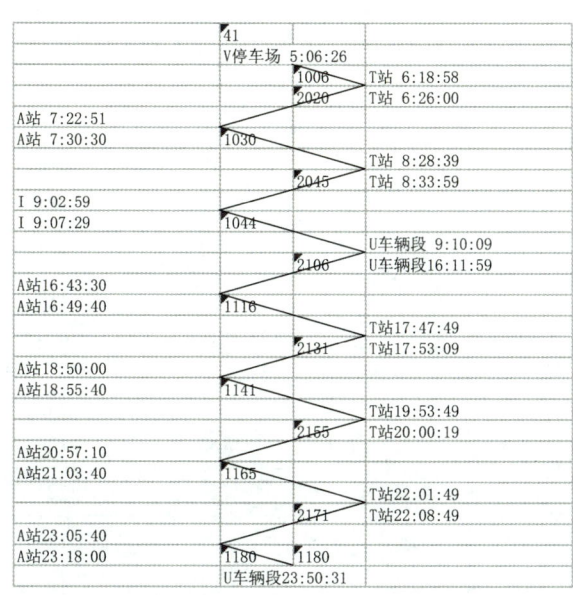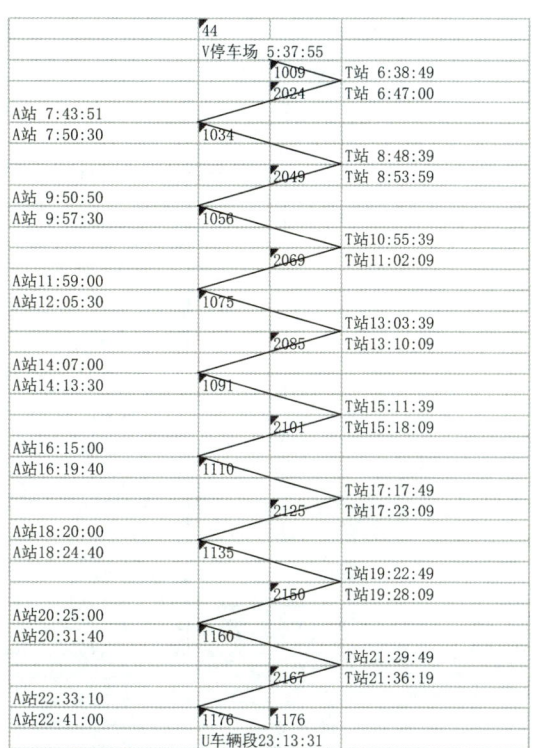

图 5-16　列车运行图编制实例

1. 编制原则

列车运行图的实施依据行车组织办法及有关技术条件，保证列车运行的安全有序，充分利用通过能力，合理使用电动客车。

2. 编制依据

① ×号线线路牵引计算书；

② ×号线线路、信号设备的技术特点；

③ 实测数据。

3. 技术指标的确定

（1）时间要素

① 区间运行时分及停站时分，见表 5-2。

② 终点站最小折返时分，见表 5-3。

③ 出场列车经 U 车辆段 1 号、2 号联络线出、入段运行时分均为 $2'40''$。I 站最小折返时间为 $2'30''$；出场列车从 V 停车场经 1 号联络线至 A 站，运行时分为 $2'$；回场列车从 A 站经 2 号联络线至 V 停车场，运行时分为 $2'$。

④ 单程运行时分：上行 $56'51''$；下行 $58'09''$。

⑤ 全周转时间：$123'30''$。

⑥ 首末班车时间见表 5-4。

表 5-2　区间运行时分及停站时分

车站	站间距/m	停站时分/s 下行	停站时分/s 上行	区间运行时分/s 下行	区间运行时分/s 上行
A					
	2 441			177	177
B		35	30		
	1 332			114	115
C		35	30		
	2 712			172	172
D		30	30		
	4 576			263	260
E		45	45		
	3 354			188	185
F		30	30		
	1 616			121	111
G		45	45		
	3 387			189	184
H		30	30		
	3 309			242	212
I		45	45		
	2 009			155	143
J		45	45		
	2 295			133	137
K（不开通）		0	0		
	1 652			120	121
L		55	55		
	1 759			129	130
M		60	60		
	2 039			180	177
N		35	35		
	1 087			106	106
O（不开通）		0	0		
	938			85	85
P		40	40		
	1 369			104	104
Q		60	60		
	1 999			136	135
R		40	40		
	1 337			102	102
S		30	30		
	1 145			113	105
T					
合计	40 356	660	650	2829	2761

表 5-3　终点站最小折返时分

车站	A	T
折返方式	站后侧进直出	站后侧进直出
清人	45	45
入库	70	70
转台	30	30
出库	65	65
上人	45	45
合计	255	255

表 5-4　首末班车时间

车　　站	首　班　车	末　班　车
T	5：42	23：15
A	5：30	22：11（全程） 23：18（半程）

（2）时间要素

① 技术速度：上行 52.6 km/h；下行 51.4 km/h。

② 旅行速度：上行 42.6 km/h；下行 41.6 km/h。

③ 运用车底数：25 列。

④ 列车最小运行间隔：5′。

⑤ 全日开行列数：354 列。

⑥ 全日走行公里：83 136 km。其中，单程公里数按 41.5 km 计算（站中心单程公里数为 40.356 km）。A 站至 U 车辆段半程公里数按 23 km 计算（22.673 km）。U 车辆段经 I 站折返至 T 站、T 站经 I 站折返至 U 车辆段间按 19.5 km 计算（18.736 km）。

（3）相关要素

① 经 U 车辆段 1 号联络线出段列车运行至 I 站 3 号站线，折返开行 I 站至 T 站下行列车（I 站至 J 站下行区间运行时分为 3′05″）；

经 U 车辆段 2 号联络线出段列车运行至 I 站 4 号站线，继续开行 I 站至 A 站上行列车（I 站至 H 站上行区间运行时分为 4′02″）。

② T 站至 I 站上行列车运行至 I 站进 4 号站线，调车经 U 车辆段 2 号联络线运行回段（J 站至 I 站上行区间运行时分为 2′53″）；

A 站至 I 站下行列车运行至 I 站进 3 号站线清人后，经 U 车辆段 1 号联络线运行回段（H 站至 I 站下行区间运行时分为 4′32″）。

③ U 车辆段表号为 01 至 40；V 停车场表号为 41 至 99。

④ 41 号表 1006 次为半程轧道车，自 I 站起载客运营。

⑤ 共安排 3 组调试车，调试车交路为 U 车辆段—A 站—U 车辆段。

⑥ 在 A 站、T 站图定折返时间低于 5′ 时，需上行折返司机，配合进行折返作业。

5.5　乘务计划的制定

乘务计划可以分为乘务排班计划和乘务轮班计划。在编制了运行图和车底周转计划后，形成了一系列的列车车次，为实现这些车次，需要安排司机驾驶列车上线运行。这种安排司机值乘任务的方案就是乘务排班计划，司机的一次值乘任务称为一个班次。运行图和车底周转计划考虑了客流和车辆运用的需求，司机的值乘时间和方式则需要遵守相关劳动法律和安全规定，同时，一个切实可行的乘务排班计划还必须尽量降低人工成本并优化司机的任务。因此，编制乘务排班计划的过程就是以运行图和车底周转计划为基础，以相关的劳动法律和规定为约束，以值乘任务的优化和人工成本的最小化为目标，寻找列车车次与司机班次之间对应关系的过程。

班次确定后，运营机构需要在一段特定时间内按照一定的轮班模式来安排这些班次，每种轮班模式包含能够满足一段连续日期（例如一周、一月或更长时间）的班次组合，并以此为周期循环出现。这种寻找覆盖所有班次的可行轮班模式集合的过程即制定乘务轮班计划的过程。乘务轮班计划的制定一般需要满足以下一个或多个目标：

① 所需人员最小；

② 轮班成本最小；

③ 轮班周期最小；

④ 工作强度和休息时间均衡。

需要指出的是，由于计划编制的繁琐、不确定因素众多，乘务排班计划和乘务轮班计划的两阶段分别编制是人为造成的，随着计算机技术的不断发展，势必会出现将两者同时编制的方法，从而能够在更大范围内获得优化。

5.5.1　城市轨道交通列车值乘分析

乘务计划是指挥乘务人员完成列车运行图规定的所有车次列车驾驶任务的计划，对所需列车车底数的变化、乘务人员值乘过程、班次种类和特点以及轮班制度的分析是制定合理可行乘务计划的前提。

1. 日间上线车底数

城市轨道交通日间出行客流往往明显表现出早、晚两个高峰，列车运行计划决定的运力配置必须与此相适应，具体表现在高峰时段发车间隔较小或使用较大编组车底、平峰时段发车间隔较大或使用较小编组车底，即高峰时段上线运营的车辆较多、平峰时段上线运营的车辆较少。

轨道交通系统开始一日运营的第一列车往往并不载客，而是负责检查线路状态是否正常。随后，根据上线列车数的变化，系统的运营往往可以分为若干阶段，每个阶段都有各自的特点。以下以某个具有早、晚高峰特征的运营系统为例来分析。第一个阶段是早高峰密集出车阶段，为了迎接早高峰，列车陆续从车辆段或停车场出来并上线运营，新上线的列车一般插入在线运营的两列车之间，使列车间隔不断缩小，并通过前后车的适当调整使间隔均匀。所有计划列车均上线后，系统便进入第二个阶段——早高峰期运营阶段。该阶段在线车组数最多、发车间隔最小，所提供的运力最大。第三个阶段是早高峰后收车阶段。早高峰持续一段时间后往往迅速退去，客流量急剧下降，然后在一定范围内维持，为减少运力浪费、降低运营成本，需要安排部分列车下线。收车时，采用"抽线"的方式，并适当调整剩余在线列车的运行时间，使发车间隔增大后仍保持均匀。通过不断"抽线"，系统运力也随之减少，在达到与客流量基本匹配后便不再减少，而是保持该水平，系统进入第四个阶段——午间平峰运营阶段。此后，为迎接客流晚高峰，在晚高峰到来前的一段时间又会有部分列车陆续上线运营，即晚高峰出车阶段。此时系统中已经有部分列车运营，因此与早高峰出车阶段相比，该阶段出车数要少一些。随后系统进入晚高峰运营阶段。晚高峰的客流强度一般低于早高峰，但是持续时间要长一些。晚高峰后系统又进入收车阶段，部分列车下线，然后稳定运营一段时间，即晚间平峰运营阶段。最后一个阶段是晚间收车阶段，该阶段客流量已经很少，所有在线列车依次下线，结束一天的运营，图 5-17 给出了某环线日间上线车底数变化的一个例子。

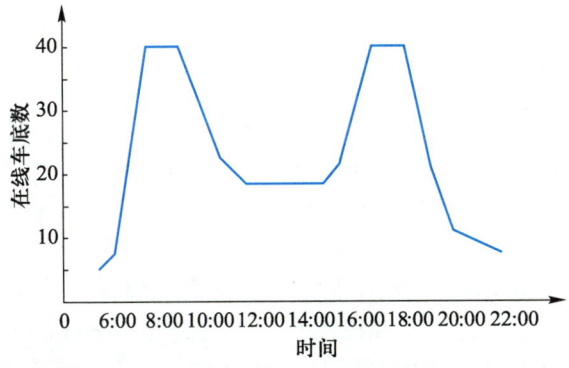

图 5-17　某线路在线运营车底数日间变化示意图

2. 值乘过程

实际运营组织工作中，乘务员需要按照一定的规章和制度来驾驶列车。乘务员上班承担驾驶任务之前，往往需要在指定地点办理相应的手续，称为出乘；结束一个阶段的驾驶任务下班时也需要办理相应的手续，称为退乘。一次出乘和退乘之间承担的驾驶任务，即一个班次。出乘和退乘之间的时间，称为班次时长。除了出乘和退乘外，在一个班次的值乘过程中，乘务员往往还要经历出车、退车、接车、交车以及必要的间休和就餐等环节。

出车是指从车辆段或停车场接手即将上线运营的列车；退车是指从正线上将列车开回车辆段或停车场，结束该列车的连续运营；接车是指在车辆段、停车场或轮乘站接手列车并继续驾驶；交车是指将驾驶的列车在车辆段、停车场或轮乘站交给下一组乘务员。显然，在车辆段或停车场的接车即出车，在车辆段或停车场的交车即退车。

一次接车、交车间的驾驶过程称为一个乘务段，持续时间为连续驾车时间，为保证行车安全，轨道交通系统运营中往往规定了连续驾车时间的上限，并通过实行间休制度来保障实施。间休制度是指城市轨道交通系统乘务员驾驶列车一段时间后，必须进行必要的休息然后才能够再次驾驶列车的制度。对于两个相邻乘务段之间的最短休息时间的规定，即最小间休时间。最小间休时间往往大于列车的停站时间或折返时间，因此乘务员在一个班次内频繁交车、接车是城市轨道交通系统值乘的一大特点。实际的乘务计划中间休时间往往大于最小间休时间，这些浪费的时间降低了乘务员的劳动效率。

对于时间较长的班次，往往需要安排专门用于就餐的时间。就餐除了要有一定量的时间保证外，其开始时间一般还需要符合人们的就餐习惯。

除了车辆段和停车场外，还有一些车站也可以安排乘务员的出、退乘和交、接车作业，这些车站称为轮乘站。如果同一乘务员交车和接车不在同一地点，那么制定乘务计划时还需要考虑两地点间的通勤时间。例如，某班次中乘务员在轮乘站交车，紧接着需要从车辆段接车，从轮乘站到车辆段的通勤时间为 30 min，则这两次连续驾驶间的间隔时间应大于 30 min。在车辆段和停车场的出车和退车作业一般也需要额外的时间。

在班次时长内，有些时间是完成正常驾驶所必需的，称为必要时间，包括所有班次中都具有的驾驶时间和最小间休时间以及部分班次中具有的出车时间、退车时间、就餐时间和通勤时间等；有些时间则不是完成正常驾驶所必需的，称为不必要时间，主要表现为间休时间中超过最小间休时间的部分。不必要时间是乘务员只能在离散的站点交接车且必须满足必要的时间约束造成的，降低不必要时间是编制高质量乘务计划的目标之一。

图 5-18 给出了某城市轨道交通线路一个班次的值乘安排示意。图中显示，第一个乘务段从 7:00 开始，是由车辆段出车，因为需要 40 min 的准备时间，所以实际上乘务员是在 6:20 出乘。7:45 在轮乘站交车，第一个乘务段结束。15 min 后，8:00 在同一地点接车，开始第二个乘务段。第二个乘务段 8:45 结束，此时早高峰已过，所值乘的列车按照计划要回段，需要由乘务员驾驶列车回段退车。第三个乘务段是在轮乘站接车，乘务员需要及时由车辆段赶到轮乘站。按照该城市轨道交通线路的相关作业规定，车辆段退车需要 10 min、从车辆段到轮乘站的通勤时间为 20 min，因此第三个乘务段的开始时间应不早于第二个乘务段结束后 30 min。10:45 第三个乘务段结束，乘务员退乘，完成该班次。

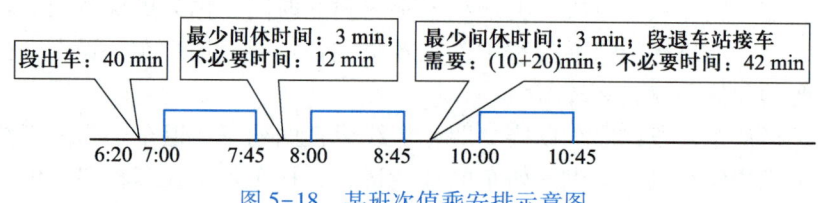

图 5-18　某班次值乘安排示意图

该班次中，乘务员有 3 次连续驾驶列车的乘务段，分别是第一段 7:00 至 7:45、第二段 8:00 至 8:45 和第三段 10:00 至 10:45，驾驶时间共 2 h 15 min，此外还有出车时间 40 min、退车时间 10 min 和通勤时间 20 min，这些均为必要时间。该班次中，乘务员有两次间休，第一次 7:45 至 8:00，其中 3 min 为必要时间，12 min 为不必要时间；第二次 8:45 至 10:00，其中 33 min 为必要时间，42 min 为不必要时间。从 6:20 出乘至 10:45 退乘，班次时长为 4 h 25 min，其中必要时间 3 h 31 min、不必要时间 54 min。

乘务员在必要时间内的劳动创造价值，应该被支付工资，必要时间属于付薪时间；乘务员在不必要时间内对于系统的运营没有创造价值，是一种浪费，因此有些运营机构将不必要时间列为非付薪时间。

3. 班次类型

不同的轨道交通系统有不同的规章制度，各国各城市相关的劳动法律也不相同，因此在完成列车驾驶任务的过程中，出现了种类繁多的班次，这里就常见的类型作简单介绍。

根据班次是否参与轮班计划，有倒班和日勤。倒班一般分为有限的几种，安排同一乘务员在不同日期值乘，并在有限时间内循环，例如早班、白班、夜班等。日勤则不参与轮班计划，每日在固定的时间段内值乘。

根据班次时长，有正常班和短班。正常班的时长符合一次出乘的规定，班次内乘务段间隔较为均匀。短班的班次时长远小于正常班的时长，所包含乘务段个数也非常少，往往只有一个乘务段。

根据班次内乘务段间隔是否均匀，班次可分为连续班和断班。连续班即正常班，断班则是存在某两个乘务段间隔较大的班次，往往由两个短班合并而成。断班显然不如连续班适合乘务员值乘，劳动效率也较低。

班次的安排一方面需要满足相关劳动法律法规，维护乘务员的正当权益，另一方面也应考虑降低运营成本。两方面因素平衡的结果是对班次的指标方面所做的规定。例如，班次时长的范围、最大连续驾车时间、最小间休时间、最小累积驾车时间等。

4. 轮班计划

排班计划完成了运行线和班次之间的对应关系，轮班计划则是在班次和乘务员之间建立起对应关系。为方便值乘，运营机构往往以某段时间为周期按照一定的循环模式来安排班次，每一种循环模式称为一个轮班，轮班由一段连续日期的班次组成。轮班的周期为方便记忆，往往为一周、一月或它们的整倍数，实际运营中，轮班计划的制定往往与乘务管理工作结合起来进行。

5.5.2 乘务排班计划编制方法

城市轨道交通乘务排班计划的编制流程由分割和组合两个步骤组成。

1. 分割

列车运行图中包含的车底周转信息是制定乘务排班计划的基础数据。车底周转是指某一车底一次上线运行的过程，始于车辆段或停车场，在线路上周转运行多次后又返回车辆段或停车场。

车底周转时间以车辆段、停车场和轮乘站这些乘务员可能交接车的位置为分割点，将车底的运行计划分割成若干片段，这些片段是组成乘务段的最小单位，称为乘务片段。表 5-5 是某车底一次出入段所担当的列车车次及所经车站和到发时间，该线路两端为折返站，车辆段在第 i 和 $i+1$ 站间衔接线路。

表5-5　某车底一次出入段运行所经车站序列

车　次　号	车　站　名	到　达　时　间	出　发　时　间
732018	车辆段	06：09：40	06：10：40
	车站 $i+1$	06：13：10	06：13：40
	……	……	……
	车站 N	06：38：50	06：39：20
	折返站1	06：43：20	
731027			06：48：30
	车站 N	06：51：50	06：52：20
	……	……	……
	车站1	07：39：25	07：39：50
	折返站2	07：42：10	
732055			07：46：30
	车站1	07：48：50	07：49：15
	……	……	……
	车站 N	08：39：35	08：40：05
	折返站1	08：44：05	
731064			08：47：35
	车站 N	08：50：55	08：51：25
	……	……	……
	车站1	09：38：30	09：38：55
	折返站2	09：41：15	
732094			09：45：35
	车站1	09：47：55	09：48：20
	……	……	……
	车站 N	10：36：40	10：37：10
	折返站1	10：41：10	
731094			10：44：00
	车站 N	10：47：20	10：47：50
	……	……	……
	车站1	11：34：55	11：35：20
	折返站2	11：37：40	
732116			11：44：30
	车站1	11：46：50	11：47：15
	……	……	……
	车站 i	12：04：25	12：05：25
	车辆段	12：08：55	12：09：55

　　去掉非轮乘站后，仅留下可用乘务员交接班的车辆段、停车场和轮乘站及相关时刻后，列车运行图便可简化为如图5-19所示的折线图。

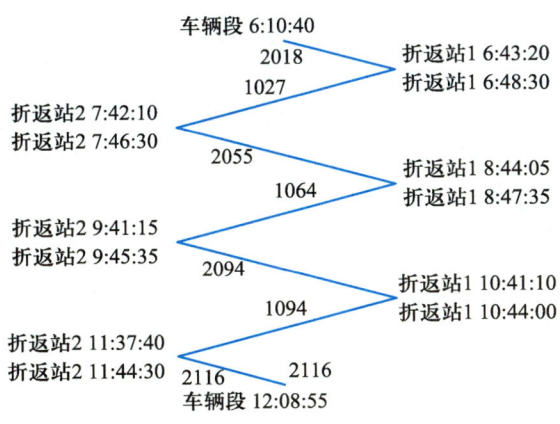

图 5-19 反映车底运行的折线图

2. 组合

按照乘务员一次乘务总时间、连续乘务时间等规则，将各乘务片段组合为乘务段，进而将乘务段组成班次，作为最终乘务排班方案中的一部分。组合的依据一般应符合各种劳动法律和规定的约束，并以提高劳动效率、降低劳动成本为目标。

实际工作中，由于乘务片段的数量非常多，其组合方案所组成的空间也异常庞大，在这样庞大的空间中寻优是一件非常复杂的事情。手工组合过程中，往往以一些显然能够提高劳动效率、降低劳动成本的组合片段为基础，尽量减少可行方案的空间。例如，乘务员上班后的第一个值乘任务为从车辆段带车出段、下班前的最后一个任务为带车回段显然能够提高劳动效率，尽量安排乘务员的交车和接车作业在同一地点也能有效减少不必要的间隔时间。

如果某一班次包含的片段已经达到任务量的要求，该班次即完成。通过不断组合，直到所有的片段均被编进班次，便完成了排班计划的编制。计划完成后，往往还会根据需要进行调整，即改变班次所包含的片段，达到任务平衡、减少不合理性的目的。

5.5.3 实际运营中的影响因素

乘务计划的制定和执行不仅仅是个理论问题，在实际运营中还需要考虑很多其他因素，因而理论上较优的计划方案往往还需要结合实际情况进行调整。综合分析城市轨道交通乘务实际，乘务计划执行过程中的影响因素可以归结为以下 8 个方面。

1. 乘务员的配备数量

乘务员的数量直接影响到乘务的费用支出，而乘务方式影响乘务员的数量。包乘中，乘务人员和列车固定，当运行的列车数较多时，包乘使用的人数通常比轮乘多。轮乘有利于减少配置司机数量，但是乘务计划的编制更为复杂，因为轮乘制中乘务员相对于车底不是固定的，这样就涉及要如何换乘、要在哪个站换乘、要在什么时间换乘等众多的问题，增加了乘务计划编制的难度。

在包乘制中，乘务人员具体的数量是根据列车的数量来确定的，有多少辆列车（包括正在运行的和没有运行的）就安排多少的乘务组。在轮乘制中，乘务人员配备的数量是根据正在运行的列车的数量来确定的，有多少辆在线路上运行就相应地安排多少乘务组来满足列车的运营需要。

2. 列车的维护和保养

列车的技术含量和价值都较高，对其进行维护和保养非常重要。乘务方式的不同，影响到列车的维护和保养。包乘中，司机对包乘列车的车况、性能比较了解，排除故障的能力较强，有利于司机对列车的保养与维护。轮乘中，乘务人员更换频繁，值乘司机可能对列车的性能不熟悉而引起操作不当，需制定措施强化值乘要求，列车的保养难度加大。

3. 乘务管理的难度

在城市轨道交通运营中，由于乘务司机人数多，轮换班频繁，所以乘务管理的难度较大。包乘中，司机与列车相对固定，交接班的时间和地点比较灵活，便于管理和监督。轮乘中，司机与列车不是固定的，交接班的时间和地点相对来说就已经是提前安排好的，所以比较固定，在发生意外情况的时候乘务管理的难度比较大，同时要求乘务计划的编制更为合理。

4. 值乘方式对乘务员作息时间安排的影响

值乘方式直接影响到乘务员的作息时间。有规律的作息时间能使乘务员得到较好的休息，减少疲劳，有利于行车安全。在包乘中，司机连续驾驶，增加了作业过程中的疲劳；而轮乘中乘务员的作息时间较易进行合理调整，有利于司机中途休息。

5. 乘务计划编排难度

城市轨道交通系统列车运行图随着运营条件和客流的变化而经常做出调整。包乘中乘务计划编制较容易；轮乘则不利于运营计划的安排，调整过程较复杂。

6. 运营列车的调配

城市轨道交通系统运营列车较多，列车的调配是一项很重要的内容。在包乘中，要求运营列车相对固定，便于管理和监督，不宜频繁更换；轮乘中，列车和乘务组可灵活自由地变动。

7. 劳动生产率

值乘方式应使乘务员在值勤时间内尽可能多地合理完成更多的工作量。包乘的列车运用效率较轮乘的要低，劳动生产率通常也比轮乘的低。轮乘提高了列车运用效率，有利于提高单个司机的生产效率。

8. 对乘务员的教育培训

城市轨道交通系统通常采用较新的技术，所以对司机的技术水平要求较高。包乘有利于对司机的培训，其针对性强，过程较容易；而轮乘要求司机对各车辆都很熟悉并能熟练操作，培训周期长。

5.6 特殊线路运营计划的编制特点

有两个独立端点的复线是城市轨道交通线路最常见的线路配置形式，这种配置形式下，并行的两条线路可分别供两个方向运行的列车占用，互不干扰，列车在折返站改变运行方向，循环往复运行。本节将介绍几种特殊的线路。如果两个端点重合，便成为环线；如果线路中间有分歧点，便是含支线的线路。这里所说的环线和含支线路，也均为复线。单线则是指在部分区间或全部区间只有一条轨道，供两个方向运行的列车使用，同时在车站设置配线供列车会让或越行。这些特殊形式的线路在运营计划的编制及运行图的铺画方面也表现出不同的特点。

环线

环线没有折返作业，而且两个方向的列车运行一般互不干扰，相当于两条独立的线路。没有折返时间在一定程度上可以提高车底的运用效率，但是也给铺画均一发车间隔的运行图带来一定的困难。采用均一运营间隔时，周转时间是发车间隔的整倍数：$T_o = hN$。考虑运营速度与周转时间的关系：

$$V_o = \frac{60L}{T_o}$$

得到

$$V_o = \frac{60L}{hN} \tag{5-8}$$

线路长度 L 是定值，N 只能取整数，因此在周转时间确定的前提下，往往难以获得整数的发车间隔。环线特殊的运行方式是造成这种情况的主要原因：因为没有折返时间作为缓冲，列车运行每一圈的周转时间是相等的。在环线的实际运营中，不同计划时段衔接时为保证发车间隔的均匀，往往只能通过改变停站时间来调整。

含支线路

含支线路上，根据干线列车和支线列车间的关系，可以有贯通运营和接驳换乘两种基本的运营组织模式。贯通运营指干线列车分别开到各条支线，去往支线各站的乘客均可以直接到达；接驳换乘指一条或多条支线独立运营，支线列车与干线列车互不过轨，从干线车站前往该条支线车站的乘客必须在分歧点换乘。贯通运营中，又可分为支线列车直接过轨进入干线和若干条支线的列车合并为一列车后过轨进入干线两种情况。

考虑两条支线运行时间不同的典型情形，可以分为如下两种情况（图 5-20（a）表示了这两种情况，其中较长的支线是 XA，较短的支线是 XB）：

① 列车以分解时的相同顺序集结。因为线路 XB 上的列车具有较短的运行时间，所以不得不延长它们的终点时间，等待线路 XA 上的列车，延长后的终点时间为

$$t_t^B = t_t^A + 2\Delta t \tag{5-9}$$

这里 Δt 是两条支线单向运行时间之差。如果终点时间由于更高的调度效率而达

到最小，那么 t_t^A 应该达到最小，因为它也决定 t_t^B 的值。

② 一列驶向较长的支线 XA，紧接着一列驶向较短的支线 XB，当返回时，列车 B 在列车 A 之前，此时它们以不同于分解的顺序集结 [图 5-20（a）]。支线 XA 的运行时间较长，以至支线 XB 上运行的列车在 A 列车之前返回到干线。在此情况下，支线 XA 的终点时间相对于支线 XB 的终点时间为：

$$t_t^A = t_t^B + 2\left| h - \Delta t \right| \tag{5-10}$$

在此情况下，更高效率和线路能力要求 t_t^B 最小，因为它也决定 t_t^A 的值。

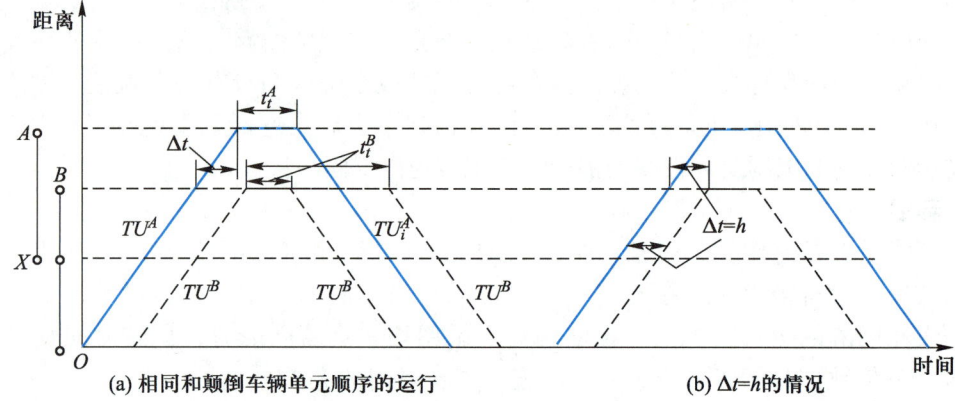

图 5-20　含支线路的行车计划

单线

单线情况下，由于需要会让，线路的通过能力较低，用于通勤时的最小发车间隔往往受制于困难区间的运行图周期。图 5-21 显示了一个典型的单线轨道交通通勤线路的例子，全线区间为单线，两端点站各有一条折返线，各中间站均设两条配线供列车会让。从运行图上看出，限制区间 OP 的运行图周期 h 即为最小发车间隔。单线列车运行图铺画的实质是处理列车与车站、区间的关系，在众多条件约束下，确定列车运行次序和作业时刻，合理安排列车在车站交会与越行，同时还需保证单线两个方向的列车到达同一车站的时差不要过大。由于区间只有一条正线，且运行

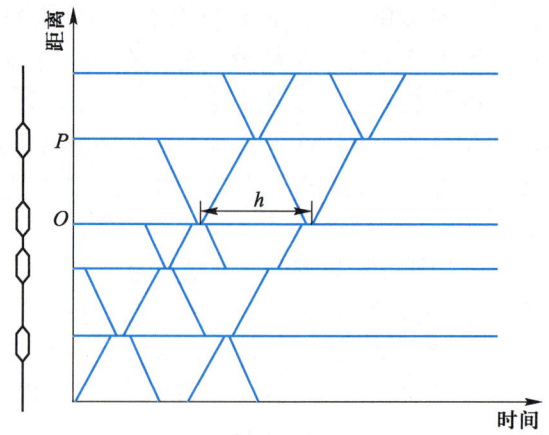

图 5-21　单线运行图示意

线相互影响、相互约束，导致实际运用中单线运行图的具体情况比较复杂，与区间有多条正线的情况相差较大。

思考题

1. 城市轨道交通系统为什么实行按计划行车？运营计划由哪些部分组成？其编制过程一般包括哪些环节？

2. 断面客流图和全日分布图的区别是什么？分别从哪两个侧面来表示乘客的出行需求？

3. 发车频率、列车编组和满载率在影响断面运力的同时，对乘客的出行成本和运营机构的运营成本会带来哪些影响？

4. 本章第 2 节中提到的根据断面客流量确定发车频率的方法，与第 4 章第 2 节提到的确定发车间隔的方法相比，有哪些异同？两种方法各自的合理性在哪里？

5. 仔细阅读本章第 3 节，并参考《铁路运输组织学》教材，试比较两者对列车运行图编制介绍的异同。

6. 乘务排班计划和乘务轮班计划有哪些区别和联系？

第 6 章
城市轨道交通系统运输能力理论及计算

6-1：思维导图

章导语：
　　本章介绍了城市轨道交通系统能力的相关概念、城市轨道交通系统通过能力及输送能力的理论基础和计算方法。上述内容将帮助学生建立起城市轨道交通系统运输能力的基本理论框架，了解能力计算的基本方法。本章中城市轨道交通系统通过能力和输送能力的相应理论和计算方法是学习的重点和难点，学生需重点学习。建议教学学时6学时左右。

通过能力：
取决于固定设备设置条件的铁路运输能力统称为铁路通过能力。通过能力一般按铁路区间或方向确定，它是设定类型的机车、车辆和一定的行车组织方法的前提下，以固定设备在单位时间内（通常指一昼夜）能放行通过的标准重量的最大列车数或列车对数来表示的。

　　城市轨道交通系统运输能力是运力资源分配的基本条件。它不仅是评价运力资源使用情况的重要指标集，也是优化城市轨道交通运力资源配置和指导运输组织生产实践的重要理论基础。本章拟在全面阐述城市轨道交通系统能力概念的基础上，系统分析影响城市轨道交通系统能力的因素，介绍城市轨道交通系统各部分能力计算的方法。

6.1　城市轨道交通系统运输能力概念

　　城市轨道交通系统运输能力理论研究集成了两个领域的学术观点，一是铁路运输组织领域，二是城市交通领域，两者在发挥铁路技术优势适应城市交通客流需求特征上高度一致。

　　城市轨道交通系统与铁路运输系统技术相近，运输组织原理相通，能力计算方法相似。但两系统存在一些不同，主要表现在：① 铁路运输系统主要从事中长距离的客货运输服务，在能力研究方面，在关注客货运量的同时，更加关注客货运周转量。而城市轨道交通系统主要服务于城市通勤等短途客流，往往更加关注最大断面运力。② 城市轨道交通系统针对城市通勤短途客流特点，其列车开行计划、列车停站方式、列车折返方式与铁路运输系统有较大不同。③ 城市轨道交通系统的日内客流波动规律较铁路运输系统有较大不同。

　　因此，城市轨道交通系统运输能力概念既要与既有铁路交通系统的理论接轨，也要与城市轨道交通系统运营实际相符，同时体现城市交通的特点。

　　运输能力一般有通过能力和输送能力两种概念，在实际应用中还衍生出设计能力、现有能力和需要能力、理论能力、查定能力、核定能力等。

　　在城市轨道交通系统运输能力实现的重要节点上，也衍生出了如车站通道能力、闸机通过能力、站台能力等相关概念。

6.1.1　通过能力与输送能力

　　某个系统或设备的"能力"广义上指在预定条件下该系统或设备所能完成工作的最大能力。对于城市轨道交通系统（下文简称"城轨系统"），存在两个重要的概念：通过能力和输送能力。两者含义不同，分别描述了城市轨道交通系统运输能力的不同侧重面，具体定义为：

1. 城市轨道交通系统通过能力

　　通过能力是城轨系统的一个重要指标，主要反映现存硬件系统所具备的运转功能指标。城轨系统的通过能力是指在采用一定的车辆类型、信号设备和一定的运输组织方法条件下，城市轨道交通系统单位时间内（通常是高峰小时）单方向所能通过的最多列车数。城轨系统的通过能力主要包含线路通过能力和折返站通过能力，由于车站是制约线路通过能力的关键节点，故前者主要由车站最小间隔时间决定，后者与折返站设施和折返方式相关。

2. 城市轨道交通系统输送能力

城轨系统输送能力，也称为断面运力，是指在一定的车辆类型、信号设备、固定设备和行车组织方法的条件下，按照现有活动设备和乘务人员的数量，轨道交通系统在单位时间内（通常为高峰小时）所能运送的乘客人数；即城轨系统某一方向单位时间内所能运送的乘客总数。

输送能力是衡量轨道交通系统服务水平和技术水平的重要指标，主要受线路通过能力、列车编组数和车辆定员数的限制。

在城市轨道交通系统中，通过能力反映的是线路所能开行的列车数，它是输送能力的基础；输送能力反映了线路所能运送的乘客人数，是运输能力的最终体现。两者从不同角度对轨道交通线系统运输能力的表述，共同奠定了城市轨道交通系统运输能力的概念，是为实现运输生产过程、完成客运任务而必须具备的运输能力。

6.1.2　设计能力、现有能力和需要能力

1. 设计能力

实际工作中，也会遇到设计能力、理论能力和现有能力等概念。城市轨道交通系统的设计能力是指系统设计时确定的能力指标，所有的软硬件配置都与该指标相匹配，系统投入运营后要按规定时间达到的能力。

$$设计能力 = 线路能力 \times 列车能力 = 线路能力 \times 列车编组数 \times 车辆定员$$

可见，设计能力是一种在理想作业状态下的理论计算能力。计算设计能力/理论通过能力多数是为研究使用的，可以作为日常运营管理的参考；而描述城轨系统现有的、实践所具有的能力，称为现有能力，它与运营组织管理水平有较大的相关性。

2. 现有能力

轨道交通线路现有能力是指在现有的固定设备、现行的行车组织方法和现有的运输组织水平条件下，系统可能达到的通过能力。

新建或改造后的轨道交通线路系统进入正常生产状态后，其设计通过能力就是线路的现有通过能力。轨道交通系统运输生产条件发生较大变化时，其通过能力需要核定或查定，核定或查定后的通过能力就是现有通过能力。现有通过能力在一定条件下与设计通过能力、核定通过能力、查定通过能力是一致的。

3. 需要能力

需要能力是在未来一定时期内，为了适应国家建设、经济发展和人民需要，满足规划运量的需求，轨道交通线路所应具备的通过能力。

轨道交通线路的需要通过能力可以是现在所具有的通过能力，也可能是未来应该具有的通过能力。

需要能力必然包含一定时期的储备能力。

输送能力： 取决于活动设备的数量和配置的铁路运输能力称为输送能力。输送能力一般按线路或方向分别确定。它是在一定的固定设备、一定的机车车辆类型和一定的行车组织方法的条件下，根据活动设施（机车车辆）数量和职工配备情况，在单位时间内最多能够输送的列车对数、列车数或货物吨数。

设计能力： 对于一般工业企业，设计生产能力又称设计能力，是指新建或改建企业在设计任务书和技术文件中规定的正常条件下达到的生产能力。它是在规定的产品方向与品种构成方面正常情况下可能达到的年产量。

现有能力： 也称作计划能力，是根据现有生产技术条件和计划年度内能够实现的实际生产效果，按计划产品方案计算确定的生产能力。

6.1.3   理论计算能力、查定能力与核定能力

1. 理论计算能力

轨道交通线路的理论计算能力是根据既有设备条件和一定的行车组织方法，通过理论计算所得到的最大理论能力。理论计算能力是在理想条件下计算出来的，这个能力值在运输生产实际中一般是不可能达到的。

2. 查定能力

查定能力是指城市轨道交通系统原有设计能力因经过技术改造或革新而发生变化，需要自行组织专家进行重新调查和查定后的生产能力。它是依据实际生产能力重新查定的城市轨道交通系统最大的生产能力，是城市轨道交通系统的实际能力，对于城市轨道交通系统各类计划有指导作用。

3. 核定能力

核定能力是指上级部门指派专家对城市轨道交通系统在一定时期内的生产能力进行计算和确定。具体来说，核定能力就是在对人员数量、技术条件、固定资产三大因素调查的基础上，综合考虑人员素质、管理水平、科技因素等，通过计算而确定的城市轨道交通系统的生产能力。核定能力等级高于查定能力。

6.2   系统通过能力计算及影响因素分析

系统通过能力是系统综合能力的反映，决定了最大行车密度，从而影响输送能力。城市轨道交通列车在固定交路上运行，经过区间、中间站和折返站等作业环节，其系统通过能力受区间追踪能力、中间站通过能力和折返站通过能力影响。从目前我国城市轨道交通系统的运营实践来看，系统通过能力主要受限制于折返站能力。

6.2.1   系统通过能力一般公式

1. 系统最终通过能力

系统最终通过能力是指城市轨道交通系统中各项设备单位时间内（通常是高峰小时）单方向所能通过的列车数。它是根据区间通过能力、车站通过能力以及折返站通过能力中的最小值来确定的，计算公式一般表达为

$$n = f_{max} = \frac{3\ 600}{\max\{I_{Wmin}, I_{Smin}, I_{Zmin}\}} \tag{6-1}$$

式中：$I_{Wmin}, I_{Smin}, I_{Zmin}$——区间、车站和折返站的最小列车运行间隔时间，具体计算

方法将在后续节次详细介绍；

n——线路在 1 h 内能够通过的最大列车数；

f_{max}——系统最大发车频率。

由于城市轨道交通车站一般不设置配线，列车在正线上办理客运作业，受列车停站时间的影响，中间站的最小列车运行间隔往往大于区间的最小列车运行间隔，因而，区间通过能力不是系统通过能力的限制环节，此时，系统的最终通过能力可以用下式来表示：

$$n_{max} = \frac{3\ 600}{\max(I_{Smin}, I_{Zmin})} \qquad (6-2)$$

式中：I_{Smin}——车站最小列车运行间隔时间，s；

$\quad\quad I_{Zmin}$——最小折返列车运行间隔时间，s。

2. 使用通过能力

使用通过能力也称实际可利用通过能力，是指在考虑了实际运营过程中内部和外部的各类干扰，城市轨道交通系统中各项设备单位时间内（通常高峰小时）单方向所能通过的列车数。

所谓列车运行干扰，是指在铁路系统运行过程中，由于人为操作不当，客流变化，设备的日常故障，自然条件变化等原因对轨道运输产生影响的所有因素总称。在日常行车组织中，列车运行的干扰是很难避免的。

为合理安排列车运能、保证列车运行秩序，需要确定使用通过能力，可用下式表示：

$$n_{使用} = \frac{3\ 600}{I_{max} + t_{损失}} \qquad (6-3)$$

式中：$n_{使用}$——扣除能力损失后，城轨系统在 1 h 内能够通过的最大列车数，列；

$\quad\quad I_{max} = \max(I_{Smin}, I_{Zmin})$——车站或折返站列车运行间隔的最大值；

$\quad\quad t_{损失}$——平均每列分摊到的损失时间，s，一般根据列车运行统计资料计算确定。

6.2.2　区间通过能力计算及影响因素分析

6.2.2.1　区间通过能力的一般计算公式

城市轨道交通通常都是采用的双线，列车在区间内追踪运行，其运行方式如图 6-1 所示。图中的 I_W 定义为追踪列车间隔时间即区间最小列车运行间隔时间，是指追踪运行的两列车在运行过程中相互不受干扰的最小间隔时间。

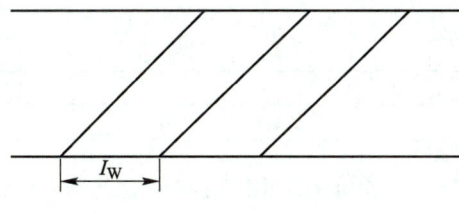

图 6-1　双线追踪运行图

在这种运行模式下，区间的通过能力可表达为

$$n_{W} = \frac{3\ 600}{I_{W}} \tag{6-4}$$

由公式（6-4）可知，区间上的追踪列车间隔时间是区间通过能力的关键因素。在不考虑一般车站和折返站通过能力的情况下，一条线路的通过能力受制于追踪列车间隔时间最长的区间，可表达为

$$n_{L} = \min\left\{ n_{W}^{1}, \cdots, n_{W}^{n} \right\} = \frac{3\ 600}{\max\left\{ I_{W}^{1}, \cdots, I_{W}^{n} \right\}} \tag{6-5}$$

6.2.2.2　追踪列车间隔时间计算

城市轨道交通列车的追踪运行特点决定了计算追踪列车间隔时间是分析城市轨道交通线路通过能力的关键。而追踪列车间隔时间由追踪列车间隔距离、信号制式、列车车辆的动力学特性等因素共同决定，下面将从固定闭塞和移动闭塞这两种信号制式下分析计算最小追踪列车间隔时间。

1. 固定闭塞信号制式下的最小追踪列车间隔时间计算分析

固定闭塞系统中闭塞分区的速度等级和数量由设计行车间隔、线路数据、车辆性能、信号设备的性能等因素确定，其中闭塞分区的长度由列车制动距离和信号反应时间等因素确定。如图6-2所示为间隔三个闭塞分区的追踪列车间隔示意图。

刘海东，毛保华，何天健，等. 不同闭塞方式下城轨列车追踪运行过程及其仿真系统的研究［J］. 铁道学报，2005，27（2）：120-125.

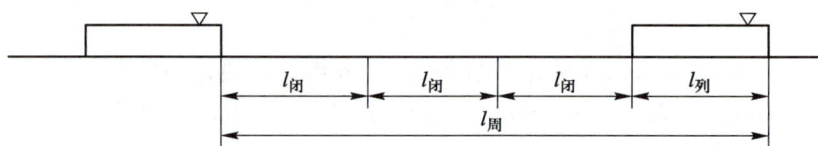

图6-2　固定闭塞下列车追踪间隔示意图

$$I_{W} = \frac{l_{周}}{v_{运}} = \frac{3l_{闭} + l_{列}}{v_{运}} \tag{6-6}$$

式中：$l_{闭}$——两列车间单个闭塞分区长度之和，m；

　　　$l_{列}$——列车长度，m；

　　　$v_{运}$——列车区间平均运行速度，m/s。

2. 移动自动闭塞制式下的列车追踪间隔时间计算分析

下面以移动自动闭塞制式下的列车追踪间隔示意图为例（图6-3），给出在某个区间上运行的追踪列车间隔时间的计算公式，并进而分析其影响因素。

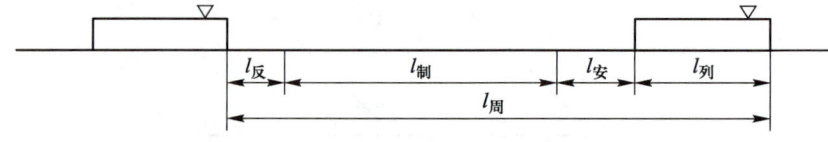

图6-3　移动自动闭塞下列车追踪间隔示意图

$$I_{\text{W}} = \frac{l_{\text{周}}}{v_{\text{运}}} = \frac{l_{\text{反}} + l_{\text{制}} + l_{\text{列}} + l_{\text{安}}}{v_{\text{运}}} \tag{6-7}$$

式中：$l_{\text{制}}$——列车制动距离，m；

　　　$l_{\text{安}}$——系统安全防护距离，m；

　　　$l_{\text{反}}$——列车动态信息传输时间内走过的距离，m。

实际上，在移动自动闭塞制式下考虑两追踪列车区间的追踪间隔距离时，通常有两种方式下的制动距离：绝对制动距离和相对制动距离。

（1）绝对制动方式

绝对制动方式又简称为"撞硬墙模型"，这种方式不考虑前行列车的速度，只考虑其位置，列车间隔如图 6-4 所示，前行列车的制动加速度假定为无穷大，制动反应时间为 0，则两车间的最小间隔距离是

$$l_{\text{周}} = l_{\text{反}} + l_{\text{制}} + l_{\text{列}} + l_{\text{安}} = v_2 \left(\frac{v_2}{2\beta_2} + t_{\text{反}} \right) + l_{\text{列}} + l_{\text{安}} \tag{6-8}$$

$$I_{\text{W}} = \frac{l_{\text{周}}}{v_2} = \frac{v_2}{2\beta_2} + t_{\text{反}} + \frac{l_{\text{列}} + l_{\text{安}}}{v_2} \tag{6-9}$$

式中：$v_2, t_{\text{反}}, \beta_2$——后续列车的初始速度，m/s；制动反应时间，s；；制动速度，m^2/s。

　　　$l_{\text{列}}$——列车长度，m。

　　　$l_{\text{安}}$——停车安全距离，m。

6-2：时空维度绝对制动方式下的安全距离

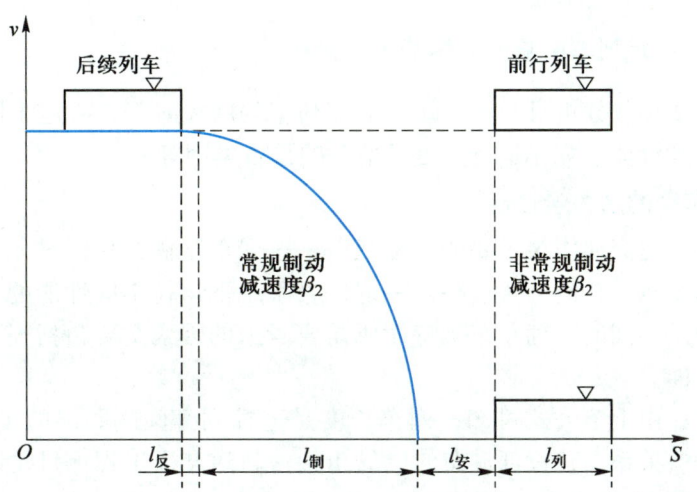

图 6-4　绝对制动方式下的安全距离

（2）相对制动方式

相对制动方式考虑了在追踪列车制动过程中前行列车走行的距离，列车间隔如图 6-5 所示（图中假定两车的速度相等）。前行列车除了有上述的绝对制动方式情况或者以原有速度继续前进外，还有下面两种情况：① 前行列车采用紧急制动停止；② 前行列车采用常用制动停止。对于第①种情况，后续列车在考虑它和前行列车的间隔时，可以充分利用前行列车的制动距离，和"撞硬墙"相比，两车的距离可以进一步缩短，故将这种情况称为"撞软墙"。

6-3：时空维度相对制动方式下的安全距离

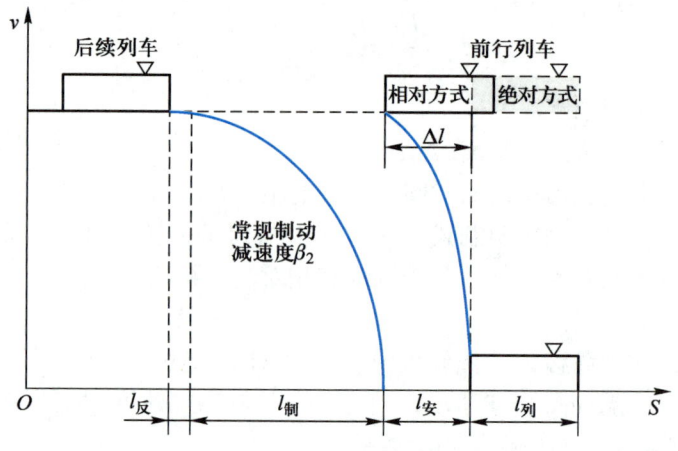

图 6-5　相对制动方式下的安全距离

对于第②种情况，由于常规制动距离大于紧急制动距离，两车之间的距离可以在"撞软墙"的基础上进一步缩短，因此可以将这种情况称为"撞大软墙"。因而，相对制动方式与绝对制动方式相比，对最小间隔距离的压缩量可表示为

$$\Delta l = v_1 \frac{v_1}{2\beta_1} = \frac{v_1^2}{2\beta_1} \qquad (6-10)$$

式中：v_1、β_1——前行列车的初始速度和制动减速度。

6.2.2.3　追踪列车间隔时间影响因素分析

由 6.2.2.2 小节分析可知，区间上追踪列车的间隔时间，决定于同方向运行列车车辆的动力学性能、列车运行速度及信联闭设备类型等。

1. 列车车辆的动力学性能

作为城市轨道交通中最重要的移动设备——列车车辆的特性对分析线路通过能力有着重要的影响。在同一条线路、一定信号系统下运行不同性能的车辆，所能达到的运输能力是不同的。列车车辆特性所需要考虑的因素主要包括列车长度、制动性能、加速性能。

列车长度：由上节公式可知，列车长度是追踪列车间隔距离的重要组成部分，且两者呈正相关关系。建设部颁布的《城市快速轨道交通工程项目建设标准》推荐了 A、B、C 三种车辆类型。我国目前主要采用的为 A 型、B 型车辆，主要差异在于列车的长度以及载客量上。

制动性能：列车的制动性能决定了列车制动距离及制动的时间，制动性能好的列车可以减少列车制动行驶的时间和距离，而制动距离又是影响列车追踪间隔的一个重要因素，因此列车的制动性能也是影响线路通过能力的重要因素。

加速性能：列车的加速性能受列车牵引力影响，列车启动驶离车站的过程受加速性能影响较大。加速性能越好，列车出清站台的时间越短，追踪间隔时间越短。

2. 列车的运行速度

当列车运行速度非常低或非常高的时候，列车的追踪间隔都会增加。速度非常低的时候，列车在占用闭塞分区时运行时间很长，使得后续追踪列车长时间无法进入占用的区段，使列车追踪间隔增加。当列车速度非常高的时候，列车所需的安全保护距离就很大，后续列车的追踪间隔也会增加。

3. 信联闭设备类型

由上节可知，不同的移动闭塞模式下，前后追踪运行的列车定位的精准度和所需要的安全间隔距离不同，进而计算得到的最小追踪列车间隔时间也不同。

6.2.3　中间站通过能力计算及影响因素分析

6.2.3.1　中间站通过能力计算

列车在车站的最小发车间隔时间是保证车站能够完成必要的接发列车作业且确保列车在区间内安全运行的时间，是按照追踪运行列车先后经过车站必须保持的最小发车间隔得到的。列车最小发车间隔的临界情况是，前行列车刚刚出清车站，且驶过安全保护区段 $l_安$，后续列车以区间最大允许速度行驶，并且距车站入口的距离正好等于列车制动距离加上制动反应时间内列车驶过的距离，如图 6-6 所示。

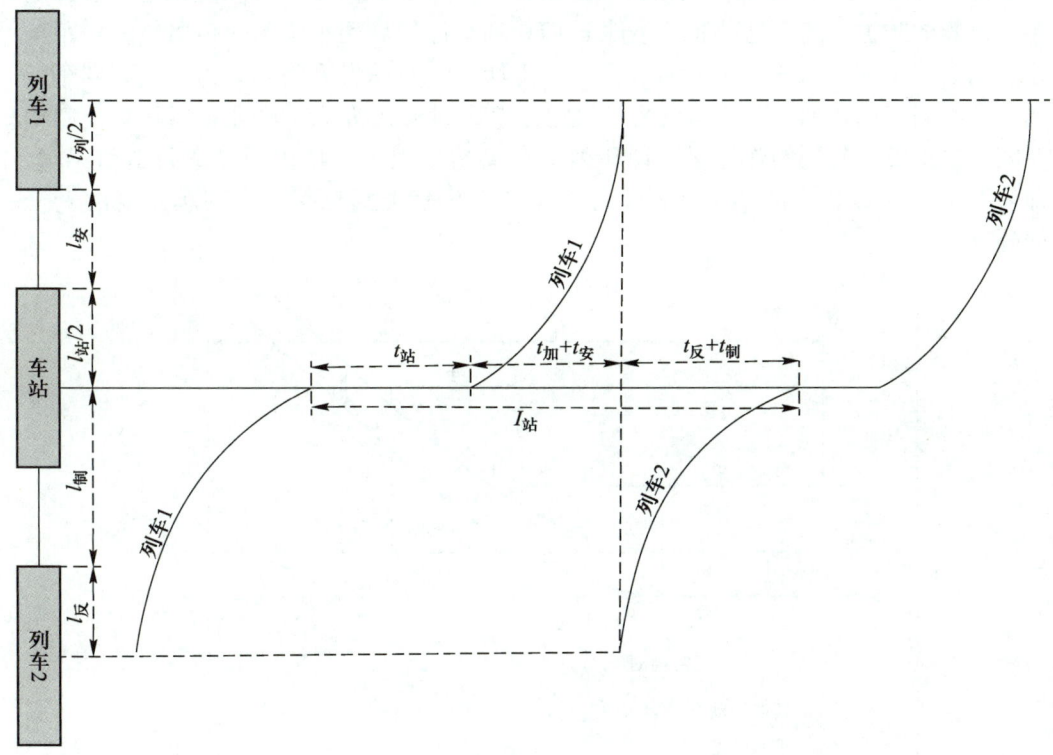

图 6-6　移动闭塞条件下车站追踪间隔示意图

在计算最小车站发车间隔之前，做以下假设：① 闭塞方式为移动闭塞；② 列车驶离车站后，其速度即达到最大值；③ 只有当前行列车出清车站后，后行列车才能进站。

图 6-7 表示最小车站发车间隔时间-距离关系。由图可知，最小车站发车间隔I_S可表示为

$$I_S = t_{站} + t_{加} + t_{安} + t_{反} + t_{制} \qquad (6-11)$$

式中：$t_{站}$——停站时间，s；

      $t_{加}$——列车驶离车站时间，s；

      $t_{安}$——列车安全运营裕量，s；

      $t_{反}$——驾驶系统反应时间，s；

      $t_{制}$——列车制动停车时间，s。

其中$t_{站}$和$t_{反}$已知。列车驶离车站的加速度为$a(\text{m/s}^2)$，站台长度为$l_{列}(\text{m})$。

接下来，在图 6-6 的基础上进行扩展以探讨影响车站发到间隔的影响因素。如图 6-7 所示，LTU 表示前行列车，FTU 表示后行列车，每列车都由相距$l_{列}$的两条曲线组成，分别表示列车头部移动曲线（上方曲线）和列车尾部移动曲线（下方曲线）；此外，还补充了 FTU 列车在行驶中正常制动形成的一系列停车点集（FTU 左侧实线），以及延迟制动条件下形成的停车点集（FTU 左侧虚线），用以计算 LTU 列车和 FTU 列车的距离间隔；注意到，即使在延迟制动条件下，列车停稳后 FTU 列车的头部与 LTU 列车的尾部依然留有一定裕量（一般为列车长度$l_{列}$），这是运行控制系统设置的防护距离。这种制动条件下 FTU 列车停稳后列车头部的距离与防护距离之和则为 LTU 列车安全运营距离裕量。综上所述，车站发到间隔即为：LTU 列车加速离站时间、LTU 列车安全运营裕量时间、FTU 列车制动反应时间及 FTU 列车制动时间。这里发到间隔的作用是：LTU 列车在离站过程中一旦出现异常而制动停车，即使 FTU 列车以较小的制动率制动停车，二者仍然能够保持一个列车距离的安全间隔。

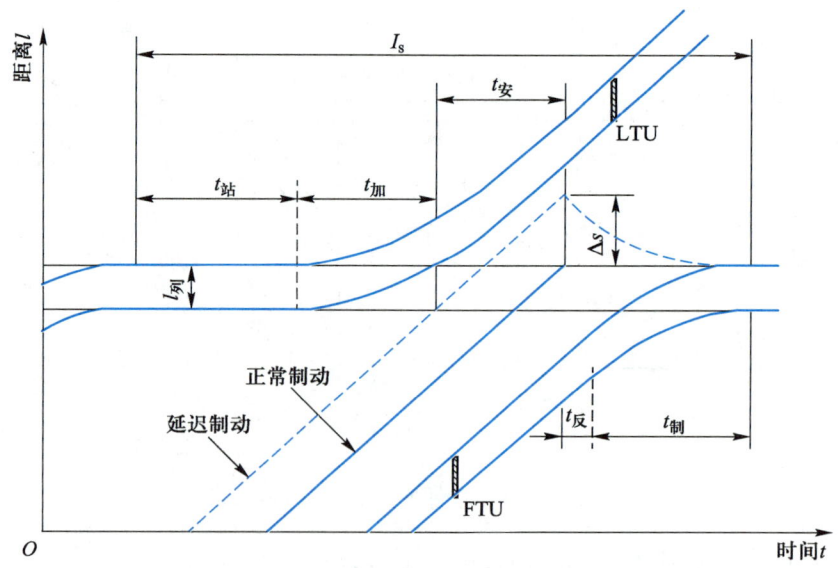

图 6-7　最小车站发车间隔的时间-距离示意图

构成发到间隔的加速度时间、安全间隔时间和制动时间的具体计算和推导公式如下：

$$t_{加} = \sqrt{\frac{2l_{列}}{a}} \tag{6-12}$$

列车安全运营裕量 $t_{安}$ 是列车以速度 $v(\text{m/s})$ 运行距离 $l_{列}+\Delta s(\text{m})$ 所用的时间，其中 $\Delta s = \dfrac{v^2(K-1)}{2b}$，列车进站的制动率为 $b(\text{m/s}^2)$，进站速度为 v，即

$$t_{安} = \frac{l_{列}+\Delta s}{v} = \frac{l_{列}}{v} + \frac{v(K-1)}{2b} \tag{6-13}$$

$$t_{制} = \frac{v}{b} \tag{6-14}$$

将上述各式代入式（6-11），可得到最小车站发车间隔：

$$I_s = t_{站} + t_{反} + \sqrt{\frac{2l_{列}}{a}} + \frac{l_{列}}{v} + \frac{v(K+1)}{2b} \tag{6-15}$$

安全因数（K）：用以处理制动率变化等引起的不能达到正常制动率情况。

6.2.3.2　车站通过能力影响因素分析

该公式表明城市轨道交通系统列车的临界发车间隔取决于以下因素：

① 列车的停站时间 $t_{站}$，车站停留时间影响着全部周转时间和系统的平均生产率；中间站的停留时间还影响着旅行速度和服务的吸引力；更重要的是，个别最小运营间隔或瓶颈处的车站停留时间还影响着整个城轨系统的通过能力。

② 列车控制类型和所需的安全制度，它影响反应时间 $t_{反}$ 和安全因素 K（$\geqslant 1$）。

③ 列车长度 $l_{列}$，该长度影响列车在车站的完全离开时间。

④ 加速度 a、制动率 b 及列车的到达速度 v 也影响着列车的临界发车间隔。

实际上，发车间隔的计算一般比较简单，基本依据现有城市轨道交通线路测算或计划新建线路设计的运营参数的平均值计算得到。其中，车站停留时间是首要因素，由在开门前和关门后的损失时间 t_0 和乘客在最繁忙车门上下车所需要的时间组成。因此，列车在站停留时间可表示为

$$t_{站} = t_0 + b'\tau_b + a'\tau_a \tag{6-16}$$

式中：b'、a'——在最繁忙车门上下车的乘客数，此车门乘客交换时间最长；

τ_b、τ_a——每位乘客上下车的时间。

b'、a' 的取值依赖于在此车站上下车的乘客流量 b_i, a_i，依赖于上下车可利用的车门通道数 n' 和乘客在车门间的分布。可由下式计算：

$$b' = \frac{b_i}{n'} \cdot \zeta_b, \quad a' = \frac{a_i}{n'} \cdot \zeta_a \tag{6-17}$$

这里，ζ_b 和 ζ_a 是不同车门间的乘客分布系数，分别定义为每个车门上车和下车的乘客最大数与平均数的比值。需要注意的是，所有的 b 和 a 有唯一的乘客维度，严格来说，它表示每节车厢上下车的乘客数，或者在一个发车间隔内累积的乘客数。

上下车的时间值 τ_b 和 τ_a 和上下车的乘客数量 b' 和 a' 是决定停站时间的关键。乘客人均上下车的时间的长短则主要取决于：

① 车站站台的标准和物理设计：若站台过窄，或出口通道较窄，站台上的拥挤会造成列车上下乘客的延误。上下混行时速率会进一步下降。站台高度与列车地板高度在同一平面时，上下车速度最快。

② 车辆设计：包括地板高度、门宽、车辆的车门数量及车门四周的面积。

③ 运营组织：a. 单/双向上下车，列车上运用某一侧的车门是正常的，在具有站台条件的繁忙车站可以运用两侧车门，缩短上下车时间；b. 对上车客流及对乘客上下车行为的管理，如无秩序的推挤比有秩序的先下后上耗费更多时间。

开门前和关门后的损失时间 t_0 取决于：

① 列车牵引力与车门联锁系统，主要包括列车停站前的延误和车门关闭后的延误。

② 车门运行，指实际开关门时间，加上警告时间以及其他施加于车门的约束。

车站停站时间在许多情况下是决定最小列车间隔的主导因素，而现实的列车间隔还必须考虑特定运行情况下的影响因素，包括：

（1）驾驶员行为

驾驶员的驾驶行为对城轨系统的通过能力有明显影响，直接受影响的变量包括：① 始发站发车延误，即使系统是由自动发车系统的信号控制亦如此。② 加速度和制动率，后者对于手动条件下控制列车进站时尤其重要。③ 列车间隔，即期望信号、纯手动条件下的跟踪距离。④ 最大速度，尤其是在采用超速自动加载的紧急制动系统时影响显著。

（2）外部干扰

共享环境（如街道、平面交叉、升降桥等）时会产生延误，从而影响间隔。

（3）合理裕量

在最小间隔下运行的系统一般没有为延误提供恢复余地。较小的间隔其实就意味着较大的运输量，如果系统没有裕量，延误就会持续到高峰期结束。在某些场合下这类裕量可以附加到停站时间内，形成一个可控制的停站时间。例如，在纽约的格兰德（Grand）中心站，平均停站时间是 64 s，大约为列车实际平均间隔时间 165 s 的 39%。该位置的列车最小列车间隔时间是 55 s，实际列车平均间隔减车站停留时间和最小列车间隔时间后的值为 46 s，两者的差异即运营裕量。

6.2.4　折返站通过能力计算及影响因素分析

6.2.4.1　折返站通过能力计算分析

折返站通过能力是指在采用一定的车辆类型、信号设备和一定的运输组织方法条件下，城市轨道交通系统折返站内各项设备单位时间内（通常是高峰小时）所能完成折返作业的列车数。折返站的通过能力是城市轨道系统通过能力的关键环节之一，无论是位于线路中间还是端点的折返站，折返能力的大小都直接影响了整个系统的运输能力和效率。

列车折返能力的计算公式为

$$n_Z = \frac{3\,600}{I_{Zmin}} \tag{6-18}$$

式中：n_Z——1 h 内列车折返能力，列；

　　　I_{Zmin}——折返出发最小间隔时间，s。

折返出发间隔时间的定义为：在折返作业正常进行、考虑作业与进路干扰的情况下，折返列车在折返站的最小出发间隔时间 I_{Zmin}。需要注意的是，列车折返出发间隔时间与列车在折返站的停留时间是两个不同的概念。前者反映的是两列车在折返站先后出发的间隔时间，而后者反映的是一列车在折返站由到达至出发的间隔时间。如图 6-8 所示。

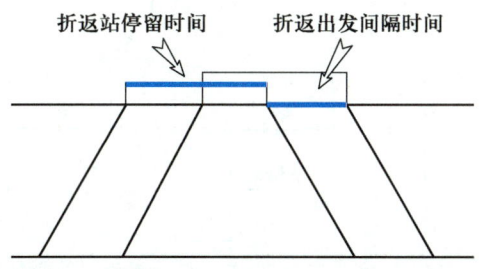

图 6-8　折返站停留时间和折返出发间隔时间

1. 站前折返能力计算

图 6-9 中，A 点为 S1 信号机没有开放时列车开始制动的位置；B 点为轨道区段的分界点，当下行列车全部通过了 B 点后，才能排列 S1 至 S3 的进路；C 点为列车在站台停车的位置；D 点为站台区段与道岔区段的分界点。

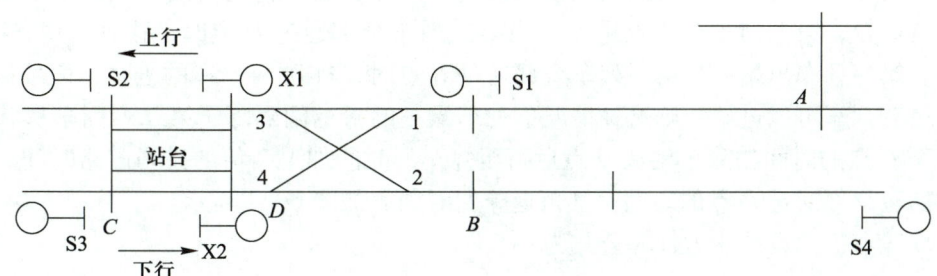

图 6-9　站前折返示意图

（1）单股道（如上行站台）折返的情况

信号系统办理接车进路后，S1 信号机开放，列车 1 到达 A 点开始计时。列车 1 从 A 点继续运行驶入上行站台，在站台停站并开始办理上下车作业，同时信号系统排列 X1 至 B 点进路并锁闭，列车 1 停站结束后，从 X1 信号机运行至全部通过 B 点后，1/4、2/3 道岔解锁，信号系统重新排列 S1 向 S2 进路并锁闭，S1 信号机再次开放，在计算最小列车行车间隔条件下，此时列车 2 刚好到达 A 点，计时结束。此时间间隔即为折返最小行车间隔。随后列车 2 重复上述折返过程。其折返作业时间表

如图 6-10 所示。由此可看出，单股道折返出发间隔时间计算公式为

$$I_{Zmin} = t_接 + t_停 + t_发 + t_锁闭 \qquad (6-19)$$

式中：$t_接$——列车从 A 点运行至上行股道 C 点的运行时间；

$\quad\quad t_停$——列车在上行股道停站时间；

$\quad\quad t_发$——列车从上行股道运行并全部通过 B 点的运行时间；

$\quad\quad t_锁闭$——发车进路解锁及接车进路办理并锁闭的时间。

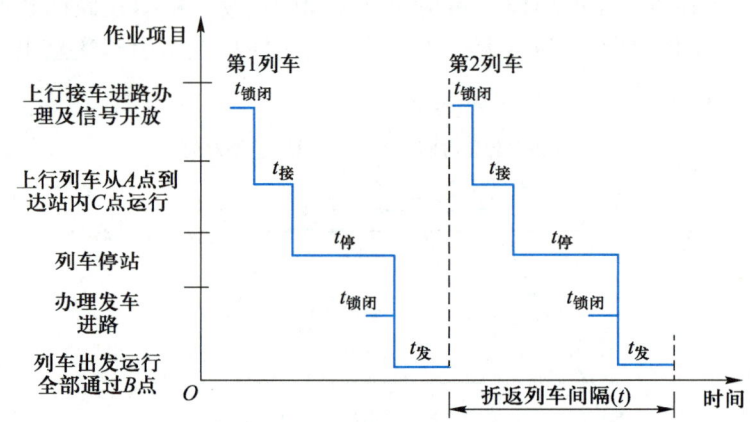

图 6-10　站前折返单股道作业时间表

从作业的角度看，一旦列车晚点，可要求列车在站外停车等待或人为改进另一股道，这种情况下列车比较容易组织运营。

（2）双股道折返的情况

利用双股道进行折返可提高道岔区段的利用率，缩小折返间隔。假设第一列车在上行站台，第二列车在 A 点进站，当第二列车全部通过 D 点时，排列 X1~S4 的进路，第一列车出站；当第一列车全部通过 B 点时，排列 S1~S2 的进路，信号机开放，第三列车可以进站。则这种情况下列车最小的折返间隔等于第二列列车从 A 点运行至 C 点的时间扣除车尾从 D 点运行至停车的时间加上 2 倍的排列进路时间、列车出站至全部通过 B 点的时间。其折返作业时间表如图 6-11 所示。

双股道折返设计能力计算公式为

$$I_{Zmin} = t_接 + t_发 + 2t_锁闭 \qquad (6-20)$$

双股道折返比单股道折返的情况节省了停站时间和车尾从 D 点运行至停车的时间。但采用双股道折返同时也意味着列车的整个运行时间加长。从作业的角度看，列车比较难以组织运营，一旦列车晚点，只能要求列车在站外停车等待并且只能按原有次序占用股道，还有可能造成发车进路抢先于接车进路排列，从而造成运行混乱现象。

2. 站后折返能力计算

图 6-12 为站后交叉渡线折返站布置简图。列车从 F 点处驶入车站，站台 a 侧为上行站台，b 侧为下行站台，X1~X8 为信号机所在位置，CD'、DC' 分别为站后交叉渡线的起讫点位置。

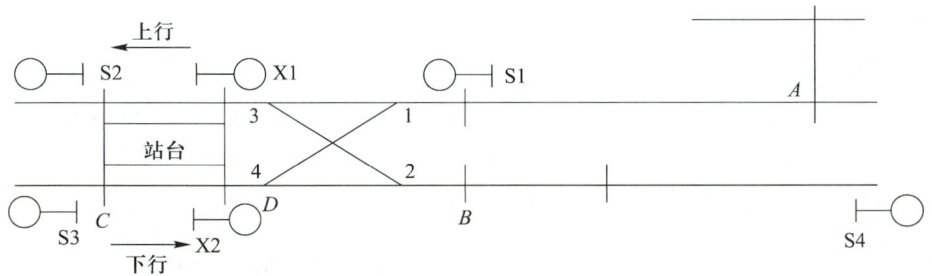

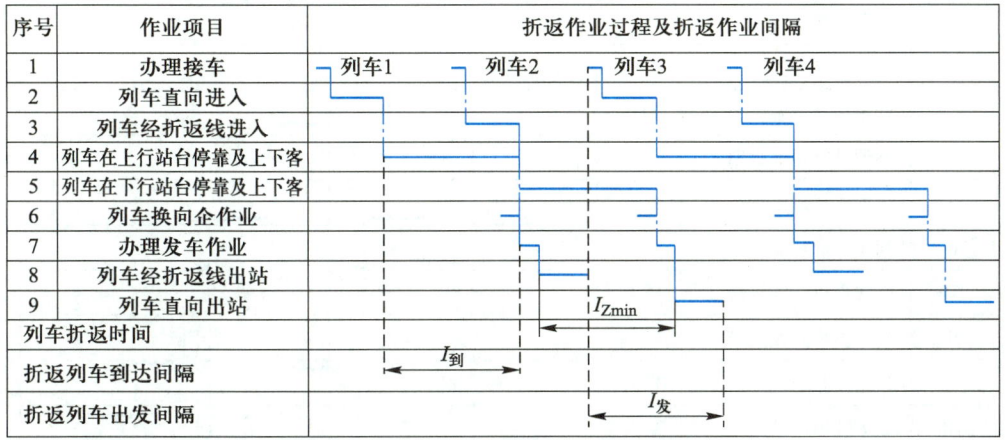

图 6-11　站前折返双股道作业时间表

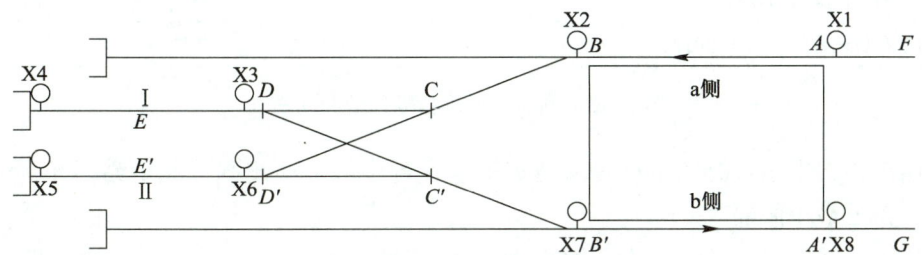

图 6-12　站后交叉渡线折返站布置简图

（1）折返作业过程分析

列车 1 接车进上行站台，停靠站台 a 侧，乘客下车，办理折返线进路，X2 信号机开放，列车 1 经 $BCD'E'$ 线路侧向通过折返线，停靠折返线 Ⅱ 进入折返线轨道电路停留点 E'，排列列车 1 的出折返线进路，列车 1 经调车作业，驾驶室转换，办理出折返线进路。当列车 1 通过 D' 后，X2 信号机开放，列车 2 接车进路被排列。列车 2 进站，停靠下客。X7 信号机开放，列车 1 通过 $D'C'B'A'$ 线路出折返线，进下行站台，停靠站台 b 侧，乘客上车。X8 信号机开放，列车 1 出站。当列车 1 通过轨道电路分界点 G 后，排列列车 2 进站，停站上客。后续列车按列车 1、列车 2 作业过程交替往复。

（2）折返作业过程满足条件

ⓐ 前行列车和后续列车避免出现进路冲突，需在前行列车腾空轨道电路后，后行列车才可办理进路作业，这是折返作业过程中的控制性因素。

ⓑ 道岔区不能共用。

3. 折返时间构成

列车在作业过程中有相互干扰，因此存在等待情形，出发计算所得折返时间为最长时间，因此按列车由车站出发所得折返时间间隔，能够确保列车折返能力不被高估。图6-13为站后单股道折返作业时间表。

序号	折返项目	时间/s	折返作业过程及折返间隔时间
1	办理接车进路	15	
2	列车进站停妥	25	
3	列车进站下客	30	
4	办理进折返线进路	15	
5	列车进折返线运行	35	
6	列车换向作业	10	
7	办理出折返线进路	15	
8	列车出折返线运行	35	
9	列车停车上客	30	
10	列车驶出车站	25	
折返列车到达间隔时间			90 s
折返列车出发间隔时间			105 s
列车在折返线的到达间隔时间			95 s

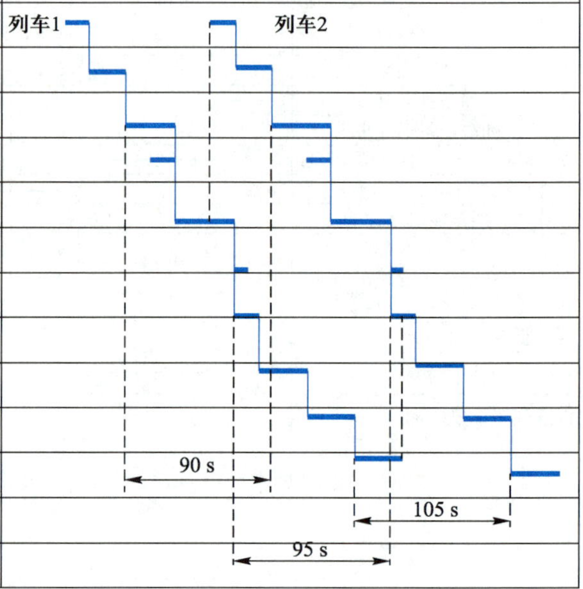

图6-13　站后单股道折返作业时间表

由图中参考运行时间不难发现列车折返过程中的一些规则，经由站后单股道折返时，折返最小间隔为

$$I_{Z\min}=t_{出站}+t_{办理}+t_{反应}+t_{出折}+t_{停} \tag{6-21}$$

式中：$I_{Z\min}$——列车折返最小间隔时间，s；

　　　$t_{出站}$——出发列车驶离车站闭塞分区的时间，s；

　　　$t_{办理}$——办理出折返线进路的时间，s；

　　　$t_{反应}$——车载设备反应时间，s；

　　　$t_{出折}$——列车从折返线至出发正线的运行时间，s；

　　　$t_{停}$——列车停站上客时间，s。

从作业的角度看，一旦列车晚点，可要求列车在外停车等待，列车比较容易组织运营。

6.2.4.2　折返站通过能力影响因素分析

影响折返站通过能力的因素主要有折返站的配线布置形式及折返方式、列车停站时间、车站信号设备类型、车载设备反应时间、折返作业进路长度、调车速度、列车长度及折返调车作业与接发列车作业的干扰等。

1. 折返线布置

折返站的布置形式（图 6-14）决定了列车在站的折返方式，而不同的折返方式对于列车折返能力的发挥有着重要影响。依据折返线的布置情况，可将列车折返方式分为两种：站前折返和站后折返。

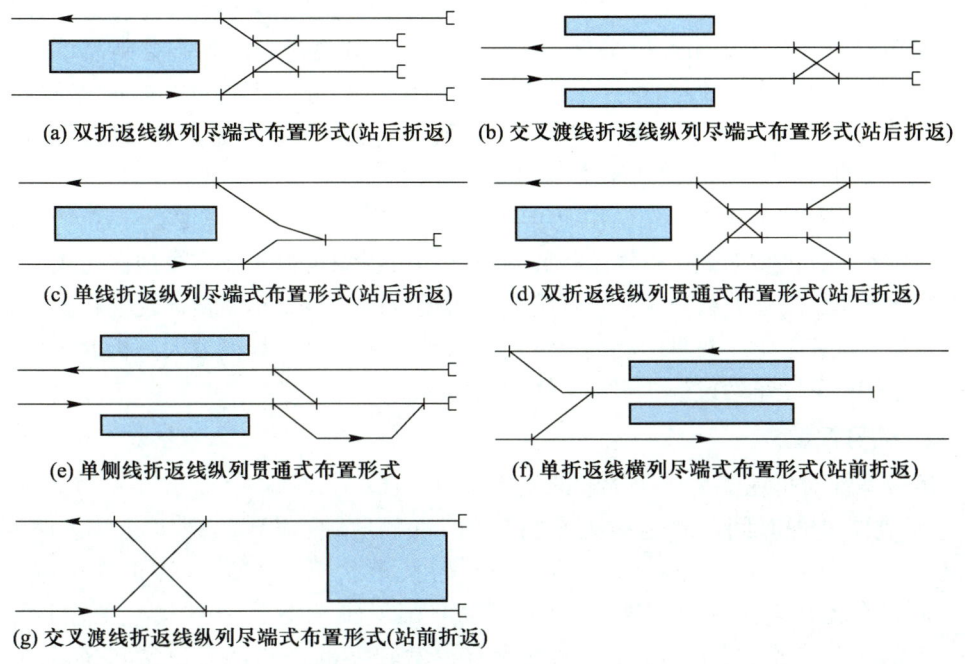

(a) 双折返线纵列尽端式布置形式(站后折返)　　(b) 交叉渡线折返线纵列尽端式布置形式(站后折返)

(c) 单线折返纵列尽端式布置形式(站后折返)　　(d) 双折返线纵列贯通式布置形式(站后折返)

(e) 单侧线折返线纵列贯通式布置形式　　(f) 单折返线横列尽端式布置形式(站前折返)

(g) 交叉渡线折返线纵列尽端式布置形式(站前折返)

图 6-14　折返线的常用布置形式

（1）站前折返

站前折返指列车在折返站利用站前渡线进行折返作业的折返方式。站前折返一般设一个岛式站台。为防止上、下车人流拥挤，设计两岛一侧站台形式：中间大岛站台为乘客上车站台，两侧的站台为下车站台，小岛站台的另一侧还固定作为故障列车、火灾列车和存车之用，以便使事故列车对其他列车的影响减到最小程度。

站前折返使得列车空走少，折返时间短，渡线设置在站前，一定程度上减少项目的投资。但列车折返的过程中会占用区间线路，对后续列车产生影响，并且对行车安全保障要求较高。城市轨道交通行车组织中较少采用这种折返方式，特别是在行车密度高、列车运行间隔短的条件下，一般不会采用站前折返方式。

（2）站后折返

站后折返指列车在折返站利用站后渡线进行折返作业的折返方式。采用该折返方式，折返作业与站间接发车作业可平行进行，不存在进路交叉，有利于行车安全。站后折返站台形式，可采用侧式站台或岛式站台。当采用岛式站台时，上车、下车客流各在岛式站台一侧，站台上也不存在客流交叉问题；岛式站台仅设一套楼、扶梯系统，减少设备投资和用电、维修、运营费用；同时岛式站台比侧式站台相对较宽，空间较开阔，乘客不易产生压抑感。站后折返列车基本固定使用一条与出发正线连接最近的折返线折返，另一条折返线可作备用。

站后折返不受列车到站或出发的干扰，列车进出站速度高，安全性能好，同时也可为小交路提供方便。但这种布置形式施工量大，列车折返时间较长。

按折返线与站台的位置关系，折返线布置形式可分为纵列式［图 6-14（a）~（e），（g）］和横列式［图 6-14（f）］两种形式；按折返线与正线衔接方式，还可分为尽端式［图 6-14（a）、（b）、（c）、（f）、（g）］和贯通式［图 6-14（d）、（e）］。

尽端式折返站的车站客运作业与列车折返作业分离进行，列车控制简单，作业安全性好；对于双折返线车站，当出现列车故障时，可借用折返线暂时停放列车，迅速恢复行车秩序。其主要缺点是车站工程数量相对较大；当采用站后折返方式时，折返作业周期比较长，且只适用于一端列车折返作业。

贯通式折返线的优点是车站作业组织灵活，可满足双向折返需要，实现列车越行、待避等作业。纵列贯通式折返线的相邻两车站均可组织折返作业，横列贯通式折返线还能兼作列车到发作业线使用。横列贯通式折返线的缺点是车站横向规模较大，站台利用率低，旅客上下车易发生混乱；纵列式缺点是车站纵向规模较大，折返线结构较复杂，远端道岔距车站过远，不利于管理和维修。

敌对进路：两条进路道岔位置相同又有重叠部分的进路。

2. 信号系统

信号系统对折返能力产生影响的主要参数包括：

① 进路办理时间。折返线列车折返时，信号系统需要为列车准备进路。在进路建立过程中，信号系统设备的工作是转换道岔至列车运行的正确位置并锁闭、检查有无敌对进路和信号、检查区段空闲或锁闭等，完成这些工作均要耗费一定的时间。而进路有两种，分别为有道岔转换的进路和无道岔转换的进路，两进路办理时间相差较大。其差异在于信号系统输出道岔转换命令及电动转辙机动作时间。

② 车载信号设备头尾车转换时间。列车在折返线折返时，列车需要更换端头，原头车改为尾车，列车车载信号设备也需要换端。由于信号车载设备控制、方式及硬件设备不同，列车换端时间也不相同。

③ 车载设备信号反应时间。车载设备接收到轨旁发送过来的列车控制信号后，车载计算机需进行相应处理并将命令发送给列车牵引制动系统，加上命令发出后列车空走时间，该过程需要考虑有 $2 \sim 3\,\mathrm{s}$ 左右的信号反应时间。

3. 道岔类型

据统计，如果将道岔转换时间缩短 $5\,\mathrm{s}$，则折返能力每小时可以提高 1 对左右。如果把道岔侧向通过速度增大 $10\,\mathrm{km/h}$，则折返能力每小时可增加 2 至 4 对。

现阶段，北京大部分城市轨道交通线路采用的道岔为 9 号道岔，过岔速度为 $35\,\mathrm{km/h}$，一般计算的允许侧向过岔速度为 $30\,\mathrm{km/h}$。少部分线路采用 12 号道岔，12 号道岔的容许过岔速度为 $45\,\mathrm{km/h}$，相对于 9 号道岔来说，速度提高约 $10\,\mathrm{km/h}$，但 12 号道岔规模较 9 号道岔大，占地多，投资规模大。

对站后折返来说，一般采用 9 号道岔。对于站前折返，由于经交叉渡线接发列车，无论是接车还是发车都要侧向经过道岔或有一条为侧向经过道岔，乘客舒适度较差；

而最终采用 9 号还是 12 号道岔归根到底取决于设计的站前折返能力。

4. 停站时间

停站时间受一系列因素影响，其中最主要的因素有两个，一是车站的客流量，二是列车在折返站上的作业方式。

6.3　系统输送能力计算及影响因素分析

6.3.1　系统输送能力的计算

城市轨道交通线路的输送能力是在单位时间内所能运送的乘客人数。在线路能力一定的条件下，城轨系统输送能力主要决定于列车编组辆数和车辆定员人数，具体计算公式为

$$C = n_{\max} C_v m \tag{6-22}$$

式中：C ——线路在小时内输送能力，人/h；

　　$n_{\max}$ ——小时内线路能够通过的最大列车数，列/h；

　　C_v ——车辆定员数，人；

　　m ——车辆编组辆数。

其中，车辆定员数受车辆长度和宽度、无乘客空间所占比率、座位宽度、标准密度及座位利用率的影响，它是能力计算中需要重点研究的问题。列车编组数量受站台长度、车站能力及电务设施的影响。

在运输组织方面，一般通过调整行车密度和列车编组辆数以及改变车辆内的座位数和站位密度等措施来达到一定的输送能力水平。

6.3.2　系统输送能力的影响因素分析

1. 列车编组辆数

列车编组辆数确定的主要依据是预测的规划年度早高峰小时最大断面客流量，计算公式如下：

$$m = C / (n_{高峰} \times C_v) \tag{6-23}$$

式中：m ——车辆编组辆数；

　　$n_{高峰}$ ——高峰小时线路能够通过列车数。

此外，在确定列车编组辆数时还应充分考虑如下制约因素：

① 站台长度限制。在大多数的线路上，当列车编组达到 8 辆时，列车长度将和站台长度相等。

② 对线路能力的影响。当列车长度接近站台长度时，要求列车在车站指定位置准确停车，通常要增加停车附加时间。并且由追踪列车间隔时间的分析计算可知，

列车长度也是一个影响变量。

③ 经济合理性。采用长编组列车，车辆满载率在非运营高峰时间内一般较低。

城市轨道交通系统近期和远期的列车编组车辆数，应分别根据预测的近期和远期客流量和车辆定员数来确定。

2. 车辆定员数

车辆定员数指城市轨道交通列车车辆的额定载客量，由车辆的座位人数和站位人数组成，为车厢座位数和空余面积上可站立的乘客数之和；站位面积即车厢空余面积为车厢面积减去座位面积。计算公式为

$$C_v = C_s + \frac{A}{\sigma} \tag{6-24}$$

式中：C_v——车辆定员数，人；

　　　C_s——车厢固定乘客座位数；

　　　A——车厢有效站位面积，m^2；

　　　σ——每平方米允许站立人数，人。

显然，城市轨道交通线路车辆的尺寸大小、座席布置方式是决定车辆定员人数多少的主要因素。而在实际运营中，车辆的定员数一般由所选的车辆类型决定。在建设部颁布的《城市快速轨道交通工程项目建设标准》中推荐了三种车辆类型，分别为适应高客运量的 A 型车，大运量的 B 型车，中运量的轻轨适用的 C 型车。我国目前常用的是 A 型车和 B 型车，正常情况下的最大载客量分别是 310 人/辆、245 人/辆，超员情况下分别为 410 人/辆、290 人/辆。

表 6-1 是部分城市轨道交通系统的车辆尺寸和定员情况。美国洛杉矶城市轨道交通系统采用大型车辆，但车辆定员人数相对较少，其主要原因是为了提高乘客的乘车舒适程度，以吸引私人小汽车方面的客流。其他几个城市的城市轨道交通系统的资料基本上反映了车辆尺寸和车辆定员人数的关系。20 世纪 80 年代前后修建的新加坡、我国香港和上海城市轨道交通系统均采用大容量车辆，车体宽度在 3.0 ~ 3.2 m 之间。而苏联时期的莫斯科等城市修建城市轨道交通系统时，尽管各个城市客流量差别较大，但均采用统一的小型地铁车辆。

表 6-1　部分城市轨道交通系统车辆尺寸和定员情况

车辆尺寸和定员	洛杉矶	新加坡	香港	上海	莫斯科
车宽/m	3.08	3.2	3.11	3.00	2.71
车长/m	22.78	23.65	22.85	24.14	19.21
座位/人	68	62	48	62	47
站位/人	164	258	279	248	187
定员/人	232	320	327	310	234
制造国	意大利	日本	英国	德国	苏联

车辆的定员人数总体由车辆的尺寸大小、座席布置方式所决定。由于除座位以外的车厢内空余面积上能够站立的乘客数与所选取的标准有关，设有不同站席密度（也称站立密度）标准的国家对同一类型车辆统计的定员人数也有所差异。在发达国家的部分城市，使用的标准是 4 人/m² 或 5 人/m²，在另外一些人口密度非常大的城市（例如墨西哥、莫斯科、纽约、东京）和发展中国家的城市里，经常会出现非常拥挤的情况，该标准往往采用 6~7 人/m² 甚至更高。为了与乘客站立面积标准的选取无关，也有一些地方采用车厢内的座位数和可供乘客站立的空间来表示车辆的载客能力。表 6-2 给出了一个站席密度的评价参考标准。

表 6-2　车内人员站席密度评价参考标准

站席密度/（人/m²）	乘客拥挤情况	评价标准		
		中国	日本	俄罗斯
3 以下	乘客可以自由流动，十分宽松	舒适	舒适	好
4	平均每位乘客占有 0.5 m×0.5 m 的空间，有较大宽松度，乘客可以看书报	良好	正常	好
5	平均每位乘客占有 0.5 m×0.4 m 的空间，有一定宽松度，部分乘客可以看书报	良好	正常	好
6	平均每位乘客占有 0.5 m×0.33 m 的空间，感到不宽松、不拥挤，稍可活动，是舒适度的临界状态	临界状态（定员标准）	中间状态	好
7	平均每位乘客占有 0.47 m×0.3 m 的空间，感到有些拥挤，站席范围有些突破	有些拥挤	可接受	一般
8	平均每位乘客占有 0.42 m×0.3 m 的空间，身体有接触，需错位排列，并突破站席范围，感到比较拥挤	比较拥挤	可接受	一般
9	平均每人占有的空间非常拥挤，需突破站席范围，挤入座区，此情况偶有可能出现（车辆制造强度必须满足）	非常拥挤（超员标准）	非常拥挤	不好
10	需突破站席范围，挤入座区，极为拥挤，难以忍受，影响上下车行为和总时间，属极端情况	难以忍受	极为拥挤	不好

3. 其他性能因素

在专业的领域，一般都倾向于将城市轨道交通系统的各类能力作为简单的数值。然而这种方法过于简单，不够准确。一方面，影响城市轨道交通系统能力的因素很多，如车辆性能、车站站型等，单一数值难以准确描述城市轨道交通系统的能力。另一方面，即使在线路、车辆、信号设备、运营组织及其他条件均给定的情况下，能力也可以有实质上的不同，并且它还取决于其他性能测度，如舒适度、安全性和可靠性。

① 每人站立的最小面积 σ（表示舒适度）与车辆能力呈现负相关的关系，舒适

度越高，车辆能力越小；反之亦然。

② 利用率 α 表示了可利用能力（实际能力）与可用能力之间的差别，也反映了乘客的舒适度和方便性。该因素取决于高峰小时内的乘客流量变化、关键站点上车乘客的分布、乘客可接受的延迟以及其他因素。

③ 最小发车间隔 h_{min} 取决于运营速度、采用的安全标准、车辆长度等。此外，它和服务可靠性 R 之间存在直接的反比关系。服务可靠性的定义为，列车单元在时刻表上的时间之后的一定时间间隔内（4~5 min）列车单元出发的百分比。通过最小发车间隔、线路通过能力与速度、服务可靠性、安全性和运营成本进行权衡。

因此，为了对系统能力所能达到的条件提出比较完整的描述，还应当考虑以下影响因素：

- 可提供的能力；
- 运营速度 v_0；
- 舒适度标准 σ；
- 可靠性 R；
- 能力利用率 α。

6.4　城市轨道交通系统能力综合计算举例

6.4.1　一般计算步骤

城市轨道交通系统输送能力作为城市轨道交通系统运输能力的重要性能因素，可在不同情况下进行计算，如：① 对于现有线路和现存条件；② 对于一些被规划改变的现有线路；③ 对于规划线路。在这些情况下，运输能力计算方法的不同在于，一些因素在情况①中能测算，在②中能测算和修改，或者在③中能估计、预测。然而所有情况下城轨系统运输能力的计算步骤是相似的，基本步骤如下：

步骤1　收集以下数据

① 车辆类型：座位能力 C_s（sps/车）、站立面积 A（m^2/车）、车门通道数量 n'；

② 每列车的编组辆数 m；

③ 列车长度 l，在区间的最大速度 v_{max}，加减速特性 a 和 b；

④ 区间上信联闭设备类型，最长反应时间 $t_{反}$、安全距离 $l_{安}$；

⑤ 折返站类型及相关参数；

⑥ 运营速度 v_0 和列车到达速度 v；

⑦ 最大乘客流量 q_{max}。

步骤2　观察、测算、计算或预测

① 上车和下车的单位时间 τ_b 和 τ_a，以及最繁忙车门上下车人数 b' 和 a'；

② 所有潜在关键站点的平均最小发车间隔，如重要车站、折返站等，选择最大

的 I_{min}，最大的发车频率为 $n_{max} = \dfrac{3\,600}{\max I_{min}}$；

③ 服务可靠性 R（%）。

步骤 3　采用舒适度标准 σ（m^2/sps）和利用率标准 α_{max}（人/sps）

步骤 4　计算车辆的能力

$$C_v = C_s + \frac{A}{\sigma}$$

步骤 5　计算理论输送能力（设计能力）和可用输送能力（可用能力）

$$C = n_{max} C_v m$$

$$C_p = n_{max} C_v m \alpha$$

6.4.2　实例

在一条规划在建的城市轨道交通系统线路最繁忙车站，高峰每 15 min 的上下车乘客分别为 $b_{15}^M = 2\,580$ 人和 $a_{15}^M = 1\,850$ 人。该线路运营将使用拖挂六节车辆的列车，每节车辆有三个双通道车门和 $C_v = 180$ sps。上车和下车的时间为 $\tau_b = \tau_a = 1.1$ s/人；乘客分布系数 $\zeta = 1.3$，$t_0 = 3.0$ s，从车站出发的一列车和下一列到达该车站的列车之间最小间隔是 60 s。在终点站，列车折返的最小间隔是 $I_{Zmin} = 110$ s。如果最大能力利用率标准 $\alpha_{max} = 0.90$，理论输送能力是多少？可用输送能力是多少？

解：

步骤 1　数据有 $C_v = 180$ sps，$m = 6$，$n = 3$ 门/车，$n' = 2$ 通道/门，$b_{15}^M = 2\,580$ 人/15 min，$a_{15}^M = 1\,850$ 人/15 min。

步骤 2　$\tau_b = \tau_a = 1.1$ s/人，$\zeta = 1.3$，$t_0 = 3.0$，$I_{Zmin} = 110$ s。

为了找到该线路能力的关键位置，在终点站使用最小间隔时间 I_{Zmin} 计算在车站每公交单元的乘客流量 b 和 a，然后计算车站最小发车间隔 I_{Smin}。15 min 周期内的 n_{max} 计算如下：

$$n_{max} = \frac{3\,600}{4 I_{Zmin}} = \frac{3\,600}{4 \times 110} \text{列}/15\,min = 8.2 \text{列}/15\,min \approx 8 \text{列}/15\,min$$

因为 $\tau_b = \tau_a$，可将 b_i 和 a_i 一起计算得到：

$$b_{TU} + a_{TU} = \frac{2\,580 + 1\,850}{8} \text{人}/(15\,min/\text{列}) = 554 \text{人}/(15min/\text{列})$$

根据 $m = 6$，$n = 3$，给出每个门的临界流量：

$$b' + a' = \frac{b_{TU} + a_{TU}}{mnn'} \cdot \zeta = \frac{554}{6 \times 3 \times 2} \times 1.3 \text{人} = 20 \text{人}$$

临界的停留时间和最小发车间隔分别是

$$t_S = t_0 + (b' + a') \tau_b = (3 + 20 \times 1.1)\,s = 25\,s \text{ 和 } h_{Smin} = t_S + 60\,s = 85\,s$$

因为 $h_{Smin} < h_{Zmin}$，后者起决定作用，因此 h_{Zmin} 是临界值。

步骤 3　利用率标准 $\alpha_{max} = 0.9$。

步骤 4　单位列车能力 $C_{TU} = 6 \times 180$ sps/列 = 1080 sps/列。

步骤 5　系统理论输送能力为

$$C = 4 \times 8.2 \times 1\,080 \text{ sps/h} = 35\,345 \text{ sps/h}$$

系统可用输送能力为

$$C_p = C\alpha_{max} = 35\,345 \times 0.9 \text{ sps/h} = 31\,810 \text{ sps/h}$$

思考题

6-4：课程设计 1——问题倒推

6-5：课程设计 2——问题直接求解

6-6：课程设计 3——能力计算

1. 设计通过能力、现有通过能力和需要通过能力这三个概念有什么区别与联系?

2. 为什么信号系统或列车运行控制系统是影响城市轨道交通系统通过能力的重要因素?

3. 如何理解"使用通过能力"这一概念?

4. 参阅《铁路运输组织学》教材中关于传统大铁路的线路通过能力计算方法的内容，比较传统大铁路与城市轨道交通系统在通过能力计算和实际使用中的异同。

5. 对于非 A 类路权形式的城市轨道交通系统，在计算其线路通过能力时是不是还需要额外考虑一些因素？如果需要的话，都有哪些因素？

第 7 章
能力加强技术与运营速度提高模式

章导语：
本章主要包括两部分内容，一是关于运输能力加强措施的介绍，二是关于提高运营速度的组织模式设计。第一部分从分析影响运输能力的因素入手，探讨了如何加强线路通过能力、列车折返通过能力和输送能力的措施；第二部分从城市轨道交通客流特点和列车停站间距特点出发，围绕减少停站这一核心思路，介绍并分析了交错停站、分区运营和快慢车运营三种典型的运营模式。
本章内容是对城市轨道交通运营管理教材体系中计划编制方法和能力计算方法等理论内容结合行业具体运营实际的拓展，第一部分内容对应第6章所介绍的能力计算方法，第二部分对应第5章所介绍的计划编制方法。学生应在熟练掌握前述两章内容的基础上进行学习，同时进一步深化前述两章的基本方法。建议教学学时2~4学时。

满足乘客出行需求、提高乘客出行质量是城市轨道交通系统运营的重要目标。在一定时期内，城市轨道交通系统的运输能力是相对固定的，但是，乘客出行需求是动态发展变化的。当设计运力不能完全满足乘客出行需求时，需要采取措施提高线路通过能力；当运营方案不能满足乘客对服务水平的需求时，需要改进运营方案提高线路服务水平。运输能力加强应以宏观研究为主体，以微观研究为基础，从系统的观点出发，考察和分析运输生产的各个环节。而当能力较为富裕时，可以考虑不再采用传统的站站停的运营模式，通过合理的跨站停车，提高运营速度。

7.1 运能运量适应性分析

运输能力的加强与发展，一方面，必须结合运输能力利用的特点，遵循辩证唯物主义的时空观；另一方面，又要注意根据我国轨道交通主要技术政策的导向，使扩能阶段的划分与措施选择的意向性与我国经济社会发展的基本国情、城市轨道交通在综合运输体系中的地位和作用、科技进步的发展趋势统一起来。既要立足于现实，又要兼顾到未来的发展，可以说是相当复杂和繁琐的。因此，要对何时采取加强能力的措施以及采取何种措施进行科学的论证和合理的规划。

在解决运输能力不足的问题时，一般通过运能-运量适应性分析的方法确定是否采取和何时采取能力加强措施。运能-运量适应性分析是将预期的运量与不同情况下的运力进行比较，来合理确定扩能措施的一种方法。高峰小时现有运输能力的计算原理和方法在前面章节已有阐述，对于高峰小时需要运输能力，应根据预测的规划年度高峰小时最大断面客流量计算确定，计算公式如下：

$$P_{需} = P_{预测}(1 + \lambda_备) \qquad (7-1)$$

式中：$P_{需}$——规划年度线路在高峰小时内单向最大输送能力，人；

　　　$P_{预测}$——规划年度线路的高峰小时单向最大断面客流量，人；

　　　$\lambda_备$——考虑客流波动的运输能力后备系数，一般可取 0.1。

假设需要运输能力在运营初始年为 25 000 人，平均每年增加 2 500 人，现有运输能力和采取扩能措施后所实现的运输能力见表 7-1 中数据，根据上述资料绘制的运量适应图见图 7-1。

表 7-1 绘制运量适应图数据

序号	运能状态	发车间隔/s	编组数/辆	车辆定员/人	列车运输能力/人次
1	现有运能	180	6	250	30 000
2	扩能措施 A	180	8	250	40 000
3	扩能措施 B	120	8	300	72 000

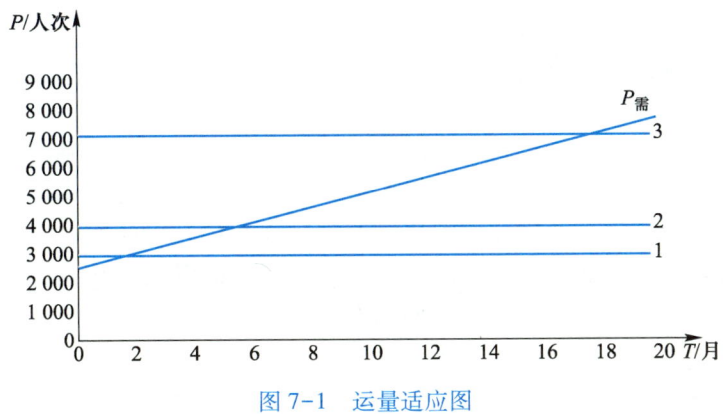

图 7-1　运量适应图

从运量适应图上可以清楚地看出不同运能状态下的运能-运量适应情况。例如，满足现有运输能力需要运输能力的逐年增长，采取某种扩能措施形成能力可以适应运量的运营年限，以及采取不同扩能措施后的运能-运量适应性差异等。

7.2　运输能力加强措施

在影响运输能力的众多因素中，最重要的是正线数量、列车控制方式、列车停站时间、追踪列车间隔时间、折返站的配线布置、折返出发间隔时间、列车编组辆数和车辆定员数等。城市轨道交通的最终通过能力一般是由线路通过能力和列车折返能力两者中的能力较小者所决定。因此，采用何种运输能力加强措施必须具有针对性。

7.2.1　影响运输能力加强的因素

影响运输能力加强的因素有多种，归纳起来有以下六个方面：

① 线路　包括正线数量、路权是否专用、交叉口的类型和交通控制方式等。

② 车辆　包括车辆定员数，最高运行速度，加、减速度，车门数及车门宽度和座椅布置方式等。

③ 车站　包括站间距、站台高度和宽度、售检票方式和上下车区域是否分开等。

④ 列车运行控制　包括信号、联锁、闭塞类型和列车自动控制系统组成等。

⑤ 运输组织　包括列车间隔时间、列车编组辆数、列车在折返站停留时间、列车正点率、客流的时间和空间分布特征等。

⑥ 其他交通　在路权混用和平面交叉时，其他交通量及特点等。

在上述影响运输能力的因素变量中，最重要的是正线数量、追踪列车间隔时间、列车编组辆数和车辆定员数等。

7.2.2　线路通过能力加强措施

　　线路通过能力与追踪列车间隔时间成反比关系。追踪列车间隔时间主要由列车停站时间、列车运行时间、列车运行控制方式等因素决定，而列车停站时间、列车运行控制方式本身又涉及多方面的问题。例如，列车停站时间既与车站的上下车客流量大小、车辆的车门数及车门宽度有关，也与车站的站台类型与配线设置、中间折返站位置的选择有关，还与站台上的乘车组织、乘客的文明乘车等有关。基于以上分析，加强线路通过能力的措施主要有：

　　① 增加新线　在既有双线基础上增建三线或四线。这样能使运输能力得到较大提高，满足城市公共交通客运需求，提高城市轨道交通系统的客运服务水平。但是，修建新线会遇到资金、土地及环保等一系列要求，在修建多线之前需要做好充分的可行性研究。

　　② 改造线路平、纵断面　采用该措施能提高行车速度，进而提高线路通过能力。但改造线路平、纵断面受到经济性、施工困难、影响日常行车等因素的制约。因此，该措施在旧式有轨电车线路改造为轻轨线路时多见采用，而在既有轻轨或地铁线路情况下，则更倾向于采取用新型车辆来适应线路条件的做法。

　　③ 客流量较大的中间站修建侧线　该措施一般适用于地面线路。采用该措施，使侧式站台变成岛式站台，单向运行列车能在站台两侧轮流停靠，这样可以缩短构成追踪列车间隔时间的列车停站时间部分，较大幅度提高了线路通过能力。

　　④ 客流量较大的中间站增建站台　同时也可根据客流需求同步修建侧线。该措施通常是在岛式站台采用，使停站列车的两侧均有站台，乘客能从两侧上下车或上下车分开，缩短列车停站时间，提高线路通过能力。一般情况下，同步修建侧线仅适用于地面线路。

　　⑤ 使用新型车辆　新型车辆的涵义包括车辆运行性能改善和安装车载控制设备等。车辆运行性能主要包括车辆构造速度、车辆起动平均加速度和制动平均减速度等运行参数；车载控制设备主要有车载制动控制和车载道岔自动转换设备等。车辆运行性能改善和安装车载控制设备能提高列车运行速度、缩短追踪列车间隔时间。

　　⑥ 改进车辆设计　车辆上的新设计应针对缩短列车停站时间进行。就缩短列车停站时间、提高线路通过能力而言，国外已设计并制造出 6 车门车辆，以缩短乘客上下车总时间、减少列车追踪间隔时间。

　　⑦ 采用先进的列车运行控制系统　对安装固定闭塞，由绿、黄、红灯光组成的三显示带防护区段的信号设备以及采用调度集中控制方式的线路，列车运行控制系统是列车司机开车的凭证，也是列车安全运行的基本保证。为保障列车安全运行，采用一种集微机控制与数据传输于一体的综合控制管理系统的先进列车控制系统，能较大幅度提高线路通过能力。城市轨道交通线路采用的先进的列车运行控制系统，常见的有列车自动控制（ATC）系统，它由列车自动防护（ATP）系统、列车自动监控（ATS）系统和列车自动驾驶（ATO）系统 3 个子系统组成；在实践中，也有单独采用基于计算机控制的 ATP 子系统的情况，它的主要功能是使列车的调速制动

实现连续化、自动化，以达到提高列车运行速度及缩短追踪列车间隔时间的目的。

⑧ 改用移动闭塞　在列车追踪运行过程中，移动闭塞能使后行列车与前行列车始终保持自动控制程序规定的最小安全间隔距离，而不是原先固定闭塞时规定必须间隔若干个闭塞分区。因此，用移动闭塞取代固定闭塞，能缩短追踪列车间隔时间。

⑨ 分割车站区域轨道电路　图 7-2 是采用该措施后缩短追踪列车间隔时间的一个图解。通过分割车站区域轨道电路，增加了一个前行列车离去速度监督等级，图中当前行列车出清轨道电路段 cd，达到被监督速度，续行列车恰好运行至进站线路的 a 处，如图 7-2（a）所示；当前行列车出清整个车站轨道电路区域时，续行列车已运行到进站线路的 b 处，如图 7-2（b）所示。

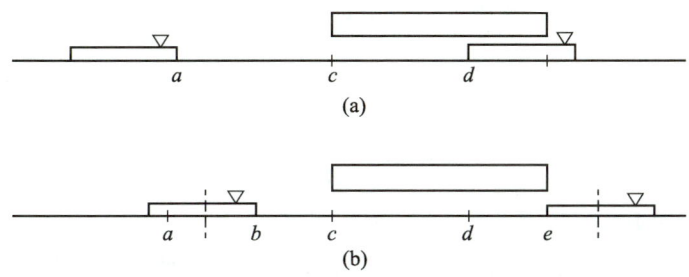

图 7-2　分割车站区域轨道电路时列车追踪运行图

⑩ 加强站台乘车组织　乘客为了到站后能减少出站走行距离和避免出站验票拥挤时的时间延误，往往喜欢在靠近出站口的位置候车，而列车内乘客分布的不均匀又造成列车在车站的停站时间延长。因此，通过站台客运员的组织，增派客运组织人员，能够加强对站厅、地下通道、站台等关键部位的旅客疏导，使列车内的乘客尽可能分布均匀，以减少列车停站时间、提高线路通过能力。

7.2.3　列车折返能力加强措施

在行车密度较高的情况下，列车折返能力往往成为线路最终通过能力的限制环节，并最终决定了列车的追踪间隔时间。列车折返能力与折返出发间隔时间成反比关系。决定折返出发间隔时间的因素主要有折返站的配线布置形式及折返方式、列车停站时间、车站信号设备类型、车载设备反应时间、折返作业进路长度、调车速度、列车长度，以及折返调车作业与接发车作业的干扰等。

基于以上分析，加强列车折返能力的主要措施有：

1. 优化折返线布置

终点站有站前和站后两条平行的折返进路，中间站短交路列车在站前折返，长交路列车停在两侧线路。采用上述折返线布置，可提高列车折返能力。此外，在终点站修建环形折返线，可以缩短乘客上下车时间、消除列车在折返线等待前列车腾空站线的时间，从而提高折返能力。

① 增加发车线　将原来一条发车线增加到两条发车线。

② 混合折返配线　如图 7-3 所示，将单一的站后折返形式，改成站前、站后混

合的折返形式，减少线路两端折返站对全线通过能力的限制，可以大幅度提高折返能力。

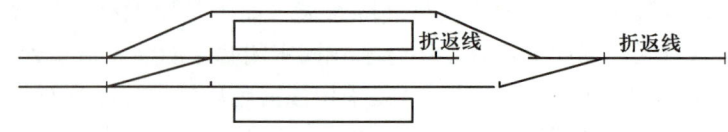

图 7-3　混合折返配线布置示意图

③ 在终点站修建环形折返线　图 7-4 是地面城市轨道交通线路修建环形折返线的图解。折返站的这种站场配置能缩短乘客上下车总时间，消除列车在折返线等待前行列车腾空站线的时间，提高终点站的列车折返能力。

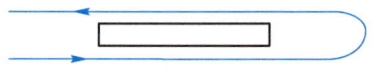

图 7-4　连接各站台线的环形折返线

2. 改变折返方式

在站前设有交叉渡线时采用交替折返方式，在折返线为站后正线时采用侧进直出折返方式，均有助于压缩折返出发间隔时间。

3. 改变站台结构

将站台改造为"一岛一侧"式站台，如图 7-5 所示，增加旅客上下车通道，缩短乘客上下车总时间，加速列车的折返周转。该措施一般适用于地面线路，且由于土建工程量较大，是否必须采用应在与其他扩能方案进行技术经济比较后确定。

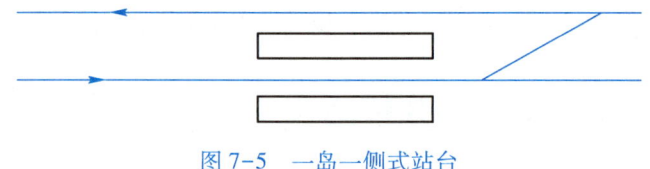

图 7-5　一岛一侧式站台

在相同道岔号下，应尽量减少车辆折返过程中从延长线到站台的走行距离，提高线路折返能力。

4. 增设侧式站台

采用一岛一侧式出发站台组合，可以缩短乘客上下车总时间，加速列车折返周转。

5. 改变折返站控制方式，压缩进路时间

① 优化折返站的道岔与轨道电路设计。例如，将渡线道岔按两个单动道岔进行设计，将站内轨道电路进行分割等。采用这些措施能减少列车等待进路空闲情况，缩短列车的折返时间。

② 折返站采用自动信号设备。采用该措施后，道岔转换、排列进路、信号开放及进路解锁等能根据列车折返运行情况自动进行。这样，在折返作业过程中，列车办理调车或接车进路时间减少，从而达到加速列车折返的目的。

6. 运输组织方式

① 在折返线上预置一辆列车周转。当前行列车已经腾空出发正线，而后行列车还未进入折返线或还停留在折返线上，此时在折返线预置一辆列车可加快列车折返，提高列车折返能力。

② 调整列车乘务组劳动组织。该措施通过列车司机与车长的职责互换，消除司机在折返线的更换驾驶室走行时间消耗，缩短列车在折返线的作业停留时间。这样可以避免前行列车已经腾空出发站线，而续行列车还在折返线上停留，提高列车折返能力。

7.2.4　输送能力加强措施

在轨道交通最终通过能力一定的条件下，列车定员是决定输送能力大小的主要因素。列车定员与列车编组辆数、车辆定员成正比关系。决定列车编组辆数的因素主要是客流量大小及时空分布特征、列车开行间隔、站台长度、车辆使用经济性和乘客服务水平等；决定车辆定员的因素主要是客流量大小、车辆选型和车内布置等。

基于以上分析，加强输送能力的措施主要有：

① 增加列车编组　采用该措施能较大幅度提高输送能力，如线路如果采用 6 辆编组，行车间隔为 2.3 min，可实际开行 26 对列车；若采用 8 辆编组，行车间隔为 3 min，可实际开行 20 对列车。但列车扩大编组受到站台长度、运营经济性等因素制约，同时大编组形式加大了行车间隔，延长了乘客等待时间。

② 采用大型车辆　车辆定员由车辆的座位数与站位人数组成。站位面积为车厢面积减去座位面积，站位人数国内现按 6 人/m^2 计算。显然，车辆尺寸是决定车辆定员的主要因素。

③ 优化车辆内部布置　在车辆尺寸一定的条件下，将双座椅改为单座椅，或将纵向布置的固定座椅改为折叠座椅，可以增加车辆的载客人数。改为折叠座椅后，在运营高峰时间可翻起座椅，增加车内站立人数，同时也提高了全体乘客的平均舒适度。

7.3　城市轨道交通提速运营模式

城市轨道交通系统中，列车运行基本不受外部因素的影响，列车运营速度（旅速）主要由两方面因素决定：一是列车的技术速度，二是列车在车站的停站时间。在城市空间大为扩张的今天，对于轨道交通运营服务来说，既要提高服务的覆盖范围，又要提供较快的旅行速度。而对于那些停站较多、发车频率较高、运营距离又较长的轨道交通线路，提高运营速度的需求更显得尤为迫切。

7.3.1　提速运营模式的运营方式

1. 交错式停站模式

交错停站，是指多种列车停站方案的停站交错设置，每一种列车只服务指定的一部分车站，从而起到提高旅行速度的效果。为保证乘客在不同停站方案间车站出行的可行，各种停站方案间一般也需要停靠一些共同的车站。交错停站模式的使用不需要对线路基础设施进行改造，比较适合具有较长的平均运距的线路。理论上，在满足覆盖所有车站的前提下，交错停站模式中的列车停站方案可以有多个，但是对于客流量较大的通勤线路而言，方案较多时往往带来难以记忆的缺点。本书以两种简单的方案为例，介绍交错停站运营模式。

全线采用两种停站方案的交错停站运营模式，首先整条线路上的所有车站和运营的列车都被分类，车站被分为三种：A 站、B 站和 AB 站；列车分为两类：在 A 站和 AB 站停靠的 A 类列车和在 B 站和 AB 站停靠的 B 类列车。在运营过程中，A 类列车与 B 类列车交错发车，如图 7-6 所示。显然，对于列车，不论是 A 类还是 B 类，均只停靠部分车站，而不是所有车站均停靠，停站次数的减少带来旅行速度的提高。

7-3：隔站停
列车开行
方案图

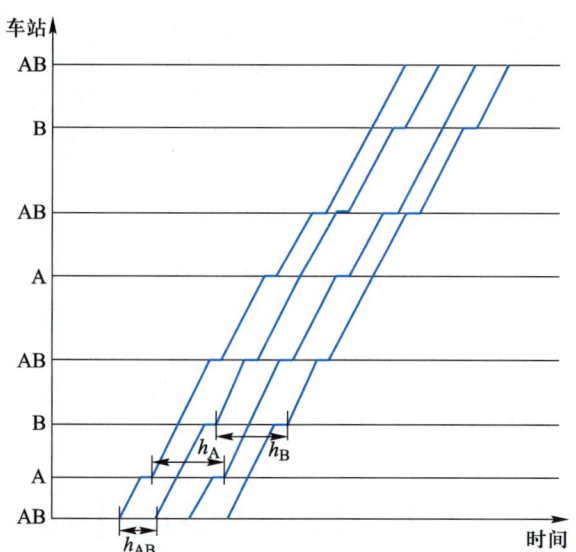

图 7-6　交错式停站运营模式示意图

在组织这种类型的交错停站模式时，车站类型的划分非常重要，一般而言，可参考以下因素：

① 考虑到所有列车均在 AB 类车站停靠，因此上下车乘客数量较大的车站可列为 AB 类车站的候选；而 A 类和 B 类车站均只有一半列车停靠，因此这两类车站应为上下车乘客量较少的车站。

② A 类车站和 B 类车站的总数应相等，尽可能保证在 AB 类车站的发车间隔实

现均一化。

③ A 类车站和 B 类车站的乘客总量要大致相等，以保证 A 类列车与 B 类列车的载客量基本平衡。

设计运营方案时，A 类车站和 B 类车站一般以相邻的 AB 类车站为单元交错设置，也可以相邻设置，但是要尽量减少 A 类车站和 B 类车站交错相邻连续设置的情况，以减少乘客折返出行的情况。此外，相邻两列车间的最小间隔时间应在设备许可的范围内。

2. 分区停站模式

市中心和郊区间的通勤客流广泛存在于一些大城市中，这些客流往往具有显著的向心性特征，即市中心车站和郊区车站间的客流较大，而郊区车站间的客流量非常小。在具有这种客流特征的轨道交通线路上，经常采用分区停站的运营模式。

采用分区停站模式时，从市中心向郊区延伸的线路上的车站被分为若干个连续的分区，与此对应，列车也分为数目相等的若干类，每类列车对应服务一个分区的车站。如图 7-7 所示，线路沿市中心至郊区被分为三个分区，对应服务这些分区的列车也分为 A、B、C 三类。每一种类的列车从市中心车站出发后，仅在对应的服务区内各站办理旅客乘降作业，并在服务区端点折返；不停车通过服务区前的车站，也不前往服务区以后的车站。回程办理乘降业务的车站亦仅限特定服务区内的车站，与往程相同。

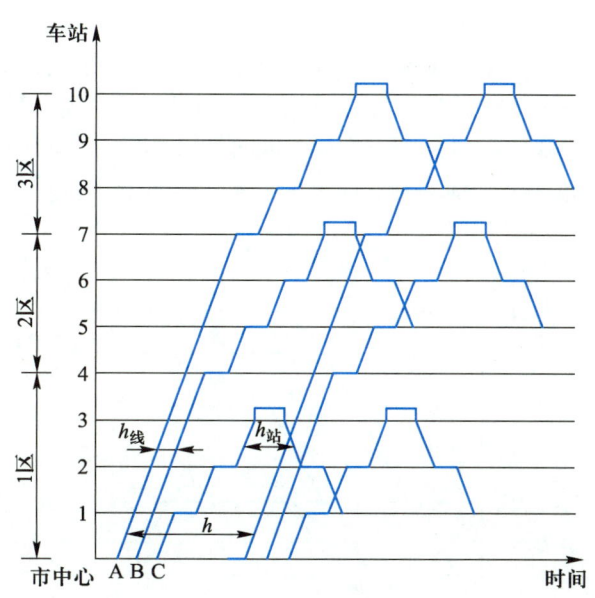

图 7-7　分区停站运营模式示意图

采用分区停站模式时，要求作为分区端点的车站有折返线或能够实现列车的折返作业。通过运行的两列车之间只需要满足最小线路间隔时间即可，但是在需要停站的列车之间，仍必须满足最小车站间隔时间（图 7-7）。此外，采用分区停站的运营模式往往不能达到线路最大能力，因此当一条线路能力利用已近饱和时不适合采用。

7-4：分区域
开行方案图

具体案例分析：
　　远郊公交线路拟尝试运营新模式，常州市交通运输部门推出"大站快车" K1 路（火车站到雪堰），线路全长 44 km，中间只停 9 个站，比常规线路少停 50 多站。
　　根据市运管处的公示，K1 路拟由雪堰公交中心站始发，经雪堰公交站、锡宜公路、常漕路、和平路、关河路、火车站公交中心站（由于同济桥施工，临时绕行清凉东路、晋陵路、局前街、和平路）返回，沿途停靠雪堰、潘家桥、漕桥、运村、漳湟村、和平路武进大道、和平路鸣新路、和平路定安路、和平路延陵路等站。

　　为了得到更好的服务水平及给分区之间出行的乘客提供换乘条件，在划分分区的时候，要确保各个区间的车站数量以及各区间的客流量基本相等；分区的端点站应该是上下车乘客相对较多的一个车站。

　　根据各分区间运营列车是否有重复停站，分区运营模式又有以下几种类型：

　　① 除市中心的端点站外，服务各分区的列车没有重复停站。该类型列车的停站次数最少，但是除市中心车站外，不同分区车站间出行的乘客非常不便。

　　② 每个分区的终点站都有相邻分区的列车停站，即该区的"终点站"又是相邻分区的"始发站"。利用该站作为换乘站，相邻分区车站间乘客的出行需求得到了满足，如图7-7所示。

　　③ 每列列车都在它经过的各个分区的端点站提供旅客乘降服务。这样，不同分区车站之间的出行，最多只需要一次换乘就能实现。

3. 大站快车模式

　　既能在沿线所有车站上提供停站服务，同时又能提供只在主要车站上停站的高速运输服务，满足这种需求的唯一办法就是开行大站快车。大站快车的开行模式灵活多样，与线路基础设施情况也密切相关。可以在普通复线上直接开行大站快车，快慢车共用基础设施，不需要进行任何改造；可以只在若干越行站增设配线，供快车越行慢车；也可以增设四线，大站快车在相对独立的轨道交通系统中运行，与慢车互不干扰。这里介绍普通复线和部分车站设有配线的复线开行大站快车的情况。

　　将线路上乘降量较大的车站划分为大站，其他车站为普通站，除开行所有车站均办理乘降作业的普通列车（或称为慢车）外，还开行只在大站办理旅客乘降作业的快车，快车经过普通站时通过不停车。图7-8显示了在不设配线的一般线路上开行大站快车的情况。可以看到，开行在两列慢车间的快车，与慢车的时间间隔受线路和车站最小发车间隔的制约。由于快车的开行，单位时间内可以开行的列车数有所减少。

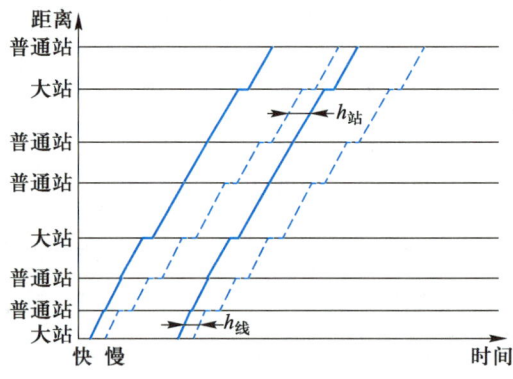

图7-8　无越行时快车开行示意图

　　有些线路在部分车站设置了配线，可实现同方向列车的越行，如图7-9所示，全线车站分为能够实现越行的配线站和不能越行的普通站。先行到达配线站的慢车在配线上等待，让出正线供快车通过，慢车再继续运行。有越行时能够实现的最小发车间隔较无越行实现的最小发车间隔要小一些，列车间隔时间除了受到线路和车站最小发车间隔影响外，还与配线站间快慢车的运行时间差有关。

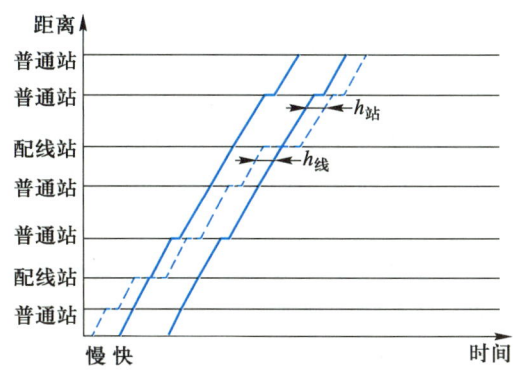

图 7-9　有越行时快车开行示意图

运营时段主要集中在客流高峰时段，原班线运营时间及停靠站点保持不变。以 68 路为例，保持既有班线不变，另在特定时段开行 K1 路"大站快车"，两者互相补充，满足市民出行需求。

7-5：快慢车开行方案图

7.3.2　提速运营模式的特点

1. 交错式停站模式

与传统的站站停的运营模式相比较，交错停站模式有以下特点：

① 交错停站模式提高了列车的旅行速度。交错停站模式下列车旅行速度的提高主要取决于 A 类车站和 B 类车站的数目，数目越多，旅行速度提高得越明显。

列车旅行速度的提高带来的好处可以从两个方面进行分析，一是保持车辆使用程度不变，缩短发车间隔，提供更高的服务水平；二是保持 AB 类车站平均发车间隔不变，减轻车辆的使用程度甚至减少使用车辆数，降低运营机构的运营成本。本书后续分析中均假定第二种情形。

② 交错停站模式减少了部分乘客的在车时间，也影响了部分乘客的出行。采用交错停站模式后，乘客将获益于停站次数的减少，但是 A 类车站和 B 类车站发车间隔的增加会导致乘客平均候车时间延长。另外，A 类车站和 B 类车站间不能直达，需要换乘，给乘客带来不便。

对于交错停站对乘客出行时间的影响需要分类分析。根据乘客上车站和下车站所属类别的不同，可以将全线乘客分为 4 类：一是在 AB 类车站间出行的乘客；二是在 A 类或 B 类车站间出行的乘客；三是在 AB 类车站和 A 类或 B 类车站间出行的乘客；四是在 A 类车站和 B 类车站间出行的乘客。不同类型乘客的等待时间、在车时间和出行便利程度均不相同。

另外，停站方式的变化容易给乘客造成困惑，对运营机构来说需要加大对车站类型、列车类型、停站方式等相关信息的宣传工作。一般来说，新线开通时即采用交错停站运营模式，乘客比较容易接受；而对于一条成熟的线路，乘客接受运营模式变更的难度则较大。

2. 分区停站模式

与交错停站模式类似，分区停站运营模式在提高列车旅行速度、降低运营成本并方便一部分旅客的同时，也给另一部分乘客带来了不便，该模式的特点如下：

① 除服务最近分区车站的列车外，其他列车旅行速度均有提高。旅行速度提高的程度与停站次数减少的数目直接相关；分区运营模式下，不同种类列车不停车通过的车站数目不同，因而旅行速度提高的程度也不同。

② 降低了车辆使用程度，从而带来运营成本的降低。车辆使用程度的降低体现在两个方面，一是停站次数的减少，提高了使用效率、降低了车辆损耗；二是除了服务最远端分区的列车外，其他列车均不必全线运行，周转时间显著降低，运用车数也得到了节省。

③ 发车间隔增加，一般需要使用时刻表。虽然不同种类列车间的追踪间隔由于不停站而减小，但是同种类列车间的发车间隔却显著增加。当发车间隔超过了乘客随机到达车站所能容忍的发车间隔（15 min），需要使用时刻表，明确列车的停站和到发时刻。

④ 分区间出行不便。对于在市中心和郊区车站间出行的乘客，采用分区停站模式能节省大量的在车时间。但是，并不是沿线所有的乘客均能获得便利。由于将沿线车站分区提供服务，使得不同分区之间的乘客出行服务水平显著降低，必须通过换乘才能实现，甚至分区之间的服务被取消。总之，除了便利了市中心到郊区车站间的通勤流外，分区运营模式对于沿线其他类型的出行几乎都是不利的。

3. 大站快车模式

大站快车的开行与标准运营模式相比，减少了在车时间，给乘客带来更多的舒适和便利，同时也降低了车辆的损耗和运营成本。

但是对于在一般复线上开行大站快车的模式，发车间隔大大增加，延长了乘客的平均候车时间；对于有越行的大站快车模式，发车间隔亦有所增加，对于被越行的慢车，还要承受额外的等待时间。同时，越行也增加了运输组织复杂程度。

7.3.3　提速运营模式的适用性分析

1. 提速运营模式的设计步骤

选择一种最佳运营模式是一件非常复杂的事情，尤其是提速运营模式的选择和停站方案的设计。对于一条复线形式的城市轨道交通线路，在确定运营模式和具体停站方案的时候可以参考如下四个步骤：

① 分析沿线的车站数量。如果车站数量较少，那么通过不停站节省的时间就很少，并且还会增加乘客乘车的不便，所以不需要考虑采用提高旅行速度的运营模式；如果车站数量较多，则可以考虑采用某种提速运营模式。

② 比选各种停站方式。如果该线路上绝大部分的出行是遵循"从多点到一点"的模式，可以考虑分区停站的方式；如果出行分布表现为"多点到多点"的情况，则可以排除分区停站的运营模式。

③ 比较线路上的客流量与线路的能力。如果客流量不大，则所有提速运营模式都可以考虑；如果线路能力的使用已经接近饱和，那么只有交错停站模式可以考虑采用。

④ 分析发车间隔的长短。当该线路原本的发车间隔已经足够短时，允许采用所有的提速运营停站模式；当原本的发车间隔较大时，一般不能采用提速运营模式。

上述四个步骤给出了在一般情况下，判断不同类型提速运营模式可行性的方法。在所有的环境条件下均可以采用标准停站的运营模式，而提速停站模式的采用一般需要满足以下 4 个条件：线路上车站较多、客流分布具有显著的"多对一"特征、线路能力较为富裕、发车间隔较小。

2.　不同运营模式的适用性分析

交错停站运营模式适宜在运营距离较长、车站数目较多的线路上采用，这种线路往往具有较强的提高旅行速度的需求，也具备提高旅行速度的空间。而且采用交错停站，A 类和 B 类车站的发车间隔增加了 1 倍，因此一般在发车间隔较低的线路上采用。此外，进出站客流量站间差异较大、平均运距较长的线路也比较适合采用交错停站模式。进出站客流量站间差异大可以比较容易地区分出 AB 类车站和 A 类、B 类车站，增加获利乘客的比例；而较长的平均运距也有利于乘客获得更多的时间节省。

分区停站运营模式的采用与客流特征关系密切，当线路上的客流几乎都是从多个郊区车站上车，到达一个或几个市中心的车站，且线路通过能力富裕时，宜采用分区停站模式；而且选定为各个分区终点站的车站，有必要的折返设施或具备折返条件。

复线开行大站快车的模式一般只适用于客流量不大、线路能力较为富裕的情况，且所带来的运输组织复杂、服务规律性差的缺点往往使运营机构和乘客不愿意接受。通过增建复线来提供的快车服务最简单、优势最明显，但是需要的投资巨大，相当于新修了一条并行的线路。近年来，一些城市已经修建了与既有城市轨道线路并行的新线来增加通道上的运输能力，新线的车站较少，因此能提供更快的旅行速度。

本节介绍的三种提速运营模式与常规运营模式的适用性归纳于表 7-2 中。

表 7-2　不同运营模式的适用性

线 路 特 征		常规模式	交错停站	分区停站	大站快车
车站数	较多	适用	适用	适用	适用
	较少	适用	不适用	不适用	不适用
OD 特点	多对一	适用	适用	适用	适用
	多对多	适用	适用	不适用	不适用
能力利用	能力较富裕	适用	适用	适用	适用
	接近饱和	适用	适用	不适用	不适用
发车间隔	较短	适用	适用	适用	适用
	较长	适用	不适用	不适用	不适用

思考题

1. 如何选取运能加强的最佳时机？

2. 运输能力加强的途径有哪些？结合所在城市的某条地铁线说明运能加强的各项途径。

3. 简述线路通过能力加强措施、列车折返能力的加强措施、输送能力的加强措施。

4. 路网条件下运行能力如何协调？

5. 举例说明交错停站模式和分区停站模式下列车旅行速度的变化，并进行定量分析。

6. 选取一个国内城市的城市轨道交通系统，分析该城市宜采用本章所提及的哪种提速运营模式，并说明原因。

7. 简要说明能力加强技术与运营速度提高模式之间可能存在的冲突及对应的协调原则。

8. 一条轨道交通线有 8 个车站，现为了提高列车运营速度，在现有软硬件条件允许的情况下，改变传统的站站停停站模式，计划采用交错停站模式，车站类型划分与设置如下图所示。设该线路上的两两车站的站间距相等，平均站间运行时间为 T，平均停站一次增加花费时间为 t；原列车发车间隔为 h，采用交错停站后，A、B 车交错发车，保持 AB 站发车间隔仍为 h；假设乘客在车站的平均候车时间为发车间隔的一半。对于在 2 站上车、7 站下车的乘客，采用上述交错停站模式之后，乘客出行时间是否能够节省？满足什么条件时，出行时间能够节省？请作说明。

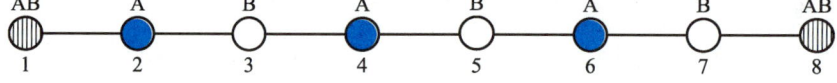

第 8 章
城市轨道交通快慢车运营组织技术

8-1：思维导图

章导语：
　　本章聚焦城市轨道交通快慢车运营模式的组织技术，通过对客流特征与线路特点的深入分析，阐释快慢车模式在提升速度效率与服务水平方面的潜力，并探讨其对企业运营成本的优化作用。本章内容涵盖速度效率的概念与计算方法、快慢车开行的先行条件、越行站布局原则及快慢车运行方案的编制框架。结合对快慢车运行方案评价指标的研究，本章旨在为未来城市轨道交通的高效运行提供系统性思路与实践指导。建议教学学时4学时左右。

　　城市轨道交通快慢车运输组织理念和思路与常规的城市轨道交通站站停的运输组织方式不同，是需求响应式的运输组织模式的重要体现。科学合理的运输组织方案不仅可以降低企业运营成本，还能提高乘客服务水平和出行效率。本章在分析市域快轨客流特征、线路特征及相应的运输组织模式的基础上，介绍城市轨道交通速度效率概念和计算方法，提出快慢车运营模式的先行条件，分析其通过能力计算理论，明确通过能力的各影响因素及计算方法；探讨快车停靠站及越行站设置的影响因素及选择方法，并从满足客流需求和通过能力供给两个方面，讨论快慢车运行方案的编制方法。

8.1　快慢车运营组织模式分析

8.1.1　快慢车客流特征分析

　　快慢车运行线的主要服务对象是市域范围内中心城与城市组团间的客流，客流早晚高峰以通勤通学客流为主，个别线路如机场专线以商务客流为主，其平均乘距较长，乘客除了对旅行速度有要求外，还对舒适性有较高的要求。

　　（1）车站客流分布特征

　　快慢车运行线车站客流量一般存在3种分布类型，分别是阶梯式分布、均衡式分布和烟囱式分布，如图8-1所示。

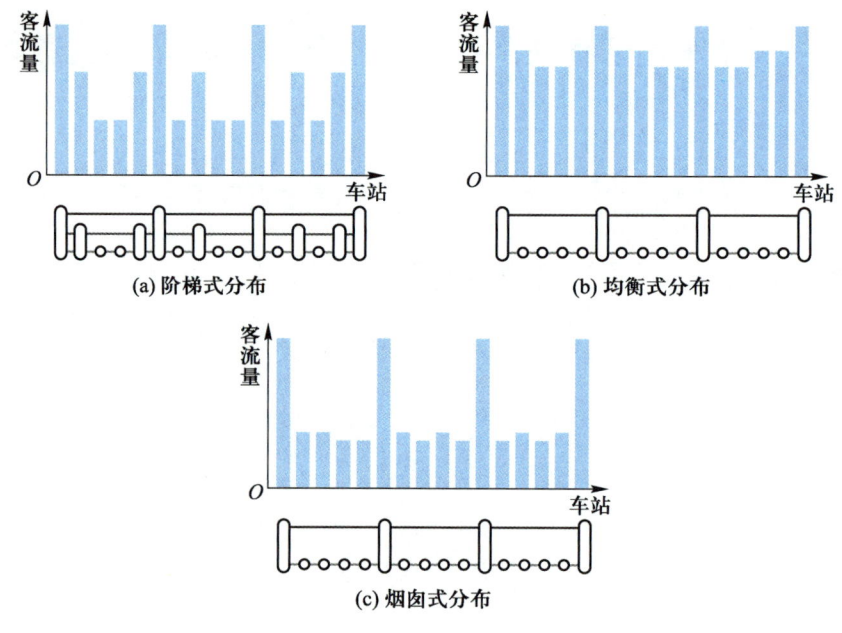

图 8-1　车站客流分布图

① 阶梯式分布，一般以组团为主，每个组团都有大客流车站，各车站客流量相差较大，但没有一定的规律。对于这种类型的客流，运输组织应开行特快、快速、普速等不同类型的列车。

② 均衡式分布，各车站客流量相差不大，仅个别车站稍高。对于这种类型的客流，运输组织应以慢车为主，适当增开快车。

③ 烟囱式分布，客流量在个别车站较大，且远大于其他车站。对于这种类型的客流，运输组织应以快车为主，适当增开慢车来服务沿线其他车站。

（2）断面客流分布特征

快慢车运行线早晚高峰的断面客流和部分城市轨道交通郊区线的客流特征类似，会表现出明显的潮汐特征。但是客流断面的总量不会很高，因为会连接部分城市外围地区，客流少，如深圳地铁 11 号线早高峰和全日断面客流量，如图 8-2 所示。

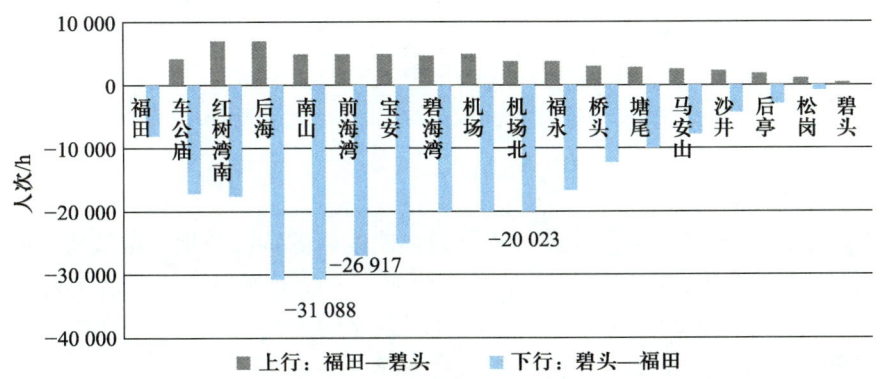

(a) 早高峰断面客流量

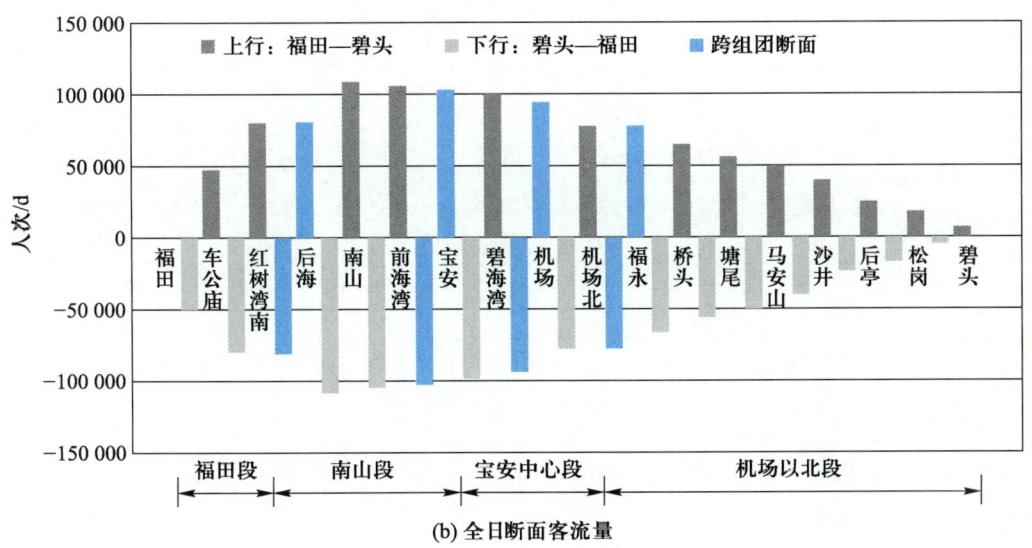

(b) 全日断面客流量

图 8-2　深圳地铁 11 号线断面客流量

（3）客流 OD 分布特征

城市不同区域功能和定位的差异会造成跨区远距离出行比例较大。根据市域快轨的功能定位，市域快轨可能会连接机场、铁路和客运码头等对外交通枢纽，或者串联各客流组团。对于这种类型的客流特征，为减少乘客的出行时间适合采用快慢车的运输组织方式。所以，市域快轨的客流空间 OD 分布以组团或枢纽与市区的直达客流为主，OD 空间分布可用组团间客流 OD 和组团内各站间客流 OD 分别占全线各站总到发客流的比值来表示，如成都地铁 18 号线全线形成 5 个组团的客流，如图 8-3 所示。

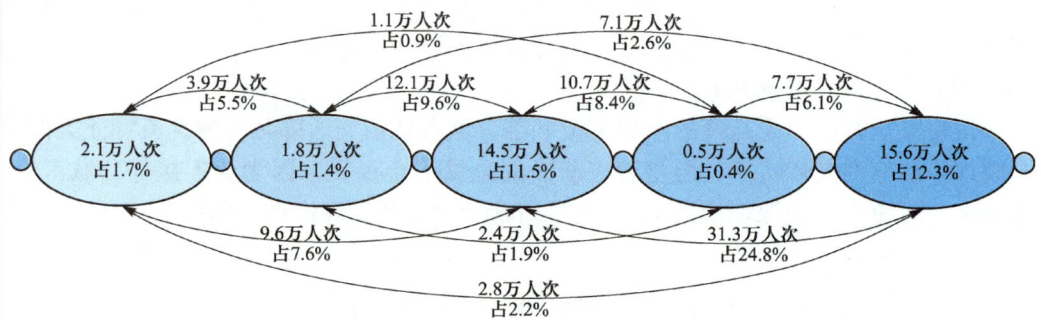

图 8-3　成都地铁 18 号线预测的全日各区段客流 OD 分布图

（4）客流平均运距

表 8-1 是 2019 年我国已开通运营市域快轨线路的特征数据。市域快轨的空间客流分布以市区与其他城市组团、卫星城、功能区的交换客流为主，客流时间分布与地铁一致，具有早晚高峰高、工作日高的通勤化的客流特征。其主要客流特征为：① 全线车站集散客流分布不均衡，断面量总体不大；② 组团内的客流交换少，组团间客流交换量较大；③ 乘客的平均乘距长，客流强度不大。

表 8-1　2019 年我国已开通运营市域快轨线路特征数据

城市	线路	设计速度/（km/h）	旅行速度/（km/h）	运营长度/km	平均站间距/km	日均客运量/万人次	平均运距/km	负荷强度/［万人次/（km·d）］
北京	首都机场线	110	61.75	28	9.333	3.477	24.165	0.124
上海	16 号线	120	80.18	58.81	4.902	20.796	24.228	0.354
广州	3 号线	120	50.81	67.3	2.321	218.939	8.908	3.253
广州	14 号线及知识城线	120	50.81	76.3	3.633	20.225	23.234	0.265
广州	21 号线	120	54.35	61.5	3.075	3.839	14.776	0.062
深圳	11 号线	130	56.05	51.90	3.053	44.078	18.459	0.849
南京	S9 号线	120	87.4	52.4	10.48	1.753	42.985	0.033
青岛	11 号线	120	61.42	58.4	2.781	5.057	16.017	0.087
青岛	13 号线	120	60	67.6	3.38	3.621	17.566	0.054
东莞	2 号线	120	53.18	37.79	2.699	14.728	12.847	0.39

8.1.2　快慢车运营模式类型

快慢车运营模式分为快慢车共轨运营、分轨运营和直通运营三大类。

（1）快慢车共轨运营模式

该模式是为满足不同的客流需求，在开行站站停列车的基础上开行大站快车。这种运营组织方式可缩短部分乘客的出行时间，但需在部分车站设置越行配线，会增加车站规模和工程投资，当线路为地下线时工程投资的增加更为显著。在运输组织方面，线路上开行两种类型的列车会增大行车组织难度，损失部分线路通过能力，也可能因为快慢车衔接不畅增加乘客出行成本。因此，开行快慢车需要准确的能力计算、合理的越行站选择及综合考虑供需的运行方案编制等多个方面的支撑。

快慢车共轨模式的行车组织可分为以下两种方式。

① 慢车停靠站越行（图 8-4）。在此情况下，慢车在侧线停车，快车一般直接从正线以允许的速度越行慢车，快车不停车。

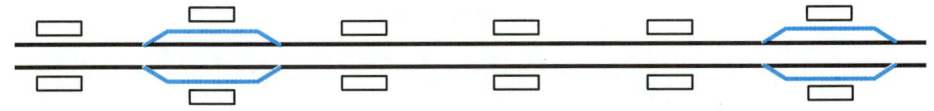

图 8-4　慢车停靠站越行组织模式

② 快车停靠站越行（图 8-5）。这种情况，车站所有轨道允许快慢车同时停车，乘客可在站台换乘，慢车可为快车提供集散服务。但是由于慢车需待避快车同时再加上快车停站上下客的时间，因此慢车停站时间比慢车停靠站越行情况的更长。

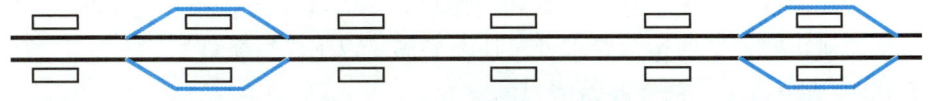

图 8-5　快车停靠站越行组织模式

（2）分轨运营模式

快慢车分轨运营模式指同一客流通道内分别建设快车线和慢车线，快车和慢车分别在不同的线路上运行，又分三轨运营模式（图 8-6）和四轨运营模式（图 8-7）两种情况，美国纽约地铁为该模式的代表。这种模式的优点是快慢车之间不需要越行，行车组织工作简单，快慢车之间无干扰，线路通过能力大，适用于客流量较大且空间结构为带状的城市。缺点在于这种模式需要有较大的客流量支撑，当客流量达不到规定的量级时会导致运能虚糜。同时，分轨模式要求线路通道较宽，需要提前规划和预留，否则很难实施。

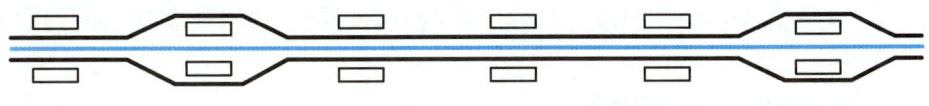

图 8-6　三轨运营模式

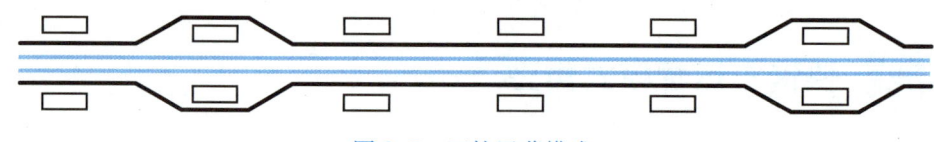

图 8-7　四轨运营模式

（3）直通运营模式

直通运营模式指快车和慢车分别属于两条轨道交通线路（图 8-8），但在限界、供电制式、信号、车辆等可以互通的条件下，一条线路的列车可以进入另一线路上运行，从而实现不同线路之间的互联互通。直通运营模式除了两条线路技术标准需要统一外，运营管理上也需要制定统一的规则和机制。

郊区线与市区线直通运营后，运营组织较为复杂，同时由于郊区线路的接入，市区线的运输能力会有所损失，因此在国内很少采用。

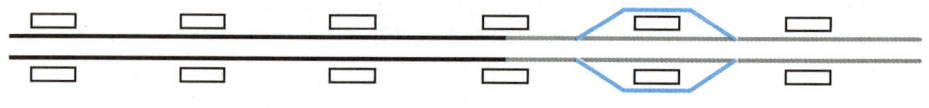

图 8-8　直通运营模式

8.2　快慢车运营模式的先行条件

快慢车运营模式是以客流量为基础，以客流性质、特点和规律为依据，科学合理地安排列车的开行间隔、停站方案和交路计划等。在组织快慢车运营时，除了要考虑一般的城市轨道交通运营要求外，还需要满足以下先行条件：

1. 沿线客流量大、客流分布不均衡度高

快慢车运营模式适用于客流量大、沿线客流分布不均衡的城市轨道交通线路。当线路的客流在时间和空间上分布不均衡，即某些时段或区域的客流量较大，而其他时段或区域的客流量相对较小时，采用快慢车组合运营模式可以有效缓解高峰时段的压力，提高运输效率。

2. 客流出行距离长

快慢车模式适合市域范围内、出行距离较长的客流，一般这类线路会连接机场、铁路和客运码头等对外交通枢纽，或者串联各客流组团。对于这种类型的客流特征，为减少乘客的出行时间适合采用快慢车的运输组织方式。

3. 沿线客流对旅行速度有较高的需求

快车相对于慢车能够明显减少长途乘客的旅行时间，当沿线客流对时间需求较高时，宜组织快慢车开行。

4. 有富裕的线路和车站能力

快慢车运营模式对线路通过能力有一定的要求，开行快车会占用一定的线路通过能力，因此，在城市轨道交通中行车密度大、能力紧张的线路不宜开行快慢车；同时，由于快慢车组织模式中存在快慢车越行的情况，越行车站需要有越行侧线提供列车越行。

5. 平均站间距较大，线路时速设计合理

当线路总里程较长且平均站间距较大，线路列车设计时速较高、能够体现快车的优势时，适合开行快慢车。

6. 能够降低企业运营成本，提升运输效益

快慢车模式的运行还需要考虑企业的运营成本和效益，快慢车的停站方案和列车运行图的编制需要综合考虑乘客出行时间和运营企业成本，以实现乘客总体出行时间的节省和运营企业成本的降低。

8.3　快慢车速度效率概念及计算方法

速度效率是指旅行速度与最高运行速度的比值，表达的是旅行速度与最高运行速度的匹配关系，是充分体现车辆在正常运行中发挥最高运行速度的评价指标，同时是衡量线路最高速度确定及经济性方面的指标。

线路设计速度发挥的程度是快慢车开行是否合理的重要标志，也是快慢车运输组织设计过程中快车站选择、越行站设置等环节的重要评价标准。一方面，开行快慢车时为达到便捷、舒适、节能的目的需尽量拉大站间距或者少停站以提高线路的旅行速度。另一方面，也不能一味地追求速度快，为保证一定的服务范围和经济效益需尽可能多停站，最大程度吸引和服务客流。因此，这两者之间需要达到一个平衡。速度效率的计算公式定义为：$\eta = V_S / V_{\max}$。其中，V_S 为旅行速度，$V_{\max}$ 为最高运行速度。根据是否开行快慢车，速度效率可分为常规站站停运营模式的速度效率和快慢车运营下的速度效率。快慢车运营模式下的速度效率还可根据不同列车类型定义为快车速度效率和慢车速度效率。

8.3.1　常规站站停运营模式的速度效率

旅行速度主要由线路的站间距和站间运行时间决定，而站间运行时间主要由站间距、最高运行速度、加减速度和停站时间几个因素决定。因此，速度效率 η 的计算方法及其与旅行速度、平均站间距的关系为：

$$t_S = \frac{S - V_{\max}^2/2a - V_{\max}^2/2b}{V_{\max}} + \frac{V_{\max}}{a} + \frac{V_{\max}}{b} + t_l = \frac{S}{V_{\max}} + \frac{V_{\max}}{2}\left(\frac{1}{a} + \frac{1}{b}\right) + t_l \tag{8-1}$$

$$V_S = \frac{S}{t_S} = \frac{S}{\dfrac{S}{V_{\max}} + \dfrac{V_{\max}}{2}\left(\dfrac{1}{a} + \dfrac{1}{b}\right) + t_l} \tag{8-2}$$

$$\eta = \frac{V_S}{V_{max}} = \frac{S}{t_S V_{max}} = \frac{S}{S + \frac{V_{max}^2}{2}\left(\frac{1}{a} + \frac{1}{b}\right) + t_l V_{max}} \quad (8-3)$$

式中：S——平均站间距；

　　　t_S——列车站间平均行驶时间；

　　　V_{max}——车辆行驶过程中能达到的最高速度；

　　　V_S——旅行速度；

　　　a,b——分别为车辆平均加速度和平均减速度，这两个值并不是保持不变的而是
　　　　　　随着行驶过程逐渐变化，这里取整个加减速过程中的均值，见表8-2；

　　　t_l——列车在车站的停站时间，可根据实际情况确定，一般可取30 s。

表8-2　不同设计速度轨道交通车辆的运行性能表

最高运行速度/(km/h)	平均加速度 a/(m/s²)	平均减速度 b/(m/s²)
80	0.5	1
100	0.45	1
120	0.45	1
140	0.4	0.9
160	0.35	0.8

通过公式（8-1）~（8-3）可以计算得出不同线路设计速度、速度效率下的线路站间距理论取值范围，具体结果如表8-3所示，同时也反映了速度效率与其影响因素之间的关系。

表8-3　市域快轨系统旅行速度及速度效率理论计算表

速度效率	最高运行速度 V_{max}/(km/h)							
	100		120		140		160	
	旅行速度/(km/h)	站间距/km	旅行速度/(km/h)	站间距/km	旅行速度/(km/h)	站间距/km	旅行速度/(km/h)	站间距/km
40%V_{max}	40.0	2.2	48.0	2.9	56.0	3.8	64.0	4.9
50%V_{max}	50.0	2.9	60.0	3.8	70.0	5.1	80.0	6.7
60%V_{max}	60.0	3.9	72.0	5.2	84.0	7.0	96.0	9.4
70%V_{max}	70.0	5.7	84.0	7.5	98.0	10.3	112.0	13.9
80%V_{max}	80.0	9.1	96.0	12.2	112.0	16.8	128.0	22.9

8.3.2　快慢车运营模式的速度效率

当开行快慢车后，由于越行和跳站的存在，快车旅行时间将会大大减少，慢车旅行时间则会因为在站内待避快车而有所增加，快车与慢车的速度效率将出现差异。

因此，将快慢车开行下的速度效率分为快车速度效率与慢车速度效率。

快车在不停站或者越行过程中，获得了一定的时间节省 Δt_e，快车越行所节省的旅行时间主要由不停站次数 n_{th} 和不停站时的平均节省时间 t_{sa} 两部分组成，其数学表达为 $\Delta t_e = n_{th} t_{sa}$。因此其速度效率根据下式计算：

$$\eta_{快} = \frac{(n-1)S}{[(n-1)t_S - \Delta t_e]V_{max}} = \frac{(n-1)S}{(n-1)S + (n-1)\dfrac{V_{max}^2}{2}\left(\dfrac{1}{a} + \dfrac{1}{b}\right) + nt_l V_{max} - n_{th} t_{sa} V_{max}} \tag{8-4}$$

式中：n——车站数量；

　　　n_{th}——快车不停站的次数，包括越行的次数 n_{ov} 和不停站的次数 n_{ns}；

　　　t_{sa}——快车不停站时的平均节省时间。

同理，慢车在越行站待避后被快车越行过程中会有损失时间 Δt_l，也就是慢车被越行所增加的旅行时间，主要由慢车被越行次数 n_{ov} 和慢车损失时间 t_{la} 两部分组成，其数学表达为 $\Delta t_l = n_{ov} t_{la}$。则其速度效率的计算为：

$$\eta_{慢} = \frac{(n-1)S}{[(n-1)t_S + \Delta t_l]V_{max}} = \frac{(n-1)S}{(n-1)S + (n-1)\dfrac{V_{max}^2}{2}\left(\dfrac{1}{a} + \dfrac{1}{b}\right) + nt_l V_{max} + n_{ov} t_{la} V_{max}} \tag{8-5}$$

式中：n——车站数量；

　　　n_{ov}——慢车被越行的次数；

　　　t_{la}——慢车被快车越行的平均损失时间。

根据速度效率的概念，线路并不是最高设计速度越高越好。城市轨道交通有的线路最高设计速度很高，但是站间距比较小，旅行速度比较低，致使线路的客流吸引力不强。有的线路最高设计速度不高，但是设置的站间距比较大，或者采用快慢车运输组织模式也能达到较高的旅行速度。所以，旅行速度和最高设计速度应该保持一个合适的比例关系。如果不考虑站间距和线路长度的情况，一味追求最高速度，会造成工程投资的增加，而达不到快速的目的。所以线路长度、站间距和最高速度达到一个最佳的匹配（见表 8-3），同时市域快轨的速度效率为 50%～60%，能达到既经济又理想的旅行速度。也就是说最高运营速度发挥的程度越大，线路的速度效率越大，运营效率就越高。在相同的最高速度下，旅行速度越高，速度效率则越大。

8.4　快慢车运营模式下线路通过能力计算基础及影响因素分析

快慢车运营模式在通过能力计算方面与站站停的运输组织有较大差异。一方面，快慢车之间的停站差异使得慢车在运行过程中会被快车追赶，总是需要额外的停站使快车可以越行，或者压低快车速度实现追踪，会造成通过能力的损失；另一方面，快慢车开行后的通过能力受到更多因素的影响，尤其是快车的停站方案及越行站的设置位置，会对快慢车的通过能力利用产生较大的影响。因此，分析研究线路通过能力的相关概念、涉及的影响要素及其计算是后续通过能力计算的前提。

8.4.1　通过能力概念与计算基础

列车在线路上的运行由运行图来表示，列车运行图可分为周期性和非周期性运行图。我国高速铁路采用的是非周期性运行图，而城市轨道交通系统与高速铁路不同，线路上开行的都是速度等级相同的列车。线路上的列车运行线总是以同样的方式一组一组反复排列的，采用的是周期性的平行运行图，平行运行图通过能力的计算是以运行图周期为基础的。同时，市域快轨的通过能力关注的是高峰小时内是否满足客流需求，平峰期不是关注的重点，所以市域快轨的通过能力特指高峰小时内能最多开行的列车数量。

对于平行运行图仅开行站站停的列车而言，列车以追踪方式开行，车站间隔时间一般大于区间追踪间隔时间，停站时间是影响线路通过能力的主要因素。因此，线路通过能力计算通常将车站和区间看作一个整体来分析，即

$$N = 3\ 600/h \tag{8-6}$$

式中：N——线路在高峰小时能够通过的最大列车数，列；

　　　h——最小行车间隔时间，s。

与站站停方式不同，快慢车开行情况下线路的行车密度较站站停方案下的行车密度略低，对于折返的压力较小，其能力瓶颈更加集中在线路中需要进行快慢车越行的车站。正因如此，考虑快慢车的市域快轨能力计算更加侧重线路通过能力的计算。所以，本文不考虑折返站对通过能力的影响。

除了越行关系外，快慢车的开行数量、发车间隔等因素将会对列车的时空关系（即运行图结构）造成显著影响，进而影响线路的能力。同时这些影响因素对运行图结构的影响对于线路通过能力计算至关重要，为此本文采用基于运行图结构的直接计算法。

当快慢车混合开行时，这一计算方法需要一定的改进。一方面，最小行车间隔时间将被快慢车组合周期 T 替代；另一方面，快车和慢车的开行数量 q 和 p 需要纳入计算中，有

$$N = \frac{3\ 600}{T}(p+q) \tag{8-7}$$

因此，计算线路通过能力时，如何确定快慢车最小单元周期为核心问题。客流结构决定了快慢车的组合结构和快慢车的开行列数，在此前提下应从运行图结构出发，根据线路条件、快慢车列车开行顺序、各类列车间隔时间、停站时间等因素建立合理、直观的通过能力计算方法，该方法无须使用扣除系数。即首先确定高峰小时内可以铺画多少个运行图周期，然后再乘以该运行图周期内所包含的列车对数或列数，具体见图 8-9。但是在快慢车不同运行模式和情况下，运行图周期的确定是一个难点。

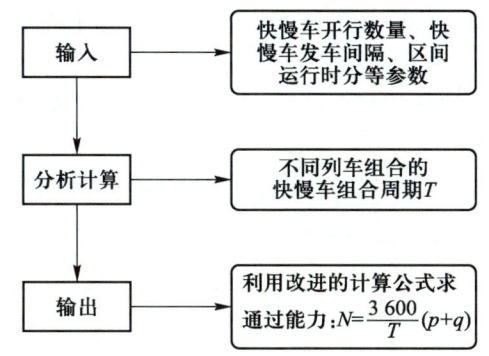

图 8-9　快慢车运输组织的通过能力计算原理图

8.4.2　通过能力影响因素分析

1. 列车停站时间及起停附加时间

（1）列车停站时间

列车在车站的停站时间是影响市域快轨通过能力和快慢车越行方案的一个重要因素。列车停站时间由列车开关门时间、乘降时间及附加时间、屏蔽门延时几个部分组成，具体见图 8-10。

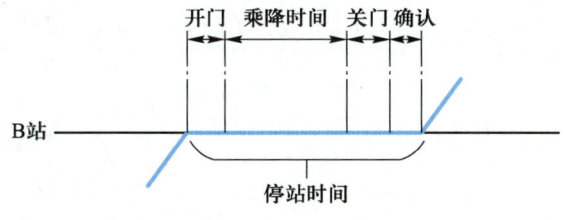

图 8-10　列车停站时间

因为乘客上下车时在各车门分布不均衡，所以列车所有车门中上下车客流量最大的车门的上下车时间再加上信号系统和屏蔽门的固定时间，就是列车在车站的停站时间，具体见式（8-8）。每个车门的开关门时间为乘客上下车时间加固定时间，具体见式（8-9）。

$$t_l = t_0 + \max_{i \in [i, n_{\mathrm{td}}]} (t_{\mathrm{oc}}^i) \tag{8-8}$$

$$t_{\mathrm{oc}}^i = \lambda_i \cdot p_{\mathrm{a}} + \mu_i \cdot p_{\mathrm{b}} \quad (i \in [1, n_{\mathrm{td}}]) \tag{8-9}$$

式中：t_l——列车在车站的停站时间；

　　　t_{oc}^i——列车开关门时间，其中 i 为车门编号；

　　　n_{td}——列车的车门数量；

　　　t_0——列车到站从停车到出发过程中列车信号系统和屏蔽门系统的固定时间 17 s，包括打开车门时间 3 s，站台客流上下客车不均衡造成的列车再次开关车门时间 3 s，预告到列车关门时间约 6 s，启动反应时间约 2 s，站台门延时约 3 s，考虑初期设备磨合情况，还需要增加 2 s；

λ_i 和 μ_i——分别表示每位乘客在不同车门处的下车和上车时间，一般按每人 $0.6\,\mathrm{s}$ 进行计算；

p_a 和 p_b——分别表示最拥挤的车门的下车和上车的乘客人数。

（2）列车起停附加时间

市域快轨列车的起停附加时间影响区间和车站的通过能力，因此需对列车起停附加时间进行研究。列车起停过程如图 8-11 所示。

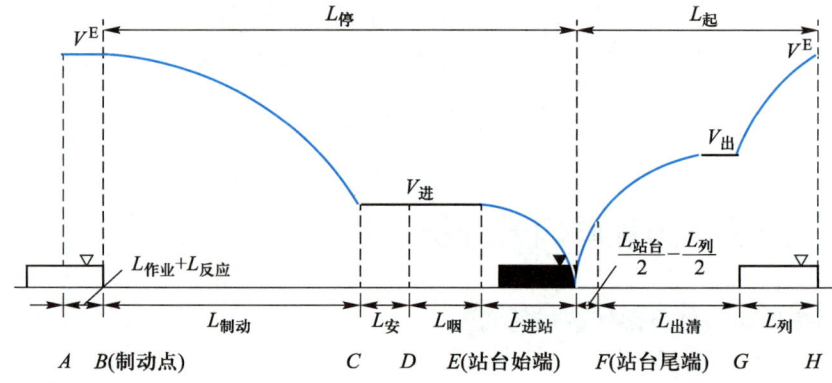

图 8-11　列车起停过程

① 列车停站附加时间　停站附加时间 $t_{停附}$ 是指市域快轨的停站列车制动停车所需的时间与不停站列车按允许的速度通过这段制动距离所需要的时间差：

$$t_{停}=t_{制动}+t_{安全}+t_{进站}=3.6\times\frac{2\left(L_{安}+L_{咽}\right)+L_{列}+L_{站台}}{2V_{通过}}+\frac{V_{通过}-2V^{E}}{3.6\times2b}-\frac{V_{通过}^{2}}{3.6\times2bV^{E}}\quad(8\text{-}10)$$

$$L_{停}=L_{制动}+L_{安}+L_{咽}+L_{进站}=-\frac{\left(V^{E}/3.6\right)^{2}}{2b}+\frac{L_{列}+L_{站台}}{2}+L_{安}+L_{咽}\quad(8\text{-}11)$$

$$L_{停}=V^{E}t_{正}\quad(8\text{-}12)$$

$$t_{快}=3.6\times\frac{L_{列}+L_{站台}+2\left(L_{安}+L_{咽}\right)}{2V^{E}}-\frac{V^{E}}{3.6\times2b}\quad(8\text{-}13)$$

$$t_{停附}=t_{停}-t_{快}$$
$$=3.6\times\left[\frac{2\left(L_{安}+L_{咽}\right)+L_{列}+L_{站台}}{2V_{通过}}-\frac{2\left(L_{安}+L_{咽}\right)+L_{列}+L_{站台}}{2V^{E}}\right]-\frac{V_{通过}^{2}-V^{E}V_{通过}+\left(V^{E}\right)^{2}}{2\times3.6bV^{E}}$$
$$(8\text{-}14)$$

式中：$t_{停}$——停站列车进站制动停车所需要的时间，包括区间制动时间 $t_{制动}$、通过安全防护距离所需时间 $t_{安全}$、通过咽喉区及站台所需的进站时间 $t_{进站}$，s；

　　　　$t_{快}$——不停站快车以允许速度通过制动距离所需要的时间，s；

　　　　$L_{停}$——停站列车进站制动停车运行的距离，s；

　　　　$L_{咽}$——站台前端咽喉区段长度，包括道岔尖端至警冲标距离和警冲标至出站信号机的距离，m；

　　　　$L_{安}$——安全防护距离，m；

　　　　$L_{制动}$——列车制动距离，m；

　　　　$L_{列}$——列车长度，m；

$L_{站台}$——列车长度，m；

b——列车平均制动减速度，取负值，m/s^2；

$V_{通过}$——车站允许列车通过的速度，m/s；

V^E——区间最高运行速度，km/h。

由于停车附加时间考虑了列车进站限速的影响，故所得公式较为复杂。进站停车是列车从 V^E 降至 0 的过程，对于没有进站限速或者忽略进站限速影响的情况下，因为考虑进站限速与否，两者之间的误差仅为 0.58～3.28 s 之间，所以可令 $V_{进}=V^E$，公式（8-14）可简化为：

$$t_{停附} = t_{停} - t_{快} = -\frac{V^E}{2\times 3.6 b} \tag{8-15}$$

② 列车起动附加时间　列车起动附加时间 $t_{起附}$ 是指市域快轨的停站慢车起动出站加速到正常速度所需时间与不停站快车按允许通过速度通过这段起动距离所需要的时间差：

$$t_{起} = \frac{V^E}{3.6a} \tag{8-16}$$

$$t_{快起} = \frac{(V^E)^2}{3.6\times 2aV^E} \tag{8-17}$$

$$t_{起附} = t_{起} - t_{快起} = \frac{V^E}{2\times 3.6a} \tag{8-18}$$

式中：$t_{起}$——停站列车起动加速到正常运行速度所需要时间；

$t_{快起}$——不停站快车以允许速度通过这段起动距离所需的时间；

a——列车起动平均加速度，m/s^2。

③ 列车起停附加时间：

$$t_{起停} = t_{起附} + t_{停附} = \frac{V^E}{7.2}\left(\frac{1}{a} - \frac{1}{b}\right) \tag{8-19}$$

由此可知，简化情况下列车起停附加时间仅与区间最高运行速度和平均加减速度有关，根据不同速度列车的平均加减速度数据，计算相应的起停附加时间理论值如图 8-12 所示。起动附加时间和停站附加时间均随着列车最高速度的升高而增加。

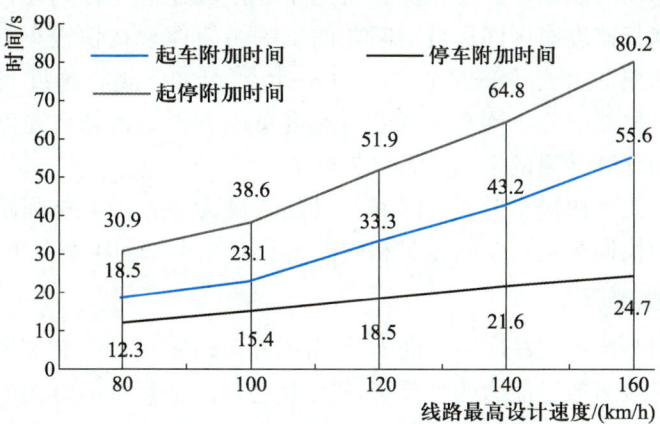

图 8-12　不同设计速度的起停附加时间图

2. 快慢车区间运行时间差

　　快慢车区间运行时间差即快车越行比慢车停站节省的时间，主要由快慢车制动时间差、慢车停靠与快车越行时间差和快慢车起动时间差 3 部分组成，如图 8-13 和图 8-14 所示。

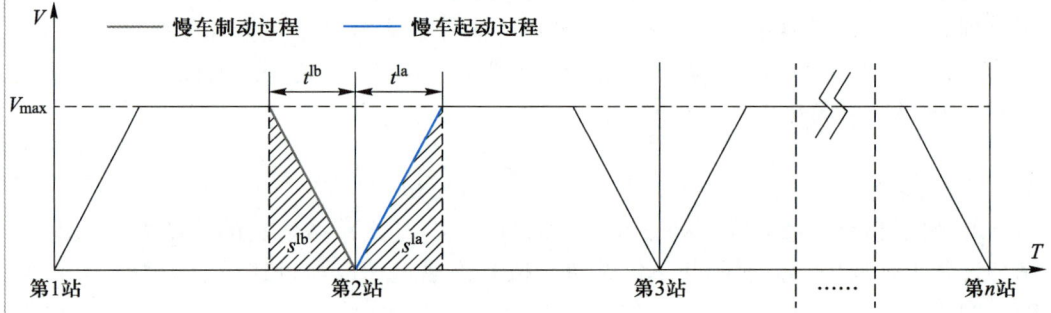

图 8-13　站站停慢车运行过程示意图

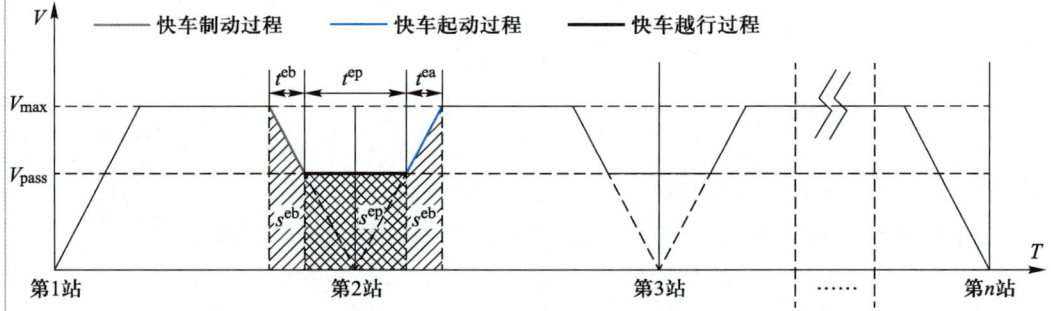

图 8-14　越行快车运行过程示意图

　　这 3 部分时间差主要与线路最高设计速度、快车越行速度及列车起停性能有关。对于整条线路，不同区间的设计速度通常是与线路整体保持一致的，因此在计算区间运行时间差的时候可以忽略设计速度对计算结果的影响。对于列车起停性能，相同型号列车的起动与制动加速度相同，故列车起停性能对于区间运行时间差的影响也是相同的。越行速度对区间运行时间差的影响主要体现在快慢车制动起动与快车越行这部分时间差，由式（8-14）和式（8-15）可知，越行速度对于起停附加时间的影响较小，虽然线路不同车站的越行速度可能不同，但越行速度的差异对于区间运行时间差的计算结果的影响是可以忽略的。

　　综上所述，快车比慢车节省的时间与区间长度无关，因此站间距达到一定长度后不同区间内的快慢车运行时间差是相同的，只有在小站间距情况下有所不同。

3. 追踪间隔时间

　　市域快轨列车最小追踪间隔时间 h' 是指同方向追踪运行的相邻两列车之间的最小间隔时间，是线路通过能力的主要影响因素之一，是列车运行图的主要参数，也是影响越行站的设置位置和越行时间的重要因素。在其他因素不变的条件下，最小追踪间隔时间与线路通过能力成反比例。

列车最小追踪间隔时间 h^t 是区间追踪间隔时间 h^it、发车追踪最小间隔时间 h^dd、车站最小到达追踪间隔时间 h^aa 和连续车站通过追踪间隔时间 h^tt 中的最大者，即 $h^\text{t} = \max\{h^\text{it}, h^\text{dd}, h^\text{aa}, h^\text{tt}\}$。

其中，h^it 主要由列车常用制动距离及安全距离决定（如图 8-15 所示），而最小发车追踪间隔时间 h^dd、最小到达追踪间隔时间 h^aa 及连续车站通过追踪间隔时间 h^tt 则由起停附加时间、站内限速运行时间、车站办理各种作业所需时间等组成，区间追踪间隔时间相对最小。h^tt 表示相邻两列车以站内规定的速度限速通过车站的间隔时间。由于快车无须停站，因此不存在起停附加时间，故车站通过追踪间隔时间相对次小。h^dd 和 h^aa 主要由发到间隔 h^da 和停站时间 t_i 两部分组成，两者的区别取决于前后车停站时间的差异，因此车站出发/到达追踪间隔时间相对最大。综上所述，市域快轨系统中列车最小追踪间隔时间 h^t 通常由 h^dd 和 h^aa 的计算结果所决定。

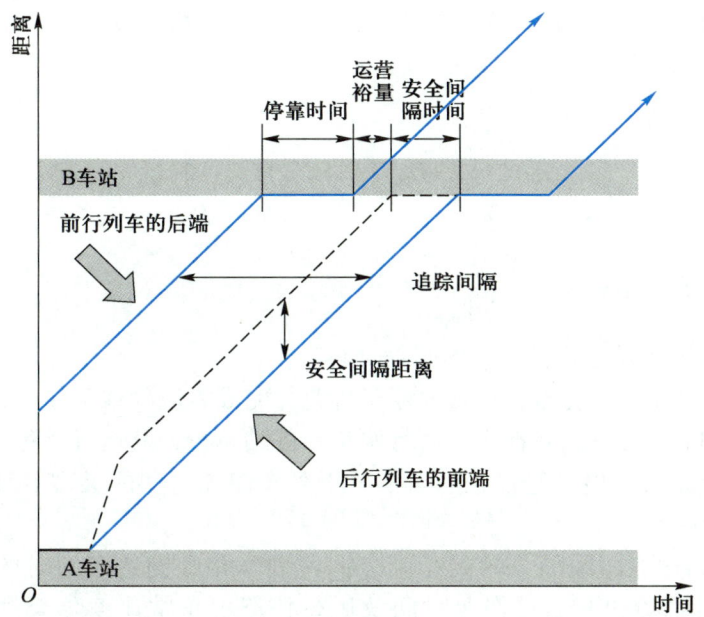

图 8-15　区间追踪间隔时间 h^it 计算示意

当快车越行慢车时，还需考虑 h^td 和 h^at 的影响，h^td 表示发生越行时，最小通发间隔时间；h^at 表示发生越行时，最小到通间隔时间。越行时慢车在越行站最短的停站时间需满足 $t_i^\text{st} = h^\text{at} + h^\text{td}$。

目前，采用快慢车运输组织的市域快轨存在两类越行模式，一类是不设带配线的越行站，采用追踪运行的过站不停车模式；二是设带配线的越行站，快车在越行站越行慢车，包括快车不停站下的越行和快车停站下的越行。这两大类 3 种快慢车越行模式下快车越行的进出站时间、慢车站内待避时间及信号系统作业时间等均不同，因此列车间隔时间的计算也需要根据不同情况进行分别讨论。

（1）无越行模式下的间隔时间

当市域快轨不设带配线的越行站，采用追踪运行的过站不停车模式时，受线路的双线单向性和列车、站线空间的局限性，列车间隔时间类型仅含列车区间追踪间隔时间 h^{it}、车站通过间隔时间 h^{tt} 及车站到达/出发间隔时间 h^{aa} 和 h^{dd}。

① 区间追踪间隔 h^{it} 是指后行列车正常运行，距前行列车必须间隔的最小距离的运行时间：

$$h^{it} = 3.6 \times \frac{L_{信} + L_{制} + L_{安} + L_{列}}{V^E} = -\frac{V^E}{3.6 \times 2b} + 3.6 \times \frac{L_{安} + L_{列}}{V^E} + t_{信} \qquad (8\text{-}20)$$

② 车站通过间隔 h^{tt} 为前行列车以允许的过站速度驶过出清点，后行列车办理通过作业，并从区间最高运行速度减速至车站允许过站速度通过车站的时间：

$$h^{tt} = 3.6 \times \frac{L_{站台} + L_{列} + L_{安} + L_{咽} + L_{出清}}{V_{通过}} - \frac{V_{通过}^2}{3.6 \times 2bV^E} + \frac{V_{通过} - V^E}{3.6b} + t_{作业}^{通过} \qquad (8\text{-}21)$$

③ 车站到达/出发间隔　在无越行模式下，车站到达/出发间隔时间主要由发到间隔时间和停站时间两部分组成：

$$h^{aa} = h^{dd} = h^{da} + t_i^{st}$$

$$= \sqrt{\frac{L_{站台} + 2L_{出清} + L_{列}}{a}} + 3.6 \times \frac{L_{列} + L_{站台} + 2(L_{安} + L_{咽})}{2V_{进}} -$$

$$\frac{(V_{max} - V_{进})^2 + V_{进}V_{max}}{7.2bV_{max}} + t_{作业}^{到达} + t_i^{st} \qquad (8\text{-}22)$$

（2）快车不停站越行模式下的间隔时间

该越行模式下，前行慢车在站内停车待避并完成客流的乘降作业，待后行快车通过车站区间后再办理出发作业。后行快车不停站越行，其运行过程包括制动、以允许速度通过站台、出清等过程。该模式下列车间隔时间的类型及计算方法具体如下。

① 车站到达追踪间隔 h^{aa} 是指同方向两列车相继到达车站时的最小间隔时间，包括办理后行快车通过作业时间及后行快车由正常速度降至车站允许通过速度的时间。在快车不停站越行模式下，列车到通间隔时间 h^{at} 的计算方法与 h^{aa} 一致：

$$h^{aa} = h^{at} = 3.6 \times \frac{L_{列} + L_{站台} + 2(L_{安} + L_{咽})}{2V_{通过}} - \frac{V_{通过}^2}{3.6 \times 2bV^E} + \frac{V_{通过} - V^E}{3.6b} + t_{作业}^{通过} \qquad (8\text{-}23)$$

② 车站出发追踪间隔 h^{dd} 为前行列车以允许的过站速度驶过出清点，后行列车办理通过作业，并从区间最高运行速度减速至车站允许过站速度通过车站的时间。在快车不停站越行模式下，列车通发间隔时间 h^{td} 和列车到发间隔时间 h^{ad} 的计算方法与 h^{dd} 一致：

$$h^{dd} = h^{td} = h^{ad}$$

$$= 3.6 \times \frac{L_{站台} + L_{列} + L_{安} + L_{咽} + L_{出清}}{V_{通过}} - \frac{V_{通过}^2}{3.6 \times 2bV^E} + \frac{V_{通过} - V^E}{3.6b} + t_{作业}^{通过} \qquad (8\text{-}24)$$

（3）快车停站越行模式下的间隔时间

该模式下，前行慢车在站内停车待避并完成客流的乘降作业，待后行快车完成进站、停站及出清之后再办理出发作业；后行快车停站越行，其运行过程与正常停站列车没有差异，具体包括制动、进站停车、客流乘降、出清等过程。该模式下列车间隔时间的类型及计算方法具体如下。

① 车站到达追踪间隔

在该模式下，h^{aa} 包括办理后行快车到达作业时间及后行快车由正常速度制动至停车的时间：

$$h^{aa} = 3.6 \times \frac{L_{列} + L_{站台} + 2(L_{安} + L_{咽})}{2V_{进}} - \frac{(V_{max} - V_{进})^2 + V_{进}V_{max}}{3.6 \times 2bV_{max}} + t_{作业}^{到达} \qquad (8-25)$$

② 车站出发追踪间隔

在该模式下，h^{dd} 包括前行快车从站台起动时间、匀加速至出清点的运行时间及后行慢车办理出发作业的时间：

$$h^{dd} = \sqrt{\frac{L_{站台} + 2L_{出清} + L_{列}}{a}} + t_{作业}^{出发} \qquad (8-26)$$

③ 慢车到–快车发间隔时间

在该模式下，h^{at} 包括办理后行快车到达作业时间、后行快车由正常速度制动至停车的时间及后行快车在站内的停站时间：

$$h^{at} = 3.6 \times \frac{L_{列} + L_{站台} + 2(L_{安} + L_{咽})}{2V_{进}} - \frac{(V_{max} - V_{进})^2 + V_{进}V_{max}}{2 \times 3.6bV_{max}} + t_{作业}^{到达} + t_{快车停站} \qquad (8-27)$$

④ 快车到–慢车发间隔时间

在该模式下，h^{ad} 包括前行快车从站台起动匀加速至出清点的运行时间及办理后行慢车出发作业的时间：

$$h^{ad} = \sqrt{\frac{L_{站台} + 2L_{出清} + L_{列}}{a}} + t_{作业}^{出发} + t_{快车停站} \qquad (8-28)$$

（4）快慢车开行列数

1）快慢车开行列数比

不同的快慢车开行列数比会影响越行站位置、发车间隔、通过能力等参数。一般情况下，由于高峰小时客流较大不会开行快车连发；而平峰期快车连发会导致快车上座率低、运能浪费，并使慢车发车间隔加大，降低慢车的服务水平，所以一般线路不会采用快车连续发车的形式。因此，一般情况下快慢车开行包括 3 种情况：① 以慢车为主开行；② 以快车为主开行；③ 快慢车同比例开行。

2）快慢车开行列数的确定

快慢车开行列数是由高峰期线路最大客流断面量决定的，但目前绝大多数建设项目的客流预测报告中没有区分出长短途乘客数量，所以无法直接计算快车与慢车的开行列数。

按客流的出行范围分为组团内交换客流、相邻组团交换客流和跨组团交换客流，并计算出交换客流量及所占的比例。跨组团的客流交换应为快车的服务对象。根据城市轨道交通列车开行数量的计算方法，列车的开行数量应满足线路上最大断面的客流需求。因此，快慢车开行总数应满足所有跨组团客流和组团内客流交换的最大断面量。而快车的开行数量应满足跨组团客流交换叠加的最大断面量。具体而言，可在计算快车服务的最大客流断面占比 $\zeta^{\max}$ 后，计算快慢车开行列数比 $q:p$：

$$q:p \cong \zeta^{\max}:(1-\zeta^{\max}) \tag{8-29}$$

结合图 8-16 对上述计算方法进行说明，$\zeta^{\max}$ 的计算主要包括两个步骤。

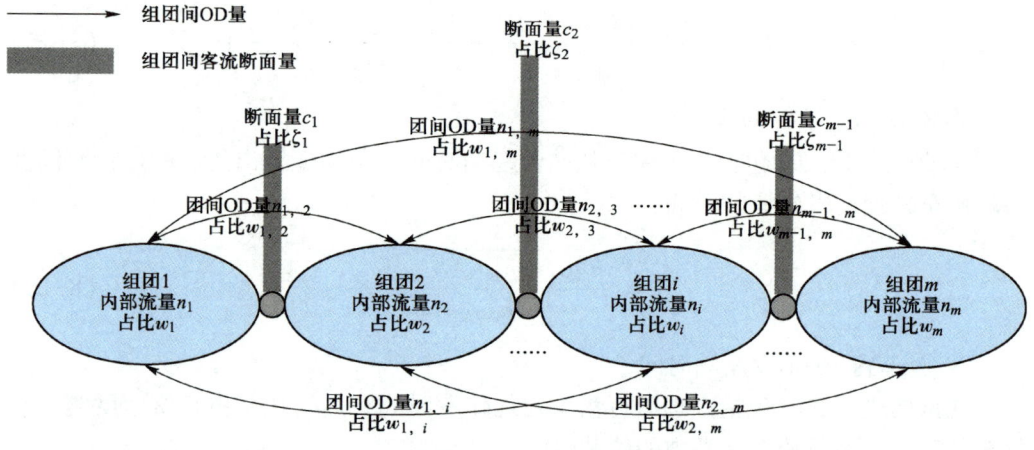

图 8-16　基于组团的客流分析与快慢车比例计算示意

① 计算组团间客流 OD 占比 $w_{i,j}$。全线根据线路经过的功能区位，划分为 m 个组团，对于组团 $i \in [1,m]$ 而言，n_i 表示组团内部的 OD 量。对于任意组团对 (i,j)，$\forall i,j \in [1,m], j>i$，其组团间双方向 OD 量表达为 $n_{i,j}$，包括 $i \to j$ 方向及 $j \to i$ 两个方向的客流。对于整体而言，总 OD 量为 $n_{\text{sum}} = \sum\limits_{i}^{m} n_i + \sum\limits_{i}^{m} \sum\limits_{j=i+1}^{m} n_{i,j}$。基于此，组团内 OD 占比 w_i 与组团间 OD 占比 $w_{i,j}$ 可以分别根据下列公式计算：

$$w_i = n_i / n_{\text{sum}} \times 100\% \tag{8-30}$$

$$w_{i,j} = n_{i,j} / n_{\text{sum}} \times 100\% \tag{8-31}$$

② 计算快车服务的最大客流断面占比 $\zeta^{\max}$。组团间的断面数量为 $m-1$，对于断面 $i \in [1, m-1]$，其上下游相邻组团的组团间 OD 占比 $w_{i,i+1}$ 不计入快车服务客流范畴。因此，快车在断面 i 需要服务的断面客流量的计算如下：

$$\zeta_i = \sum_{k=1}^{i} \sum_{z=i+1}^{m} w_{k,z} - w_{i,i+1} \tag{8-32}$$

计算所有组团后，可计算 $\zeta^{\max}$：

$$\zeta^{\max} = \max\{\zeta_i, \forall i \in [1, m-1]\} \tag{8-33}$$

最后，根据公式（8-29）进行快慢车开行列数比计算。

（5）越行站设置位置及越行方式

与站站停开行方式不同，市域快轨在快慢车运营模式下需要设置越行站。越行站需要增加配线，会增加车站的工程投资，尤其是地下车站会增加较大的工程投资，并且设置的越行站是永久工程。越行站的设置位置会影响相邻快慢车的发车间隔、慢车的待避时间，进而影响通过能力。所以越行站布局设置的目标应是在满足客流需求和开行方案的前提下，尽可能减少越行站的数量，增大越行站之间的间距。所以，越行站的设置位置和数量对通过能力的影响较大。越行站的设置一般有两种方式：一种是将越行站设在快车的停靠站，另一种是越行站设置在非快车停靠的客流量较少的车站。核心是快车是否在越行站停站。

根据快车在越行站是否停站，有两种越行情况：第一种为快车不停站直接越行慢车，如图 8-17（a）所示，此种情况也称为小站越行；第二种为快车停站越行慢车，如图 8-17（b）所示，此种情况也称为大站越行，慢车停站时间长，服务水平下降。

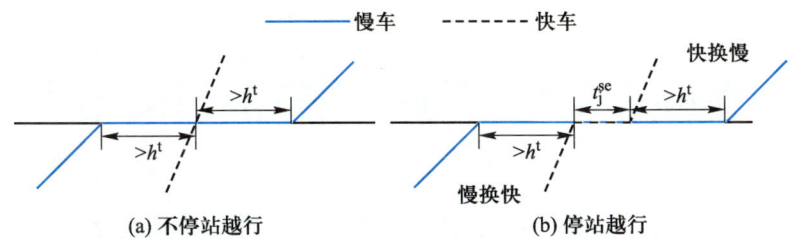

图 8-17　越行组织方式下的 2 种越行方案

（6）越行站配线设置

越行站的配线可以考虑上下行均设配线和单方向设配线。如客流不均衡可考虑在单方向设配线。所以，配线方案包括四线方案和三线方案两种情况，但一般情况下三线方案很少采用。四线越行站中根据配线的设置情况，分 4 种方案，见图 8-18。

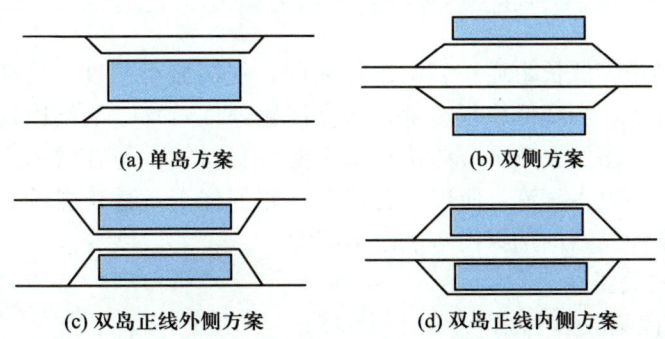

图 8-18　四线越行站配线设置形式

① 单岛方案　慢车进侧线停站，快车可高速过站越行慢车。如此站慢车都需停站，则所有列车均需侧向进出站。该方案线间距宽，常用于地下车站。

② 双侧方案　慢车进侧线停站，快车可高速过站越行慢车。如果此站慢车都需停站，则所有列车均需侧向进出站。该方案正线线间距小，车站规模较小，工程量小，常用于高架车站。

③ 双岛正线外侧方案　慢车进侧线停站，快车从正线通过，由于正线靠站台所以快车越行速度有限制。如本站不采用快慢车，所有列车均可直向进出站。该方案

线间距宽，车站规模较大，工程量大，常用于地下车站。

④ 双岛正线内侧方案　慢车需侧向过岔进侧线停站，快车从正线通过，由于正线靠站台所以快车越行过站速度有限制。该方案正线线间距小，车站规模较大，常用于高架车站。

（7）折返站折返能力

城市轨道交通折返方式分为站前、站后、混合式折返三种类型。折返能力是城市轨道交通站站停运输组织模式通过能力的制约因素。但是，市域快轨快慢车开行情况下线路的行车密度较站站停方案下的行车密度略低，对于折返站的压力较小，其能力瓶颈更加集中在线路中需要进行快慢车越行的车站。所以，本文不考虑折返站对通过能力的影响。

8.5　快车停靠站与越行站设置的影响因素分析

市域快轨快车与慢车的差异并不体现在车型上，而是体现在停站上。因此，对于快车而言自然地出现了快车停靠站与为提高速度效率而不停靠的车站。同时，车站又可分为快车不停车越行慢车的越行站、快车停车越行慢车的越行站及非越行站。设计过程中快车停靠站与越行站的选择较为重要。快车停靠站需根据客流需求和车站性质等多角度进行选择，而越行站应该是在满足需求的条件下尽可能少设置。

8.5.1　快车停靠站设置原则及方法

开行快车是为降低长距离乘客的出行时间，提高旅行速度，提高速度效率。快车停靠站设置过多，会降低旅行速度，降低线路速度效率，不能达到快速和节能的目的。减少快车停靠站次数可节约快车乘客的旅行时间，但会增加慢车乘客的旅行时间，不利于吸引更多客流。所以，为保证线路的经济效益，应设置合理数量的快车停靠站。快车停靠站的选择需考虑以下因素。

（1）车站的重要性

1）车站客流集散量

根据客流预测结果，车站的客流集散量是快车停靠站的重要因素，并且客流集散量大的车站一般位于线路各组团的中心，所以客流集散量大的车站应设为快车停靠站。

2）车站地理位置

一般情况下，距市中心或者目的地较远的组团中心车站的乘客对出行时间目标要求较高，有条件时快车应尽可能照顾到这些车站，所以该类型车站宜选取为快车停靠站。

3）特殊功能站

线路沿线部分车站可能具有特殊功能，如换乘站、大型客运枢纽、大型客流集散地、体育场馆，风景名胜景区、P+R 停车场等车站，需结合线路特点选为快车停靠站。

（2）线路条件

1）站间距

快慢车运行线上快车站的分布既要服务沿线主要客流集散点，也要拉开间距，提高旅行速度。若快车站之间的间距过小，列车未达到速度目标值即需减速进站，不能发挥快线的速度优势。应根据线路长度和功能定位确定旅行时间和速度目标值，选择合理站距，并充分发挥速度效率。所以，根据速度效率理论，快车停靠站的选择应避免过小的站间距，可根据表 8-3 中速度效率与站间距的对应选择站间距。

2）快车不停靠站的数量

若快车停靠站数量太多，快车旅行速度太低不能达到速度目标的要求。相反，若快车不停靠站过多，会提高快车的旅行速度和速度效率，但快车可直达的车站较少会造成快慢车客流不均衡，快车客流效益低。所以，为保证客流效益可再选取几个客流相对比较大的车站作为快车停靠站，一方面可提升快车对乘客的吸引力，另一方面便于快慢车之间换乘，提高服务水平。

（3）时间目标和速度效率

应按规定距离内的时间目标选择旅行速度，从而确定线路的最高速度和适宜的站间距。提高旅行速度需要提高车辆最高速度或速度效率，但同等条件下速度越高能耗越大。因此，提高旅行速度尽量不采用提高车辆最高速度的方法，而宜采用拉大站间距方式以充分发挥速度效率，同时也符合节能要求。具体速度效率的选择可参考第 8.1.1 小节内容。

（4）快车停靠站设置方法

结合上述分析，快车停靠站方案设计方法如下：

步骤 1　在快车停靠站方案确定前，应先计算线路站站停方案下的速度效率及旅行时间，若符合标准规定范围及时间目标的要求，则不需要开行快车；若不符合线路时间目标的要求和速度效率的范围，则需要开行快车。

步骤 2　可首先根据线路各车站的客流集散量排序进行选择，原则上快车需服务客流较大的几座车站；之后根据车站功能进行快车越行站的增减，如需要考虑将具有地区重要功能的车站或者换乘站等放进快车停靠站集合；同时可根据发挥特定速度效率需要的站间距及越行站个数进行适当增减和调整。总之，快车停靠站的确定应以车站集散客流为基础，综合考虑车站功能定位，应将组团中心站、重要客流集散点、换乘站、特殊功能站确定为快车停靠站。

步骤 3　根据快车停靠站方案，计算快车站间距，并计算快车与慢车的节省和损失时间，计算快车与慢车的大致速度效率。设计和选择的快车停站方案应使得快车在速度效率上相比站站停的慢车有一定提升，并满足组团间客流的长距离出行的时间目标要求。

综上，快慢车运营模式下的快车停靠站设置方案流程如图 8-19 所示。

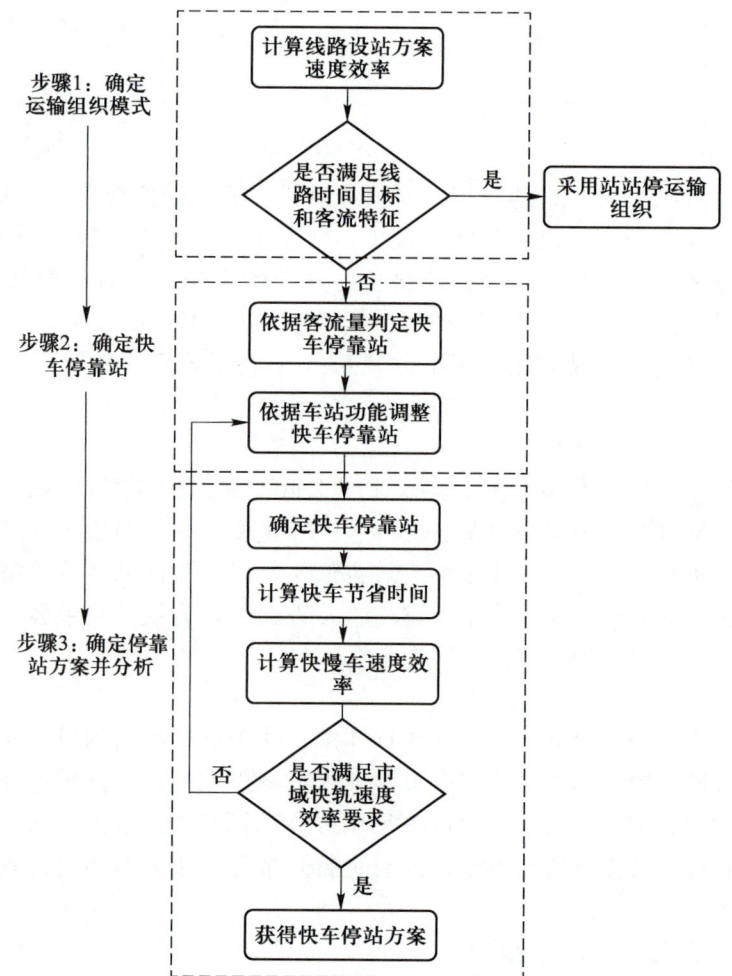

图 8-19   基于客流选定与速度效率验证的快车停靠站设置方案流程

8.5.2   越行站选择的影响因素及布局方式

（1）越行站设置的影响因素

一般情况下快慢车均采用相同的车型，列车性能相同，越行站设置主要包括以下影响因素：

1）客流特征

客流特征主要用来判别可越行的车站。在快车停靠站确定内容中根据一系列判别和选择原则已经确定了快车必须要停靠的车站，其他车站均可越行。

2）快慢车开行对数及比例

快慢车开行对数及比例影响通过能力和越行站设置的位置，当全部开行慢车时不需要设置越行站；当快车和慢车发车的时间间隔大于全程旅行时间差，快车到达终点站之前追不上慢车，这种情况就是快慢车的追踪运营模式，也不需要设置越行站。随着快车数量的增加，快车会追上慢车，在追上所有慢车的位置的相邻车站就需要设置越行站。同时，快慢车的开行对数直接影响上线列车的数量和慢车待避快车等待时间等。

3）列车在始发站的发车间隔

线路的最大断面客流量、列车定员和满载率决定了列车开行对数，开行对数决定了列车的发车间隔。线路的最小发车间隔是由信号系统来决定的。快慢车的发车间隔直接影响了快车在区间内追踪慢车的位置和时间。如果快慢车的发车间隔很小，快车在区间内必定会追上慢车，这种情况下就需要设置越行站，同时，追上的慢车数越多需要设置的越行站越多。

4）列车停靠站次数与停站时间

快慢车混合运营中，快车停靠站的次数越多需设置的越行站越少，由于快车越行慢车，在某个站会使快车追慢车变成慢车追快车，同时停靠站时间的长短直接影响车站的发通、发到等追踪间隔时间，会直接影响列车的发车间隔和快车跨站数量等。

5）工程可实施性

在实际工程实施中，部分车站受工程条件的影响，尤其是部分地下车站空间受限，或者功能受限，不能增加配线，所以这些车站就不能成为越行站，应该排除。

（2）越行站设置方式

对于越行站的设置有两种方式。一种是将越行站设在快车的停靠站，另一种是将越行站设置在非快车停靠的客流量较少的车站。核心是快车是否在越行站停靠站。

如图 8-20 所示，第 1 种方式是越行站设置在非快车停靠的客流量较少的车站，也就是设置在小车站。该方案的核心是慢车在越行站待避，快车在越行站通过。在这种情况下，慢车在车站的等待时间较小时，车站布置可以采用单岛或双侧的方案，车站投资小。但是快慢车乘客之间不能换乘，换乘集中在快车的停靠站，造成客流量集中。

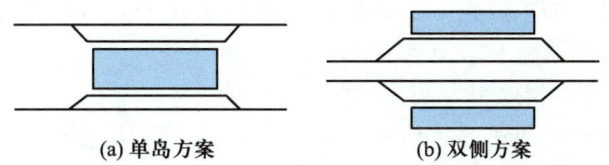

(a) 单岛方案　　　　　(b) 双侧方案

图 8-20　越行站设置在非快车停靠站布置方案

如图 8-21 所示，第 2 种方式是将越行站设在快车的停靠站，也就是越行站和快车站合并设置，核心是快车在越行站停靠站。这种方式快车停靠站客流量大，车站空间设施及规模较大，可提高车站空间利用率；同时，由于快车和慢车可同时停车，因此乘客可在该越行站换乘，但会造成慢车的等待时间变长，每被越行一次会损失 3~5 min，会降低慢车服务水平和吸引力，造成快慢车客流的不平衡。

（3）越行产生的影响分析

在站站停的开行方案中增加开行快车会损失线路的通过能力。开行快慢车会减少快车乘客的旅行时间，而增加慢车乘客的旅行时间。对于线路上开行同种车型的快慢车，快车节约的旅行时间就是快车相对于慢车的起停附加时间和停站时间。

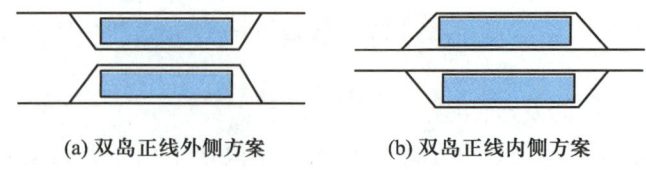

(a) 双岛正线外侧方案　　　　(b) 双岛正线内侧方案

图 8-21　越行站设置在快车停靠站布置方案

8.6　快慢车运行方案编制框架

快慢车运行线所服务的客流包括城市通勤与通学客流、旅游客流、城际间商务客流及交通枢纽间的接续客流等，其需求的复杂多样性及时空分布的不均匀性给快慢车的方案设计和运行方案编制提出了更高的要求。因此，快慢车运行方案的编制既要满足列车时间间隔、越行站设置、速度效率等行车要求，还需要满足多样的乘客需求并完善快慢车间的衔接、减少乘客的换乘，提高乘客与运营者的整体效益。

8.6.1　快慢车运行方案编制流程

运行方案的编制需要在基础数据的基础上，综合考虑乘客-行车收益最大化的目标，以及乘客与快慢车之间的便捷换乘要求。据此，快慢车运行方案编制流程分为以下 7 个步骤（具体流程如图 8-22 所示）。

步骤 1：供需数据整理和分析

对供需数据进行分析整理，依据运输生产数据计算通过能力并分析运行图编制要素；根据区域客流需求数据分析客流的时空分布特征，包括客流 OD 量、进出站量、高峰小时断面客流量和客流到达规律等。

步骤 2：确定开行方案和越行方案

根据客流特征确定快车停站和快慢车开行数量，即确定快慢车开行方案。在此基础上，依据快慢车比例和通过能力，确定越行站的设置方案。

步骤 3：铺画初始运行图

依据具体的运输生产各部门的实际情况，在既定的运行图编制要素的基础上，以行车无冲突、能力利用最大化等行车要素为初始目标，编制初始运行图。主要输入参数包括：区间纯运行时分、起停车附加时分、停站时间、间隔时间（发发、到到、到发、发到、到通、通发）。

步骤 4：客流分配与成本计算

根据当前铺画的列车运行线的到发时刻和乘客的到达规律对乘客的出行选择进行估计与分配，评估乘客在快慢车间的换乘时间成本，计算乘客出行的总时间成本，优化快慢车衔接关系。如果将本步骤与步骤 3 一体化考虑，则可以在优化运行图的同时，兼顾客流的合理分配并优化换乘衔接。

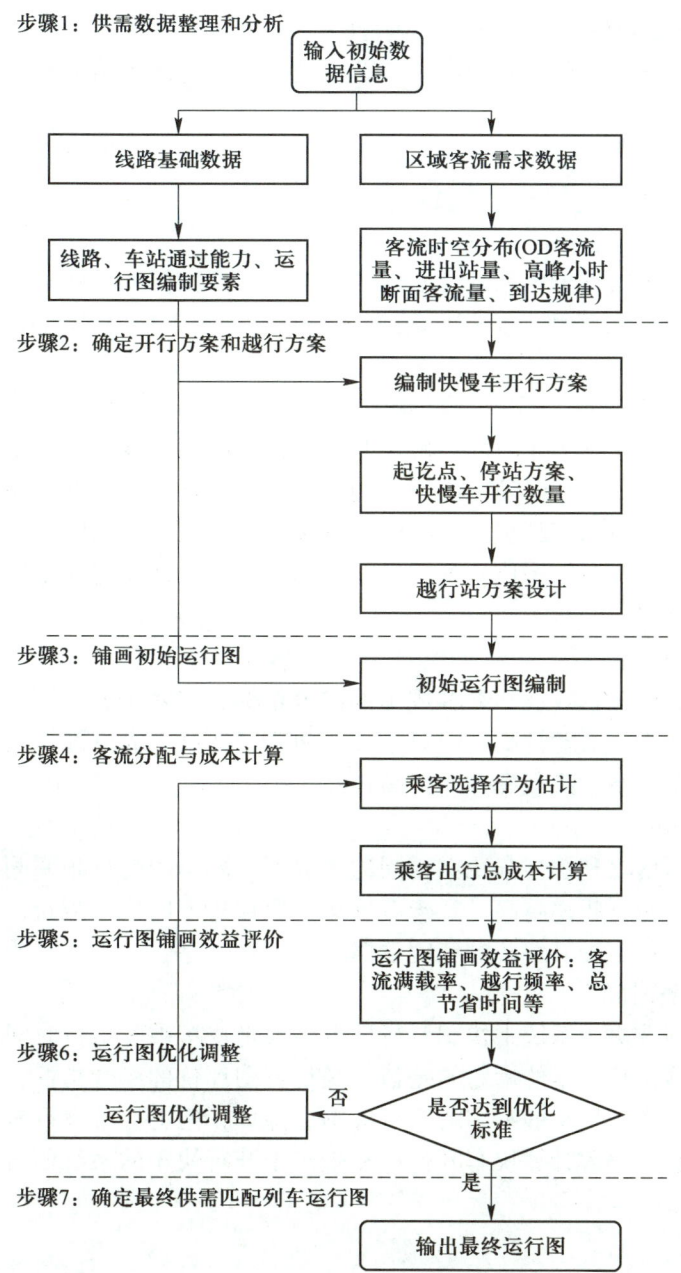

图 8-22　快慢车运行方案编制流程

步骤 5：运行图铺画效益评价

分别计算列车的总旅行时间和乘客的总出行时间，并依据客流满载率、越行频率和总节省时间等运行图评价指标对当前运行图的铺画结果进行评价，计算当前运行图总效益。

步骤 6：运行图优化调整

依据运行图评价结果，以提高运行图编制总效益为目标，调整列车运行图，并返回步骤 4 重新进行客流分配与成本计算。

步骤7：确定最终供需匹配列车运行图

当列车运行图的总效益收敛在一定范围内后，运行图不再调整，确定为最终的列车运行图。

8.6.2 快慢车运行方案评价指标

快慢车运行方案评价体系综合考虑了乘客和生产部门的总效益，以乘客时间成本、满载率、越行频率和总节省时间为评价指标，对铺画的运行图的总效益进行评价。

（1）乘客时间成本

乘客时间成本包括乘车时间、候车时间和换乘时间。乘车时间主要与列车旅行时间有关，而列车的旅行时间取决于快慢车的停靠站数量、速度效率，即停靠站数量越少、列车的旅行时间越短；候车时间取决于列车的发车间隔，一般在理论计算时，乘客的平均候车时间为该站列车发车间隔的一半；换乘时间则取决于运行图中快慢车的接续情况。

（2）满载率

满载率是评价运营效益和乘客成本的综合指标，在安全容量下，满载率越高对于运输生产企业而言效益越高，但对于乘客而言舒适度大大下降，因此在考虑列车的服务水平的情况下，满载率并非越高越好。

（3）越行频率

在列车运行区段和快慢车比例相同的情况下，列车的越行频率间接反映了快慢车的服务水平。越行频率越高，意味着慢车需要被更多的快车越行，会极大影响慢车的服务水平，但会提升快车的速度效率。

（4）总节省时间

总节省时间取决于系统中快车开行后带来乘坐快车乘客出行时间成本的降低量和乘坐慢车乘客出行成本的增量的差值，是运行图评价的综合指标。由于快车开行的增加，系统中乘坐快车的乘客的出行成本会降低，但也会带来乘坐慢车的乘客的出行成本的增加。因此计算快车开行后相较于未开行快车的系统而言，系统总节省时间的变化情况。

思考题

1. 请结合速度效率计算方法、快车停靠站选择原则和越行站设置的影响因素进行分析，说明如何在提高速度效率的同时，尽可能满足沿线乘客的出行需求。

2. 请讨论如何通过调整快慢车的开行比例、越行站位置以及发车间隔，优化高峰期与平峰期的快慢车运行方案，既满足乘客出行需求，又避免运能浪费。

第9章
城市轨道交通系统运营调度指挥技术

9-1: 思维导图

章导语:
　　本章主要包括三部分内容，一是概要介绍城市轨道交通调度系统，形成对调度运营的基本认识；二是阐述调度指挥的基本理论，对调度基本理论进行分析；三是讲授调度运营的技术方法和操作过程。第一部分分别对调度组织模式、调度控制中心职责、调度系统技术发展历程和调度信息流程进行介绍。第二部分在对调度工作概要介绍的基础上，对运营调度的指挥原则、基础理论进行分析。第三部分详细说明了在正常情况下、非正常情况下的调度指挥技术，并进一步对救援列车、工程车的调度指挥

　　城市轨道交通系统运营过程是一个以计划运行图为依据，实时应对各类干扰冲突事件，最大程度满足乘客运输服务的动态变化过程。为应对日常运营过程中影响列车运行秩序的干扰，需要运用调度指挥相关理论与技术，建立运营调度指挥系统，以指挥、协调、监控系统的可靠安全运营。可以说，运营调度指挥工作是城轨运营的中心工作，运营调度中心是城轨系统的中枢。

　　本章重点阐述轨道交通调度指挥的基本概念、调度指挥系统的组织模式及其机构设置、行车组织的关键岗位及技能要求等相关内容，分析正常条件和非正常条件下的城市轨道交通列车调度指挥技术方法，介绍检修施工组织的作业流程、调度工作与运营信息。

9.1　城市轨道交通调度概况

　　城市轨道交通调度工作由运营调度控制中心实行高度集中统一指挥，以使各个环节紧密配合，协调工作，保证列车安全、正点运行。运营调度工作是城市轨道交通系统的核心，它的好坏直接影响乘客运输任务的完成情况。

　　运营调度控制中心（operation control center，OCC）是实现城市轨道交通系统日常运输工作的指挥中枢机构，凡是与行车有关的各环节、各部门、各工种都必须在其集中领导和统一指挥下进行日常生产活动。

9.1.1　调度指挥的基本概念

　　城市轨道交通是一个复杂的、技术密集的公共交通系统，具有高度集中、紧密相连的特点。调度是城市轨道交通系统日常工作的最高决策工作，承担着组织行车、提高运营服务质量、确保运输安全、完成乘客运输计划、实现列车运行图的重要责任，实现了各个工作环节的紧密配合。

　　在城市轨道交通生产过程中，为保证完成乘客运输计划、实现按图行车，需要进行一系列日常运输工作组织，一般通称为调度指挥工作。运输调度工作由调度控制中心实施，实行集中领导、统一指挥、逐级负责的原则，使各个环节相互联系、协同工作，从而保证列车安全、正点运行。

　　城市轨道交通运营企业管理工作（图9-1）包含了行车组织管理、客运服务管理、车辆及车辆基地管理、设备管理、土建设施管理、人员管理、安全管理和应急管理。其中，行车组织管理又涵盖了列车运行调度指挥、车站行车作业组织、车辆基地内行车作业组织、列车驾驶和运行质量分析。在诸多管理工作中，行车组织管理工作是整个城市轨道交通系统运营管理工作的龙头。同时，在行车组织管理方面，列车运行调度指挥是它的核心工作。

　　行车调度担负着指挥列车运行、贯彻安全生产、实现列车运行图、完成运输计划的重要任务。列车运行调度的基本任务是负责日常行车调度指挥，科学地组织客

流，经济合理地使用车辆及运输设备，挖掘运输潜力，提高运输效率和经济效益，组织与运输有关的各部门密切配合、协同动作，确保实现列车运行图，努力完成运输生产任务，为乘客提供安全、准点、优质的运营服务。

方法进行分析。这几部分应在充分学习 2~8 章的基础上进行学习。建议教学学时 2 学时。

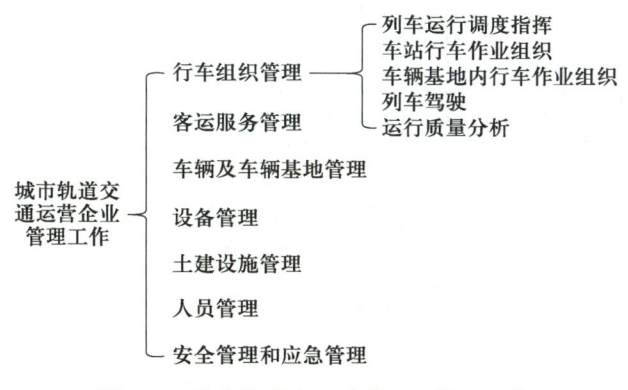

图 9-1　城市轨道交通运营企业管理工作

9.1.2 调度指挥系统及其机构设置

调度指挥具有高度集中和紧密联系的特点，各环节、各部门、各工种都需协同工作，应集中领导和统一指挥。为此，城市轨道交通系统必须设立行车组织的指挥中心。根据城市轨道交通的线网规模，可以设立一个或多个指挥中心，承担日常运营的调度指挥工作。

城市轨道交通调度指挥系统以列车运行管理、行车控制为中心任务，同时也负责与行车有关的管理工作。具体来说应包括：运输管理、列车运行调度与控制、机车车辆调度、牵引供电调度与控制、工务电务调度、客运调度、乘客服务、事故分析与救援、设备集中管理与维护、统计分析与资料管理、施工调度、安全监控、模拟培训等。相应地，运营调度控制中心按业务性质设置不同的调度工种，如行车调度、电力调度和环控调度等。运营调度组织系统如图 9-2 所示，调度指挥中心各设备的综合监控系统如图 9-3 所示。

不同城市的城市轨道交通运营单位可以根据业务需要，合理设置运营控制中心岗位，明确岗位工作职责和技能要求，制定各岗位的工作计划和流程。部分城市初期将电力调度和环控调度并岗为设备调度，或将行车调度与电力调度合并。此外还设有车辆段调度、车辆检修调度和维修调度。

对于单线或者较小规模线网城市而言，城市轨道交通系统主要采用典型的二级调度指挥系统结构。二级调度指挥系统结构（图 9-4）将调度指挥机构分为两个指挥层级。

一级指挥负责指挥整条线路或者整个运营中心生产运作，是地铁运营的"大脑"，一般包括控制中心主任、行车调度员（简称行调）、电力调度员（简称电调）、环控调度员（简称环调）。

二级指挥一般指各专业部门的生产调度，包括车辆基地调度员、车辆检修调度员、车辆维修调度员、行车值班员和值班站长等。二级服从一级指挥，且各部门在

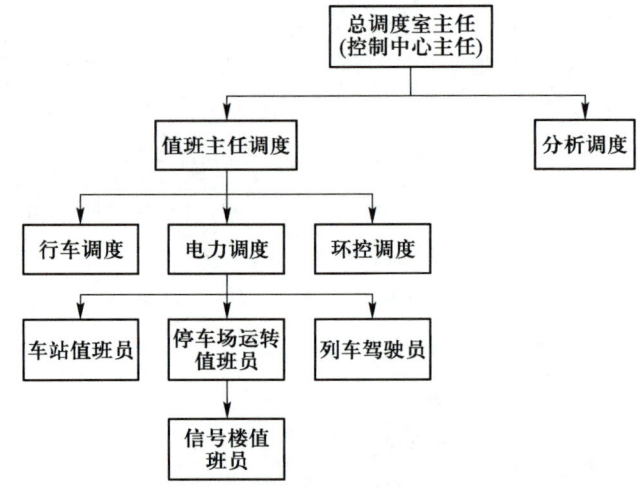

图 9-2　城市轨道交通运营调度组织系统

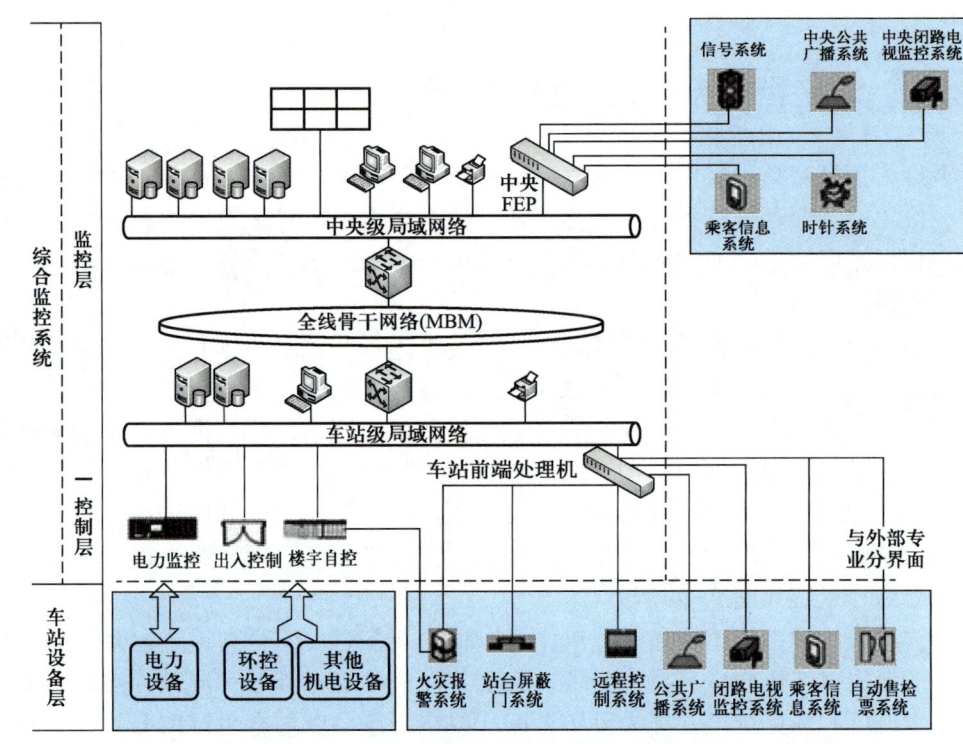

图 9-3　城市轨道交通综合监控系统

（注：地铁调度指挥系统主要包括运营信息报送系统和监控系统。）

根据职责任务独立开展工作的同时，要坚决服从控制中心主任的总体协调和指挥。在处理突发事件、事故时，各调度员有责任向值班主任提供本岗位的处理方案，并及时报告相关信息。

随着大型城市轨道交通建设的快速发展，轨道交通逐步迈入多运营主体经营管理的网络化运营时代。相比单线运营模式，网络化条件下进行运力配置协调、线路

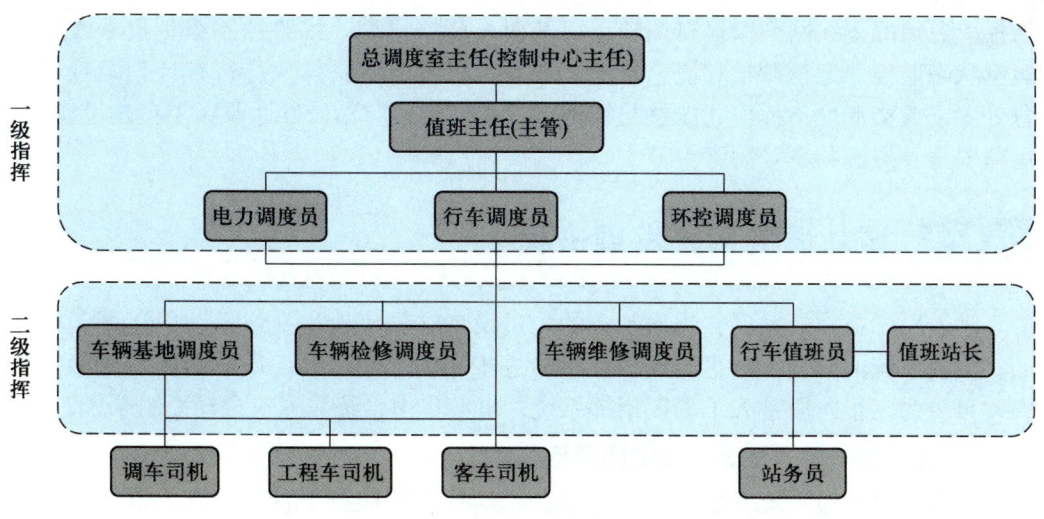

图 9-4　二级调度指挥系统结构

间的列车运行协调更加困难，为路网运营带来了较大的压力和风险。

对于大规模路网，城市轨道交通基于分散控制管理模式，采用三级管理体系（三层管理、三级控制），来进行线网运营协调和应急指挥。如图 9-5 所示，三层管理分为线网指挥中心层、线路控制中心层和车站控制层，三级控制包括线路控制、车站控制和系统设备控制。

成网条件下的行车指挥层级自上而下分为线网监控级、线路控制级和现场执行级，下级服从上级指挥。线网监控级负责监控线网运行状态、统筹线网运营生产、

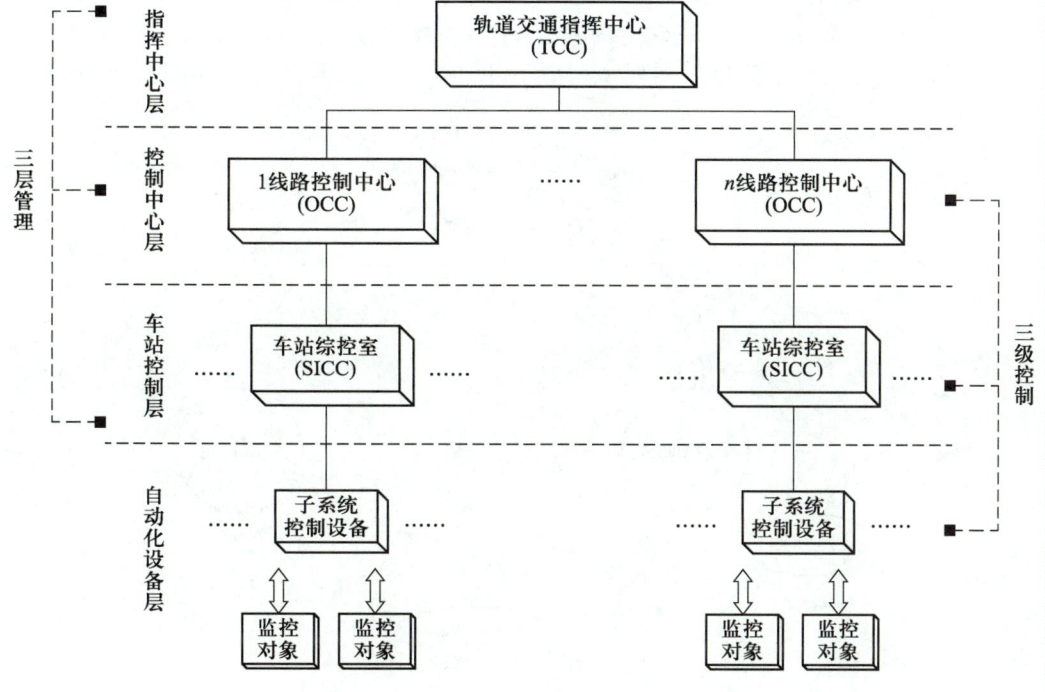

图 9-5　三级管理体系结构

指挥应急情况下线网列车运行调整，以及对外联络协调。线路控制级负责本线路的运营状态监控、运行调整和应急指挥。现场执行级负责具体执行行车计划及现场应急处置。此类调度指挥模式能够与线网建设周期相适应，较好地兼顾工程建设费用、运营安全、资源共享等因素。

9.1.3 城轨调度系统发展进程

随着科学技术的发展，越来越多的先进设备在城市轨道交通系统中运用，相应的，城轨系统的调度工作也实现了技术的进步和模式的发展。城轨调度系统的发展大致可分为三个阶段：人工调度指挥系统、电气集中系统和列车自动控制系统。

1. 人工调度指挥系统（电话闭塞法）

城市轨道交通系统发展的早期，相关的信息及控制技术较为缺乏，电话是当时城轨系统中主要的调度设备，调度信息及指令的传递都是通过调度电话线路实现的。在人工调度指挥系统下，主要调度设备的布置情况如表 9-1 所示。

表 9-1　人工调度指挥系统中设备的布置情况

位　置	设　备　种　类
调度指挥中心	调度电话、无线调度电话、传输线路
车站	调度电话、无线调度电话、传输线路
列车	无线调度电话

在人工调度指挥系统下，城轨系统的调度工作组织较为分散，列车运行进路的安排工作需由各车站值班员完成；调度指挥中心的行车调度员负责接收车站上报的列车运行信息，并向车站值班员和列车司机下达各类调度指令，具体如图 9-6 所示。

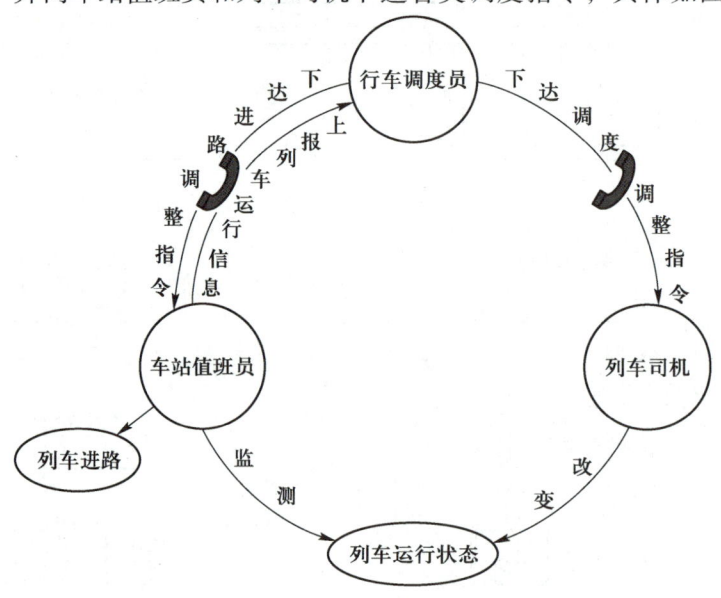

图 9-6　人工调度指挥系统下的调度指挥模式

在该阶段，办理作业的主要程序为：① 发布调令；② 确认空闲；③ 请求闭塞；④ 同意闭塞；⑤ 填写路票；⑥ 交接路票；⑦ 解除闭塞；⑧ 恢复基本闭塞等过程。这些作业都依靠人工完成，列车运行图也是由调度员人工绘制。人工闭塞调度指挥系统虽然过程烦琐，但却是城轨设备在故障情况下依旧维持运营服务的备用模式，也是地铁运营人员必须掌握的行车组织方法。

2. 电气集中系统（自动闭塞法）

人工调度指挥系统在办理交接路票和确认区间状态指令时需人工完成，难以避免人为的失误；同时由于复杂的办理手续，降低了列车运行速度、浪费了运能。20 世纪中期，以电气集中系统总机为核心的电气集中系统逐步形成，并在城市轨道交通领域得到了较为广泛的运用。该种闭塞方法弥补了人工调度指挥系统过度依赖人工调度的不足。它可自动确认列车到达、自动办理闭塞手续、自动恢复闭塞；自动变换通过信号机的显示，并且实现列车追踪。

电气集中系统实现了列车运行调度指挥的遥信和遥控两大远程控制功能。在电气集中系统下，线路区间采用自动闭塞，车站采用电气集中连锁，并通过电缆与调度指挥中心的调度集中总机及运行显示屏直接相接。如此一来，指挥中心行车调度员便可以通过电子显示屏监控列车的运行情况，并利用调度集中总机直接对线路各处列车进路进行安排，更好地指挥列车运行的调度调整工作。此外，车站设有调度集中分机，因而在必要时，控制中心行车调度员可将列车运行进路安排的权限下放给车站，由车站值班员操作。

在电气集中系统中，主要的设备的布置情况如表 9-2 所示。

表 9-2　电气集中系统中设备的布置情况

位　　置	设 备 种 类
调度指挥中心	调度集中总机、运行显示屏、运行图绘图仪、传输线路、无线调度电话等
车站	调度集中分机、传输线路等
列车	无线调度电话

3. 列车自动控制系统（ATC 系统）

近二十年来，随着以计算机为核心的信息技术在城轨领域的广泛运用，城市轨道交通系统的运行呈现出了自动化的发展趋势，列车自动控制（automatic train control，ATC）系统产生并在世界范围内得到了广泛的应用。

列车自动控制系统包括三个子系统：① 列车自动防护（automatic train protection，ATP）系统，② 列车自动驾驶（automatic train operation，ATO）系统，③ 列车自动监控（automatic train supervision，ATS）系统。

在列车自动控制系统下，城轨系统的调度指挥也已在很大程度上实现了自动化，如图 9-7 所示。

可见在列车自动控制系统下，安排进路、下达调度指令等调度指挥工作由系统自动完成，这样既减少了调度指挥人员的工作量，又增强了整个城轨系统的稳定性。

综上所述，集中化、信息化、系统化和自动化已经成为城市轨道交通调度指挥系统的发展趋势。

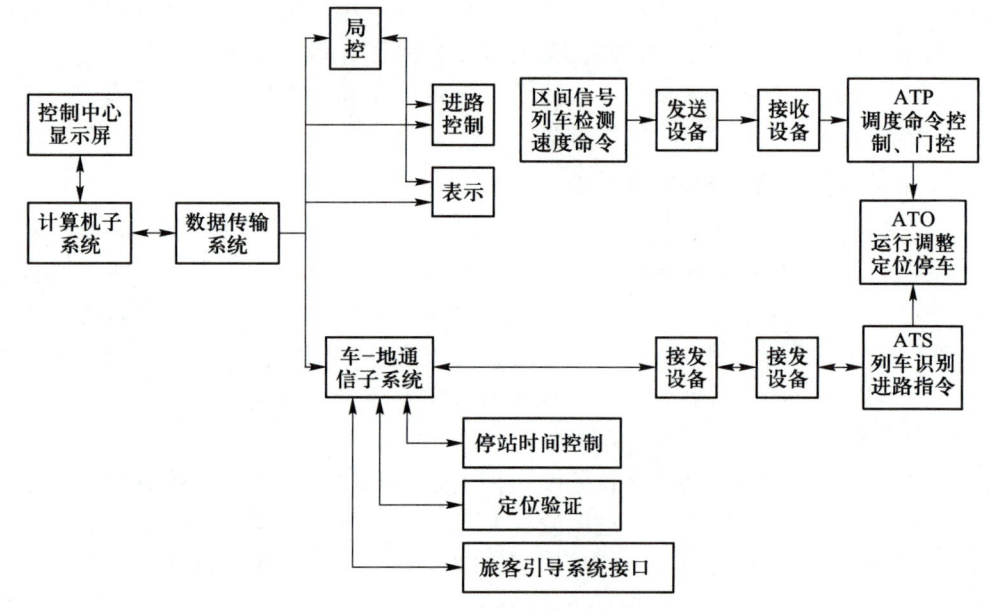

图9-7 列车自动控制系统下的调度指挥模式

9.1.4 城轨系统调度信息流程

在城市轨道交通的所有机电控制系统中，具有代表性的系统有：信号系统（ATC）、环境控制系统（EMCS）、防灾报警系统（FAS）、电力监控系统（SCADA）、自动售检票系统（AFC）、屏蔽门系统（PDS）、环控设备（ECS）、通信系统、电视监控（CCTV）、电扶梯、照明和给排水等，系统之间的关系如图9-8所示。

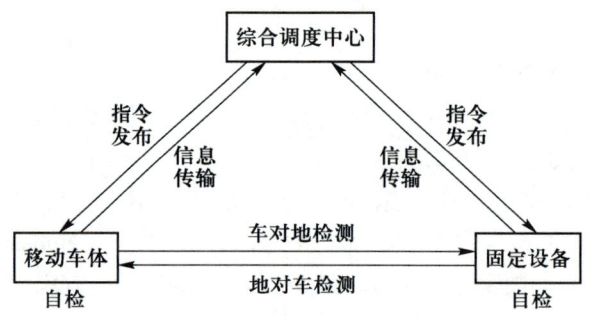

图9-8 城市轨道交通调度指挥信息流

图9-8是信息传输过程的高度抽象。运营调度控制中心和固定设备（设备监测与报警系统、环境监测与报警系统等）间采用数据传输系统，光纤作为传输手段，进行双向的信息传输和指令发布。移动车体可以接收来自固定设备的信息，当出现故障时以无线方式向综合调度中心和相邻列车发出告警求助信息。移动车体通过接

受地面检测设备传送的有关信息，并与列车允许速度比较，从而自动控制列车速度。运营调度指挥中心以无线方式将控制信息、应急处理信息及其他有关信息传至移动车体，供列车运行时使用。

具体来说，传输的信息分为 3 种：

① 非实时处理信息　如轨道探伤、事故现场报告、事故处理方案批复意见等；

② 实时处理信息　如应急处理信息、控制信息等；

③ 移动车体的信息　如列车故障诊断系统信息等。

按照信息的不同可采用以下 3 种信息传输传送流程：

① 非实时处理信息传送　安全保障系统采集的原始信息应以数字或数据接口的形式接入沿线的区间通信接入设备。监测采集系统至通信接入设备间可根据需要采用各种用户接入技术方式。专用通信网的通信接入系统应将各种信息传送至车站通信设备。根据需要，可以将有关信息传送至车站综合信息网。信息需要继续向上传送时，应接入专用数据通信网传送至运营调度控制中心。

② 实时处理信息传送　信息传送至车站的方式与非实时处理信息所采用的方式相同。到达车站后，需实时处理的信息，应直接到达目标地点，或通过专用传输通信网的专线通路到达目标地点；同时应通过非实时处理信息所采用的方式向上级传送有关信息。

③ 移动设备信息传送　通过无线通信系统传送。列车自诊断系统检测到列车上的故障信息、通过区间或站内无线设备传送至车站综合信息系统，并继续通过专用数据通信网传送至运行调度控制中心的安全监控台汇总、存贮和处理。

系统预留接气象、地震部门的信息接口。风、雨、洪水等监测子系统中要求结合地方的近、远期预报作出初步判断；地震则要求安全监控台获取地方的中、长期预报信息。加强对灾害的预报工作。

以突发事件处理流程为例，当有突发事件或运营主体有需要，但可内部解决时，轨道交通指挥中心代表政府行使指挥权，指挥线路控制中心，协调不同运营主体间的配合，启动相应支援预案，市交通安全应急办总体监控。当轨道交通系统内部无法处理时，由市交通应急指挥部负责协调指挥，交通轨道指挥中心配合。其中，突发事件的信息报告和协调支援流程如图 9-9 所示。

广州地铁日常指挥采用"线网+区域"的二级调度指挥模式（图 9-10），强化线网分区域调度的联动。线网指挥中心（COCC）重点在整体管控、协调配置，与区域（线路）指挥中心实行分级管理。

COCC 的职能与 TCC 有所不同。COCC 在行车指挥和应急指挥方面的职能如下：

① 负责对线网日常运营情况进行监管、跨运营中心的运营协调；

② 监督各线列车运行及行车设备设施质量，不直接控制各线路设备及日常运营；

③ 对线网运行质量趋势进行跟踪；

④ 跨中心管理的换乘站、车厂应急联动协调，下达线网行车组织、抢修协调指令；

⑤ 紧急情况下的集团公司内、外部资源调配；

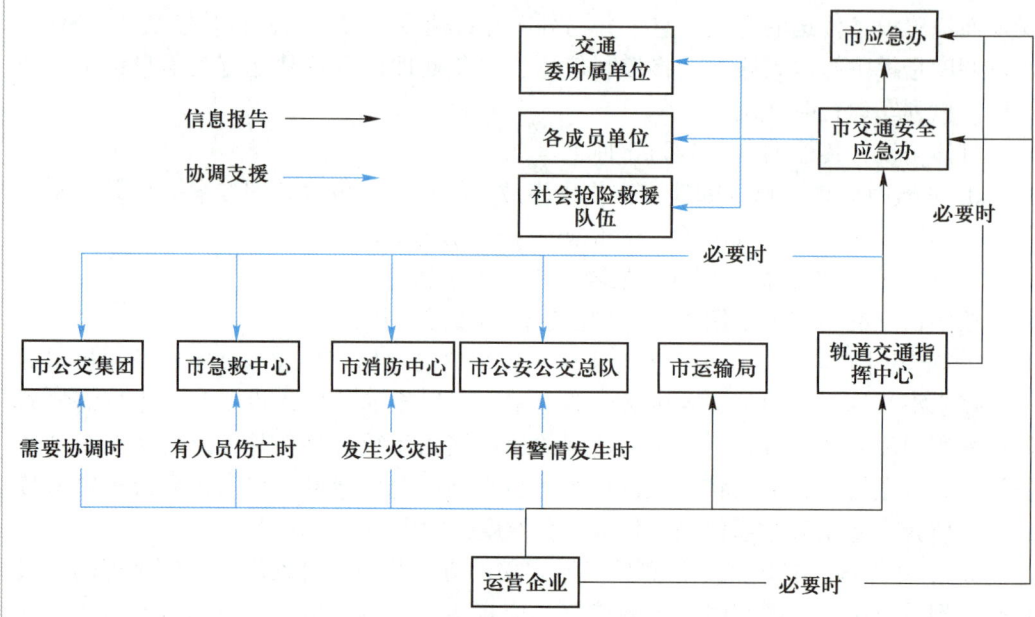

图 9-9　北京市轨道交通路网应急处置体系

⑥ 晚点超过 10 min、影响行车的大故障，COCC 介入，并按相应预案发布应急指令。

二级调度指挥架构：线网层级(COCC)，线路层级(9个OCC)

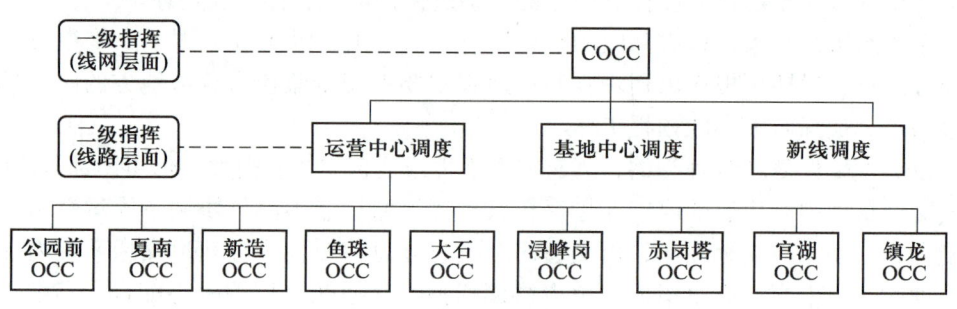

图 9-10　广州地铁调度指挥模式

9.1.5　行车组织关键岗位及技能要求

城市轨道交通行车调度的关键岗位包括行车值班员、列车驾驶员和行车调度员。

行车值班员指从事城市轨道交通车站设备控制，负责车站行车组织，组织或协助开展施工作业等工作的人员。行车值班员负责开展车站行车组织工作，服从运营控制中心调度员指挥，执行相关调度命令。同时，负责操作、监控车站行车相关设施设备，监控乘客乘降，掌握车站客流情况。当发现故障或异常情况时，及时与调度员进行联系，按有关程序处理和报告。

　　列车驾驶员指从事城市轨道交通列车驾驶作业的人员。列车驾驶员凭有效的行车凭证动车，对列车的运行状态和相关行车设备进行监控，对列车运行径路进行瞭望，同时负责列车到站后的开关门作业和人工广播。当列车不能正常行驶时，准确报告故障信息，及时对故障做出判断和处理。当发生紧急行车事务时，根据需要及时、正确引导乘客进行有序疏散。

　　行车调度员指从事城市轨道交通行车调度作业的人员。行车调度员严格按照列车运行计划和相关施工计划指挥行车，监控列车在车站到发及区间内的运行情况，检查各站执行列车运行计划和行车相关施工计划情况。当发生非正常情况或应急情况时，按照预案及时、准确处置的原则，发布行车命令和口头指示，必要时可授权实行降级控制，保证列车运行安全。

　　行车值班员、列车驾驶员和行车调度员所具备的岗位技能包括基本技能和专业技能，基本技能为正常情况下的技能要求，专业技能为非正常和应急情况下的技能要求。其中，列车驾驶员需要掌握的岗位技能为 12 类，行车调度和行车值班员都为10 类。三者对应的岗位技能体系如图 9-11 所示。

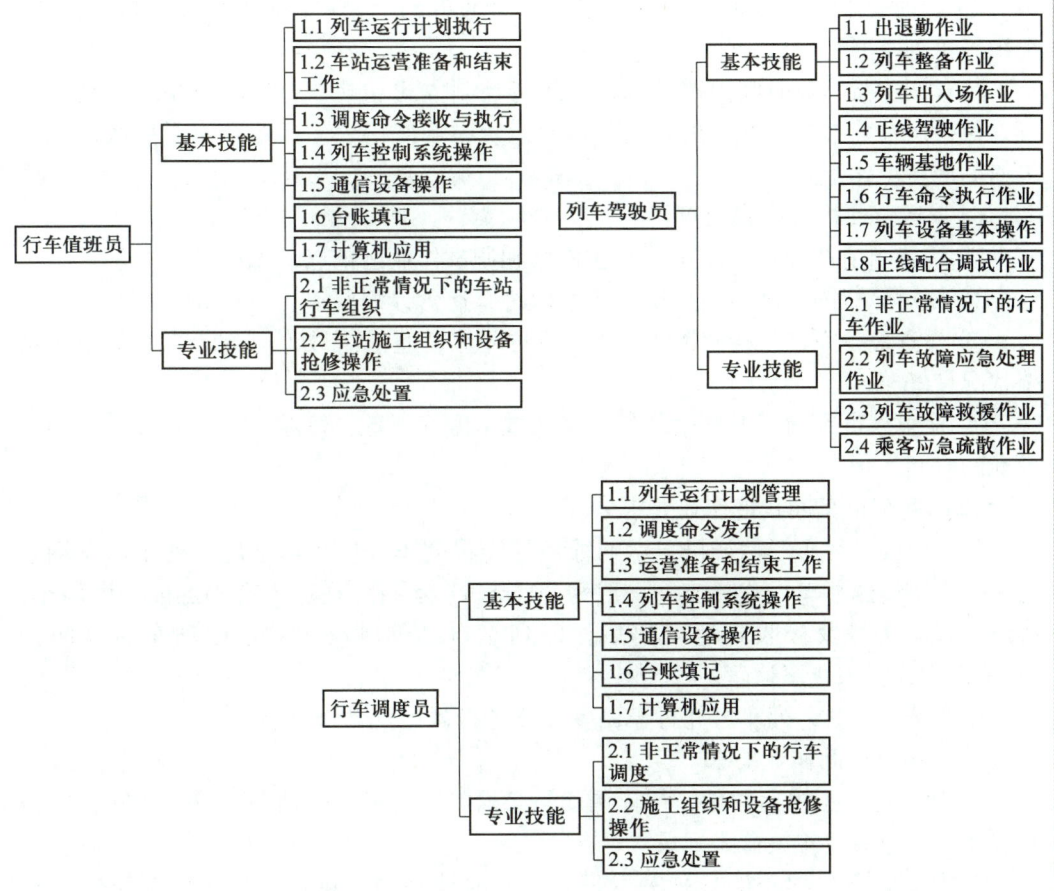

图 9-11　岗位技能体系

9.1.6　调度指挥各核心岗位及工作内容

1. 行车调度员

行车调度员是调度核心岗位，是列车运行的组织者和指挥者，负责组织实施正线及辅助线的行车组织作业，确保按图运行，完成计划任务。岗位职责主要有：

① 落实行车工作计划　通过调度指令，布置、检查和落实行车计划，组织指挥各部门、各工种按列车运行图规定和要求行车。

② 监视列车运行情况　监控列车在车站到发及区间内的运行，及时、准确处理临时发生的问题，防止列车运行事故发生。

③ 调整列车开行计划　根据客流变化，调整列车开行计划。列车晚点及运行秩序紊乱时，通过自动或人工调度，尽快组织恢复按图运行。

④ 处理突发事件　发生事故时，立即报告上级有关部门，采取救援措施，减少人员伤亡、降低事故损失、防止事故升级，恢复列车正常运行。

⑤ 合理安排施工作业　按照《施工行车通告》，合理安排各种检修施工作业，组织施工列车开行。

行车调度员营业时间内按基本列车运行控制方式和基本行车闭塞法组织列车运行，包括运营前准备、列车出入场作业、运营中调度指挥、运营结束后的收尾和施工前的准备工作等。

（1）运营前检查内容要求

① 线路出清　确定线路所有施工检修和调试作业已销点，无侵界。

② 核对运行图　确定当日运用车列数符合运营计划要求。

③ 检查设备完好　接触网（轨）、消防环控、通信信号等与运营有关的设备系统状况良好。

④ 检查人员到岗　各车站及信号楼按规定做好准备，校对以 ATS 控制中心钟点为准的时间。

（2）列车出车辆基地作业要求

列车驾驶员凭出场信号机显示的绿色灯光将列车开出车辆基地。列车出车辆基地无码区按慢速行车方式限速（一般为 20 km/h）运行，在进入有码区前一度停车，待设置好车次号及接收到速度码后，以列车自动驾驶（ATO）或列车自动防护（ATP）方式投入线路运营。

遇特殊情况时，列车可凭行车调度员命令投入运营。

（3）运营期间作业要求

① 列车进入正线运营后，行车调度员必须监视列车运行动态及设备运转，并做好故障信息通报及相关台账记录。

② 处理运营过程中的各种突发事件，及时调整列车运行，尽快恢复正常运行秩序。

③ 通过工作站，准确掌握线路上列车运行和分布情况、区间和站线的占用情况、信号机显示和道岔状态，通过工作站终端输入命令，控制管辖区域的信号机、

道岔及排列列车进路。

④ 白班过程中了解次日夜班的施工计划，做好充分预想。总结整理当日行车事件，填写相关运营报表。

（4）列车回车辆基地作业要求

列车入场原则为由入场线开往车辆基地；图定或经由行车调度准许的入场列车，可由出场线运行至车场。入场列车在有码区按人工 ATP 方式运行，在一度停车标至车场无码区按慢速行车方式限速（20 km/h）运行，列车驾驶员凭入场信号机显示的黄色灯光进入车场内。

（5）运营结束后作业要求

① 运营结束后，核对所有运营及备用列车离开正线，确保正线线路空闲。

② 日常的养护维修、施工，原则上在停止营业期间进行，行车调度员保证作业时间，并向有关车站、单位及作业负责人发出实际作业命令。

③ 根据施工计划及施工申请，对需要停电区段的接触网（轨），则由行车调度员通知电力调度员停电，并监控施工作业过程。

2. 电力调度员

电力调度员是供电和环控系统运行、操作和事故处理的指挥者。监督指挥供电系统安全运行，审批供电系统检修作业，指挥处理供电设备故障，发挥供电系统能力，满足各类设备用电要求。岗位职责主要有：

① 负责辖内供电生产工作　按照供电协议有关条文，执行供电系统的运行方式；制订事故情况下的供电运行模式。

② 统一指挥变电所值班员、接触网作业要令人和车站值班员　通过调度电话等方式，收集各系统电力运行信息和车站情况。

③ 监控供电设备运营状况　监控辖内设备运行，发现故障通报维修调度员，由维修调度员处理。监控供电、防灾系统，确认报警，并采取相应措施。

④ 供电运行应急处置　负责火灾、大客流、列车阻塞、系统停电等紧急情况下供电系统的指挥及监控，配合抢修救灾。

⑤ 组织审批供电相关施工计划　按《施工行车通告》审核并批准所辖设备检修计划。组织实施日补充计划、临时补修计划的设备检修和施工，并审核工作票、填写操作票等。

电力调度员在值班期间要密切监视系统运行情况，迅速、正确地处理各种电力故障（事故），完成调度值班工作。

① 严格执行交接班制度。电力调度员按时交接班，接班者提前到达控制中心了解系统运行状况。交接班以《交接班记录本》和各种记录为依据。在处理事故或进行复杂的操作时，不得进行交接班，待处理完毕或告一段落后，方可交接班。若在交接班过程中发生事故，立即停止交接班，由交班电力调度员指挥处理，接班电力调度员主动协助。

② 在倒闸前，需充分考虑系统运行安全，保证牵引供电可靠性和灵活性及各车站Ⅰ、Ⅱ类负荷供电。

③ 值班期间负责调整系统供电电压，使其符合供电标准，确保安全经济运行。

电力调度员应根据运行情况合理投入或退出自动装置及继电保护。停用电压互感器时，电力调度员须考虑对继电保护、自动装置和表计的影响。

④ 在审核工作票和填写倒闸操作票时，电力调度员要对照工作站终端界面逐项检查，不得主观臆测。如发现疑问或对设备运行状态不清楚时，应与现场人员联系，共同核实设备的运行状态，以保证正确操作。

⑤ 在组织维修施工作业前，电力调度员将所有停电作业申请进行综合安排，严格审查作业内容和安全措施，确定施工计划中的停电范围正确无误。

3. 环控调度员

环控调度员负责城市轨道交通环控系统的调度和管理工作，监督环境监控系统、火灾报警系统及气体灭火系统的运行，实现安全、高效、经济运行，为乘客提供安全、舒适的乘车环境。岗位职责主要有：

① 监控环控设备设施运行状况　通过环境监控系统、火灾报警系统中央工作站监控车站通风、空调、隧道通风设备和装置、气体灭火系统等系统设备及扶梯、照明、给排水等设施运行状况，及时了解影响车站舒适度和消防安全的关键设备运行情况。

② 环控设备设施维修和故障处理　指挥环境监控系统、火灾报警系统、气体灭火系统及机电设施的故障处理及维修施工。发现故障及时通报设备维修调度员，由设备维修调度员通知相关维修部门进行维修。

③ 环控设备运营应急处置工作　负责监控全线环控系统的报警情况，确保报警及时被确认；在火灾、大客流、列车阻塞等紧急情况下的环控系统的指挥及监控工作，确保相关设备在紧急情况下能够正常运行，协作抢修救灾工作。

环控调度员值班期间要密切监控系统运行，及时处理各种环控设备故障（事故），为运营提供舒适安全的运行环境。

① 环控、消防设备运行的调度命令只能由当值环控调度员发布。发布命令前，环控调度员须详细了解现场情况，听取有关人员意见。一般情况下，所有调度命令使用调度电话发布。紧急情况下可先发口头命令，后补发书面命令。

② 监控系统运行状态、区间水泵运行状态，详细记录辖内设备故障处理情况。故障记录主要包括：发生故障时间、地点、故障内容、故障应急处理措施、故障处理情况及修复时间等。

③ 在处理影响行车安全、大面积影响客运服务或者处理影响较大的火灾报警后，环控调度员应在事故处理后填写事故处理经过交值班主任。发生管辖范围内的故障维修时，及时通知设备维修调度员安排维修。

4. 维修调度员

维修调度员代表运营单位行使维修、抢险指挥的调度指挥权；负责组织实施车站、正线及辅助线等设施设备的检查、维修、施工作业等。岗位职责主要有：

① 发布维修调度命令　对故障（事故）报告信息进行初步分析，报相关部门并向各部门发布设备维修调度命令，同时跟踪设备维修调度命令执行情况，对故障（事故）处理过程中的事项进行必要的协调。

② 校核维修计划　协调、配合计划实施，监督、跟踪作业令执行和完成情况，并进行必要的协调；统计计划完成情况，将结果报物资设施管理部门。

③ 监督维修过程　了解、跟踪、协调维修作业过程中各关键环节、各部门工作，向上级和有关部门发布应急信息及提供维修、故障处理、抢险信息。

④ 协调故障处理　当故障设备、设施涉及多个专业时，维修调度员进行协调，必要时指派相关部门处理故障，其他部门协助处理。

维修调度员负责处理各种设施设备故障抢修维护，日常工作内容主要有：

① 故障接收、通报　负责当班期间各类影响行车及大面积客运设备、设施故障信息的接收。根据故障分类向生产调度通报故障；并做好故障记录及故障处理情况跟踪。

② 巡道计划审批及发布　每日在定点时间（一般为 19：00）之前，维修调度员负责根据施工计划审核各部门报送的巡道计划表。维修调度员完成审核，经值班主任同意后，发布当日巡道计划。

③ 填写运营日报　与各生产调度员核实每日定点时间（一般为 6：00）之前各类故障处理情况，并根据当日故障处理情况，完成运营日报中相关数据的填写。

9.2　城市轨道交通列车调度指挥方法

轨道交通运营是一个动态的、变化的过程，运营中具有随机性、复杂性。客流的增减、列车的晚点、运营秩序的紊乱、突发事件及设备故障等的影响，都要求行车调度在日常的运营组织工作中根据情况的变化，及时合理地采取调整措施，使列车尽可能按运行图行车。

9.2.1　列车运行调整的目标和原则

1. 列车运行调整的目标

总体来说，列车运行调整的目的是尽快使列车从无序变为有序。评价一个运行方案的好坏，可以从以下几个方面来衡量。无论是人工调整还是自动调整，都期望达到下列目标：

① 减少列车实际运行图与计划运行图的偏差；

② 使所有列车的总延迟最短；

③ 减少乘客平均等待时间；

④ 列车运行调整的时间尽量短；

⑤ 实施运行调整的范围尽量小；

⑥ 使整个列车运行系统尽快恢复正常运营。

2. 列车运行调整的原则

列车初始晚点的时间长度决定了整个列车运行调整方案最终与计划运行图吻合

的情况。具体到实行列车运行调整工作时，要遵守以下几个原则：

（1）按图行车原则

列车运行调整时，应该尽量维护原计划运行图的严肃性，遵守调度规则，使晚点列车恢复正点，减少或消除晚点影响。当列车的计划时刻表需要被新的运行计划取代时，这个新的运行计划应该根据优化方法计算出一个比较优的方案。但是，一般情况下，行车调度员不可能根据经验计算出一个比较优的方案，且调整一般不能给运行系统带来新的干扰，因此，恢复列车运行图的行车秩序是最好的措施。

（2）快速及时原则

在行车调整时，要做到反应快、报告快、处置快，把握事发初期的关键时间，将突发事件对运营组织的影响控制在最小范围。同时为了最大程度地减小对运营秩序的影响，保证一定限度内的地铁运营能力，调度应当在保证线路安全的情况下第一时间恢复通车，然后再处理应急事件带来的影响。如果不能及时进行调整，就可能进一步强化列车晚点，使整个城市轨道列车运行秩序进入混乱状态，列车调整难度进一步增加。

（3）按列车的性质、用途进行调整

在进行列车调整时，须按列车的性质、用途进行调整。列车等级顺序为：客运列车、调试列车、回空列车、其他列车。担当救援、抢险任务的列车优先开行。对特殊指定的列车，按其规定的办法执行。

（4）服务原则

运营是服务的基础，乘客平均等待时间是评价城市轨道交通列车运行质量的一项重要指标，它包括行车间隔时间和因乘客换乘而产生的（本线）换乘时间。列车运行调整方案会因换乘乘客均需在衔接车站下车换乘而延长乘客平均等待时间，同时增加衔接车站规模和车站管理难度。因此列车运行调整，应尽量满足乘客同站台换乘，以减少乘客等待时间，确保乘客旅行过程完整。列车必须尽可能地等间隔运行，行车调度员要采用一系列手段，将由晚点造成的间隔不均匀对乘客的影响降到最低。

列车运行调整中，必须考虑对服务及乘客的影响，将相关信息通过各种渠道告知乘客，最大限度地减少损失、降低影响，这要求行车调度员在传递信息的途径上要迅速流畅，要注意和车站工作人员的配合，积极对乘客进行引导，尽力维持服务水平。

（5）全面原则

在应急处理时，行车调度员要有全局观，不能只关注突发事件及设备故障，而忽略了其他因素和影响。在应急处理过程中，全方位考虑。在 ATC 系统功能良好区段的列车，适当缩短两列车间的正常追踪间隔，实现晚点危害的"分散化"，让所有列车共同承担晚点。需要制定相应措施，在前车出站晚点发生的过程中，采用增加在站停留时间等方法，适当推迟后行列车到达下一站的时刻（应避免第一后行列车与第二后行列车之间追踪间隔过大），这样既能保证充分的列车间隔时间，实现平均吸纳客流，又可以避免出现后车的站外停车。

9.2.2　正常情况下的行车组织

城市轨道交通行车组织就是采取各种技术手段保证列车运行系统、客运服务系统、检修保障系统的专业设施、设备正常、合理的运转，从而实现安全、舒适、快速、准时、便利地运送旅客以达到乘客出行的需要。城市轨道交通日常的行车组织工作主要包括正线日常的调度指挥和列车运行调整。

例如：调度指挥中心应该核对当日列车运行计划，检查确认中央工作站显示及操作正常，所有集中站控制权处于规定状态，线路无异常占用。如无状态异常，在规定时间前完成正线及车辆段（场）接触轨送电。车站需要确认管辖范围内影响运营的检修施工已注销，行车用品齐全，运营设备状况良好，人员到岗，站台及小站台区域无侵限物品。如具备运营条件，提前开启相关运营设备。车辆段（场）应该确认管辖范围内影响行车的检修施工已注销，出库线路空闲、运营设备状况良好和投用列车数符合当日列车运用计划要求。若满足要求，则按时刻表及列车运用计划完成司机排班，办理列车出库作业。

正线日常的调度指挥包括运营开始前、日常运营开始和运营结束后三个阶段。运营开始前的准备工作主要有：核对施工注销情况、行车设备测试工作、段场车站进行线路检查、完成段场及库内送电、司机检车、完成正线送电、宣布正式运营。具体如下：

1. 核对施工注销情况

调度指挥中心、车站、车辆段（停车场）按照《行车通告》及当日临时、抢修施工计划，分别核对施工注销情况，确认施工登记的所有施工均注销。

2. 行车设备测试工作

车站值班员、信号楼值班员进行道岔试验，排列进路，查看道岔、进路、信号机是否正常，如遇设备故障应及时处置并上报行车调度员。车站测试工作完成后，应将控制权限交还至调度指挥中心。

3. 段场车站进行线路检查

检查段场线路出清情况，巡视车站站厅、站台，检查站台可视范围内线路，测试站台门。

4. 完成段场及库内送电

行车调度员与段场确认段场线路出清情况、设备设施运行情况；段场基地调度员或信号楼值班员向行车调度员申请段场区域送电，行车调度员按停送电流程对申请区域送电；段场基地调度员或信号楼值班员按停送电流程对库内股道送电。

5. 司机检车

库内司机按出车顺序提前上车进行检车作业。

6. 完成正线送电

行车调度员全呼车站，车站按标准用语要求依次报线路出清情况及设备运行情况；行车调度员与电力调度员按停送电作业流程办理正线送电作业。

7. 宣布正式运营

行车调度员通知正线送电完毕，宣布正式运营。

总之，运营开始前，相关岗位人员等应确认施工核销、线路出清、设备状态、行车计划准备等情况并报行车调度员。行车调度员确认具备条件后，原则上应安排空驶列车限速轨道。确认线路安全后，方可开始运营。

列车进入正线运营后，行车调度员必须监控列车运行动态及设备运转，并做好故障信息通报及相关台账记录。同时，处理运营过程中的各种突发事件，及时调整列车运行，尽快恢复正常运行秩序。通过工作站，准确掌握线路上列车运行和分布情况、区间和站线的占用情况、信号机显示和道岔状态。通过工作站终端输入命令，控制管辖区域的信号机、道岔及排列列车进路。最后，在白班过程中了解次日夜班的施工计划，做好充分预想。

运营结束后，首先要核对所有运营列车及备用列车离开运营正线，确保正线线路空闲。同时，原则上日常的养护维修、施工在停营期间进行。作业单位应提前提出计划报运营部，经运营部安排，以检修施工通告的形式下达给有关站、段、总调度所及作业单位。施工前调度员对当晚行车、电力、工务、环控等方面的施工进行核对，落实具体的施工计划、责任人安全细则。其次，根据施工计划及施工申请，对需要停电区段的接触网通知电力调度员停电，监控施工作业过程。

日常的养护维修、施工，作业负责人应充分做好准备，按批准的检修施工计划，提前在车站进行检修施工登记，通过车站值班员向行车调度员申请作业，行车调度员应保证作业时间，并向有关车站、单位及作业负责人发出实际作业命令。作业负责人确认施工内容及起止时间后，在设好停车防护后方可开工，并保证在规定时间内完成。经检验设备使用性能良好，通过车站值班员报行车调度员申请开通区间，由总调度所下达注销命令号码。如不能在规定时间内完成施工作业，须在规定的施工截止时间前 20 min 与总调度所联系，得到批准后方可延长作业时间。

由于设备故障、乘降拥挤、途中运缓或作业延误等原因，难免出现列车运行晚点的情况。此时，行车调度员应根据列车运行的实际情况，按恢复正点和行车安全兼顾的原则，根据规定进行列车运行调整，尽可能在最短的时间内使晚点列车恢复正点运行。

在进行列车运行调整时，须按照列车的性质、用途进行调整。列车等级顺序为：专用列车、客运列车、调试列车、回空列车、其他列车。调度指挥的主要困难在于发生了列车运行秩序混乱。这时，需要行车调度员根据情况，在最短的时间内，选择出在区域内放行列车的最优决策。根据列车数量的不同，列车运行调整的主要方法可分为单列车和多列车两种。

1. 单列车运行调整方法

（1）改变列车区间运行时间（赶点）

根据列车的速度和位置，可以预测列车到达下一站的到站时间。如果预测的到站时间晚于计划到站时间，可以修改列车运行等级，包括设置最大速度和加速度。启动滑行模式也可影响运行时间。这种方法可以缩短区间运行时间，及时消除可能出现的晚点，如图 9-12 所示。

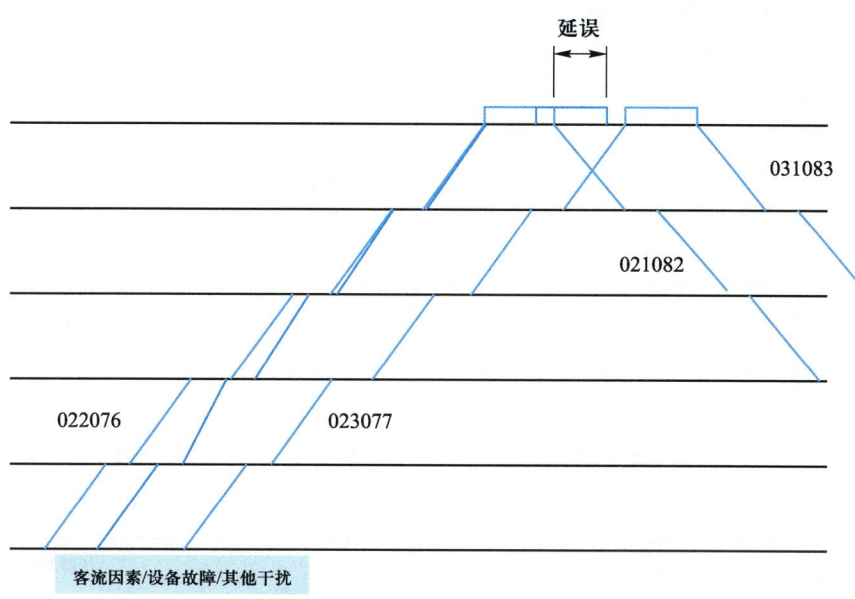

图 9-12　单列车运行调整示意图 1

（2）增加或压缩列车停站时间

通过车站 ATS 适时发送命令，控制站内列车的停站时间。若列车晚点，可使列车提前出发（但必须受车站最小停站时间的约束）；若列车早点，则可延长列车停站时间。这种方法可以在一定范围内调整列车运行，如图 9-13 所示。

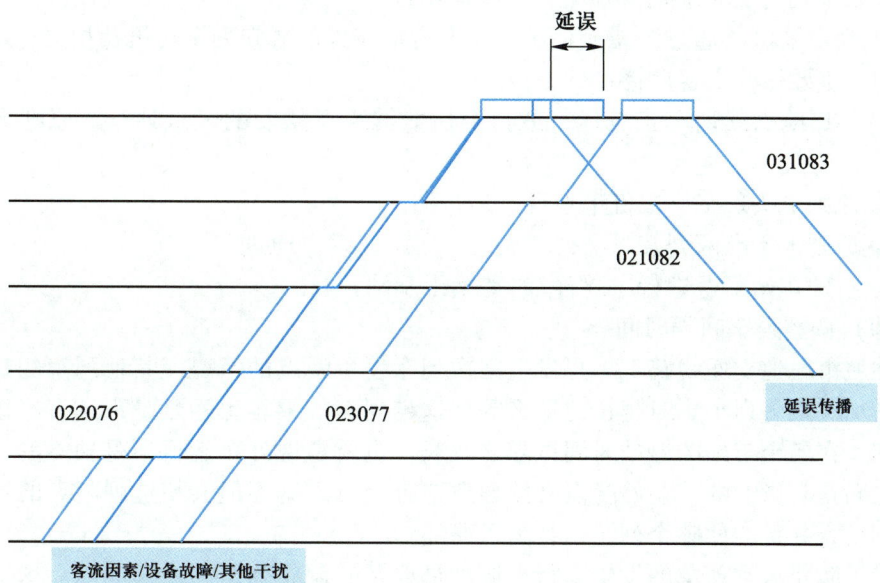

图 9-13　单列车运行调整示意图 2

（3）组织列车不停站通过

在行车工作中，如因车辆、设备故障、事故及客流突变等原因造成运行晚点或特殊原因需要时，准许客运列车在站通过，如图 9-14 所示。在高密度的行车组织中，单列车的晚点会导致后续列车的排队晚点，使故障的影响进一步地扩大，而采用列车"跳停"的方法可以在一定程度上减少影响。

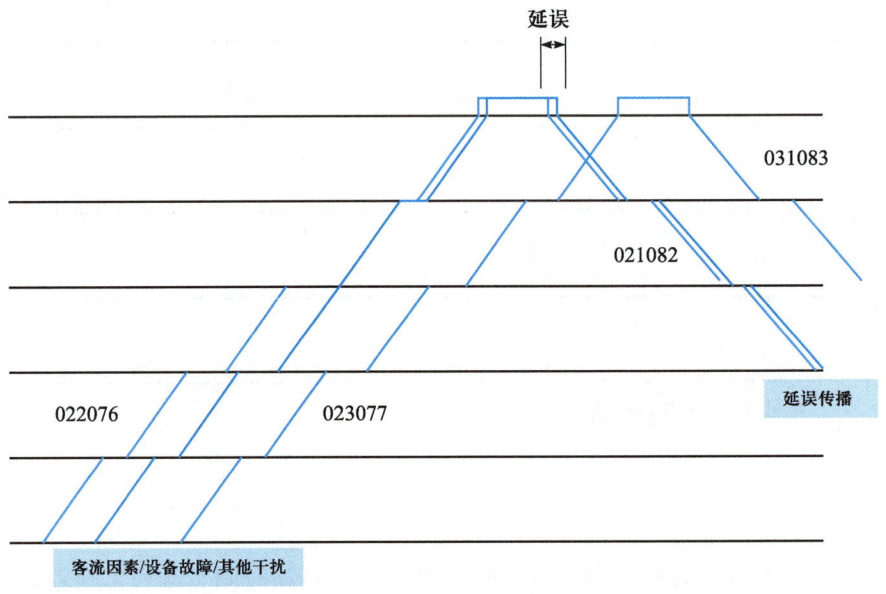

图 9-14　单列车运行调整示意图 3

采取"通过"措施时，应遵循下列原则：

① 确定采取"通过"措施后，行车调度员应提前通知列车司机及相关车站，各车站和司机要做好乘客广播；

② 不影响后续列车正点运行或折返后能够正点始发的晚点列车，原则上不得"通过"；

③ 原则上头班车、末班车不得"通过"；

④ 原则上不准两列及以上列车在同一车站连续"通过"；

⑤ 特殊车站不得进行"跳停"，如换乘车站。

（4）调整列车间隔时间

在城市轨道交通线路上一旦发生某次列车发生晚点的情况，其他列车的延时会随之增加。某一列车延时越长，那么等待这趟列车的乘客也随之越来越多，这将使这次列车在各个车站的停站时间也随之延长。也就是说列车运行不是独立的，它们相互之间是有影响的，初始晚点必然导致连带晚点。这不但会使这列晚点的列车越来越拥挤，并且会使整个列车运行陷入混乱。

为了防止这类现象的发生，行车调度员要及时调整列车的发车间隔。这被称为"列车间隔调整"，它的调整对象是所有在线列车，通过调整沿线各列车的运行时间、运行速度和停站时间等因素，逐步恢复列车正常秩序，最终目标应该是在尽可能短的时间内，将在线运行列车调整到计划状态。其主要思路就是晚点危害的"分散化解"。主要有两种做法：将初始晚点部分分担到后行列车上和将初始晚点部分分担到前行列车上。图 9-15 即为将初始晚点部分分担到后行列车上的做法。

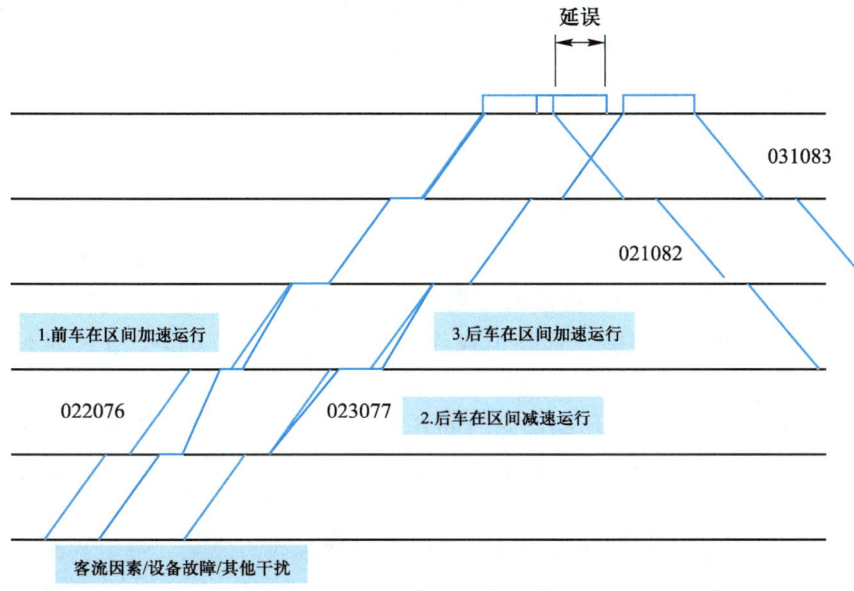

图 9-15　单列车运行调整示意图 4

2. 多列车运行调整方法

多列车运行调整方法（图 9-16）主要为"抽线—扣车次—改车次"。

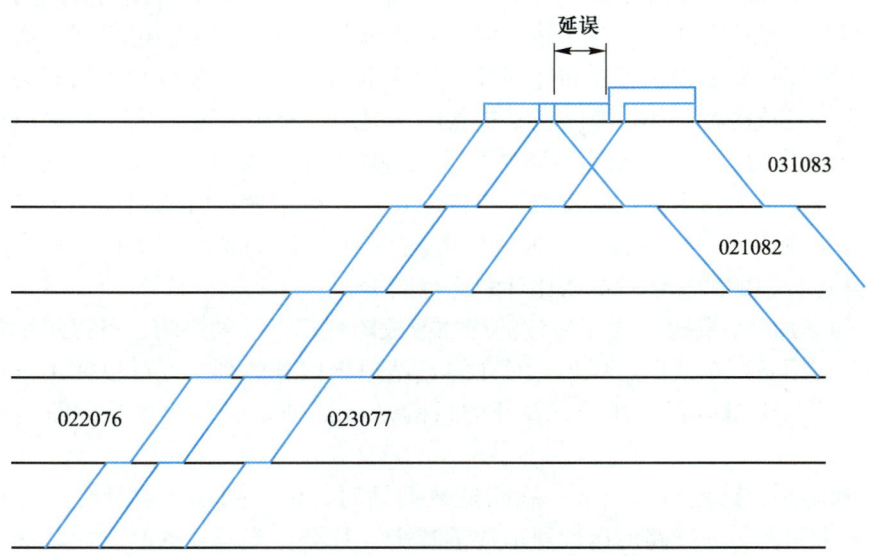

图 9-16　多列车运行调整示意图

　　抽线就是抽掉计划运行图中的列车车次运行线条。当列车下线后无备用车替开或大面积列车"连带延误"，全线所有列车等间隔地出现较大晚点时，抽掉前面某一列车车次，然后依次将后面列车车次匹配到前一列车运行线上，可以提高列车正点率。此种调整方法也属于变更列车运行线的一种。

抽线的地点尽量选择在两端始发站；抽线时机为列车晚点时间大于或等于行车间隔；如是为提高列车正点率而抽线，抽线是连续的抽线，抽线后的行车间隔和抽线前不会有明显的变化，抽线应尽可能将全线列车的行车间隔调整均匀。

扣车次就是将应继续向前运行的列车扣留在某站，使其延长停站时间或终止其运行。

改车次即车底周转计划的临时调整。

总之，无论是单列车或是多列车，列车运行调整的方法都包含以下十二种：

① 列车在始发站提前或推迟发出列车。始发站的存车线数目相对较多，调整余地较大，因此，在始发站组织提前或延迟发车，可以有效地调整运营间隔。

② 根据车辆的技术技能、驾驶员操作水平和线路允许速度，组织列车加速运行、恢复正点。

③ 组织车站快速作业，压缩停站时间。需要晚点列车赶点时，可以要求车站做好客流组织，加速车站作业，并通过人工取消"运营停车点"、通知司机提前发车等方式压缩停站时间。

④ 使规定在站停车列车变为通过，或使通过列车变为停车。组织列车通过某些车站的情况，分为列车载客通过和列车放空通过两种情况。列车载客通过车站应严格掌握，一些客流较大的车站原则上不应组织列车通过，仅在由于车辆、设备故障、事故或车站因乘客滞留造成人多拥挤等原因引起运行秩序紊乱，或是特殊需要时，方准列车载客通过车站。安排列车通过车站应考虑越站乘客是否有返回乘坐的列车，但末班列车不能载客通过车站。为了缓解客流压力或因列车晚点影响后续列车运行时准许列车始发放空通过某些车站，但不宜连续放空两个列车。组织列车通过车站时，行车调度员要加强预见性和计划性，提前下达命令。驾驶员和车站有关人员应对乘客作好宣传解释工作，车站应维护秩序，组织好乘客乘降，保证乘客安全。

⑤ 列车停运、下线。对有故障并影响服务的列车，要组织停运或下线，使该列车退出服务。该方式主要在始发站、终点站使用。对中途运行的列车也可组织进入中间站存车线或回车厂检修。此种调整方式在列车运行图上的表示即为"抽线"，就是实际运行图的列车运行线条比计划运行图少。

⑥ 列车加开、替开。由于客流的增加或故障列车下线的影响，可以组织加开列车，一般使用备用车或出厂列车。对在终点站退出服务的列车，可以使用备用列车替开，仍按原交路运行。加开、替开的目的是保证列车服务的数量，即运能满足运量。

⑦ 列车小交路运行。当某一线路造成拥堵时，由于列车无法及时在终点站折返，势必会引起另一线路的运行列车数量减少，甚至在相当长的时间内某些车站及区段无列车通过，造成乘客滞留车站人数增加。为了减少这种影响，最有效的一种方法就是组织列车小交路运行，即组织拥堵线路的列车在中间站清客后，经渡线折返到另一线路运行。在客流量较大而运行列车数目不足时，也可以采用此方式。

⑧ 组织列车反向运行。在双线线路上，如一个方向列车密度较大，而另一个方向列车密度较小，为了恢复正点运行，可利用有道岔车站的渡线，将列车转到列车

密度较小的线路上反方向运行。

⑨ 列车在车站扣车及区间临时停车。当前方列车或车站设备故障时，要对后续列车进行扣车或区间临时停车。扣车是将列车扣停在后方车站，基本原则是"谁扣谁放"。在区间临时停车是通知司机将列车临时停在区间，司机必须做好乘客安抚工作。当一条线路的列车由于车辆、设备故障或其他原因不能正常运行，造成换乘站站台上乘客拥挤时，行车调度员应采取扣车措施，即将另一条线路的上下行列车扣在换乘站附近的各个车站，以缓和换乘站的压力。扣车时间一般应控制在 10 min 内，如果堵塞线路的列车在短时间内不能恢复正常运行，可组织扣下的列车在换乘站通过。

⑩ 调整列车运行时间间隔。当换乘站由于客流骤增造成作业困难时，行车调度员可根据列车的运行情况，适当调整列车运行时间间隔，尽量避免各线列车同时到达换乘站。

⑪ 列车单线双向运行。单线双向运行，也称"拉风箱"，就是在一条固定进路同一时间内允许有一列车往返运行。当一条线路上某个区段堵塞时，可以在另一线路上的相同区段采用此种行车方式，但是两端车站必须控制好列车进路，否则会引起列车冲突。另外，如果两端车站距离过长，则该区段内乘客的等待时间会增加。

⑫ 列车站前折返。列车在终点站折返时，通常采用站后折返方式。此种方式车站接发车采用平行作业，不存在进路交叉，有利于确保行车安全，同时也避免了上、下车客流汇合，但折返时间较长。为了缩短折返时间。可以采用站前折返方式。此种方式有利于缩短列车走行距离，但列车折返会占用区间线路，影响后续列车闭塞，同时导致上、下车客流汇合，需要车站及司机做好乘客引导工作。

行车调度员对列车运行调整方法的选择，取决于列车运行的具体情况，而在实际工作中往往又可以将几种列车运行调整方法结合运用。调度员在组织、指挥日常运输工作中，有权发布与运输组织有关的调度命令，站段及与行车有关人员必须坚决执行。

9.2.3　非正常情况下行车组织

城市轨道交通多采用较为先进的设备，自动化程度比较高，正常情况时行车组织作业主要是利用先进设备监控列车运行。非正常情况下的行车组织是相对于正常情况下的行车组织而言的，主要是指由于火灾、爆炸和设备故障等突发事件，不能采用正常情况下的行车组织时采用的方法。城市轨道交通运营是一项极为复杂的系统工程，运营安全保障涉及轨道、车辆、机电、信号、运输组织等多个子系统，任何一个环节稍有疏忽，极易造成重大事故。

城市轨道交通将突发事件分为 I 级（特别重大）、II 级（重大）、III 级（较大）、IV 级（一般）四个级别，并明确了划分标准。突发事件具体包括火灾爆炸、人员伤亡、轨行区异物、人员非法进入轨行区、突发大客流、供电/信号/机电设备/电梯/特种设备系统故障、工建设施故障、车辆故障、恶劣天气、防汛及水患、重污染天气、地震、恐怖袭击及社会治安事件和公共卫生事件等。当初步判断发生特别重大、重大运营突发事件时，分别启动Ⅰ级、Ⅱ级应急响应。初步判断发生较大、一般运营突发事件时，分别启动Ⅲ级、Ⅳ级应急响应。

当发生突发情况时，现场人员应立即启动本点位现场处置方案，进行先期处置，避免事态进一步扩大，并及时报告属地值班人员。属地值班人员应该及时向 OCC 进行报告，OCC 接报后需要向 TCC 进行报告。同时，属地立即成立临时指挥处，现场指挥在第一时间与 TCC 建立联络并进行事件初报，明确临时指挥处位置、应急出入口位置及现场指挥情况等信息。在明确相关信息后，TCC 根据事件具体情况启动相应级别的应急响应。TCC 可视具体情况，组织相关线路 OCC 进行线网行车调整。凡是进入正线进行抢险救援、涉及进入轨行区作业的，OCC 在具备条件后为相应车站办理施工进场作业令，并说明允许作业范围及限制条件，由警戒救援组根据现场情况安排相关人员下路轨抢险。各小组根据工作职责，有序开展抢险救援、资源调配、人员救护、警戒救护、事件调查、善后处理等工作。根据时间情况，相关线路 OCC 对行车组织进行调整，在事件处理完毕后恢复正常行车。突发事件的应急处置流程如图 9-17 所示。

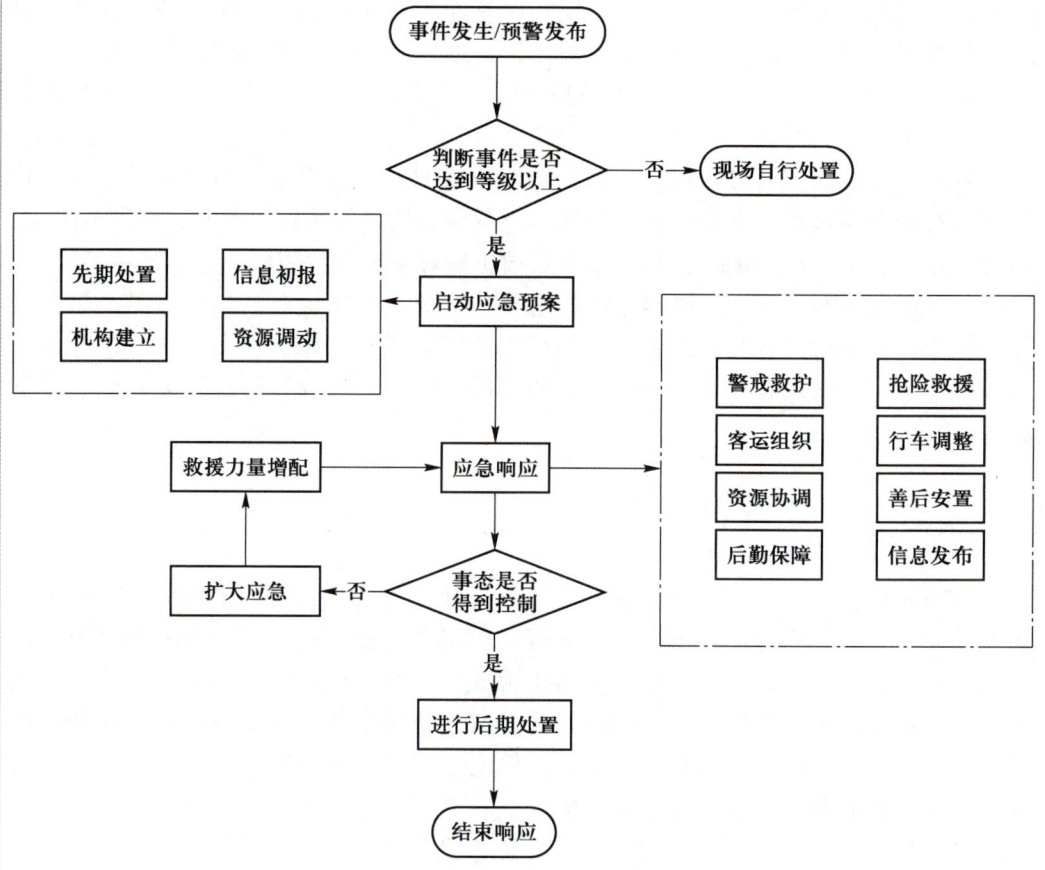

图 9-17　突发事件的应急处置流程

火灾作为城市轨道交通系统中发生次数最多、造成损失巨大的灾害，尤其值得注意。按照火灾发生的地点可以分为车站站台火灾、车站站厅火灾、区间隧道火灾、车辆段火灾、非运行区域火灾、列车运行方向列车前方失火、列车运行方向列车后方失火等情况。不同的情况都应有不同的应急预案。一般来说，若发生火灾，应先确定火源、火情和伤亡情况，必要时由现场负责人或目击者报告"119""120"、当地公安分局和调度人员。然后由调度按照具体应急预案组织行车，安排现场人员进行人员疏散、灭火等工作，并尽快恢复运行，以减少损失。

如运营时区间隧道发生火灾，车站人员或司机接到报警后，需要先停车确认火情影响并立即报告调度指挥中心，通知事发区间相邻车站及相关岗位人员做好灭火准备。当现场确认为区间隧道电气设备设施发生火灾时，运营列车就近停靠车站站台。如列车不具备通过条件，调度指挥中心组织该列车退行，避免其他列车进入该区域，并通知相关设备专业人员对起火设备进行断电处理。

车站员工及相关岗位人员，按照行车调度员的要求，做好相应灭火、救助工作。如需要清客疏散，按照清客疏散预案引导乘客紧急疏散，事故区间的后端站立即进行扣车处理。同时，环控调度员及时根据现场火灾情况组织启动环控系统相应火灾模式进行排烟。如烟气进入车站，车站人员可视情况开启环控系统相应火灾模式进行站内排烟。在此过程中，站台屏蔽门应该保持关闭，值班站长保持与相关各方人员的联系。

当列车在车站发生火灾时，列车司机应该打开列车停靠站台的侧车门。司机、车站人员现场确认站台侧车门、屏蔽门或者安全门开启状态，降下受电弓，根据现场实际情况做好相应灭火、救助工作，按照清客疏散专项预案组织疏散。同时，停止邻线站台乘客乘降作业并关闭屏幕门，地下站还需要启动环控系统的火灾模式进行排烟。

当列车因车钩与紧急制动、牵引与制动、车门、列车信息、空调、辅助等系统的电路、气路和机械故障，不能安全运送乘客任务，迫停于车站或区间需要救援时，行车调度员需要组织开行救援列车，向救援列车和故障车司机、相关车站发布调度命令，组织救援。我国城市轨道交通企业标准尚未统一，救援列车的运行组织方法存在细微差别，但大致步骤相似。

1. 救援列车的请求与派遣

① 列车的故障在规定时间内未能排除且不能动车时，司机及时报告行车调度员，由控制中心值班主任确定处理办法。当决定救援时，司机做好救援的防护连挂工作。

② 正线发生列车故障需要救援时，行车调度员及时通知相关换乘点的司机，事后应通报派班员。需车辆段出车时，应及时通知信号楼，由信号楼负责车辆段内的组织安排。

③ 请求救援列车需要疏散乘客时，行车调度员发出口头命令通知司机和有关车站，要做好乘客疏散及救援工作。司机除引导乘客下车外，还必须做好列车的防护及协助救援工作。

2. 救援列车的开行

① 行车调度员决定救援或者接到司机的救援请求后，向有关车站、司机（检

调、运转派班员）发布开行救援列车的命令，及时组织备用车上线。采用无列车自动保护系统（ATP）保护的列车救援或因挤岔、脱轨、线路故障（这些故障可能会影响后续列车行车安全）等情况的救援时，必须发布封锁线路的命令。

② 已申请救援的列车严禁动车，司机应做好防护及救援准备工作。

③ 原则上，救援列车空车前往救援。救援列车司机在接到救援命令，清客广播两次后，可关闭客室照明，2 min 内未能清客完毕，带客前往救援。列车到达存车线车辆段前，安排车站、公安配合，再次清客。

④ 救援列车应距被救援车 20 m 以外停车，以 5 km/h 速度接近故障车 3 m 处一度停车，听候救援负责人（被救援列车司机）的指挥连挂。故障车在连挂之前可继续排除故障，但不能动车，如故障排除则报告行车调度员解除救援。

⑤ 向封锁线路发出救援列车时，不办理行车闭塞手续，以行车调度员命令作为进入该封锁线路的许可。

⑥ 在未接到开通封锁线路的调度命令前，不得将救援列车以外的其他列车开往该线路。

3. 故障列车救援组织流程

（1）发布救援命令，封锁区间

行车调度员接到故障列车司机的救援请求后，向相关车站发布开行救援列车的命令，并封锁相应的区段。

（2）确定救援列车，并清客

确定救援列车由相邻后续列车担任，并通知救援列车司机清客后待命，准备实施救援工作。

（3）故障列车做好防护，准备重连

故障列车不准动车，播放广播安抚乘客，并打开列车两端的标志灯作为防护信号，并指挥与救援列车的重连。

（4）救援列车按行车调度员命令运行。

向封锁线路发出救援列车时，不办理行车闭塞手续，以行车调度员命令作为进入该封锁线路的许可。

9.2.4　车辆基地调度指挥方法

车辆基地行车作业由车辆基地调度员统一指挥。车辆段行车组织必须贯彻安全生产的方针，坚持集中、统一原则，发扬协作精神，减少各种等待、干扰时间，加速列车周转，不断提高效率，安全、高效完成运输任务。

1. 车辆基地调度员岗位职责

① 统一指挥基地内行车组织，全面负责组织实施列车转轨、取送作业，组织实施调试作业、列车出入车辆基地等工作。

② 合理调配人员，按运行图组织实施列车运行计划，向行车调度员通报运用列车情况。

③ 协调安排基地内行车、消防及库房等设备设施的检修维护。

④ 协调基地内部与外部工作，组织相关部门及时处理设备故障及应急事件。

2. 信号楼值班员岗位职责

① 按照车辆基地调度员的指挥，负责接发列车组织工作。通过信号楼微机联锁设备控制室操作微机设备，负责执行接发列车、吊车作业计划，实现微机联锁设备的用途及功能。

② 事故救援情况下，确认开行车次、时间、开行方向、发车股道等，及时办理发车进路开放信号，按要求的时间组织救援列车出段。

3. 车辆检修调度员岗位职责

负责车辆维修计划、故障抢险、事故处理、调试、改造作业组织实施，监视车辆状态，确保运行图规定的上限列车状态良好，符合规定；负责车辆检修内务管理及生产任务的协调、调配。

4. 派班调度员岗位职责

① 负责安排驾驶员出/退勤，制订和组织实施列车驾驶员派班计划，遇突发事件及交路调整时，调配驾驶员派班。

② 与车辆检修调度员交接检修及运用列车、与出/退勤驾驶员交接运营列车，向行车调度员通报驾驶员配备情况。

③ 协助乘务管理部门管理驾驶员日常事务、各项管理制度和安全规定。

5. 列车驾驶员岗位职责

① 列车驾驶员负责正线、辅助线和车辆基地内列车驾驶，应安全、正点完成驾驶作业任务。

② 列车驾驶员严格按安全制度、行车规则，根据列车运行图，严格执行调度命令，按信号显示要求行车，严谨臆测行车。

6. 车辆基地故障（事故）应急处理要求

（1）道岔防护信号机不能正常显示时的处理

① 判断信号机是否故障。若发现主灯丝断丝报警，与中央调度终端确认进路已排列正确、与驾驶员确认列车车载信号显示正常、与车站确认是否有相关报警出现。如以上均正常，则为现场信号机故障。

② 车辆基地调度员通知维修调度员和驻站维修信号人员，进行进一步检查；维修人员须下路轨检查时，应根据当时在线列车情况确定是否授权。

③ 与将通过该联锁区的列车驾驶员联系，通知其信号机显示故障；当列车到达联锁区时与驾驶员确认车载信号是否正常，并通知其注意道岔位置；若机车信号正常且道岔位置正确，指示驾驶员凭车载信号驶过该联锁区。

（2）车辆基地联锁设备故障时的接车

情形一：进路道岔区段轨道电路故障（红光带），开放引导信号接车。

① 信号楼值班员通知行车调度员、车辆段调度员，联系生产调度和信号工班，在"施工检修作业登记簿"上记录。

② 信号楼值班员派人到现场确认进路空闲，不危及安全；准备接车进路，开放

引导信号。

③ 信号楼值班员确认引导信号开放好后，用无线电台呼叫列车驾驶员："××信号机引导信号开放好"。

④ 驾驶员听取"××信号机引导信号开放好"并复通，确认引导信号开放后，按规定速度要求运行，越过该信号机，并随时做好停车准备。

⑤ 信号楼值班员确认列车整列到达接车股道且停好车后，解锁接车进路。

情形二：进路道岔区段道岔失去表示，开放引导信号接车。

① 信号楼值班员报告行车调度员、车辆段调度员，联系生产调度和信号工班，在"施工检修作业登记簿"上记录。

② 信号楼值班员派人到现场确认进路空闲，不危及行车安全，确认故障区道岔位置正确。

③ 准备接车进路，开放引导信号。

④ 信号楼值班员确认引导信号开放好后，用无线电台呼叫驾驶员"××信号机引导信号开放好"。

⑤ 驾驶员听取"××信号机引导信号开放好"并复通，确认引导信号开放后，按规定速度要求运行，越过该信号机，并随时做好停车准备。

⑥ 信号楼值班员确认列车整列到达接车股道且停车妥后，解锁接车进路（将引导总锁闭按钮拉出，道岔即解锁）。

9.2.5 故障（事故）应急处理要求

1. 火灾情况下的列车运行处置

① 列车发生火情，应及时停车，尽快找到起火设备，切断其电源，及时向行车调度员或行车值班员报告，立即使用灭火器灭火。运行至车站的列车发生火情时，应立即开门疏散乘客，同时广播通知予以清客。

② 若列车不能运行至车站时，应立即停车，尽可能停在平直线路上。驾驶员与行车调度员联系线路停电，得到停电的通知并确认后，利用列车广播疏散乘客到安全区域。

③ 驾驶员将人员及车辆具体情况技术报告行车调度员，按其指示办理。如需救援时，按救援的有关规定办理。

④ 列车在运行中发生异味或冒烟时，应尽快查明原因，果断处理。

2. 天气导致瞭望距离不足情况下的列车运行处置

① 列车运行时遇到雾、暴风、雨、雪、沙尘天气，瞭望困难时，驾驶员应及时将情况报告行车调度员或行车值班员，必要时开启前照明灯与标志灯，适时鸣笛，适当降低速度。看不清信号、道岔时，要停车确认，严禁臆测行车。列车进站要控制速度，确保对标停车。运行中严禁盲目抢点。

② 运行中按规定适时鸣示音响信号，并加强瞭望，确认信号。遇停车信号时，要果断停车，及时与行车调度员或行车值班员联系，按其指示行车。

③ 因天气原因能见度较低时，原则上应停止运行。

3. 接触网挂有异物情况下的列车运行处置

① 发现接触网挂有异物时列车驾驶员应立即停车。地面线路或高架线路上如发现接触网挂有异物需处理时，需报告行车调度员，在得到行车调度员许可后方能下车用绝缘杆清除异物。

② 车头越过接触网悬挂异物时或异物较难清除时，列车驾驶员可报告行车调度员，经行车调度员同意采取相关措施，以绕过接触网悬挂物的方式继续运行。接触网异物可由后续列车处理。

③ 驾驶员发现邻线线路接触网挂有异物时，应及时报告行车调度员，并说明具体位置。

9.2.6　特殊情况下的调度指挥

指挥中心列车自动控制系统（ATC）由列车自动保护系统（ATP）、列车自动驾驶系统（ATO）、列车自动监控系统（ATS）和计算机连锁系统（CI）构成，其中，ATP 强制规定列车上线的运行速度，保证相邻列车的安全间隔；ATS 监控列车运行状态，自动调整列车运行以保证按图行车，减少晚点；ATO 自动计算列车驾驶方案，使列车在满足 ATP 和 ATS 的要求下平稳运行，实现列车自动停车。

1. 移动闭塞 ATC 故障时行车

（1）控制中心 ATS 设备故障

控制权下放给集中站（联锁站），由车站 ATS 分机自动排列进路，此时，系统一般不能进行自动列车调整运行。

（2）车站 ATS 分级故障

通过联锁工作站人工排列进路。信号机（进路）可设定为自动进路状态，不能进行自动列车运行调整，但车仍在 ATP 防护下自动运行。

（3）ATP 设备故障

ATP 设备故障分两种情况：

① 车载设备故障　司机立刻向行车调度员报告，改为人工驾驶方式、按地面信号显示运行，直至退出运营。行车调度员应采取措施确保后行列车运行安全。

② 轨旁 ATP 设备故障　故障区域停用移动闭塞，改站间闭塞；列车进路由车站值班人员人工排列。列车以人工驾驶方式、按地面信号显示运行。

（4）ATO 设备故障

ATO 设备故障时，列车改为 ATP 防护下的人工驾驶（ATPM）。行车调度员应安排备用列车替换 ATO 设备故障列车。

2. 固定闭塞 ATC 故障时行车

（1）控制中心 ATS 设备故障

由行车调度员人工排列进路并调整列车运行，通知折返列车司机输入（新的）车次号。

（2）ATP 设备故障

ATP 设备故障分三种情况：

① 车载 ATP 设备故障　司机报告行车调度员，切除车载 ATP，以限速人工驾驶方式（限速 20 km/h）运行至前方站，清客后以双区间间隔、人工驾驶方式（限速 60 km/h、线路限速低于 60 km/h 时按线路限速）运行至就近有折返线或入段线的车站，退出运营。

② 小范围轨旁故障　由行车调度员确认故障区间空闲后，向司机发调度命令，列车不切除车载 ATP，但在故障区间以限速人工驾驶方式运行，并且在故障区间只准一个列车占用。

③ 大范围轨旁设备故障　由行车调度员发布调度命令，停止使用基本闭塞法，按电话闭塞法行车。切除车载 ATP，改人工驾驶。列车占用区间凭证为路票，车站值班员手信号接发列车。

（3）ATO 设备故障

列车改为 ATP 防护下的人工驾驶。列车在区间运行速度按 ATP 速度码执行。列车进入通过式车站的限速为 45 km/h，列车进入尽头式车站的限速为 30 km/h。

9.2.7　大客流下的调度指挥方法

单线级客流控制是指本线多座车站出现大客流或连续多个区段满载率偏高时，通过限制主控站及辅控站的进站乘客，来均衡各站进站客流，缓解主控站或高满载率区段客流压力的客运组织措施。通常，单线级客流控制也称之为**线控**。其中，主控站是指客流压力相对较大的车站，辅控站是相邻或其他配合主控站进行客流控制的车站。线控是车站限流较为常用的措施。

线控具体的启动流程如下：

① 主控站上报调度指挥中心启动客流控制，控制中心向辅控站发布命令。

② 辅控站立即按突发客流的线控方案，将进站客流限制在规定数值之内。

③ 当启动后不能有效缓解主控站及相关车站的大客流时，主控站可提出增加辅控站或改变控制进站人数要求。

其中，换乘站组团线控、网控的启动时机如下：

1. 换乘站组团线控的启动

当换乘站组团的所在线路发生大客流，组团中的任意换乘站通过实施本站客流控制后无法缓解自身客流压力，且车站滞留乘客过多时，启动换乘站组团线控预案。

2. 换乘站组团网控的启动

当换乘站组团的所在线路发生大客流，组团中的任意换乘站在采取换乘站组团线控方案后无法缓解组团内车站的大客流压力，且车站滞留乘客过多时，启动换乘站组团网控预案。

当进站、换乘客流过大，列车运营不能满足需要，采取站控（一、二、三级客流控制）、线控、网控、组团控均无法缓解时，采取对几个车站或一条线路全部车站短时间停止进站，控制进站客流。原则上，这种暂停进站的时间不超过 5 min，且列车清客后越站清空大客流车站。

最后，若出现下列条件之一时，行车调度员可向车站发布应急公交接驳命令：

① 在地铁同一区段双向行车预计可能中断 20 min 及以上时。

② 在地铁某一区段单向行车预计可能中断 20 min，而且部分区间采用单线双向行车，单向行车间隔 20 min 以上时。

③ 在地铁发生大面积故障导致某一区段双向行车预计可能晚点 40 min 以上时；或导致行车能力降低 60% 及以上时（导致行车能力降低的情况对点对点直达机场应急接驳不启动）。

线网级客流控制是指区部区域多座车站出现大客流或连续多个区段满载率偏高，实施线路客流联控仍无法缓解客流压力时，邻线辅控站采取客流控制措施限制进站乘客人数，缓解区域客流压力的客流组织行为。通常，线网级客流控制也称为网控。网控是线控的进一步加强。

网控具体的启动流程如下：

① 主控站上报本线调度指挥中心（OCC），本线调度指挥中心再报路网控制中心（TCC），路网控制中心通知邻线控制中心根据突发客流的网控方案向辅控站发布命令。

② 辅控站立即按照网控方案将进站客流限制在规定数值之内。

③ 当启动后不能有效缓解区域相关车站的大客流时，主控站可提出增加辅控站或改变控制进站人数请求。

组团控是针对本线、邻线客流来源高度相关的换乘站，将其视作一个整体来制订线控、网控预案，以缓解组团内换乘站的客流压力。当组团所在线路出现大客流且组团内任意换乘站无法通过本站开展客流控制缓解时，启动换乘站组团线控、网控预案，通过预案中的其他换乘站及辅控站的限流以缓解组团内连续换乘站的客流疏导压力。

以北京市为例，北京轨道交通运营调度与应急指挥体系经历了单线调度指挥、单一运营商网络化调度指挥、多运营商网络化调度指挥三个阶段。京投公司 2005 年初出资成立北京市京投轨道交通路网管理服务中心有限责任公司，2006 年底更名为"北京轨道交通路网管理有限公司"（简称路网公司）；同时，北京市交通委员会发文成立"北京市轨道交通指挥中心"（简称指挥中心），代表市政府履行指挥中心职责，承担着轨道交通路网日常运营组织监督协调与突发事件应急调度指挥、票款收入清分清算与客流统计分析等工作。

TCC 的系统是一个集运营监视、数据共享和应急指挥功能于一体的综合性指挥平台，可实现路网视频、行车、供电、客流、灾情等信息的实时监视和管理。TCC 的主要职责如下：

① 组织研究制定线网运力配置计划，并监督执行。

② 组织研究制定线网调度规则。

③ 负责审查各运营商突发事件应急处置预案，组织制定线网各运营商间突发事件应急处置配合预案。

该项措施在北京的国贸站、呼家楼站、三元桥站、知春路站、宋家庄站、朝阳门站和复兴门站等站采用。这些站几乎全部都是换乘站，由于本条线路上的限流已经不能满足车站的控制，需要相邻线路上的控制来缓解客流压力。

④ 协调指挥网突发事件应急处置。

⑤ 向市政府应急指挥中心及政府相关部门报送突发事件应急处置信息。

⑥ 根据网络化运营管理需要，参与轨道交通建设。组织制定指挥中心与各线控制中心的通信接口、设备要求、配置方案，审核线路控制中心的工程建设方案及系统招标文件。

⑦ 组织线网各运营商提出线网票制、票价调整建议方案。

⑧ 组织制定自动售检票系统技术、业务规则及相关技术标准，审核各线 AFC 系统工程建设方案及系统招标文件。

⑨ 负责轨道交通线网单程票的发行、管理，负责轨道交通线网单程票、一卡通储值票的清算业务。

⑩ 负责线网自动售检票系统运行监管，应急处置的协调指挥。

⑪ 负责线网运营信息汇总、统计分析及向市政府相关部门报送。

⑫ 组织制定轨道交通线网乘客信息的发布规则。

⑬ 完成市政府主管部门交办的其他工作。

指挥中心在运作上，原则上不干预各运营主体的日常运营管理，在行政上也不存在隶属关系。各运营主体负责管辖线路的日常运营，指挥中心受政府委托，从网络层面协调各线路的运营。

9.3　检修施工组织

城市轨道交通的维修施工作业具有时间短、要求高、作业空间相对集中、绝大部分为夜间作业等特点，必须科学合理地组织时间和空间的立体化施工作业，要求有关部门密切配合，最大限度地利用较短的施工时间，良好地完成施工任务，确保设备安全、可靠运行。城市轨道交通的维修施工作业原则上安排在运营结束后的非运营时间内进行，并在运营开始前预留 40 min 作为运营前的准备时间。

在运营中遇行车设备故障影响列车不能继续运行时，须组织抢修施工，并应遵循"先通后复"的原则。对故障设备临时处理恢复行车后，维持运行到运营结束后再对该设备进行全面修复。

9.3.1　施工计划

检修施工是城市轨道交通系统生产活动的重要组成部分。运输调度部门既要按照批准的施工计划，保证设备维修更换、线路扩建工程等夜间施工任务顺利完成，又要保证次日运输生产能正常运行。因此，运营单位应合理安排施工作业计划，组织各部门严格按照施工作业计划执行。

施工作业包括计划施工、临时施工、抢修施工和抢险补修施工。其中，计划施工一般以周计划为基本单位。按照施工场所和内容来分，施工计划分为 A 类（在正线或影响正线行车的施工）、B 类（在车辆段、停车场或影响车场线行车的施工）和 C 类（在主变电所、车站、车辆段场内不影响正常线或车场线行车的施工）。

1. 施工计划的编制原则

① 月、周施工作业计划的安排应在确保安全的前提下，均衡考虑，避免集中作业。

② 处理好列车的开行时间和密度、施工封锁等几方面的关系，避免抢时、争点现象。

③ 为方便施工单位作业，月、周施工作业计划内各项作业应注明施工日期、作业起止时间、作业内容、作业区域、安全事项及其他应说明的问题（列车编组、行车计划、配合部门及详细配合要求、联系电话等）。

④ 经济、合理地使用机车车辆，避免浪费资源。

2. 编制审批程序

① 月计划。根据月计划提报的情况，组织内部申报部门及相关施工单位人员参加的计划审核会议，审核计划。审核月计划时，对于安全上有特殊要求和规定的，在计划审核会议上提出讨论确定。月计划中应明确说明施工作业起止时间、地点，如有变更，见施工进场作业令。根据月计划审核会议的结果，编制《施工行车通告》。

② 周计划。根据提报计划的情况，组织相关部门，在月计划的基础上审核计划。审核周计划时，对于安全上有特殊要求和规定的，在计划审核会议上提出讨论确定。周计划中应明确说明施工作业起止时间、地点。周计划申报的作业项目不得超过同期同一线同类月计划内日作业项目的 20%。

③ 日补充计划。日补充计划应于工作开始前一天向生产管理部门申报。日补充计划要在月计划、周计划的基础上进行安排，以提高月计划、周计划的兑现率。日补充计划申报的作业项目不得超过同期同类月计划+周计划内日作业项目的 10%。日补充计划中应明确说明施工作业请销点的时间、地点、施工负责人。

④ 临时补修计划。临时补修计划应及时优先安排，不受月计划、周计划和日补充计划限制。

9.3.2　施工作业管理

1. 施工前的准备工作

① 对维修、调试、施工等作业按性质、地点分别组织。A 类作业须经行车调度员批准方可进行。B 类作业须经车辆段调度员同意方可进行，如影响正线行车须报行车调度员批准。C 类作业总部内部的施工项目经车站批准后方可施工，外部单位施工作业按《外单位工程施工作业管理流程》进行，经车站批准后方可施工。

② 各施工单位及部门的施工、检查作业，应严格控制作业区范围及作业时间。外单位施工负责人（责任人）须持有两证（安全合格证、临时出入证），在规定范围内进行施工（特殊情况除外）。

③ 施工人员进出站规定。施工负责人持作业令在规定施工开始时间前 30 min 到达主站；施工责任人及维修人员在规定施工开始时间前 15 min 到达辅站和相关车站；按规定程序办理施工作业手续。外单位的施工作业人员进出车站须提前与车站当班人员联系，并于关站前 10 min 进站。特殊情况确需关站后进入的应事先与车站预约，车站根据预约的地点、时间，查验手续后开门放行。内部人员进出车站，按内部的作业规程和标准进行。

2. 施工请点

① 属于 A 类的作业，施工负责人在作业令规定施工开始时间前 30 min 到车站填写"车站施工登记表"请点，由车站报行车调度员预请点。当施工条件达到后，行车调度员通知车站，车站值班员传达允许施工的命令，请点生效，可以施工。

② 属于 A 类作业，但需由多个车站进入施工的作业项目，施工负责人除到主站按"请点规定"办理手续外，还需核实辅站情况。辅站施工责任人在作业令规定施工开始时间前 15 min 到达辅站办理登记手续，辅站值班员向主站值班员核实施工事项并请点。主站接到行车调度员允许施工的命令后，传达给施工负责人及辅站，辅站值班员允许施工责任人开始该作业点的施工。

③ 属于 B 类的作业，施工负责人到车辆段调度员处请点，具体操作程序按照《车辆段运作手册》的规定办理，经车辆段调度员同意，便可施工（车辆段内进行影响正线行车的作业应经行车调度员批准）。

④ 属于 C 类的作业，经批准后施工负责人到车站登记请点。

⑤ 如为外单位施工作业时，由指定的施工主办部门或主配合部门人员协助办理请点后，方可开始作业。

⑥ 在作业请点站（主站）请点，须持作业令原件，辅站登记可用作业令复印件（传真件）。

⑦ 如遇作业区域同时包含正线和车辆段线路时，施工部门到车辆段调度员处请点，车辆段调度员在审核批准该项施工作业后，还须向行车调度员请点，征得同意后，方可允许施工部门开始施工。

3. 施工销点

① A 类作业，施工作业地点仅一个站的，施工负责人在施工区域出清完毕后，报车站，由车站向行车调度员销点。

② B、C 类作业施工完毕后，施工负责人负责施工区域的出清后到车辆段或车站销点。

③ 当多站销点时，辅站施工责任人负责本段线路出清并报施工负责人后，在辅站销点；辅站值班员向主站值班员销点。施工负责人负责该项作业区域全部出清后，报主站值班员销点，主站值班员向行车调度员销点。

④ 需异地销点的施工作业，施工负责人（责任人）应在"车站施工登记表"备注栏中注明异地销点的地点、人数。登记进入施工的车站要及时通知异地销点的车站值班员。

⑤ 当施工作业只有一组人员进行作业，需异地销点时，销点的时间不得超过行

车调度员批准的时间，作业结束后，施工负责人向销点站登记销点，销点站经与施工负责人核对销点的施工内容、施工人数、地点全部无误后，记录施工负责人有效证件、姓名、作业令号码、作业人数等，并向请点站核对无误后，准予销点；销点站负责向行车调度员报告销点。

⑥ 当施工作业有多组人员进行，需异地销点时，销点的时间不得超过行车调度员批准的时间，作业结束后，施工责任人负责本段线路出清并报施工负责人，在辅站销点，辅站值班员向在主站登记的销点站销点；施工负责人负责该项作业区域全部出清后统一向在主站登记的销点站登记销点，销点站经与施工负责人核对销点的施工内容、施工人数、地点全部无误后，记录施工负责人有效证件、姓名、作业令号码、作业人数等，并向请点站核对无误后准予销点，并负责向行车调度员报告销点。

9.3.3　施工安全管理

1. 施工防护

① 接触网（轨）停电检修或需接触网（轨）停电配合挂地线时，由供电操作人员负责在该作业地段两端挂接地线。

② 站内线路施工时，由施工负责人在车站两端头轨道上设置红闪灯防护。

③ 在站间线路施工时，除施工部门设置防护外，车站还负责该施工地段两端车站的端墙门平行位置的轨道中央设置红闪灯防护。施工前，由请点车站设置红闪灯，并通知作业区另一端车站值班员放置红闪灯防护。施工结束后，车站撤除红闪灯，并通知作业区另一端车站值班员撤除红闪灯。如遇到跨越站内站间时，车站的防护信号放在车站内另一端墙门平行位置轨道中央。

④ 在折返线、存车线、联络线上施工时，由作业人员在作业区域可能来车方向处放置红闪灯防护。

⑤ 车站值班人员安排人员到站台检查红闪灯是否按规定摆放，并监督红闪灯状态是否良好，并不定期检查设置的红闪灯是否按规定摆放、状态是否良好。

⑥ 车辆段内的设备检修施工和防护的有关规定按《车辆段运作手册》执行。

⑦ 施工作业时除严格执行以上规定及相关安全防护规定外，还要按施工部门的有关施工操作程序的防护规定执行。

⑧ 凡在运营时间内进行作业的，必须做好防护措施，确保乘客的安全，最大限度减少对乘客的影响。

2. 施工安全

① 人、工程车在同一区域作业时，由施工负责人与车长根据现场情况协调。

② 按施工前进方向，列车在前，人员在后，原则上不得颠倒，也不允许列车运行前后皆有作业。

③ 非随车施工人员与列车应有 50 m 以上的安全间隔距离，原则上列车不得随便后退。如需要动车时，在施工负责人和车长协商后才能动车，确保人身安全。

④ 作业人员应在自己现场作业区来车方向设置红闪灯防护。

⑤ 多个作业区域开行工程车时，在工程车运行的前方必须保证至少有一个站台区或站间区间空闲。

⑥ 凡进入线路施工的施工作业人员必须按要求穿荧光衣，并根据作业性质及作业要求使用其他安全防护用品。

⑦ 施工作业过程中如要进行动火作业，必须按照相关规定办理动火令及作业，严禁在无动火令的情况下进行动火作业。

⑧ 外单位施工由主办部门或主配合部门负责安全管理、安全监督。

9.4 调度工作与运营信息分析

9.4.1 列车运行指标统计

① 列车是地铁运输的动力，按技术状态不同，可分为良好列车、不良列车；按运用方式不同，也可分为运用列车、非运用列车、运行列车。

② 良好列车是技术状态良好随时能够运用的列车，有些列车尽管技术状态尚好，但使用到期须停驶检修，按时停驶后即为不良列车。

③ 不良列车是指列车技术状态不良或在临时修理排障，或在进行定期检修的列车。由于待修或在修时间不能运用，故按不良列车统计。

④ 良好列车的统计方法是：

良好列车（列日）= 所有列车（列日）－不良列车（列日）

⑤ 运用列车是指担当正线乘客运输的列车，包括上线运行的列车及备用列车。

⑥ 列车走行公里是指所有运行列车走行公里之和，调试列车运行按实际公里数相加。施工列车及调车作业按工作时间，即每工作 1 h 按 10 km 计算。

计算公式：

列车走行公里 = 运行公里+调试公里+施工及调车公里

⑦ 运营里程是指运营时间内参与正线乘客运输列车走行公里之和。

⑧ 大、架、定修时间：自上次修程运用时间到期、停止运用时起至本次修理完毕验收确认合格交付运用时止的全部时间为该次修理的时间。

⑨ 临修时间：指列车在整备或运用中发生故障需要修理，自发现故障时起，至实际修理完恢复运用时间止的全部时间，包括在运用过程中发生故障需返回车辆段（车场）排除故障的运行或等待时间。

⑩ 列车完好率是为了反映和观察列车质量或技术状态设立的一个指标，它是技术状态良好的列车（列日）占所有列车（列日）的百分比。

计算公式：

$$列车完好率 = \frac{良好列车（列日）}{所有列车（列日）} \times 100\%$$

9.4.2　运营图相关指标统计

① 凡因车辆、设备故障或其他原因，致使列车未完成运营时刻表或运输方案所规定的车次，记为掉线。

② 凡因车辆、设备故障或其他原因，致使列车中途清客或折返，无法完成该车次的完整运输计划记为停运列车。

③ 运营时刻表中规定开行的客运列车及其他列车统计为计划开行列车。

④ 计划开行列车中开行的列车统计为实际开行列车。

计算公式：

$$实际开行列车数=计划开行列车数-掉线列车数$$

⑤ 在始发站超过运营时刻表所规定的时刻发出的列车记为始发晚点列车，在实际统计过程中以 3 min 为标准，低于 3 min 不做统计，3 min（含）以上时统计。

⑥ 在终点站超过运营时刻表所规定的时刻到达的列车记为到达晚点列车，在实际统计过程中以 3 min 为标准，低于 3 min 不做统计，3 min（含）以上时统计。

⑦ 列车在始发站晚点发出，但区间运行未增晚（以 3 min 为准），记为假正点，假正点列车不统计为到达晚点。

⑧ 运营时刻表中规定在站停车，而根据调度命令未在车站停车进行乘降作业的客运列车记为通过列车。

⑨ 行车调度员根据运营需要而使列车变更运行班次记为列车调表。

⑩ 临客、调试、救援、施工列车及计划以外的回空列车均按当日开行的列数记载，施工列车救援记载在行车调度员工作日志的记事栏中，不统计救援列数。

⑪ 施工列车按实际开行车次数统计，同一施工列车既按车次运行，又在某一区段封锁运行时，只按开行车次数统计，施工列车未按车次运行，只在封锁区间运行时，按两列统计。

⑫ 影响列车运营时刻表正点率指标原因的记载方法。

a. 车辆原因　列车因车辆故障造成晚点，本车记为车辆故障；后续列车因其影响晚点，记为车辆故障影响。

b. 信号原因　列车因信号故障造成晚点，记为信号故障；后续列车因其影响晚点，记为信号故障影响。

c. 客流原因　计划列车因人多造成晚点，本车记为人多；后续列车因其影响晚点，记为人多影响。

d. 供电原因　由于牵引供电故障迫停而造成的计划列车晚点，记为供电故障；后续列车因其影响晚点，记为供电故障影响。

e. 线路原因　在线路故障时刻内经过故障点的计划列车晚点，记为线路故障；后续列车因其影响晚点，记为线路故障影响。

f. 其他原因　列车因上述原因以外的原因晚点，本车记为其他；后续列车因其影响晚点，记为其他影响。（其他晚点均须记明具体原因。）

⑬ 列车通过原因按第十二条规定方法记载。

⑭ 临时加开的各种列车晚点、通过不做统计，所影响的晚点、通过按其原因，记为影响。列车始发正点率就是按照运营时刻表或运输方案正点始发列车列数占实际开行列数的百分比。

⑮ 列车到达正点率就是按照运营时刻表或运输方案正点到达列车列数占实际开行列数的百分比。

⑯ 列车正点率就是列车始发正点率与到达正点率的平均值。

⑰ 列车到发、通过时刻的统计　列车出发以列车启动不再停车为准，列车到达以列车在站停车不再动车为准，列车通过以列车头部通过车站站台中部时刻为准。

⑱ 有关列车运行指标的计算：

$$列车运行图兑现率 = \frac{实际开行列车数}{计划开行列车数} \times 100\%$$

$$列车始发正点率 = \frac{实际开行列数 - 始发晚点列数}{实际开行列数} \times 100\%$$

$$列车到达正点率 = \frac{实际开行列数 - 到达晚点列数}{实际开行列数} \times 100\%$$

$$列车正点率 = \frac{实际开行列数 \times 2 - 始发、到达晚点列数之和}{实际开行列数 \times 2} \times 100\%$$

$$列车通过率 = \frac{通过列数}{实际开行列数} \times 100\%$$

9.4.3　调度工作分析

调度分析工作是指通过对日常运输工作进行综合分析，及时发现日常运输工作中存在的问题，查明原因，针对问题提出相应的解决措施。因此，调度工作分析不仅仅是对日常运输工作进行事后分析，还要通过分析研究，预见运输工作发展的趋势和可能出现的问题。

调度工作分析必须及时、准确。只有准确地分析，才能客观地反映运输工作的实际情况，恰当地评价工作中的优缺点，以便针对存在的问题，制定可行的解决措施。另外，运输工作具有多变性，这就要求调度工作必须及时分析，及时拟定措施，及时采取措施。如果分析不及时，等到分析完问题，提出解决措施，实际情况已经发生变化，提出的措施没有针对性，因此也就失去作用。

调度工作分析可分为日常分析、定期分析和专题分析。

1. 日常分析

日常分析应该每日进行，于班工作或日工作终了时对日班计划的执行情况及日常运输中的先进经验和存在的问题进行简要分析。对于运输中存在的问题，应查明情况及原因，以便及时采取措施。

2. 定期分析

定期分析有旬分析和月分析。在日常分析的基础上，收集和积累有关资料，建立必要的台账和报表，如运营日报、故障报告等；按时做出旬分析和月分析，总结经验，发现问题，并提出改进意见。

3. 专题分析

专题分析是指当运输工作在某一方面或某一指标有比较突出的变化，且对运输生产产生较大影响时，分析人员深入现场调查研究，对某一方面或某一指标做出专题分析，并提出改进意见和措施，以改进运输工作。

思考题

9-2：应用题

1. 简述城市轨道交通调度组织的机构、各工种的主要工作、使用的设备情况。
2. 网络化条件下的调度指挥与单一线路的调度指挥有何区别和联系？
3. 简述正常情况下的行车组织原则、方法。
4. 试述特殊情况下列车运行组织的方法。

第 10 章
列车运行控制技术

10-1：思维导图

章导语：
城市轨道交通作为现代城市的重要交通方式，其高效、便捷的特点使其在解决城市交通拥堵、提高出行效率方面发挥着至关重要的作用。为了确保城市轨道的安全、稳定和高效运营，列车自动控制系统、列车自动防护系统、列车自动运行系统、列车自动监控系统及基于通信的列车运行控制系统等技术得到了广泛应用。通过这些先进的技术手段，不仅能够实现列车运行的智能化和自动化，还能大幅提升安全保障水平，减少人为干预，提高运输效率。本文将围绕城市轨道交通的核心技术展开探讨，分析各类系统在实际应用中的作用与发展趋势，为城市轨道交通的智能化和现代化发展提供有价值的参考。建议教学学时 2 学时左右。

10.1　列车自动控制系统

为满足客货运输需求，确保运输生产秩序，充分发挥运输生产能力，必须对线路上的列车采取有效的指挥和控制措施，保证行车安全。随着列车速度、密度和安全要求的逐步提高，列车运行控制技术经历了地面人工信号、地面自动信号、机车信号、自动停车装置、列车自动防护系统和列车自动驾驶系统等几个阶段，以满足不同时期各种不同轨道交通系统的运营和安全需求。

10.1.1　列车运行控制系统的发展历史

列车运行控制系统的发展历程体现了轨道交通技术从早期的机械化和半自动化逐步迈向高自动化和智能化的过程，满足了不同时期各种不同轨道交通系统的运营和安全需求。

（1）机械信号控制

在轨道交通早期，列车运行依赖机械信号设备，由人工操作机械信号灯和道岔来控制列车的运行。该方式主要依靠司机的视觉判断和人工操作，安全性和运行效率受到限制。随着列车速度和交通密度的增加，驾驶员的反应时间和判断准确性难以保障，容易导致运行事故。

（2）固定闭塞区间信号控制

为提高列车的安全性，固定闭塞区间技术开始应用。该技术将轨道分为多个固定长度的闭塞区间，每个区间只允许一列列车运行，以确保列车之间的安全间隔。列车的运行通过轨旁信号灯来指示，轨道电路通过检测列车是否占用轨道区间，来确保信号系统能够实时获取列车位置。

（3）列车自动控制（ATC）系统

ATC（automatic train control）系统的引入是列车自动控制技术的重大进展，其在固定闭塞区间基础上进一步自动化，减少对人工干预的依赖。ATC 系统集成了多种子系统（列车自动防护系统、列车自动驾驶系统和列车自动监控系统等），标志着列车控制系统从机械化迈向自动化。

（4）基于通信的列车控制（CBTC）系统

随着轨道交通运输需求的不断增加，传统的固定闭塞系统逐渐无法满足高密度列车运行的需求。因此，CBTC（communication-based train control）系统作为对 ATC 的重要升级被广泛应用。该系统通过无线通信技术实现对列车的更精确控制，采用移动闭塞取代固定闭塞技术，大幅提高了轨道的通行能力。CBTC 的应用推动了列车自动控制技术从半自动化向全自动化的迈进，在城市轨道交通中，CBTC 已经成为主流的控制系统。

（5）未来发展趋势：智能化与高效控制

随着人工智能、大数据和物联网技术的发展，列车控制系统正朝着更高智能化方向演进。未来的列车控制系统不仅能够基于通信和移动闭塞实现高密度运行，还将借助大数据分析、预测性维护和自适应调度等新兴技术，实现更高效的交通管理。可能的方向包括自适应列车调度、无人值守列车运行、故障预测与诊断、客流预测与应对策略等。这些技术的应用将进一步提高城市轨道交通的效率、可靠性和乘客体验。

10. 1. 2　ATC 系统功能

目前，世界各国的城市轨道交通的信号系统大都采用列车自动控制（ATC）系统。ATC 系统一般包括列车自动防护（ATP）系统、列车自动驾驶（ATO）系统和列车自动监控（ATS）系统 3 个子系统。其中，ATC 系统中最核心的子系统是 ATP 系统。ATC 安全控制技术的发展方向是基于通信的列车运行控制（CBTC）系统，用以实现移动闭塞。

ATC 系统包括五个原理功能：ATS 功能、联锁功能、列车检测功能、ATC 功能和列车防护与识别（train protection and identification，PTI）功能。

1. ATS 功能

ATS 功能负责对整个城市轨道交通系统的运行进行监控和调度。它从中央控制系统协调列车运行，可自动或由人工控制进路，以优化列车调度和提高系统效率，并向行车调度员和外部系统提供信息。

2. 联锁功能

联锁功能用于控制信号和道岔，响应来自 ATS 功能的命令，在随时满足安全准则的前提下，实现进路、道岔和信号的控制，并将进路、轨道电路、道岔和信号的状态信息提供给 ATS 和 ATC 功能。它可以是传统的电气联锁或现代的计算机联锁系统。

3. 列车检测功能

列车检测功能用于及时可靠地监控列车的位置、速度和列车占用区间情况，并将位置信息通过多种通道传递给 ATS 系统，以支持 ATC 系统的运行。

4. ATC 功能

在城市轨道交通系统中，ATC 功能在联锁系统的约束下，根据 ATS 的指令，实现列车的精准控制。ATC 系统由三大核心子功能组成，包括 ATP/ATO 轨旁功能、ATP/ATO 传输功能和 ATP/ATO 车载功能。ATP/ATO 轨旁功能负责实时监测列车的位置和速度，管理列车间隔，并生成控制报文，包括速度限制和运行指令，以确保列车在安全间隔内运行，适应城市轨道交通的高密度需求。与此同时，ATP/ATO 传输功能通过无线通信或其他信号传输技术，将轨旁生成的控制报文和实时数据传输至列车，确保列车接收最新的运行信息和指令，从而支持系统的实时调整与高效运行。ATP/ATO 车载功能通过车载设备实现列车的自动驾驶和安全运营，涵盖速度控

10-2：地面
人工信号控制
示意图

10-3：地面
自动信号控制
示意图

10-4：机车
信号图示

10-5：基于速度
码的列车自动
防护系统

10-6：基于速度
距离曲线的列车
自动防护系统

10-7：基于虚拟
逻辑分区的列车
自动防护系统

10-8：ATC 系统组成图

10-9：联锁功能介绍

10-10：ATC 系统典型架构图

10-11：轨道电路

制、制动及超速保护等，减少人为操作，提高列车运行效率和乘客舒适度。这三个子功能紧密协作，共同保障城市轨道交通系统的高效、安全与稳定运行，优化列车的运行管理，提升乘客的乘车体验。

根据不同的闭塞制式，ATC 系统可以分成固定闭塞 ATC 系统、准移动闭塞 ATC 系统、移动闭塞 ATC 系统。

（1）固定闭塞 ATC 系统

固定闭塞也称为分级速度控制方式或阶梯式速度控制模式，如图 10-1 所示。该系统的主要特点在于通过对轨道和计轴区段进行固定划分，提供分级速度信息，并实施阶梯式的速度监控，从而有效地将列车的运行速度从最高速度降低至零。当列车出现超速情况时，系统设备会自动执行最大限度的制动或紧急制动，以确保安全运行。

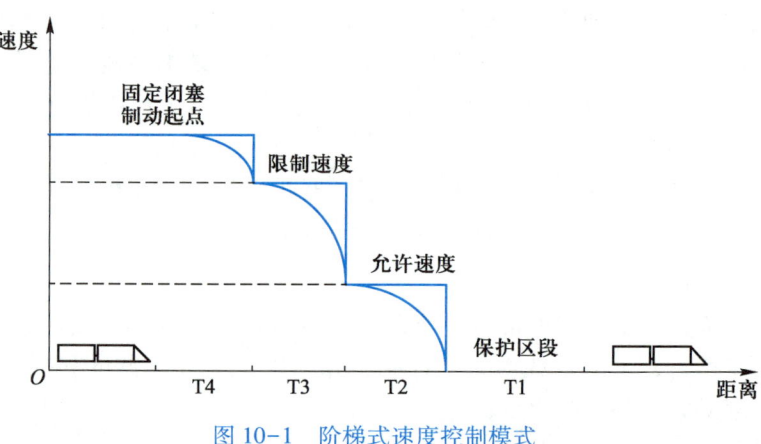

图 10-1　阶梯式速度控制模式

如果 ATC 系统采用阶梯式速度控制模式，其结构将更加紧凑，投入成本低，且性能稳定可靠。但是固定闭塞轨道电路传输的信号为模拟信号，抗干扰性较弱。需要注意的是，ATC 系统的阶梯式速度控制在准确性方面存在不足，这使得列车的优化和节能控制变得困难，从而限制了行车效率的进一步提升。

（2）准移动闭塞 ATC 系统

采用准移动闭塞方式的 ATC 系统采用目标距离控制模式，又称为连续式一次速度控制方式。其主要特点在于以一次速度控制为主，不受任何闭塞分区的限制，能够根据实际情况（如目标距离、目标速度及列车性能）来调整列车的制动曲线，从而实现一次制动。如图 10-2 所示，准移动闭塞的追踪目标位于前行列车占据的闭塞分区起点，并需保持足够的安全距离，以确保其在最高速度下的安全运行。同时，间隔距离还包括前车尾部与所在闭塞区间入口的距离。此外，在确定后车的制动时，还需考虑目标距离、目标速度和列车性能等因素。目标点的位置相对稳定，不会因前方列车的行驶而改变，但制动的起点会根据线路参数和列车性能进行调整，因此追踪的距离通常比固定闭塞方式更短。一般而言，通过将城市轨道交通线路划分为不同区域，并采用轨道电路或计轴设备，既可以确保列车的准确定位，又能有效进行区段占用检查。准移动闭塞中后行列车的目标制动点仍然和闭塞分区位置相关，因此它依然受到闭塞分区的限制。

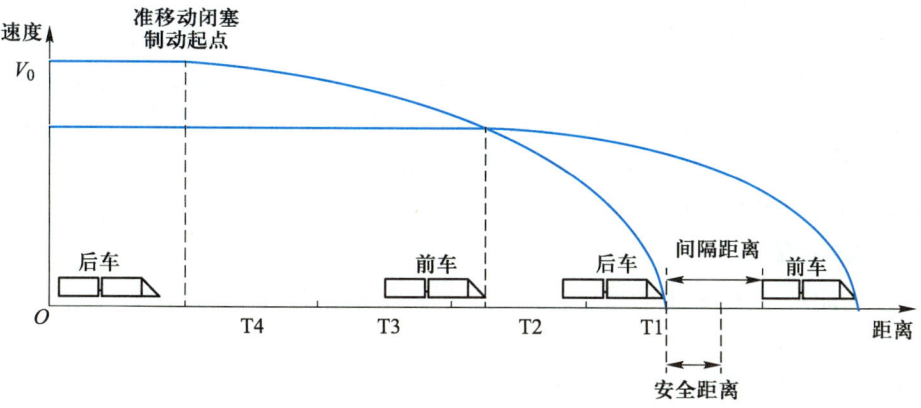

图 10-2　基于准移动闭塞连续曲线速度控制方式示意图

采用准移动闭塞方式的 ATC 系统设备构成相对简单，性能可靠，在兼顾建设成本的同时可以获得令人满意的运行效果。但是整条线路仍在物理上划分为闭塞分区，一次制动方式对列车的制动性能要求较高。

（3）移动闭塞 ATC 系统

根据图 10-3，移动闭塞系统没有固定的闭塞区域，因此无须使用轨道电路装置来判断哪些列车占用了该区域。通过使用移动闭塞 ATC 技术，可以在车辆和轨道之间进行数据传输。ATC 设备可以根据控制区内列车的位置、速度和其他信息，计算出列车的移动授权信息，并将其传输给车载设备，以便根据列车的运行状态，计算出列车的运行速度曲线，从而实现牵引、巡航、惰行和制动等控制功能。移动闭塞 ATC 系统允许列车以最低的安全距离相互跟随，以确保安全的运行。这个安全距离指的是在列车行驶过程中，停靠点与前方车辆尾部之间的动态距离。

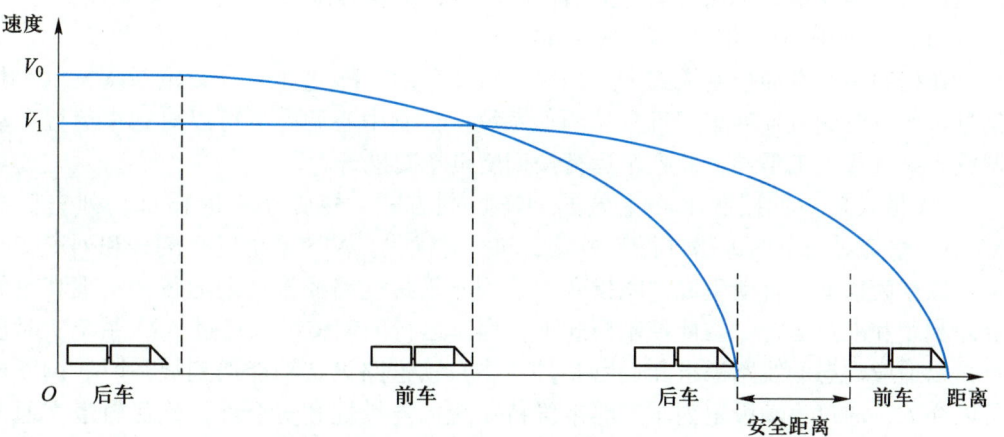

图 10-3　基于移动闭塞连续曲线速度控制方式示意图

在确保安全的前提下，移动闭塞系统的实施使列车的安全行车间隔和停车点能够更接近前方列车，相比于传统的移动闭塞，安全行车间隔的距离变得更加紧凑，从而提升了列车的通过性能。此外，随着轨道上设备数量的减少，设备的投入、运行和维护成本也显著降低。移动闭塞的 ATC 系统通常被称为基于通信的列车运行控制系统。在城市轨道交通中，由于车站之间的距离较短，平均站间距为 1 000~2 000 m，列车启动和制动频繁。在基于通信的列车运行控制系统发生故障时，列车可以按照站间自动闭塞模式运行。在这种模式下，两个车站之间划分为一个闭塞分区，同一时刻只允许一列列车在该区段内运行。

5. PTI 功能

PTI 功能是 ATC 系统的重要组成部分，负责通过识别列车身份、监控列车状态并传输关键信息，保障列车的安全运行。通过安装在列车上的设备，如 RFID 标签、传感器或无线通信模块，PTI 能够准确识别列车的唯一身份信息，并实时将列车的状态数据（如速度、位置、方向等）传输到地面控制系统。此外，PTI 系统还确保列车与轨旁设备之间的有效通信，使得列车在铁路网络中的每次运行都能够被实时监控和调度，从而提高系统的安全性和运行效率。

10. 1. 3　控制模式

ATC 系统提供多种控制模式，以适应多样化的运营需求和管理场景。主要模式包括：控制中心自动控制模式、控制中心自动控制下的人工介入模式（即调度集中系统的人工控制模式）、车站自动控制模式及车站人工控制模式。每种模式在特定的车站或控制区域内对列车运行进行分级控制，并规定了相应的操作权限和控制方式。

控制等级的选择应遵循以下原则：车站人工控制优先于控制中心人工控制，控制中心人工控制优先于控制中心或车站的自动控制。控制模式之间的切换通过授权机制进行，确保系统在保持运行灵活性的同时，实现操作的安全性和可靠性。

（1）控制中心自动控制模式（CA）

在控制中心自动控制模式下，列车进路命令由 ATS 进路自动设定系统发出，其信息来源是时刻表及列车运行自动调整系统。控制中心调度员可以对列车运行自动调整系统进行人工干预，使列车运行按调度员意图进行。

CA 模式是一种控制中心主导的列车控制方式，核心在于依托自动列车监控（ATS）系统对列车的进路进行集中设定和实时优化。ATS 系统以时刻表和列车实时运行数据为依据，自动生成进路指令，使列车沿最优路径按计划运行，实现高效的资源利用和准点运行。在此控制模式下，列车运行的调整可以通过 ATS 系统实时进行，以适应动态的线路需求和运营条件。当自动进路设定功能遇到故障时，调度员可以介入，通过手动设定列车进路来维持系统的连续性和安全性，确保轨道交通系统运行的可靠性和灵活性。

（2）控制中心自动控制时的人工介入控制或利用 CTC 系统的人工控制模式（CM）

在控制中心自动控制时，控制中心调度员也可关闭某个联锁区或某个联锁区内部分信号机或某一指定列车的自动进路设定，直接在控制中心的工作站上对列车进路进行控制。在关闭联锁区自动进路设定时，控制中心调度员可发出命令，利用联锁设备自动进路控制功能，随着前行列车的运行，自动排列一条后续列车的固定进路。在自动进路功能出现故障的情况下，调度员可以人工设置进路。

在 CM 模式中，车站的人工控制转到 ATS 系统。一旦车站以该模式工作，则由 ATS 系统启动控制而不由车站控制计算机启动控制，车站控制计算机继续接收状态表示信息、更新显示和采集数据。

（3）车站自动控制模式

在控制中心设备故障或通信线路故障时，控制中心将无法对联锁车站的远程控制终端进行控制，此时将自动进入列车自动监控后备模式，由列车上的车次号发送系统发出的带列车去向的车次信息，通过远程控制终端自动产生进路命令，由联锁设备的自动功能来自动设定进路，即随着列车运行，自动排列一条固定进路。

（4）车站人工控制模式

当 ATS 因故不能设置进路（不论人工方式还是自动进路方式），或由于某种运营上的需要而不能由中心控制时，可改为现地操纵模式，在现地操纵台上人工排列进路。

车站自动控制和车站人工控制也可合称为车站控制（LC）。当车站工作于 LC 模式时，不能由 ATS 系统启动控制。而 ATS 系统仍将继续接收状态表示信息、更新显示和采集数据。

10.1.4　驾驶模式

城市轨道交通列车的主要驾驶模式包括：列车自动驾驶模式、列车自动防护驾驶模式、限制人工驾驶模式、非限制人工驾驶模式及自动折返驾驶模式。五种基本驾驶模式在满足一定条件后可以相互转换。

自动驾驶模式可以提高列车行车效率，实现列车运行自动调整、维持列车运行秩序、减少司机劳动强度和人员配备的数量。

（1）列车自动驾驶模式（ATO 模式或 AM 模式）

ATO 模式即列车自动驾驶模式，此模式是正线上列车运行的正常模式，即用于正线上列车的正常运行。在这种模式下，列车在车站之间的运行是自动的，不需司机驾驶，司机只负责监视 ATO 显示，监督车站发车和车门关闭，以及列车运行所要通过的轨道、道岔和信号的状态，并在必要时人工介入。

在 ATO 模式下，ATO 系统根据 ATP 编码和列车位置生成运行列车的速度曲线，完全自动地驾驶列车；ATO 系统还能根据到停车点的距离计算出列车的到站停车曲线；ATO 速度曲线可以由 ATS 系统的调整命令修改；ATP 系统控制列车的紧急制动。

在城市轨道交通系统中，自动/手动驾驶（automatic manual，AM）模式是一种介于完全自动驾驶和人工驾驶之间的列车控制模式。在该模式下，列车的大部分运行过程由系统自动控制，但司机仍然需要在关键操作或特殊情况下进行手动干预。

例如，在列车启动、停止或遇到系统指令失效时，司机可以手动控制列车运行。AM模式通常用作 ATO（列车自动驾驶）模式的辅助模式，在自动控制系统出现故障或特殊运行要求时为驾驶员提供人工介入的可能性，以保障运行的连续性和安全性。AM 模式的核心作用在于为自动化系统提供灵活的人工控制选项，因此它通常被视为一种半自动模式。

（2）列车自动防护驾驶模式（safe mode，SM 模式）

SM 模式即 ATP 系统监督人工驾驶模式，是一种受保护的人工驾驶模式。在这种模式下，司机根据驾驶室中的指示手动驾驶列车，并监督 ATP 显示，以及列车运行所要通过的轨道、道岔和信号的状态，可以在任何时候操作紧急制动。ATP 连续监督人工驾驶的列车运行，如果列车超过允许速度将产生紧急制动。ATO 故障时列车可用 SM 模式在 ATP 的保护下降级运行。

（3）限制人工驾驶模式（RM 模式）

RM 模式即 ATP 系统限制允许速度的人工驾驶模式，这是一种受约束的人工操作，必须"谨慎运行"。在这种模式下，列车由司机根据轨旁信号驾驶，ATP 仅监督允许的最大限速值。

（4）非限制人工驾驶模式（URM 模式，也称关断模式）

URM 模式是不受限制的人工驾驶（无 ATP 监督）模式，用于车载 ATP 设备故障以及车载设备测试情况下完全关断时的列车驾驶。列车由司机根据轨旁信号和调度员的口头指令驾驶，没有速度监督。司机必须保证列车运行不超过限制速度（如最高 25 km/h），并监督列车所要通过的轨道、道岔和信号的状态，必要时采取措施，对列车进行制动。

（5）自动折返驾驶模式（AR 模式）

列车在站端（没有折返轨道的终端）调转行车方向或使用折返轨道进行折返操作，就要求能进入自动折返驾驶模式。

折返命令由 ATS 中心根据需要生成并传输至列车，或由设计固定的 ATP 区域（如终端站）的轨旁单元发出。ATP 车载设备通过接收轨旁报文而自动启动 AR 模式，并通过驾驶室显示设备指示给司机，司机必须按压"AR"按钮确认折返作业。

10.2　列车自动防护系统

ATP 系统是保证行车安全、防止列车进入前方列车占用区段和防止超速运行的设备。ATP 系统负责全部的列车运行保护，是列车安全运行的保障。ATP 系统执行以下安全功能：速度限制的接收和解码、超速防护、车门管理、自动和手动模式的运行、司机控制台接口、车辆方向保证、永久车辆标志。

ATP 系统的工作原理是：将信息（包括来自联锁设备和操作层面上的信息、地形信息、前方目标点信息和允许速度信息等）不断从地面传至车上，从而得到列车当前允许的安全速度，依此来对列车实行速度监督及管理。

城市轨道交通的一个显著特点是列车间隔时间短。目前在大城市修建的地铁与轻轨,往往都提出 2 min(甚至 90 s)的列车间隔要求。在如此短的列车间隔条件下,作为确保行车安全的信号系统已不能以地面信号显示作为控制行车速度的主要依据,而必须有一个高度可靠、连续不断地实现速度显示(机车信号)和速度监督、防护的系统。ATP 系统在城市轨道交通中承担着确保行车安全的重要职责,是 ATC 系统中最关键的一环。

ATP 是 ATC 的基本环节,是安全系统,其主要任务是监控列车的运行状态,确保列车在限定的速度和区间范围内安全运行。ATP 系统必须符合"故障—安全"原则,即当系统发生故障或检测到可能的危险情况时,系统会自动启动应急措施,以避免事故的发生。例如,当列车超速或接近信号限制的安全距离时,ATP 系统会强制采取制动措施,使列车减速或停止,以保障乘客和列车的安全。这一原则意味着 ATP 系统即使在发生异常时,也会优先考虑列车的安全性,确保系统始终处于受控状态。因此,ATP 系统在列车安全运行中起到了关键的防护作用,是 ATC 系统中不可或缺的组成部分。

10.2.1　系统组成

采用轨道电路传送 ATP 信息时,ATP 系统由设于控制站的轨旁单元、设于线路上各轨道电路分界点的调谐单元和车载 ATP 设备组成,并包括与 ATS 系统、ATO 系统、联锁设备的接口设备。

连续式 ATP 系统利用数字音频轨道电路,向列车连续地发送数据,允许连续监督和控制列车运行。对于 ATP 系统,由轨道电路反映轨道状态,传输 ATP 信息,在轨旁无须其他传输设备。当轨道电路区段空闲时,发送轨道电路检测电码。当列车占用时,向轨道电路发送 ATP 信息。轨道旁的轨道电路连接箱内(发送、接收端各一个)仅有电路调谐用的无源元件,包括轨道耦合单元及长环线。

车载 ATP 设备完成命令解码、速度检测、超速下的紧急制动、特征显示、车门操作等任务。车载 ATP 设备包括两套 ATP 模块(信号处理器和速度处理器)、两个速度传感器和两个接收天线、车辆接口、驾驶室内的操作和控制单元(MMI)等。车载 ATP 设备根据地面传来的数据(由 ATP 系统天线接收)与预先储存的列车数据计算出列车实时最大允许速度。将此速度与来自速度传感器测得的列车实际运行速度相比较,超过允许速度时,报警后启动制动器。

10.2.2　ATP 系统的设备构成

ATP 系统的设备构成可分为地面设备和车载设备。二者协同工作,能够实时监测列车状态并控制其运行,确保安全高效的城市轨道交通运输。

车载设备主要包括电脑系统、通信工具、轨道监控系统和相关接口。区域控制器(ZC)作为地面设备的核心,负责监控特定区域内列车的运行状态,协调各项运行指令与信号,并将信息传输到数据存储单元(database storage unit, DSU)中。ZC

10-12：ATP 系统结构示意图

作为一个重要的交通枢纽，能够收集并分析列车的位置、进路、轨道占用/空闲情况等数据，而为控制范围内的列车提供移动授权，确保列车安全、高效的运行。DSU负责收集和分析运行数据，支持调度决策。为提高系统的可靠性，这些设备需具备冗余功能，以在主要设备发生故障时保证服务的连续性和安全性。

地面设备主要包括应答器和计轴设备。在正常情况下，列车与地面之间通过数据传输系统（data communication system，简称DCS）实现连续的双向信息传输。应答器负责同步提供列车的绝对位置信息，这对于列车的安全运行和调度具有重要意义。应答器通过与车载设备进行通信，实时更新位置信息，确保列车在运行中的准确定位和路径跟踪。此外，应答器的准确性直接关系到列车的间隔控制和信号系统的有效性，从而提高线路的运能。

计轴设备基于定位技术检测轨道占用情况，并判断列车的运行方向，其轨旁设备具有较强的适应性，且维护工作量较小。通过计轴设备，系统能够实时监测到轨道是否被占用，进而影响列车的运行计划和调度策略。这种设备在城市轨道交通中，尤其在高密度运营环境下，能够有效减少列车的停运时间，提高运营效率。然而，计轴设备的局限性在于其无法实现精确定位，且不具备作为车地信息传输通道的功能。因此，计轴设备通常仅作为次级轨道占用检测设备，用于监测列车在轨道上的占用和出清情况。

要实现主级定位，需依赖更为精确的实时列车定位技术，如基于卫星导航系统或其他高精度定位技术。这些技术能够提供米级或厘米级的定位精度，保证列车在复杂轨道条件下的安全运行。因此，结合应答器和更先进的定位技术，能够更全面地满足城市轨道交通的需求。

基于应答器的列车定位技术采用地面应答器作为定位信号源。在列车经过应答器时，车载查询器能够读取该位置点的地理信息，从而实现列车的定位和方向识别。这种方法具有较高的定位精度，适用于确定绝对位置及进行误差校正，但由于其依赖于点对点的信息采集，无法实现实时的连续定位。

基于测速系统的列车定位技术通过轨旁或车载设备，实时监测列车的速度和位置。通过对即时速度进行时域积分，可以计算出列车的位移，并将其与预设的速度曲线和安全距离进行对比。这种方法能够实现实时、连续的位置计算，但存在容易产生累积误差的问题。此外，该技术只能提供相对定位，无法获取列车的初始位置及绝对位置。

为了解决以上两种方法的局限性，通常会采用应答器和测速装置的组合定位方案。首先，通过应答器确定列车的初始位置和运行方向，接着利用测速系统实时计算列车的移动距离。在列车经过每个地面应答器时，系统会进行一次位置更新校正，以减轻测速系统所带来的累积误差，从而实现更为精确的列车定位。

10.2.3 主要功能

ATP系统具有下列主要功能：检测列车位置、停车点防护、超速防护、列车间隔控制（移动闭塞时）、临时限速、测速测距、车门控制、记录司机操作。在数字音频轨道电路方式的 ATP 系统中，ATP 系统功能可分为 ATP 轨旁功能、ATP 传输功能和 ATP 车载功能。

1. ATP 轨旁功能

ATP 轨旁功能负责列车安全间隔和生成报文，完成对列车安全运行授权许可的发布和报文的准备。这些报文包括安全、非安全和信号信息等。ATP 轨旁功能又分为列车安全间隔功能、计算列车限制速度功能和报文生成功能。

（1）列车安全间隔功能

列车安全间隔功能负责保持列车之间的最小安全距离，还负责发出运行授权。只有在进路已经排列，联锁功能中才发出列车运行授权，准许列车进入进路。当前方列车仍在进路中时，可为后续列车再次排列进路。

由 ATP 轨旁功能发出的运行授权根据相应的安全停车点的选择和激活而定。这些安全停车点的选定依赖于进路内轨道区段的状态。安全停车点的位置在信号系统的设计中确定，这方面的信息保存在 ATP 轨旁设备（如计轴、应答器）中，并与车载设备进行实时数据交换。位置的选定是为了在各安全停车点以外提供一段安全距离。在 ATP 监督下，列车绝对不可能发生通过危险点的情况。

（2）计算列车限制速度功能

ATP 系统通过速度距离曲线来计算列车的限制速度，确保列车在接近停车点、前方障碍物或其他关键区域时，能够平稳、可靠地减速并停车。速度距离曲线是根据列车的当前位置、当前速度、制动力及前方的安全距离等信息来动态计算的。它帮助 ATP 系统决定列车是否需要减速，并为列车提供一个合理的减速过程，以避免超速或过快制动。因此，ATP 系统会根据这个曲线来调整列车的运行速度，以确保列车在规定的最高速度下安全行驶。

当列车达到 ATP 系统的最高限速时，车载设备会发出报警，提示驾驶员采取刹车措施，以确保安全。如果需要，还可以使用最大常用刹车力来降低列车的速度；当列车超出 ATP 系列规定的最高速度，并且没有及时采取措施减速时，将会被迫采取紧急制动措施。

（3）报文生成功能

从各种 ATP 轨旁功能里接收请求，完成整理数据、准备和格式化要传送到 ATP 车载设备的报文，并决定传输方向。这样，生成经由每个轨道区段传输的报文，然后向车载设备发出报文。传输的报文总是与受 ATP 控制的接近列车运行相反的方向馈入轨道电路。

报文由变量和包含在各变量中的数据结合而成，每个变量由下列三个来源编辑而成：编入 ATP 轨旁单元的固定数据，包括速度限制；可依据进路排列和轨道区段占用状态等，从有限的预设选项中选择可转换数据；若没有 ATS 功能的可变数据，可使用编入到 ATP 轨旁单元的缺省值。报文的长度和内容会随环境状态的不同而变化。

2. ATP 传输功能

ATP 传输功能负责发出报文信号，包括报文和 ATP 车载设备所需要的其他数据。音频轨道电路电流以二进制编码顺序调制。当音频轨道电路显示轨道区段空闲时，二进制编码顺序为音频轨道电路设备内预设的顺序。当音频轨道电路显示轨道区段占用时，二进制编码顺序为 ATP 报文产生功能生成的相应报文顺序。每个占用的音频轨道电路单独产生报文。

　　就地对车传输而言，音频轨道电路电流必须由轨道区段末端，迎着列车运行的方向注入。对双向运行的线路，送电点及传输方向必须根据列车的运行方向转换。转换传输方向所需的信号由 ATP 轨旁功能中的报文发生功能发出。

3. ATP 车载功能

　　ATP 车载功能负责列车安全运行，并提供信号系统和司机间的接口。车载功能由下列子功能组成：ATP 命令解码、ATP 监督功能、ATP 服务/自诊断功能、ATP 状态功能、车门释放功能、速度/距离功能、距离同步功能、本地再同步化功能、报文接收/同步定位环线检测功能、司机人机接口（MMI）功能及折返/改换驾驶室功能。

　　（1）ATP 命令解码

　　轨旁音频轨道电路将格式化的数据传送到车上，车载 ATP 设备要将报文解码，以实现各种 ATP 功能。

　　（2）ATP 监督功能

　　ATP 监督负责保证列车运行的安全。各监督功能管理列车安全的一个方面，并在它自己的权限内产生紧急制动；所有的监督功能，在信号系统范围内提供了最大可能的列车防护。各种监督功能之间的操作是独立的，且同时进行。

　　ATP 监督包括：速度监督、方向监督、车门监督、紧急制动监督、后退监督、报文监督、设备监督等。

　　（3）ATP 服务/自诊断功能

　　负责采集、存储、记录、调用列车数据和状态信息，为 ATP 监督提供服务，完成 ATP 车载设备的自诊断。

　　（4）ATP 状态功能

　　ATP 状态功能负责根据工作场景选定 ATP 车载单元的状态。在列车有电的情况下，ATP 车载单元可能处于三种状态中的一种：激活、待用和备用。其中备用状态是暂时的状态。

　　在 ATP 车载单元负责监督列车时，使用激活状态。当 ATP 车载单元不负责监督列车时，使用待用状态。在列车有电却没有插入钥匙的情况下，即刻出现待用状态。备用状态只是暂时的状态，当钥匙插入任何一列列车的驾驶室时，立即执行启动自检测，完成后更换为激活或待用状态。

　　（5）车门释放功能

　　车门释放功能保证当显示安全时允许打开车门。在满足下列条件时可得到车门释放指令：列车已停在带非安全停车点的预期停车窗内；非安全停车点对应于列车长度；ATP 车载单元接收到许可打开车门的报文。根据站台的布置，车门释放可以在列车的任意一侧或两侧。

　　列车在运行过程中，ATP 子系统对列车车门的状态监督，系统监督的车门应包括客室门及驾驶室门。所有车门关闭并锁闭后，系统方可允许列车施加牵引，驶离站台。列车运行过程中，如果车门打开，列车将实施紧急制动至停车。

为了在故障的情况下仍然使列车能够移动（比如由于检测故障，列车车门被错误地报告为"开"），车辆应提供 ATP 车门监督的旁路功能，列车驾驶员可以通过车门切除开关来代理执行对车门的监督。当车门切除开关激活后，车辆应保证无论列车车门处于何种状态，ATP 系统均采集到列车车门的状态为"关闭且锁闭"。

（6）速度/距离功能

速度/距离功能基于测速单元的输入，负责测定列车的运行速度、运行距离和运行方向。对于采用数字音频轨道电路的 ATC 系统，距离是根据各轨道电路的始端来测量的，并通过使用测速单元的输入和固定数据（车轮直径）来确定。

（7）距离同步功能

ATP 轨旁功能记录音频轨道电路的占用情况（这个信息由列车检测功能提供），然后在报文中向列车传送有关音频轨道电路占用时间的信息。这个时间考虑包括允许检测、列车检测功能相关的传输延误、地对车传输相关的处理和传输延误在内的余量。

距离同步功能接收到 ATP 轨旁功能的同步化信息后，通过计算在报文中消逝时间内列车运行的部分距离来计算列车前方的位置。计算包括列车前方位置相对于第一个轮轴的调整、检测报文中延误的偏离值。

（8）本地再同步化功能

本地再同步化（例如停车窗和车门释放监督）功能通过使用预定的同步基准点（同步定位环线的交叉点）实现列车位置高精度要求。由列车检测的同步基准点，预计列车位于已知的距离窗内，并假定列车距离的测量误差在规定限制范围以内。一旦达到第一个同步基准点，就会精确地知道列车的位置。

（9）报文接收/同步定位环线检测功能

报文接收/同步定位环线检测功能的一个作用是从 ATP 轨旁功能接收、解码报文信号。通过安装在前方列车驾驶室底部的接收天线接收报文。当 ATP 车载单元打开时，此功能对各有效传输频率进行搜索，直到识别出基于接收信号幅值的、当前列车所在的音频轨道电路使用的频率。一旦该频率形成且接收到报文，下一音频轨道电路的音频就会从报文数据中确定。

报文接收/同步定位环线检测功能的另一个作用是在轨道中检测同步定位环线。

（10）司机人机接口（MMI）功能

MMI 提供信号系统与司机的接口。借助于 MMI，司机可以按照 ATP 系统指示控制列车运行。MMI 向司机显示实际速度、最大允许速度及 ATP 设备的运行状态，显示列车运行时产生的重要故障信息，在某些情况伴有音响警报（例如超过了最大允许速度）。显示信息的类型和范围取决于设备的操作规程和 ATP 设备的配置。

（11）折返/改换驾驶室功能

在列车进行折返的情况下，要求司机改换驾驶室。ATP 车载设备必须考虑使用不同的驾驶操作台，保存有关相对轨旁位置、列车前部和后部的信息。改换驾驶室引起列车前部和后部的互换，ATP 车载设备必须相应地调整位置信息。

列车停稳后 ATP 车载设备收到要求折返报文以后自动生成 AR 模式。此类报文可通过 ATS 功能发出的命令给出，也可当列车进入全部列车需要折返地点的相应轨道区段时自动生成。使用 AR 模式的方法是当列车停在站台、车站后的折返轨或可接收到相关报文的任何位置时，执行折返。

当列车停在折返轨，会自动选定 AR 模式，并接收到相应的报文。这时，安装在司机操作控制台上的 AR 按钮会亮，并显示可以执行折返处理。司机通过按压 AR 按钮表示接受，AR 按钮闪亮。司机关闭驾驶控制台，并在没有司机的情况下实施自动折返。司机离开原驾驶室，必要时须走到列车另一端的驾驶室。在折返有效时，列车另一端驾驶室里的 AR 按钮闪亮，表示该驾驶室已经可以使用。同一或另外的司机打开驾驶室的司机操作控制台，ATP 车载单元进入 SM 模式并准备列车的返回运行。

10.3　列车自动运行系统

列车自动运行系统主要用于实现"地对车控制"，即用地面信息实现对列车驱动、制动的控制。由于使用 ATO 系统，列车可以经常处于最佳运行状态，避免了不必要的、过于剧烈的加速和减速，因此可显著提高旅客舒适度，提高列车准点率及减少轮轨磨损。通过与列车再生制动配合，还可以节约列车能耗。

10.3.1　系统组成

ATO 系统由轨旁设备和车载设备组成。ATO 轨旁设备通常兼用 ATP 轨旁设备，接收与列车自动运行有关的信息。ATO 车载设备由设在列车每一端司机室内的 ATO 控制器（包括司机控制台）及安装在列车每一端司机室车体下的两个 ATO 接收天线和两个 ATO 发送天线组成，还包括 ATO 附件，这些附件用于速度测量、定位和司机接口。ATO 车载设备通常和 ATP 车载设备安装在一个机架内。

ATO 系统具有一个双向通信系统，通过车载 ATO 天线和地面 ATO 环线允许列车直接与车站内的 ATS 系统连接，可以实现最佳的运营控制。

10.3.2　主要功能

ATO 系统的功能分为基本控制功能和服务功能。基本控制功能包括：自动驾驶、无人自动折返、车门打开。这三个控制功能相互之间独立地运行。服务功能包括：列车位置、允许速度、巡航/惰行、PTI 支持功能等。

1. 基本控制功能

（1）自动驾驶

① 自动调整列车运行速度　ATO 车载控制器通过比较列车实际运行速度、ATP

系统给出的最大允许速度及目标速度，并根据线路的情况，自动控制列车的牵引与制动，使列车在区间内的每个区段始终按控制速度（ATP 计算出来的限制速度减去 5 km/h）运行，并尽可能减少牵引、惰行和制动之间的转换。

② 停车点的目标制动　车站停车点作为目标点，由 ATP 轨旁单元和 ATS 系统控制。当停车特征被启动后，ATO 系统基于列车速度、预先确定的制动率和距停车点的距离计算出一个制动曲线，采用最合适的减速度（制动率）使列车准确、平稳地停在规定的停车点。与列车定位系统相配合，可使停车位置的误差达到 0.5 m 以下。

③ 从车站自动发车　当发车安全条件符合时（在 ATO 模式下，关闭了车门，这由 ATP 系统监控），ATO 系统给出启动显示，司机按下启动按钮，ATO 系统使列车从制动停车状态转为驱动状态。停车制动将被缓解，然后列车加速。ATO 系统通过预设的数据提供牵引控制，该牵引控制可使列车平稳加速。

④ 区间内临时停车　由 ATP 系统给出目标点位置（例如前方有车）及制动曲线，并将数据传送给 ATO 系统车载单元，ATO 系统得到目标速度为"0"的速度信息后自动启动列车制动器，使列车停稳在目标点前方 10 m 左右。此时车门还是由 ATP 系统锁住的。一旦前方停车目标点取消，速度信息改为进行码后，ATO 系统使列车自动启动。假如车门由紧急开门打开，或是司机操纵手柄被移至非零位置，那么列车必须由司机重新启动 SM 模式或 ATO 模式。

⑤ 限速区间　临时性限速区间的数据由轨道电路报文传输给 ATP 车载设备，再由 ATP 车载设备将减速命令经 ATO 系统传达给列车驱动、制动控制设备。此时 ATO 车载设备的功能犹如 ATP 系统与驱动、制动控制设备之间的一个接口。对于长期的限速区间，可提前将数据输入 ATO 系统。在执行自动驾驶时，ATO 系统会自动考虑该限速区间。

（2）无人自动折返

无人自动折返是一种特殊情况下的驾驶模式，在这种驾驶模式下无须司机控制，而且列车上的全部控制台将被锁闭。从接收到无人驾驶折返运行许可时，就自动进入 AR 模式。授权经驾驶室 MMI 被显示给司机，司机必须确认这个显示，并得到授权，锁闭控制台。只有按下站台的 AR 按钮以后，才实施无人驾驶列车折返运行。ATC 轨旁设备提供所需的数据以驾驶列车进入折返轨。列车将自动回到出发站台。列车到出发站台，ATC 车载设备就会退出 AR 模式。

（3）车门打开

由 ATP 系统监督开门条件，当 ATP 系统给出开门命令时，可以按设定由 ATO 系统自动打开车门，也可由司机手动打开正确一侧的车门。车门的关闭只能由司机完成。

2. 服务功能

（1）列车位置

列车位置功能从 ATP 功能中接收当前列车的位置和速度等详细信息。根据上一次计算后所运行的距离来调整列车的实际位置。此调整也考虑在 ATP 功能计算列车位置时传送和接收数据的延迟时间，以及打滑和滑行。

另外，ATO 功能与测速单元的接口为控制提供更高的测量精确性。列车位置功能也接收地面同步的详细信息，由此确定列车的实际位置和计算列车位置的误差。对列车位置调整，可在由 ATO 功能规定的直至接近实际停车点 10～15 m 的任意位置开始。这种调整可将停车精度由 ATO 控制在希望的范围内。

（2）允许速度

允许速度功能为 ATO 速度控制器提供列车在轨道任意点的对应速度值。这个速度没有被优化，只是低于当前速度限制和制动曲线的限制。允许列车速度调整是为了能源优化或由惰行/巡航功能完成的列车运行。

（3）巡航/惰行

巡航/惰行功能的任务是按照时刻表自动实现列车区间运行的惰行控制，同时节省能源，保证最大能量效率。ATO 巡航/惰行功能协同 ATS 系统中的 ATR 功能，并通过确定列车运行时间和能源优化轨迹功能实现巡航/惰行功能。

（4）PTI 支持

PTI 支持功能是通过多种渠道传输和接收各种数据，在特定的位置（通常设在列车进入正线的入口处）传给 ATS，向 ATS 报告列车的识别信息、目的号码和乘务组号，以及列车位置数据（例如当前轨道电路的识别和速度表的读数），以优化列车运行。

10.3.3　ATO 与 ATP 的关系

在"距离码 ATP 系统"的基础上安装了 ATO 系统，列车就可采用手动方式或自动方式进行驾驶。在选择自动驾驶方式时，ATO 系统代替司机操纵，诸如列车启动加速、匀速惰行、制动等基本驾驶功能均能自动进行。

图 10-4 表示了三种制动曲线。曲线①表示列车的紧急制动曲线，由 ATP 系统计算及监督。列车速度一旦触及该制动曲线，立即启动紧急制动，以保证列车停在停车点。曲线①对应于列车的最大减速度，一旦启用紧急制动，列车务必停稳后经过若干时间才能重新启动。因此，这是一种非正常运行状态，应该尽量避免。曲线②表示由 ATP 系统计算的制动曲线，在驾驶室内显示出最大允许速度，它略低于紧急制动曲线（差值通常为 3～5 km/h）。当列车速度达到该曲线值时，应给出警告，但不启用紧急制动。显然，曲线②对应的列车减速度小于曲线①的减速度，一般取与最大常用制动对应的减速度。曲线③是由 ATO 系统动态计算的制动曲线，也即正常运行情况下的停车制动曲线。此曲线对应的减速度，能够在正常运行情况下使列车平稳减速并顺利停车，以保障乘客的舒适体验。

从这三条停车制动曲线可以明显看出：ATP 系统主要负责"超速防护"，起保证安全的作用；ATO 系统主要负责正常情况下列车高质量地运行。因此，ATP 系统是 ATO 系统的基础，ATO 系统不能脱离 ATP 系统单独工作，必须从 ATP 系统获得基础信息。而且，只有在 ATP 的基础上才能实现 ATO，列车安全运行才有保证。ATO 系统是 ATP 系统的发展和技术延伸，ATO 系统在 ATP 系统的基础上实现自动驾驶。

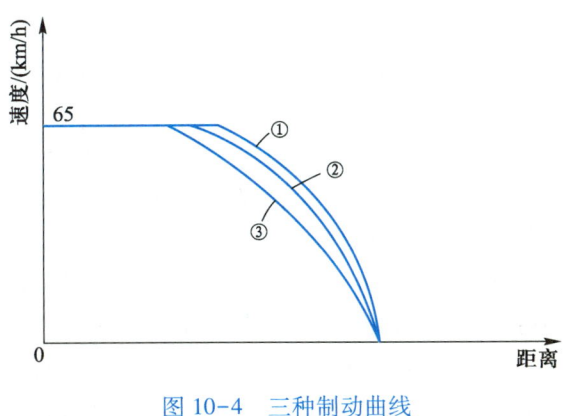

图 10-4　三种制动曲线

10.3.4　列车自动运行系统原理

1. 列车运行控制原理

ATO 系统根据 TIAS（列车信息和调度系统）发送的控制命令，根据线路条件、车辆特性等数据计算目标速度曲线。需要考虑的因素有：

① EB 限速曲线（emergency braking limit curve）　基于列车的最大制动能力、当前速度和轨道条件来决定列车的最大安全速度。ATO 系统必须根据 EB 限速曲线实时计算目标速度曲线，以确保在紧急制动时，列车能够在给定的制动距离内停稳。

② 站间运行时间　根据预定的站间运行时间，结合当前的列车速度、路段的坡度、曲线半径及列车的加速/制动能力，计算出合适的目标速度曲线。

③ 扣车跳停命令　通常由地面控制中心或列车调度中心发出，要求列车在途中停车或者跳停。ATO 系统需要根据扣车跳停命令动态调整目标速度曲线。

④ 线路坡度和曲线半径　上坡时列车需要增加动力，而下坡时则可能需要通过制动来控制速度。曲线半径较小的弯道需要更低的行驶速度，以防止因离心力过大而产生安全隐患。ATO 系统必须根据实时数据（如坡度变化、曲线半径）动态调整目标速度曲线，以确保列车在所有路段上均以安全、平稳的方式行驶。

⑤ 列车动态性能　需要根据列车的动态性能（包括牵引力、制动力、重量等）来确定目标速度。列车的加速度和减速度直接影响速度曲线的制定。

⑥ 列车间隔与前方列车的状态　在 ATP 系统中，列车之间的安全间隔至关重要，尤其在采用移动闭塞时，ATO 系统必须根据前方列车的位置和速度，计算出适当的速度，以保持安全的列车间隔。此外，ATO 系统在动态调整目标速度曲线时，还需要与 ATC 系统进行配合，确保前方列车的状态不影响后续列车的运行安全。

通过对上述因素进行量化计算，得到目标速度曲线，由 ATO 控制器控制车辆跟踪该速度曲线行驶。

2. ATO 系统在站台精确停车控制机制

列车在站台的精确停车，依赖于车辆与 ATO 系统的紧密配合。车辆在接近站台时，ATO 系统通过实时监控列车的位置、速度及与站台的相对距离，确保列车能够

10-15：ATO
控制原理框图

平稳、安全地停靠在预定位置。停车过程的精度主要依赖于位置测量功能，即 ATO 系统通过轨旁应答器更新列车的当前位置，确保其精确地接近停车点。

为了保证停车的高精度，ATO 系统采用了停车策略，该策略定义了停车过程中的关键要素，包括：制动等级、制动起点和速度曲线。密切监控列车对 ATO 命令的反应，并尽可能符合速度曲线。该功能通过对命令的筛选，确保列车的制动过程平滑，避免急剧的减速或停车时产生的惯性冲击。同时，ATO 系统还在停车时优化牵引与制动的平衡，保证列车能够在不影响乘客体验的情况下，实现精确停车。

在实际运行中，ATO 系统的停车精度还受到 ATP 系统的支持，尤其是在限制列车速度和保持列车安全间隔方面。ATO 系统与 ATP 系统通过安全限制点配合工作，确保在停车过程中，列车不会因速度过快或停车位置不准确而发生碰撞或其他安全事故。ATP 系统负责监控列车是否遵循安全速度和距离限制，而 ATO 系统则依据这些限制调整停车策略。

3. 速度自动调整控制原理

ATO 系统根据 TIAS 发送的列车到站和发车时间指令，按照时刻表自动执行列车区间的运行任务。通过对列车速度的实时调整，ATO 不仅能够确保列车按时到达各个车站，还能优化列车的运行效率。

在列车运行过程中，ATO 子系统与 ATP 系统紧密配合，确保列车的安全性。ATO 系统根据运行状况、前方列车的情况、信号指令和限速要求等因素，调整列车速度以避免超速或与前方列车发生碰撞。ATP 系统提供实时防护，确保列车运行不超过安全速度，最大限度地保障列车之间的安全间隔。

除了保证列车安全和准时运行，ATO 系统还能够根据实时情况灵活调整列车速度，满足系统对运营间隔的要求。

4. 车门及站台门控制原理

在 ATP 系统的防护下，ATO 系统确保列车精确停靠在站内停车窗，并满足开门条件。列车停稳后，ATO 系统根据车站的开门方向指令发出开车门命令，并同步控制站台门的开启。此过程中，ATO 系统利用车站数据库中存储的信息确认正确的开门方向，并确保列车与站台门的对接。

停车时，ATO 系统通过监测列车位置，确保其在停车窗内精确停靠，并根据停车时间自动发出关闭车门和站台门的命令。如果未按时关闭车门或站台门，ATO 系统会发出警报信号，提醒司机并记录故障。为了提高系统可靠性，ATO 系统实时监控车门和站台门状态，确保它们在规定时间内响应开关命令。若未能按时完成开关操作，ATO 系统将报警并记录故障，以便后续处理。

10.4　列车自动监控系统

列车自动监控系统主要是实现对列车运行的监督，辅助行车调度人员对全线列车运行进行管理。它可以显示全线列车运行状态，监督和记录运行图的执行情况，为行车调度人员的调度指挥和运行调整提供依据：如列车偏离运行图时及时做出反应等；通过 ATO 系统接口，ATS 系统还可以向旅客提供运行信息通报，包括列车到达出发时间、列车运行方向、中途停靠点信息等。

10.4.1　ATS 系统组成

ATS 系统由控制中心设备、车站设备、车辆段设备、列车识别系统及列车发车计时器等组成。

1. 控制中心设备

控制中心设备属于 ATS 系统，是 ATC 系统的核心，用于状态表示、运行控制、运行调整、车次追踪、时刻表编制及运行图绘制、运行报告、调度员培训、与其他系统的接口。其设备组成如图 10-5 所示。

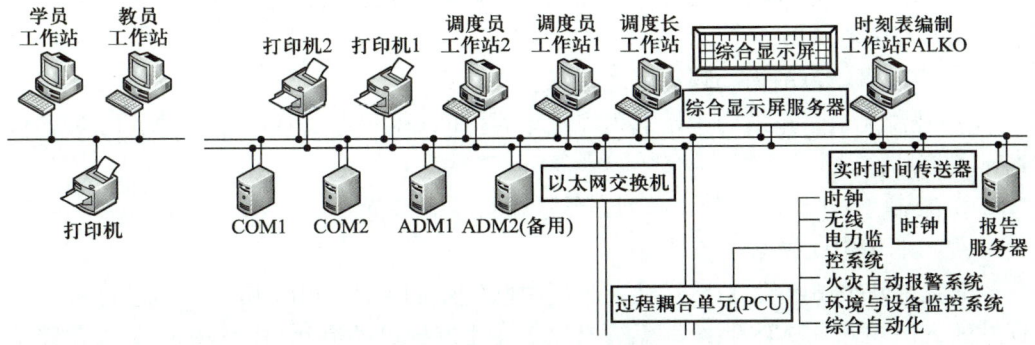

图 10-5　控制中心设备

控制中心 ATS 设备主要包括：中心计算机系统、综合显示屏、调度员及调度长工作站、运行图工作站、培训/模拟工作站、绘图仪和打印机、维修工作站、不间断电源（UPS）及蓄电池。其中，综合显示屏、调度员及调度长工作站设于主控制室，控制主机、通信处理器、数据库服务器；维修工作站设于设备室；运行图工作站设于运行图室；绘图仪和打印机设于打印室；培训/模拟工作站设于培训室；UPS 设于电源室；蓄电池设于蓄电池室。

运行控制中心一般设在城市轨道交通线路的较大车站，配套现代化、高性能、模块化的控制系统，是灵活的工作站结构。工作站的硬件设置相同，所不同的是扩展的内存和接口板，具有与分散的联锁设备、综合自动化系统、旅客向导系统等通信的界面。控制中心与各站联锁设备间由遥控系统联系，如过程连接单元完成所有分散接口与联锁装置及 ATO 系统的通信控制，车辆段服务器将车辆段的远程 MMI 与控制中心连接起来。

2. 车站设备

车站分集中联锁站和非集中联锁站，设备不同。

10-16：控制中心综合显示屏

（1）集中联锁站设备

集中联锁站设有一台 ATS 分机，是 ATS 系统与 ATP 地面设备和 ATO 地面设备接口，用于连接联锁设备和其他外围系统，采集车站设备的信息，传送控制命令，使车站联锁设备能接受 ATS 系统的控制，以实现车站进路的自动控制。为从联锁设备取得所需数据，配备了采用可编程控制器的远程终端单元。采用模块化设计，扩展十分容易。它还控制站台上乘客向导系统（PIIS）的列车目的显示器、列车到发时间显示器和发车计时器（DTI）。

车站 ATS 设备的功能有：

① 接收、存储其管辖范围内当日的列车计划时刻表；

② 根据计划时刻表及列车运行情况，自动控制及办理管辖范围内的列车进路，包括进、出正线、终端站折返进路等；

③ 特殊情况下，可以按控制中心设定的运行间隔控制列车运行；

④ 根据计划时刻表自动控制列车到站及出发时刻；

⑤ 采集管辖范围内的所有各车站的列车运行信息、设备工作状态，并将这些信息送至控制中心 ATS；

⑥ 实现管辖范围内的列车车次追踪；

⑦ 控制无道岔车站的车站远程终端单元（RTU）设备，并向相邻的 ATS 设备传送有关信息；

⑧ 控制 ATO 地面设备，向列车传送运行控制信息。

（2）非集中联锁站设备

非集中联锁站不设 ATS 分机。非集中联锁站的 PTI、PIIS 和 DTI 均通过集中联锁站的 ATS 分机与 ATS 系统联系。有岔非集中联锁站的道岔和信号机由集中联锁站的计算机控制，通过集中联锁站的 ATS 分机接收 ATS 系统的控制命令。

3. 车辆段设备

（1）ATS 分机

车辆段设一台 ATS 分机，用于采集车辆段内存车库线的列车占用及进/出车辆段的列车信号机的状态，在控制中心显示屏上显示以上信息，以便控制中心、车辆段值班员及车辆管理人员了解段内停车库线列车的车次及车组运用情况，正确控制列车出段。

（2）车辆段终端

车辆段派班室和信号楼控制台室各设一台终端，与车辆段 ATS 分机相连，根据来自控制中心的实际时刻表建立车辆段作业计划。车辆段联锁设备，通过 ATS 分机与控制中心交换信息，实现段内运行列车的追踪监视。

4. 列车防护和识别（PTI）系统

PTI 设备是 ATS 系统车次识别及车辆管理的辅助设备，其由地面查询器环路和车载应答器组成。地面查询器环路设于各站。PTI 设备用于校核列车车次号，当列车经过地面查询器时，地面查询器可采集到车载应答器中设定的列车车次号，并经车站 ATS 设备送至控制中心，校核是否与中心计算机列车计划中的车次号一致，若不相同则报警并进行修正。

5. 列车发车计时器（TDT）

TDT 设备设于各站，为列车运行提供车站发车时间、列车到站晚点情况的时间指示，提示列车按计划时刻表运行。正常情况下，在列车整列进入站台后，按系统给定站停时间倒计时显示距计划时刻表的发车时间，为零时指示列车发车；若列车晚点发车，则 TDT 增加停站时间的计时。在特殊情况下，若实施了站台扣车控制，TDT 给出"H"显示；如有提前发车命令，TDT 立即显示零；列车通过车站时 TDT 显示"="。

10.4.2　主要功能

ATS 系统具有下列主要功能：

1. 列车监视和跟踪

进行在线列车的监视、跟踪、车次的移位及显示。

（1）列车监视

列车监视是用计算机来再现列车的运行。列车运行由轨道空闲和占用信号来驱动。列车由车次号来识别。ATS 系统给 MMI、旅客信息显示系统、模拟线路表示盘提供列车位置和车次号。

（2）车次号输入、追踪、记录和删除

列车车次号是 ATS 功能的先决条件，必须在规定时间内生成。当列车由车辆段或其他地点进入正线运行时，ATS 系统将根据计划时刻表自动给计划列车加入车次号。列车车次号输入方式有：在读站自动输入车次号、时刻表系统提出车次号、系统自动生成虚拟车次号、调度员人工输入。

车次号在该列车通过读站时被记录，出错时调度员可用另一车次号替代。ATS 系统从车辆段开始至全部正线连续追踪列车，在中心表示盘及显示器上的车次窗内随着列车运行的位置动态显示车次号。调度员可人工修改车次号，并能由车次查出对应车组号。车次号删除是从 ATS 系统中清除车次号记录，在被监视到离去本区段、被覆盖时删除，也可人工删除。

（3）列车运行识别

列车运行由轨道占用信号从"空闲"到"占用"的翻转来识别。列车运行被监测到，就会在系统中显示。

（4）集中显示

控制中心表示分为大屏表示盘和显示器。在站场布置图上显示正线全线列车运行及信号设备的工作状况，如列车位置及车次号、信号显示、道岔位置轨道电路状态、进路状态及开通方向、车站控制状态（站控或遥控）、行车闭塞方式（自动闭塞或站间闭塞）、站台扣车状态、信号设备报警等，以及根据调度员的需要在显示器上显示车辆段内列车运用状况及各种报告。

2. 时刻表处理

包括安装、修改、存储时刻表，描绘、显示和打印实迹运行图。

系统提供编制时刻表用的数据库，通过调度员的人工设置，如站停时间列车间隔、轨道电路布置等数据产生计划时刻表。每天运营前将当日使用的计划时刻表从控制中心传至车站 ATS 分机。

系统储存适合于不同运行情况的多套时刻表；根据时刻表自动完成列车车次号的跟踪与更新；自动生成时刻表。

控制中心 ATS 系统根据列车运行的实际情况自动绘制列车实迹运行图，系统随时对时刻表的状态进行比较。利用车次号和列车位置可以对一列车的计划位置和实际位置进行比较。在发生偏离（早点或晚点）时，系统一方面通过适当的显示通知调度员，另一方面自动产生相应的纠正措施。

3. 自动建立进路

控制中心能对列车进路、信号机、道岔实现集中控制，可根据当日列车运行计划时刻表自动控制列车运行，包括：自动办理正线各种进路并控制办理的时机，自动控制列车驶入、离开正线的时机，自动控制车站列车停车时间及发车时机。自动建立进路的功能是形成控制道岔位置的命令和在适当时间向信号系统发送这些命令。将列车车次号和位置信息、道岔位置和已选信号系统的信息提供给自动建立进路系统，命令的输出由接近列车的监测和进路计划来控制。

4. 列车运行自动调整

系统不断对计划时刻表与实际时刻表进行比较：通过调整停站时间自动调整列车按计划时刻表运行，在此基础上自动产生列车的出发时间。在装备有 ATO 系统的线路上能通过对列车运行等级的设置实现对列车运行的自动调整。

调度员也可通过人工命令调整列车停站时间来调整列车运行。

5. 遥控联锁

联锁设备由远程控制系统操作，它提供了与运营控制系统的接口界面。

6. 监测与报警

ATS 系统及时记录被监测对象的状态，具有预警、诊断和故障定位能力；监测列车是否处于 ATP 系统保护状态；监测信号设备和其他设备结合部的有关状态；具有在线监测与报警能力。监测过程不影响被监测设备的正常工作。

在相应工作站，报告所有故障报警的状况并予以视觉提示，直到恢复正常状态为止。重要的故障以音响报警提示，直到确认报警状况为止。

需要报警的不正常状况包括轨旁 ATC 系统、轨道电路及轨旁设备的故障，车载 ATC 系统和车辆设备的故障，通过列车与地面通信系统（train-wayside communication，TWC）传输的车载 ATC 状态信息中出现的问题，以及在光纤通信系统（distributed temperature sensing，DTS）设备中检测到并由 DTS 报告的故障。

在 ATS 系统中，TWC 是列车与地面控制中心之间的核心通信渠道。它不仅支持列车的调度管理，还为自动驾驶、安全控制、故障诊断和乘客信息服务等多方面提供实时数据传输，确保城市轨道交通系统的高效、安全运行。

7. 运行报告

ATS 系统能记录大量与运行有关的数据，如列车运行里程数、实际列车运行图、列车运行与计划时间的偏差、重大运行事件、操作命令及其执行结果、设备的状态信息、设备的故障信息等。ATS 系统所记录的事件都应该有备份。通过选择，可回放已被记录的事件，提供数据备份和恢复功能，并可回放和查询；提供运行分析报告。

ATS 中心可提供多种报告，辅助调度员了解列车运行情况及系统工作情况。调度员还可调用列车运用计划并进行修改，并可登记、记录、统计数据、离线打印。

ATS 系统可按用户的要求提供各种统计功能，以完成各种统计报表（如日报表、周报表、月报表等）。

8. 其他

① 旅客信息显示　用来通知等待的乘客下一列车的目的地和到达时间。

② 列车确实位置识别　列车识别码由司机在开始旅程前选定，由列车自动发送。

③ 服务操作　操作员能修改数据库、列车参数、控制与显示数据库信息。

④ 仿真、培训/演示　通过仿真手段，离线展示列车的在线运行，主要用于系统的调试、演示及人员培训，是一种必不可少的运行模式。它与在线控制模式几乎完全相同，唯一的差别是列车定位信息不是实际获取的，而是随车次号的设置而出现。仿真能够实现在线控制中的所有功能，但它与现场之间没有任何表示信息和控制命令的信息交换。培训/演示系统能实现模拟时刻表、模拟列车运行的调度等功能，可记录、演示，对学员进行实际操作的培训。

10.4.3　ATS 系统的监控范围与级别

ATS 系统的监控范围涵盖了所有运营线路上的车站、区间、折返线和车辆基地，旨在确保整个轨道交通系统的安全运行。该系统通过中央控制与车站控制两个级别实现有效管理。在这两个控制级别中，车站控制的优先级较高，旨在保证安全性和可靠性，无论是自动控制还是人工控制，车站控制始终优先考虑。通过这种分级控制，ATS 系统能够在不同运行状态下，灵活调整并确保系统的安全与平稳运行。

具体而言，在控制中心的中央控制室中，ATS 系统配备了调度员工作站，负责全线的自动化监控和实时调度，而在各车站的控制室内，设有值班员工作站，负责各站点的日常监控与应急处理。中央控制室和车站控制室之间的信息传递和协调作用显得尤为重要。调度员通过 ATS 系统实时跟踪整条线路的运行状态，监督列车的运行，并在必要时执行调整操作。当系统发生故障或需要进行车站作业时，调度员与车站值班员通过协作，将中央控制转换为车站控制模式，保证列车运行不受影响。

在紧急状态下，车站工作人员拥有执行监控任务的权限，并可根据实际情况向控制中心报告并汇报相关信息。在中央控制与车站控制之间的切换过程中，ATS 系统通过无缝对接的方式确保列车的正常运行不受干扰，避免了因系统调整所带来的运营中断。这种控制模式使得整个系统具有高度的安全性与灵活性，能有效应对不同的运营需求和突发状况。

10.5　基于通信的列车运行控制系统

基于通信的列车运行控制 CBTC 系统是一种现代化、基于无线通信的列车控制系统，广泛应用于城市轨道交通系统中。与传统的自动列车控制（ATC）系统相比，CBTC 系统更加依赖于高效、稳定的通信网络，通过实时的无线数据传输来实现对列车运行的精确控制和管理。

CBTC 系统的主要目的是通过减少列车间隔，提高线路运输能力，并提升系统的安全性和可靠性。它通过通信技术实现列车与轨旁设备、列车与列车之间的信息交换，替代了传统系统中的轨道电路检测等物理设备。这一转变极大地提高了列车位置检测的精度，使列车能够以更短的间隔运行，从而提升了线路的通过能力。

10.5.1　CBTC 系统介绍

CBTC 系统通过实时传输列车的运行信息，确保列车安全、高效地运行。其核心在于车载设备、轨旁设备、通信网络和后台系统的无缝协作，使得列车能够通过实时数据交换实现精准的运行控制。

在 CBTC 系统中，车载设备负责实时发送列车的位置信息、速度和运行方向等数据，这些信息通过无线通信网络传输给轨旁设备。轨旁设备则根据接收到的列车数据，计算出列车的安全距离、行车路径及其他运行参数，进而生成相应的行车命令。通过无线通信，轨旁设备可以持续监控列车运行状态，并根据需要调整列车的运行参数。这种实时的反馈机制能够保证列车间的安全间隔，并防止列车之间发生碰撞或超速。

CBTC 系统不仅为列车提供自动驾驶和防护功能，还通过无线通信网络增强了运营的灵活性和可靠性。无线通信使得系统能够实时传输动态数据，及时调整列车的运行状态，从而提高了调度的效率，减少了人为操作的干预。后台系统则综合分析列车运行状态和轨道条件，优化调度决策，确保整个城轨系统的高效运转。CBTC系统的实施，不仅提升了轨道交通的自动化程度，还在高密度运营环境下，提供了更精确的列车调度与运行控制，增强了系统的适应性和安全性。

1. 发展历程

CBTC 系统的发展源于对传统轨道交通控制系统的升级需求，尤其是在大城市轨道交通高密度运营的背景下。传统的 ATC 系统受限于固定区间控制和轨道电路技术，列车无法在区间内实现更精确的定位，导致安全间隔较大，系统的运输效率难以提升。

随着通信技术的发展，特别是无线通信技术的成熟，CBTC 系统逐步被提出并应用于实际运营。20 世纪 90 年代，CBTC 系统在欧美国家的一些城市轨道交通项目中开始试点运营，取得了良好的效果。随着无线通信技术和计算机控制技术的不断进步，CBTC 系统逐步标准化，并在全球范围内推广应用。

2. CBTC 系统与传统 ATC 系统的区别与联系

3. CBTC 的核心优势

通过无线通信技术的应用，CBTC 系统显著提高了城市轨道交通的运行效率和安全性，是未来轨道交通自动化发展的重要方向。CBTC 系统相较于传统的 ATC 系统，具有以下显著的优势：

① 运输能力提升　通过缩短列车间隔，CBTC 系统能够提高线路的运输能力，在不增加基础设施的情况下，实现更高的运输效率。

② 安全性增强　CBTC 系统基于列车的实时数据和通信，能够更精确地计算列车间距和制动距离，确保列车运行的安全性。

③ 灵活性和可靠性　CBTC 系统能够动态调整列车的运行计划和路径，适应突发的运营需求，如列车故障或线路堵塞，提高了系统的可靠性和应急响应能力。

④ 维护成本降低　由于 CBTC 系统依赖无线通信和计算机控制，减少了传统轨道电路的维护需求，降低了运营和维护成本。

4. CBTC 系统的自动化等级

不同自动化级别 CBTC 系统列车运行基本功能如表 10-1 所示。

10-17：CBTC 系统与传统 ATC 系统的区别与联系

10-18：不同自动化级别 CBTC 系统详细区别表

表 10-1　不同自动化级别 CBTC 系统列车运行基本功能表

列车运行基本功能		目视行车人工驾驶	ATP	STO	DTO	UTO
		GoA0	GoA1	GoA2	GoA3	GoA4
保证列车运行安全	确保列车安全进路	×（道岔控制由系统完成）	√	√	√	√
	确保列车安全间隔	×	√	√	√	√
	确保列车安全速度	×	×（部分由系统完成）	√	√	√
列车驾驶	列车加速/制动控制	×	×	√	√	√
监控轨道	防止障碍物碰撞	×	×	×	√	√
	防止碰撞轨道上人员	×	×	×	√	√
监视乘客乘降	车门控制	×	×	×	×	√
	防止不同车厢间及列车与站台之间人员的伤害	×	×	×	×	√
	确保安全发车条件	×	×	×	×	√

续表

列车运行基本功能		目视行车人工驾驶	ATP	STO	DTO	UTO
		GoA0	GoA1	GoA2	GoA3	GoA4
控制列车运行	投入/退出运营	×	×	×	×	√
	监督列车运行状态	×	×	×	×	√
紧急状态的检测与处理	烟雾/火灾与脱轨监测	×	×	×	×	√
	列车完整性监测	×	×	×	×	√
	乘客请求管理（呼叫/逃生，监视）	×	×	×	×	√

5. CBTC 系统的常见类型

基于交叉感应环线承载的 CBTC 系统主要通过轨旁的感应环线和车载设备进行通信。在轨道旁布设电磁感应环线，将列车位置、速度等信息实时传输到车载设备，实现自动控制和管理。交叉感应环线通过电磁感应的方式精确检测列车位置，并提供高效、可靠的列车运行信息交换。这种类型应用于广州地铁 3 号线、武汉地铁 1 和 3 号线等地铁线路。

基于漏泄波导管（leaky feeder）的 CBTC 系统主要应用于隧道、地下等封闭环境，其传输方式通过一种特殊的电缆——漏泄波导管来实现。漏泄波导管在沿其长度方向均匀地释放和接收电磁波，可以在地铁隧道等难以直接进行无线通信的环境中实现可靠的无线信号传输。该系统的最大优势在于能够在密闭环境中提供较强的通信信号，尤其适用于一些地下线路或长隧道线路。这种类型应用于北京地铁 2 号线、武汉地铁 2 和 4 号线等地铁的部分地下线路。

基于 LTE（长期演进技术）承载的 CBTC 系统采用第四代移动通信技术（4G LTE）作为无线通信的基础设施。通过 LTE 网络的高带宽、低延迟特性，CBTC 系统可以实现更加灵活和高效的数据传输，适用于大规模、高密度的城市轨道交通网络。该系统能够为列车提供持续的高质量无线通信，支持更高效的列车调度和实时监控。这种类型应用于广州地铁 18 号线与 22 号线、香港南港岛线、马德里地铁等。

10.5.2　CBTC 系统的主要功能与模块

CBTC 系统通过实时通信，使列车与轨旁设备、控制中心之间进行连续的信息交互，从而实现列车间隔控制、自动驾驶和全线监控。相比于传统的轨道电路，CBTC 系统摒弃了固定的轨道区段概念，采用移动闭塞（moving block）技术，实现列车之间的动态间隔控制，大幅提高了线路的运输能力和安全性。

CBTC 系统由多个模块协同工作，主要功能包括列车运行控制、列车安全防护、列车自动驾驶、实时调度监控等。其核心模块如下：

10-19：CBTC 系统组成图

列车自动防护（ATP）：ATP 功能是 CBTC 系统的核心功能之一，负责确保列车间的安全距离，避免超速或撞车。ATP 系统根据实时列车位置和速度计算列车的安全制动距离，并在必要时自动采取紧急制动。

列车自动驾驶（ATO）：ATO 功能在 ATP 系统保障的前提下，负责列车的自动驾驶操作，如加速、减速、停车等。ATO 系统根据预定的运行计划和线路条件进行自动化操控，减少了人为操作，提高了列车运行的精确性和效率。

列车检测系统：列车检测系统通过轨旁信标和传感器获取列车的实时位置、速度、加速度等数据，并将这些信息传输至轨旁设备和控制中心，用于列车间隔计算和路径规划。

通信管理系统（CMS）：负责处理列车与控制中心、轨旁设备之间的数据传输，确保无线网络的稳定性和安全性。通信管理系统通过冗余设计和数据加密技术，保障通信的高可用性和数据安全性。

列车自动监控（ATS）系统：ATS 系统负责全线列车的调度和监控，结合实时列车运行数据，自动调整列车运行计划，确保线路的高效利用和准时运营。ATS 系统还能够在紧急情况下提供故障诊断和应急响应。

10.5.3　GoA2 系统的工作原理

GoA2（半自动化驾驶）模式是 CBTC 系统中较为基础的自动化水平。在 GoA2 模式下，列车可以在自动驾驶模式下运行，但仍然需要司机参与关键操作，例如发车和停车。GoA2 系统通过无线通信持续向列车提供前方区间的运行指令，实时监控列车位置，并确保安全的列车间隔控制。

计轴系统与列车自动控制系统联动，实时监控列车的位置和轴计数信息，确保列车与其他列车保持安全距离。系统根据计轴反馈信息自动调节列车的加速和减速过程。

GoA2 系统具有如下功能：

① 自动驾驶控制功能　在 GoA2 模式下，列车的加速、巡航、减速等操作由列车自动驾驶（ATO）系统执行。ATO 系统根据轨旁设备发送的控制指令，自动调整列车速度，确保列车按照预定计划运行。

② 列车防护功能　GoA2 系统利用列车自动防护（ATP）系统进行安全监控，实时检测列车的位置与速度，确保列车不超速、不越过危险信号。若检测到任何异常，ATP 系统会自动介入并采取紧急制动措施。

③ 驾驶员参与　尽管 GoA2 系统具有自动驾驶功能，驾驶员仍需负责发车、停车及应对突发情况。在发车前，司机需确认列车运行状态和外部条件，确保列车能够安全启动。停车时，司机可手动控制列车进入站台并停靠。

GoA2 模式广泛应用于全球城市轨道交通系统中，如伦敦地铁维多利亚线、纽约地铁 7 号线和北京地铁 14 号线。其优势在于实现了一定程度的自动化，减轻了驾驶员的操作负担，同时保留了人工干预能力，确保在特殊情况下能够灵活应对。GoA2 模式下，司机的存在依然是列车安全运行的最后一道防线，因此对驾驶员的反应速度和专业技能有较高要求。

10-20：GoA2
和 GoA4 不同
工况下控制方式
区别表

10.5.4　GoA4 系统的工作原理

GoA4（全自动化驾驶）模式是 CBTC 系统的高级自动化水平。在 GoA4 模式下，列车实现了完全自动化运行，司机无须干预。所有列车的启动、加速、巡航、减速、停车等操作均由列车控制系统自动完成。GoA4 模式通过实时的无线通信和列车自主控制，实现了最高效、安全的列车运行。

计轴系统为列车提供精准的位置信息，并与全自动驾驶系统紧密结合。通过计轴系统，列车能够精确了解位置和周围列车的动态，自动调整速度以保证运行安全和高效。

GoA4 系统具有如下功能：

① 完全自动驾驶　列车自动控制（ATO）系统负责所有列车运行任务，包括发车、速度控制、停车等操作。ATO 系统根据通信信号，自动调整列车的运行状态，确保列车按时到达并离开车站。

② 高度安全防护　GoA4 系统依赖于自动列车保护（ATP）系统来保障列车的安全运行。ATP 系统持续监控列车的运行状态，防止列车超速或越过红色信号，必要时会自动进行干预和制动，确保安全距离和速度限制。

③ 无司机操作　在 GoA4 模式下，列车运行完全由系统控制，司机无须参与。即使出现故障或紧急情况，系统也能够自主判断和调整运行计划，例如重新规划列车路径或安排备用列车。

GoA4 模式通常应用于技术较为成熟的轨道交通网络中，如巴黎地铁 14 号线、新加坡地铁南北线及上海浦东机场线。这种完全自动化的模式大幅提升了列车运营效率，减少了人为操作误差的可能性，同时降低了运营成本。然而，GoA4 系统的实施对通信系统的可靠性、线路设备的稳定性及信号系统的实时性要求较高，面临一定的技术挑战。因此，运营方通常会通过多重备份和冗余系统来确保 CBTC 系统的安全性和可靠性。

10.5.5　实际应用中的效果与挑战

10-21：成功
案例与经验教训

CBTC 系统的实施显著提升了城市轨道交通的运营效率：

① 提高运输能力　CBTC 系统通过移动闭塞技术，使列车之间的安全间隔最小化，从而提升线路的通过能力。这种提升效果在高密度线路上尤为显著。

② 节能减排　由于列车能够根据实时运行情况进行自动驾驶，减少了不必要的加速和制动操作，CBTC 系统在一定程度上优化了能源利用效率，降低了运营成本。

③ 灵活的应急处理　CBTC 系统支持多种运营模式，包括全自动驾驶和人工控制模式，在设备故障或突发情况时能够迅速切换至人工操作，确保线路的连续运营。

然而，CBTC 系统的应用也面临诸多挑战：

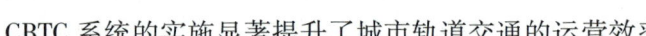

① 高成本　CBTC 系统的建设和维护成本较高，特别是需要在全线铺设高质量的无线通信网络和安装大量的轨旁设备，这对城市轨道交通的初期投资提出了更高要求。

② 通信稳定性问题　由于 CBTC 系统高度依赖无线通信，一旦通信网络不稳定或中断，系统的安全性和可靠性将受到影响。这对通信网络的冗余设计和实时监控提出了更高的技术要求。

③ 系统兼容性问题　在实施 CBTC 系统时，如何与已有的传统控制系统兼容，尤其在部分线路上需要逐步替换传统系统，这使得不同系统间的协调成为一大技术挑战。

10.6　列车综合自动化系统

列车综合自动化系统（train integrated automation system，TIAS）是一种高度集成的智能列车运行控制系统，通过无线通信、实时定位、自动控制与智能调度等技术，集成了列车控制、实时监测、故障诊断和乘客安全管理等多种功能，支持列车自动驾驶、自动进出库、障碍物检测、紧急救援响应及远程控制等操作。通过与列车和地面设备的通信与协调，TIAS 可有效实现无人驾驶、智能化调度和全面的安全保护，为轨道交通提供更加高效和可靠的自动化管理方案。

10.6.1　TIAS 关键技术

TIAS 需要多项关键技术：精确的列车操控、高效的监测与协调、可靠的故障诊断及有效的乘客安全管理。通过采用先进的列车控制技术，系统能够支持多种功能，如列车休眠唤醒、过冲回退、门控操作、自动进出库、自动清洁、车辆及工程车管理等。借助综合监控系统，可实现对障碍物的实时检测、站台安全防护、烟雾报警及牵引车运行安全保障。此外，故障管理技术可有效处理牵引制动、门禁系统、远程重置、蠕动模式、紧急救援及备用运营控制等问题。乘客安全监测与管理则包括紧急通信设备的使用、紧急呼救信号的发出及安全通道的开启等，确保乘客在全自动驾驶环境中的安全。

10.6.2　TIAS 的技术特点

TIAS 由中心级、车站级、培训管理和设备维修支持四大模块组成，采用热备、冗余的分层分布式 C/S 架构，并通过标准的 TCP/IP 协议实现高效通信，确保数据传输的稳定性和网络管理的统一性。

TIAS 设计遵循开放、模块化原则，使硬件与软件模块便于扩展和维护，易于集成到其他系统中，从而实现稳定的网络管理和资源协调，满足轨道交通智能化需求。

10.6.3 TIAS 构成

TIAS 主要由以下系统构成：位于控制中心的中心级 TIAS；位于各车站的车站级 TIAS；位于车辆段的中心级 TIAS（备用）、培训管理系统（TMS）、车站级 TIAS、设备维修支持系统（DMS）。

1. 硬件组成

TIAS 的硬件分为两层：

① 中心级 TIAS；

② 车站级 TIAS，包括车站、车辆段等。

2. 软件构成

TIAS 软件分为三层：

（1）数据接口层

数据接口层主要用于被监控设备的数据采集和协议转换，主要由中心和车站的前端处理器（front-end processor，FEP）完成。其中，车站 FEP 负责前端数据采集和本地处理，中心 FEP 负责数据汇总、标准化和系统级控制，两者共同保障了 TIAS 系统的高效数据交互与实时监控。

（2）数据处理层

用于实时、历史数据管理，主要由中心、车站服务器构成，通过实时数据库和关系数据库提供 TIAS 的应用功能。使用关系数据库 Oracle 11g 作为历史数据库。

（3）人机接口层

用于处理人机接口，主要由操作员操作站构成（行调、电调、环调、维调、乘客调、车辆调和总调等），通过从中心、车站服务器获取数据，在操作站上显示人机界面，完成各种监控操作。

3. 网络系统构成

TIAS 网络由三层组成，即主干层、局域层和现场层。

（1）主干层

主干层用于控制中心（含备用控制中心）与各车站、车辆段局域网的互联，该主干层负责承载 TIAS 中央级系统与车站级系统之间的信息互传。

TIAS 组网方案：TIAS 利用工业以太网构建的主干网，完成中心层与车站层、现场层的数据交换。在中心及车站（车辆段）设立冗余的主干网交换机，完成中心层与车站层、现场层的数据交换。在中心及车站各节点，TIAS 均承载在工业以太网主干通道，完成数据的交换、实时数据库和历史数据的共享等功能。

（2）局域层

局域层即控制中心（含时刻表/运行图编辑）、各车站（含复示工作站）、车辆段（含备用中心、培训管理系统、综合维修管理系统等）的局域网。

中心级（含备用中心、培训管理系统、设备维修支持系统）、车站级（含车站、车辆段）局域网均采用冗余的交换式 100/1000M 以太网。

（3）现场层

现场层为各子系统执行层面上的网络，包括建筑自动化系统（building automation system，BAS）、电力监控系统（process supervisory control and data acquisition，PSCADA）等子系统，采用工业控制以太网络或现场总线。其中，BAS 系统用于监控和管理轨道交通系统中的环境与设备，PSCADA 系统用于实时监控整个轨道交通系统的电力状态，并采集和分析电流、电压等电力系统数据。

4. 通用功能

TIAS 具备广泛的通用功能，能够高效集成并管理城市轨道交通系统各项专业数据，支持全线范围内的监控需求。TIAS 具备的基本特征为：

① 层次化模型　TIAS 采用分层设计，将功能按中心级、车站级等分级管理，实现对地铁系统的高效控制。

② 模块化结构　系统结构模块化，便于维护和功能扩展，能够灵活适应不同的运营需求。

③ 分布式数据处理　通过分布式架构，系统能够高效处理大规模数据，保证实时响应和稳定运行。

④ 大容量的实时数据库和历史数据库　系统配备大容量数据库，能够处理大量实时数据并存储历史数据，为后续分析与优化提供支持。

⑤ 具有开放式系统配置能力，可定制用户数据、操作界面、统计分析。

⑥ 具有对不同制造商产品的集成能力（协议、数据、工作模式等）。

⑦ 具有成熟、稳定的软件系统内核框架，并允许在此基础上完成定制功能组件的模块化扩展。

⑧ 对城市轨道交通扩站、扩线、线网的发展需求具有极强的适应能力。

思考题

1. 试述列车自动控制系统的功能、控制模式的种类及驾驶模式种类。

2. 试述列车自动保护系统的功能。

3. 试述列车自动运行系统的功能。

4. 试述列车自动监控系统的功能。

5. 请解释 ATS 子系统的主要功能，以及它如何帮助行车调度员进行列车的安全调度和运行监控。

6. 移动闭塞 ATC 系统如何提高列车运行效率？与传统的固定闭塞系统相比，它有哪些主要优势？

第 11 章
车站管理与客流组织技术

11-1：思维导图

车站是城市轨道交通运营管理与服务的基本单位，车站管理工作内容繁多、涉及面广、意义重大，而车站管理的核心工作是组织乘客安全、迅速、便捷地使用城市轨道交通出行，为乘客提供优质的客运服务。车站管理所涵盖的部分内容将在其他章单独成篇，本章则在对车站管理工作进行简单概述的基础上，介绍车站综合监控系统和导向标志系统等与车站客流组织工作紧密相关的主要设备设施，进而重点阐述在不同情况下的车站客流组织措施与技术。

11.1　车站管理的基本内容及组织模式

1. 车站管理的基本内容

车站作为城市轨道交通系统中进行运输生产和提供客运服务的重要功能节点，其日常管理工作几乎涉及城市轨道交通运营管理的各个方面，主要包括行车组织、客流组织、安全管理、设备设施管理、服务管理和票务管理等。

车站行车组织主要是指按列车运行图要求，安全有序地组织列车接发作业和折返作业。

车站客流组织主要是指通过合理布置和运用相关设备、设施及管理手段，组织乘客在车站管辖范围内按照预先设定的路线安全有序流动的过程。

车站安全管理是指通过辨识和控制车站管辖范围内人、机、环境等方面可能的危险因素来防止事故发生或尽可能降低事故损失，一般会对典型事故制定应急预案。

车站设备设施管理是指按照一定的计划对车站中各类设备设施的运行状态进行检查和维护，确保其正常运转。

车站服务管理主要是指为保持或提升车站服务质量而开展的服务标准制定、服务意识教育、服务质量监督和考核等工作。

车站票务管理主要是指车站对票务现金和票卡的调配及其清点、保管、交接、存放等环节的卡控。

在城市轨道交通网络中，任一车站管理工作的任一方面都可能对网络全局产生重大的影响。同时，车站是城市轨道交通系统对外交流和服务的重要窗口，车站管理和服务工作是城市轨道交通整体服务水平的最终体现。因此，车站管理是城市轨道交通运营管理至关重要的一部分。

2. 车站管理的组织模式

车站管理的组织模式取决于运营设备自动化程度和客流量的大小，也与整个运营单位的管理模式密切相关。按车站隶属层次和管理权限不同，车站管理组织模式可以大致分为以车站为基本单位的管理模式和以区段中心站为基本单位的管理模式。

以车站为基本单位的管理模式是基于点、线结合的单线管理模式，是一种集权式管理结构，其主要特点是按线别成立车站管理部门，以单个车站为基本单位进行

章导语：

本章主要从车站管理的基本内容和车站管理的基本模式来介绍车站管理工作，从导向标志系统、车站日常客流组织、大客流组织及突发事件客流组织来介绍车站的客流组织工作，这些内容将帮助学生建立起城市轨道交通系统车站管理和客流组织的基本理论框架，帮助学生了解车站管理和客流组织的基本内容。本章中车站管理的基本内容、导向标志系统的设计及不同情况下的客流组织方法是学习的重点和难点，学生需重点学习。建议教学学时4学时左右。

管理，车站管理部门提供统一标准的技术和业务支持，其层次结构如图 11-1 所示。

该模式的优点是技术业务支持人员在车间集中设置，车站只负责运输计划的执行，综合业务均由车间技术支持人员完成。一方面确保了政策、制度执行不走样，另一方面节约了人力资源。但该模式的缺点也比较明显，主要体现在：

① 由于技术支持人员集中设置，遇到突发事件需要赶赴现场时，耗费时间长，现场处置效率低。

② 车站管理部门（车间）的线条过长、幅度过大，对车站的管理主要采用由上至下的推动式管理方式，各车站处于被动、依赖式的管理模式，站长缺乏概览全线运营状况、积极主动采取配合措施的主观能动性。

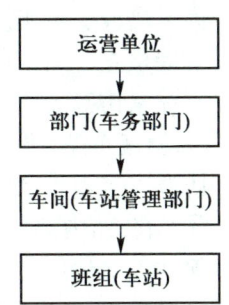

图 11-1　以车站为基本单位的管理模式层次结构

③ 车站是运营设备设施的集中地，是面向乘客服务的窗口，是内外部各种矛盾的交集点，站长缺少相应的管理权限和资源去处理车站的具体工作，车站自身管理的力度不足，影响管理效率提升。

以区段中心站为基本单位的管理模式（区段中心站管理模式）是根据车站客流量和技术设置的不同（如联锁站或非联锁站），采取在相关线路上选取某个车站作为区段中心站、邻近车站作为卫星站的形式进行管理，由中心站统一提供技术和业务支持。

该管理模式是对所有的车站实行分线或分区域式的管理。在分线或分区域式管理的前提下，以区段中心站取代车间和单个车站作为车站管理基本单元，其层次结构如图 11-2 所示。

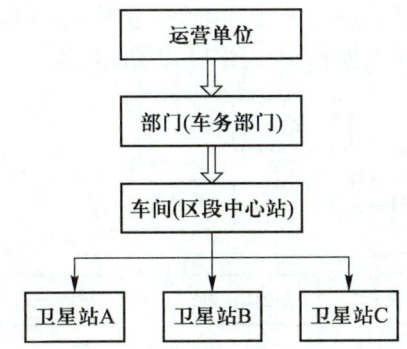

图 11-2　以区段中心站为基本单位的管理模式层次结构

区段中心站的设置，加强了现场业务的指导力度，车站具有了更多的自主权限，在处置突发事件时，效率相对提高。以区段中心站为基本单位的管理模式更适合"点、线、面"三结合的网络化运营管理。这种模式将可能是城市轨道交通车站管理模式的主流趋势。

区段中心站管理模式中，中心站站长行使车间主任职责，是辖区的第一责任人。以中心站站长为例，车站管理工作具体应做到：

① 代表地铁公司在车站行使属地管理权，组织辖区各站员工开展运营工作，为乘客提供优质服务。

② 负责整个辖区各站的建章立制、安全管理、制定计划、落实总结、行政管

理、岗位调整、监督考核、绩效考评及奖惩、晋升推荐、员工业务培训、演练、活动、人员培养、员工思想引导和教育、稳定队伍、指导核查值班站长的工作落实情况、开展检查、与部门内外相关单位沟通、组织中心站会议、指挥处理突发事件、接受媒体采访等。

③ 辖区车站发生突发事件或者较严重的乘客事务，第一时间到场指挥应急处理，协调支援力量和向上级汇报。车站大客流时做好客运组织的指挥工作。

④ 与公司内部的其他部门、公安、街道、消防、周边的学校、合建的单位、商铺、保洁等单位保持沟通和联系。

区段中心站管理模式对辖区车站采用值班站长负责制，负责当班期间车站的行车、客运、票务、卫生等工作。

车站值班站长管理工作具体应做到：

① 服从中心站长的领导，组织本班员工开展工作，对本班车站运营全面负责。包括车站的票务、服务、行车、施工等方面所有的工作。

② 对本班站务人员管理，对值班员、站务员的工作进行指导、监督，同时负责对保洁、护卫、商铺人员、施工人员、安检人员等驻站人员进行属地管理。

③ 对车站进行全面巡视，发现问题立即汇报并组织整改。

④ 负责本班客运服务工作。组织车站员工为乘客提供优质服务，处理乘客投诉事件，组织车站的客流控制。同时还负责监督和牵头本班的票务相关工作，严格执行公司的票务规章制度，确保本班票务收益安全、运作顺畅。

⑤ 负责本班的安全生产工作。在车站发生异常情况或突发事件时，值班班长负责牵头处置，及时启动预案，控制局面，减少和避免人员伤亡及财产损失，尽快恢复运营。

区段中心站管理模式岗位架构图如图 11-3 所示。

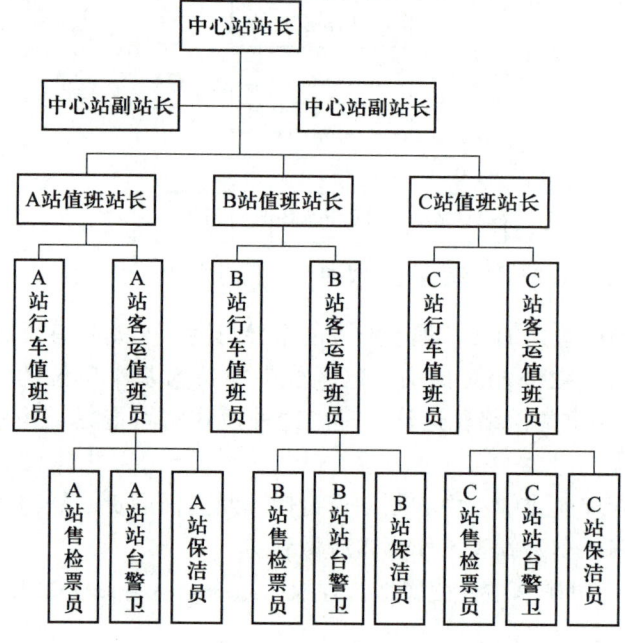

图 11-3　区段中心站管理模式岗位架构图

11.2　车站综合监控系统

　　城市轨道交通系统在运营过程中，为保障乘客的安全、列车的有序运营、设备的正常运转，必须建立综合监控系统，对城市轨道交通各个环节进行监控和统一管理。考虑到安全性和可靠性要求，综合监控系统采用分层分布式体系结构，主要由中央综合监控系统（CISCS）、车站综合监控系统（SISCS）、区间变电所监控系统及数据传输主干网构成。车站是车流和客流交汇的节点，集中了大量重要的设备设施，所以，车站综合监控系统是城轨运营综合监控系统的重要组成部分。

11-2：轨道交通综合监控系统示意图

　　车站综合监控系统（SISCS）通常位于车站的综合控制室内，主要包括：与行车组织相关的电力监控系统（PSCADA）、自动列车监控系统（ATS）和时钟系统（CLK）等；与运营安全相关的火灾自动报警系统（FAS）、环境与设备监控系统（BAS）、屏蔽门/安全门系统（PSD）、防淹门（FG）和门禁系统（ACS）等；与乘客服务相关的闭路电视系统（CCTV）、广播系统（PA）、乘客信息系统（PIS）和自动售检票系统（AFC）等。

11-3：车站综合监控系统示意图

　　通观国内外城市轨道交通车站综合监控系统建设的状况，实际系统的形式多种多样，集成程度也不尽相同。有的将主要系统和辅助系统分开集成，有的则全部集成在一起。但无论集成程度高低，都尽量采用统一平台，尽量地将子系统互联，实现资源共享、信息互通。

　　车站综合监控系统的基本功能是对各种机电设备的实时集中监控，高级功能是各系统之间协调联动功能，即在日间正常运营情况下、晚间非运营情况下、紧急突发情况下和重要设备故障情况下实现各相关系统设备之间协调互动。

11-4：电力监控系统结构图

11.3　车站导向标志系统

　　自乘客从街道至出入口，从出入口进入车站，办理一切旅行手续，然后乘车至到站出站，在乘客完成的乘车全过程中都需要信息标志的帮助，因此，好的信息标志会起到一个很好的组织客流的作用。

11.3.1　导向标志系统

　　导向标志系统是指引导乘客安全、便捷地进站、购票、乘车、出站和换乘等行为而连贯设置于城轨站外、站内和列车上的一系列标志的总称，包括在紧急情况下进行客流疏散所设的紧急疏散标志。

　　导向标志根据其用途、材质、引导目的等可以有多种分类方法。

11-5：引导性导向标志例图

11-6：定位性
导向标志例图

11-7：通电发光
导向标志例图

11-8：进站导向
标志例图

11-9：出站导向
标志例图

1.　按用途分类

① 引导性导向标志。引导性导向标志是指引乘客进站、乘车、出站和换乘为主要目的的一种导向标志，其作用就是要清晰、准确地将乘客从起始点引导至目的地。标志主要显示的是去目的地的方向，但也包括一些站域周边公共建筑物、车站公共设施等辅助信息，以便让乘客更加快速、准确地选择其走行的路线。

② 定位性导向标志。定位性导向标志是对一些停顿点位置的说明和确认，以便使用者能准确、清楚地知晓当前所处的方向和位置。如出入口、售票点、设备用房门牌标志等。

2.　按材料发光情况分类

① 通电发光导向标志。一般引导性导向标志通常采用通电发光式，悬挂在天花板下，外接电源发光。如各出入口方向、乘车导向标志和闸机上方状态指示标志等。

② 蓄能或蓄光发光导向标志。主要用于疏散导向标志，通过平时蓄能或蓄电，在没有照明时能自动或主动发光，引导乘客紧急疏散到站外。

③ 不发光导向标志。主要指一些地面信息、安全警示、公共告示和温馨提示等标志。

3.　按引导的目的分类

① 进站导向标志。将乘客从地面经由出入口、通道、站厅非付费区、进站检票口、楼扶梯、站台引导至所乘目的列车的导向标志。主要包括：站外路引（沿城轨方向 500 m 范围内连续设置）、车站站名、站内乘车导向（按 20~30 m 距离连续设置）、售票导向及定位、检票口定位、乘车导向、行车方向导向等标志。

② 出站导向标志。将乘客从城轨列车经由站台、楼扶梯、出站检票口、站厅非付费区、通道、出入口引导至地面目的地的引导标志。主要包括：楼扶梯导向、出口导向、换乘导向、地面信息、出口导向（按 20~30 m 连续设置）等标志。

③ 换乘导向标志。将乘客从某线路的站台引导至另一条线路的站台，经由下车站台、楼扶梯、站厅付费区、楼扶梯至另一换乘站台的导向标志。主要包括：楼扶梯导向、换乘方向、乘车导向等标志。

④ 疏散导向标志。疏散导向标志一般设在自站台设备区和公共区至车站出入口。在天花板或站房房顶下方或沿地面和墙壁连续设置（包括在隧道墙壁上连续设置引导往车站方向的疏散标志），引导乘客在紧急情况下迅速疏散。一般采用蓄能或蓄电发光导向标志。

11.3.2　导向标志设计的原则

（1）导向清晰准确性原则

导向标志的醒目性。导向标志在设置位置、材料选用、形式、规格等方面应方便乘客识别，避免被其他固定物体遮挡，与广告之间应有一定间隔。在夜间使用时，应配有足够的照明或内置光源。版面信息应符合人体生理特征及阅读习惯，以横向排版为主，将主要的导向信息和乘客最需要获取的信息排列在易于被乘客发现的位置。

导向标志的清晰性。导向标志中通过笔画粗细、字体形式、色彩对比、行列间距、周边留白等优化设计，使图形符号、中英文字、数字等彼此之间应清晰易辨。

导向标志的准确性。车站导向标志系统在功能设计上在充分体现站房设计时的客流组织理念的基础上，正确指示方向和位置，准确表达警示信息。

（2）标志标准化原则

城市轨道交通系统标志系统是公共信息导向系统的一个组成部分，因此其设计首先应遵循公共信息导向系统国家标准（GB/T 20501.6—2013 及 GB/T 20501.2—2013），并在此基础上结合城市轨道交通特点形成标准化的标志系统。目前，我国还没有城市轨道交通的导向信息的标准文件，不同城市甚至同一城市不同的轨道交通线路的导向信息的表示（如颜色、符号等）都不相同。导向信息要统一、简单、清楚。在文字与图形表示上要尽量对接国际标准，中英文要规范，如在标志颜色上，红色表示禁止，蓝色表示命令，绿色表示安全；在警示标志图案上应尽量采用国际通用的图案，如"禁止吸烟"的图案等。

（3）标志系统化原则

导向标志设置是一个系统工程，涉及系统工程学、美学、心理学、行为学等方面，因此，设置时要重点考虑以下几个方面：

信息传递连贯性　导向标志系统传递的信息应前后关联，相互呼应，形成一个较为稳定连贯的信息体系，避免导向信息的断链或相互矛盾。

系统效率最大化　设计导向标志系统时应考虑充分发挥车站内部设备的效率，减少乘客在站内停留时间，快速有序疏解乘客。

标志显示多样化　应充分运用美学、心理学、行为学等相关知识，系统设计多样化的标志系统，使得标志系统醒目、易读、成体系。如在大型的城市广场或环境复杂地区设置醒目的行人指示牌，指明最近地铁站出入口方位；在车站出入口附近设置地铁标志灯箱，标识地铁出入口位置；在站厅设置售票、问询、票价、进站、乘车方向、地铁线路图、列车时刻表等信息标志，引导乘客顺利进入乘降区；在站台上设置列车信息显示屏，配合车站广播，指引乘客准确乘降列车；在列车上设置动态到站显示和列车广播，提醒乘客及时下车出站，从而形成成体系的、多样化的乘客出行标志系统，方便乘客出行。

11.3.3　导向标志系统的设计

导向标志系统的设计要充分表达车站设计时的客流组织理念，满足引导乘客快进快出、快捷换乘的要求，同时方便工作人员组织客流。为了更好地传播导乘信息，导向标志系统的设计不但要考虑在合适的位置以文字、图形等形式及时展示乘客需要了解的信息，还要考虑导向标志的颜色、设置方式、材料所产生的实际视觉效果。具体设计中要着重考虑以下几个方面。

1. 导向标志位置选择要求

城市轨道交通导向标志位置必须符合人体工程学原理。位置设计应充分考虑人

11-10：换乘导向标志例图

11-11：疏散导向标志例图

导向标志相关规范：《公共信息导向系统 导向要素的设计原则与要求 第6部分：导向标志》（GB/T 20501.6—2013）《公共信息导向系统 导向要素的设计原则与要求 第2部分：位置标志》（GB/T 20501.2—2013）

11-12：禁止吸烟图

在平面和垂直方向上的最佳视线角度，再根据视角、视距等确定环境标志的平面和竖向具体位置，进而形成最佳的观赏效果。同时要注意环境标志的位置必须符合人流方向，以适合多数人的视线需求。

城市轨道交通导向标志位置必须与环境有机结合。首先，标志与空间性质相结合，譬如室内标志通常设在共享空间墙面、走廊两侧等，有时也会设计在前上方悬挂；室外标志一般设在空间交通节点、道路一侧、建筑物上和入口周围等。其次，标志位置的设置应具有一致性。一致性是指同类标志的位置相对固定不变，譬如通道内指示流线的标志往往固定在前进方向的视线上方位置，而紧急疏散标志往往设置在通道的踢脚线位置。再次，标志位置设置要有秩序性。秩序性是指在进行标志设计的时候，要注意人的心理和视觉习惯（一般是从大到小、从左到右、从上到下等），主要的、整体性的标志要处于心理和视觉的突出位置、其他标志处于相对次要的位置，进而形成一定的内在秩序，层次清晰。最后，空间标志的位置必须醒目，能充分引起人们的注意，瞬间传达内容，实现目的。具体标志位置的设置应注意以下几个方面：

① 标志牌在环境中必须醒目，其正面或邻近不得有妨碍视读标志的障碍物。

② 导向标志牌设在便于选择方向的通道处，并按通向设施的最短路线布置，若通道很长，可以按适当间距重复布置。

③ 指示性标志牌应设在紧靠所指示的设施的上方或侧面，或足以引起人注意的位置。

④ 为了传递完整信息使乘客快速辨识，单个使用导向图形标志时，图形标志应与方向标志显示在同一标志牌上。

⑤ 方向标志后面可以设置系列图形标志，为使乘客快速辨识，每个方向的系列图形标志一般最多有四个并留适当空位。

⑥ 为便于乘客区分标志，并列设置的引导两个不同方向的标志牌之间至少应有一个空位。

⑦ 图形标志可辅以文字标志说明。文字标志一般应与图形标志同时显示，字的高宽度与图形高宽度的比例采用黄金分割比例或 5/8 时，一般可取得较好效果。

⑧ 标志牌上有多项信息和不同方向时，一般最多可布置五行，并按逆时针顺序排列方向标志（箭头）的方向。一行中表示两个方向的图形标志，其间距应不少于两个空位。

2. 导向标志的文字规划

导向标志在文字上应做到准确、简明、规范地反映表达信息，标志牌上的文字不宜过多。在采用组合标志进行导向时，组合信息简明扼要，否则会影响导向信息的传播效果。

导向标志中文字的字体对乘客的视觉效果通常有重要影响，例如，黑体字或圆头体易识别，传达信息快速明了，使用较为广泛；隶书或草书艺术性强，字体识别性较差，文字的接收面窄，一般不适合作为导向标志文字字体。

导向标志文字大小的确定，应以保证标志传递信息的最大观察距离为基准，并考虑与周边环境相协调。交通标志一般是人在行进中识别的，无形中增加了人们对文字识别的困难，减少了对文字信息量的接收，因此字体大小的选择、字与字的间距都应在具体的环境中、特定的速度要求下，经过反复的试验比较，方能最终确定并严格规范地使用。标志牌中主要内容的文字尺寸应大于次要内容的文字尺寸，中英文字体也要有不同的大小比例，应以中文为主、英文为辅。英文字体的书写有大小写之分，许多试验已表明，全大写的英文书写方式，虽具正式、隆重等特点，但在易读性、快速辨认等方面却不及大小写组合式的书写方式。所以，英文导向标志一般应采用大小写组合式的书写方式。

导向标志的排版定位根据公共信息导向系统通用标志设计原则，可采用传统的和现代的标准排版模式。传统的标准排版模式字体方正、字距行距标准，易辨性高，遵循通用文字表述法则，中文上英文下，两行以上文字的可采取文字居中或文字左对齐的方法。现代的排版方式在保证文字可读性的前提下，运用字体的适度变形、行距夸张、对称、错位等方法突出信息显示。

3. 导向标志图案选择与组合规划

图案是导向标志信息载体中除文字之外的另一主要元素。对于导向标志而言，图案设计的主要内容是对图案符号的选择。导向标志的外形（或边框）图案形状主要有矩形、圆形和等边三角形三种。一般来说，圆形图案多用于限制和禁止标志，等边三角形多用于警告标志，其他的标志图案基本都为矩形。

城市轨道交通标志系统通常由图案、文字、数字等组合而成，导向标志的文字和图案组合平面布置应该符合以下要求：

① 标志中的箭头不应该指向图形符号、文字、数字等。横向布置时，箭头指向左方时，图案符号、文字、数字等应该位于右方；箭头指向右方时，图案符号、文字、数字等应该位于左方；箭头指向上或下时，图案符号、文字、数字等应该位于右方。纵向布置时，箭头指向下时，图案符号、文字、数字等应该位于上方；其他情况，图案符号、文字、数字等应该位于下方。

② 标志中的文字、数字一般不应位于图案符号的上方，也不宜位于图案符号和箭头之间。

③ 一般不宜在图案符号内添加任何文字、数字。

④ 箭头、文字、数字、图案之间应该留有适当的距离。

当两个或两个以上的单一标志相邻设置时，可以根据一定的原则进行标志间组合设计，标志的组合设计一般应该符合以下的原则与要求：

① 单一组合标志传递的信息不宜多于三条，其中图案符号、文字、数字、箭头的尺寸一般应该分别统一。

② 功能相同的单一标志可以直接组合。禁止标志、警告标志可以直接组合，同方向的出入口可组合在同一标志中。

③ 某些标志不宜组合设计。定位标志不宜与引导标志组合，服务设施引导标志、安全保卫引导标志不宜与其他标志组合。

④ 使用功能相同的单一标志组合时，应该按显示信息重要程度的顺序排列，最重要的信息应该布置在标志的中央，禁止、警告标志组合时，宜按禁止、警告的顺序排列。

⑤ 引导同一方向的不同单一标志组合时，宜共用同一箭头。引导组合标志不同指向部分之间必须设置明显的界线或空位，引导组合标志的箭头宽度不应小于其中任何一个图案符号或一行文字的高度。

4. 导向标志颜色的运用

在所有标志的表现形式中，色彩给人的感官刺激最为直接。利用色彩作为导向标志的一种表现方式，可以给人一种直观的感觉，让人在最短的时间内接近或到达所期望的目标。但色彩标志所表达的信息量有限，复杂信息的烦琐色彩表现会使行人感到烦乱或无所适从。因此，色彩标志系统只能作为文字引导系统的一种补充。

交通工程学、视觉神经生理学和旅客心理学的相关基础理论证实了颜色识别具有如下三种优越性：

① 文字性标牌的阅读时间和色彩型标牌的阅读时间之比大约是 4∶1。

② 色彩标志简单明了，视觉识别度高，容易阅读理解，人们在心理上更易于接受。

③ 颜色比文字的远距离识别性好。交通工程学表明，在固定 230 m 的视距下，黄色的视觉清晰面积可以小到 $1.3\,m^2$，而黑色可达 $3.3\,m^2$，但如果换成同样大小的文字，视觉清晰面积为 $3\sim4\,m^2$，几乎与黑色视觉清晰面积一致，见表 11-1。

参考文献：中国科技论文在线《基于色彩辨识的城市交通枢纽视觉引导》

表 11-1   230 m 视距下不同颜色的视觉清晰面积

颜色	黄	白	红	蓝	绿	黑
视觉清晰面积/m^2	1.3	1.5	1.7	1.9	2.0	3.3

在地铁的标志引导系统中，常规的方法是按照不同线路类别配置识别色，这些线路的识别色可分别用于轨道交通引导系统、各线路列车车身或轨道交通线网图等，以达到简化信息传递、方便乘客换乘、提高服务水平的目的。例如换乘车站就可以利用车体的识别色引导同站台乘客选择相应的列车。在此基础上，还可以根据其部位的重要性及人流量再细分等级。在同一区域级内，可以按乘客活动空间和内部工作人员使用空间设置划分出子级并赋予不同色彩。

车站地面是经常使用色彩标志的一个对象。在车站地面采用色彩导向标志时，其地面区域划分和布局应遵循的原则是：公共区域优于内部区域；通道优于厅台；人流密集区域优于人流稀少区域。然而并不是车站的所有地面都要引入色彩标志引导系统，色彩标志引导系统主要集中在出入口、通道、人流交织枢纽、楼梯、上下车等功能繁杂区域。

车站地面色彩导向标志主要分布在走廊地面的边线和通道交叉处的中心部分，如果要在地面铺设箭头符号等，要注意简洁和布局合理，在主色调统一的前提下，画龙点睛式地引入地面色彩导向标志，大面积的色调变化容易引起视觉混乱。对于存在高度差的地面，应考虑使用材质和色彩变化引起乘客注意，起到交通警示功能。

墙面是另一处经常使用色彩标志的空间。在车站平面图中，车站一般划分为多个不同的区域，每个区域配置不同的颜色作为该区域的标志色彩。墙面导向标志作为引导标志系统中的重要部分，其色彩应和导向区域的标志色彩相一致。在有扶手和防撞带的地方，其扶手的装饰线及防撞带的收口线的颜色如和本体颜色有别，那

11-13：地面色彩导向标志例图

么应尽量考虑选用该区域的标志色彩。在出入口对标志色彩的运用可以相对大胆一些，除了收口边线及装饰线以外，还可以利用部分板和面的立体及平面分割，大面积地运用区域标志色彩。在墙面上运用色彩引导标志，应当注意和周边空间环境色彩的协调。采用不同材质的材料，应考虑尽量缩小其产生的色差。

11-14：通道交叉处中心部分的地面色彩导向标志例图

车站天花板往往不使用色彩导向标志，必须设置时可采用空中悬挂导向标志。一方面从内装修设计来说，地铁车站作为一种交通转换场所，为了降低造价，在保证无坠落物的情况下可以不安装天花板；另一方面如果安装天花板，也不宜大面积使用色彩，一旦在地铁站内部地面、墙面和天花板大面积使用色彩，会造成视觉疲劳。

5. 导向标志的材料选择

导向标志设计的材料要根据设计目的、标志结构进行选择。选择材料要符合设计理念，考虑结构是否容易实现，还要考虑使用寿命，有时为了延长材料的使用寿命，需要对材料进行特殊处理，如防蛀、防潮、防锈处理等。

导向标志往往由多种材料制作而成，此时，除了考虑各种材料的面积、形态、色彩肌理等要协调外，还要注意每种材料在温度和湿度变化情况下的伸缩率。伸缩率相近或相同的材料制成的标志较为坚固，反之容易变形。材料选择要特别注意环保和消防的要求，既要考虑对人体无害、无毒、无辐射、可回收利用，还要考虑防尘防菌、耐热、阻燃等要求。

11-15：台阶警示标志例图

经济性是选择导向标志材料的另一因素。经济性是指材料的造价、施工的难易程度、材料的使用寿命、材料的后期维护费用等。在设计中要尽量使用造价较低，同时又满足功能、结构等设计要求的材料。

导向标志常用材料有金属材料、木结构材料、石材及仿石材料、复合材料、构筑材料、辅助材料、现代材料等。

① 金属材料。包括抛光铝板、亚光铝板、波型铝板、氧化铜铝板、抛光不锈钢板、铜板、各类合金板、网孔金属板、铝管、不锈钢管、铜管等材料。

② 木结构材料。包括各种木板、木方、圆木、三合板、五合板、多层板、纤维板、密度板、贴面防火板等。

11-16：以颜色作为分区标志车站例图

③ 石材及仿石材料。包括大理石板、花岗石板、人造石板、复合石板、水磨石板、砾石、卵石等材料。

④ 复合材料。包括平板玻璃、聚氨酯高密度板材、玻璃纤维、亚克力板、铝塑板、阳光板、PS 板、石膏板、透光板、玻璃钢等材料。

⑤ 构筑材料。包括混凝土、砖、饰面砖、沙石、钢筋、金属连接件等。

⑥ 辅助材料。包括荧光漆、弹性材料、磁漆、聚氨酯漆等各种胶黏剂材料。

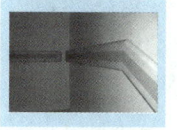

11-17：防撞带例图

⑦ 现代材料。包括利用霓虹灯管、发光材料、激光投射、光导纤维、数字技术等多种现代材料与技术制作而成的导向标志。

6. 导向标志的设置方式

① 贴附式：采用钉挂、粘贴、镶嵌、喷涂等方法直接将标志的一面或几面固定在物体上的设置方式。

②　吊挂式：通过拉杆、吊杆等将标志上方与建筑物或其他结构物连接的悬空设置方式。

③　悬挑式：将标志直接固定在悬臂上的设置方式。

④　落地式：将标志固定在一根或多根支撑杆顶部的设置方式。

⑤　架式：将标志固定在杠架内或支撑杆之间的设置方式。

⑥　摆放式：将标志直接放置在使用处的方式。

7. 导向标志的视觉设计要求

城市轨道交通导向标志的视觉设计应以对乘客的引导功能为前提，并非必须一味追求视觉效果，因而必须处理好视角与视距问题。乘客在行进中观察导向标志一般多为平视、仰视、俯视角度，因此应综合考虑人在平面和垂直方向上的最佳视线角度，并根据视角和标志的尺度来确定视距，形成最佳的辨识效果。

人们从人体工程学的角度针对平视条件下研究了人的合理视角范围，在水平方向上为左右 30°~50°，在垂直方向上为上 25°下 30°，见图 11-4、图 11-5。

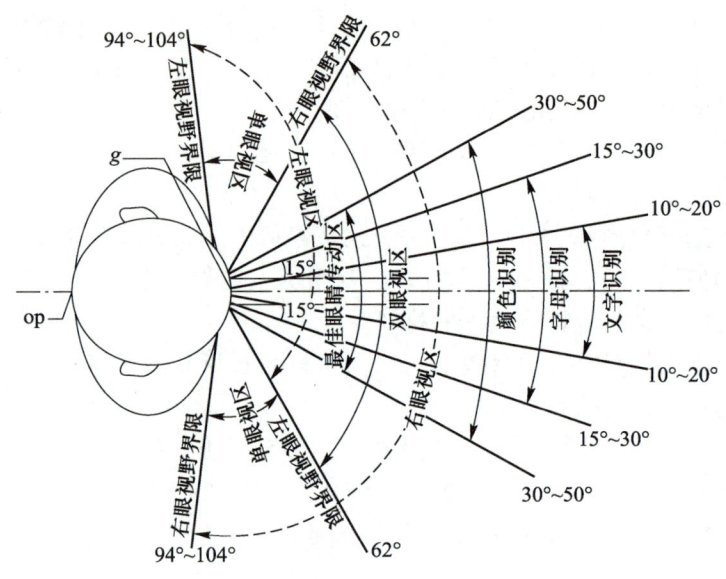

图 11-4　平视条件下人的水平视角范围

在复杂的车站空间环境中，乘客能够清晰、便利地看到导向标志，是城市轨道交通导向系统发挥作用的前提，也是导向标志的视觉设计的基本要求。我国城市轨道交通在导向标志视觉设计上还没有统一的标准和规范，下面借鉴《铁路旅客车站导向标志系统设计指南》阐述城市轨道交通系统导向标志视觉设计的一些建议：

（1）图形标志尺寸和视距

在车站导向系统设计过程中，应正确地掌握图形标志尺寸和视距的关系。乘客与导向标志之间的距离越远，导向标志的尺寸应该越大，反之可以适当缩小标志尺寸，以保证导向标志的辨识清晰度。车站应根据实地情况酌情设定导向标志大小。

（2）标志与乘客视角的界限

导向标志设置应考虑乘客的视轴与导向标志形成的角度，这是决定乘客能否清

11-18：导向标志建议设计尺寸示意图

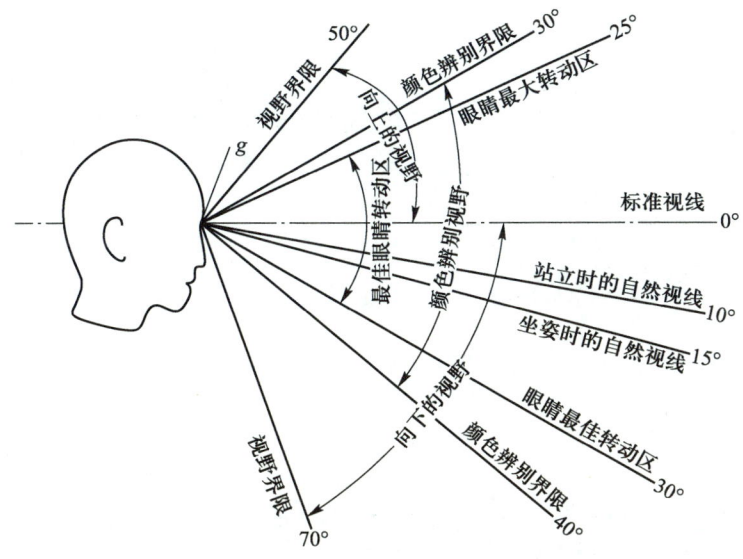

图 11-5　平视条件下人的垂直视角范围

楚读到导向标志内容的一个关键因素。视觉角度以 90° 为最佳，如果视觉角度处在上下或左右 45° 范围之外，则会增加视觉上的误读率。因此，在设定导向标志的高度、宽度、倾斜度时，无论是水平方向还是垂直方向，都应尽量避免形成与乘客的视觉角度大于 45° 的情况。

（3）标志设置的高度

① 远距离观看导向标志时，标志设置最佳高度确定的方法。

导向标志设计时，必须要考虑标志设置的高度，以便让乘客（正常人和轮椅使用者）在移动过程中，可以避开人群、建筑的遮挡，直视无碍地看到标志。图 11-6 表示了确定标志设置合理高度的参考方法，设计者应依据乘客车站的空间及客流情况灵活运用此方法。

在乘客由远及近的移动过程中，如果导向标志的设置高度过高，标志信息就会超出乘客的视野范围。一般情况下，乘客视角上限为仰视 10°，在此范围内的导向标志能够使乘客易于获取导向信息。同时，乘客在行进过程中会遇到行人、建筑物、垂吊物等不同高度的遮挡，在遮挡物范围内的导向信息很难进入乘客的视野。

如图 11-6 所示，在车站复杂的环境中，假设正常视力的乘客（裸视视力为 0.5 及以上）前方 5 m 处有行人遮挡，导向标志本体高度为 500 mm，在导向标志设置高度为距地 2 500 mm 的情况下，正常乘客能够看清标志信息的径向视宽（即行走距离）约为 29 800 mm。按乘客行进速度 1 100 mm/s 测算，乘客在行进过程中一直能够看到标志的有效换算时间约为 27 s。

如图 11-7 所示，轮椅使用者的视点高度比正常人低，视野范围相应比正常人窄。按上述同等条件测算，当导向标志设置高度分别为距地 2 200 mm、2 500 mm、3 000 mm、4 000 mm 时，轮椅使用者能够看清标志信息的径向视宽（即行走距离）依次仅为 900 mm、2 000 mm、3 800 mm、7 500 mm，在行进过程中一直能够看到标志的有效换算时间分别为 0.8 s、1.8 s、3.5 s、6.8 s。

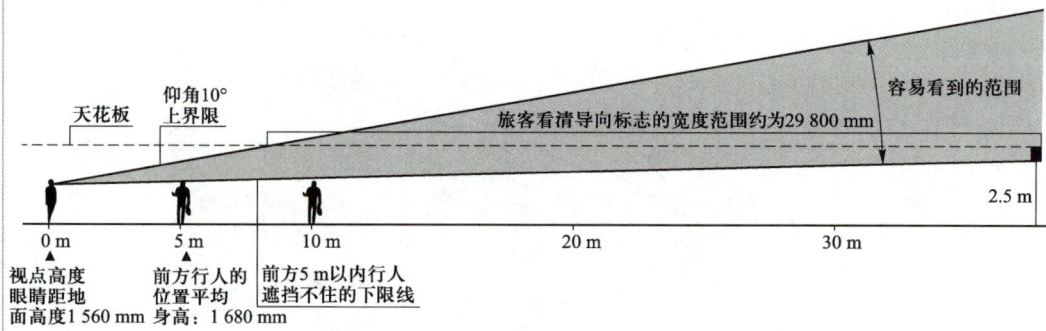

图 11-6　步行乘客在行走时所能看到导向标志的径向视宽（前方 5 m 处有行人的情况下）

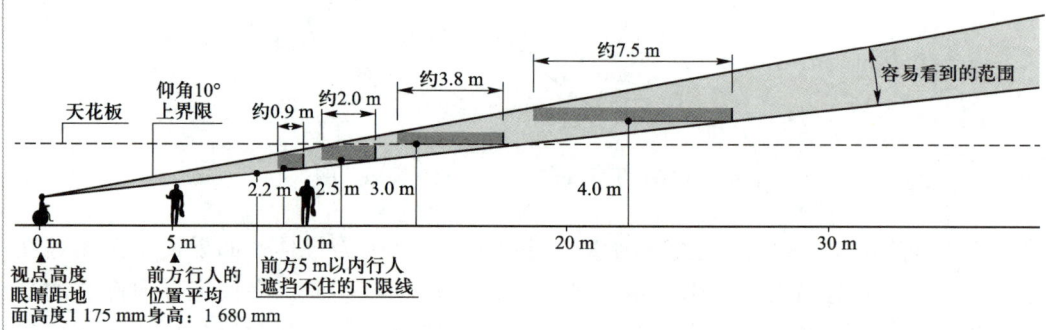

图 11-7　轮椅乘客在移动时所能看到导向标志的径向视宽（前方 5 m 处有行人的情况下）

　　综上所述，远距离观看导向标志时，标志设置高度应使标志本体下边缘高于旅客视角下限。在建筑空间环境许可的前提下，标志设置高度应以标志信息径向视宽（可视范围距离）最大为确定依据。

　　② 近距离观看导向标志时，标志设置最佳高度确定的方法。

　　近距离观看导向标志时，同样存在标志设置最佳高度的问题。通常情况下，在正面观看导向标志时，使用轮椅乘客的视野范围会比正常乘客的视野范围下移 400 mm。

　　如图 11-8 所示，近距离观看导向标志时，标志设置最佳高度应处在正常乘客与使用轮椅的乘客交叉的视野范围之内。导向标志的中心点位置应该与双方的视点中间位置同高。

　　此方法可用来确定不同视距下的标志设置高度上下限。

　　③ 不同类型标志设置高度建议。

　　《铁路旅客车站导向标志系统设计指南》根据分析和经验给出了具体安装导向标志的建议：

　　导向标志贴附式安装时，标志载体的上边缘与地面之间的垂直距离不应小于 2 000 mm（见图 11-9a），以保证标志上的信息不被遮挡。

　　位置标志贴附式安装时，应将标志设置在水平视线的高度，即标志载体的上边缘与地面之间的垂直距离约为 1 600 mm。如果位置标志需要在更大距离上被识别，则标志载体的下边缘与地面之间的最小距离不应小于 2 000 mm（图 11-9b）。位置标志悬挑式安装时，标志载体的下边缘与地面之间的垂直距离不应小于 2 200 mm（图 11-9c）。

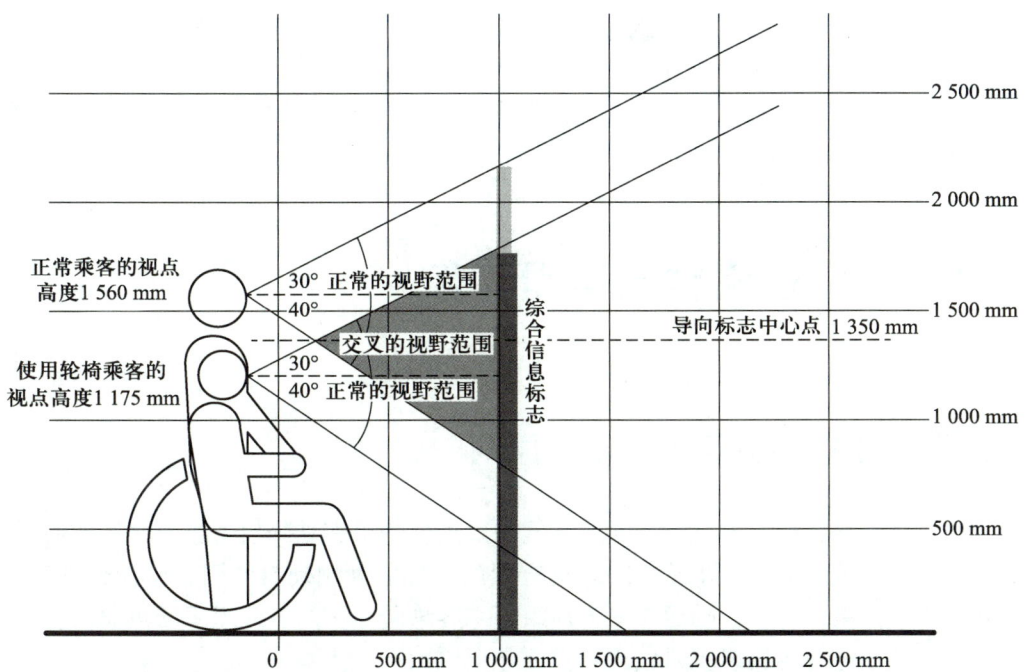

图 11-8　正常乘客与轮椅乘客近距离观看标志时的交叉视野范围

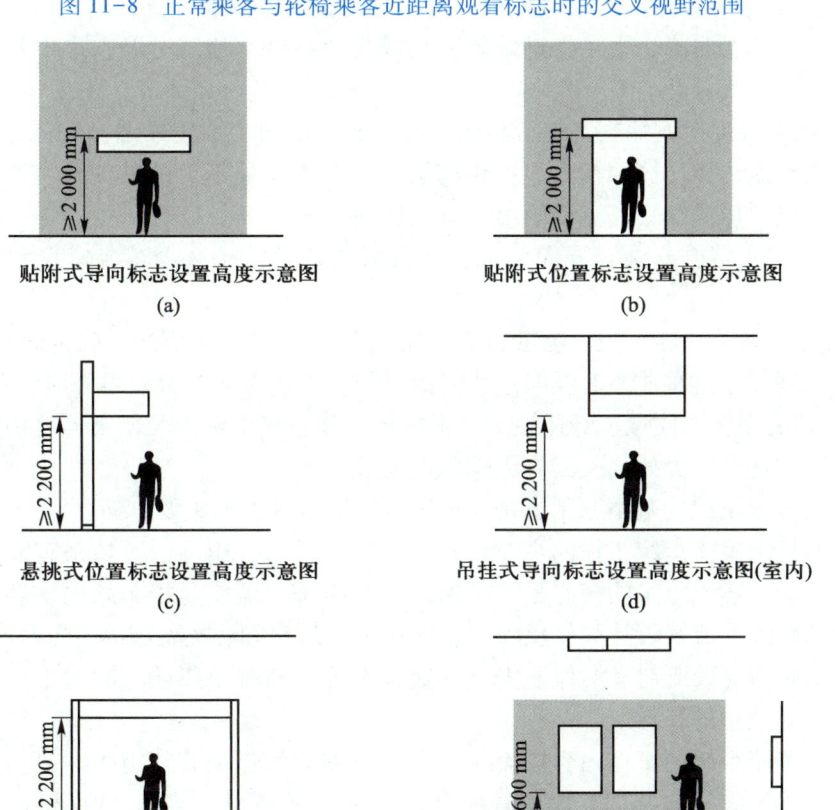

图 11-9　不同类型标志设置高度示意图

标志吊挂式安装时，标志载体的下边缘与地面之间的垂直距离（最大净空高度）不应小于 2 200 mm（图 11-9d、e）。

贴附式综合信息标志设置时，标志载体的下边缘与地面之间的垂直距离不应小于 600 mm（图 11-9f）。

11.4　车站日常客流组织工作

11.4.1　车站客流组织的基本原则

城市轨道交通的车站是连接轨道线网的节点，是乘客乘降轨道交通必经的通道。考虑车站建设成本因素，车站空间总是有限的，如何利用现有空间，设计合理的车站客流组织方案，有序、畅通、安全地组织乘客乘降是车站客流组织的重要内容。

为此，在进行客流组织时应遵循下面几个原则：

① 尽量避免各种流线相互交叉干扰。合理安排售检票位置、出入口、楼梯，使行人流线简单、明确，力求将进站乘客流线与出站乘客流线分开，进出站乘客流线与中转乘客流线分开。

② 最大限度地缩短乘客走行距离，避免流线迂回。一般来讲，应首先保证流量最大的乘客流线最便捷通畅，流程距离最短；对于流量不大的其他乘客流线，也应根据其特点，尽量缩短其流线距离，避免迂回。

③ 完善车站内外乘客导向系统，使乘客快速分流，减少客流集聚和过分拥挤现象。

④ 保证客流秩序可控、疏散有力。密切关注客流变化情况，确定客流警戒线，当客流达到或超过警戒线时及时采取限流措施，并配备各类突发事件应急系统。

⑤ 满足乘客方便性、舒适性等基本要求。如：确保站内及换乘连廊内舒适的环境、开阔的视野，为残疾人提供无障碍设施等。

以上客流组织的基本原则也是评价客流组织合理性的重要方面。

车站日常客流组织工作的主要任务是组织、指挥、引导、监控乘客在平稳状态下有序流动。客流组织的核心是流线的设计与实施。流线是指车站内乘客的流动过程和流动路线，流线设计具体反映了客流对车站站房和各类设施的设置及布局要求，流线组织是否有效既对车站作业安全、效率及能力有重要影响，同时也直接关系到对乘客服务质量的高低。

车站客流组织的工作内容按流线界面可以划分为进站客流组织、出站客流组织和换乘客流组织三部分。不管是何种形式的车站（高架、地下、地面），其进站客流最基本的流线是：进站→安检→购票→检票→楼梯或通道→站台→乘车。出站客流则相反。进、出站客流基本是两个对称的逆向过程，如图 11-10 所示。换乘客流的流线则前部分与出站客流流线一致，后部分与进站客流流线一致。不同流线之间尽量避免交叉，必须交叉时可尽量选择汇聚、分叉和相切关系，使流线之间保持一个固定或动态界面。

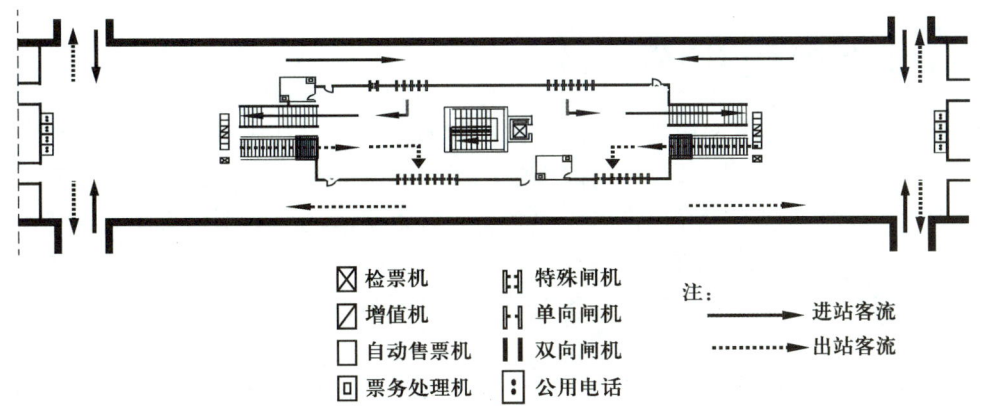

☒ 检票机	⊞ 特殊闸机	注：——→ 进站客流
◹ 增值机	⊩ 单向闸机	·····➤ 出站客流
□ 自动售票机	▮▮ 双向闸机	
▣ 票务处理机	⦂ 公用电话	

图 11-10　车站客流进站、出站流线

11.4.2　进出站客流组织

在进出站客流组织中，进站客流组织一般要比出站客流组织要求高，一是进站客流组织的环节一般要比出站客流组织的环节多，二是进站客流组织要求平稳有序，而出站客流组织重在快速疏解。

进站客流组织的主要环节是：

① 组织引导客流经出入口、楼梯、自动扶梯（或垂直电梯），通过通道进入车站站厅层非付费区；

② 组织引导客流通过安检设施；

③ 组织引导在自动售票机、售票窗口购票后的部分乘客检票通过进站闸机进入付费区，引导不需购票的部分乘客（持储值卡或票证等）直接检票通过进站闸机进入付费区；

④ 乘客检票进入站厅付费区后，组织引导乘客通过楼梯、自动扶梯（或垂直电梯）进入站台层候车；

⑤ 乘客到达站台，组织引导乘客在黄线内候车，通过引导标志和乘客咨询系统选择乘车方向和了解列车到发时刻；

⑥ 列车到站停稳开门后，引导乘客按先下后上的顺序乘车，防止乘客因抢上抢下导致安全问题和纠纷的产生。

出站客流组织的主要环节是：

① 乘客下车到达车站站台后，组织引导其经楼梯、自动扶梯（或垂直电梯）进入站厅层付费区；

② 乘客进入站厅付费区后，组织引导乘客通过出站闸机（单程票出闸时将被回收）或人工检票，进入站厅层非付费区；

③ 组织引导车票车资不足（无效车票）或无票乘车的乘客到客服中心办理相关

乘客需要支付城轨票款才能进入的区域为付费区（paid area）；反之为非付费区（unpaid area）。

充值或补票手续后，进入站厅层非付费区；

④ 组织引导乘客（或通过导向标志）经通道、出口出站。

11.4.3　换乘客流组织

11-19：双岛式
4线换乘车站平
面和横断面图

换乘客流组织一般要比进出站客流组织相对复杂，一是要尽量减少换乘客流与其他客流的交叉干扰，二是应尽可能缩短换乘距离减少换乘时间，三是要尽量做好换乘引导，使乘客快速明确换乘路线。车站设计方案所选取的换乘方式直接影响换乘客流流线设计与实施的效果。

按照换乘前后是否结算付费，客流换乘可以分为付费区换乘和非付费区换乘两种形式：

11-20：单岛式
4线换乘车站平
面和横断面图

① 付费区换乘。乘客到达换乘站下车后，不需要通过出站闸机，直接在付费区内根据换乘导向标志指引经楼梯、自动扶梯（或垂直电梯）、换乘通道或平台等到达另一站台层换乘候车。付费区换乘一般采用同站台平面换乘、站台立体换乘、站厅换乘及通道换乘等方式。这种换乘组织要求良好的引导标志和通道设计，在容易出错的地点安排工作人员引导，保证乘客尤其是初乘者安全顺利完成换乘。

② 非付费区换乘。乘客到达换乘站下车后，根据导向标志指引，经楼梯、自动扶梯（或垂直电梯）到达站厅层付费区，通过出站闸机进入非付费区或出站，到另一线路重新进入付费区进站换乘。非付费区换乘较多采用站外换乘方式，少数采用站厅换乘或组合换乘方式。非付费区换乘接近完成出站和进站两个流程，因此这种换乘组织需要最大限度地缩短乘客的走行距离，设置良好的衔接引导标志，避免这部分客流与其他客流过多的交叉干扰。

11-21：通道
换乘

下面对比较常见的站台换乘、站厅换乘、通道换乘、站外换乘和组合式换乘等换乘方式的客流组织特点阐述如下：

① 站台换乘客流组织特点。站台换乘有两种情况：同站台换乘和上下层站台换乘。同站台换乘是指两条不同线路的站线分设在同一站台的两侧，乘客可同站台换乘。这种换乘方式适用于两条平行交织的线路，为方便客流组织宜采用岛式站台设计，要求站台能够满足换乘高峰客流量的需要，乘客从站台一侧下车走到另一侧登车，换乘时间最短。同台换乘方式双岛式站台可以实现 4 个方向的客流在同站厅换乘，单岛式站台每一层只能实现 2 个方向的客流同台换乘，其余换乘方向的乘客仍然要通过站厅或自动扶梯、楼梯进行换乘，换乘时间相应增加。在所有换乘方式中，同站台换乘的换乘能力最大，适用于优势方向换乘客流较大的情形。这种换乘方式的主要制约因素是站台的宽度与列车行车间隔，因此客流的合理组织还与站台宽度及列车行车间隔密切相关。

11-22：站外
换乘

上下层站台换乘是指乘客由一个站台通过楼梯或自动扶梯到另一站台直接换乘。根据地铁线路交叉的情况及两车站的位置，可形成站台与站台的十字换乘、T 形换乘、L 形换乘和平行换乘的关系。

11-23：组合式
换乘

② 站厅换乘客流组织特点。站厅换乘是指乘客由一个站台通过楼梯或自助扶梯到达另一个车站的站厅或两站共用站厅，再通过站厅前往另一站台乘车的换乘方式。

站厅换乘一般用于相交车站的换乘，换乘距离比站台直接换乘要长。若换乘过程中需要进出收费区，检票口的能力可能成为制约因素。

③ 通道换乘客流组织特点。通道换乘是指在两个或几个单独设置车站之间设置联络通道等换乘设施，方便乘客完成换乘的方式。通道可直接连接两个站台。这种方式换乘距离较近，换乘时间较短。通道还可连接两个站厅收费区，此时即为通道与站厅组合换乘，换乘距离相对较远，换乘时间较长。一般情况下，换乘通道不宜过长，换乘通道的宽度可根据客流状况进行加宽。

④ 站外换乘客流组织特点。站外换乘是指乘客在车站付费区以外进行换乘。此种换乘方式往往是客观条件不允许或设计不当造成的。乘客换乘路线可分割为出站行走、站外行走和进站行走三部分。在所有换乘方式中，站外换乘所需的换乘时间和换乘距离最长，给乘客的换乘带来很大不便，应尽量避免。

⑤ 组合式换乘客流组织特点。上述换乘方式两种以上组合起来即成为组合式换乘。实践中换乘方式往往是几种换乘方式的组合，以便使所有换乘方向的乘客均能实现换乘。客流组织应按照每种换乘方式因地制宜进行考虑，并尽量避免不同换乘方式间的交叉。

图 11-11 是某一车站站厅层的客流流线图。

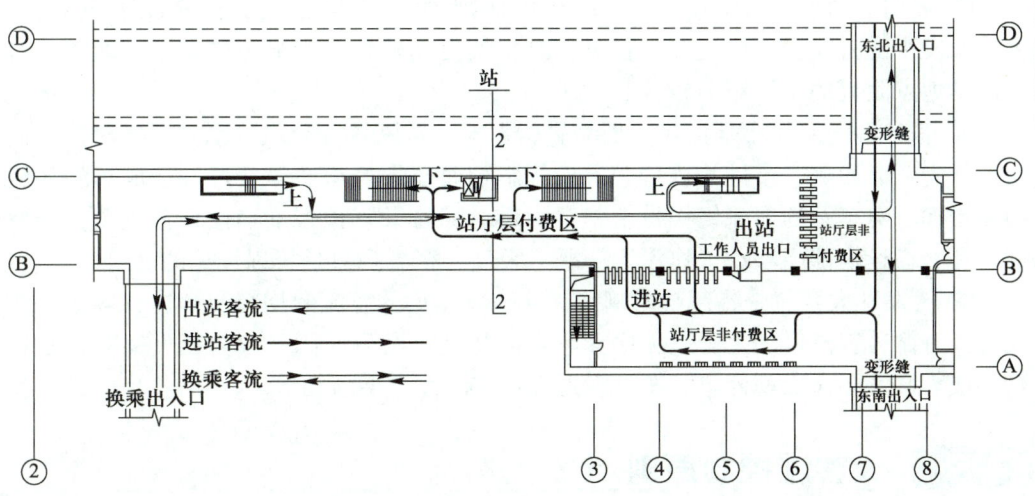

图 11-11　某一车站站厅层的客流流线图

11.5　大客流组织

11.5.1　大客流的概念及类别

大客流是指车站在某一时段集中到达的客流量超过车站正常客运服务设施或者

参考文献：
裴瑞江.城市轨道交通客运组织［M］.北京：机械工业出版社，2009.

客运组织措施所能够承担的客流量时的客流。

站内大客流的产生可以归结为站台上聚集的人数远大于一列列车到达本站后可输送走的人数和车站出站设施疏解的人数之和。产生这一情况的原因主要表现在三个方面：第一，进站人数持续增加，站台聚集人数占据了站台有效区域的绝大部分；第二，列车运输能力不足，如列车到站时满载率已经达到70%~80%，而且下车的很少，造成乘客滞留站台不能登车；第三，下车乘客非常多，出站楼梯、扶梯、通道、闸机等设施能力不足，使得乘客滞留站台，造成站台乘客堆积。

按客流的时效性，可将大客流分为可预见性大客流和突发性大客流。按客流产生原因可将大客流分为高峰时段大客流、节假日大客流、大型活动大客流、恶劣天气大客流、突发性大客流，其中高峰时段、节假日、大型活动和恶劣天气大客流为可预见性大客流。不同原因产生的大客流呈现不同的特点：

① 高峰时段大客流是最普遍的大客流，这种大客流由上下班引起，主要集中在高峰时段，出现的时间、地点和人数基本都是可以预见的。

② 节假日大客流主要发生在国家法定的元旦、春节、清明节、劳动节、中秋节和国庆节等假期内，因乘客集中出行而产生。这种大客流主要集中在假期开始和结束时段。

③ 大型活动大客流是在大型活动开始前或结束后时段客流明显增加而产生。大客流所发生的时间和规模大多可预见，且持续时间较短，影响范围有限，通常只对该活动地点附近的车站影响较大。

④ 恶劣天气大客流是指在出现酷暑、大雨、暴风雪、台风等恶劣天气时，地面交通受到较大影响，市民为躲避恶劣天气影响而改乘城市轨道交通，造成车站客流明显增加，对车站的客流组织带来一定困难。随着天气预报准确性日益提高，气象部门和交通运输部门联动工作深入，恶劣天气大客流多数是可以预见的。

⑤ 突发性大客流是指超出常规、无法事先预见的客流激增情况。这种客流一般无规律可循，客流量的上升呈无序和突发的特点。发生原因一般为天气突变、地铁延误或车站发生大面积停电、车站附近举行临时性大型活动等。

11.5.2　大客流控制原则

当车站发生可预见性大客流或突发性大客流时，车站应合理安排人员，对客流做好疏导和组织工作，并会同公安部门对客流进行控制。客流控制应坚持"由内至外，由下至上"的原则（高架车站"由上至下"），在车站出入口、进站闸机、出站闸机、站厅与站台的楼梯、自动扶梯处进行重点控制。城市轨道交通大客流客运组织工作必须实行集中领导、统一指挥的原则。控制指挥中心负责全线的客运组织工作，车站的客运组织由车站站长或值班站长负责。车站客运工作的原则是：

（1）坚持集中领导、统一指挥

车站在实施大客流控制措施之前，须向调度部门报告。

（2）明确客流控制组织机构分工

客流控制组织可以分为点控和线控。控制中心负责全线的客流控制，车站站长或值班站长负责本站的客流控制，其他各专业班组在站长统一指挥下各司其职。

（3）"由内至外、由下至上"进行客流控制

首先在站台组织乘客上下车，力争乘客均匀上下扶梯和尽快上下列车，保证站台候车的安全；其次在站台的楼梯、电扶梯、通道、站厅等付费区进行重点控制；最后在车站出入口、进站闸机前等非付费区控制进站客流。

11.5.3　大客流组织措施及预案

按采取的客流组织方式的不同，大客流组织的措施可以分为疏导客流（疏流）和限制客流（限流）两类。这两类客流组织措施相辅相成且殊途同归，所以在实际工作中通常需要综合运用疏流和限流措施，以达到安全快速地运送乘客的目的。

1. 疏流

大客流组织的目的是在保证乘客安全的前提下，尽快地疏散客流。要达成这个目的，运营公司就必须把握好几个关键因素：列车运能、车站售检票能力、车站客流疏散能力、车站导向标志及客运服务设施设备。具体控制措施如下。

1）增加列车运能

根据大客流的方向，在大客流发生时，利用就近的折返线、存车线组织列车运行方案，增加列车运输能力，从而保证大客流的疏散。因此，增加列车运能是疏流的关键。

2）调节售检票能力

在列车运输能力能够满足大客流运输时，售检票能力是大客流疏散的主要障碍，为此车站在设置售检票位置时，通常预留疏散大客流的设施与通道。大客流疏散时，应事先做好票务服务及相关服务设备的准备工作。

① 售检票设备的准备。在大客流发生前，设备维护人员应事先对车站全部售检票设备进行维护、检修，确保在发生大客流时售检票设备能正常使用。

② 车票和零钞的准备。车站应该根据客流预测和以往大客流所消耗的车票及零钞数，在大客流发生前，向票务部门申请领用充足的车票和零钞。

③ 临时售票亭的准备。车站根据大客流的进出方向，选择在进站客流较为集中的位置，设置临时售票亭。站厅较小的车站，可以考虑将临时售票亭设置在进站客流较多的通道内。

3）保证车站客流疏散能力

（1）对电梯或楼梯进行定期保养

车站站台与站厅的疏散主要通过电梯（电扶梯）或楼梯实现，因此，车站电梯（电扶梯）的保养程度与车站的疏导能力密切相关。

车站应该定期通知厂商对车站全部自动扶梯和垂直电梯进行维护、检修。重点检查自动扶梯的毛刷、梳齿板和扶手带，确保在大客流三级控制时候，自动扶梯能够正常开启转换。

（2）临时导向标志和隔离设备的准备

车站应该储备一些临时导向标志、告示牌和铁马护栏、伸缩铁围栏、隔离带

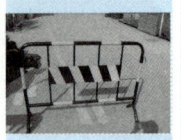

11-24：铁马
护栏图

等隔离设备。在大客流发生前，车站根据大客流的进出方向和客流组织的要求，选择适当的位置张贴和摆设临时导向标志、告示牌和隔离带、铁马护栏、伸缩铁围栏。

（3）客运服务设备设施的准备。

大客流发生前，车站还应该准备人工语音广播和语言合成广播词、乘客咨询系统发布信息及急救药品、担架等，并且根据车站工作人员的情况，相应增加手提广播、对讲机等客运服务设备。

2. 限流

限流是从需求侧强制改变进站客流的时空分布的客流组织方法，主要是为了解决城市高峰时段通勤客流、大型活动引起的突发客流、安全事故导致乘客滞留等大客流引起的城市轨道交通拥挤及衍生出的各种安全问题。

1）限流的影响因素

限流的影响因素众多，主要包括轨道交通线网发展水平、车站类型及站点周边土地结构等。

（1）轨道交通线网发展水平

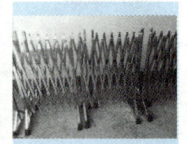

11-25：伸缩
铁围栏图

发达的地铁系统能够通过提高运输能力、优化服务和设施等手段，有效减少或延迟限流的实施，提升乘客出行的便捷性和舒适度。例如，当地铁系统的线网密度和覆盖率越高时，它们通常能够更有效地分流，减少对限流措施的需求。

（2）车站类型

限流的车站以换乘站为主，换乘站相对于非换乘站来说更容易在站内聚集，造成车站内的拥堵。同时，除了换乘站以外，大型交通枢纽、位于商业区及旅游景点附近的车站也容易聚集大客流。

（3）站点周边土地结构

限流车站通常位于居住区、商业区和教育区等，因为这些地区存在大量的通勤客流。限流措施通常会在早晚高峰时段实施，以应对通勤客流的高峰。除了通勤客流之外，还有旅游区域带来的客流量也需要考虑，例如北京市的动物园、八宝山、八角游乐园等地方。这些地区的限流车站通常会在周末和假期实施限流措施，以应对游客的增加。

图 11-12 即为 2019 年北京地铁的限流车站分布。图中三角形代表解除限流的车站，圆形代表当前的限流车站，正方形代表新增限流车站。从用地的角度来看，部分限流车站出现在人口居住地和工作地的通勤走廊上，如周边以居住聚集区为主的天通苑、宋家庄、回龙观等限流站点，以办公主导型为主的国贸、五道口等限流车站。从线网空间形态的角度来看，地铁 10 号线作为北京轨道交通线网的大动脉，承担着将外围组团客流疏解至城市中心区内的任务，因此限流车站也集中分布在 10 号线上。

2）限流的分类

限流根据控制级别、控制范围，可具体分为站控（单站级客流控制）、线控（单线级客流控制）、网控（线网级客流控制）、组团控及全线停止进站等。

单站级客流控制是指当车站出现大客流时，车站的输送能力下降，客流无法缓

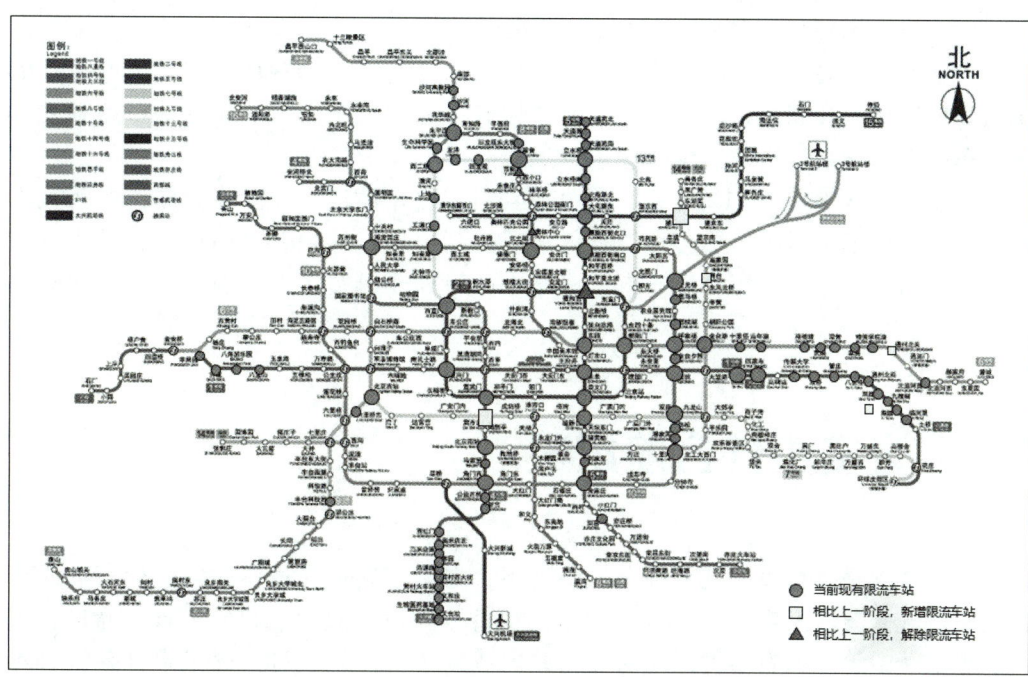

11-26：2019 年
北京地铁限流
车站分布

图 11-12　2019 年北京地铁限流车站分布

解且有不断增大的趋势时，为了确保车站运营秩序和乘客的出行安全，所启动的车站级客流控制措施，也称为站控。站控是线控和网控的基础。

在微观层面，站控的具体控制措施可按站台客流控制、付费区客流控制、非付费区客流控制来制定，即三级客流控制。

（1）站台客流控制（一级客流控制）

当车辆不能装载所有在站台等车的乘客而出现大客流时，车站工作人员应控制站厅里的乘客进入站台。

出现"一级客流"时应采取的措施是：首先将站厅与站台的楼梯（或自动扶梯）口作为站台客流的控制点；然后可以将站厅与站台之间的自动扶梯改为相反方向，减缓乘客的走行速度，引导客流通过楼梯到达站台；同时车站工作人员应该分散在站台的各部维持候车、出站秩序，在付费区设置回形线路，确保乘客的出行安全。

（2）付费区客流控制（二级客流控制）

当采取第一级客流控制措施后，站厅付费区仍滞留乘客较多，由值班站长决定进行第二级客流控制，车站工作人员应在闸机口进行控流。

出现"二级客流"时应采取的措施是：首先将进站闸机处作为付费区客流控制点；然后车站可以根据实际情况适当关停部分自动售票机、进站闸机或将部分双向闸机设为只出不进，紧急情况下可以采用隔离带、铁马护栏隔离进站闸机，以减缓乘客进入付费区的速度，防止付费区压力过大；同时车站工作人员应该各就其位，引导乘客有序进站。

（3）非付费区客流控制（三级客流控制）

当采取第一级、第二级客流控制措施后，非付费区仍出现拥挤产生大客流，由车站与地铁公安共同决定进行第三级客流控制，车站工作人员应在进站口控制乘客进入车站，鼓励乘客改乘其他交通工具。

出现"三级客流"时应采取的措施是：首先将车站出入口处作为非付费区客流控制点；然后车站组织人员可根据具体情况控制出入口的乘客进站速度，必要时可关闭部分出入口；同时车站工作人员应在进站口和非付费区做好引导、劝说和解释工作。

11.6 突发事件客流组织

突发事件是指在没有任何征兆的情况下，在城市轨道交通车站内、列车上或其他设备设施内突然发生的危及人身安全的事件，如设备故障、自然灾害、爆炸、火灾、恐怖袭击等。突发事件发生时在车站内或列车上的客流称为突发事件客流。各车站应根据本站具体情况建立切实可行的突发事件客流组织预案，合理安排各岗位和地点的具体工作，迅速疏散客流，尽量降低突发事件带来的不良后果。

当发生突发事件时，车站可根据实际情况采用不同的客流组织办法对乘客进行疏导，主要有疏散、清客、隔离三种办法。

11.6.1 疏散

疏散是指在紧急情况下，利用一切通道和出口迅速将乘客从危险区域全部转移到安全区域，包括车站疏散和隧道疏散。

（1）车站疏散主要组织程序

① 值班站长向上级和调度部门报告突发事件情况、启动疏散原因、是否影响列车运行、是否需要支援。

② 宣布车站执行疏散程序，在上级领导未到达前担任现场临时指挥。

③ 视情况致电119、120请求支援，通知公安到场维持秩序。

④ 开启相应环控模式，按动自动售检票系统（AFC）紧急按钮使闸机为常开状态，将自动售票机（TVM）和自动充值查询机（AVM）设为暂停服务，通过乘客资讯显示系统发布疏散信息，通过广播通知站内银行、商铺等人员和乘客疏散。

⑤ 打开员工通道，视情况关停相关电（扶）梯，指挥抢险。

⑥ 指挥车站工作人员到站厅、站台、通道等地点疏散乘客。

⑦ 如乘客被困在站台，可请求调度安排空车前往车站疏散乘客。

⑧ 需要外部支援时，应注意安排人员引导支援人员。

⑨ 疏散完毕后，检查是否还有乘客滞留，关闭出入口。

⑩ 向消防人员报告有关情况，协助处理应急救援工作。

（2）隧道疏散主要组织程序

① 车站值班站长担任临时应急指挥人。

② 接到行车调度员或列车驾驶员隧道疏散通知后，应迅速通知车站各岗位员工执行车站疏散程序，车站客运值班员负责组织疏散车站乘客。

③ 开启隧道灯，需要时开动隧道风机排除烟雾。

④ 值班站长指挥站务员或站台保安，穿好装备，进入隧道疏散现场引导乘客往车站疏散。

⑤ 在确认乘客疏散完毕和线路出清后，报告行车调度员，关闭车站。

⑥ 向消防人员报告有关情况，协助处理应急救援工作。

11.6.2　清客

清客是指城市轨道交通系统根据某种特定需要，针对车站、区间、列车等某个特定空间进行封闭而清空所有乘客的一项工作过程。根据所封闭的具体空间，可以分为车站清客、区间清客和列车清客等多种情况。清客可以分为计划性清客和非计划性清客。计划性清客是指乘客事先知道清客的时间和地点，例如每日运营结束时的列车清客和车站清客，列车结束运行回库时的列车清客，因特殊因素导致有计划改变运营交路的列车清客。非计划性清客是指运营过程中由于设备故障、突发事件、降级运营等需要将乘客从某一区域全部转移到另一区域的临时清客，非计划性清客最主要的特点是乘客事先不知情，可能对乘客的出行计划产生影响和干扰。计划性清客一般有固定的程序和安排，乘客事先有思想准备，其清客工作相对比较简单。非计划性清客是临时性决断，相互干扰因素多，清客工作相对复杂，需要事先制定预案，形成完善的工作程序，本节主要介绍非计划性清客有关内容。

1. 车站清客

（1）车站清客主要原因

车站设备设施故障存在安全隐患、车站大面积停电、车站出现突发事件影响车站整体无法正常运营等，都可能导致车站清客或车站部分区域清客。

（2）车站清客主要程序

① 值班站长向上级和调度部门报告突发事件情况、启动车站清客原因、是否影响列车运行、是否需要甩站。

② 宣布车站执行清客程序，通知各岗位员工车站停止服务。

③ 通知公安现场维持秩序，做好乘客广播工作，通过乘客资讯显示系统发布清客信息。

④ 打开车站员工通道，按动自动售检票系统（AFC）紧急按钮使闸机为常开状态，将自动售票机（TVM）和自动充值查询机（AVM）设为暂停服务。

⑤ 引导乘客退票或出站，售票员负责办理退票。

⑥ 待乘客全部出站后，检查站厅站台是否有滞留乘客，关闭出入口。

⑦ 召集车站其他工作人员留守车站等待恢复运营。

⑧ 将清客后情况向站长汇报，并做好详细记录。

2. 区间清客

（1）区间清客主要原因

当地铁大面积停电，列车发生追尾、冲撞、挤岔、脱轨等重大事故，区间异物侵限致使短期内无法恢复，轨道或线路故障致使列车无法满足运行条件，列车重大故障且无法实施列车连挂救援等时都可能造成区间清客。

（2）区间清客主要程序

一旦列车在区间发生紧急情况需要区间清客时，应由行车调度员下达列车区间清客命令。其主要组织程序如下：

① 行车调度员在下达区间清客的命令之前，应确保区间上下行轨道接触网（轨）已经停电。

② 控制中心综合监控调度应启动环控系统相应的模式，开启故障列车所在区间的通风、照明，满足乘客区间疏散需要。

③ 在车站接应人员到达之前，由司机担当现场指挥，开启列车紧急通风装置，保证车厢空气正常流通。同时不间断通过列车广播安抚乘客情绪，避免恐慌。

④ 救援车站在接到行车调度员区间清客的指令后，立即组织人员赶赴区间协助司机清客。下轨人员至少3人，穿戴安全防护用具（绝缘鞋、荧光背心），携带必要物资（无线手持台、强光手电、扩音喇叭、发光指挥棒、担架等）。

⑤ 车站人员到达列车和司机沟通后取得现场指挥权。司机打开列车一端的紧急逃生门，组织乘客有序下车。车站接应人员应安排至少一人进入车厢，引导乘客按秩序排队下车；另外一人在车下接应乘客；第三人带领乘客走向救援车站。乘客在区间走行过程中，应在重点部位（例如区间、联络通道、道岔区段等）安排人员做好把控，防止乘客误入其他行车区域。

⑥ 在区间清客过程中，司机应通过列车广播向乘客进行安全提示，引导乘客正确疏散。同时向行车调度员汇报现场情况，以便控制中心实施掌握现场救援进度。

⑦ 待乘客全部疏散至车站后，应组织人员对乘客做好后续安抚工作，对于围观乘客要及时劝离，避免出现次生灾害。

⑧ 司机和车站在区间清客完毕后要立即报告行车调度员，听从行车调度员指挥，配合下一步救援抢险工作。

3. 列车清客

（1）列车清客主要原因

① 列车运营中出现设备故障，虽然依靠自身动力依然可以运行，但如继续运行存在安全隐患，需要到前方终点站或区间的存车线退出服务。

② 列车运营中出现设备故障，虽然依靠自身动力仍然可以运行，保证乘客安全的条件依然存在，但故障处理会使区间运行有较大延误，对全局行车组织带来较大困难，需要清空列车到附近的存车线退出服务，避免局部故障影响全局运营的均衡性。

③ 列车运营中出现设备故障，其自身动力难以驱动列车运行，或故障可能导致

继续运行会失去动力，需要后续或前行列车救援退出服务，此时，故障列车及救援列车需要清客。

④ 突发意外情况时，如前方车站发生火灾、列车压人、列车脱轨等导致该列车不能继续进行乘客服务时，需要组织列车清客退出服务。

⑤ 在城市轨道交通系统运营中，多种因素都可能导致线路通过能力受限，列车旅行速度降低，列车运行间隔不均匀，部分站线运行受阻等现象，此时，调度部门必须对运营系统进行降级处理。降级运营的常见方法有组织列车通过区间辅助线中途站折返运行、组织列车小交路运行等。提前折返时必须组织列车清客，避免乘客乘坐列车折返后往相反方向运行。

（2）列车清客主要程序

① 司机向调度部门报告需要清客的原因，由调度部门确定是否启动列车清客程序。

② 行车调度员决定启动列车清客程序后，通知车站值班站长和列车司机。

③ 车站值班站长组织相应岗位员工做好清客准备工作。

④ 司机通过广播、乘客资讯显示系统通知乘客、发布清客信息。

⑤ 确认每节车厢全部清空后，关闭车门。

⑥ 引导乘客退票，或组织乘客等候下一趟列车，做好乘客解释和安抚工作。

⑦ 将清客后情况向行车调度员汇报，并做好详细记录。

11.6.3　隔离

隔离是指采用某种方式或设备人为地隔开人群或封闭某个区域。根据造成隔离的原因，隔离的组织办法分为：

① 非接触纠纷隔离。乘客发生口头纠纷时，离现场最近的工作人员要立即上前调解，必要时要把纠纷双方带到人少的地方（或带到车站会议室），进行劝说和调解。如有其他乘客围观，应及时劝离现场，维持好车站正常秩序。

② 接触式纠纷隔离。乘客发生打架时，离现场最近的工作人员要立即赶到现场，与车站保安人员一起把打架双方隔开，并通知地铁公安到场。车站控制室通知值班站长赶到现场处理，将肇事双方移交地铁公安处理。车站要及时疏散围观的乘客，并寻找目击证人填写事件记录。

③ 客流流线隔离。当车站某一端排队购票队伍与进、出客流发生交叉干扰时，车站工作人员可以利用伸缩铁栏杆、隔离带、铁马等设备器具人为地隔离开人群，保持进、出客流顺通，并利用手提广播引导一部分乘客到人少一端购票进站，避免乘客排长队的现象。

④ 疫情隔离。车站发现有恶性传染疫情时，必须采取隔离组织办法，关闭各出入口，列车不停站通过，对疑似人员有过密切接触过的物品、人员进行消毒、隔离，未经防疫部门的许可不能离开车站。

11.7 车站应急处置

11.7.1 车站应急处置虚拟仿真系统

本系统由几个独立的模块组成一套完整的实训平台，主要包含车站服务实训模块、车站级 ATS 模块、综合监控模块、中心级 ATS 模块、调度通信模块并通过小组服务器将整套系统绑定在一起进行数据传输，并可通过服务考核管理系统下发考核内容。整套系统主要针对城市轨道交通运营车站和运营中心整体工作内容及操作系统进行研发，由运营车站工作人员与运营中心工作人员之间相互配合完成突发事件处理及故障处理。

1. 车站服务实训模块

车站服务实训模块（图 11-13）采用虚拟仿真的车站场景，实训人员可控制自身角色在站内进行漫游，并且可针对虚拟场景内的设备进行操作，站内可操作设备包含但不限于站台门、IBP 盘、站内急停、自动售票机等。打开该系统后进行登录可通过移动自身角色位置使用站内物品、操作站内设备，系统内各类设备均与真实设备显示、操作方法一致。

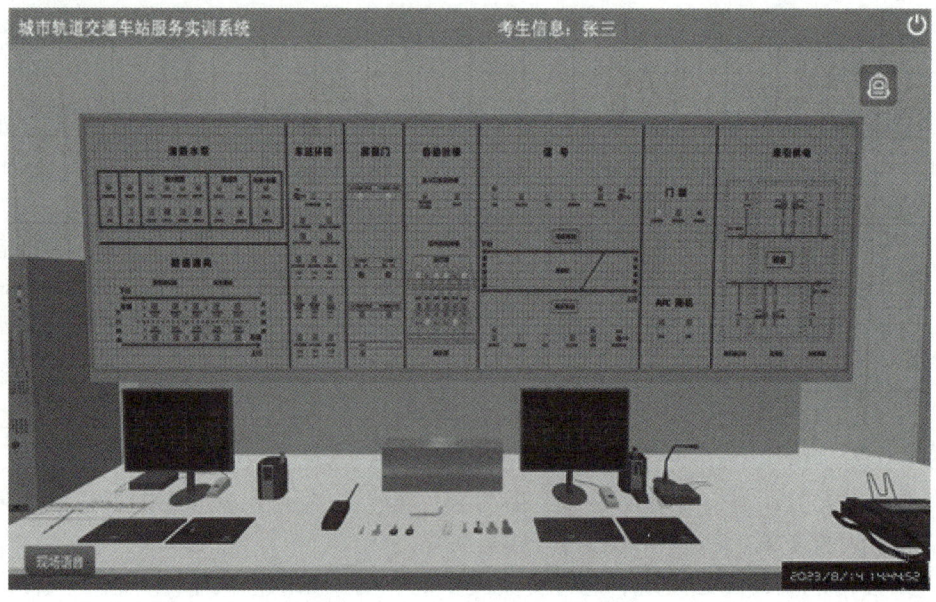

图 11-13　车站服务实训模块

2. ATS 系统模块

ATS 系统模块包含中心级 ATS 与车站级 ATS，操作方法均一致。中心级 ATS 可控制全线设备及列车运行，车站级 ATS 可控制单控区线路设备及列车运行，车站级 ATS 系统主要针对控制范围内车站进行操作。

3. 调度通信模块

调度通信模块是将运营中心调度电台用软件的形式进行呈现，选中所需通信的目标，按住语音按钮可进行语音录制，松开后会将语音自动发送至其他系统。

11.7.2　车站 ISCS 综合监控仿真系统

本系统主要模块包含车站基本布局图、供电模块、机电模块、火灾报警模块、安全门模块、广播模块、乘客信息模块、售检票模块、门禁模块等。用于显示站内各类设备设施状态，并在站内设备发生故障时发出报警信息及报警音。部门站内设备可通过 ISCS 综合监控仿真系统进行启动或停止。

例如监控站台门实时状态；实现显示 LCB（本地列车控制装置）、PSL（平台屏蔽门系统）、IBP（综合后备盘）等操作时站台门的状态显示；LCB 自动、手动开、手动关、隔离的显示；PSL 安全门锁紧、就地控制、自动就地控制、互锁解除自动/激活、整列开门、整列关门的显示；IBP 上下行允许、禁止、开启、关闭显示。

思考题

1. 城市轨道交通运营管理的基本内容及车站管理组织模式有哪些？
2. 车站综合监控系统主要由哪几部分组成？
3. 城市轨道交通导向标志在设计时应遵循哪些原则，符合哪些方面的要求？
4. 简述城市轨道交通进出站客流组织的主要环节及其区别。
5. 简述地铁主要换乘方式及其客流组织特点。
6. 简述大客流定义、类型及组织措施。
7. 突发事件客流组织分为哪几类？
8. 如果教师给定了一个基本站型图和参数，试设计出客流组织的流线方案和标志方案，并阐述自己的理念、观点和设计原则。

第 12 章
城市轨道交通系统网络化运营组织技术

章导语：
　　本章内容从换乘的概念开始，首先介绍城市轨道交通系统中换乘的方向数和换乘时间组成，进而分析影响换乘走行时间和换乘等待时间的因素，自然引出为便捷换乘而可以采取的同台换乘设计和定时换乘系统。接下来介绍网络运营条件下的客流统计方法，探讨衡量换乘量大小的换乘系数指标。本章第 4 节对线网中线路的几何形状与客流间的关系进行分析，最后从有支线或接驳线路的运营组织方式出发，引出并探讨实现网络化运营的另一种形式——共线运营。票款清分是网络化运营下的另一项主要内容，在本教材的下一章中与票务管理内容一并介绍。
　　本章是城市轨道交通运营管理教材体系由单条线拓展到网络化运营的重要环节，所包含的知识点既有概念和定义的拓宽，也有计算

　　世界范围内，网络化运营已经成为大都市城市轨道交通系统运营的一个重要特征。原本独立的线路通过乘客的换乘和列车的贯通运营等方式形成运营网络，使更广泛区域内的居民出行获得便利。本章在介绍换乘相关概念的基础上，分析网络化运营下的客流指标和线路几何特征，进而探讨过轨运输组织方法及独立运营和联合运营的适应条件。

12.1　换乘概述

　　城市公共交通系统中，居民为完成出行，往往需要综合使用多种交通方式或多条线路，这种不同方式间或同一方式内不同线路间的转换称为换乘。简言之，换乘是指公交出行中乘客从一个公交车辆转换到另一个公交车辆的行为。换乘是由于乘客的"点对点"出行需求未能被公交直达服务所覆盖。城市轨道交通与其他交通方式之间或轨道交通内不同线路之间的接驳转运，称为城市轨道交通换乘。

　　换乘是城市公共交通的一个基本特征，有资料显示，30%～60%的公共交通出行涉及一次（或多次）换乘。对于城市轨道交通的部分换乘站来说，换乘客流的比例更高。各种交通方式之间及方式内是否换乘与换乘组织，既反映了一个城市的运营线网规划水平，也往往体现了一个城市的客运交通体系服务水平。线网中换乘的数量和质量与运输服务水平密切相关，而大都市的公共交通服务则更是依赖于方式间和方式内的换乘。高质量的换乘能够实现更多的潜在出行，增强公共交通的吸引力，提高公交出行所占的比重。

12.2　换乘方向数和换乘时间

12.2.1　换乘方向数

　　交汇于换乘站点的线路，由于线路与换乘站点之间的关系及线路之间关系的不同，产生了不同的换乘方向个数和相应的特点。线路与换乘站点的关系，指的是线路是通过还是终止于换乘站点；线路之间的关系，指的是线路间是对等关系还是从属关系。处于对等关系的线路，发车间隔、能力、交通方式等属性相似。如果两条线路是从属关系，则其中一条能力、运量较大的称为干线，处于主要地位，另外一条能力、运量较小的称为支线，负责为干线集散客流。线路间关系的不同带来不同的换乘模式。例如，对等关系线路之间的多对多换乘，从属关系线路之间的多对一或一对多换乘，等等。市区线路郊区线路各自之间的换乘多为第一种情况，郊区线路汇合为主要放射状线路连接城市中心则属于第二种情况。相比于支线，干线往往

具有较大的能力、较高的速度和发车频率，可靠性和舒适度也更高。

将乘客的交换流向称为换乘方向，根据线路类型是尽端式还是通过式，多条线路交汇处的换乘方向数为：

$$k = (N_e + 2N_t)^2 - (N_e + 4N_t) \qquad (12-1)$$

式中：N_e——尽端线路个数；

$\quad\quad N_t$——通过线路个数。

例如，某换乘站衔接了两条尽端线路时，则换乘方向数为 2；一条为尽端线路，另一条为通过线路时，换乘方向数为 4 个；而当所衔接的两条线路均为通过线路时，则有 8 个换乘方向。

12.2.2 换乘时间组成

轨道交通中乘客的换乘，是从一列车到另一列车的过程。一般情况，换出的列车和换入的列车沿固定线路运行并停靠在不同的站台（同台换乘除外），因此绝大多数的换乘需要乘客通过步行来实现。与进出站、上下车一样，换乘也是一种乘客半自主的行为。换乘具有一定的空间和时间属性，换乘距离可以定义为从换出站台到换入站台的走行距离，换乘时间可以定义为从离开换出列车时起至进入换入列车时止的时间段。

乘客从换出站台开始行走至换入站台的时间称为换乘走行时间 T_{walk}，乘客到换入站台后至最近一班列车到达时止的时间为换乘等待时间 T_{wait}（假定无留乘），那么由于换乘造成的乘客出行时间的增加为：$T_{interchange} = T_{walk} + T_{wait}$。

如图 12-1 所示，$T_{walk} = t_2 - t_1$，$T_{wait} = t_3 - t_2$，$T_{interchange} = t_3 - t_1$。

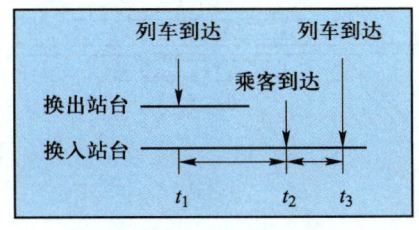

图 12-1 换乘时间组成

乘客换乘走行时间与换乘模式及换乘距离有关，尽量缩短换乘距离或采取助力措施可以减少换乘走行时间、提高乘客的舒适度。

将上面的公式变形可以得出乘客换乘等待时间为：

$$T_{wait} = t_3 - t_1 - T_{walk} \qquad (12-2)$$

而乘客的换乘等待时间则与两条线路的发车间隔长短和到发时刻的协调程度有关，当两线列车到达时间差正好与乘客的走行时间相等，即 $t_3 - t_1 = T_{walk}$ 时，等待时间取最小值。

换乘的不方便性可以用换乘带来的损失（换乘成本）来衡量，根据上面的分析，这种损失一方面与换乘走行时间有关，另一方面也与在换入线路站台上的等待

和分析的深化，学生学习时应注意与之前的知识点进行比较，发现其中的异同。建议教学学时 4~6 学时。

乘客的换乘和列车的贯通运营是轨道交通线路成网运营的两种方式，一般而言，前者多存在于城市中心区，后者往往出现在城市中心区以外的郊区。

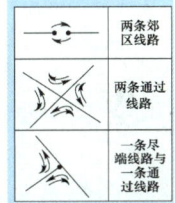

上图是几个线路交汇的例子，其中的换乘方向数分别为 2 个、8 个和 4 个。

时间有关。如果定义换乘成本为 U，则换乘成本可以表示为：

$$U = \alpha T_{walk} + \beta T_{wait} \qquad (12-3)$$

其中 α 和 β 为惩罚系数。合理、便捷的换乘站设计和高质量的运营组织措施能够减少换乘成本。

12.2.3　换乘走行时间分析

12-2：武汉地铁2017年建成线路示意图

12-3：武汉地铁2号线及4号线连续同台换乘示意图

上图是武汉地铁2号线和4号线在洪山广场和中南路站连续同台换乘示意图。同学们可以想一想，从光谷方向来，到武昌站方向去的乘客如何换乘。

　　换乘走行时间和换乘距离直接相关，在不同的换乘方式下，乘客的走行距离不同。在所有的换乘方式中，同台换乘的走行距离最短。如岛式站台同台换乘，其两侧分别停靠换出线路的车辆和换入线路的车辆，乘客只需经过站台就能完成换乘。

　　换乘站站台的相对位置是决定能够采用何种换乘组织形式的关键。根据交汇线路配线在换乘站的拓扑关系，并考虑其是否为线路的端点，将交汇线路的联接方式分为"="号联接、"+"号联接、"Y"形联接和尽端联接4种。显然，"="号联接、"Y"形联接和尽端联接都具备组织同台换乘的条件，"+"号联接则难以实现同台换乘。

　　图12-2给出了一个两条交织线路间连续设置两个同台换乘站的设计示意图。两条通过线路交汇，形成8个换乘方向。一个同台换乘站，可以实现4个方向的同台换乘，其余的换乘方向在本站只能通过通道换乘。如果连续设置两个同台换乘站，并交换站台两侧的列车运行方向，就能实现所有8个方向的同台换乘。对于其中的某些换乘方向，虽然能享有同台换乘的便利，但需要增加额外的来回各一站的出行距离。

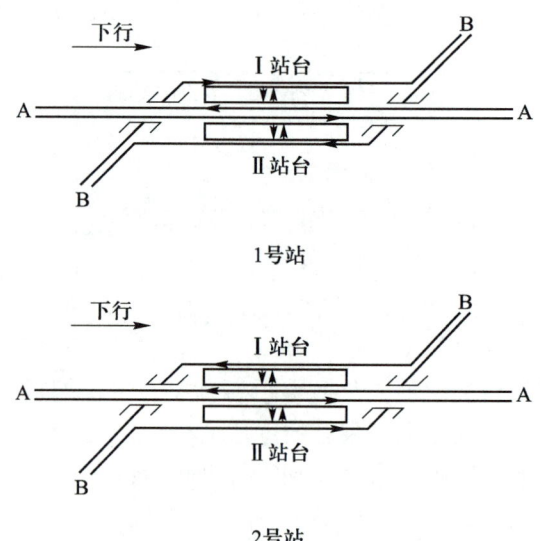

图 12-2　交织线路间连续设置两个同台换乘站的设计示意图

12-4：太子站前预告

　　由上可知，双站台同台换乘8个换乘方向上的乘客走行距离均为站台宽度，单站台同台换乘只有4个换乘方向的乘客走行距离为站台宽度，其余4个方向需要通过通道换乘。

站厅和通道换乘等方式下一般走行距离较长，为了缩短其走行时间，要尽可能保证换乘通道通畅，优化流线设计，并辅以助力设施。

12-5：旺角站前预告及停站

12.2.4 　换乘等待时间分析

换乘等待时间与换出线路和换入线路的发车间隔及衔接关系密切相关，因此，应研究二者之间的匹配关系，以减少换乘等待时间。

12-6：换乘示意图

在换乘站，当各条线路都采用固定的、均匀的发车间隔时，如果不考虑乘客在换乘过程中的走行时间，则由换乘引起的等待时间便取决于各条线路发车间隔的长短和相互间的关系。

以 10 min 发车间隔为界限，可以将线路分为短间隔（≤10 min）线路和长间隔（>10 min）线路两类。根据换出线路和换入线路发车间隔的不同，可将不同线路间的换乘归纳为四种类型（A 到 D），详见表 12-1，各类型的特征如下：

表 12-1　不同线路间换乘的等待时间

换出线路	换入线路	
	短间隔	长间隔
短间隔	A 总是较短，方便	C 差异很大，需要提供衔接线路列车运行信息
长间隔	B 总是较短，方便	D 1. 间隔相同——可协调减少等待时间 2. 间隔不同——很难协调，等待时间不确定

类型 A 和 B：短间隔→短间隔和长间隔→短间隔。不管换出线路的发车间隔是短还是长，换入线路的发车间隔总是短的，这种情况下乘客的等待时间总是较短的，也不需要在换乘站对两条线路的列车到发时刻进行协调。

类型 C：短间隔→长间隔。例如从短间隔的干线到长间隔的支线的换乘。这种情况下乘客的等待时间是不确定的，从非常短到接近换入线路的发车间隔时间。运营组织过程中，为方便乘客，往往把所有线路的时刻表都发布给乘客，由乘客根据自己的情况来设计换乘接续，选择合适的换出和换入列车，以减少等待时间及不确定性。

类型 D：长间隔→长间隔。两条长间隔线路间换乘时，等待时间表现出更大的不确定性，这种不确定性与线路间的可协调性和协调程度有关。如果两条线路发车间隔相同（周期相同），则线路间的换乘是可协调的，反之则不可协调；可协调线路间通过调整两线列车的到达时间差（相位差），使之与某换乘方向的乘客走行时间相等时，即 $t_3 - t_1 = T_{walk}$ 时，该方向乘客的换乘等待时间最短。当几个换乘方向的走行时间相同时，合适的相位差能使这些换乘方向的乘客均获益，例如同台换乘时，如果站台两侧列车同时到达，则两个换乘方向的乘客都能获得便利；而当几个换乘方向的走行时间不相同时，往往只能使部分乘客获得便利。对于不可协调线路，由于发车间隔互不相同（周期不同），很难通过协调措施来减少等待时间，等待时间总是随机的，但是最大值取决于换入线路的列车发车间隔。

从表 12-1 中可以得到，依据等待时间来评价换乘便利程度时，换入线路的发车间隔较短则换乘较为便利；换入线路的发车间隔较长时，如果两线不可协调则换乘较为不便，如果两线可协调，则存在通过运营组织措施来便利部分或全部换乘的可能性。

12.2.5　定时换乘系统

当两线路可协调时，通过运营组织措施能够减少等待时间，定时换乘系统是一种常见的协调方法。

定时换乘系统（timed transfer system，TTS）是一种在若干条线路交汇的换乘枢纽车站，各条线路的列车同时到达交汇车站，为乘客提供便利的换乘条件的运营组织措施。

交汇车站称为"焦点"或"中心"（focus），车辆定期同时到达的现象称为"脉冲"（pulse），其间隔称为"脉冲间隔"（pulse headway）。

各条线路的车辆在交汇车站停留足够长的时间，供乘客换乘后再出发。在这种组织机制下，各条线路的车辆运行时间和发车间隔之间必须满足一定的关系，各条线路的车辆运营计划必须相互协调、统筹制定。

定时换乘系统设计时，应注意以下条件。

① 线网的设计和计划的制定必须能够实现车辆运营的同步。线网的设计工作包括换乘中心车站的选择和各条放射线路的长度和走向的选取。在此基础上制定运行计划，车辆的运行时间必须与实现脉冲发车间隔相协调。

② 运营必须可靠，以减少乘客在换乘中心误车的可能。轨道交通列车运行时间较为可靠，联合停靠时间应考虑到乘客的换乘走行时间。对于公共汽车组成的定时换乘系统，如果由于交通拥堵或其他因素导致经常性的晚点，则联合停靠时间应适当延长。但是，过长的停靠时间将会使 TTS 丧失其节省等待时间的优势。

③ 必要的信息发布和营销工作，要使服务地区的居民了解和接受这种服务。通过一定的宣传和推介行为把潜在的客流需求引导出来，人们一旦习惯了这种便捷的定时换乘方式，就会成为这种服务的稳定客户群。

图 12-3 给出了应用 TTS 前后各车次到发时刻变化的图形化表示，图中显示的是 1 h 内各车次在中心站到发的情况，阴影表示在枢纽站的停靠，A、B 和 C 为干线列车，D 为支线列车。可以看到，在未采取 TTS 前，各车次到达中心站并停靠的时间缺乏协调，车次间的衔接时间杂乱无章，如图 12-3（a）所示；采取了 TTS 后，各车次到达中心站并停靠的时间有了相当的重合，车次间的衔接变得很方便，如图 12-3（b）所示。

在区域铁路车站，也经常会组织多式联运的 TTS 换乘中心。作为客流集散的公共汽车按照计划，在铁路列车到达几分钟前到达，在铁路列车出发后几分钟再出发。

需要指出的是，TTS 也存在一些不足。列车时刻表从线路独立运行模式向基于

中转客流量较大的航空枢纽也有类似的航班集中到达、出发的情况，称为"航班波"。

TTS 的运行模式转变，为了调整运行时间，有时候不得不降低列车运营速度，导致运用车辆数的增加。因此，TTS 方便乘客换乘是基于牺牲车辆运营时间为前提的，可能意味着更高的运营成本。另外，TTS 下列车和乘客在较短时间内密集到达，对场站设施和管理也提出了更高的要求。

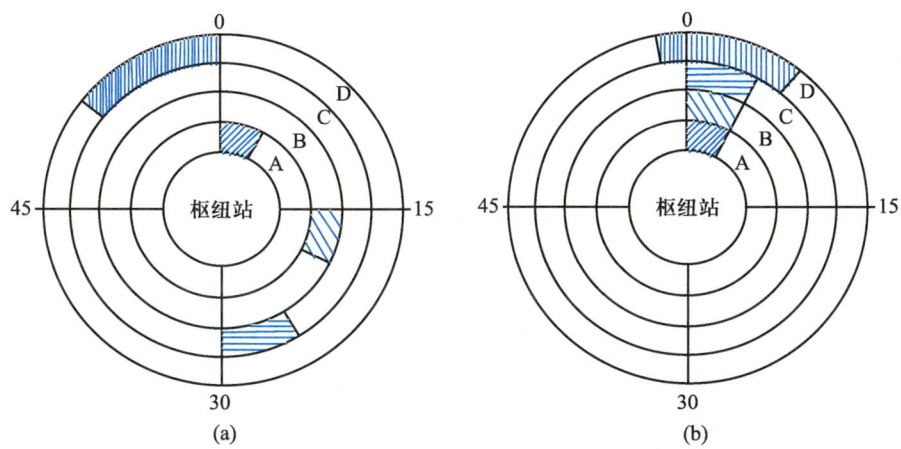

图 12-3 某轨道交通系统采用定时换乘系统前后对比示意图

12.3 网络化运营下的客流指标

对于一条独立运营线路来说，进线量、出线量和客运量总是相等。网络运营环境下，由于换乘的出现，进线量和出线量不再总是相等，客运量的统计方法也发生了变化。为描述网络运营环境下的客流情况，需要定义一些新的指标。

12.3.1 客流统计指标

根据某条线路所运载的乘客的去向，将进线量分为本线进出人次和本线进他线出人次。本线进出人次指进站与出站均属于本线路的乘客数，本线进他线出人次指进站属于本线路而出站不属于本线路的乘客数。因为换乘站分属各自的线路，当换乘站闸机分线设置时，线路进线量等于该线车站进站量之和，而当换乘站存在共用闸机时，线路进线量不等于该线车站进站量之和：

$$P_{进线} = P_{本线进出} + P_{本线进他线出} \tag{12-4}$$

路网所有线路的进线量之和即路网进线量，路网进线量同时也等于路网内所有车站的进站量之和。

类似的，根据某条线路所运载乘客的来源，也将出线量分为本线进出人次和他线进本线出人次，他线进本线出人次指进站不属于本线路而出站属于本线路的乘客数：

$$P_{出线} = P_{本线进出} + P_{他线进本线出} \tag{12-5}$$

同样，当换乘站存在共用闸机时，线路出线量不等于该线车站出站量之和。路网所有线路的出线量之和即路网出线量，路网出线量同时也等于路网内所有车站的出站量之和。

换乘量定义为换乘站线路间各方向换乘乘客的总量。假定某换乘站有 M 个换乘方向，第 i 个换乘方向的换乘量为 $P_{换乘}^{i}$，则该站的换乘量为：

$$P_{换乘} = \sum_{i=1}^{M} P_{换乘}^{i} \tag{12-6}$$

换乘客流可以分为 3 类，除了上面定义的本线进他线出和他线进本线出外，还有进出站均不在本线的途经客流。途经本线的客流指进站与出站均不属于本线路，但按照乘客出行路径会经过本线路的乘客人次。

根据前面章节的定义，线路客运量指线路运送的乘客数量。一条线路独立运营时，因为只存在本线进出的乘客，所以进线量即出线量，即线路客运量；网络运营环境下，仍然按照定义，线路客运量是本线进出人次、本线进他线出人次、他线进本线出人次和途经本线人次的和：

$$P_{客运量} = P_{本线进出} + P_{本线进他线出} + P_{他线进本线出} + P_{途经本线} \tag{12-7}$$

如果把他线进本线出人次和途经本线人次的和视为换入乘客量、本线进他线出人次和途经本线人次的和视为换出乘客量，则线路客运量可以有以下两种表示方式：

① 线路客运量=进线量+换入乘客量

② 线路客运量=出线量+换出乘客量

这两种表示方式是等价的，但是在实际运营中，由于进线量使用较多，因此习惯上用第①种方式来统计线路客运量，并相应的定义线路换乘量

$$P_{换乘量} = P_{他线进本线出} + P_{途经本线} \tag{12-8}$$

从而，有

$$P_{客运量} = P_{进线量} + P_{换乘量} \tag{12-9}$$

显然，路网客运量为所有线路客运量之和。

12.3.2 换乘系数

换乘系数是公共交通中衡量乘客换乘程度的一个指标，定义为乘客总出行次数与总换乘次数的和与总出行次数的比值。基于前面的分析，该系数可以表示为客运量与进线量的比值，即

$$\gamma = \frac{P_{客运量}}{P_{进线量}} \tag{12-10}$$

> "途经本线"的乘客人次往往不能通过直接统计获得，需要在分析乘客出行行为的基础上推算。

换乘系数的物理意义表示乘客完成一次出行需乘坐的线路条数平均值。在一定的取值范围内，该值越小说明乘客出行的直达程度越高，线网规划的合理性和运营服务水平也越好；该值越大说明线路的设置与主流出行 OD 的偏离就越大，居民出行的便捷性就越低，此时往往有必要对线网的设置或运营线路（交路）的设置进行调整。一般认为，大城市线网换乘系数的合理值高于中小城市。表 12-2 为某城市轨道交通线网客流指标。

表 12-2　某城市轨道交通线网客流指标

线别	本线进本线出	本线进他线出	他线进本线出	途经本线	本线进线量	换乘量	客运量	换乘系数
A	294 908	276 820	291 194	120 509	571 728	411 703	983 431	1.72
B	244 106	257 651	259 391	81 921	501 757	341 313	843 069	1.68
C	169 609	213 586	208 546	27 798	383 195	236 344	619 540	1.62
D	372	7 735	7 028	0	8 107	7 028	15 135	1.87
E	136 337	158 460	156 441	28 689	294 797	185 130	479 926	1.63
F	159 508	139 493	135 929	12 917	299 001	148 846	447 847	1.50
G	21 532	90 845	86 061	0	112 377	86 061	198 438	1.77
H	11 752	0	0	0	11 752	0	11 752	1.00
计	1 038 124	1 144 590	1 144 590	271 834	2 182 714	1 416 425	3 599 138	1.65

12.4　线路几何形状分析

换乘需求的产生与线网的几何形状密切相关，分析线网的几何形状有助深入了解客流需求。线网的几何形状往往受到城市的几何形状及该城市的公交运营经验的影响，虽然表现得不规则，但是大部分的线路都可以归纳为几种基本类型，以巴黎轨道交通线网为例（图 12-4），可以找到以下几种不同的类型：

放射线：11；

直径线：1，3，4，7，8，9，12，14；

切线：5，10；

环线：2，6；

带分支的干线：13；

有接驳支线交通的干线：3/3b，7/7b；

环形折返线：7b 和 10 上的环形折返。

不同的线路形状和走向往往具有不同的客流特征。

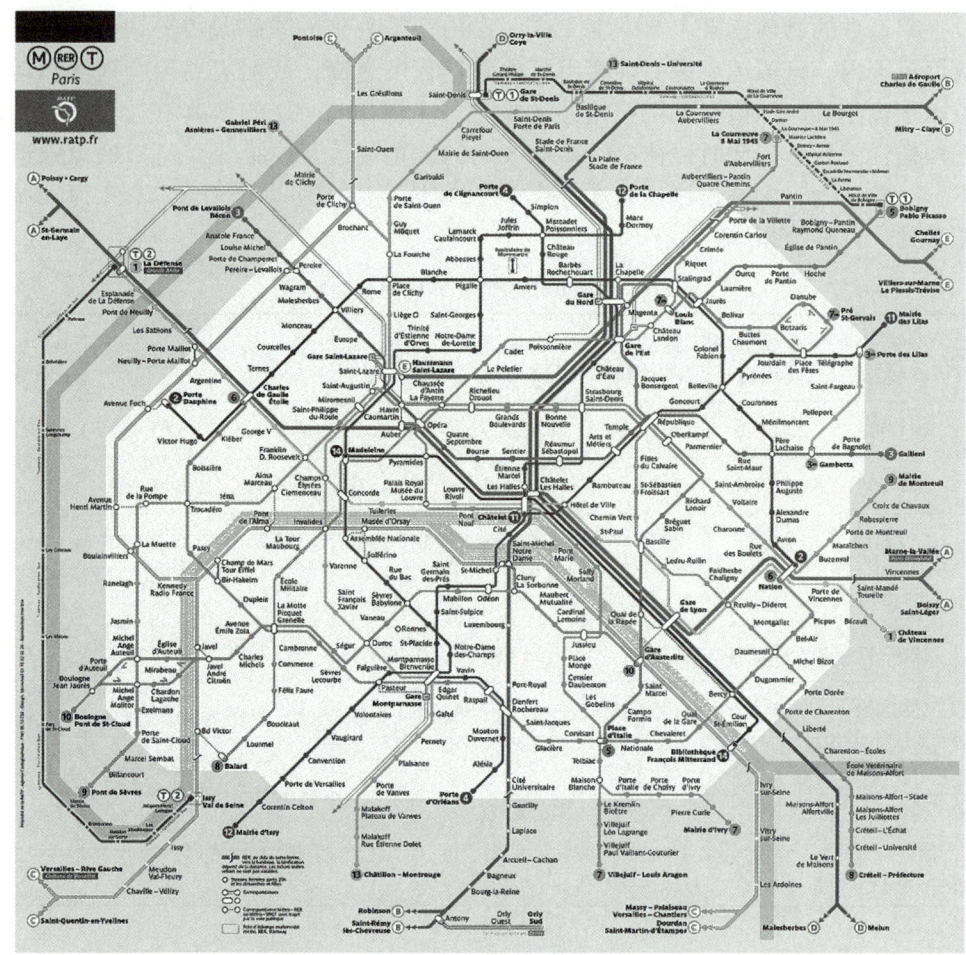

图 12-4　巴黎地铁（metro）线路示意图

12.4.1　放射线和直径线

　　大都市区域中最高密度的客流通常出现在从城市周边区域通过放射状通道汇集到城市中心区的过程中，因而联接城市中心区和郊区的线路往往客流量较大。

　　放射线，一端从城市中心区出发，另一端深入郊区。放射线上的乘客数量会从城市中心地带向郊区方向逐渐减少。为了使线路能力与乘客需求匹配，可以开行短交路列车，也可以通过在郊区修建分支线路来解决。多条支线一方面使线路能力与客流需求得到较好的匹配，另一方面也增大了运营服务在郊区的覆盖范围。放射线通常是为通勤客流服务的，线路客流会有明显的早晚高峰。

　　放射线在便利城郊乘客出行之外，也有一些缺点。例如不利于郊区之间的乘客出行，市中心线路和车站造价较高等。为了便于位于中心区不同方位的郊区之间乘客的出行，出现了直径线的形式，相当于两条放射线在市中心衔接。

直径线，将位于城市中心区不同方位的郊区通过经过城市中心的线路联接起来。为了实现较为均衡的利用率，直径线在规划时应使线路联接的两个郊区部分在客流量方面大致相当。与放射线相比，直径线覆盖的城市区域更大，能够疏散更多的中心区客流，与其他线路换乘的机会也更多。

除了穿过市中心的直径线外，联接两个郊区，但在市中心迂回的 L 形线路也可以看作一类直径线。L 形线路与直径线相比，在城市中心区域能够覆盖更多的区域，但是对于以 L 形走向的线路连接的两个郊区的直通客流而言，吸引力显然不如直线大。

随着城市的扩张和公交公司的联合服务，很多放射线联接起来就成为直径线，这种趋势在市郊铁路中尤为明显。

12.4.2　切线、圆周线、环线、环形折返线

放射线和直径线对于服务城市中心和郊区间的向心型出行客流非常高效，此外，还有切线、圆周线、环线等线路类型，适用于其他类型的乘客出行。

切线，沿着城市中心区边缘的切线方向，在街道为网格状的城市比较常见。切线上的客流需求比放射线上的需求要小，因此大多数的切线形状的线路上常见运量较小的有轨电车，甚至是快速公交等方式。

圆周线，指环绕市中心的线路。圆周线与放射线和直径线相交，之间有换乘车站，这样就构成了一个相互联系的网络。当这些线路构成围绕中心区的闭环结构，并采用双向运营时，就成为环线。环线通常有三个功能：第一，为市中心高人口密度地区提供直接联接；第二，为放射线路提供高效的乘客疏散服务；第三，环线可以为郊区之间的出行提供一个放射线—环线—放射线的路径。虽然这样的路径要经过两次换乘，但是这样可以避免要经过市中心的曲折线路。

有些城市虽然没有独立的环线，但是却由两条或更多条线路组合形成环绕城市中心的环状通道。例如，巴黎地铁 2 号线和 6 号线组成了一条环状的线路，而香港地铁则由荃湾线、港岛线、将军澳线和观塘线 4 条线路的部分区段，以两两同台换乘的方式形成了环绕维多利亚湾的"环"。

总的来说，环形线路在很多主要城市的公交线网中都发挥了重要作用。环形线路与很多放射线相互交叉，联系起了整个线网。由于使用环线的乘客出行方向和时间多种多样，环线能力的利用率较高，这样在运营经济性方面也有较好的表现。

12.4.3　带有支线或接驳线路的干线

由于进出市中心在城市居民的出行当中占主导地位，所以放射状的线路通常有最高的客流量。从市中心开始是一条负荷很大的干线，逐渐向外就分成了很多条低负荷的线路，通常是为大片的低人口密度的郊区服务的。根据线路的设计和运营类型，这些线路可以分为两类：直接从干线分出，提供直通服务的是支线；独立于干线，在市郊区域提供集散服务的，是接驳线路。显然，支线与干线使用

的交通方式是同一种，同种列车既可以在干线上运行，也可以在支线上运行。而接驳线路可以使用不同的交通方式。以下从功能、运营、客流量三个角度比较两者的差异，并分析各自的适用性。

1. 功能

支线运营和接驳运营各有优势，比较如下：

（1）支线运营优势

① 为乘客提供连续无换乘的从市中心到郊区的服务。

② 由于线路较长，列车折返时间占用总运营时间的比例较小，车辆运用效率较高。

③ 干线与支线间出行的乘客不需要换乘。

（2）接驳运营的优势

① 干线和支线都可以根据自身交通方式特点独立运营，灵活性较强。

② 接驳线路列车可采用小编组、高发车频率，提高服务水平；干线上可使用大编组列车，降低运营成本。

③ 服务更加可靠，干线或接驳线路上的列车延误不会相互扩散。

④ 市郊的换乘枢纽不但能够提供干线和接驳线路的换乘，还可以提供接驳线路之间的换乘，可以为线网提供更大的互联空间。

2. 运营

干线上的能力限制会影响支线上的最大发车频率。例如，不考虑列车重联运行时，如果干线上的最小发车间隔是 2 min，有 5 条客流量大致相同的支线，则每条支线的发车间隔不能小于 10 min。列车重联运行则是一种解决干线能力不足的方法，即在分歧站，支线汇入干线的方向将两列或多列车连挂起来，作为一列车进入干线运营；反之，在干线开往支线的方向，则将干线列车分为两列或多列，分别开往各自支线。但是，这种方法可能会导致列车延误，而且对操作技术的要求也比较高。

如果不同的支线上客流量不均衡，则各个支线上的列车运行计划也不相同，例如采用不同的列车编组辆数和不同的发车间隔。这时当支线列车汇入干线后，就使干线列车的运营服务变得有些不规律。这种服务上的不规律可以简单地通过为所有支线制定相同的发车间隔来解决，也就是说，为每条支线都提供相当于需求最大的那条支线所要达到的能力。在这种情况下，为了保证整条线路规律的列车服务，客流量小一些的支线上就要支付较多的运营成本。

在支线交汇点的运营控制形式对于线路的可靠性和能力都是很重要的。一条支线上的任何列车晚点或早点，都将会影响整条线路的运行计划。尤其是当干线发车间隔接近极限而且客流量很大时（这种情况下保证运营可靠性变得非常关键），任何一点运营扰动都有可能急剧蔓延、造成严重影响。

3. 客流量

客流量比值对于选择干线和支线的交通方式，以及是采用支线运营模式还是接驳运营模式至关重要。当绝大部分干线客流分为两个或多个客流量相当的支线方向时，干线和支线就可以采用同种交通方式，并采用支线运营模式。但是当分支方向过多，而且分支方向客流量比干线要小很多时，干线和支线如果仍然使用相同的交通方式就会带来问题，要么是干线客流量超过了分支线路的能力负荷，要么是能力较低的分支线路不能够使干线充分发挥其作用。

例如，假设一条干线有 18 500 人/h 的客流量，一些分支线路只有470 人/h 的客流量。对于干线来说，公交车和轻轨都难以满足这样的需求，地铁是最合适的作为干线的交通方式，但是这种交通方式作为支线来服务就不太合适了。这个例子中，地铁干线配合公共汽车接驳是最合适的服务形式，既能够保证服务质量又能够保证能力的充分使用。这种好处胜过了换乘带来的不便。

支线或接驳运营的选择

考虑上述因素，对于采用支线还是接驳运营应该按照以下几步来进行。

① 选择适合作为干线的交通方式。根据客流量、要求的服务水平、成本和影响来选择。

② 选择最适合每个分支方向（未来的支线或者是接驳线路）的交通方式。

③ 为上两步选择好的交通方式构成的系统建立试运行的时刻表（列车的能力及在高峰和平峰时段的发车间隔），检验运营效果。

干线的运行图能不能合理地分成两个或者更多的分支继续运行？

反过来，干线能不能够很好地接收来自两个或更多分支的列车？

如果这些问题都能够得到肯定的答复，就可以修建支线；如果不是，边缘部分就要使用接驳线路来进行服务。如果是后一种情况，就要修建一个或多个换乘设施，时刻表也要进行协调计划。

在实践当中，当干线衔接的分支较多时，会因为汇入干线的列车间的相互干扰而导致服务可靠性下降，能力发挥受到限制，运营成本也会增加。因此，当干线能力负荷较高时，将支线变为接驳线路更加合理。

12.5　共线运营

12.5.1　共线运营概念

线网中的线路，根据列车运行范围的不同，从技术上可以分为单一运营线路和共线运营线路。两种类型线路列车运行方式不同，所提供的服务也不同。单一运营线路各自独立进行布设，列车运营服务仅限于该线路，与其他线路没有重叠。这类线路运营组织比较简单，通常采用单一交路，但是当沿线客流分布差异较大时对线路各区段的能力利用存在较大的浪费，因为所有的列车都是全程运行。客流量较小的部分分区段列车实际满载率较低，造成运力虚糜时，可以通过开行长短交路列车来减少运力的虚糜。

　　若干条在基础设施上有重叠或贯通的运营线路，例如含支线路，采用多交路或跨线运行方式使列车在一条以上的线路上提供运营服务时称为共线运营线路。相比单一运营线路，可以更好地根据客流量来设计列车运行交路，方便直达运输、减少换乘，并使能力的利用更加均衡。

　　当共线运营涉及多个经营实体时，有时会有一个经营实体的列车跨线到另一个经营实体的线路上去运行，这种情况也称为过轨运输。过轨运输一般都会涉及不同经营实体之间的票款收入清分。

12.5.2　共线运营特点

　　共线运营一方面受基础设施互联互通的制约，另一方面，过多的共线运营，也容易造成信息的混乱，给乘客带来不便。经验表明，对于城市轨道交通网络，适量的共线运营能使出行更加个性化，更受乘客欢迎。

　　第一，共线运营的复杂度比单一运营线路要高，一方面一条线路上的延误可能会传导到其他线路上；另一方面，运行图编制和调度指挥的难度都比较高。但是，一旦主线上出现了延误，线路的重叠和贯通给调度调整提供了可供选择的余地，如在线网中制定绕行和修正方案，而这在单一运营线路上是不能实现的，这使得共线运营线路的延误恢复能够容易一些。

　　第二，共线运营线路的另一特点是共线交路减少了乘客的换乘，在线网中给予乘客更自由的出行选择，但是由于多交路叠加模式使得同一交路列车的运行间隔时间增大，乘客乘车等待时间往往比单一线路要长。因此，共线运营模式下列车运行计划编制的好坏需要依据线网特性和乘客在线网内的出行特点来具体评价。

　　第三，共线运营模式一般在经过一系列技术改造或运营协调后得以实现。实现共线运营所花费的成本与新建线路相比，其投资成本大大减少，同时，所耗费的改造工期相比新建线路也大大缩短。

　　第四，共线运营通过在部分交通走廊上的替代、互补，使得线路的运能充分发挥，不仅节约了建设投资，而且最大限度地发挥线路的利用率和充分利用现有线网富裕能力。

　　第五，共线运营带来的轨道交通服务水平的提高以及运营方式的多样化，在给乘客带来便利的同时，也能够吸引乘客的出行，增加轨道交通的客运分担率，提高运营效益。

　　虽然在城市轨道交通网络中，共线运营的实现会遇到很多的困难，但是它的优点更加诱人，正是这些优点促使人们对共线运营不断进行创新和实践，也是轨道交通网络化运营发展的一个方向。

12.5.3　共线运营经营形式

　　除了硬件设施方面的障碍外，当共线运营涉及多家经营实体时，必然要涉及票款收益的清分。要实现不同经营实体所属线路之间的互联互通，就需要确定合适的联合经营形式，商定各个经营实体之间的联合经营协议，通过协议的形式明确各经营实体间配属车辆的使用关系、运营管理责任划分以及收益分配方案等内容。

对于分属不同经营实体的共线运营线路而言，根据线路和车辆的所有权的不同，可以有很多种组合的经营模式。但从目前各国的运营实践来看，以下三种形式可供借鉴。

（1）单一经营实体支配（租车）

拥有线路的经营实体（其本身可能也拥有部分车辆）通过租赁其他公司的车辆组织该线路上的所有车辆运营，运营全部收益归拥有线路的经营实体所有，但要向提供车辆的公司缴纳租赁车辆的费用。

单一运营实体支配下的运行组织简单，避免了多家经营实体的车辆调配的冲突协调，一般更为安全有效，是轨道交通系统共线运营中容易接受的一种经营模式。

（2）多家经营实体支配（租线）

使用线路的各经营实体根据协议向拥有线路的经营实体缴纳线路使用费，共线运营区间的线路由线路经营实体管理，共线运行的列车由拥有车辆的经营实体管理，在运营组织上由线路公司根据协议统一指挥管理。共线区间的所有盈利（票款）通过车票的磁性记录予以清分。

（3）互换式线路支配（线路互用）

各经营实体通过协议的形式将己方的列车驶进对方的区间，驶入区间的长度由运营实体协商决定。例如，依据对等原则，双方均可有相等数目的列车驶入对方等长的运营区间。当权益不对等时，票款收入的补偿或清分依据具体情况协商确定。

12.5.4　共线运营案例

共线运营最早出现在欧洲，其目的主要是提高轨道交通的吸引力，同时也是轨道交通企业网运分离改革，在运能富余的线路上运营商共同合作提升市场竞争力的产物。制式相同线路的共线运营的实现比较容易，也较为常见，如日本东京地铁的副都心线和有乐町线，上海轨道交通的 3 号线和 4 号线。而制式不同线路之间的共线运营需要解决不兼容问题，常见的不兼容问题主要体现在以下四个方面：① 线路及车站设施；② 车辆与信号设施；③ 运营组织；④ 规章制度。这里主要介绍如下几个不同制式线路间共线运营的案例。

（1）地铁与市郊铁路的共线运营案例

为了缩短旅客旅行时间，东京建立列车"直通"通道，实现了列车在地铁和市郊铁路上的共线运营。截至 2012 年，东京有 7 条地铁线与 13 条地面铁路线联运，形成了 37 条直通线路。全国范围内的统计显示，参与共线运营的轨道交通公司总数占日本所有轨道交通公司总数的 55%。通过发展共线运营的方式，日本城市地铁列车的运营里程增加了将近 1 倍。

（2）轻轨与市郊铁路的共线运营案例

德国卡尔斯鲁厄市（Karlsruhe）的轨道交通系统将铁路线路与市内轻轨线路贯通，实现了通过轨道交通从市区直接到达城市外围地区。该系统采用双系统轻轨车

12-7：东京轨道交通线路直通运营示意图（地铁与市郊铁路的共线运营）

辆，可以在原有轻轨的 750 V 直流电和电气化铁路 15 kV 交流电两种供电模式下运行，对原有铁路信号系统进行改造，通过信号管制的措施保障交叉口行车安全。这条轻轨线路的运营时间从早上 4:30 到次日凌晨 1:00，行车间隔为 20 min，运营速度约为 40 km/h。

类似的轻轨与市郊铁路共线运营的例子也出现在德法边境的萨尔布吕肯市（Saerbulvken）。该市对一些既有和规划的轻轨线路实施了与城际铁路的共线运营。如由市中心到 Lebach 的轻轨线路，在 Etzenhofen 与 DBAG（德国铁路有限公司）的城际铁路接轨，在 Etzenhofen 至 Lebach 段实施了共线运营。

（3）轻轨与货运铁路线的共线运营案例

德国卡尔斯鲁厄市由市中心延伸到市郊 Hochstetten 的轻轨线路，就是通过与德国铁路部门的协商，借用了 DBAG 的部分低行车密度的货运铁路线路，实现了由城市中心向郊区的轻轨客运服务的扩张。

美国圣迭戈（San Diego）将其购买了的圣地亚哥市区到墨西哥边境的一条货运铁路按照轻轨技术规范进行电气化改造，于 1981 年 7 月旅客运输正式通车运营，1984 年，这条线路增设了短途铁路货运服务。货运列车由内燃机车牵引，因此不必进行轻轨车辆和线路供电设施的改造就实现了共轨运行。在两者运行时间划分上，轻轨运行时间为早上 5:00 到次日凌晨 1:00，其余时段为铁路运行时间。

（4）轻轨与路面有轨电车线路的共线运营案例

在日本北九州，熊本电铁的市郊轻轨列车是通过西日本铁道公司的路面有轨电车线路到达城市的一个主要铁路车站的。虽然是两家运营公司，但是熊本电铁为了实现其轻轨与路面电车的共线运营，从而到达城市主要的交通枢纽，购买了与路面有轨电车机车相同制式的机车车辆，同时轻轨线路的设计也充分考虑了共线运营的方便。

思考题

1. 为什么会有换乘的现象？对于乘客来说，换乘的好处和缺点都有哪些？从运营机构的角度出发，应如何提供便捷的换乘？

2. 换乘时间一般包括哪几部分？如何缩短换乘时间？

3. 换乘系数的物理意义是什么？换乘系数对于城市轨道交通线路的规划和设计有什么指导意义？

4. 城市轨道交通单一运营线路和共线运营线路各有哪些优缺点？适合在什么样的客流条件下使用？

5. 组织不同制式的城市轨道交通列车共线运营主要应该考虑哪些方面的兼容性问题？请举例分析。

第 13 章
城市轨道交通票务管理

13-1：思维导图

章导语：
本章主要从票制票价、票务管理及票务清分三个方面介绍城市轨道交通系统的票务管理工作，这些内容将帮助学生建立起城市轨道交通系统运营票务管理的基本理论框架，帮助学生了解票务管理的基本内容。本章中不同票制的适用范围、票价的制定、票务系统的基本结构框架及票务清分的相应方法是学习的重点和难点，学生需重点学习。建议教学学时6学时左右。

城市轨道交通运营公司作为准公益性的企业，实现社会效益是其中一个重要工作目标，但在市场经济环境条件下，在实现社会效益的同时应该寻求最大的经济效益，使企业能够得到更好的生存和发展。票款收入是城市轨道交通企业经济收入的重要组成部分，高度重视票务管理工作，保证票务管理工作的高效开展，可使企业经营在成本、质量、服务等方面得到巨大的改善。城市轨道交通票务管理工作的主要内容包括票制、票价的制定，城市轨道交通票务系统和票款清分等方面。

13.1 票制、票价和票种

13.1.1 票制、票价

票制是指票价的结构，票制和票价是轨道交通系统票务管理中相辅相成的两项内容。在城市轨道交通系统中，只有制定合理的票制才能更充分地吸引乘客，发挥票价的杠杆作用。任何票价的确定都是以票制规则为基础的。

世界各国实行的轨道交通票制模式主要有固定票制、累计票制、复合票制三种类型。考虑到老人、儿童、军人、残疾人的特殊性及在淡旺季、节假日和高平峰时段均衡交通等原因，一般每种票制都会有针对优惠对象的优惠票种和针对季节、节假日和时段的浮动机制。一个城市轨道交通系统往往多种票制并存，乘客可以根据自己的出行情况选择合适的票种。轨道交通常用票制如图13-1所示。

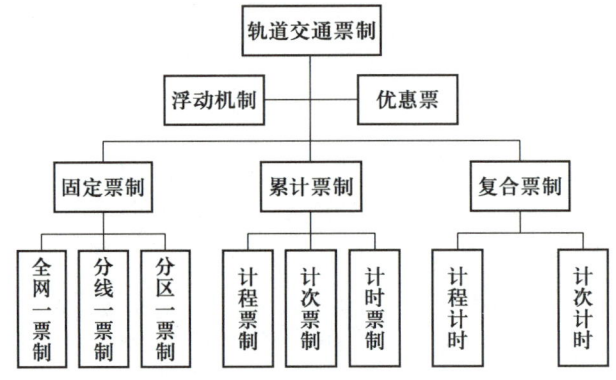

图 13-1 轨道交通票制分类

1. 固定票制

固定票制主要是一票制，即对出行者的收费不论乘车距离的长短，发售单一票价的车票（特殊线路除外，例如机场线）。固定票制又可分为全网一票制、分线一票制和分区一票制等多种。全网一票制是指全网车票价格一致，不限里程，不计换乘次数，一般不计时间。分线一票制是指同一条地铁线票价一致，不同线路之间票价可能不同，线路与线路的换乘按照一个固定票价收取。例如，北京在2007年票制改革之前，采用的是分线一票制。当时北京地铁 1 号线 3 元，13 号线 3 元，八通线 2 元，1 号线与 13 号线换乘是 5 元，与八通线换乘 4 元，月票专用是 60 元。改革之后全网票价统一为 2 元。分区一票制是将轨道交通线网分成若干区域，按区域制定计费标准。目前这种票制主要流行于欧洲国家，巴黎轨道交通线网分为 8 个计费区，伦敦分为 6 个计费区。固定票制票务管理相对简单。全网一票制的轨道交通系统通常情况下只在进口或者出口处设置自动售检票设备，难以做到对客流信息的准确统计，且不能体现因乘距不同收费不同的公平性。另外，固定票制的基本收费一般较低，需要政府投入巨额的资金支持。

2. 累计票制

累计票制类型很多，主要有计程票制、计次票制和计时票制等。

计程票制指按照乘客乘距长短累计计算票价的收费方式，分为里程计程（metered fare）和分段计程（sectional fare）两种。里程计程的费率以公里为单位；分段计程在把线网分成合理区段的基础上，费率按照乘客乘车跨越的区段而增加。计程票制的优点是收费标准精确合理，在规模较大的交通网络中能够准确反映客运成本与票价的关系，从而能有效地兼顾长、短途乘客的需求，实现客运量与运输能力之间的平衡。计程票制的缺点是计费复杂程度较高，收费等级多变，必须依托高效的自动售检票系统来保证实施。

日票例图

计次票制是指按照乘客乘坐轨道交通次数计费。这种票制多附带有时间限制要求。在有效期内，持计次票乘客乘坐轨道交通不计里程只计次数。计次票制对于在城市内短时间高频率乘坐地铁的乘客和在一段时期内（例如一个月）有比较稳定的轨道交通出行需求的乘客是比较有利的。

周票例图

计时票制是指按照乘客在轨道交通系统中停留时间计费的票制。计时票制一般不单独使用，通常与其他票制联合形成复合票制。计时票制也用来在不同的时间段（例如高峰时段和非高峰时段）实行不同的收费价格。其优点是车票计时可以有效地减少乘客在轨道交通系统中不必要的停留，减轻轨道交通系统内部的拥挤状况。

月票例图

3. 复合票制

复合票制是指对乘客按照多种计费模式累加来计算票价的收费方式，主要有计程计时票制和计次计时票制。计程计时票制和计次计时票制是在计程票制和计次票制的基础上增加了在轨道交通付费区内的停留时间限制，一旦超过规定时间，乘客必须多付费或重新购票。实际操作中，有效时间段的设定必须使乘客既能有充分的时间到达目的地，又不会在轨道交通系统中停留过长的时间。复合票制对售检票系统的自动化水平也有较高要求。

纪念票例图

13.1.2　车票种类

车票的种类非常多，根据车票有效期可以区分为日票、周票、月票、年票等票种。日票是在 24 h 内有效，在所购车票的有效线路内可以重复使用，日票有单人日票、团体日票等形式。周票、月票和年票可看作日票的"延时版"，在一个固定期

异型票例图

（周、月、年）内有效。该类票有两种形式，一种是单人在所购车票的有效线路内一个固定期（周、月、年）内可以重复使用，这种票面上往往需要贴有使用者照片；另一种是在固定期（周、月、年）内购买一定次数，不固定使用人，单人团体都可以使用，车票过期作废。通勤票一般要求固定使用者与持有人，需要使用者申请用户卡，卡上需带有本人照片。通勤票主要针对出行时间与线路相对稳定的上班族和学生，优惠幅度较大，仅提供家庭所在地与上班、上学所在地之间的交通出行，车票固定线路与时间段。根据车票的服务的群体还可以将车票区分为普通票、员工票、团体票、VIP 票等票种；根据车票制作材质可以区分为纸质票、磁卡票、IC 卡储值票等；根据车票外形可以区分为标准票、异形票。

单程票是最基本也是理论上单位里程最贵的车票种类，单个乘客从出发点到达目的地的过程中单程使用，票价依据出行距离的长短而定。储值票可供乘客在多次乘坐轨道交通时扣费使用，车票出站不回收。特种票是指为了满足一些乘客的特殊需要而发行的票种，主要包括：纪念票、福利票、优惠票、团体票、个性票、应急票等。

纪念票：轨道交通发行的具有纪念与收藏意义的票种。

福利票：供老人、儿童、残疾人等特殊乘客使用的轨道交通票种。

优惠票：对在非高峰期乘坐轨道交通的出行者实行优惠的票种。

团体票：针对大型企事业单位工作人员设置的轨道交通票种。

个性票：供对车票的外观等设计方面有个性化要求的乘客使用。

应急票：应对突发超过进站闸机通过能力的大客流条件下的票种。

13.2   票价的制定

城市轨道交通具有准公共产品的经济属性，为此城市轨道交通票价既要体现出行者应该为乘坐轨道交通工具所享受到的服务付费的原则，也要体现政府导向。城市轨道交通是国家为了缓解交通拥挤而大力提倡建设的，因此其定位就是吸引合理的交通流量到快捷、安全、舒适的轨道交通这种公共交通运输方式上来，以最大限度地减少个人机动交通工具出行的比例。这就需要政府根据自身实力给予城市轨道交通企业以资金、政策的支持和扶持。制定城市轨道交通票价是一个较为复杂的技术过程，从不同的利益角度出发可归纳出不同的定价方法，要使之趋于一致，得到各方面认同需审时度势，左右权衡。

13.2.1   定价原则

借鉴国内外有关轨道交通的定价原则并结合特定轨道交通线路的实际情况，定价原则主要有以下 4 方面：合理性原则、相对稳定性原则、公开性原则和递远递减原则。

1. 合理性原则

合理性原则是对政府相关部门制定轨道交通的价格水平和其在执行时对各方面的经济利益的调节而言的。其中，合理性是指价格水平的高低要合理。首先，要能够消除或最大限度地减少这些商品和服务在不由政府制定价格的情况下，所产生的各种弊端，要有利于优化社会资源的配置和改善市场绩效；其次，轨道交通的定价目标，要能够兼顾乘客、国家、城市、所有者和运营者等多方面的经济利益；再次，要有利于轨道交通的供求平衡，尽可能反映价值规律的要求。例如，香港地铁是世界上极少数在运营上能够赢利的地铁系统之一。收入大约 70% 来自票价，30% 来自地产。香港铁路有限公司的经营收入主要来自地铁乘客的车费。它的增加是来自车费逐年按通货膨胀比率调整票价，即所谓"无实质增长的长期票费政策"。这项与通货膨胀挂钩的车费政策是一个最公平和有效的方法，以逐渐增加车费收益。

2. 相对稳定性原则

稳定性原则指的是，对已经制定执行的轨道交通价格方案，要使其保持相对稳定。对于价格方案的一揽子指标如基准价格、计程票制的累进距离、价格调整的影响因素和参考指标等，城市轨道交通票制票价方案一经制定以后，在一定时间内应保持稳定，不随市场短期的供求波动而变化，政府相关部门对价格实行有计划的调整。但是，稳定性是相对的，应该兼顾灵活，当一些特殊情况发生或者企业的经营环境发生较大变化时，则有必要根据最新的现实情况对轨道交通价格制定的整体方案进行调整。在相同的线路上，香港地铁票价一般稳定在比公共汽车票价高 20% 左右。

3. 公开性原则

公开性指的是定价程序要公开。政府相关部门在确定轨道交通票价制定方案时，要按照《中华人民共和国价格法》（简称《价格法》）的规定举行听证会，征求消费者、运营商和有关方面的意见，论证其必要性、可行性，保证价格的合理性。在进行价格听证时，政府价格主管部门、运营公司、投资者等应向参会人员或其他有关人员提供准确、完整的轨道交通的成本费用、工资、盈利状况及其他必要的资料。这些资料还应以一定的方式允许社会公众查询，并据此对政府和轨道交通运营公司的经营行为和价格行为进行监督。随着《价格法》的深入实施和完善，还应建立信息披露制度，以使社会各界了解轨道交通运营公司执行政府定价和在既定价格下的经营状况。

4. 递远递减原则

轨道交通运价的结构通常表现为基于距离的差别运价结构（里程运价结构），这是根据运输里程而制定的运价结构体系。按照运输作业过程可以把运输支出分为始发到达作业费和运行作业费，随着运距的增加，运输总支出也在增加，而随运距成正比例增加的只是运行作业费，不管运距多长，始发到达作业费和管理费基本是不变的。由此，运距越长，分摊到单位运输里程的始发到达作业费和管理费就越少，运输成本也就越低，呈现递远递减特点，根据这种特点，运输部门可以实行按距离别的递远递减差别运价结构。

按距离制定差别运价，轨道交通运价率与运输距离的关系有以下几种情况。第一，运价率随运输距离的延长一直递远递减，与运输成本的递远递减情况保持一致；第二，运价率在一定运距范围内递远递减，超过一定范围，则保持一稳定水平；第三，运价率在一定运距范围内递远递减，超过一定范围，则递远递增；第四，运价率不随运距的变化而变化，始终保持同一水平，又称为纯里程运价。

13.2.2 票价的制定方法

城市轨道交通定价方法一般是在社会经济状况的基础上，充分考虑市场的供求关系、线网条件，以及出行者的出行特征和承受能力等来制定价格。国内外交通运输领域一般采用以下几种方法制定票价：供求关系定价、边际成本定价、平均成本定价、拉姆塞定价、概率选择定价、博弈论定价等。城市轨道交通作为公共交通产品，其定价方法一般是在社会平均成本的基础上，充分考虑市场的供求状况、国民经济发展的客观要求及社会承受能力等来制定价格。现在国内外运输票价一般采用以下几种模型制定票价。

1. 以成本为基础的定价方法

这是适用范围较广，应用时间较长，被大多数行业、企业采用的方法。它的核心是票价必须以成本为基础，在此基础上再加上平均利润。这里要用到一个关键指标运价率。城市轨道交通运价率（traffic price rate）是计算运价的基本单位。其基本计算公式为：

$$I_{运价} = \left(\frac{C_{运}}{QS_{均}} \right) (1 + i_{盈} + i_{税}) \tag{13-1}$$

式中：$I_{运价}$——运价率，元/（人·km）；

$C_{运}$——企业运营成本，元；

Q——总运量，人；

$S_{均}$——平均运距，km；

$i_{盈}$——社会平均盈利率；

$i_{税}$——应缴税费的综合税费率。

由上式可以看出成本是运价的基础，在分析成本时应考虑固定成本与变动成本的比例、成本与运量的关系、近期成本与远期成本的关系等。应从实际发生成本中剔除不合理因素和偶然性因素。

这种方法基本上从企业市场盈利的角度出发，适用于产销平衡、计划性较强的情况，但对市场因素考虑不足，特别是供求关系趋于紧张、竞争激烈情况下这种方法存在一定缺陷。

2. 以市场供需为基础的定价方法

这种方法基本不考虑运输成本的高低，主要着眼于市场取向，主张以大多数乘客在日常生活和接受地铁服务时认可或可承受的运输价格为主，强调车票的价格应在买卖双方交易过程中按市场原则自然形成。在定价过程中，主要考虑运输服务市场的供求数量关系及周边的各种比价关系。完全竞争市场模型可表达为图 13-2。

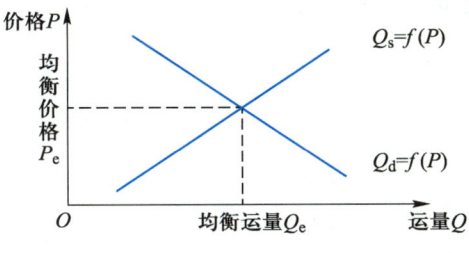

图 13-2　完全竞争市场模型

图中：

$Q_d = f(P)$——需求方程，表示需求随价格下降而增加；

$Q_s = f(P)$——供给方程，表示供给随价格增加而增加。

若在某区域内供需方程可表达为一次形式：

$$\begin{cases} Q_d = a_0 - a_1 p \\ Q_s = b_0 + b_1 p \end{cases}$$

则解以上方程组可得到均衡价格和均衡运量：

$$P_e = \frac{a_0 + b_0}{a_1 + b_1} \tag{13-2}$$

$$Q_e = \frac{a_0 b_1 - a_1 b_0}{a_1 + b_1} \tag{13-3}$$

例如，北京地铁 1995 年票价为 0.50 元，运量为 5.5 亿人次，1996、1997 年票价为 2 元，运量为 4.4 亿人次（未考虑月票影响），需求方程可近似表达为 $Q_d = 0.73P + 6$；1996、1997 两年平均政府补贴企业 4.4 亿元，企业运输实际单位收入每乘客 3 元，供给方程可表达为 $Q_s = 1.46P$；解方程组后均衡运量为 4 亿人次，均衡价格约 2.6 元。

3. 基于社会综合效益的定价思路

这种方法从理论上讲应是站在全社会的高度，综合平衡各行各业的投入产出，最后谋求总体的综合效益指标。其中不但有经济总产值而且有社会协调健康发展、公共福利等社会效益。要达到这样的目标，政府通过财政职能配置一定社会资源，投向直接服务于市民生活的公共交通行业，用于改善市民的出行条件。地铁的服务价格是在政府调控下的折扣价格，其调控的出发点不是某些个人、企业或团体，而是立足于整个社会，追求全社会范围内最优的资源配置、最高的经济效益、公平的社会分配和良好的社会福利。其调控的程度要取决于政府财力，也要权衡企业与乘客双方利益，做出这种判断既有经济学又有相对伦理学的成分。在西方经济学理论中已有抽象的数学模型，如边际定价法、高峰定价法等，但其中很难找到真正能直接套用指导定价的模型，即便找到了，其中的宏观数据和有倾向性的系数也难以轻易确定。可用以下思路来趋近上述目标。

（1）票价应适应乘客合理消费结构和消费水平

用方程式形式可分别表示为

$$B_{均}\beta = K S_{均} I_{运价} \qquad (13-4)$$

式中：$B_{均}$——地铁乘客群人均月收入，元；

β——出行支出百分比；

K——月乘车次数，人次；

$S_{均}$——平均运距，km；

$I_{运价}$——运价率，元/（人·km）。

（2）政府财政有足够的承受能力

用方程式形式可分别表示为

$$B_{政}\beta_{地} + Q S_{均} I_{运价} = C_{运} + P_{企} \qquad (13-5)$$

式中：$B_{政}$——政府财政收入，元；

$\beta_{地}$——政府财政用于地铁的百分比；

Q——地铁总运量，人次；

$S_{均}$——平均运距，km；

$I_{运价}$——运价率，元/（人·km）；

$C_{运}$——企业运营成本，元；

$P_{企}$——企业利润，元。

（3）地铁系统的运输能力得以充分发挥

用方程式形式可分别表示为

$$E = Q\alpha \qquad (13-6)$$

式中：E——地铁运输能力，人；

Q——地铁实际运量，人；

α——合理安全系数。

13.2.3 票价弹性分析

1. 需求弹性分析

点弹性：表示某商品需求曲线上某一点的需求量变动对于价格变动的反应程度。

弧弹性：表示某商品需求曲线上两点之间的需求量的变动对于价格变动的反应程度。

弹性分析能够有效地估计乘客需求随价格变化的反应程度，从而为通过票价调整实现对客流的调节功能提供参考依据；也能够通过对票价的弹性分析找出合适的票价变化范围，以保证城市轨道交通的收益。需求的价格弹性有点弹性和弧弹性的区分。由于乘客的需求函数未知，因此应当采用弧弹性来计算：

$$E_{P} = \frac{Q_2 - Q_1}{P_2 - P_1} \cdot \frac{(P_1 + P_2)/2}{(Q_1 + Q_2)/2} \qquad (13-7)$$

式中：E_P——轨道交通客流的需求弹性；

Q_2——票价变化后客流量；

Q_1——票价变化前客流量；

P_2——变化后的票价；

P_1——变化前的票价。

2. 交叉弹性分析

交叉弹性分析能够为互补性和替代性出行方式对城市轨道交通需求量的影响提供定量分析依据。而城市轨道交通与常规道路公交之间具有一定的竞争性，属于经济学上的具有一定程度替代性的商品，因此很有必要进行交叉弹性研究。设 X 为常规道路公交方式，Y 为城市轨道交通方式，则 Y 产品需求量对 X 产品价格的交叉弹性计算方法如下：

$$E_{X,Y}=\frac{\Delta Q_Y/P_Y}{\Delta P_X/P_X}=\frac{\Delta Q_Y}{\Delta P_X}\cdot\frac{P_X}{P_Y} \tag{13-8}$$

式中：$E_{X,Y}$——城市轨道交通客流对常规道路公交票价的交叉弹性值；

$\quad\Delta Q_Y$——城市轨道交通出行需求变动量；

$\quad\ P_Y$——城市轨道交通票价；

$\quad\Delta P_X$——常规道路公交的票价变动量；

$\quad\ P_X$——常规道路公交方式的票价。

3. 交叉弹性分析的作用

一般情况下，各种公共交通出行方式的需求弹性只在缺乏弹性（$O<E<1$）、单位弹性（$E=1$）和富有弹性（$E>1$）三者之间变化。轨道交通自身的弹性计算可以为轨道交通企业调整票价或者制定峰谷收费等策略服务。如果通过式（13-7）计算得出轨道交通方式的需求弹性结果为缺乏弹性，意味着提高收费价格时出行者也必须通过轨道交通方式完成出行，则运营企业可以适当提高票价，同时乘客需求不会减少很多；反之计算结果为富有弹性，意味着收费提高，需求将会明显减少，提高票价后运营企业收入会降低；如果计算结果为单位弹性，则提高或者降低票价，对运营收入的增加没有明显效果。

交叉弹性的计算能够使轨道交通企业考虑竞争对手的收费调整对轨道交通客流量的影响，从而对轨道交通收费策略做出调整，也可以为城市交通政策的整体公交收费决策服务。通过式（13-8）计算出的轨道交通相对于常规道路公交票价的交叉弹性值如果较大，则表明常规道路公交对轨道交通的替代性越强，常规道路公交收费下降能够吸引较多的轨道交通出行者。此时，为了保持轨道交通客流需求不致下降太多，轨道交通运营企业必须采取富有吸引力的客流吸引措施。城市交通的决策者为了公共交通的整体利益，在此情况下也可以对常规道路公交线路等做出适当的调整，以减少二者之间的交叉弹性，使公交方式整体利益最大。反之，如果交叉弹性值较小，则常规道路公交对轨道交通的替代性较低，常规道路公交的收费调整对轨道交通客流需求影响不大。此时轨道交通运营企业可采取较为轻微的措施来应对常规道路公交的收费调整。

13.2.4　票价优惠研究

城市轨道交通收费优惠是指运营企业根据政府的要求或者企业自身的经营需要，对某些出行者的收费实行优惠。优惠措施能够体现城市轨道交通的公用事业属性，也能够鼓励出行者更多地选择城市轨道交通出行。收费优惠的类型主要有顾客忠诚优惠、市场策略优惠、社会福利优惠等。顾客忠诚优惠和市场策略优惠是企业根据运输市场竞争的情况，自主设置的优惠措施，其目的是吸引客流和增加乘客的忠诚度，从而增加城市轨道交通企业的收益。社会福利优惠主要是政府出于福利政策的需要而设立的，对于这部分优惠，政府应该根据优惠类票卡的使用记录给予运营企业以经济补偿。顾客忠诚优惠和市场策略优惠需要在综合考虑市场竞争状况和客流情况等基础上确立。

顾客忠诚优惠主要包括尾程优惠和奖励优惠。尾程优惠是在计程票制下，乘客的储值类车票余额不足以支付最后一次乘距长度时使用的；奖励优惠是对经常使用城市轨道交通出行的乘客，根据其票卡积分记录或充值数额而给予的不同档次的乘车奖励次数或者里程。例如上海轨道交通从 2005 年 11 月起，乘客使用交通卡在一个自然月内刷卡款值满 70 元，该月内超过 70 元以上的部分可以享受 9 折优惠。

市场策略优惠是运营企业根据运输市场的竞争情况而采取的吸引乘客和应对竞争对手的市场策略手段。它主要包括联乘优惠、联合优惠和团体优惠等。联乘优惠是指在城市轨道交通线网内部不同运营线路或者轨道交通与常规道路公交方式之间，因乘客的连续乘车而采取的优惠手段；联合优惠是指城市轨道交通与大型商业企业联合，对于乘坐城市轨道交通出行来完成在该企业消费的顾客给予的乘车优惠措施；团体优惠指城市轨道交通运营企业对其他行业企业（尤其是员工规模较大的企业）的团体职员乘坐城市轨道交通完成通勤给予的优惠手段。

此外还有体现社会福利的票价优惠政策。比如香港地铁票价为港币 4~26 元不等，3 岁以下儿童可免费搭乘地铁，12 岁以下儿童、学生及长者均可获优惠票价。

13.3   城市轨道交通票务系统

目前，世界上城市轨道交通售检票系统主要有印制纸票人工售票系统、印制纸票半自动售票系统、一次性磁票自动（半自动）售检票系统、重复使用磁票自动（半自动）售检票系统、接触式智能卡自动（半自动）售检票系统、非接触式智能卡自动（半自动）售检票系统等。城市轨道交通由于线路范围相对较小、线路关联度高、客流短途高密度的特点，要求票务系统信息传递及时，数据处理能力大。目前大部分城市轨道已成功应用了自动售检票系统（automatic fare collection system，简称 AFC 系统），有效地提高了运营管理水平。

13.3.1   自动售检票系统

自动售检票系统直接面对乘客，与日常运营、票务收入、乘客的乘车费用密切相关。由于自动售检票系统主要是处理交易和财务数据，所以必须保证这些数据的完整性和可靠性。因此，自动售检票系统必须具备相应的可靠性、安全性、易用性、可扩展性和互联性。

城市轨道交通自动售检票系统是通过对计算机技术、网络技术、现代通信技术、自动控制技术、智能卡技术、大型数据库技术、机电一体化技术、模式识别技术、传感技术、机械制造技术、统计、财务等专业知识的综合运用，来实现城市轨道交通的售票、检票、计费、收费、统计、清分结算等全过程自动化，大大减少票务工作人员的工作量，提高运行效率和效益，使乘车收费更趋于合理，减少逃票情况的发生。城市轨道交通自动售检票系统可大大减少现金流通，减少堵塞人工售检票过程中的各种漏洞和弊端，避免售票"找零"的繁琐，方便乘客。同时通过对客流、运营收入等综合业务信息的汇总分析，可以为决策者增强客流分析预测能力，合理地调配资源，以提高运营单位的经营管理水平。

1. 系统结构构成

城市轨道交通的自动售检票系统是处理城市范围内众多轨道交通线路售检票业务的管理系统，设计路网业务、线路业务、车站处理、终端处理和车票媒介方面的内容。根据业务和层次，城市轨道交通自动售检票系统框架的参考模型包括五个层次，第一层是路网层（ACC），第二层是线路层（LCC），第三层是车站层（SC），第四层是终端层，第五层是车票层。系统架构的参考模型如图 13-3 所示。

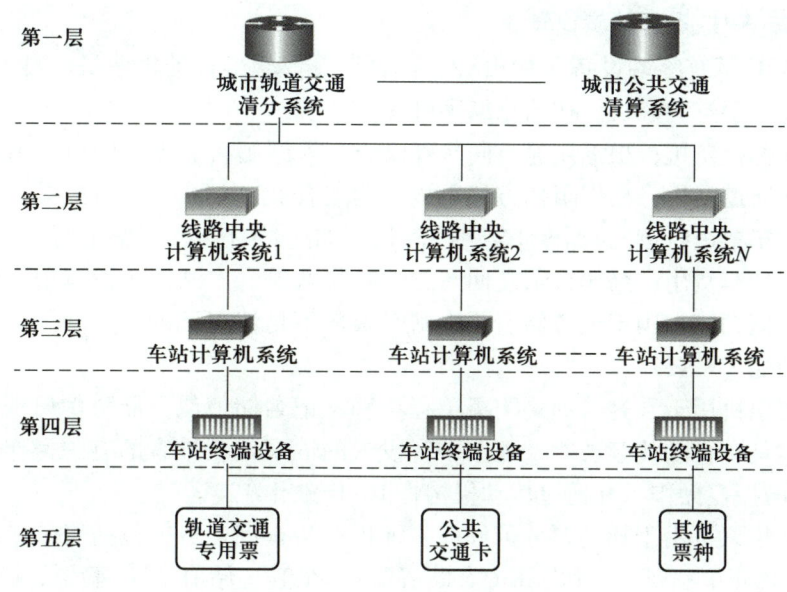

图 13-3　AFC 系统的框架结构

2. 中央计算机系统

中央计算机系统是城市轨道交通自动售检票系统（AFC 系统）中负责线路运营管理的主要信息管理系统，通过线路 AFC 系统对地铁 AFC 系统内所有设备进行监控，实现系统运作、收益及设备维护集中管理，实现对系统数据的集中采集、统计及管理，并且能实现与"一卡通"系统的数据交换及财务清算。

中央计算机由数据库服务器、历史数据库服务器、数据交换服务器、报表服务器、运营管理服务器、通信服务器、网管服务器、交换机等组成，具有完成系统管理与维护、系统设备监控、票务管理、业务信息查询、辅助决策支持等功能。系统管理包括权限管理、系统安全管理、日志管理、灾难复原、后台监控等；运营管理包括运营参数管理、设备管理等；数据管理包括采集、储存、处理车站计算机上传的各种数据等；数据分析包括票卡、客流等方面的统计与分析；财务管理包括收益交易管理、报表管理、对账管理、清算管理等；票务管理包括票卡初始化、票价制定、黑名单管理、票卡分发和回收等。

3. 车站计算机系统

车站计算机系统存储车站交易数据、与中央计算机系统和各终端设备进行通信、运行车站清算服务和数据处理程序。票务管理终端安装在车站 AFC 票务室，主要完成车站票卡和现金库存管理，操作员一般为客运值班员。监控终端安装在综合控制室，主要完成车站设备监控管理，操作员一般为行车值班员。车站运营管理人员通过车站计算机系统实现实时监控和调整车站售检票设备的运营状态；收集、处理、审查车站售检票的交易数据，统计乘客量，提出信息管理报告，并送往中心计算机；接收中心计算机下载的收费标准、挂失储值 IC 卡号、控制指令等数据，并将其数据送往车站的各售检票设备。

4. 车站 AFC 系统终端设备

车站 AFC 系统终端设备包括出/入站闸机、自动/半自动售票机、自动增值机、自动验票机、手持验票机、初始化编码机等。

闸机又称检票机，根据用途不同，可以分为入站闸机、出站闸机、出入站兼用闸机和特殊通道闸机；根据阻挡方式可以分为三杆式、门式、拍打式等。各种闸机可以对各类车票进行读写操作和合法性确认，如入站时能在车票上写入入站信息，出站时计算乘车费用、余额显示及回写、扣除车费等。出站闸机设有记名储值票的信用自动增值功能，用于记各储值票出闸时票额不足情况下的自动增值，并有紧急状态放行功能。

自动售票机用于乘客自助式购买单程票和不记名储值票，能防伪识别指定的硬币和纸币，具有自动找赎功能，根据乘客投入的钞票以及乘客的有关操作，完成一系列 IC 卡的授权操作，并通过传动机构将 IC 卡输出给乘客。

半自动售票机用于辅助票务员处理各种售票与查询业务，包括售票、退票（储值票）、补票（单程票）、挂失（记名储值票）、充值（储值票）、验票、换卡等。

自动增值机用于乘客自助式对已购买的储值票用现金或银行转账两种方式进行增值，具有分析储值票和自动显示余额功能。用现金增值时，能自动防伪识别人民币纸币；用银行卡转账增值时，可根据乘客提供的银行卡和储值票，将指定的银行账户中的存款金额通过有关操作转入储值票中，并自动打印银行卡使用交易单。

自动验票机协助乘客自助查询所持车票的固有信息和历史纪录，包括车票的卡号、使用有效期、剩余金额、最近交易记录等。

自动兑币机可根据乘客提供的一定面值的小额纸币兑换成等额的硬币，能防伪识别小额的人民币纸币。

初始化处理机设置在票务中心，用于将采购来的 IC 卡初始化成可以使用的地铁车票，同时进行相关处理，并具有编码和票面打印等功能。

13.3.2　票务系统的业务管理

借助于自动售检票系统，票务系统的业务管理主要包括票卡管理、规则管理、信息管理、账务管理、模式管理和运营监督等。

1. 票卡管理

票卡就是乘客使用的车票，用于记载乘客的出行和费用信息，是乘车的有效凭证。票卡管理就是对票卡的发行、使用、更新等全过程进行的有效管理。

票卡发行及使用主要包括车票编码定义、车票初始化、车票的赋值发售、车票的使用等。

（1）车票的编码定义

车票编码定义包括了车票类别、车票编号、车票票值、车票时效、使用范围等信息。

车票类别标志了车票的分类情况，对应不同的应用方式和处理规则，车票的类别在编码的时候确定。乘客可以根据自己的需要购买规定范围内不同类别的车票。

车票编号可分为卡面编号、物理编号和逻辑编号。卡面编号是指票卡生产商在制作车票媒介时印制在车票表面上的系列编号，可标明生产者代码、批次信息等。物理编号是指非印刷票卡媒介产品的序列号，由车票媒介生产商在出厂时直接写在车票芯片内。物理卡号可以与卡面编号一致，也可以不同。逻辑编号是指为了确保自动售检票系统能够跟踪流通中的车票的使用情况和针对某张或某些车票进行功能设置而赋予的系列编号，在车票初始化时由编码机对票卡进行逻辑卡号的写入。在车票制作和使用过程中，中心数据库可通过在车票的票面编码、物理卡号和逻辑卡号之间建立相应的联系，对车票的使用情况进行有效的防伪和跟踪。

车票票值也就是车票所含可乘车的资金，它是记录在车票上的，可以用于乘坐轨道交通工具的金额。通常，使用单程票的乘客在出站时如果车票中的票值小于本次旅程的应付费用，则不予放行，需要补足费用后才能出站。使用储值票的乘客在经过本次旅行后，将票值卡预存存储的资金中扣除此次旅程的费用。如果票卡中的预存资金金额为零或负值时，一般不让进站乘车。

车票时效是指各种类别的车票各自的不同有效期。车票只能在系统设定的有效期内使用，如果车票即将过期或者已经过期，需进行延期等更新处理后才能使用。例如周票、月票就有车票有效期。

为规范使用秩序，各类车票也规定其特定的使用范围。例如单程票上一般会有进出站的信息。

（2）车票初始化

在所有车票投入使用前，必须由专门的机构进行初始化，分配车票在系统内的唯一编号，同时生成车票相关的安全数据。

车票初始化工作是通过编码或分拣机进行的。只有经过初始化后的车票，才可以分发至各车站进行发售。在初始化时，操作员针对不同类型的车票设置系统参数及系统应用数据来进行初始化编码。车票初始化时的编码内容一般包括安全密钥及方位数据、车票编码数据、车票状态数据等数据类型。

在对车票初始化时，必须完成以下工作：① 设备读取车票上唯一的物理卡号，验证初始密钥；② 初始密钥验证成功后，将逻辑卡号、安全数据及系统应用数据写入车票。车票初始化后，车票信息会记录到中央数据库中。

（3）车票的赋值发售

初始化后的车票必须经过赋值处理才能够正常使用。对车票的赋值可由编码/分拣机执行或由站内的自动售票机、半自动售票机在车票出售时进行。对部分需要提前赋值的车票（如应急票），可以在专门的编码/分拣机进行赋值。对车票进行赋值时，必须对车票进行有效检查，再将赋值信息写入车票，但不能修改票卡发行时的初始化数据。赋值数据由系统参数来确定。

各种车票发售设备室分散在轨道交通服务范围内各处，但他们遵循的规则必须一致，因而发售设备的发售许可、可发售票卡类型和票价参数等，通常由中央计算机系统下载参数进行设定。车票发售完成后，要将车票信息报送到中央数据库中去。

（4）车票的使用

车票通过发售/赋值后就可以投入使用。所有车票的详细使用记录最终需要保存在中央计算机系统，以便对车票使用情况进行统计和分析。车票的每次详细使用记录至少包括车票类别、车票编号、交易类型、车票交易序号、交易时间、交易设备编号、上次交易时间、上次使用设备、交易金额、车票余值等信息。

当乘客使用了无效或失效车票，检票机将拒绝接受，但可以引导乘客到票务处理机对车票进行分析和处理。

有关车票的使用过程，可描述如下：

① 车票在自动售票机或半自动售票机上出售，并写入"出售记录"（如出售时间、线路车站号、售票设备编号、车票赋值/余额等）信息。

② 车票经进站检票机检票，在进站检票机写入"进站记录"（如进站时间、线路车站号和进站检票机编号等）信息。

③ 车票经出站检票机检票，依不同类型车票进行不同的处理，如对乘次票（或储值票）将在出站检票机处写入"出站记录"，并扣除一个乘次（或旅程费用）；如回收票卡，则由检票机的回收装置完成，并清除票卡中上一次的发售、进站或出站等运营信息。

④ 经出站检票机回收的车票，可直接送往自动售票机进行出售。

（5）车票的进/出站处理

普通车票检验遵循一进一出的次序，即先用一次进站再发生一次出站，如果乘客在进站时未经检票（或标志不清），或在出站时未经检票，就会造成因进站次序不匹配而导致车票的暂时性无效。处理车票的暂时性无效，通常需要由票务处理机来完成更新。

半自动售票机（票务处理机）根据进出站次序的检查规则来更新车票，如果规则约定，可通过中央计算机系统设定的费率表向乘客收取更新后的相关差额费用。

对车票的进出站次序的检查也可以由中央计算机系统来操控，可通过中央计算机系统设定某个、某部分或全部的车站对车票进行或不进行进出站次序检查；对某一类车票的进出站次序进行或无须进行检查。

（6）车票的更新

在半自动售票机（或票务处理机）对车票进行分析后，若为进出站次序错误、超时、超程等无效原因，则可对车票进行更新处理。中央计算机系统分别设定进/出站码更新的时间和车站限制、进/出站码的更新的费用、超时更新的费用、超程更新的计费方式、收费方式、更新次数等。

根据车票的分析结果，如果同时存在两种及两种以上需更新的项目，则应对每项更新处理进行确认，并按照运营规则进行处理。

在进行更新处理时，半自动售票机（票务处理机）相应更新车票的进/出站状态、时间及费用，并记录更新标志等信息。

单程车票更新操作时不对单程票余额进行修改，通常另行收取费用。更新储值票时，收费可从储值票上扣除收费金额，乘客也可以选择用现金另行支付。

（7）车票的退换

乘客要求退票时，半自动售票机（票务处理机）应能办理退款业务。通常退款处理方式可根据车票是否被损坏而分为及时退款或车票替换两种方式。中央计算机系统可设置退款的条件、使用次数限制、余额限制、费用等以确保退票处理有足够的安全性，防止欺骗行为的发生。

对车票进行分析后，符合系统设置参数的车票，如允许被替换的类型、制定的回收条件等可以通过半自动售票机进行替换处理。在进行替换处理时，在被替换的车票上写入有关的替换信息，但车票上的原有信息不能被修改或涂抹。车票上的所有余值/剩余乘次及优惠信息应完全转入新的车票上。

（8）车票的回收

出站检票机可根据预先的设置，对单程票进行自动回收。通常回收后的车票可通过自动售票机、半自动售票机再次发售。当回收到的车票达到规定的使用寿命或出现损坏不能继续使用时，则不能再进入使用环节，应及时进行回收。

也可通过编码/分拣机进行集中分拣，将达到使用周期或受到损坏的车票分拣出来加以回收。分拣条件可由参数设置。

（9）监督管理

为了充分发挥自动售检票系统的信息对管理的支持作用，中央计算机系统应该及时将使用中必要的车票交易数据记录下来，以供系统对车票使用情况进行统计和查询，并能跟踪每张车票的使用情况，提高防范滥用、复制及伪造车票的能力，减少由于欺诈行为而引起的票务损失。同时根据车票的编号也可查询车票的使用记录。

（10）票卡注销

票卡在频繁的使用过程中，应建立适当的制度对其使用状况进行及时检查。一旦发现不宜继续使用的票卡要及时注销，删除流通数据库中这些票卡的编号或将这些注销票卡信息放置进已销票卡数据库中，应销毁已注销票卡。

2. 规则管理

为保证票务系统能够在多部门和多环节高效运行，就必须制定一套科学、严密的规则、流程，包括票价策略、结算规则、权限管理和操作流程等。

票价基本政策主要指轨道交通运营单位对票制、乘车时限、乘车限制等方面的规定。

（1）乘车时限

城市轨道交通是一种安全、快速、便捷和准时的交通工具，为避免乘客在列车上或车站付费区内长时间逗留，造成不必要的堵塞，轨道运营单位往往会对乘客购票入闸至检票出闸的时间进行限制，这就是乘车时限。超过乘车时限，简称滞留超时。对滞留超时的乘客，运营单位往往会收取一定金额的费用。如某城市地铁公司规定，乘客每次从入闸到出闸时限为 120 min，超过时限要按最高单程票价补交滞留超时金额。

（2）乘车限制

为保证车站乘车秩序、环境及乘客的安全，轨道交通单位往往会对乘客携带的物品做出规定，允许乘客携带一定重量和体积的行李，在规定范围内的重量和体积的行李给予免费，超出范围但不超过最大限度则收取费用。车站禁止乘客携带易燃、易爆、有毒等危险物品入站，也不允许携带超过最大限制尺寸或重量的物品进站。各城市轨道交通公司对乘客的携带品范围都有自己的规定，如某地铁公司规定乘客携带质量 20~30 kg 或者体积 0.06~0.1 m³ 的物品时，需加购同程车票一张。凡质量超过 30 kg 或长度超过 1.6 m 或体积超过 0.1 m³ 的物品，一律不能携带进站乘车。除对携带物品有限制外，运营单位也会对乘客乘车的其他方面做出一些限制。

（3）超程处理

超程处理是指乘客所使用的车票（主要是单程票）不足以支付所达到车站的实际车费时，必须补交超程车费的处理。

（4）车票有效期

对车票有效期的规定各城市轨道交通系统不尽相同，以深圳地铁为例，对车票的有效期规定如下：

普通单程票只能在车票售出站入闸且当日乘车有效（当日指售出运营日）；乘客每次乘车从入闸到出闸，时限为相应的规定时间，超过相应的规定时间，须按最高单程票价补交超时车费；乘客乘坐一个车程既超时又超程时，须补交超乘车费并按最高单程票价补交超时车费，使用优惠票须按优惠后最高单程票价加扣超时车费。

（5）优惠乘车规定

各城市轨道交通对特殊乘客群体乘车都给予不同程度的优惠，如有些城市对年过七旬的老人实行免费乘车的优惠；对学生发售有折扣的学生票。还有些城市轨道交通实行月票、季票、团体票等票制。对儿童的优惠一般以身高为依据实行不同的票值，如某地铁公司对儿童的乘车规定为：一名成年乘客可以免费携带一名身高不足 1.1 m 的儿童乘车，超过一名的，按超过人数购成人全票。

（6）进出站次序错误的数据更新

乘客进站时检票出现次序错误（乘客在非付费区），若乘客是因在进站闸机刷卡后未及时进闸，在系统规定时间段（如广州地铁为 20 min）以内免费对车票进行数据更新；若车票显示上次使用时间与更新时刻的时间间隔超过系统规定的时间段，则持单程票乘客须重新买票，持储值票乘客须按票种最低票价（指乘客所使用车票种类的起步价）支付上次票款，因地铁方面原因导致的错误除外。乘客出站时出现次序错误（乘客在付费区），一般为乘客持车票未通过进站闸机刷卡就进入付费区，根据乘客反映的进站车站免费对车票进行数据更新。

13.4　票务清分理论与方法

随着线网规模的扩大，线路的运营管理主体（或运营商）将逐渐趋于多元化。多运营商和单一运营商除了在行车组织、互联互通运营等方面需要做更多的努力外，更重要的是各方运营主体都非常关心票款收入在各运营商之间的划分问题。这个问题的产生的原因是乘客在轨道交通始发车站购票上车，票款临时保存于始发站所属的运营商 A，如果乘客此次购票出行只获得了运营商 A 提供的运输服务，那么票款收取和服务提供是对应的，此时票款无须清分，但如果乘客此次购票出行是由运营商 A 和 C 两家提供的运输服务，那么票款收入方与参与运输生产的实际贡献方之间存在不完全一致的现象，则票款需要按贡献清分。现代轨道交通多数为网络化运营，往往提供运输服务的是多个运营公司，且乘客多采用储值卡出行，因此科学地界定网络中各线路区段所承担的工作量、公正地实行票款的清算与分配是城市轨道交通网络化运营得以成功实施的必要条件。

13.4.1　票款清分流程

传统的票款清分方法是将网络化运营的所有票款作为整体进行统一分配，在线网建设初期线路数量较少时，操作难度不大。然而随着线网规模扩大到一定程度，如果要将全部票款定期汇总，再根据票款清分方案进行分配，在实际工作中存在较大困难。因此，必须设计一个合理的资金流程，保证票款清分方案的方便有效实施。

1. 票款清分原则

票款清分算法应基于一定的线网结构、运营模式、客流特性、票价政策等，体现其有效性、全面性、整体性和可扩展性，应遵循以下 3 个原则：

① 准确性原则　清分模型中相关参数应准确地反映乘客出行路径，以此为依据判断参与运输生产的各经营核算实体的实际贡献。

② 公平性原则　按照独立的经营核算实体清分，利益分配应与其实际贡献合理地匹配。

③ 灵活性原则　清分方法要适应不同的运营组织方法，当线网采用各种不同的网络化运营组织方法时，可能引起乘客的出行路径的改变，需要灵活使用合理的算法进行清分。

2. 票款清分流程

无论在何种网络化运营环境下（包括共线运营环境），从经营核算实体的角度看，网络化运营都是线路运营公司之间的合作，票款收入的所在方必然为起讫车站所属的某一个线路运营公司，厘清车站的票款收入，即可确定各公司的已收票款，结合票款清分算法得到各公司应得票款，即可实施票款的清分。

（1）票款去向

按照乘客购票行为分析票款去向的几种情况：

① 从起点站 S_o 购票上车，任意车站下车无补票，全程票款存于 S_o 所在的运营公司。

② 从起点站 S_o 购票上车，在本线的终点站 S_d 下车并补票，全程票款存于 S_o 和 S_d 所在的运营公司。

③ 从起点站 S_o 无票上车，在本线的终点站 S_d 下车并补票，全程票款存于 S_o 和 S_d 所在的运营公司。

④ 从起点站 S_o 购票上车，在非本线的终点站 S_d 下车并补票，全程票款分别存于 S_o、S_d 所在的两条线路的运营公司。

⑤ 从起点站 S_o 无票上车，在非本线的终点站 S_d 下车并补票，全程票款存于 S_d 所在的运营公司。

如果乘客持储值卡进站，则票款必定存于出站刷卡车站所在的线路运营公司。

（2）清分基本流程

清分的关键是依据乘客路径选择行为，采用科学合理的规则来分配同一 O-D 对上不同路径的客流分担比例，以及同一客流路径上各个运营商的票款收益比例。由于运营方式和换乘组织方式不同，各个城市的轨道交通系统所采用的清分规则存在一定差异，但清分流程基本一致。清分基本流程如下：

① 清分准备。

票款清分需要一定的数据基础，主要包括路网信息、清分规则、检票信息、票款去向及运营商信息等。所以在进行票款清分前，应收集相应信息，做好数据准备工作。

② 提取清分信息。

从检票信息中提取路网中全部 O-D 对，从票款去向中提取每个 O-D 对相应的票款收入及票款存放信息。

③ 根据清分规则进行清分。

根据不同的运营方式，采用恰当的清分规则，针对每个 O-D 对进行详细清分，获得每个运营商在该 O-D 对上的票款收入。统计所有 O-D 对的票款清分情况，获得每个运营商的总票款收入。

④ 清分检查。

清分工作完成后，系统对清分后的数据进行合法性和完整性的检查。检查完毕后，对数据进行汇总和统计，为报表和后续票款清分做准备。

13.4.2　有换乘路径记录条件下的清分方法

轨道交通网络中的路径确定是清分过程中的关键问题。有换乘路径记录条件下，每个换乘站点均设有专用的读卡仪器，乘客换乘一次，就刷卡一次，这样就可得到精确的乘客出行路径，然后根据此路径上所涉及的营运线路，按照营运里程或投资比例，得到精确的清分比例。

在城市轨道交通实际清分过程中，一般先按 O-D 对统计实际票款收入，然后针对每个 O-D 对进行详细清分，从而获得每个运营商的票款总收入。

对于某个 O-D 对而言，假设该 O-D 对的乘客出行路径由 m 条线路、$L+1$ 个站组成；用 Q 表示某个 O-D 对的实际车票总金额；用 S_0，S_1，$\cdots$，S_k，$\cdots$，S_L 表示某一出行路径上的站点序列；用 $L_k = |S_{k-1}, S_k|$ 表示从 S_{k-1} 到 S_k 的区间运营里程数。

对于线路 i，从该 O-D 对所分配得到的票款收入为 q_i，则

$$q_i = Q \frac{\sum_k L_k b_i}{\sum_k L_k} \tag{13-9}$$

式中：

$$b_i = \begin{cases} 1, & L_k \in 线路\ i \\ 0, & L_k \notin 线路\ i \end{cases} \quad (i=1,2,\cdots,m; k=1,2,\cdots,L)$$

若参与运营商个数为 n，运营商参与各线路投资的比例用矩阵 A 表示：

$$\begin{pmatrix} a_{11} & a_{12} & \cdots & a_{1n} \\ a_{21} & a_{22} & \cdots & a_{2n} \\ \cdots & \cdots & & \cdots \\ a_{m1} & a_{m2} & \cdots & a_{mn} \end{pmatrix}$$

式中：a_{ij} 表示第 i 条线路上第 j 个运营商参与投资比例，显然

$$\sum_{j=1}^{n} a_{ij} = 1 \ 且 \ 0 \leq a_{ij} \leq 1 \quad (i=1,2,\cdots,m; j=1,2,\cdots,n)$$

则 n 个运营商在该 O-D 对上的收益矩阵应为 C，$C = [c_1, c_2, \cdots, c_n]$：

$$C = q \times A = (q_1, q_2, \cdots, q_m) \begin{pmatrix} a_{11} & a_{12} & \cdots & a_{1n} \\ a_{21} & a_{22} & \cdots & a_{2n} \\ \cdots & \cdots & & \cdots \\ a_{m1} & a_{m2} & \cdots & a_{mn} \end{pmatrix} \tag{13-10}$$

13.4.3　无换乘路径记录条件下的清分方法

1. 协商比例清分方法

城市轨道交通路网路径换乘往往存在多种选择，当乘客无记录换乘时，无法确定每一个乘客具体乘车路径，有时运营商之间在乘客路径换乘数据上本身记录不全，为了清算简单，运营商之间可以采用协商比例的清分方法。协商比例清分方法不需要进行流量分配，其理论基础是对形成网络连线的每条轨道交通运营线路进行资产及经营状况评估，评估指标为运营里程数、线路走向、投资额度、线路质量、服务质量等，依据评估信息经协商确定票款清分原则和比例，据此进行票款清分。

若设 n 个运营商在此换乘路径上的收益记为 $\boldsymbol{C}=(c_1,c_2,\cdots,c_n)$，路径评估后的清分比例向量 $\boldsymbol{D}=(d_1,d_2,\cdots,d_n)$，路径的总收入为 Q，则清分的计算公式为：

$$\boldsymbol{C}=(c_1,c_2,\cdots,c_n)=Q\times(d_1,d_2,\cdots,d_n) \tag{13-11}$$

协商比例清分方法是一种早期使用的简单方法，但资产及经营状况评估指标一般由第三方完成，考虑因素比较全面，又是一种综合的实用方法。随着 AFC 系统的广泛使用，人们越来越多地偏向于采用更为精细的清分方法进行清算。

2. 基于最短路径的清分方法

协商比例清分方法没有考虑城市轨道交通流量分配，是较为简单粗略的票款清分方法。为了更为精细地清分票款，需要对每个 O-D 对之间的客流进行合理分配，然后根据流量分配结果进行票款清分。在合理分配路径流量时需要确定每一个乘客具体乘车路径，当乘客换乘存在多种选择且无记录换乘时，最简单的流量分配方法就是最短路径算法。此处的最短路径是指任何两站之间的广义出行费用最短（包括路径最短、出行时间最短、换乘次数最少等因素）的路径。该方法假定某两站之间的换乘乘客全部选择最短路径，将换乘乘客的票款收入分配给最短路径上的站点序列，然后再根据有换乘记录条件下的清分方法［式（13-9）、式（13-10）］将运费收益分配给各运营商。

最短路径算法简单，在清分精度要求不是很高的条件下，是进行收入清分的一种有效算法。但其不足之处在于只考虑了路径最短要素，忽略了影响乘客出行选择的其他主、客观因素，难以体现乘客选择的多样性。

3. 基于多路径选择概率的清分方法

网络化运营条件下，不同站点间换乘可能存在多条路径，乘客出行根据自身情况和选择理念其乘车路径和换乘选择是多样化的，选取最短路径往往不能真实反映各运营商实际承担的运输工作，进而在清分中使得利益分配产生不公之处。多路径选择概率的清分方法是根据乘客可能选择的合理路径，确定各路径选择的概率大小，计算每条路径的客流分配比例，进而结合各线路承担的运输里程和投资比例计算出各运营商的清分票额。

该方法的基本思路为：在网络中任意 O-D 站点之间客流量和票款收入已知的情

况下，确定乘客出行合理的有效路径集，根据统计数据及相关规则计算各有效路径的出行概率，将 O–D 站点间的客流量按照出行概率分配到各有效路径的站点序列上，然后再根据有换乘记录条件下的清分方法［式（13–9）、式（13–10）］将运费收益分配给各运营商。

该方法以定量的方式反映了乘客的出行选择可能性，更多地考虑了路网中各运营商的实际贡献和利益，但该方法的最大难点是如何确定各有效路径的出行概率。

思考题

1. 不同的票制具有哪些不同的特点？各自的适用性如何？
2. 城市轨道交通系统票价的制定原则中，递远递减原则指的是什么？递远递减原则的合理性在哪里？
3. 基于社会综合效益的定价思路需要考虑哪些方面的影响因素？
4. 什么是票价的交叉弹性分析？交叉弹性分析的结果有哪些作用？
5. 试比较各种票款清分方法的优缺点。

第 14 章
城市轨道交通运营设备维修管理

维修工作是轨道交通系统运营过程中的重要组成部分，为安全运营提供保障。城市轨道交通系统的正常运营，除了需要优质高效的设备、与之相适应的运营管理机构及训练有素的管理人才外，还需要对城市轨道交通设备进行有计划的维修管理。统计表明，设备维修人员在城市轨道交通运营各部门人员中所占比例最大，设备维修费用是城市轨道交通运营成本的主要支出之一。因此，提高设备维修效率、降低维修成本支出是城市轨道交通系统运营管理的一项重要内容。

14-1：思维导图

章导语：
本章介绍维修的基本理论与方法，从固定设备和车辆设备两个方面介绍城市轨道交通系统设备分类与维修管理方式的选择，并介绍相关维修模式、制度，给出维修流程与维修可靠性分析。这些模式和制度将帮助学生理解城市轨道交通系统设备维修分类、流程，为日后工作打下坚实基础。本章重点是对城市轨道交通系统固定设备与车辆设备分类及其对应维修方式选择的掌握，学生可结合案例体会、学习。建议教学学时2学时左右。

14.1 维修理论与方法

14.1.1 基本概念

维修是指对设备进行维护和修理。维护是为保持设备良好状态所做的所有工作，包括清洗擦拭、润滑涂油、检查调校等。修理是为恢复设备设计功能所做的所有工作，包括故障诊断、故障排除、故障排除后的测试以及各类大修、中修、小修等。设备的维修包含上述维护和修理的全部工作。

维修既包括技术性活动，如检测、安装、更换零部件、调试等，还包括相关的管理性工作，如设备使用或存储条件的监测、设备运转时间和频率的控制等。维修工作是设备系统安全性的重要保证，不仅具有重大的社会效益，还具有重大的经济效益。维修实质上是一种"为了未来的投资"，维修投资同样能够创造经济效益，能以较少的资源消耗获得与购买新设备同样或者相近的效能。

1. 可靠性理论

《电工术语 可信性》（GB/T 2900.99—2016）对可靠性的定义：产品在给定的条件，给定的时间区间，能无失效地执行要求的能力。产品或系统的可靠性是通过可靠度、累积失效概率、失效概率密度和失效率等特征量来衡量的。

（1）可靠度

可靠性常用可靠度函数 $R(t)$ 表示，可靠度函数 $R(t)$ 是指产品在规定的使用条件下和规定的时间内，完成规定功能的概率。假定产品的工作时间为 t，产品从开始工作到失效的时间为 T（这是一个随机变量）。若 $T \leqslant t$ 则表示产品在时刻 t 前已出现故障，若 $T > t$ 则表示产品在时刻 t 前没有出现故障。

根据可靠性的定义，事件 $T > t$ 发生的概率是产品在 t 时刻时的可靠度，换言之，它是产品在 $(0, t)$ 内不发生故障的概率，即：

$$R(t) = P\{T > t\} \tag{14-1}$$

可靠度 $R(t)$ 的估计值：

$$\hat{R}(t) = \frac{N_s(t)}{N} = 1 - \frac{N_f(t)}{N} \tag{14-2}$$

式中：N——开始时刻的样本总数；

$N_s(t)$——到 t 时刻能完成规定功能的未失效产品数；

$N_f(t)$——到 t 时刻不能完成规定功能的失效产品数，且 $N_f(t)+N_s(t)=N$。

（2）累积失效概率（不可靠度）

累积失效概率是产品在规定条件下和规定时间内失效的概率，也是产品在规定条件下和规定时间内完不成规定功能的概率，是产品在时刻 t 之前出现概率的分布函数，即故障分布函数，也称为不可靠度，一般记作 $F(t)$，即：

$$F(t)=P\{T\leqslant t\} \tag{14-3}$$

累积失效概率的估计值：

$$\hat{F}(t)=\frac{N_f(t)}{N}=1-\frac{N_s(t)}{N} \tag{14-4}$$

产品的故障和无故障是对立事件，根据概率互补定理，即：

$$F(t)=1-R(t) \tag{14-5}$$

可靠度 $R(t)$、故障分布函数 $F(t)$ 与时间 t 的关系如图 14-1 所示，由图可知：

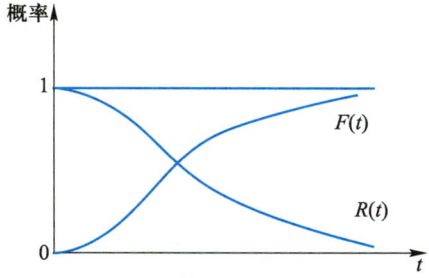

图 14-1　可靠度 $R(t)$、故障分布函数 $F(t)$ 与时间 t 的关系

① $0\leqslant R(t)\leqslant 1$，$0\leqslant F(t)\leqslant 1$，即可靠度和故障分布函数值均介于 0 和 1 之间；

② $R(0)=1$，$F(0)=0$，这表示产品在开始时处于良好的状态；

③ $R(t)$ 是非负的递减函数，$F(t)$ 是非负的递增函数，说明随着时间的增加产品发生故障或失效的可能性增大，可靠度变小；

④ $R(\infty)=0$，$F(\infty)=1$ 这表示只要时间充分长，产品终究都会失效。

（3）失效概率密度

失效概率密度是累积失效概率对时间 t 的变化率，记作 $f(t)$。它表示产品在包含 t 的单位时间内发生失效的概率，其表示式为：

$$f(t)=\frac{\mathrm{d}F(t)}{\mathrm{d}t}=F'(t) \tag{14-6}$$

$$F(t)=\int_0^t f(x)\,\mathrm{d}x \tag{14-7}$$

失效概率密度的估计值为：

$$\hat{f}(t)=\frac{F(t+\Delta t)-F(t)}{\Delta t}=\frac{\Delta N_f(t)}{N\cdot\Delta t} \tag{14-8}$$

式中：$\Delta N_f(t)$——在 $(t,t+\Delta t)$ 内失效的产品数。

（4）失效率

失效率是工作到某时刻尚未失效的产品、在该时刻 t 后的单位时间内发生失效的概率，记作 $\lambda(t)$。失效率函数有时也称为故障率函数。

按上述定义，失效率是在时刻 t 尚未失效的产品，在 $(t, t+\Delta t)$ 的时间内发生失效的条件概率：

$$\lambda(t) = P(t < T \leqslant t + \Delta t \mid T > t) \tag{14-9}$$

在 Δt 时间内的平均失效概率为：

$$\Delta \lambda(t) = \frac{P(t < T \leqslant t + \Delta t \mid T > t)}{\Delta t} \tag{14-10}$$

当 $\Delta t \to 0$ 时，Δt 内的平均故障率就是 t 时刻的瞬时故障率，即：

$$\Delta \lambda(t) = \frac{F'(t)}{1 - F(t)} = \frac{f(t)}{R(t)} = -\frac{R'(t)}{R(t)} \tag{14-11}$$

失效率的估计值为：

$$\hat{\lambda}(t) = \frac{N_{\mathrm{f}}(t + \Delta t) - N_{\mathrm{f}}(t)}{[N - N_{\mathrm{f}}(t)] \cdot \Delta t} = \frac{\Delta N_{\mathrm{f}}(t)}{N_{\mathrm{s}}(t) \cdot \Delta t} \tag{14-12}$$

（5）可靠寿命

在寿命特征中最重要的是平均寿命，即寿命的平均值。平均寿命的数学意义就是产品寿命随机变量的数学期望，记作 θ，数学公式为：

$$\theta = \int_0^\infty t f(t) \, \mathrm{d}t \tag{14-13}$$

可靠度是时间的函数，若已知可靠度函数 $R(t)$ 的表达式，则当给定一个可靠度 r，即可通过解方程 $R(t_r) = r$，求出与之对应的工作时间，称为产品的可靠寿命。

只要给定产品的使用时间 $t < t_r$，则产品的可靠度就不会低于预先给定可靠度 r。若预先给定可靠度 r 值越大，则与之相应的时间 t_r 就越短。

2. 设备故障与故障率曲线

故障是指设备系统丧失其规定功能的现象。故障发生后，通过维修恢复其丧失的功能。故障率是指设备系统工作到某时刻后在单位时间内的故障发生概率，它反映了设备工作全过程的故障趋势变化规律，不同类型设备的故障率曲线是不同的。早期人们通过对设备故障进行统计研究，发现大部分设备故障率曲线如图 14-2 所示。由于这种曲线的形状类似浴盆，常被称为浴盆曲线。根据浴盆曲线，设备故障率随时间的变化大致分早期故障期、偶发故障期和耗损故障期。

早期故障期对于机械产品又叫磨合期。在此期间，开始的故障率很高，但随时间的推移，故障率迅速下降。此期间发生的故障主要是由设计、制造上的缺陷所致，或使用不当所造成的。

进入偶发故障期，设备故障率大致处于稳定状态。在此期间，故障发生是随机的，其故障率最低，而且稳定，这是设备的正常工作期或最佳状态期。在此间发生的故障多因为设计、使用不当及维修不力产生的，可以通过提高设计质量、改进管理和维护保养使故障率降到最低。

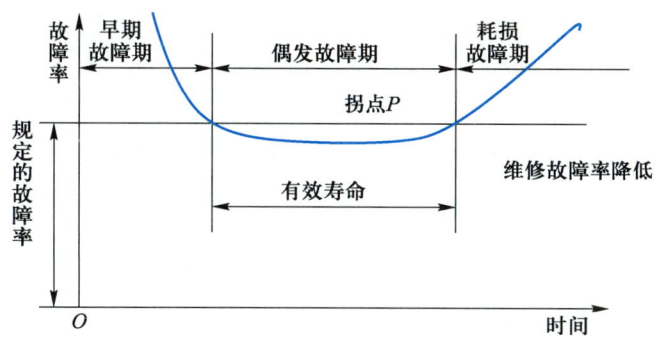

图 14-2　浴盆曲线

　　在设备使用后期，设备进入耗损故障期，由于设备零部件的磨损、疲劳、老化、腐蚀等，故障率不断上升。因此认为如果在耗损故障期开始时进行大修，可经济而有效地降低故障率。

　　随着电子技术、自动化技术的广泛应用，设备要求精确化、自动化，与此同时，设备的结构、各个工作单元的关系变得越来越复杂，使得设备维修工作与以往有很大的不同。对于复杂的技术装备，故障规律将不再遵循浴盆曲线，多数只有早期故障期和偶发故障期，而没有耗损故障期，也就是说复杂装备的可靠性与时间无关。美国民航在过去的数十年中，作了大量关于设备可靠性的研究，发现在设备从使用到淘汰，除典型的浴盆曲线外，还有 5 种故障率曲线，如图 14-3 所示。

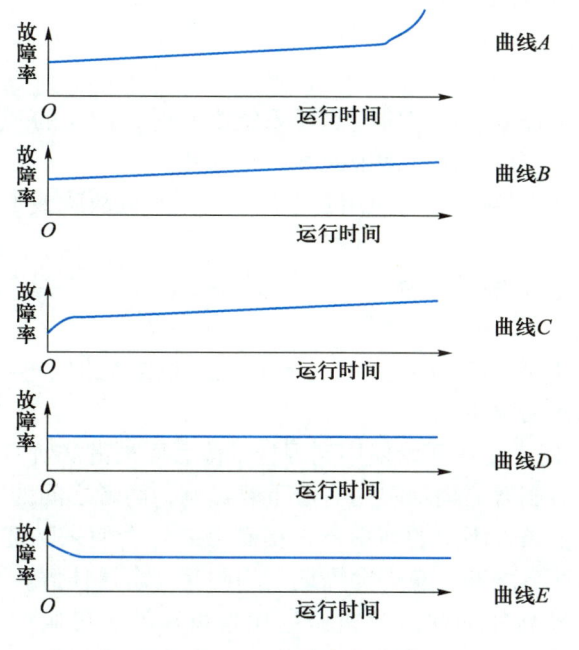

图 14-3　5 种故障率曲线

　　曲线 A 显示了恒定的或者略增的故障率，有明显的磨损期；曲线 B 显示了缓慢增长的故障率，但没有明显的磨损期；曲线 C 显示了新设备从刚出厂的低故障率，急剧地增长到一个恒定的故障率；曲线 D 显示设备的故障为恒定值，出现的故障常常是偶然因素造成的；而曲线 E 显示设备开始有高的初期故障率，然后急剧下降到一个恒定的或者是增长极为缓慢的故障率。

在实际运行中，设备的故障率应该是图 14-3 所示的五种曲线中的一种或几种的合成（浴盆曲线可以看作曲线 A、D 和 E 的合成）。有研究表明，4% 的设备遵循典型的浴盆曲线，2% 的设备遵循曲线 A，5% 的设备遵循曲线 B，7% 的设备遵循曲线 C，14% 的设备遵循曲线 D，不少于 68% 的设备遵循曲线 E。基于设备的故障率曲线，充分考虑设备特征的维修决策将更加合理。

3. 维修系统工程

维修系统工程是基于可靠性工程、维修性工程、计算机技术、概率与数理统计、故障诊断技术、断裂力学、技术经济学、工业管理学等学科，用全寿命周期费用的系统工程观点和方法来看待、分析和研究设备可靠性、可用性、维修性与安全性的理论。

维修系统工程理论在指导维修工作时，把维修装备的各种特性和所有组成部分看成一个系统来加以研究和处理，厘清它们之间的相互关系和外界的约束条件，通过综合权衡，力求实现整个系统的优化。全寿命观点是统筹把握装备的全寿命过程，使各个阶段的维修工作相互衔接、密切配合，以达到全寿命优化的目的。全费用观点就是要考虑设备的寿命周期费用，包括采购费用和维修费用。重视装备的可靠性和维修性，既要重视主要装备的维修，又要重视维修保障系统（如备件与消耗品、维修设施与仪表设备、维修人员及其培训、技术资料的准备与提供等）建设，使它们相互匹配，为整体优化的装备提供一个匹配、有效而又经济的维修保障系统。

利用维修系统工程分析城市轨道交通系统维修时，涉及的一个重要问题是装置与设备的生命周期，也称寿命。常说的寿命有四种：

① 使用寿命　是产品从开始使用到出现不可修复的故障或不能接受的故障率时的寿命单位；

② 总寿命　也称为物质寿命、自然寿命或物理寿命，是指产品从开始使用到规定报废的寿命单位；

③ 经济寿命　指产品从投入使用直至由于经济效益原因再继续使用已不经济，而被淘汰所经历的寿命单位；

④ 技术寿命　指产品从开始使用到因技术落后而被淘汰所经历的寿命单位。

设备的可靠性对于寿命周期费用有着重要影响，两者之间的关系见图 14-4。由图可见，在保持其他条件不变的前提下，提高可靠性会使采购费用增加，而运用维修费用减少，作为两者之和的总寿命周期费用则有一个最佳值。

运用全寿命周期费用的观点分析研究设备可靠性、可用性、维修性与安全性时，可对设备进行寿命追踪。寿命追踪指对设备及其零部件寿命历程中的所有活动信息（基本信息、使用信息、储存信息、故障信息、维修信息、备件信息、费用信息）进行实时收集和记录。一方面，根据所收集的信息数据为寿命的确定打下基础，通过反复循环校正得出设备及其重要零部件的准确寿命；另一方面，可以根据设备寿命追踪的履历信息检测装备或零件的健康状态，为故障诊断及维修提供科学依据。

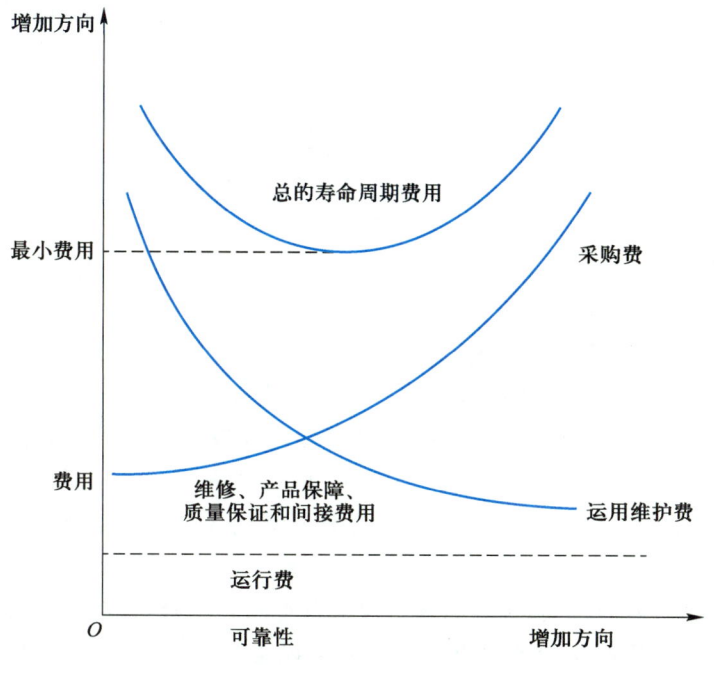

图 14-4　可靠性和寿命周期费用的关系

14.1.2　维修理念的发展历程

维修思想和维修制度大致可分为三个发展阶段："事后维修""以预防为主"和"以可靠性为中心"。

1. "事后维修"的维修思想

"事后维修"是一种早期的比较原始的维修理念，其思想就是在设备发生故障以后才进行维修保养。早在 20 世纪 40 年代以前，设备维修一般都采用"事后维修"的模式，其原因是当时设备简单，排除故障容易，平时也无须保养，等使用坏了再修。这种思想实际上是当时设备管理的自然反映，谈不上什么维修制度。

2. "以预防为主"的维修思想及维修制度

"以预防为主"的维修思想是 20 世纪 40 年代逐渐发展起来的，这种维修思想要求设备及其零部件在即将磨损到限或损坏之前及时更换、修理，将维修工作做在故障发生之前。在这种维修思想指导下，人们普遍相信设备故障规律符合"浴盆曲线"，从而形成了以磨损理论为基础的计划预防维修制度，设备维修时间是以故障率曲线（浴盆曲线）中耗损故障起始点来确定的。

3. "以可靠性为中心"的维修思想及维修制度

"以可靠性为中心"的维修（RCM）是在"以预防为主"的计划预防维修体制上发展起来的一种现代维修思想，是按照以最少的资源消耗保持装备固有可靠性和安全性的原则，应用逻辑决断的方法确定装备预防性维修要求的过程或方法。

RCM 强调以设备的可靠性、设备故障后果作为确定维修方式的主要依据，以故障模式和故障影响分析为基础，以维修的适应性、有效性和经济性为决断准则，运用逻辑决断分析方法，以最少的维修资源消耗，确定是否进行预防性维修工作，并确定维修工作内容、维修类型、维修间隔期和维修级别，制定出预防维修大纲，从而达到优化维修的目的。

"以可靠性为中心"的维修思想及维修制度包含如下内容：

① 维修越多不一定越安全、越可靠。设备的可靠性与安全性是设计制造赋予的固有特性，有效的维修可以提高使用可靠性，或者防止固有可靠性水平的降低，优良的维护工作可以使设备接近或达到已经具有的固有可靠性水平，但不能超过它。假如设备的可靠性与安全性水平满足不了使用要求，只有重新设计才能提高它们。

② 设备故障有不同的影响或后果，应采取不同的维修。故障后果的严重性是确定要不要做预防性维修工作的出发点。对某个设备来说，故障是不可避免的，但后果不尽相同，重要的是要预防故障的严重后果。引起安全性、环境性等重大后果的要预防维修，反之则需按经济性原则确定是否预防维修。

③ 设备的故障规律不同，应采取不同方式控制维修工作时机。对于有耗损性故障规律的设备适宜定时拆修或更换，以预防产生功能故障或引起多重故障。对于无耗损故障规律的设备，定时拆修或更换常常是有害无益，适宜通过检查、监控、视情等方式进行维修。

④ 预防维修能够预防和减少功能故障的次数，但是不能改变故障的后果。故障的后果都是由设备的设计特性所决定的，只有更改设计，才能改变故障的后果。安全性后果可以通过余度技术、破损安全设计、损伤容限设计等措施降低为经济性后果。

14.1.3　维修方式与维修等级

在不同维修理念下，实际工作中根据对维修时机控制的不同形成了多种维修方式，目前主要有三种：定时维修、视情维修和事后维修。城市轨道交通系统设备维修项目种类繁多，日常维修过程中，不论采用何种维修方式，均按照维修性质、维修范围和维修深度将相近的维修项目分组进行，这些成组的维修项目可称为维修级别。

1. 定时维修（计划修）

定时维修以使用时间为维修期限，只要设备到了预先规定的时间，不管其技术状态如何，都要进行规定的维修工作，这是一种强制性的预防性维修。定时维修的关键是如何确定维修周期。正确的维修时机应当是偶发故障期的结束点，即在故障率进入耗损期急剧上升之前。定时维修方式的优点是容易掌握维修时机，便于安排维修计划，维修组织管理工作也比较简单、明确。缺点是只适用于已知故障分布规律，并且具有耗损故障期的设备，这种设备的故障与使用时间有明确的关系，对于那些没有耗损故障期的复杂设备则不适用。

2. 视情维修（状态修）

视情维修是一种以设备状态为基础、以预测设备状态发展趋势为依据的检修维修方式，也称状态维修。它根据对设备的日常检查、定期重点检查、在线状态监测和故障诊断所提供的信息，经过分析处理，判断设备的健康和性能劣化状况及其发展趋势，并在设备故障发生前，即性能降低到规定的故障率前，有计划地安排维修。视情维修克服了定期维修的维修过剩与维修不足的弊端，根据设备状态确定是否维修，维修周期是不确定的。它的缺点是费用高，需要适当的检测、诊断条件，因此适用于贵重和危及安全的关键设备。

$P-F$ 间隔期原理是实现视情维修的理论基础。很多设备在使用过程中，尤其机械设备，其性能或状态随着使用时间的推移而逐步下降，呈现如图 14-5 所示曲线。

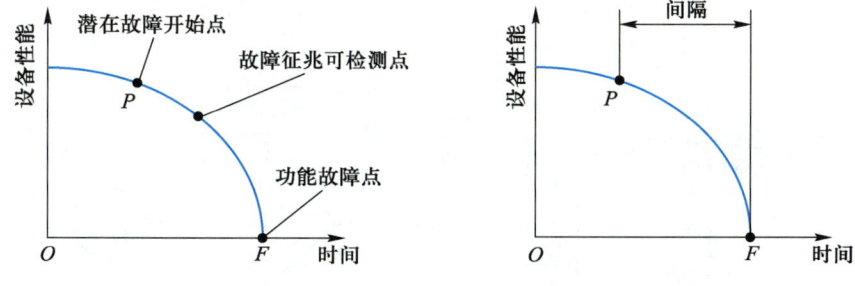

图 14-5　$P-F$ 曲线与 $P-F$ 间隔

图 14-5 中 P 点为潜在故障开始点，指故障发生前的一些征兆，是可以识别的物理状态，它表明一种可能的故障即将发生。F 点为功能故障发生点，指设备已丧失了某种规定功能，称设备从潜在故障到功能故障的间隔期为 $P-F$ 间隔期。根据 $P-F$ 间隔期原理，对于结构复杂的现代化设备，可以充分利用潜在故障已经发生，并在其转变成为功能故障之前的这段时间（$P-F$ 间隔期）做好状态监测。针对故障前兆，实施主动修理，可使维修工作量和维修费用降低，实现少投入、多产出的理想效果。

3. 事后维修（故障修）

事后维修又称修复性维修或者故障修，是指设备发生故障后，使其恢复到规定状态所进行的维修活动。随着信息技术的发展，监控手段的提高，逐渐形成了状态监测维修，即从总体上对设备状态连续监控，确定设备的可靠性水平，来决定维修时机。状态监测维修对设备有针对性地进行预防性维修，能够充分利用设备的寿命，使得维修工作量最小，是一种十分经济的维修方式。但采用状态监测维修方式时，需要使用故障监测仪器，会导致维修成本增加。

在维修实践中，如何选择维修方式十分重要。选择维修方式应从故障后果，即设备发生故障后对于安全与经济的影响来考虑。根据三种维修方式的特点可以看出，定时维修和视情维修属于预防性维修，而事后维修属于非预防性维修。定时维修按照时间标准进行维修，视情维修按照设备实际状态进行维修，而事后维修则不控制维修时间。三种维修方式各有其适用范围，并没有先进落后之分，关键是要根据维修的具体情况，选择合适的维修方式。

选择维修方式可采用可靠性工程中的故障模式、影响分析方法，如图14-6所示。在现代复杂技术设备的维修中，往往是三种维修方式并存，互相配合使用。

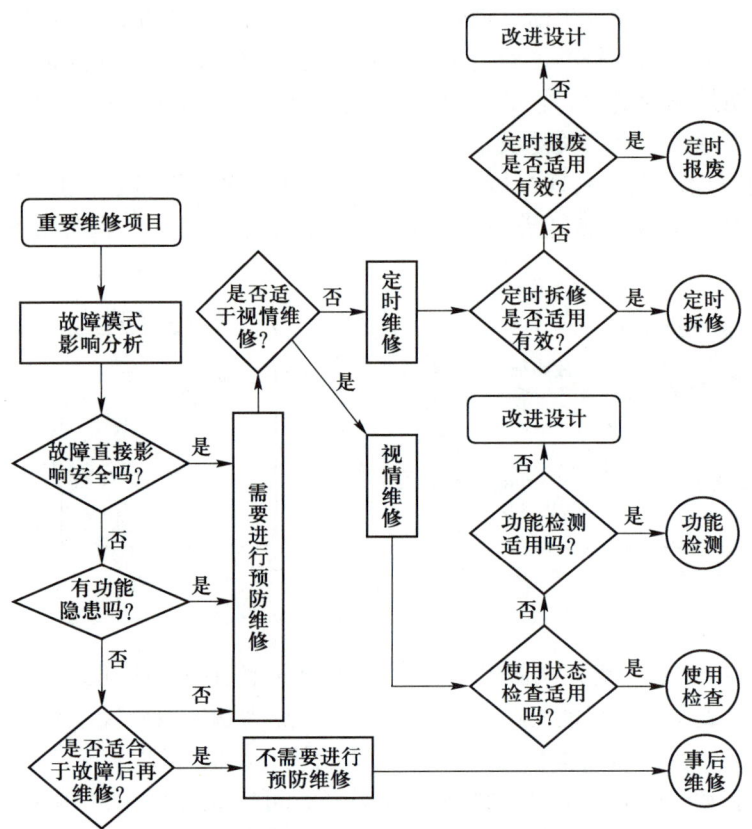

图 14-6　维修方式选择

在选择维修方式时，应同时考虑设备维修经济性和设备安全性因素，结合设备故障后果，维修方式的维护费用，分析故障后果带来的损失，考虑所采取维修方式的成本，用定量的方法寻找设备维护费用和故障后果损失费用之间的最优关系，追求以较少的维修成本实现较好的设备生产效益。设备维护费用与故障后果导致的损失费用之和应存在一个最小值区域，这也就是选择维修方式的区域，如图14-7所示。

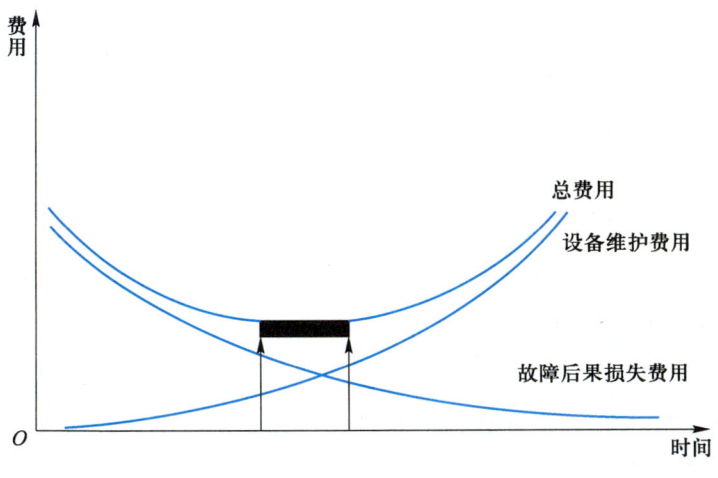

图 14-7　基于费用优化的维修方式选择

14.2　城市轨道交通固定设备维修管理

　　城市轨道交通系统固定设备的维修按照不同专业涵盖可以划分为工务、供电、通信信号和机电设备等几个部分的维护和修理。各部分的维修工作虽互不相同，但相互渗透。

14.2.1　固定设备分类与维修管理

1. 固定设备分类

　　城市轨道交通的固定设备是维修管理的主体对象，按照专业类别可以划分为工务系统设备、供电系统设备、通信信号系统设备和机电系统设备，每个专业系统中都包含相应的子系统和设施设备，如表 14-1 所示。

表 14-1　固定设备分类

工 务 系 统	供 电 系 统	通 信 信 号 系 统	机 电 系 统
轨道	主变电站	传输设备	环控系统
桥梁	牵引变电所	电话交换	给水排水系统
路基	电缆	无线通信及广播	屏蔽门系统
隧道	接触网	时钟设备	电梯系统
房屋建筑	动力系统	通信设备故障监控	机电设备监控系统
	低压配电及照明系统	列车自动监控（ATS）	消防系统

续表

工 务 系 统	供 电 系 统	通信信号系统	机 电 系 统
	电力监控系统（SCADA）	列车自动防护（ATP）	自动售检票系统
		微机联锁子系统	
		地面信号设备系统	

2. 各子系统维修管理

（1）工务系统

工务系统是城市轨道交通运营的基础，包含路基、道床、轨枕、扣件、道岔、桥梁、隧道、房屋建筑、车站建筑、隧道建筑及其他附属设备。

在机车车辆和气候环境等外界条件的长期作用下，城市轨道交通系统的桥梁、隧道、轨道、道岔等会产生残余变形和累积伤损，各种建筑的风蚀和附属设备的锈蚀会使得工务系统无法正常工作。为了保证地铁运营平稳、舒适和安全，工务部门必须经常检测桥梁、隧道稳定性和轨道不平顺状态，及时发现病害，查找伤损部件，对城市轨道交通工务系统设备进行养护维修和更新，以保持工务系统设备的完好。工务系统的维修养护可以分为检查和维修两部分：对工务系统的检查分为日常检查、定期检查和专项检查三类，按照检查周期不同又可分为年检、月检和周检；工务系统的维修分为日常养护维修、中修和大修。

（2）供电系统

城市轨道交通供电系统是为轨道交通企业运营提供所需电能的系统，它不仅为电力机车提供牵引供电，而且为运营服务的其他设施提供电能，如照明、通风、空调、给水排水、通信、信号、防灾报警、自动扶梯等。在城市轨道交通运营中，供电一旦中断不仅会造成交通运输的瘫痪，而且会危及乘客生命安全和造成财产损失。因此，高度安全、可靠而又经济合理的电力供给是城市轨道交通系统正常运营的重要保证和前提。城市轨道交通供电系统的维修工作就是为了保证供电设备安全运行、保持额定功率并持续为用户提供合格的电能而采取的技术措施和组织措施，一般包括定期检修、预防性检修、临时检修三种方式。

参考何宗华的《城市轨道交通通信信号系统运行与维修》。

（3）通信信号系统

通信信号系统是通信系统和信号系统的合称。通信信号系统设备中 ATP 与 ATO 采用的维修方式分为日检、月检、季检、年检四种，其余设备的维修方式分为日常保养、二级保养、小修、中修四种。

（4）机电系统

机电系统设备主要分布在车站，其维护管理除了基本的日常巡视之外，环控系统设备、给水排水系统、机电设备监控系统的维修方式分为一级保养、二级保养、三级（小修）、四级（中修）、五级（大修）。电梯系统、消防系统的设备维修分为季小修、年维修和中修。自动售检票系统还需进行日检、月检和半年检。屏蔽门系统也需要进行日检、月检、半年检和年检。

14.2.2 固定设备维修作业流程

目前我国轨道交通固定设备的维修多采用计划修和故障修两种方式相结合的形式，一些城市开始探讨并应用状态修等其他先进的维修方式。计划修包含检查、养护、维修三种生产作业。故障修包含故障抢修和故障补修两种生产作业。具体分类见表 14-2。

表 14-2 城市轨道交通固定设备维修管理体系

固定设备维修			
计划修体系			故障修体系
白天运营期间的检修	夜间停运期间的检修		
检查	养护	维修	
日常检查	一级养护	周期性维修	故障抢修和故障补修
定期检查	二级养护	部件修	
专项检查		专项改造	

城市轨道交通固定设备的计划修维护工作中的检查、养护、维修三类作业简称为"检、养、修"。设备的检查作业分为日常检查、定期检查、专项检查等；养护作业分为一级养护、二级养护等；维修作业包括周期性维修（如日常维修、小修、中修、大修、更新等）、部件修、专项改造等。

日常检查的一项重要内容是巡检，即指工作人员每天对各专业系统设备的运行情况进行巡视、检查，或维修人员现场人工或自动采集运行过程中各种监测数据，判断设备运行状态是否正常。

周期性维修中的日常维修指根据设备的不同要求，按月或按季度进行定期检查和维护，在设备现场更换故障部件，要求维修人员必须到现场。小修的主要内容是针对日常点检、定期检查和状态监测诊断发现的问题，拆卸有关部件、进行检查、调整、更换或修复失效的零件，以恢复设备的正常功能。中修指根据设备的实际情况，对状态劣化已难以达到生产工艺要求的部件进行的针对性维修，中修一般要进行部分拆卸。大修指对设备的全部或大部分部件解体，更换或修复全部不合格的零件，全面消除修前存在的缺陷，恢复设备的规定功能和精度。更新是对使用寿命到期的设备进行报废拆除和新品安装，维持系统的正常运行。部件修是指对日常维修更换下来的故障部件在维修基地进行修复，恢复其工作状态，不要求维修人员必须到达现场。专项改造则要根据各项设备的寿命周期和功能需求，在设备运行一定年限后对其进行专项改造。

计划性维修按照工作时间不同分为白天运营期间的检修和夜间停运期间的检修。白天的设备检修多发生在基地段场、车站设备室等不影响行车的设备检修处。其他大量的维修工作需要占用工区，且不同专业之间交叉作业多，需要相互协调，合理分配时间和空间资源，因此大部分的检修工作都集中在夜间天窗期。计划修夜间施工流程见图14-8。

夜间天窗期：

　是指夜晚运营结束后至第二天首班车运营前一小时的时间段。

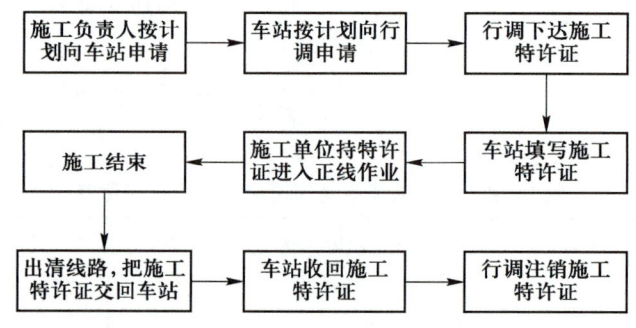

图14-8　计划修夜间施工流程

首先，检修单位根据检修计划提前向计划部门申请，提前 2~7 d 不等。计划部门收集到各专业的检修申请后，按照作业的轻重缓急或计划的先来先报等原则，对作业的时间地点进行协调安排，在此基础上编制行车通告，并通过内部信息网分发到与检修作业相关的所有部门。

检修当天，由行车调度员（简称行调）根据检修小组负责人与其确认的施工计划，统筹运营线路的各项检修内容，划分相应的检修区域。检修小组到达检修站点后，由小组负责人到车站申请施工作业，车站确认完毕后，与行调联系，由行调下达施工许可。得到检修批准后，在进入正线工作之前，需要进行人员、工具材料等的具体情况的登记，也被称为施工特许证，分为正副两联，正联由检修人员保管，作为占用线路的唯一凭证，副联归车站保存，作为存根。

检修作业结束后，施工负责人还要对检修设备及相关设施进行检测、维护，确保检修设备能够安全运转。一切正常后，检修队伍全部离开作业现场，到达规定的车站，施工负责人办理注销手续，确认人员、工具都安全离场。车站负责人与行调联系，办理注销手续。至此，夜间检修过程全部结束。

在检修过程中，有一些特殊情况需要进行特殊处理。如果施工负责人到达登记车站后，在确认施工计划时发现与实际情况不符，车站负责人需要联系上级行车值班员，作重新安排。如果实际施工登记车站与离开时的施工注销车站不一致时，需要施工登记车站联系注销车站进行施工登记，检修结束后，由注销车站与行调联系办理注销手续。

故障抢修是故障修的工作重点，按照是否需要占用运营线路分为两类：一种是需要占用运营线路的；一种是不需要占用运营线路的。需要占用运营线路的抢修处理流程与夜间施工处理程序类似。因行车设备故障或事故影响列车正常运行时所进行的各种抢修施工作业，也需按上述占用线路施工作业管理办法和相应的程序进行办理。如果故障不涉及线路上列车的运营，由相关部门根据故障的严重程度采取相应的措施进行处理。夜间设备检修施工作业和需要占用正线的抢修作业的流程如图14-9所示。

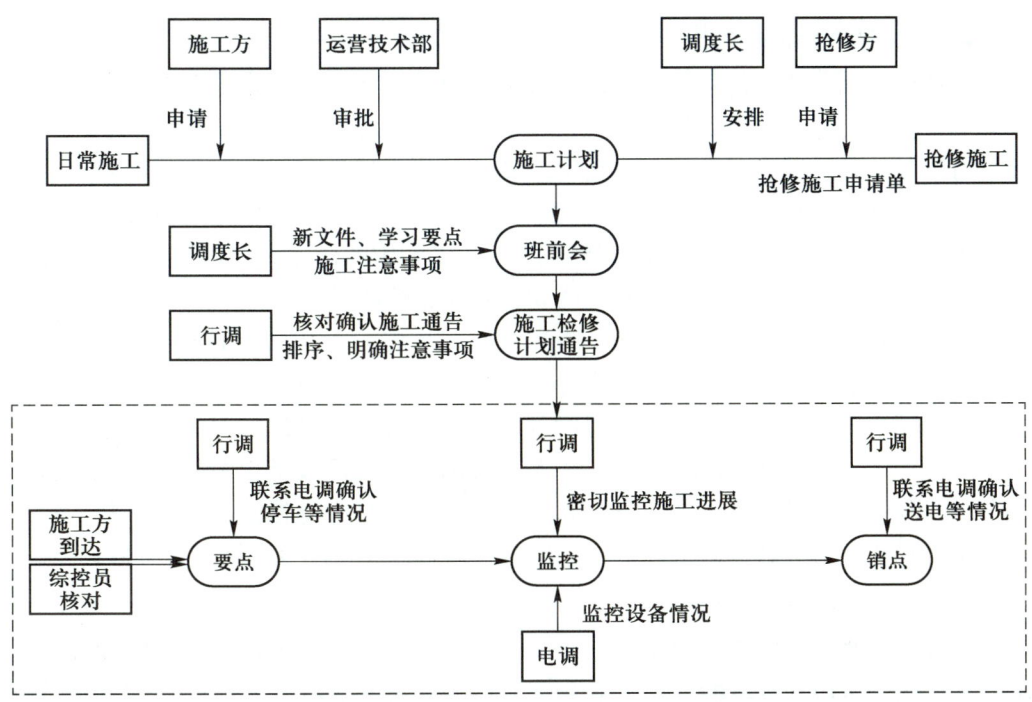

图 14-9　计划修和故障修夜间施工流程图

14.2.3　固定设备维修管理模式

城市轨道交通固定设备维修管理模式分为三种：专业化维修管理模式、区域化维修管理模式、混合型维修管理模式。三种维修管理模式的主要区别在于企业的人力物力资源配置方式不同。

城市轨道交通固定设备管理一般实行三级管理体制：总公司、分公司及下属区段或工区。在总公司下面，如果负责轨道交通系统固定设备维修的部门（公司）按照设备的不同专业属性设置不同的管理机构，即为按照专业划分的管理模式；如果固定设备维修的部门（公司）按照线路或区域设置不同的管理机构，即为按照区域划分的管理模式；如果固定设备维修的部门（公司）既按照专业设置一部分部门，又按照区域设置一部分管理机构，即为混合型管理模式。

1. 专业化维修管理模式

按照专业划分的维修管理模式是指在轨道交通运营总公司下面，将城市轨道交通企业的所有固定设备的维修任务按照设备专业不同分别设置不同的业务分公司（或部门），如建立工务、机电、供电、通号等专业分公司（或部门）分别负责线路设施、机电设备、供电系统和通信信号设备的维修养护工作。各维修专业分公司（或部门）负责本公司相应维修管理资源的配备，一般可下设维修综合管理部，由该部门负责该专业分公司的设备管理和调度管理。

目前我国城市轨道交通企业固定设备的维修管理实行的是专业化维修管理模式。

2. 区域化维修管理模式

按照区域划分的维修管理模式是将轨道交通线网上负责固定设备维修的各类检修工具、备品备件、人员和任务分别划归到不同的区域内，再分区域进行统一管理。区域可以是单条轨道线路，也可以是由多条相邻轨道线路或者路段组成的集合。区域化维修管理模式是将轨道交通网络看作一个整体，以全网的固定设备资源为对象进行整合优化和统一安排。该维修管理模式在各区域内建立统一的综合维修基地，设置综合设备管理部门、综合检修部门和各专业养护部门。

区域化管理体制采用区域维修中心和维修（抢修）点相结合的布局方案；对维修备件管理采取"虚拟总库，分类库存"的方式，建立信息化备件维修物资管理平台；从全网络出发统一考虑配备大型检测维修设备和专用抢修机械。在区域化维修管理模式中，设备计划修的设备资源和人力资源分布在区域维修中心和区域内多个综合维修分站，对设备进行日常检修和维护。为了应对应急抢修，需要依托区域维修中心设置相应的区域抢修中心，区域抢修分站则依托在部分区域综合维修站点。

3. 混合型维修管理模式

混合型维修管理模式结合专业化分工和区域化分工的特征，按照不同专业管理职能和不同的区域管理职能设立专业分部，向专业分部分权，专业管理和区域管理各司其职。这种管理模式能够充分发挥区域管理的优势和专业维修的技术专业性。混合型维修管理模式对一部分设备维修业务进行区域化管理，一部分业务进行专业化管理。例如可将专业化技能要求较弱的设备管理任务，安排一定的人员实行区域化集中管理，而设备的检修和维护业务专业性较强，则实行专业化管理模式。

专业化维修管理模式要求维修人员专业化程度高，维修工作分工细，维修效率高，维修资源利用率高，但维修管理幅度大，要求维修管理能力强，维修资源调配难度大。区域化维修管理模式适用于城市轨道交通线路规模大，设备分布范围广，集中管理难度大的运营机构。该模式需要区域内统一协调多个专业，对区域运营机构管理水平和维修员工综合素质的要求较高。混合型管理模式兼顾了上述两种模式的优缺点，在实际中应用也比较广泛。

14.3　城市轨道交通车辆设备维修管理

城市轨道交通的有序运营离不开技术状态良好的车辆，车辆设备的可靠是城市轨道交通成功运营的关键，对城市轨道交通车辆设备性能的及时维修及维护工作尤为重要。

14.3.1　我国城市轨道交通车辆维修制度

目前，我国城市轨道交通车辆维修主要是按固定的间隔进行预防为主的定期维

修。我国城市轨道交通车辆的检修修程一般可分为厂修、架修、定修、月检和列检
5 个等级。其中厂修、架修和定修为定期检修，通常在车辆段实施；月修和列检为
日常维修，通常在停车场实施。我国各城市的轨道交通车型不尽相同，车辆的检修
修程尚未有统一规定，车辆各修程检修作业范围见表 14-3。

表 14-3　城市轨道交通车辆各修程检修作业范围表

修程	主要检修内容
列检	对受电弓、控制装置、各种电气装置、转向架、空气制动装置、车钩缓冲装置、铰接装置、车门、车体、车灯、蓄电池箱等主要部件进行外观检查。对危及行车安全的故障进行重点修理
月检	对受电弓、牵引电机、控制装置、各种电气装置、转向架、空气制动装置、车钩缓冲装置、铰接装置、车门、车体、车灯、蓄电池箱等主要部件的技术状态和功能进行检查和必要的试验，对危及行车安全的故障进行全面修理
定修	卸下受电弓、牵引电机、控制装置、转向架、控制制动装置、蓄电池等部件，对其技术状态和功能进行检查和修理，并进行必要的试验；对计量仪器、仪表进行校验，对其余主要部件的技术状态和功能作相应的检查和修理，修竣车的静调和试车，以达到定修标准
架修	卸下受电弓、牵引电机、控制装置、各种电器装置、转向架、传动装置、轮对、轴承、空气制动装置、车钩缓冲装置、车门、蓄电池等部件，对其进行分解、检查和修理，并进行必要的试验；对计量仪器、仪表进行校验，对车体及其余部件的技术状态和功能作相应的检查和修理，车体油漆标记，修竣车的静调和试车，以达到架修标准
厂修	架车、车辆解体、对转向架构架和车体进行整形，对所有部件全部进行分解、检查和修理，完全恢复其性能；重新油漆标记，修竣车的静调和试车，以达到厂修标准

城市轨道交通车辆的检修体制是城市轨道交通维修系统建设的重要技术依据。
我国现行《地铁设计规范》（GB 50157—2013）中规定车辆段的建设规模取决于车
辆的年检修工作量，而车辆年检修工作量又取决于车辆配属量、检修周期和检修库
停时间。合理确定车辆的检修周期和检修库停时间可以减少非运用车数的配属辆数
和检修车或备用车数，不仅可以减少地铁车辆段的建设投资，而且降低了地铁的运
营成本。

我国各主要城市的轨道交通企业根据自身特点在上述车辆维修制度的基础上，
进行了进一步的完善调整，形成了各具特色的维修模式。如上海地铁建立了定期计
划修和故障修相结合的维修制度，主要包括巡检、日常维修和大修更新，具体的车
辆计划检修模式见表 14-4。

表 14-4　上海地铁车辆计划检修模式

维修类型	维修级别	停修时间/d	库停时间/d	检修周期	
				时　间	里程/10^5 km
大修更新	厂修	40	34	10 年	100
	架修	25	19	5 年	50

续表

维修 类别	维修级别	停修时间/d	库停时间/d	检修周期	
				时　间	里程/10^5 km
日常维修	定修	10	8	1 年	10
	双月检	2	2	2 月	2
	双周检	0.5	0.5	2 周	0.4
巡检	列检	—	—	每日	—

注：时间间隔或里程数采用先到者。

深圳地铁车辆检修模式采用定期维修和事后维修相结合、以定期维修为主的模式。定期维修依据其检修范围大小依次分为双日检、双周检、季检、年检（定修）、架修、大修，其检修时间和周期见表14-5。

表 14-5　深圳地铁车辆计划检修模式

维 修 级 别	停修时间/d	库停时间/d	检修周期	
			时间间隔	里程/10^5 km
双日检	—	—	2 日	—
双周检	0.5	0.5	2 周	0.5
季检	2	2	3 个月	3
定修	8	6	1 年	15
架修	24	16	5 年	60
大修	36	30	10 年	120

广州地铁采用计划修和状态修相结合的维修模式，其车辆检修周期见表14-6。

表 14-6　广州地铁车辆计划检修模式

维 修 级 别	检 修 周 期	
	时间间隔	里程/10^5 km
双周检	2 周	0.35~0.5
三月检	3 个月	2.5~3.5
半年检	6 个月	6.5~8.0
一年检	1 年	12.5~15.0
两年检	2 年	23.0~28.0
三年检	3 年	34.0~40.0
小修	6 年	62.0~75.0
大修	12 年	125.0~150.0

注：时间间隔或里程采用先到者。

14.3.2 车辆设备分类与维修方式选择

　　城市轨道交通车辆设备构造复杂、技术性强、数量庞大、型号各异，维修时需要考虑车辆中不同部件设备故障率曲线的差别，用维修系统中全寿命费用的观点综合确定设备寿命周期，并结合设备故障规律、故障频率和故障严重性，采取不同的维修对策，使得维修工作更加科学合理，从而达到维修方式经济适用、设备安全可靠的目的。

　　对于城市轨道交通车辆，结合故障率曲线与设备物理性质可以将城市轨道交通车辆部件设备划分为机械类、电气电子类和其他类设备，如图 14-10 所示。

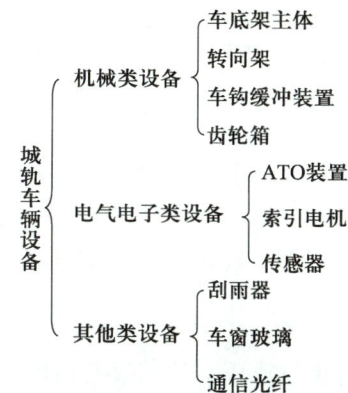

图 14-10　城市轨道交通车辆部件设备分类

　　（1）机械类设备

　　机械类设备种类繁多，通常由紧固件、密封件、弹簧、轴承、齿轮、管件等零部件组成。机械类设备运行时，其一些部件甚至其本身可进行不同形式的机械运动。大部分机械类设备故障率曲线符合浴盆曲线。城市轨道交通车辆车底架主体、转向架、车钩缓冲装置和制动装置等都属于机械类设备。

　　（2）电气电子类设备

　　电气电子类设备是指系统中对发电机、变压器、电力线路、断路器、通信控制单元等设备的统称。随着电子技术、自动化技术的发展，城市轨道交通车辆上的电气自动化设备越来越多，设备结构与各工作单元关系变得复杂，设备故障规律也不再遵循浴盆曲线，而是其他类型的故障曲线或者多种故障曲线复合。

　　（3）其他类设备

　　城市轨道交通车辆结构复杂，除了机械和电气设备外，还有一些其他类设备，如通信光纤、车窗玻璃、刮雨器等。

　　由于城市轨道交通车辆日益趋向复杂化，车辆上的许多设备都是机电一体化，它们的功能、性质、作用及材质千差万别，在车辆上的重要程度也不一样，因此决定了不可能采用一种维修方式。维修方式的选择需要摆脱过去的局限性，将三种维修方式综合考虑。

对于影响车辆行车安全，故障模式为磨损型和很难检查判断其技术状况的零部件修理应采用计划预防维修方式，如制动系统、车钩、列车通信控制单元必须定期检查状况，确保行车安全；又如转向架构架、轮轴等零部件必须彻底解体、清洁后，才能判断其磨损（失效）状况的，应采取寿命管理，定期维修方式。对于那些主要功能部件，以及发生偶然故障的重要零部件的修理应采取状态修方式。事后修用于那些不重要的部件，以及发生故障后不影响行车安全的部件。

根据设备故障后果和频率还可将设备分为以下三类，见图 14-11。

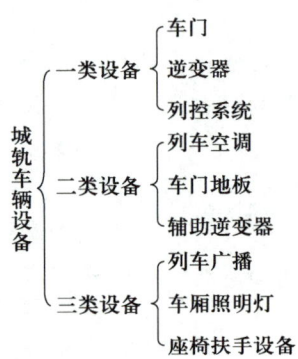

图 14-11　城市轨道交通车辆部分设备划分

（1）一类设备，重点维修设备

在城市轨道交通运营中起主导作用，故障极有可能引起人身安全、财产损失等，故障后果严重，故障频率高，是维修工作的重中之重。

（2）二类设备，加强维修设备

在城市轨道交通运营中起较大作用的设备。故障后果可能影响人身安全，故障频率相对较高。

（3）三类设备，普通维修设备

在城市轨道交通运营起辅助作用的设备。一般设备结构简单、维修方便、数量众多、价格便宜。这类设备若在生产中出现故障，对运营的影响较小。

对于会导致严重故障后果的设备，要优先考虑主动维修，对于发生故障对运输生产影响不大的设备，可以优先考虑事后维修是否经济可行。一类设备是维修工作的重点对象，找出设备的更小关键单元，有重点并经济地实施维修维护，同时结合设备故障规律，考虑改进设备的设计，提高设备可靠性。二类、三类设备的维修，以统计的故障信息作为决定设备维修方式的基础，考虑状态监测和状态修的适用情况；对故障频率高，故障后果轻微的，可以把握故障周期规律，采用基于时间的计划修，以大幅减少故障。

14.3.3　城市轨道交通车辆设备维修的可靠性分析

一般认为车辆系统的可靠度正数服从指数分布。在可靠性分析中，指数分布是最基本、最常用的分布形态，适合于失效率为常数的情况。它在复杂系统和整机方面以及机械技术的可靠性领域方面得到广泛应用。车辆系统的可靠性函数分别为：

失效概率密度函数为：

$$f(t) = \lambda e^{-\lambda t}(t \geqslant 0, \lambda > 0) \tag{14-14}$$

累积失效概率函数为：

$$F(t) = \int_0^t f(u)\,du = 1 - e^{-\lambda t}(t > 0) \tag{14-15}$$

可靠度函数为：

$$R(t) = 1 - F(t) = \int_t^\infty f(u)\,du = \int_t^\infty \lambda e^{-\lambda u}\,du = e^{-\lambda t}(t > 0) \tag{14-16}$$

失效率为：

$$\lambda(t) = \frac{f(t)}{R(t)} = \frac{-R'(t)}{R(t)} = \frac{\lambda e^{-\lambda t}}{e^{-\lambda t}} = \lambda \tag{14-17}$$

平均寿命为：

$$\theta = \int_0^\infty t f(t)\,dt = \frac{1}{\lambda} \tag{14-18}$$

以表 14-7、表 14-8 中某地铁年度一期工程车辆牵引系统故障统计为例，计算和分析车辆的可靠性（车辆共 132 辆）。表中，故障率为每辆车行驶 10^6 km 的故障发生件数，故障百分比为车辆牵引系统故障发生件数与年车辆故障总发生件数（6 085）的比值。

表 14-7　某地铁年度一期工程车辆牵引系统总故障统计表

系统名称	故障发生件数	故障百分比/%	故障率
主电路系统	181	2.97	12.61
牵引制动控制系统	143	2.35	9.97
辅助系统	161	2.65	11.22

表 14-8　某地铁年度一期工程车辆牵引系统正线故障统计表

系统名称	故障发生件数	故障百分比/%	故障率
主电路系统	101	1.66	7.04
牵引制动控制系统	93	1.53	6.48
辅助系统	72	1.18	5.02

（1）平均失效率计算

由于认为车辆系统的可靠度服从指数分布，因此车辆的平均失效率为 λ，计算公式为：

$$\lambda = \frac{n}{L} \tag{14-19}$$

式中：n——10^6 km 运营里程内故障发生件数，即故障率；

　　　　L——总运营里程（10^5 km）。

根据表 14-7，某地铁年度一期工程车辆牵引系统各部分在行驶 10^6 km 后的平均失效率（每辆）为：主电路系统 $\lambda_1 = 0.0955$；牵引制动控制系统 $\lambda_2 = 0.0755$；辅助系统 $\lambda_3 = 0.0850$。

根据表 14-8，某地铁年度车辆牵引系统相应在正线的平均失效率（每辆）为：主电路系统 $\lambda_1' = 0.0533$；牵引制动控制系统 $\lambda_2' = 0.0491$；辅助系统 $\lambda_3' = 0.0380$。

（2）可靠度计算

根据公式（14-16），可靠度 R 的计算公式为：

$$R = e^{-\lambda} \tag{14-20}$$

某地铁年度一期工程车辆牵引系统各部分在行驶 10^6 km 后的可靠度（每辆）为：$R_1 = e^{-\lambda_1} = 0.9905$；$R_2 = e^{-\lambda_2} = 0.9925$；$R_3 = e^{-\lambda_3} = 0.9915$。

某地铁年度车辆牵引系统各部分相应在正线的可靠度（每辆）为：$R_1' = e^{-\lambda_1'} = 0.9947$；$R_2' = e^{-\lambda_2'} = 0.9951$；$R_3' = e^{-\lambda_3'} = 0.9962$。

（3）计算地铁车辆牵引系统可靠度

可以认为地铁车辆牵引系统维修用的可靠性模型为全串联模型，即在系统的所有组成单元中，任一单元的故障都会导致整个系统故障，系统的可靠度为各单元可靠度的乘积，因此地铁车辆牵引系统可靠度为：

$$R_s = R_1 \cdot R_2 \cdot R_3 = 0.9747$$

正线上：

$$R_s' = R_1' \cdot R_2' \cdot R_3' = 0.9861。$$

（4）预测

根据公式（14-18）及平均失效率的计算结果可求出牵引系统各部分（每辆）的平均寿命值 $\theta = \dfrac{1}{\lambda}$，则有：主电路系统 $\theta_1 = 1.047 \times 10^7$ km；牵引制动控制系统 $\theta_2 = 1.325 \times 10^7$ km；辅助系统 $\theta_3 = 1.176 \times 10^7$ km。由此可得牵引系统的平均寿命：$\theta_s = \dfrac{1}{\lambda_s} = \dfrac{1}{-\ln R_s} = 3.9 \times 10^6$ km。

在正线则有：主电路系统 $\theta_1' = 1.876 \times 10^7$ km；牵引制动控制系统 $\theta_2' = 2.037 \times 10^7$ km；辅助系统 $\theta_3' = 2.632 \times 10^7$ km。可得正线上牵引系统的平均寿命 $\theta_s' = \dfrac{1}{\lambda_s'} = \dfrac{1}{-\ln R_s'} = 7.14 \times 10^6$ km。

（5）计算结果分析

由上述计算结果可以得出：某地铁一期工程车辆牵引系统在运行 10^6 km 后，仍具有较高的可靠性，能够保证车辆运用的安全；在保证可靠度的基础上，牵引系统的平均寿命很长。

根据可靠度计算结果可以适当地调整某地铁一期工程车辆牵引系统的检修内容，以延长城市轨道交通车辆的检修周期；根据其技术状态、可靠性，对各级检修规程的周期、内容进行调整；保证库内日常维修质量，对易损的零部件重点检查，最大限度地消除故障，提高车辆牵引系统的使用寿命；逐步推行状态修，对一些不重要的配件实行换件修和集中修，以减少在安全期内不必要的检修，从而节省检修费用。

思考题

1. 阐述可靠性定义，简述衡量产品或系统的可靠性的特征量的定义。

2. 试分析"事后维修""以预防为主"和"以可靠性为中心"三种维修思想和维修制度之间的关系与各自的特征。

3. 城市轨道交通系统设备的维修方式有哪些？试分析选择维修方式的原则。

4. 试从不同角度对城市轨道交通固定设备维修管理模式进行比较分析。

5. 试查找资料并计算我国某个城市轨道交通中地铁车辆牵引系统可靠度。

第 15 章
城市轨道交通运营安全管理

15.1 运营安全管理定义与法规依据

15.1.1 安全管理的定义及特点

1. 安全管理的定义

城市轨道交通运营安全管理就是通过管理的手段，实现控制事故、消除隐患、减少损失的目的，使城市轨道交通运营企业达到最佳的安全水平，为乘客创造一个安全舒适的乘车环境，为员工创造安全健康的工作环境。因而可以将安全管理定义为：以安全为目的，进行有关计划组织、指挥、协调和控制的活动。

控制事故可以说是安全管理工作的核心，而控制事故最好的方式就是事故预防，即通过管理和技术手段的结合，辨识危险，评估危险，控制危险，保障乘客、公众和员工的安全。

然而，由于受技术、经济等条件限制，有些事故是难以完全避免的。因此，控制事故的第二种手段就是应急措施，即通过抢救、疏散、抑制等手段，在事故发生后控制事故的蔓延，把事故的损失减少到最小。

事故总是带来损失。对于城市轨道交通运营企业来说，运营事故在经济上、声誉上的打击是相当沉重的，有时甚至是致命的。因而在实施事故预防应急措施的基础上，通过购买财产、工伤、责任等保险，以保险补偿的方式，保证企业的经济平衡和在发生事故后恢复生产的基本能力，也是控制事故的手段之一。

可以说，安全管理就是利用管理的活动，将事故预防、应急措施与保险补偿三种手段有机地结合在一起，以达到保障安全的目的。

2. 安全管理的特点

城市轨道交通运营安全管理主要有以下几个特点：

（1）城市轨道交通安全工作影响面广

城市轨道交通运营生产活动都是在地下、地面、高架等复杂的运行条件下进行，外界自然环境、社会环境及城市轨道交通运营系统内部环境等多方面的因素对运营安全的干扰和影响较大。城市轨道交通运营是由车辆、车站、工务、电务等多部门组成的一架巨大联动机，各个环节必须紧密联系、协同动作，才能确保安全运营。否则，一个部门、一个环节出了问题都会影响其运营安全。特别是行车安全方面更为突出。如果一个地方发生行车重大、大事故，就会影响一线、一片，甚至波及整个运营生产。

（2）运行安全是城市轨道交通的生命线、效益线

地铁是城市中心的一种交通工具，它运送乘客的数量比其他交通工具多得多。地铁车站也一般设在地下，人口密度高，而紧急逃生口有限。另外，地铁本身的

成本也相当高，运行安全不但关系到整个地铁系统的正常运作，而且关系到广大乘客的生命、国家财产的安全，所以地铁的安全性，尤为重要。人们非常重视地铁的安全，在地铁安全方面的投入也是相当大的，在地铁安全方面的管理也是相当严格的。

15.1.2　安全管理法规

安全管理法规的主要工作有两方面。一是要健全完善政策法规和标准体系：加强城市轨道交通立法工作，并根据实际需要，在既有法规体系基础上及时修订城市轨道交通法规规章。二是要系统建立闭环的安全管理体系：通过明确安全评估规范和安全管理的业务流程，对城市轨道交通系统的风险隐患进行分级管控和主动管理。

与城市轨道交通系统运营安全及其管理相关的法规主要由国家立法机关、行政机关制定，它们是城市轨道交通运营及其安全管理的法治依据。主要包括国家法律、行政法规、部门规章、地方性法规及标准规范等。

1. 国家法律

法律具有国家意志性，由国家制定或认可，以权利、义务、权力、职责为主要内容，具有国家强制性，由国家强制力保证实施。城市轨道交通运营安全管理应遵守《中华人民共和国安全生产法》《中华人民共和国突发事件应对法》《中华人民共和国消防法》等法律。

2. 行政法规

城市轨道交通运营安全行政法规是由国务院组织制定、经国务院办公会议通过并以国务院总理签署国务院令颁布的行政法规，明文规定了城市轨道交通系统各部门和工作人员对保证运营安全应尽的职责；对各种扰乱站、车秩序，侵犯乘客权益，危害运营安全，损坏轨道设施行为的禁令和奖惩范围及权限；对造成特别重大人身伤亡或巨大经济财产损失，以及性质特别严重、产生重大影响的特别重大事故的调查处理等。主要包括《生产安全事故报告和调查处理条例》《突发公共卫生事件应急条例》《国务院关于特大安全事故行政责任追究的规定》《突发事件应急预案管理办法》和《危险化学品安全管理条例》等。

3. 部门规章

部门规章是国务院各部门根据法律和行政法规的规定和国务院的决定，在本部门的权限范围内制定和发布的调整本部门范围内的行政管理关系的、并不得与宪法、法律和行政法规相抵触的规范性文件。主要形式是命令、指示、规章等。例如，为贯彻落实 2014 年 12 月 1 日起新修改实施的《中华人民共和国安全生产法》，国家安全生产监督管理总局对《〈生产安全事故报告和调查处理条例〉罚款处罚暂行规定》进行了修改，并将规章的名称修改为《生产安全事故罚款处罚规定（试行）》。2024 年中华人民共和国应急管理部发布了《生产安全事故罚款处罚规定》。

城市轨道交通运营安全管理的重要依据《城市轨道交通运营管理办法》是由住房城乡建设部制定并发布的。《城市轨道交通运营管理办法》对城市轨道交通的监督管理、运营管理、安全管理、应急管理及法律责任做了明确规定。此外，为保障城市轨道交通的安全运行，预防轨道交通火灾，减少轨道交通火灾危害，保护公民人身、公共财产和公民财产的安全，维护公共安全，促进经济发展，公安部颁发了《城市轨道交通消防安全管理》，规定了地铁、轻轨等城市轨道交通在运营过程中的危险源控制，各级、各类人员的消防安全责任和职责，灭火和应急疏散预案与演练，消防设施检查及维护管理，消防宣传教育，人员培训和消防档案管理等消防安全工作的管理要求。

近年来，我国城市轨道交通取得长足发展，逐步成为城市公共交通的骨干。城市轨道交通作为重要的民生工程，运营安全事关人民群众切身利益。未来几年，新开通轨道交通运营的城市数量不断增多，已开通的城市网络规模持续扩大，新增运营里程迅速增加，对加强城市轨道交通运营安全、提升服务水平提出了新的更高要求。为此，国务院办公厅于 2018 年 03 月 23 日发布了《关于保障城市轨道交通安全运行的意见》，进一步明确了城市轨道交通运营安全管理的指导思想、基本原则、主要目标、主要任务及保障措施。

4. 地方性法规

地方性法规，即地方立法机关制定或认可的，其效力不能及于全国，而只能在地方区域内发生法律效力的规范性法律文件。城市轨道交通运营安全管理的地方性法规是指各地方政府为了保障城市轨道交通运营安全而出台的相关管理办法，如《北京市轨道交通运营安全条例》《北京市城市轨道交通安全运营管理办法》《上海市轨道交通管理条例》《上海市轨道交通运营安全管理办法》《上海市轨道交通安全保护区暂行管理规定》等。其中，2022 年施行上海市人民政府新修订的《上海市轨道交通运营安全管理办法》，明确"轨道交通企业应当与公安部门、镇（乡）人民政府、街道办事处定期会商、加强信息共享、提高响应速度、实行联动处置，提升轨道交通车站客流量激增的协同应急处置效能。"

5. 标准规范

标准规范，是法律的延伸，安全标准规范是与安全生产相关的技术性规定，体现为国家标准和行业标准。《中华人民共和国安全生产法》（2014 年修订版）第十七条规定："生产经营单位应当具备本法和有关法律、行政法规和国家标准或者行业标准规定的安全生产条件。"标准所具有的法律地位及其法律效力，决定了安全标准一旦制定和发布，就必须得到尊重，并认真贯彻实施。任何忽视安全标准、违背安全标准的现象，都是对安全生产法律的破坏和违反，都必须立即纠正，情节严重的要依法予以追究。城市轨道交通运营安全相关标准与要求通常包括以下几个方面：

（1）设计与建设标准

①《城市轨道交通设计规范》：规定了城市轨道交通系统在设计阶段需遵循的技术标准和安全要求。

②《轨道交通工程施工及验收规范》：明确了施工过程中需要遵循的安全措施和验收标准。

（2）运营管理标准

①《城市轨道交通运营安全管理规程》：指导轨道交通企业在日常运营中的安全管理工作。

②《城市轨道交通运营服务质量标准》：规定了运营服务中的安全要求，包括乘客安全、设备安全等。

（3）设备与设施标准

①《城市轨道交通机电设备安全标准》：涉及机电设备的安装、运行和维护的安全要求。

②《轨道交通车辆技术条件》：针对车辆的安全性能、制动系统、牵引系统等进行规范。

（4）安全培训标准

《城市轨道交通应急预案编制指南》：规定了对员工进行安全培训的要求和内容，确保其具备必要的安全知识和技能。

（5）监测与评估标准

①《城市轨道交通安全检测技术标准》：要求轨道交通建立完善的安全监测机制，实时监控运营状态。

②《城市轨道交通安全评估规范》：对轨道交通系统进行定期的安全评估，识别安全隐患并进行整改。

现有关于城市轨道交通运营安全标准共计 23 项，其中国家标准 5 项，行业标准 7 项，地方标准 10 项，具体如表 15-1 所示。

表 15-1　城市轨道交通运营安全相关标准统计

标准类型	标 准 编 号	标 准 名 称
国家标准	GB/T 42334.1—2023	城市轨道交通运营安全评估规范 第 1 部分：地铁和轻轨
	GB/T 41594—2022	城市轨道交通线网综合应急指挥系统技术要求
	GB/T 30012—2013	城市轨道交通运营管理规范
	GB/T 38707—2020	城市轨道交通运营技术规范
	GB/T 40484—2021	城市轨道交通消防安全管理
行业标准	JT/T 1456—2023	城市轨道交通运营安全隐患排查规范
	JT/T 1409—2022	城市轨道交通运营应急能力建设基本要求
	JT/T 1051—2016	城市轨道交通运营突发事件应急预案编制规范
	AQ/T 8007—2013	城市轨道交通试运营前安全评级规则
	AQ/T 8005—2007	城市轨道交通安全验收评价细则
	AQ/T 8004—2007	城市轨道交通安全预评价细则
	XF/T 579—2005	城市轨道交通消防安全管理

续表

标准类型	标 准 编 号	标 准 名 称
地方标准	DB50/T 1196—2021	城市轨道交通运营单位安全管理规范
	DB11/T 1744—2020	城市轨道交通车站安检设计标准
	DB34/T 3695—2020	城市轨道交通安全检查规范
	DB45/T 2051—2019	城市轨道交通运营安全评估规范
	DB5301/T 40—2019	城市轨道交通运营企业安全管理规范
	DB11/T 1510—2018	城市轨道交通运营线路安全评价规范
	DB11/T 1482—2017	城市轨道交通综合救援应用技术规范
	DB12/T 602—2023	城市轨道交通运营安全管理规范
	DB11/T 1166—2015	城市轨道交通运营安全管理规范
	DB31/T 902—2015	城市轨道交通安全运营评价标准

其中，5 项国家标准分别规定了城市轨道交通安全评估规范、线网应急指挥技术要求、设施设备运营技术需求和要求、安全管理、消防安全组织与职责等内容。

行业标准中没有对运营安全管理做出直接规定的相关规范文件，其内容主要集中在运营前的安全验收、安全评价、消防管理和事故后的应急救援能力建设等方面。

就地方标准而言，北京城市轨道交通由于运营时间最长、规模大，其运营安全管理规范数量最大、覆盖较全面，故北京城市轨道交通标准规定了包括运营安全评价、运营安全管理、公共安全和应急救援等多方面的内容，而其他地方多就运营时的安全管理规则和运营时的安全评价制定了相关的标准规范。

上述的所有安全标准均是在调查研究、总结实践经验，参考和吸收国内外有关资料，并广泛征求城市轨道交通运营单位及其他多方意见的基础上，由相关领域专家根据经验编写的，并以国家标准（简称 GB）、行业标准（如公共安全行业标准简称 GA、生产安全行业标准简称 AQ）或地方标准（简称 DB）的形式发布，对城市轨道交通运营安全管理不仅具有规范作用，而且具有较强的指导意义。

15.1.3 安全管理体系

按照"集中领导，统一指挥"的原则，某城市轨道交通运营公司建立了包含决策管理层、监督管理层、执行落实层等多层次的安全生产组织机构。具体的事业总部安全机构网络如图 15-1 所示。

总部总经理是总部安全生产第一责任人，对总部的安全生产全面负责。总部安全生产分管领导是总部安全生产的直接责任人，对总部安全生产负直接领导责任，总部其他领导对各自分管业务范围的安全生产负领导责任。同时，各部门的行政责任人是本部门安全生产的责任人。

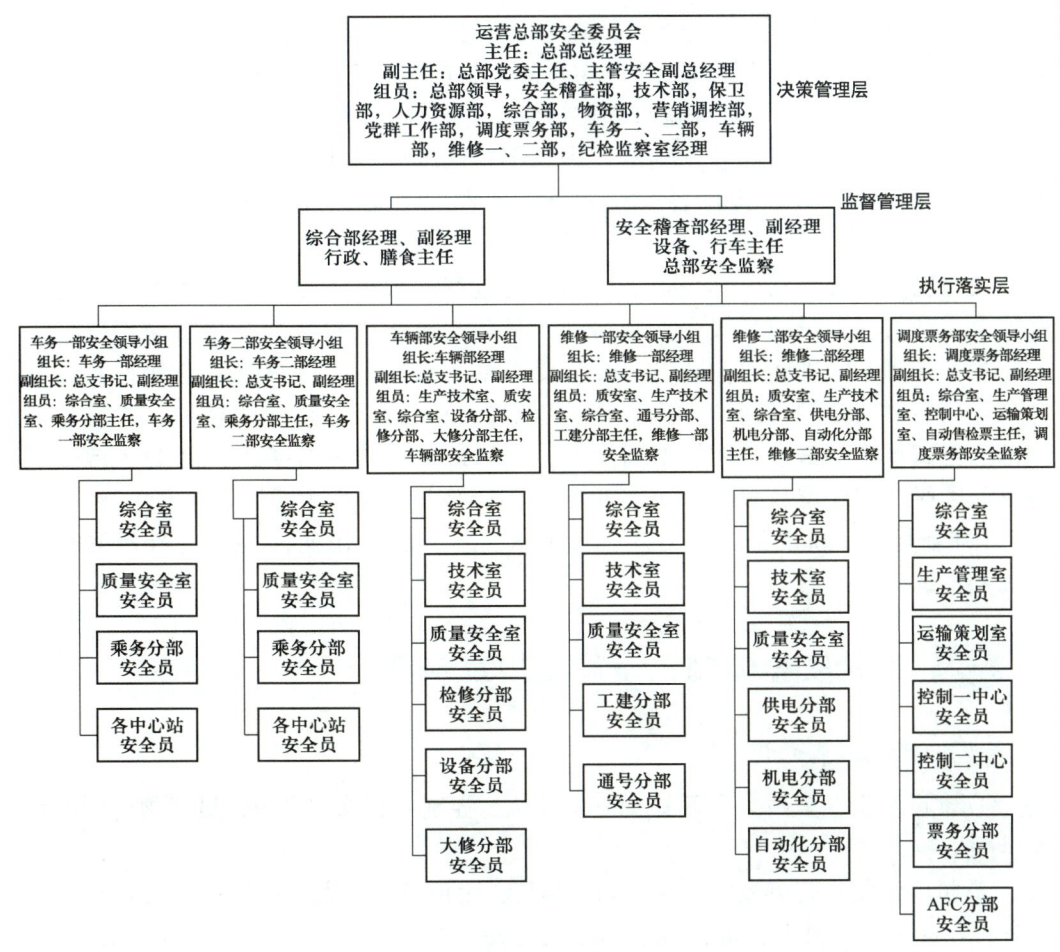

图 15-1　某城市轨道交通运营事业总部安全机构网络图

公司成立的运营总部安全委员会是公司的安全生产、职业健康、环境保护等工作的最高行政机构，也称为决策管理层。运营总部安全委员会由公司领导和相关职能负责人组成。其中，总部总经理担任主任，总部党委书记、主管安全的副总经理担任副主任，其他总部领导和安全稽查部、技术部、保卫部、人力资源部等部门经理为委员，并设立生产、消防、交通安全委员会。

运营总部安全委员会每个季度组织一次全面安全大检查，查思想、查纪律、查管理、查意识、查设备、查安全措施及整改情况。生产部门安全领导小组每月组织对本部门进行一次安全检查，对检查时间、内容、发现问题、整改措施和期限等进行详细记录。本部门解决不了的问题，及时上报运营总部安全委员会常设办公室。各分部每两周会进行一次安全检查，并记录相应的内容。员工岗位安全必须坚持日检制度，对发现的不安全因素应及时处理或上报。班组必须坚持每天的安全检查，根据工作内容和生产场所实际，落实作业前安全检查、作业中安全监护、作业后安全清理。同时，运营总部安全委员会常设办公室不定期对各部门、工种进行抽查。

监督管理层主要是对总部的安全进行综合管理，同时对行政领导、同级业务部门、各有关单位和人员执行安全规章制度的情况行使监察职责。监督管理层包括了综合部经理、安全稽查部经理、行车主任等，生产安全管理监督、消防安全管理监督由安全稽查部负责，交通安全管理监督由综合部负责。

执行落实层由车务部、车辆部、维修部、调度票务部等部门和单位组成。同时，生产部门经理分别担任各安全领导小组组长，各分部、班组设立专兼职安全员。

安全生产是关系到总部全员、全面、全过程的大事。为此，总部主要负责人和安全生产管理人员应当接受安全培训，具备与所从事的生产经营活动相适应的安全生产知识和管理能力。新员工要接受总部、部门、岗位三级安全教育，经过考试合格后才能分配到岗位工作。特种作业的员工必须进行专门培训，并经过有关部门考试取得合格证，才能上岗操作，合格证按规定进行复核。复工（指由于各种原因脱离原岗位较长时间，又重新上岗操作）、调工（即调换工种）和"五新"（即新材料、新设备、新工艺、新技术、新产品）作业，必须进行相关安全培训和训练。

15.1.4 运营安全体制、设施及规章制度

1. 防灾管理组织机构

① 常设组织：车站（车厂）为基本单位，控制中心总体组织，最高领导机构为安全委员会。

② 抢险组织：若事故发生在车站或车厂，由值班站长火车厂调度员负责，若事故发生在区间，由司机负责；就近车站值班站长到达现场后，由该值班站长负责。接到控制中心（或车厂控制中心）报告后相关人员立刻赶赴现场，主要设备部门负责指挥抢险，相关部门配合。

2. 运行安全的规章制度

为了实现地铁的运行安全，使地铁员工都能有章可循、有法可依，广州地铁建立了健全的运行安全规章制度。主要有以下内容：

（1）地铁行车组织规则

（2）突发事件应急处理办法

（3）各类应急预案处理程序

（4）车厂运作手册

（5）车站运作手册

（6）特种设备质量安全监察规定

（7）各专业的操作规程、手册

（8）行车事故管理规则

（9）安全、消防管理办法

此外，广州市人民政府还批准、核准、颁发了《广州市地下铁道管理条例实施细则》，实施效果很好。

15.2　城市轨道交通运营事件定义与分级标准

城市轨道交通事件，也称运营突发事件、运营事故灾难、运营事故，目前尚无统一规定，本节结合北京城市轨道交通运营事故相关规定进行说明。

15.2.1　运营事件定义

凡在城市轨道交通运营范围内，由于轨道交通运营单位（以下简称运营单位）自身原因、乘客自身原因、不可抗力、社会治安等非运营单位原因，在运营生产活动中造成人员伤亡、设备损坏、财产损失、中断行车、火灾及其他危及运营安全的情况，均构成运营事件。

15.2.2　运营事件分级标准

在《生产安全事故报告和调查处理条例》中，根据生产安全事故造成的人员伤亡或者直接经济损失，事故一般分为特别重大事故、重大事故、较大事故、一般事故四个等级。

国务院在《国家城市轨道交通运营突发事件应急预案》中规定了突发事件等级分类，如表 15-2 所示。

表 15-2　突发事件等级分类表

突发事件等级	危害程度		
	人身伤亡	直接经济损失	行车事故
特别重大运营事件	30 人以上死亡，或 100 人以上重伤	1 亿元以上	
重大运营突发事件	10 人以上 30 人以下死亡，或 50 人以上 100 人以下重伤	5000 万元以上 1 亿元以下	连续中断行车 24 h 以上
较大运营突发事件	3 人以上 10 人以下死亡，或 10 人以上 50 人以下重伤	1000 万元以上 5000 万元以下	连续中断行车 6 h 以上 24 h 以下
一般运营突发事件	3 人以下死亡，或 10 人以下重伤	50 万元以上 1000 万元以下	连续中断行车 2 h 以上 6 h 以下

注：上述分级标准有关数量的表述中，"以上"含本数，"以下"不含本数。

根据《北京市轨道交通运营突发事件应急预案》，依据轨道交通运营突发事件可能造成的危害程度、波及范围、影响力大小、人员伤亡及财产损失等情况，由高到低划分为特别重大、重大、较大、一般四个级别。

（1）出现下列情形之一时，为特别重大轨道交通运营突发事件

① 造成轨道交通运营中断 6 h 以上；

② 造成 30 人以上死亡（含失踪），或者危及 50 人以上生命安全，或者 100 人以上重伤（中毒）；

③ 造成被困人数 3 000 人以上；

④ 造成 1 亿元以上直接经济损失；

⑤ 造成需要紧急转移安置 10 万人以上。

（2）出现下列情形之一时，为重大轨道交通运营突发事件

① 造成轨道交通运营中断 3 h 以上 6 h 以下；

② 造成 10 人以上 30 人以下死亡（含失踪），或者危及 30 人以上 50 人以下生命安全，或者 50 人以上 100 人以下重伤（中毒）；

③ 造成被困人数 1 000 人以上 3 000 人以下；

④ 造成 5 000 万元以上 1 亿元以下直接经济损失；

⑤ 造成需要紧急转移安置 5 万人以上 10 万人以下。

（3）出现下列情形之一时，为较大轨道交通运营突发事件

① 造成轨道交通运营中断 0.5 h 以上 3 h 以下；

② 造成 3 人以上 10 人以下死亡（含失踪），或者危及 10 人以上 30 人以下生命安全，或者 10 人以上 50 人以下重伤（中毒）；

③ 造成被困人数 500 人以上 1 000 人以下；

④ 造成 1 000 万元以上 5 000 万元以下直接经济损失；

⑤ 造成需要紧急转移安置 1 万人以上 5 万人以下。

（4）出现下列情形之一时，为一般轨道交通运营突发事件

① 造成轨道交通运营中断 0.5 h 以下；

② 造成 3 人以下死亡（含失踪），或者危及 10 人以下生命安全，或者 10 人以下重伤（中毒）；

③ 造成被困人数 500 人以下；

④ 造成 1 000 万元以下直接经济损失；

⑤ 造成需要紧急转移安置 1 万人以下。

15.3　城市轨道交通运营安全风险管理

城市轨道交通事故发生概率相对较低，然而，一旦发生事故，往往会对乘客、公众、员工造成伤害，带来极大的社会负面影响，因此有必要分析运营事故致因亦即安全风险因素，并对其进行安全风险管理，建立符合城市轨道交通特点的安全风险控制体系，增强防范安全风险的能力。

15.3.1　城市轨道交通系统的三种运营模式

一般而言，城市轨道交通系统存在三种运营状态，正常运营、非正常运营和紧急运营，如图 15-2 所示。

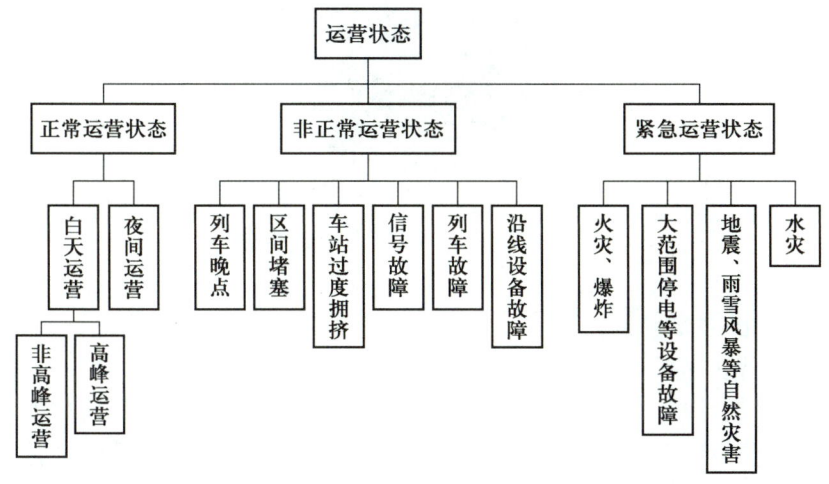

图 15-2　城市轨道交通系统的三种运营状态

① 正常运营状态指列车白天和夜间与运行图基本相符的运营状态。正常运营状态又分为高峰时段和非高峰时段。针对这两种运营状态，城市轨道交通系统又采取了不同的客运行车组织方案和运行管理模式。

② 非正常运营状态指因各种原因造成列车晚点、区间堵塞、车站过度拥挤、信号故障、列车故障、沿线设备故障等影响正常运营秩序的情况。经行车指挥系统按照应对方案及时进行调整，可在短时间内使运营恢复正常，不会对乘客的人身安全造成影响。

③ 紧急运营状态指发生火灾爆炸、地震及暴风雨雪等自然灾害、设备故障导致大范围停电等，致使部分区间或全线无法运营的情况。在这种状态下，有可能出现人员伤亡的严重后果，必须采取紧急措施控制伤亡后果。

15.3.2　城市轨道交通运营危险因素分析

通过对收集的世界上主要城市轨道交通事故的分析，城市轨道交通系统的运营事故主要包括火灾、爆炸、毒气、列车相撞、脱轨、停电、踩踏、乘客坠落、自然灾害和设备故障。火灾事故不仅发生次数最多，也是导致死亡人数最多的一类事故。从事故数量的比例来看，火灾事故占 24.2%，爆炸事故占 15.2%，两类事故合计占事故总数的近四成，其他事故的占比如图 15-3 所示。

事故案例：阿塞拜疆巴库地铁纵火案

1995 年 10 月 28 日，一辆地铁列车在刚离开巴库地铁阿尔达斯站 200 m 后，第四节车厢尾部因电气设备故障发生起火，产生了大量的烟雾和有毒气体，列车驾驶员发现事故并将列车停靠在隧道中。由于火灾事故发生在隧道中，列车无法驶出，致使救援工作和乘客逃生极其困难，大火一直燃烧了十多个小时，直到第二天清晨才被完全扑灭。火灾最终造成 558 人死亡，269 人受伤。

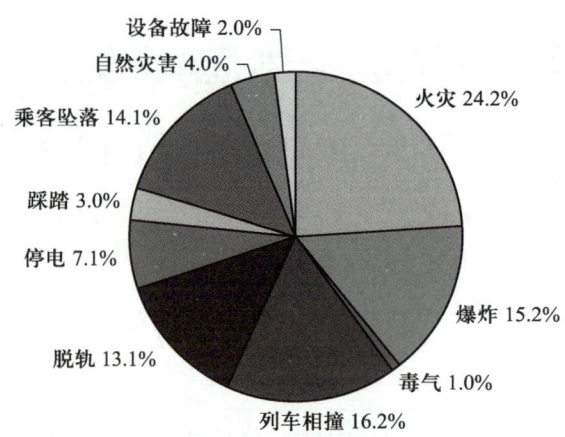

图 15-3　城市轨道交通事故数量统计

1. 火灾危险因素分析

（1）内部火灾危险因素

车站、隧道及列车内存在大量的电气设备等火灾隐患；车站、列车内的建筑装饰材料、广告牌等遇火可能会发生火灾危险；车辆、供电设备、机电设备等若处于超期服役状态，一旦发生故障，可能导致火灾事故。

（2）外部火灾

乘客违章携带危险物品、吸烟和吸烟后烟蒂随处乱扔等不当处置引起火灾危险；人为因素（如恐怖袭击、纵火等）、意外明火引起火灾危险；地铁车站站厅乘客疏散区、站台和疏散通道内违规设置的商业网点存在发生火灾的隐患，且可能会引起连锁火灾事故。

2. 列车脱轨危险因素分析

列车脱轨主要由城市轨道交通系统内部危险因素导致。

① 线路设计或铺设不合格，道岔伤损、轨枕伤损、道床伤损、接触轨伤损、钢轨断裂等均可能导致列车脱轨危险；

② 列车超速、列车走行部件发生故障，可能导致列车脱轨危险；

③ 地铁列车、线路设备等存在老化现象，这些设备一旦发生故障，可能导致列车脱轨事故。

此外轨道周边物体侵入运营线路，如异物侵限可引起列车损坏、列车倾覆、列车脱轨等严重事故。

3. 地铁拥挤踩踏危险因素分析

地铁发生拥挤踩踏事故有两方面原因：一是车站内人员负荷过大、车站疏散通道或疏散楼梯设置不合理、车站站台、集散厅及疏散通道内有妨碍疏散的设施或堆放物品、车站出入口存在缺陷或有突发事件发生时，都可能造成人员拥挤踩踏。二是其他原因，如：地铁列车故障、火灾或其他危险状况等紧急情况发生时，也可能发生乘客挤伤、踩踏等危险。

4. 列车撞车危险因素分析

处于高速移动状态的列车，也伴随着高风险，一旦瞬间的设备异常或人员违章操作，可能造成撞车危险。撞车危险包括侧面相撞、迎面相撞、追尾相撞等。

5. 地铁中毒和窒息危险因素分析

包括中毒、缺氧窒息、中毒性窒息。在火灾事故情况下，可能产生大量烟气，存在中毒和窒息的危险。

地铁发生火灾后会产生大量的烟雾，如果通风设施故障，可能造成中毒和窒息的危险。人为恐怖袭击可能使用的有害气体等也能造成中毒和窒息。

6. 其他危险因素分析

城市轨道交通系统内部的电动车辆、变电所、配电室、电缆、三轨、接触网以及风机、水泵等设备由于设备缺陷、设计不周、防护不当等技术原因可能导致触电伤害危险。此外，由于人的违章作业、违章操作也可能造成触电伤害危险。

乘客使用扶梯时，可能造成碰撞、卷入、挤压、跌倒等伤害。扶梯正常运行状态下的乘客违章乘梯，可能造成严重的乘客摔伤。扶梯逆行或断裂等则可能造成乘客重伤甚至死亡。

列车车厢内灯管爆裂、内侧玻璃意外脱落等均可能导致机械伤害。此外，列车在紧急起、制动时具有较大的惯性，可能导致乘客摔伤危险。

乘客手扶车门、上下车时机选择不当或城市轨道交通列车设备故障可能发生车门夹人等机械伤害。

15.3.3　城市轨道交通运营安全风险管理

1. 相关概念

相对于安全而言，风险（risk）就是危险、危害事件（hazard）发生的可能性与危险、危害事件严重后果的综合度量。

风险的计算要同时考虑：① 严重度大小；② 造成某种损失或损害的难易程度，损害发生的难易性一般用某种损害发生的频率大小来描述。

安全风险管理是一个管理过程，包括危险辨识、危险评价和危险控制，目的是将可避免的风险、成本及损失最小化。理想的风险管理，事先排定优先次序，可以优先处理引发最大损失及发生概率最高的危害事件，其次再处理风险相对较低的危害事件。

危险辨识，即找出可能引发事故导致不良后果的不安全行为、不安全状态、不良的作业过程，特别是有可能危害旅客、公众、员工的危险因素。危险辨识方法包括：头脑风暴法、工作危险分析、故障模式和影响分析、危险和可操作性研究、故障树分析、事件树分析、预先危险性分析、安全审计、安全检查、事故和事件的调查与分析等。

危险评价，即估计危险发生的可能性（危险事件发生的频率）及危险一旦发生可能引起的后果严重性，并根据危险对系统的影响程度，确定风险等级（可忽略、

事故案例：上海地铁 10 号线列车追尾事故

2011 年 9 月 27 日 14:10，上海地铁 10 号线新天地站设备故障，交通大学至南京东路上下行采用电话闭塞，列车限速运行。期间 14:51 列车豫园至老西门下行区间两列车不慎发生追尾，事故造成 271 人受伤，其中约 20 人重伤，地铁 10 号线当日停运。

事故案例：日本东京地铁沙林毒气案

1995 年 3 月 20 日上午 7 时 50 分，日本东京地铁内发生了一起震惊全世界的投毒事件。事件造成 13 人死亡，约 5500 人中毒，1036 人住院治疗。事件发生的当天，日本政府所在地及国会周围的几条地铁主干线被迫关闭，26 个地铁站受影响，东京交通陷入一片混乱。

可容忍、不可容忍等）。危险评价既可定性也可定量。城市轨道交通运营安全的危险评价应综合考虑所有可能影响危险发生频率和后果的因素，包括设计、维修、调度指挥、列车运行、作业方法、人的因素、环境因素等，还应充分征求相关人员的意见。

危险控制，即针对不可接受的风险或可接受但需予以降低的风险所采取的控制手段。危险控制策略主要包括：① 危险排除，如改变作业流程和方法、改进设计；② 危险替代，用更为安全的材料、装备或作业方法取代原有的材料、装备和方法；③ 工程控制，如设备防护、安全功能、通风、隔离；④ 管理控制，通过管理方法限制人员暴露于危险的时间和条件，如报警、工作许可、轮班、设备常规检查与测试；⑤ 个人防护。

2. ALARP 风险接受原则

ALARP 为英文 as low as reasonably practicable 的缩写，即低至合理可行原则，指在合理可行的情况下，尽可能把风险降到最低。这是目前国际上比较广泛采用的一种风险接受原则。该原则可用图 15-4 进行说明。

由图 15-4 可以看出，当风险落在可接受区域时，风险可忽略，且必须确保风险一直维持在这一水平；当风险落在不可接受区域时，除非在特殊情况下，否则风险不能容忍，必须采取措施将风险降低到可容忍的范围；当风险落在 ALARP 区域时，风险可容忍，但还需采取措施降低风险，只有在风险不可能再被降低或是降低风险的成本与改善后所获得的改进完全不成比例的情况下，风险才被认为是可容忍的。

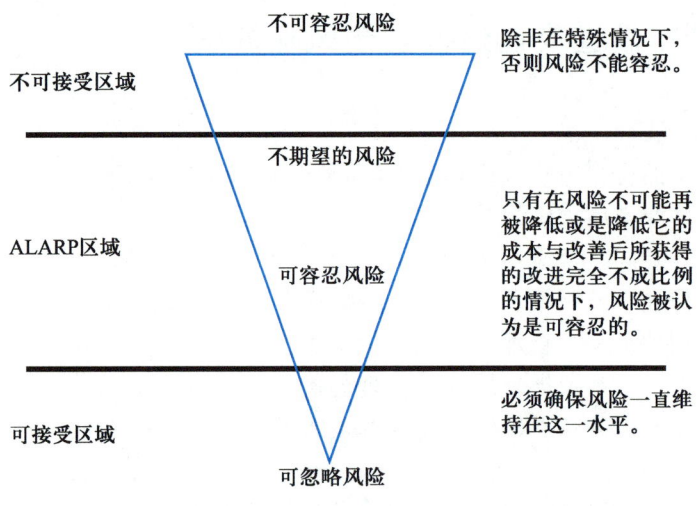

图 15-4　ALARP 原则

3. 轨道交通安全风险管理案例（新加坡）

1）危险（hazard）定义

新加坡将轨道交通危险定义为有可能引起人员伤害、财产损失、环境破坏、系统运行中断的实际或潜在因素，包括活动、安排、环境、事件、现象、过程、情况或者物质等，这些因素既可能起因于系统内部，也可能起因于系统外部。

2）风险评价方法

新加坡轨道交通风险评价采用频率－后果风险矩阵法，具体如表 15-3、表 15-4 和表 15-5 所示。

表 15-3　危险发生的可能性

等级	说明	发生间隔/年	定义
1	极不可能	40	极不可能发生，但存在发生的可能性。可以假设危险在很意外的情况下才可能发生
2	不大可能	20	可以合理预期发生危险
3	偶尔	5	极有可能发生的危险
4	可能	1	（几乎可以肯定）可以预期危险频繁发生
5	频繁	0.25	危险一定会发生或已经发生

表 15-4　危险后果的严重性

等级	说明	经济损失	对人的影响
1	可忽略	<1 万美元	不需要找专业医务人员进行治疗
2	轻微	1 万~10 万美元	损失工作时间
3	重大	10 万~100 万美元	可能死亡、重伤
4	危险	100 万~1 000 万美元	1 人死亡
5	灾难	>1 000 万美元	多人死亡或多人重伤

表 15-5　风险评价矩阵

可能性		后果的严重性				
		可忽略	轻微	重大	危险	灾难
		1	2	3	4	5
极不可能	1	1	2	3	4	5
不大可能	2	2	4	6	8	10
偶尔	3	3	6	9	12	15
可能	4	4	8	12	16	20
频繁	5	5	10	15	20	25

如表 15-5 所示，当风险值为 1~9 时，风险可接受或需监测；当风险值为 10~16 时，应以合理的代价降低风险（遵从 ALARP 原则）；当风险值为 20~25 时，需立即采取措施降低风险。

15.4   城市轨道交通消防安全管理

对于城市轨道交通系统，特别是对地铁而言，火灾可谓"第一天敌"，所以，对以地铁为主的城市轨道交通系统来说，消防安全非常重要。因此，这里将地铁消防问题单独列出，进行详细探讨。

15.4.1   地铁火灾的主要特点

城市地铁建筑工程与地面建筑不同，其主要特点为：① 地铁建筑由地铁的干线、候车大厅、站台、控制室等部分组成，只有室内空间，而且其空间连续性强，防火困难。② 地铁工程的出入口少，一旦发生火灾，出入口还必须具有排烟、散热、人员疏散和消防队员扑救的入口的功能。③ 整个地铁都使用人工采光，系统用电量很大，因电气设备发生的火灾不容忽视。④ 地铁空间湿度大，容易造成因电气设备受潮所致的火灾。⑤ 地铁鼠害也不容忽视，它们咬破电缆等很容易造成电气线路短路起火。

具体来说，地铁火灾有以下几个特点：疏散困难、救护难度大、通信系统容易瘫痪。

1. 疏散困难

地铁火灾的一个最重要特征是形成浓烟和热气浪，同时产生大量的有毒气体，这对于人员疏散是十分不利的。

第一，烟气对人的眼睛、喉咙、气管有刺激。据日本自治省消防厅研究所资料表明：当量化烟气浓度的减光系数达到 $0.1/m$ 时，人的行进速度急剧下降，这时，人的思考力和判断力也随之下降；当减光系数达 $0.6/m$ 时，人的步行速度等于零，已无法自行脱险。在相同浓度的烟气层内，人员处在长通道的地下空间比在一般地上空间更容易造成恐慌。

第二，地铁火灾容易形成气浪。因为地铁工程散热排烟口少，燃烧产生的热除了加热可燃物外，大量的热还加热了地铁内的烟气，使气体体积膨胀，造成烟气流动速度加快，而形成高温热气浪，给人员疏散带来困难。

第三，浓烟使疏散指示器照明减弱，甚至失去指示功效。试验表明，当疏散通道上的照明度小于 $1\,lux$ 时，人员就会开始发生心理动摇。

第四，烟气流动方向与疏散方向相同，疏散人员需要与烟气进行"你死我活"的赛跑。但是，地铁火灾时烟气的前锋流速为 $1.75 \sim 2.4\,m/s$，而人员的疏散速度在照明系统正常的情况下，只有烟气速度的一半。

第五，地铁火灾后，新鲜空气补充较慢，使气体"中性带"降低，结果底层烟量增大，有毒气体增多，致使疏散迟误者中毒身亡。

2. 救护难度大

地铁火灾由于发生在地下相对封闭的系统内，救护工作十分困难，具体表现如下：

第一，由于浓烟或停电造成一片漆黑，使得火场指挥员无法迅速确定起火点。

第二，地铁是长通道空间，而每个呼吸器使用时间有限，消防救护人员佩戴呼吸器进行一次性活动的范围受到限制。

第三，在地铁内的消防队员，既要经受辐射热的照射，又要经受高温气浪的冲击，接近火点是相当困难的。

第四，灭火剂的使用。一般来说卤代烷 1211、1301 灭火剂和 CO_2 灭火剂灭火效果是非常理想的，但是地下空间火灾时，上述灭火剂不宜使用。

第五，进口少，消防队员之间难以进行战术配合。

3. 通信系统容易瘫痪

地铁火灾时，由于水流和高温对通信器材的影响，使消防员携带的普通无线电对讲机不能正常工作，甚至整个通信系统容易陷入瘫痪状态。

15.4.2　地铁火灾的原因分析

自从地铁在文明世界出现以来，地铁火灾事故就一直不断。如 1987 年伦敦国王十字地铁车站大火、2003 年韩国大邱地铁火灾，无一不造成惨重伤亡。主要原因如下：

1. 管理方面的原因

管理上的疏漏是造成火灾的主要原因。即地铁公司没有制订严格的管理制度，使得众多安全隐患存在。如对上车旅客安全检查不充分，地铁站内配备灭火器数量较少等都是潜在的隐患。车辆内还可能存在由乘客携带上车的可燃物，包括乘客违反乘车规定携带上车的易燃、易爆物品，以及乘客随身携带的纸制品、塑料制品、化纤制品等。

2. 地铁中的可燃物

（1）列车材料

地铁车辆内的可燃物主要为内部装饰材料，包括侧墙、地板、顶板、椅垫、坐垫、椅套等。由于地铁车厢多是易燃品，且车厢与车厢之间是相通的，很多新型列车座位所用的装饰材料都是易燃的薄绒布。由于这种材料一旦着火便难以控制，容易酿成大火。有的老式车厢内装饰物均采用可燃性化学合成材料，在燃烧时会迅速产生大量神经麻痹毒气使人窒息死亡。

（2）地铁站台

可燃物主要集中在以下几个区域：站台内的书报亭、小商铺等；站台内的垃圾桶；站台内其他电气设备、电线电缆等。这些可燃物都有可能引发火灾。

3. 电路短路、设备故障

我国地铁自 1969 年相继投入运行以来，因变电所、地铁车辆内的电气设备和线

> 1987 年 11 月 18 日 18 时左右，英国伦敦国王十字地铁车站发生火灾，事故共造成 31 人死亡，100 多人受伤。

路出现故障，以及违章电焊和电器设备误操作等，发生了较多的火灾事故。地铁是用电作为动力的现代化交通运输工具，电气线路十分复杂，有通信用电、照明用电、动力用电等，不同电缆往往由不同的单位负责铺设和管理，它们在密闭的管道里杂乱地放在一起，有时还要增设新的电缆，因此使得管道里的电缆更为复杂。电路短路、电气设备故障极易造成火灾事故。

4. 人的因素

隧道维修施工过程中进行焊接、切割工作，或者机械碰撞、摩擦引起的火花都有可能引燃易燃的装修材料而造成火灾。乘客吸烟时的火星、随便乱丢烟头或携带易燃、易爆物品也可能引发火灾，虽然地铁运营安全乘车规定禁止旅客携带易燃、易爆等危险品，但还是经常会有此类事故发生。此外，人为故意纵火或恐怖袭击等其他原因，也是地铁火灾事故的致因。

15.4.3　城市轨道交通消防安全管理

根据公共安全行业标准《城市轨道交通消防安全管理》，城市轨道交通的消防安全管理应在当地政府的统一组织协调下，建立由政府相关部门（包括公安、消防）与运营单位及供电、通信、供水和医疗等单位密切协作、运转高效、分工明确的报警接警、监控和抢险救援机制。城市轨道交通运营单位应制订安全管理责任制度，按照国家现行有关消防法律、法规、规章落实消防安全责任制；应结合本单位实际制定单位及各部门的灭火和应急疏散预案，定期组织演练，提高先期应急处置能力；应当遵守有关消防法规，贯彻"预防为主、防消结合"的消防工作方针，正确处理好运营与安全的关系，建立科学的消防设施管理体制，保证轨道交通的安全运营；应按照现行有关消防法规和技术规范的要求配置消防设施、器材，并在工程设计中积极采用先进的防火、灭火技术，选用先进可靠的防火灭火设施、器材；应依据现行有关消防法规和技术规范设置防火灾、水淹、风灾、冰雪、地震、雷击和停车事故等防灾设施，并以防控火灾的消防设施、器材为主。

15.5　城市轨道交通突发事件应急处置

15.5.1　城市轨道交通突发事件概述

1. 突发事件特点

城市轨道交通由于特殊的运行环境和运行特点，一旦发生突发事件，不但会给乘客的生命财产带来威胁，而且会造成严重的社会影响。城市轨道交通突发事件具有如下特点：

① 全线性。由于城市轨道交通列车具有依赖于单一轨道连续运行的特点，一旦在运行线路上发生严重事件、灾害，会造成整条线路的运营中断，甚至可能影响其他线路的正常运行，而且在一定时间内难以恢复正常运行。

② 连带性。城市轨道交通客流量大，而客流在一定时间内局限于有限的封闭区域内，一旦发生突发事件，除了乘客可能受到直接伤害外，还极易造成其他各类次生、衍生和耦合灾害。

③ 局限性。当城市轨道交通发生突发事件，在实施救援时，由于事发地点空间的限制给救援工作带来难度。救援工作延续时间越长，灾害的影响程度就越大。

④ 群体性。在城市轨道交通车站、隧道、商场区域，单位面积人数多，在发生突发事件时，极易造成群死群伤，社会影响大。

2. 突发事件定义

根据 2007 年 11 月 1 日起施行的《中华人民共和国突发事件应对法》的规定，突发事件是指突然发生，造成或者可能造成严重社会危害，需要采取应急处置措施予以应对的自然灾害、事故灾难、公共卫生事件和社会安全事件。

① 自然灾害，主要包括强台风、强降雨、地震等。

② 事故灾难，主要包括火灾、爆炸、列车脱轨、列车冲突、列车颠覆、接触网断线、严重水浸、大面积停电、城市轨道交通构筑物坍塌等。

③ 突发公共卫生事件，主要包括恶性传染病疫情、食品安全与职业危害事件等。

④ 突发社会安全事件，主要包括突发性大客流、重大刑事案件（炸弹恐吓、毒气、劫持）、有毒化学物质泄漏、放射性物质扩散等。

城市轨道交通突发事件是指在城市轨道交通运营场所内，因不可预见的或不可控制的因素造成一种或几种后果，须立即处理的偶然事件，其事态发展可能或已经导致人员伤亡，严重影响城市轨道交通运营生产，需依靠外部支援进行处理。

3. 突发事件分级

2015 年 5 月 1 日起施行的《国家城市轨道交通运营突发事件应急预案》中，根据运营突发事件的严重程度和发展态势，将运营突发事件分为四级，详见表 15-2。

4. 响应分级

根据运营突发事件的严重程度和发展态势，将应急响应设定为Ⅰ级、Ⅱ级、Ⅲ级、Ⅳ级四个等级。初判发生特别重大、重大运营突发事件时，分别启动Ⅰ级、Ⅱ级应急响应，由事发地省级人民政府负责应对工作；初判发生较大、一般运营突发事件时，分别启动Ⅲ级、Ⅳ级应急响应，由事发地城市人民政府负责应对工作。

15.5.2　城市轨道交通突发事件应急处置

1. 突发事件的处理原则

城市轨道交通突发事件的处理应遵循预防为主、以人为本、反应迅速、先通后复等原则。

① 预防为主。建立健全综合信息支持体系，准确预测预警，采取有效的防范措施，尽一切可能防止突发公共事件的发生。对无法防止或已经发生的突发公共事件，尽可能避免其造成恶劣影响和灾难性后果。

② 以人为本。抢险工作应坚持"先救人，后救物；先全面，后局部"的原则，优先组织人员疏散、伤员抢救，同时兼顾重点设备和环境的保护，将损失降至最低限度。通过采取各种措施，建立健全应对突发公共事件的有效机制，最大限度减少因突发公共事件造成的人员伤亡。

③ 反应迅速。建立"高度集中、统一指挥、逐级负责"的应急指挥体系，建设统一管理、装备精良、技术熟练、反应迅速的专业救援队伍，切实做到早发现、早报告、早控制。

④ 先通后复。发生突发事件和灾害后，城市轨道交通运营单位应启动有效的前期处置预案，配合所在市有关应急机构，尽快恢复正常运营。

2. 突发事件应急预案

应急预案是城市轨道交通突发事件应急处置的重要依据，它是各级城市轨道交通管理部门及运营部门为依法、迅速、科学、有序应对城市轨道交通运营突发事件，最大程度减少运营突发事件及其造成的损害而预先制定的工作方案。根据《国家城市轨道交通运营突发事件应急预案》，完善的城市轨道交通突发事件应急预案体系有助于建立健全城市轨道交通突发事件处置工作机制，科学有序高效应对突发事件，最大程度减少人员伤亡和财产损失，维护社会正常秩序。城市轨道交通突发事件应急预案体系主要包括：国家层面的预案如《国家突发公共事件总体应急预案》《国家城市轨道交通运营突发事件应急预案》等，地方政府制定的预案如《北京市突发公共事件总体应急预案》《北京市轨道交通运营突发事件应急预案》《上海市处置城市轨道交通运营事故应急预案》《深圳市地铁突发公共事件应急预案》等，以及城市轨道交通运营企业针对各种可能的突发事件类型所编制的预案，如防汛应急预案、雪天应急预案、拥挤踩踏事件应急预案等。

3. 响应措施

运营突发事件发生后，运营单位必须立即实施先期处置，全力控制事件发展态势。各有关地方、部门和单位根据工作需要，组织采取以下措施。

（1）人员搜救

调派专业力量和装备，在运营突发事件现场开展以抢救人员生命为主的应急救援工作。现场救援队伍之间要加强衔接和配合，做好自身安全防护。

（2）现场疏散

按照预先制订的紧急疏导疏散方案，有组织、有秩序地迅速引导现场人员撤离事发地点，疏散受影响城市轨道交通沿线站点乘客至城市轨道交通车站出口；对城市轨道交通线路实施分区封控、警戒，阻止乘客及无关人员进入。

（3）乘客转运

根据疏散乘客数量和发生运营突发事件的城市轨道交通线路运行方向，及时调整城市公共交通路网客运组织，利用城市轨道交通其余正常运营线路，调配地面公共交通车辆运输，加大发车密度，做好乘客的转运工作。

（4）交通疏导

设置交通封控区，对事发地点周边交通秩序进行维护疏导，防止发生大范围交通瘫痪；开通绿色通道，为应急车辆提供通行保障。

（5）医学救援

迅速组织当地医疗资源和力量，对伤病员进行诊断治疗，根据需要及时、安全地将重症伤病员转运到有条件的医疗机构加强救治。视情增派医疗卫生专家和卫生应急队伍、调配急需医药物资，支持事发地的医学救援工作。提出保护公众健康的措施建议，做好伤病员的心理援助。

（6）抢修抢险

组织相关专业技术力量，开展设施设备等抢修作业，及时排除故障；组织土建线路抢险队伍，开展土建设施、轨道线路等抢险作业；组织车辆抢险队伍，开展列车抢险作业；组织机电设备抢险队伍，开展供电、通信、信号等抢险作业。

（7）维护社会稳定

根据事件影响范围、程度，划定警戒区，做好事发现场及周边环境的保护和警戒，维护治安秩序；严厉打击借机传播谣言制造社会恐慌等违法犯罪行为；做好各类矛盾纠纷化解和法律服务工作，防止出现群体性事件，维护社会稳定。

（8）信息发布和舆论引导

通过政府授权发布、发新闻稿、接受记者采访、举行新闻发布会、组织专家解读等方式，借助电视、广播、报纸、互联网等多种途径，运用微博、微信、手机应用程序（App）客户端等新媒体平台，主动、及时、准确、客观地向社会持续动态发布运营突发事件和应对工作信息，回应社会关切，澄清不实信息，正确引导社会舆论。信息发布内容包括事件时间、地点、原因、性质、伤亡情况、应对措施、救援进展、公众需要配合采取的措施、事件区域交通管制情况和临时交通措施等。

（9）运营恢复

在运营突发事件现场处理完毕、次生灾害后果基本消除后，及时组织评估；当确认具备运营条件后，运营单位应尽快恢复正常运营。

思考题

1. 什么是安全管理？安全管理的法规依据主要有哪些？

2. 试分析事故预防、应急措施与保险补偿三种手段分别在城市轨道交通系统安全管理中的作用。

3. 试分析城市轨道交通系统的主要危险因素及预防对策。

4. 试举例说明城市轨道交通运营安全风险管理的内容。

15-2：参考文献

5. 试运用风险矩阵法对城市轨道交通车站旅客可能面临的风险进行评价。

6. 结合具体的城市轨道交通车站，论述火灾的防治措施。

7. 试结合 2003 年韩国大邱地铁大火事件资料，从人的因素分析事故原因及教训。

8. 试查找资料说明我国某个城市轨道交通突发事件应急管理机构设置。

9. 试分析运营安全管理、事故管理、风险管理、消防安全管理及应急管理之间的关系。

第 16 章
城市轨道交通企业运营组织机构与管理模式

16-1：思维导图

章导语：

　　本章从现代企业制度的内涵和特征出发，指出了城市轨道交通企业的发展方向。重点介绍了城市轨道交通企业的运营组织机构和管理模式，使学生站在中观层面进一步加深对城市轨道交通企业的认识。本章还重点介绍了运输生产管理、乘务管理、信息化管理、市场营销管理、人力资源管理和财务管理等内容，结合前面章节有关安全管理、调度指挥管理、车站管理、票务管理、设备维修管理的介绍，使学生能够全面了解城市轨道交通企业运营管理工作的主要内容。学生可结合本章最后的实例进行理解和学习。建议教学学时 2 学时左右。

16.1　现代企业制度

16.1.1　现代企业制度的内涵

　　现代企业制度是一个内容广泛的概念，所谓企业制度，是指国家特定法令和条例所规范和约束的、企业内部外部关系的行为准则。

　　所谓现代企业制度，是在市场经济体制下，以明晰企业各个利益主体的产权关系为基本内容，以确立企业的法人地位和市场竞争主体地位为核心的一种企业制度。一方面，现代企业制度要解决企业财产的归属主体与财产的经营主体的产权边界的划分，以及它们在企业经营中的地位、权利和义务问题；另一方面，现代企业制度要确立企业独立的市场竞争主体的地位，确认它是市场经济这一物质运动的一个物质载体，它有着独立的经济利益，具有受市场规律支配，但又有独立意志的企业行为。

16.1.2　现代企业制度的特征

　　建立现代企业制度是发展社会化大生产和市场经济的必然要求，也是国有企业改革的方向。现代企业制度有以下主要特征。

1. 产权特征

　　现代企业制度的典型形式是公司制企业。实行公司制企业最基本的特征表现在产权上，即在公司制企业中，产权关系明晰，企业财产的所有权属于投资者，企业拥有一切出资者投资形成的全部法人财产权，成为享有民事权利、承担民事责任的法人实体。在公司制企业中，出资者所有权与法人财产权是相分离的，出资者拥有股权，以股东身份依法可以享受利益，但不能对属于自己的部分资产进行直接的支配，只能动用股东权力影响企业的行为。

2. 保值增值特征

　　公司制企业，以其全部法人财产依法经营、自负盈亏、照章纳税、对出资者承担资产保值增值的责任。企业依法自主经营就是要以资产保值增值为目标，按照市场要求组织生产、经营，努力使利润达到最大化。

3. 责任特征

　　建立现代企业制度，实行公司制，每一位出资者按投入企业的资本享有所有者权益，这种权益表现为三方面：首先是资产受益权，即通过生产经营，在资产增值后，投资者理应获得相应收益；其次是享有重大决策权，出资者有权对公司的重大决策做出应有的反应，利用股东的影响对重大问题表示意见；再次，出资者是公司的股东，应该有权选择合适的管理者，委派其经营与管理公司。如果管理者被证明是不合格的，出资者可以通过合适的、规范的方式重新做出选择。

现代企业制度的有限责任是主要特征之一。在现代企业制度中，出资者除了应享有上述权利外，更重要的一点是对公司承担有限责任。公司破产时，出资者只以投入公司的资本额对公司负有限责任。同样，公司也仅以其全部资产承担有限责任。

4. 制度特征

公司制企业在市场经济的几百年发展中，已形成了一套完整的组织制度和领导制度。最明显的特色是形成了由所有者、董事会和高级经理三者组成的一种组织结构，即所谓的公司法人治理结构。党的十五届四中全会通过的《中共中央关于国有企业改革和发展若干重大问题的决定》明确要求"对国有大中型企业实行规范的公司制改革"，并特别强调"公司法人治理结构是公司制的核心"，要"形成各负其责、协调运转、有效制衡的公司法人治理结构"。

16.1.3　建立现代企业制度是轨道交通企业发展的方向

建立现代企业制度，是发展社会化大生产和市场经济的必然要求，是公有制与市场经济相结合的有效途径，是国有企业改革的方向。城市轨道交通作为城市重要基础设施，我国从 1965 年修建北京地铁开始，一直由政府发展轨道交通，政府与城市轨道交通企业是"父子"关系，政企不分的体制会带来下面三个主要问题。

1. 成本失控

在这种体制下，经营者经济意识薄弱，该采用什么标准，实现什么功能，该使用什么级别的系统，不是主要由经济论证决定。决策者往往重视设备的技术水平，而忽视财务准则。经营成本缺乏有效约束机制，容易产生机构臃肿，浪费严重，人浮于事等官僚体制病。

2. 难以树立为乘客服务的意识

高成本必然要求政府补贴，实际操作上则是城市轨道交通企业代表政府施惠于乘客，形式上受惠的是乘客。在这种情况下，城市轨道交通企业员工的服务意识很难真正树立，表现为城市轨道交通企业的服务质量一般或较差。

3. 缺乏自主权，经营僵化

在政企不分的体制下，地方政府基于"福利改革"立场，对轨道交通企业监督、干扰较多，造成轨道交通企业缺乏内部管理及经营业务上的自主权。许多决策须经过上级机关审核，决策过程繁琐，造成时间延误和决策责任不明。

发展城市轨道交通企业就必须摒弃老体制，把城市轨道交通企业改制成为具有政企分开、权责明确、产权清晰和管理科学等特征的现代企业。城市轨道交通作为国家的基础设施，首先具有社会公益性的特点，而城市轨道交通企业建立现代企业制度就是要把它由单纯的社会公益型转变为社会公益型与企业效益型相结合；由事业型体制转变为企业型体制；由单纯轨道交通经营管理型企业转变为以公共运输为主，综合开发、多元经营的企业。而实现这些转变的关键在于确立城市轨道交通企业的法人地位，真正实现政企分开、政资分开，构筑符合现代企业制度要求的法人治理结构。

16.2 城市轨道交通企业运营组织机构和管理模式

现代化高水平的运营管理是城市轨道交通安全畅通和进行优质服务的保证。我国城市轨道交通起步较晚，在我国轨道交通运营管理结构模式建设过程中，应参考借鉴许多国外企业的经验，并根据我国城市发展的具体情况，制定适合城市轨道交通企业生存与发展的运营管理模式，并在实践过程中进行不断的补充、完善和创新。

现代城市轨道交通运营管理是一个系统工程，通过人员组织管理和设施的维护与使用，实现对乘客的承运与送达，从而创造社会效益和企业效益。

有学者认为，城市轨道交通系统可按功能分两个子系统进行管理（图16-1）。一个是体现城市轨道交通基本功能的旅客运输服务系统，主要任务是组织列车运行和进行客运服务。另一个是运营保障系统，主要是运营设备维护修理体系，它的任务是确保线路、供电系统、车辆、通信信号设备、机电设备等系统状态良好，使城市轨道交通系统安全、可靠、高效地运行。

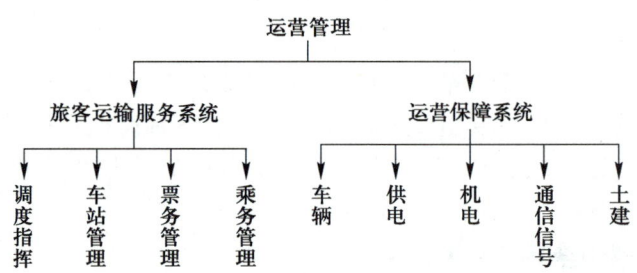

图 16-1　传统轨道交通运营管理模式

但目前各运营公司均按自己的经营特色设置了各具特色的运营管理模式。

目前在我国诸多城市，其轨道交通网络大多实行项目法人制，每条线路由一个项目法人管理，项目公司代表政府行使业主的权利，线路的运营方为地铁运营有限责任总公司。总公司下分建了相应的投融资、建设、运营及经营开发分公司，分别负责地铁筹资、设计与施工、运营、承应广告、商铺经营、地产利用与开发等。

更为普遍的组织结构模式则如图16-2所示。

该组织结构模式已应用于欧洲部分轨道交通系统中，也同样适合于目前中国的轨道交通系统；该模式不仅适用于单线建设与运营，也同样适用于整个复杂的轨道交通系统。其特点是建设与运营分别完成，而运营模式既可由总公司100%集权管理，也可考虑成本与效益的关系，分权实施部分自行管理与部分委外管理，如将"运营、系统维护与维修、设施维护与检修"作为核心任务由公司员工完成，其余业务及功能或多或少委外进行；也可仅负责自行管理"运营"为核心任务，其余业

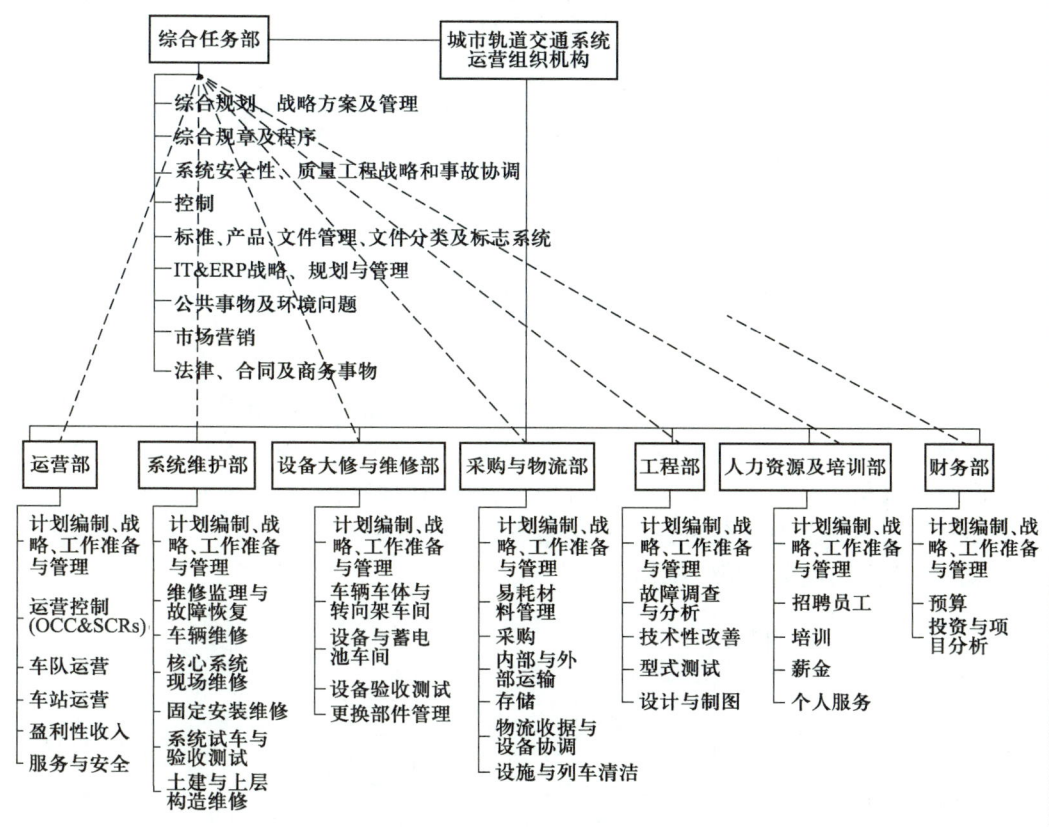

图 16-2　城市轨道交通运营组织结构模式

务与任务均委外完成等。该运营模式机动灵活、责任明确、可根据企业综合实力自行选择管理形式与管理性质，实施效果良好。但一般要求工程完成一半以前考虑组建适当的运营组织机构和经营模式，并同时考虑与之相适应的技术问题等，以便节约重复性运营成本和减少不必要的时间消耗。

企业组织机构是描述企业的框架体系，就像人类由骨骼确定体形一样，企业组织也是由机构来决定其形状的。企业组织机构是为了便于管理，实现企业的宗旨和目标。每个企业都要设若干管理层次和管理机构，表明企业内部各部分的排列顺序、空间位置、聚散方式以及各要素之间的相互关系。

随着企业生产力和社会的发展，常见的组织结构类型有：直线制、职能制、直线职能制、事业部制、矩阵制等。

16. 2. 1　直线制组织结构

直线制组织结构是最早使用也是最为简单的一种结构，是一种集权式的组织结构，又称军队式结构。直线制组织结构如图 16-3 所示。

直线制组织结构特点是：组织中各职位是按垂直系统直线排列的，各级主管负责人执行统一的指挥和管理职能，不设专门的职能机构，下属部门只接受一个上级的指令。这种组织结构设置简单、责权分明、信息沟通方便、便于统一指挥和集中

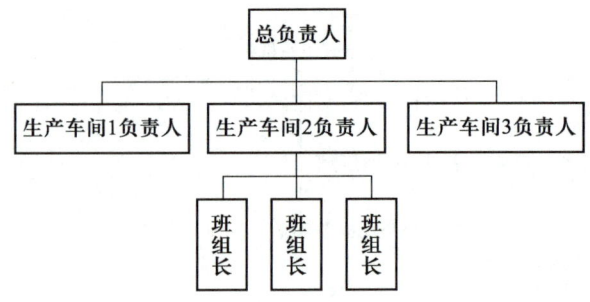

图 16-3　直线制组织结构示意图

管理。它的主要缺点是缺乏横向的协调关系，没有职能机构当领导的助手，容易产生忙乱现象。所以，一旦企业规模扩大，管理工作复杂化，领导者势必因经验、精力不足而顾此失彼，难以进行有效的管理。这种组织结构只有在企业规模不大、职工人数少、生产和管理工作都比较简单的情况下才适用。

图 16-4 为城轨车站组织机构示意图。

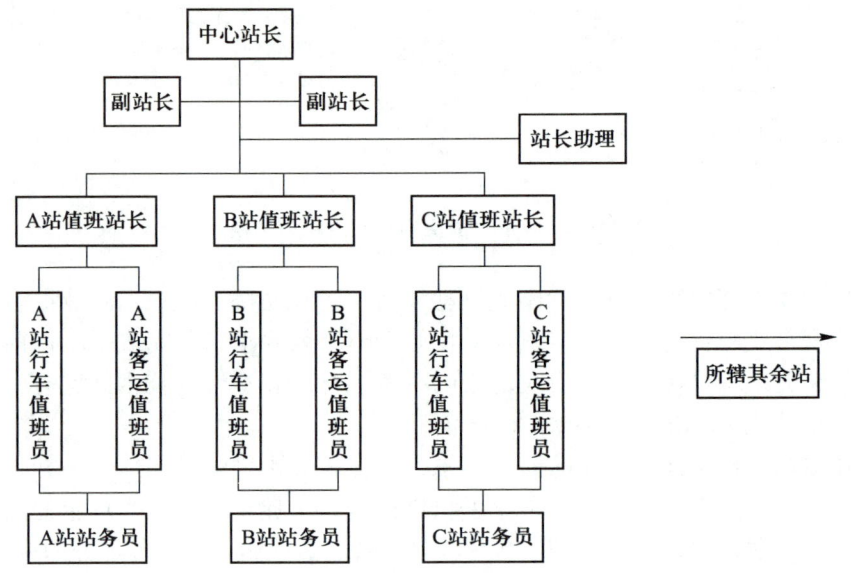

图 16-4　城轨车站组织机构示意图

16.2.2　职能制组织结构

职能制组织结构，是指各级行政单位除主管负责人外，还相应地设立一些职能机构，如在总负责人下面设立职能机构和人员，协助总负责人从事职能管理工作。这种结构要求行政主管把相应的管理职责和权力交给相关的职能机构，各职能机构就有权在自己业务范围内向下级行政单位发号施令。因此，下级行政负责人除了接受上级行政主管人指挥外，还必须接受上级各职能机构的领导。

职能制组织结构如图 16-5 所示。

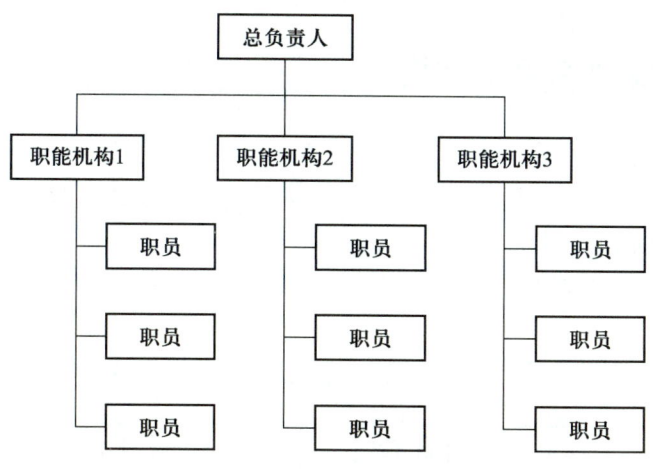

图 16-5　职能制组织结构示意图

16.2.3　直线职能制组织结构

以直线制组织结构为基础，在各级行政负责人之下设置相应的职能部门，分别逐级专业管理，作为该级领导者的参谋，实行主管统一指挥与职能部门参谋、指导相结合的组合结构形式。职能部门拟定的计划、方案及有关指令，统一由直线领导者批准下达，职能部门无权直接下达命令或进行指挥，只起业务指导作用，各级行政领导人实行逐级负责，高度集权。

直线职能制组织结构如图 16-6 所示。

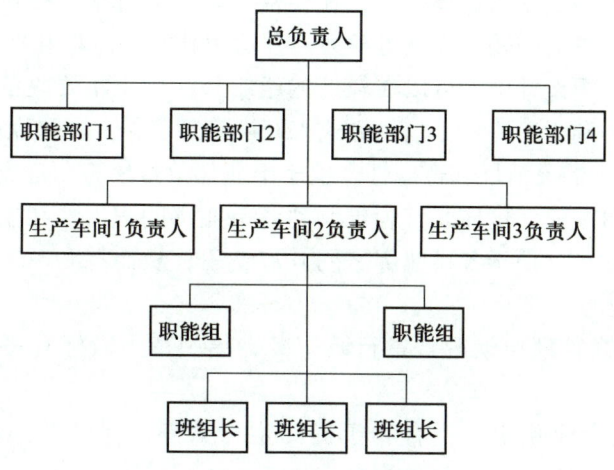

图 16-6　直线职能制组织结构示意图

这种管理组织形式保持了集中统一指挥的优点，又发挥了专业管理的长处。所以，世界各国采用这种组织形式的较为普遍，而且采用的时间也比较长。我国多数企业，甚至机关、学校、医院都采用直线职能制的组织结构。

16.2.4　事业部制组织结构

事业部制组织，亦称"M 型"组织，是西方经济从自由资本主义过渡到垄断资本主义以后，在企业规模大型化、企业经营多样化、市场竞争激烈化条件下出现的一种分权式组织形式。

事业部制组织结构如图 16-7 所示。

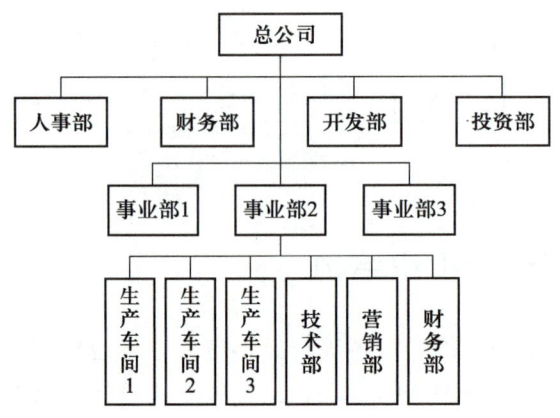

图 16-7　事业部制组织结构示意图

事业部制的主要特点是"集中政策，分散经营"，即在集权领导下实行分权管理，这种组织结构形式，就是在总公司的领导下，按产品或地区分别设立若干事业部，每个事业部都是独立的核算单位，在经营管理上拥有很大的自主权。总公司只保留人事任免权和重大问题的决策等权力，并运用利润指标对事业部进行控制。

在事业部型组织设计中，可以在较低的组织层次做出重要决策，因此，与职能型组织比较，它有利于以一种分权的方式来开展管理工作。主要优点是：

① 提高了管理的灵活性和适应性。由于事业部单独核算，自成体系，在生产经营上具有较大的自主权，这样既有利于调动各事业部的积极性和主动性，有利于培养和训练高级人才，又便于各事业部之间开展竞争，从而有利于增强企业对环境条件变化的适应能力。

② 有利于最高管理层摆脱日常行政事务，集中精力做好有关企业大政方针的决策。

③ 便于组织专业化生产，有利于提高生产效率，保证产品质量，降低产品成本。

事业部制组织结构的主要缺点是：

① 增加了管理层次，造成机构重叠，管理人员和管理费用增加。

② 由于各事业部独立经营，各事业部之间人员互换困难，相互支援能力较差。

③ 各事业部经常从本部门出发，容易滋长不顾公司整体利益的本位主义和分散主义倾向。

城市轨道交通是一个庞大而复杂的技术系统，技术含量高，涵盖了土建、机械、电器、电子、信息、控制、环境与运营组织各个门类，涉及车辆、供电、工务、电务与运输各个工种。这种多专业、多工种的联合运作实现了轨道交通运输服务功能，而轨道交通运输服务功能的高质量实现对于各个工种的时空概念要求很高，必须以高效率的组织管理体系和严格的运营管理机制为支撑。轨道交通企业管理机构正是以现代技术为基础，以信息技术为依托，以人员组织为根本的集中调度、统一指挥的运输组织联动系统。

16. 2. 5　矩阵制组织结构

在组织结构上，把既有按职能划分的垂直领导系统，又有按项目划分的横向领导关系的结构，称为矩阵制组织结构。矩阵制组织结构如图 16-8 所示。

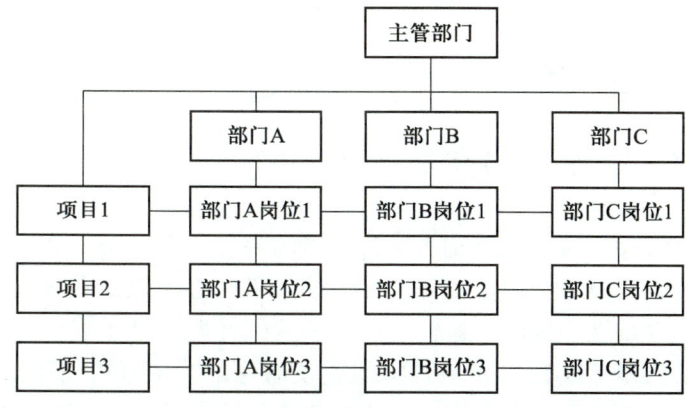

图 16-8　矩阵制组织结构示意图

矩阵制组织是为了改进直线职能制横向联系差、缺乏弹性的缺点而形成的一种组织形式。它的特点表现在围绕某项专门任务成立跨职能部门的专门机构上，例如组成一个专门的项目小组去从事新项目开发工作，在研究、设计、试验等各个不同阶段，由有关部门派人参加，力图做到条块结合，以协调有关部门的活动，保证任务的完成。这种组织结构形式是固定的，人员却是变动的，需要谁，谁就来，任务完成后就可以离开。项目小组和负责人也是临时组织和委任的。任务完成后就解散，有关人员回原单位工作。因此，这种组织结构非常适用于横向协作和攻关项目。

广州地铁集团有限公司组织机构比较接近矩阵制组织结构形式。

广州地铁集团有限公司是广州市政府全资的大型国有企业，负责广州市快速轨道交通系统的工程建设、运营管理和沿线房地产物业等附属资源开发经营。公司自1992 年成立以来，以服务社会、造福人民为宗旨，全面贯彻"干净、整洁、平安、有序"的城市管理要求，全力以赴"建设好、运营好、经营好"地铁，创造了良好的社会效益、经济效益和环境效益。

16.3   城市轨道交通企业运营管理工作主要内容

城市轨道交通运营企业不但要提供良好的乘车环境，而且要有配套完善的基础设施和保障机制。为了稳定有序地进行运输生产，在轨道交通运营过程中要求企业人员合理分工、信息安全畅通、客源组织有序、运营计划和设备维修养护计划制订周详。轨道交通企业管理的目标就是通过对设施设备、人员、技术、信息进行有效的组织利用与管理，有序完成日常工作，并能根据客流需求变化，及时调整运营策略，获取最佳效能。城市轨道交通运营管理内容涵盖运输生产管理（包括安全管理、调度指挥管理、车站管理、票务管理、运营设备维修管理等）、乘务管理、信息化管理、市场营销管理、人力资源管理和财务管理等。

16.3.1   运输生产管理

运输生产管理主要包括安全管理、调度指挥管理、车站管理、票务管理、运营设备维修管理等。

首先，安全管理是城市轨道交通运营生产的头等大事。城市轨道交通作为运输行业，其产品为乘客位移和运输服务。在运输过程中必须保证乘客安全，安全是运输产品的首要质量特性。因此，运输生产和经营的性质决定了安全是城市轨道交通运营生产的头等大事。其次，安全是实现效益的保证。从城市轨道交通行业来讲，如果发生事故，不仅仅是使企业本身的经济效益受损，同时也使其企业的形象受损，换言之是使其无形资产受损，直接的或间接的经济损失将是很严重的，甚至影响到社会的稳定，所以从某种意义上说，没有安全就没有效益，因此安全是实现效益的保证。

调度指挥管理是对调度的计划、实施、检查、总结循环活动的管理。调度指挥管理是城市轨道交通运营管理的中心环节，调度控制中心是运营的指挥中心。调度工作是调度管理方面的技术性工作，是对轨道交通运营动态的了解、掌握、预防、处理及对关键问题的控制和部门间的协调配合。调度工作是调度管理的具体表现，它的完成是调度管理在实际上完成的具体表现。

车站是城市轨道交通系统的重要组成部分，是企业与服务对象主要的联系环节。车站管理的核心任务是安全、迅速、方便地组织客流集散，并做好行车组织工作。

城市轨道交通运营收入主要是票款收入，做好票务管理工作有利于城市轨道交通发展进入良性循环的轨道。票务管理工作的核心是制定票制、票价和售检票管理。

运营设备维修管理是运营管理的重要组成部分。它的任务是保证各项设备系统以良好的状态投入运营。只有提高系统的可靠性，减少故障发生，保证运行畅通，才能充分发挥城市轨道交通安全、快捷的优越性。

总之，运输生产管理所包含的每项管理在整个城轨系统中都起到重要作用。这些管理的相关理论和技术方法已经在前面章节有所叙述，因此本章不再重复。

16.3.2　乘务管理

1. 乘务管理的重要意义

城市轨道交通列车乘务员主要指的是电动列车司机，处于城市轨道交通运营的第一线，肩负着行车安全的主要责任。因此，如何合理安排乘务员作息时间、制定值乘方案、分配人员、教育培训及安全监督显得尤为重要。这些管理制度和措施的制定不仅要与实际运营相结合，而且要有一定的科学依据作保障，做到在人员精简高效的同时还要确保运营的安全。

2. 乘务管理

在城市轨道交通运营体系中，乘务管理的核心工作是根据城市轨道交通运营企业的任务和目标，建立高效的载客列车运营服务流程，为乘客提供安全、正点、可靠的载客列车服务。

乘务管理具体内容包括：建立并推行有效可靠的安全与运营管理系统，确保列车司机能够安全有效地操作正线及车辆段（停车场）的列车；在控制中心的统一指挥下，严格执行按图行车；司机能正确有效地使用列车的各项设备，利用列车信息广播系统，为乘客提供及时有效的信息服务，并与控制中心、车站以及车辆维修部门保持密切的沟通，确保在突发情况或列车故障时，能及时通报，快速处理，尽快恢复载客列车的运行。乘务室作为城市轨道交通运营一线的部门，人员管理非常关键。充分调动全体员工的工作积极性，是做好运营工作的基础，这就需要管理者不断完善各项职责，提升员工的综合素质，从而圆满地完成各项运营指标。

在乘务人员管理中需遵循以下的原则：制定部门发展战略与目标，确保员工按照既定的策略、计划、任务完成各项工作；建立并不断完善各级管理人员的职能与职责，强化管理目标；不断完善各级管理制度与管理标准，提升团队的整体实力；制定合理有效的乘务人员轮班表，确保乘务工作的计划、安排、检查、监督、评价考核等能公平、公正、有效地执行，避免冲突，防止出现内耗；建立并不断完善司机培养的机制，确保有足够多合格的司机提供客运运营服务，并达到既定的运营指标。

3. 乘务员应具备的基本素质

（1）身体素质

乘务员作为行车工作的一线人员需要较高的体力和脑力要求。身高要 160 cm 以上，裸眼视力 1.2 以上，无色弱、色盲等视力症状，且无高血压、心脏病等易突发性的疾病。

（2）技能素质

乘务员上岗前需经过专业培训，掌握基本行车规则行车设备的基本知识、车辆构造、列车驾驶操作、常见列车故障排除方法等技能要求，而且在实际列车驾驶中合理运用，保证行车安全生产。

（3）职业道德素质

列车运用的目的是安全、便捷、准点、舒适地运送乘客，因此要求乘务员具备高尚的职业道德修养，养成良好的驾驶习惯、文明的操作方式，做到安全第一、服务至上的职业要求。

为了提高乘务工作的安全系数和运行效率，应该加强乘务员的准入标准，做到员工和职务的最佳匹配。合格的乘务员应具备良好的身体素质、雄厚的专业知识及熟练的操作能力、高尚的职业道德素养和严格的职业要求。

4. 乘务员的培训与考核

电动列车乘务员是专业性强、技能要求高的工种，因此对乘务员的培训要求也相当严格，乘务员培训大致分以下几个方面。

（1）等级培训

各地对城市轨道交通列车乘务员有相应的等级要求，如上海市劳动局对城轨列车乘务员制定了初级、中级、高级三个不同等级，每个等级都有其相应的培训要求。

① 初级。

通过初级培训学习，使学员了解电动列车车辆的基本构造，掌握行车安全知识和操作技能，并具有对相关电动列车车型的日常检查及简单故障的判断和排除能力，达到能独立驾驶电动列车的要求。此等级是乘务员入门级培训，重点强化对车辆、行车规则及车辆基本操作的培训，而且需要一定实际操作时间，让乘务员积累感性知识。初级培训周期较长，一般需 1 000 课时。

② 中级。

通过中级培训学习，使学员在城市轨道交通运营理论上有所提高，具有一定电动客车车辆故障判断及应急处理能力，能解决运行中大部分问题，并且具有带教电动列车实习司机的能力。

③ 高级。

通过培训，使学员对车辆机械结构、电气原理有进一步了解，对车辆疑难故障的判断和处理有一定的能力。另外，能较全面掌握行车理论知识，且有能力制定一般列车运用及乘务管理的方案。

初级培训重点强化乘务员对车辆、行车规则及车辆基本操作的培训，让乘务员积累感性知识；中级培训使得学员的理论知识和应急处理能力有所提高，可以解决运行中的大部分问题；高级培训要求学员熟悉车辆结构、全面掌握行车理论知识及具备制定一般列车运用和乘务管理的方案。

（2）考核方式

各类等级培训结束后都需进行考核，考核合格后方能取得相应等级资格。考核主要分两大类，一类是理论考核，以书面形式进行，内容包括车辆专业知识、技规和行规、列车驾驶安全等内容；另一类是实际操作考核，内容包括驾驶技术、规范操作、故障处理等。考核时设立专门机构对试卷及考题进行审核，并指派专业人员实施监考。

16.3.3　信息化管理

1. 信息化管理

随着信息技术的日益发展，一个网络化的信息环境正在快速形成，迅速、方便地获取所需信息是正确决策、提高管理水平、取得高效益的关键。城市轨道交通作为现代化交通行业，其车辆、通信、信号、票务等系统均有自己独立的计算机控制和管理系统。建立有效的网络信息系统，开发和利用网络信息资源，充分发挥各自系统的优点，有利于更好地进行企业管理，树立良好的企业形象，为企业带来巨大的经济效益。

（1）建立企业内部网，制定企业信息发布的计划和策略

企业内部网是企业内部部门之间信息交流、信息共享和业务处理的联系通道，而各部门各系统间的信息资源非常复杂且庞大，只有对信息资源进行选取、加工、优化、重组等一系列程序，才能在网上发布，使信息涵盖范围广，信息更新快。要对企业信息资源进行选取、加工、优化、重组等工作，必须制定完整的信息发布计划和策略，并按照计划与策略确立分阶段目标的工作措施，使信息发布工作能按步骤、按计划及时完成。

在制定计划与策略时，要充分考虑信息发布针对的对象、信息范畴和发布信息的目的，明确了信息发布目的，有利于做到有的放矢，确立信息发布对象与范畴，使发布的信息有效、实用。

（2）组织企业的信息资源，确立发布的信息资源结构

企业信息资源库的信息发布，最关键的环节是信息资源的组织，企业的信息资源包括企业的生产运营、组织管理、人事、财会等类别，要使各类别的信息资源库通过网络有机地组织发布出去，必须有统一的标准、固定的信息发布的信息资源结构、明确各类别信息资源之间信息发布的比例，以及内部网络信息发布的信息范畴、信息深度，使发布的信息资源结构更合理，信息更全面。

（3）信息资源网络化管理的特点

在网络环境下，信息资源的开发和利用全部数字化，信息从采集、加工、生产到提供利用全部以数字形式出现。数字化信息资源不同于传统的文献资料，主要的特点是：信息组织形式从顺序的、线性的方式转变为电子计算机直接的、网状组织形式；信息存储形式从单一媒体走向多媒体，从模拟信号转变为数字信号，使信息的存储、传递和查询更加方便。

（4）企业信息化的主要任务

① 建立企业信息基础设施。

企业信息基础设施，是指根据企业当前业务和可预见的发展对信息采集、处理、存储和流通的要求，选购和构筑由信息设备、通信网络、数据库和支持软件等组成的环境。

② 建立信息资源管理标准，搞好信息组织工作。

信息资源是企业最重要的资源之一，开发信息资源既是企业信息化的出发点，

又是企业信息化的归宿；建立信息资源管理的基础标准，从而保证标准化、规范化地组织好信息，是开发信息资源的基本工作。

③ 按信息资源管理标准开发企业集成信息系统。

服务型企业重点要搞好业务处理过程的信息化，既要开发企业各部门信息共享的内部集成化的信息系统，还要实现企业与企业之间的信息自动交换，建立更大范围的集成化的信息系统。

2. 信息资源与运营管理

信息资源管理的功能就是协调和控制信息的运动，以信息活动中的各要素，包括信息、设备、机构、技术、人员、资金、体制等作为管理对象，以保证信息资源的合理运行，最大限度地使用有效信息。

信息化组织结构如图 16-9 所示。

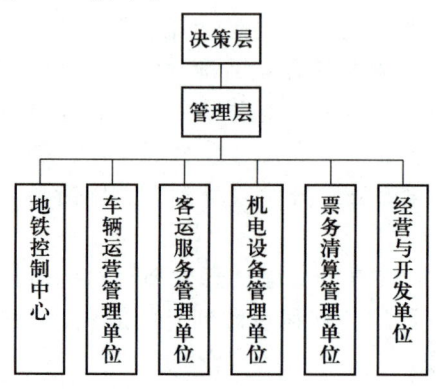

图 16-9　信息化组织结构图

（1）城市轨道交通运营信息

在城市轨道交通运营中主要的指标和信息有以下几类：

① 运营数据。

主要包括按日、月、季、年统计的客流量；高峰小时客流、断面客流、实时客流等，以及客运收入统计、车票销售收入统计、线路或区段收益清算等。

② 设备维护。

在设备维护管理中，制定年度维修计划、维修成本核算、备件库存、设备更新改造、技术开发等，这些计划的执行和完成情况必须及时地反馈，由主管部门统一协调管理。

③ 安全运营。

主要包括列车的运行情况，如正点率统计，用来表示运营列车按规定时间正点运行的程度；兑现率指标，用来表示列车按计划运行图运行的兑现程度；以及对于突发性事故处理等情况分析。

④ 服务质量。

主要包括乘客通过各种途径对城市轨道交通运营服务质量进行的评价，以及城市轨道交通运营服务人员在安全生产、服务质量上要达到的目标。

（2）信息来源

根据城市轨道交通运营组织划分，可以将信息源区分为内部运营信息和外部公共信息。

① 内部运营信息。

内部信息源是运营管理部门之间产生的内部信息，是一种重要的信息源，它还包括经过多年发展积累下来的各种资料及档案信息。

（a）列车运行系统中有关车辆运行、维修、保养等资料。

（b）票务管理系统中有关客流量统计、运营收入统计、财务结算等资料。

（c）机电设备管理系统中车站设备的运行信息、维修保养资料、供电、供水、通信等数据统计。

（d）客运服务系统中有关车站服务设施、服务环境、乘客意见反馈、服务质量等信息。

（e）物资管理系统中有关企业资产、运营成本、设备供应、物资采购等资料和信息。

（f）技术保障系统中有关技术资料、技术文档、技术交流、科研项目发布等信息。

（g）物业管理系统中有关房产管理、商业开发、配套设施建设等信息。

② 外部公共信息。

外部信息源是指在企业外部为企业活动提供信息的信息源，与企业自身的运营有密切关系。

（a）国家的法律和法规，上级部门的方针、目标和政策。

（b）城市交通建设的总体规划和发展方向。

（c）时效性的社会活动、道路状况等综合信息。

（d）与行业相关的其他运营系统的信息，如公交运营、城市交通"一卡通"系统、城市轨道交通设备生产、供应厂商等市场动态信息。

（3）运营管理部门间的信息沟通

开发和利用好信息资源是实现信息资源管理目标的核心。城市轨道交通运营组织结构大致可分为决策层、管理层和相关的运营管理单位。

内部信息产生于各自的管理系统，主要有列车运行监控系统、票务管理系统、通信信号系统、电力监控系统。在各单位之间有着需要相互沟通和协调的信息。

① 城市轨道交通控制中心。

控制中心是指挥城市轨道交通运营的中枢，主要对列车的运行、城市轨道交通系统供电、环控设备进行统一协调管理，需要对车辆状况、车站设备配置，以及通过客运、票务系统及时掌握的车站客流、现场活动等情况，有一个全面的了解，才能更好地指导生产运营。

② 车辆运营管理单位。

车辆是保证城市轨道交通正常运营的关键，车辆在运行中必须掌握各车站的设施布置、信号、机电设备的运转状况、轨道养护、高架地面周边环境情况，针对出现的变化制定相应的措施。

③ 客运服务管理单位。

客运服务是体现城市轨道交通运营企业形象、直接面向乘客、为乘客提供良好服务的单位，应当以优质服务来满足乘客需求，通过收集运营过程中的各类信息不断完善服务设施，规范行为，从而提高服务人员的自身素质，为乘客创造良好的乘车环境。

④ 机电设备管理单位。

机电设备管理单位保障城市轨道交通运营过程中设施设备处于良好稳定的运行状态，对城市轨道交通设施设备进行有计划的维修维护，确保设备的正常使用。同时，根据客流分布和客流流向，及时地增加和调整车站中设施设备的布置，不断满足运营需求。

⑤ 票务清算管理单位。

票务清算是对城市轨道交通运营线路中各车站、各区段、各个不同线路间的发售收入和客运收入的结算，是企业运营成本和收益的核算单位，为企业的发展提供强有力的保证。

⑥ 经营与开发单位。

经营与开发是充分利用城市轨道交通资源，通过城市轨道交通沿线周边房地产的开发、广告、旅游等多种形式，为企业创造更多的财富。

⑦ 管理层。

管理层指导各运营单位根据企业发展需求，制定各项规章制度，使运营单位投入有序的运转，并从各专业系统发布的信息中，获得有价值的数据，对生产运营做出相应调整和改进，在列车运行、设备设施调整、成本控制、财务、人力资源、运营计划、运营安全、技术改进等方面起到积极的作用。

以地铁运营企业为例，主要的运营信息传递流程见图16-10。

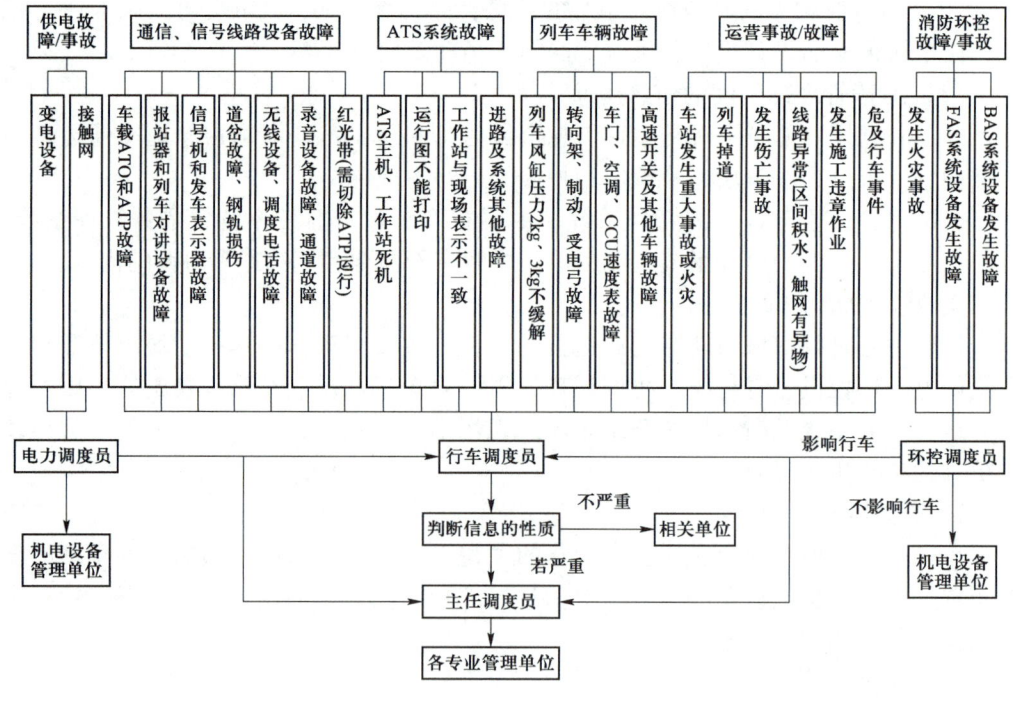

图16-10　运营信息传递流程图

16.3.4　市场营销管理

1. 市场营销的含义

城市轨道交通市场营销是指经由交易过程来满足人们对客运服务的需要和欲望的一切活动。图 16-11 为静态城市轨道交通市场营销的含义，图 16-12 为动态城市轨道交通市场营销的含义。其中，乘客的需求可以概括为"安全、快速、舒适、经济"地到达目的地。图 16-13 为乘客需求图。

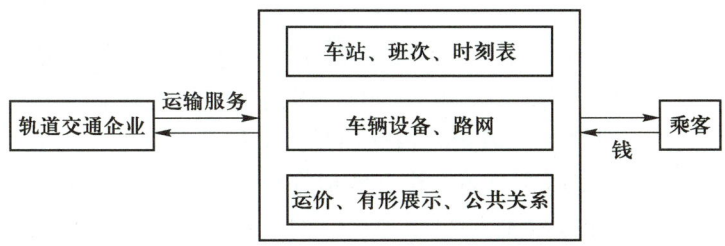

图 16-11　静态城市轨道交通市场营销

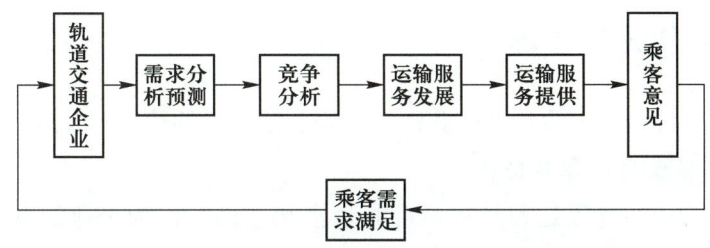

图 16-12　动态城市轨道交通市场营销

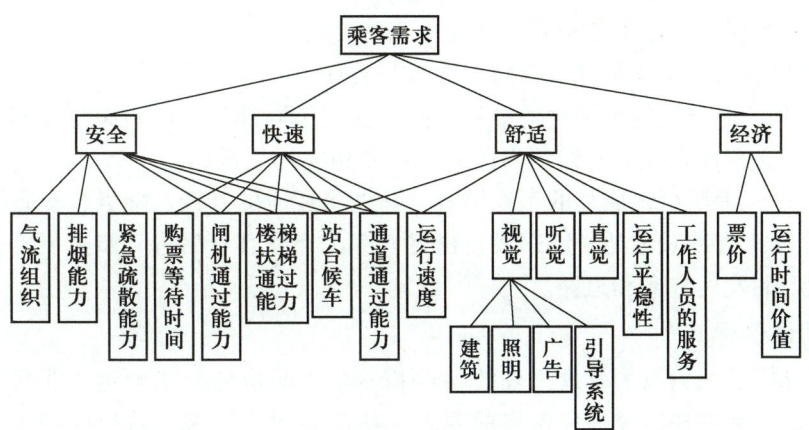

图 16-13　乘客需求图

2. 市场营销管理的含义

城市轨道交通市场营销管理是指为达到大众运输组织的目标，在目标市场内，进行各项用以创造、建立和维持轨道交通企业与被服务乘客间互利方案的分析、规划、执行与控制等工作。轨道交通企业根据目标市场的需要及乘客欲望、知觉与偏好的分析，来设计运输服务产品，以期能提供有效的服务设计、定价、沟通的程序，来服务目标市场。

3. 市场营销的目标

城市轨道交通企业实行各种营销计划和活动，其最终目标可简单归纳为下列几点：

① 吸引到最多的乘客。客流量越大，城市轨道交通企业越能充分发挥其服务资源，一方面实现了轨道交通企业服务大众的目的；另一方面也可以改善轨道交通企业的财务状况。

② 使消费者达到最大的满足。城市轨道交通市场营销的任务就是随着乘客需求、欲望的改变，随时调整企业的服务组合，以满足乘客的需求。

③ 提高人们的生活质量。城市轨道交通是大众性运输方式，与人民的生活密切相关。所以，城市轨道交通企业如果能有效地提供符合人们需要的运输服务且被乘客广为接受，就能直接提高人们的生活质量。对企业的管理，归根到底是对人的管理，因为企业的任何决策都是要由企业的员工去完成的。

16.3.5 人力资源管理

人力资源管理是对人力资源的获得、整合、激励、调控、开发进行的综合管理。

1. 人力资源管理的基本过程

人力资源管理的过程是和其基本目的紧密联系的。作为企业的基本管理职能，人力资源管理自然是为实现企业的基本目的（向社会提供有效的产品和服务）而服务的，因此其目的就是"吸引、挽留、激励和提高"企业所需的人力资源。人力资源管理的过程就是从以下四个目的演化而来的：

① 获得　对组织成员进行招聘、选拔与委任。

② 整合　使分散的组织机构中的不同层次、不同部门、不同岗位和不同地区的组织成员建立和加强他们对组织目的的认识和相应的责任感。

③ 调控　考核组织成员的工作绩效，并做出相应的升迁、降级、解雇等决策。

④ 开发　有针对性地对组织成员进行培养，充实其日后进一步发展的基础，并指导其今后的发展方向和道路。

2. 职位分析

职位分析是人力资源管理过程的起点和核心。职位分析能确定企业每一个岗位所应有的权力和责任以及任职资格的要求，从而为人力资源的获得明确了要求，为激励制定了目标，为调控提供了标准，为开发提供了方向。

（1）职位分析的含义

职位分析是全面了解一项职务工作的活动，是对担任该项职务的人员的工作内容、应负责任及任职资格进行研究和描述，最终形成职务说明书的过程。

详细地说，职位分析就是对某种职务从六个方面进行调查研究：工作内容

（what）、工作人（who）、工作岗位（where）、工作时间（when）、工作方法（how）、工作目标（why）等，然后对该职务进行书面描述的过程。

职位分析是企业人力资源管理五个过程（获得、整合、调控、激励、开发）中起核心作用的要素，是人力资源管理工作的基础，只有做好了职务分析工作，才能顺利地进行人力资源管理。因此，职务分析一般应由企业高层领导、典型职务代表、人力资源部门代表、职务分析专家和顾问共同组成工作小组或委员会，协同完成此项任务。

（2）职位说明书实例

职位说明书——值班站长

本说明书适用于车站值班站长。

职务范围：

① 坚持交接班制度，列队点名，合理布岗；

② 当班检查不少于四次，检查内容为现场岗位形象、作业标准、劳动纪律、卫生工作；

③ 掌握运营情况，对行车人员和车控室要进行实时控制，杜绝险情、一般事故的发生；

④ 接待乘客来电来访，处理各类服务纠纷，按照约定时间给予答复；

⑤ 在发生异常情况及突发事件时，及时进行组织指挥，制止事态的扩大，并向相关职能科室汇报；

⑥ 掌握车站设施、设备使用情况，需报修的应于发现当日登记、上报，并注明紧急程度；

⑦ 每日正确、清晰地填记各类台账，并按公司规定进行保存；

⑧ 执行上岗统一着装规定；

⑨ 认真对待上级部门的检查，对存在的问题采取整改措施。

任职规范：

① 了解本站作业特点、技术水平、质量标准、在整个公司中所处地位及与其他部门直接的上、下关系；

② 熟练掌握计算机操作，能应用计算机辅助业务管理；

③ 具有统一指挥车站生产工作的组织、控制、协调的能力；

④ 具有当生产作业发生较大异常情况时应变、处置能力；

⑤ 具有动员、部署完成生产和说服教育下属的口头表达能力及完成本职务需要的文字表达能力；

⑥ 具有两年以上车站值班员的工作经历；

⑦ 具有大专以上学历，或具有同等学力并经过岗位培训考核合格者。

16.3.6　财务管理

城市轨道交通企业由于其特有的公益性，在资金筹措、票价制定、投资决策等方面受到一定的限制，不能以企业价值最大化为决策的主要依据。所以，轨道交通企业只有通过加强内部的财务管理来提高自身的生存和获利能力，使企业得以发展。

轨道交通企业财务管理主要有以下几个基本内容。

1. 筹集资金的管理

为了组织企业的生产运营，首先必须筹集一定的资金，垫支于生产过程。资金的垫支特点决定了筹集资金是企业财务活动的第一环节，是财务管理的首要内容。事实上，由于企业对资金的需求在各个阶段都在变化，财务部门必须及时而经济地筹集适量的资金。所以，筹资活动贯穿于企业运营的整个过程。

2. 分配、运用和调度资金的管理

轨道交通企业从外部筹集到的资金，只有实际运用到企业生产运营过程中去，方能发挥其作用。然而，企业所筹集的资金，必须经过适当的分配，才能运用于生产过程的各个方面。因为轨道交通企业生产过程各个方面对资金的需要量取决于生产活动本身特点所规定的各种生产要素之间的比率。我们必须根据这种比率关系来分配、调度资金，才能保证资金运动的畅通。

3. 资金补偿的管理

资金被运用到生产过程中去后，资金随生产运营的进行发生消耗和形态转化，同时，生产运营的结果是一定数量的运输产品的位移。为取得这些运输产品而发生的各种资金耗费占用，生产费用按照一定的规则和方法归集、分配到一定数量的运输产品中去，即为生产成本。运输产品的生产成本与运输产品而发生的销售费用和其他费用都应该从票款中补偿。这样补偿回来的资金重新投入生产运营，补偿资金的管理包括两方面：一是努力控制生产运营支出，节约资金，降低消耗水平，从而降低运营成本；二是要保证消耗的资金得到及时足额的补偿。前者的目的是提高所得与所费的比率，后者的目的是实现资金的正常良性循环。

4. 积累与集中资金的管理

企业在一定时期内实现的利润总额，首先应按税法计算和缴纳所得税，或上缴利润。扣除了应缴所得税或应缴利润后的净利润再在企业内部进行分配。企业应该根据企业发展的需要和股利政策，来组织资金的积累，增加企业的自有资金。此外，企业为了加快发展的速度，还应该适时地从外部集中资金。

16.4　城市轨道交通企业运营组织机构与管理模式实例

下面以北京市地铁运营有限公司为例，说明城轨企业运营组织机构与管理模式。

16.4.1　总体机构设置

北京地铁一直实行总公司制。2002 年初改制为企业集团模式，下设建设公司和运营公司。

融资、建设、运营、开发、监管是地铁行业所包容的主要职能，除监管属于典型的政府职能外，其余职能均属于企业行为。从全国大中城市建设地铁的实践经验看，在地铁工程建设初期，往往将四大企业功能纳入集中统一管理，实行总公司制，成为一级法人，独立核算。这样有利于工程集中管理和统一组织协调，也有利于建设和运营的衔接、融资、建设、运营及经营开发工作的统筹安排，但缺少相互制衡的手段及方式。

北京市地铁运营有限公司在成立后多年的工作中，在"安全第一、优质服务"的基本思想指导下，按照运营实际状况及专业化发展与协调的需求建立了精简、高效的管理组织机构。该管理组织模式在市场经济条件下的生产实践中得到了充分的检验与肯定。

北京市地铁运营有限公司是大型国有独资企业，截至 2013 年 8 月，所辖运营线路共计 15 条（包括 1 号线、2 号线、5 号线、6 号线、7 号线、8 号线、9 号线、10 号线、13 号线、15 号线、八通线、机场线、房山线、昌平线、亦庄线），运营总里程 460 km，运营车站 273 座。公司主营业务涵盖客运服务、维修服务、车辆厂修、广告、民用通信、文化传媒、商业；关联业务涵盖投融资、新线、更新改造、技术研发、咨询培训、车辆制造。北京地铁采取了一种集权和分权相结合的管理体制，下设运营一分公司、运营二分公司、运营三分公司、运营四分公司、通号分公司、供电分公司、机电分公司、线路分公司、运营技术研发中心、北京地铁技术学校、资源管理与经营事业总部、北京市地铁建筑安装工程公司、北京地铁房地产公司、北京地铁监理公司、北京地铁运营技术咨询股份有限公司、北京地铁利通投资有限公司、地铁文化传媒投资公司、北京地铁车辆装备有限公司，而行车指挥调度、安全监察、设备管理等业务及财务、人力资源、物资管理、行政及党群管理性工作仍集中在总公司。

图 16-14 为北京市地铁运营有限责任公司组织机构图。

16.4.2　各子系统中下属公司机构及简要功能

（1）运营一分公司

北京市地铁运营有限公司运营一分公司是"新地铁"战略构想下成立的第一个经地铁公司授权，全面负责地铁 5 号线、亦庄线、6 号线的安全运营生产、设备维修维护及优质服务等管理工作的分公司。目前，公司管理所涉及的专业涵盖车辆运输、客运组织、行车电力调度、供电、通信信号、机电和线路等。运营一分公司机关按照"大部制"的组织模式，设置安全质量管理部、生产调度室、营销部、人力资源部、企业发展部、财务合同部、办公室、物资部、法规部、后勤部、保卫部 11

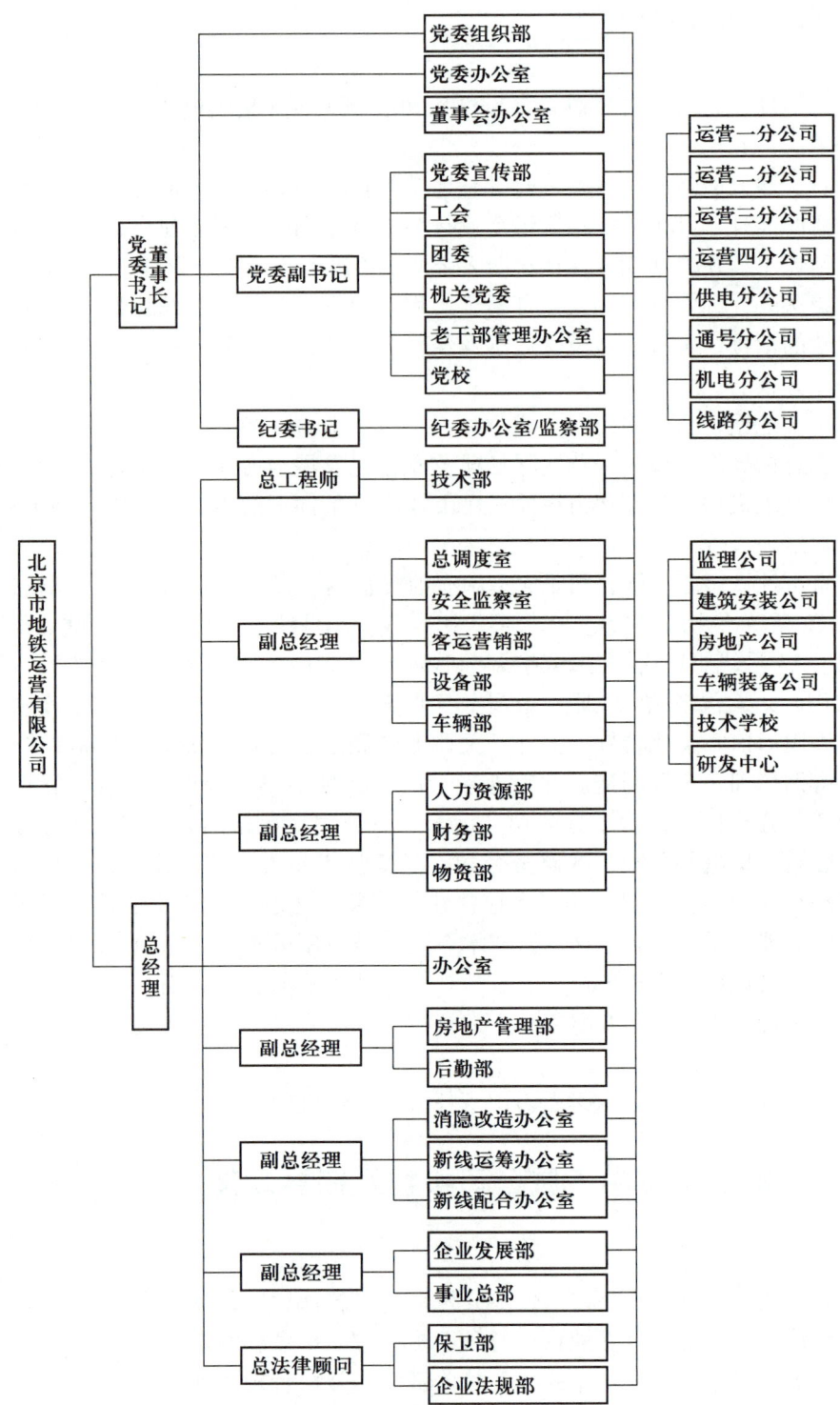

图 16-14 北京市地铁运营有限责任公司组织机构图

个行政部室和党委工作部、群众工作部 2 个党群部室。下设 16 个基层单位，分别是 5 号线：宋家庄站区、东单站区、惠新西街南口站区、立水桥站区、检修中心、乘务中心；亦庄线：万源街站区、经海路站区、乘务中心、检修中心；6 号线一期：车公庄站区、平安里站区、呼家楼站区、常营站区、乘务中心、检修中心；公司共有四千余名员工。与此同时，高学历、高素质的管理人员，工作热情高、钻研业务能力精，团队协作意识强，以较高的标准履行自己的岗位职责，成为"六型地铁"建设的先锋和主力。

图 16-15 为北京市地铁运营分公司组织机构图。

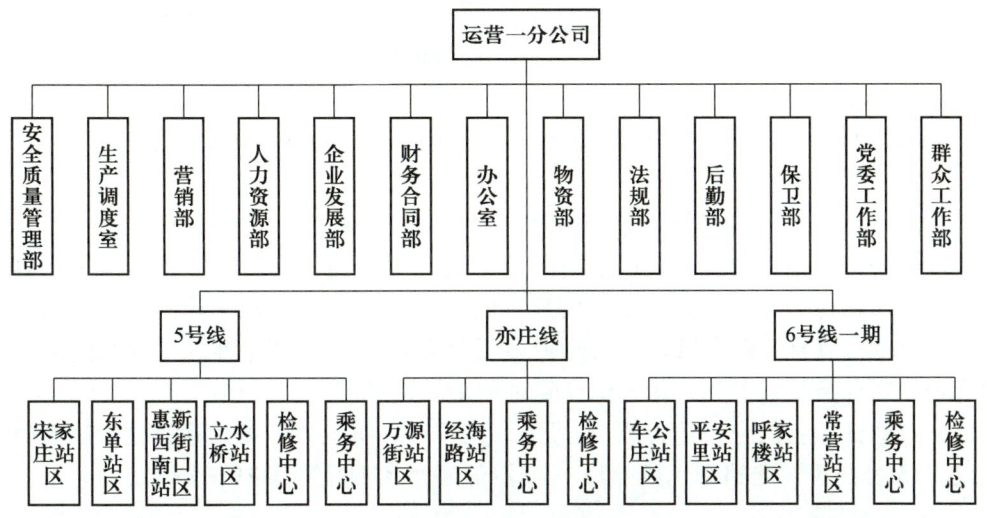

图 16-15　北京市地铁运营分公司组织机构图

（2）运营二分公司

北京市地铁运营有限公司运营二分公司是北京市地铁运营有限公司下属二级分公司，主要负责北京地铁 1 号线、八通线、房山线及 9 号线的运营服务、客运组织、行车管理、电动客车的维修保养等工作，现运营管理线路全长 92.3 km。

运营二分公司最早成立于 1970 年 4 月 12 日，原名为中国人民解放军铁道兵运营管理处机务营，是地铁公司所属的第一个车辆段。1999 年 9 月 8 日，四惠车辆段成立，主要担负地铁复八线的安全运营及车辆的日常维修任务。2003 年 11 月 18 日，土桥车辆段成立；12 月 27 日，八通线正式开通试运营。2010 年 9 月 27 日，房山线阎村车辆段成立；12 月 30 日，房山线与亦庄线、昌平线、15 号线 1 期、大兴线五线同时开通试运营。2011 年 10 月 31 日至 11 月 13 日陆续临管地铁 9 号线车辆段和正线，12 月 31 日 9 号线初期郭公庄站—北京西站段开通试运营。2012 年 12 月 30 日，9 号线南段丰台东大街车站，9 号线北段军事博物馆—国家图书馆车站开通试运营，实现了 9 号线贯通运营。

（3）运营三分公司

北京市地铁运营有限公司运营三分公司是隶属于北京市地铁运营有限公司的专业运营服务商，承担地处北京市中心的地铁 2 号线、8 号线、10 号线和 13 号线的运营服务工作。公司业务范围涉及运营服务、委托管理、新线筹备等，包括站务管理、乘务管理、车辆维修、设备设施管理、更新改造管理、新线建设配合及筹备运营开通等运营管理工作。公司目前管理4条线路、5座车辆基地。

公司成立于1982年，最早命名为北京市地下铁道太平湖车辆段，1984年更名为北京市地下铁道总公司太平湖车辆段，2002年地铁公司改制，公司更名为北京市地铁运营有限公司车辆二公司，2009年6月地铁公司实施改组，在原车辆二公司基础上，将2号线、8号线、10号线和13号线的客运车站整建制划归，组建了北京市地铁运营有限公司运营三分公司。公司机关设置15个部室，包括办公室、党委工作部、群众工作部、企业发展部、人力资源部、财务合同部、安全质量管理部、车辆检验部、生产调度室、营销部、保卫部、物资部、法规部、后勤管理部、新线筹备办公室。公司下设30个二级单位，包括4个维修中心、4个乘务中心、21个站区和1个综合维修中心。

公司按照地铁公司的授权和有关要求，全面负责所辖线路的经营管理。

（4）运营四分公司

北京市地铁运营有限公司运营四分公司成立于2009年6月16日，前身是北京地铁客运公司，是隶属北京地铁公司的地铁运营服务商，其产品集行车组织、客运组织、生产指挥、票务管理、车站管理、安全管理、质量管理、营销管理、人力资源管理、物资管理、财务管理、大型设备设施管理、设备设施维修、企业内部市场化管理、对外委托管理为一体化综合管理的地铁运营服务。

北京地铁运营四分公司管辖15号线、昌平线、机场线三条线路，机场线天竺车辆段、15号线香江北路车辆段、15号线俸伯停车场和昌平线朱辛庄停车场。

（5）通号分公司

北京市地铁运营有限公司通信信号分公司（以下简称通号分公司），是隶属于北京市地铁运营有限公司的设备分公司，成立于1982年1月1日。伴随北京城市轨道交通事业的发展与壮大，企业共经历了通信信号段、通信信号公司和通信信号分公司三个重要发展历程。目前，通号分公司设12个职能部室（含2个合署办公部室和1个临时机构）；下设8个维修项目部、1个中心项目部和1个检修项目部。根据项目部的职责分工和管辖幅度，每个项目部均设立了3个管理部门和若干个维（检）修部。承担着北京地铁运营公司所辖14条、403公里运营线、235个运营站及全部地铁列车通信、信号和自动售检票（AFC）专业各系统设备的维修、服务和管理任务。

通号分公司分为通信队和信号队，分别负责各站的通信信号控制。各队又分为安全科和技术科。通号分公司组织机构如图16-16所示。

（6）供电分公司

北京市地铁运营有限公司供电分公司（以下简称供电分公司）是北京市地铁运营有限公司直属的设备分公司。负责为北京地铁机车牵引、动力照明、通信、信号及控制系统等设备提供可靠电能，承担着北京地铁供电系统的运行维护、计表检修及供电设备大修、更新、改造、新线建设配合等任务。

公司组织机构健全，职责清晰明确，机构设置为两级职能三级直线管理，现有10个部室，11个基层单位，公司管辖14条运营线路：1号线、2号线、5号线、6

号线、8 号线、9 号线、10 号线、13 号线、15 号线、八通线、机场线、亦庄线、房
山线、昌平线。

图 16-16　通号分公司组织机构图

供电分公司主要负责地铁 1 号线、2 号线 39 个站各站的供电系统,分为职能科
室、维修队、抢修队、运行队,其中运行队分为 3 个队,分别负责各段的供电系统,
负责 380 V 以上的高压电力的供应。供电分公司组织机构如图 16-17 所示。

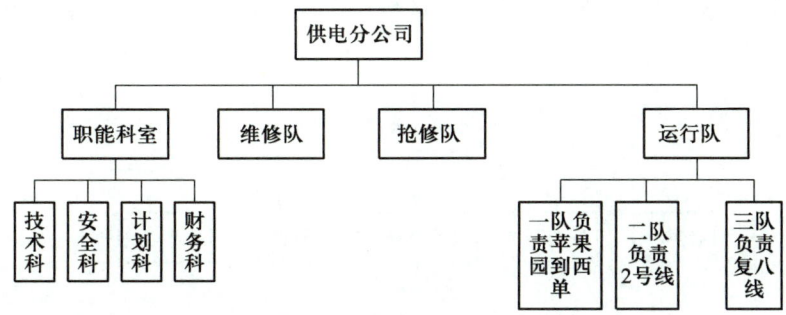

图 16-17　供电分公司组织机构图

（7）机电分公司

北京市地铁运营有限公司机电分公司是北京市地铁运营有限公司下属的设备管
理公司。主要负责北京市地铁运营线路中通风空调系统、给排水系统、低压配电及
照明系统、环境与设备监控系统、火灾自动报警系统、气体灭火系统、电梯及无障
碍设备系统、屏蔽门系统及人防系统等九大系统的日常维修维护、设备大修、抢险
抢修、更新改造、配合新线建设及接收等工作。

机电分公司主要负责 1 号线、2 号线、13 号线 39 个站各站的机电设备,包括通
风、给排水、电梯、照明等,即 380 V 以下电力供应及其终端设备,机电公司下设 6
个队和一个修配所。机电分公司组织机构如图 16-18 所示。

（8）线路分公司

北京市地铁运营有限公司线路分公司是北京市地铁运营有限公司下属的设备分
公司,始建于 1984 年 9 月,主要承担着北京地铁 1 号线、2 号线、5 号线、6 号线、
8 号线、9 号线、10 号线、13 号线、15 号线、机场线、八通线、亦庄线、昌平线、
房山线共计 14 条线路运营线路轨道及附属设施的维修、大修、改造及新线接收任
务,保持轨道线路良好几何状态,以保证首都地铁列车安全运行,为乘客提供平稳、
舒适的乘坐环境。目前,公司下设 9 个基层单位、10 个管理部室。

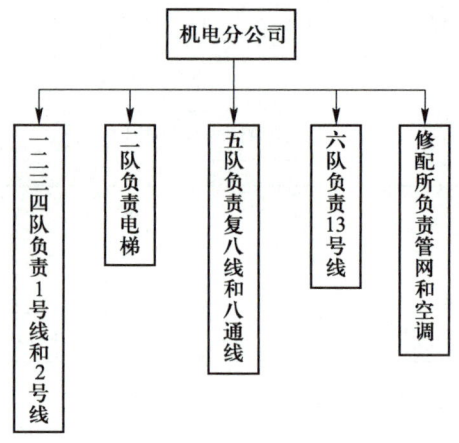

图 16-18　机电分公司组织机构图

线路分公司主要负责 1 号线、2 号线线路的日常检修、新开线路的轨道铺设等。分为：技术科、安全科、线路维修科、材料科、生产计划科。线路分公司组织机构如图 16-19 所示。

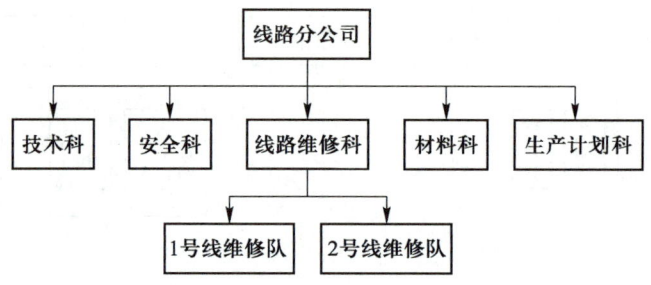

图 16-19　线路分公司组织机构图

（9）运营技术研发中心

北京地铁运营技术研发中心是北京地铁运营有限公司下属的专业科研机构，于 2011 年 9 月 6 日成立，主要负责地铁运营技术与管理的科学研究工作。涉及交通运输、机车车辆、铁道工程、安全工程、电气、电力、机械、结构、通信、信号、环境工程、计算机仿真等 20 余个专业，包括三大业务板块，分别为技术研发、技术输出和试验培训。技术研发业务是以紧密贴合运营生产实际需求的研究和网络化运营中基础性、前瞻性研究为主攻方向，从事车辆组织管理，客运服务管理，运营安全管理，路网综合管理，轨道交通车辆、设备应用，轨道交通车辆、设备维护维修，进口设备国产化，节能减排，环境保护等方面的研究工作。技术输出业务是从事轨道交通运营技术研究咨询（轨道交通）领域内的技术开发、技术转让、技术咨询和技术服务；工程项目咨询；企业管理咨询等。试验培训业务是依托于仿真实验室，进行城市轨道交通车辆、供电、通信、信号等专业的可靠性和功能性试验，运营组织能力仿真与决策支持，车辆设备维护维修实操培训仿真开发，运营人员应急演练实操培训仿真开发，开展环境检测及准入论证等工作。

（10）北京地铁技术学校

北京地铁技术学校隶属北京地铁运营有限公司，创建于 1978 年，是国内第一所，也是目前国内唯——所专门为城市轨道交通培养专业人才的国家级重点技工学校。

（11）资源管理与经营事业总部

北京地铁资源管理与经营事业总部（以下简称事业总部）成立于 2004 年 10 月 28 日，是北京地铁运营有限公司业务三大板块之一——地铁延伸增值服务业务的责任主体，其主要围绕地铁"资源规划、设计、开发、招商、监管"五大核心职能，负责在地铁运营线路上的广告资源、民用通信资源、商业资源、文化类资源和地铁电视资源等资源开发业务；还包括非运营线上的饭店设施类资源、房地产类资源、物业服务类资源、工程监理等技术类资源和"北京地铁"品牌资源的开发业务。

事业总部设 11 个职能和业务管理部门。分别是党委工作部、群众工作部、办公室、人力资源部、财务资产部、企业发展部、法规部、后勤部、资源开发部、资源招商部和经营管理部。对所属子公司实施领导和管理，对合资、合作公司按照法人治理结构及相关的监管办法实施监管。

（12）北京市地铁建筑安装工程公司

北京市地铁建筑安装工程公司是北京市地铁运营有限公司投资建立的独立法人公司。公司是专门从事地铁土建设施设备维修养护的专业土建维修服务商，集地铁运营建筑设施设备维修、物业服务、工程施工于一体，受地铁集团和各运营分公司委托，负责地铁车站、桥梁、隧道、路基、区间和场区建筑、住宅等的维修、大修、改造、保洁等服务和管理。

公司本部设办公室、企业发展部（法规部）、人力资源部、财务部、物资部、生产调度室、安全质量部、新线与改造办公室和党委工作部、群众工作部 10 个职能部室。下设运营维修服务第一、第二、第三、第四、第五、第六项目部，桥隧维修监测第一、第二、第三项目部和大修项目部 9 个基层项目部。

（13）北京地铁房地产公司

北京地铁房地产开发经营公司成立于 1992 年。先后开发了地铁太平湖西侧平台式住宅楼、地铁古城家园等项目，已完成太平湖车辆段综合开发、地铁四惠 A 区、苹果园新项目规划方案，将逐步形成以房地产开发为核心，集销售、设计、物业管理为一体的经营模式，最终发展成为地铁经济的龙头产业。

（14）北京地铁监理公司

北京地铁监理公司始建于 1989 年 7 月 15 日，是全国首批具有甲级资质的五家监理试点企业之一。公司目前有多家分公司，分别设立于天津、大连、西安、杭州、武汉、成都、青岛、宁波、沈阳、长沙等地。

（15）北京地铁运营技术咨询股份有限公司

北京地铁运营技术咨询股份有限公司（以下简称咨询公司）成立于 2013 年 1 月 31 日，由北京市地铁运营有限公司、铁科院（北京）工程咨询有限公司、北京交大资产经营有限公司、中国交通运输协会合作成立。专门从事地铁运营技术咨询、地铁各专业技术培训、技术开发、技术转让、技术服务、技术推广、环境监测、企业管理咨询。

咨询公司是北京地铁运营公司控股子公司，设有项目管理部、市场经营部、培训部、财务合同部及综合管理部。咨询公司依托北京地铁运营公司，为世界各地新建地铁线路提供地铁专业理论及实操培训、运营技术咨询服务、新线开通保障服务。

（16）北京地铁利通投资有限公司

北京地铁利通投资有限公司成立于 2007 年 1 月 23 日，是北京市地铁运营有限公司控股子企业，负责整合开发北京地铁所属地上、地下商业用房资源，可用于开发的场地资源及其他可开发利用的商业资源。目前，地铁利通公司主营业务包括 SERVICE+乘客服务中心、商业自助机具、商业用房、报刊发售四大业务板块。

（17）地铁文化传媒投资公司

北京地铁文化传媒投资有限公司是在北京市委、市政府的支持下，由北京地铁集团有限责任公司与中信文化体育产业有限公司合资组建，于 2003 年正式成立。

（18）北京地铁车辆装备有限公司

北京地铁车辆装备有限公司（简称京车公司）是北京北控交通装备有限公司和北京市地铁运营有限公司共同持股的有限责任公司，也是北京市国资委所属重要子企业。主要经营城市轨道交通车辆、设备、配件、轨道检查车、地铁广告灯箱、再生制动能量吸收装置、钢结构产品的设计、制造和维修，具有城市轨道交通车辆的技术开发、技术咨询、技术培训和技术服务的能力。

思考题

1. 简述现代企业制度的主要特征。
2. 试分析常见的企业组织结构基本类型。
3. 城市轨道交通运营管理工作包括哪些内容？

参考文献：
武汉市轨道交通有限公司官网
天津轨道交通集团官网
南京地铁集团有限公司官网
广州地铁集团有限公司官网
北京市地铁运营有限公司官网
毛保华. 城市轨道交通系统运营管理. 北京：人民交通出版社，2006.

第 17 章
城市轨道交通政策和经营模式

17-1：思维导图

章导语：
本章在厘清城市轨道交通政策的概念、交通政策制定的理论依据及交通的特性基础上，对城市轨道交通定价、投融资及补贴相关政策进行介绍。以此为依据，给出城市轨道交通系统经营管理模式的分类和不同管理模式的适用性。最后对投资、建设和运营的关系进行简要介绍。这些内容将帮助学生了解城市轨道交通系统政策和经营模式的基本内容。本章中城市轨道交通定价、投融资及补贴相关政策和城市轨道交通系统运营管理模式的分类是学习的重点和难点，学生需重点学习。建议教学学时3学时左右。

从经济学角度来看，城市轨道交通运输系统是具有一系列独特技术经济属性的经济活动集合，其主要任务是通过轨道交通运输工具，并借助一定的基础设施完成都市中人的空间位移。城市轨道交通系统作为一个产业，有自己的特点，政府部门为了行业的健康发展也应有相应的产业政策。本章从产业政策和一般原理入手，分析轨道交通运输的产业特性及相关产业政策的制定依据和合理性，并对行业运营主体的经营模式及投资、建设和运营主体的关系进行归纳。

17.1　城市轨道交通政策概述

城市轨道交通系统政策属于交通运输政策的一个组成部分，研究政策应该首先研究其内涵属性及其范畴，研究交通运输政策也应该以此为出发点。

政策指国家、政党为了达到一定的目的，根据自己的政治路线，结合当前情况和历史条件制定的一切实际行动的准则。而其中经由政治过程所选择和制定的为解决公共问题、达成公共目标、以实现公共利益的准则称为公共政策，其作用是规范和指导有关机构、团体或个人的行动，其表达形式包括法律法规、行政规定或命令、政府规划等。公共政策作为对社会利益的权威性分配，集中反映了社会利益，从而决定了公共政策必须反映大多数人的利益才能使其具有合法性。因而，许多学者都将公共政策的目标导向定位于公共利益的实现，认为公共利益是公共政策的价值取向和逻辑起点，是公共政策的本质与归属、出发点和最终目的。又因为交通运输与人们日常生活的息息相关性，所以交通运输政策是公共政策的一个重要组成部分，其指的是一国政府或社会公共部门为实现一定时期的目标而制定的协调参与运输活动的各个经济主体之间利益关系的行为准则规范。

纵观发达国家交通运输发展的实践经验，作为政府引导、规制交通发展的重要因素——交通政策对于交通运输有序发展发挥着至关重要的作用。由于交通运输本身所涉及的内容及其经济特性十分复杂，不同的经济、社会、文化、发展阶段和制度背景下，对于交通运输政策内涵的认识也不尽相同。准确地界定交通运输政策需要系统剖析现阶段我国交通运输政策的政策主体、政策客体、政策目的和政策手段。

第一，就交通运输政策的政策主体而言，交通运输行业由于具有准公共物品特征，那么作为公共利益的代表——政府也就必然成为交通运输政策中最主要的主体。交通运输政策的政策主体是指直接或间接地参与交通运输政策制定、执行、评估和监控的个人、团体或组织。世界各国的政策主体由于社会政治制度、经济发展状况、文化传统和意识形态方面的差异而千差万别，但都体现出多层次、多元化的特点。在西方发达国家，由于决策权力的分散性，政策主体较为多元化，政府内部的行政长官（总统、部长、州长、市长等）、咨询者、研究机构、议员及其助手及政府外部的利益团体和协会、委托人团体、公民团体和传播媒介都作为政策主体的一部分。交通运输政策的形成主要是各种政策主体相互妥协权衡的结果，而行政机构作为政策制定和执行的主导机构，仍是政策建议的主要来源，交通运输政策的决策权力则更加集中在交通行政部门，我国行政部门的权力和影响往往大于发达国家。

第二，交通运输政策的客体是指交通运输政策所发生作用的对象，包括政策所要处理的交通运输问题（事）和所要发生作用的交通运输相关参与者（人）两个方面。从"事"的角度来看，交通运输政策问题是交通运输领域应达到的状态与观察到的状态的差距，这种差距会引起某一部分人的需要得不到满足，并为此寻求援助或补偿，这类问题就是交通运输政策问题。在发达国家的政策体系中，交通问题是与税收、教育、福利等政策问题相并列的，用于处理交通领域问题的措施或方法就称为交通运输政策。从"人"的角度来看，交通运输政策所发生的对象是各种交通运输活动的参与者，因而包括这一领域的企业、个人、政府机构和各类组织。交通运输政策需要调整的就是这些参与者之间的利益关系，通过鼓励从事某些活动、禁止从事另一些活动，引导交通参与者朝政府所期望的目标前进。交通运输政策客体的识别具有不可忽视的重要意义。了解交通运输问题的性质和特点，了解政策涉及目标群体的需要、利益和心态，有助于制定出适应具体情况，能被政策对象普遍接受或理解的政策，有助于交通运输政策的顺利执行，充分发挥交通运输政策的作用，取得预期的政策效果。

第三，交通运输政策不是无意识或偶然性的行为，而是一种行为准则和行为规范，具有明确的目标取向，在特定的历史时期内明确指明交通运输发展的方向。就交通运输在经济系统中所扮演的角色而言，交通运输政策的最终目标就是满足经济社会活动对于交通运输的需要，创造最大的空间及时间效用。在特定的历史阶段内，由于经济社会发展水平、资源要素的限制条件及国家或政党的任务与路线，交通运输政策的目标取向也有不同的侧重点，具有明显的时间动态性。

第四，政策是主体服务于特定目标而采取的一系列活动，是与谋略、措施、办法、规定密切相关的一系列行为，实现这些活动和行为需要一系列的政策手段。交通运输政策执行手段是否恰当，直接关系到交通运输政策目标能否顺利实现。研究交通运输政策手段是为了更好地运用这些手段有效地完成政策执行任务。

在对上述四个部分详细分析的基础上，可将交通运输政策概括为：政府作为社会公共利益的主要代表，在有限资源条件的制约下，为实现交通运输创造最大空间及时间效用的目标，按照一定时期内经济与社会发展对交通运输的需要，选择交通运输体系的目标和重点，综合运用行政、法律、经济及舆论等手段调节交通运输参与者的行动而制订的前瞻性决策方案。

17.2　相关理论基础

城市轨道交通政策法规的制定和执行要依据其产业特点进行。交通运输产业与其他产业相比，有其自身特殊的产业特性，如公共产品特性、外部性、自然垄断性及政府规制性等，对应这些特性，产业经济领域相关理论为轨道交通政策法规的制定提供了科学的理论依据。

政策特点：
① 阶级性。是政策的最根本特点。在阶级社会中，政策只代表特定阶级的利益，从来不代表全体社会成员的利益、不反映所有人的意志。
② 正误性。任何阶级及其主体的政策都有正确与错误之分。
③ 时效性。政策是在一定时间内的历史条件和国情条件下，推行的现实政策。
④ 表述性。就表现形态而言，政策不是物质实体，而是外化为符号表达的观念和信息。它由权力机关用语言和文字等表达手段进行表述。作为国家的政策，一般分为对内与对外两大部分。对内政策包括财政经济政策、文化教育政策、军事政策、劳动政策、宗教政策、民族政策等。对外政策即外交政策。政策是国家或者政党为了实现一定历史时期的路线和任务而制定的国家机关或者政党组织的行动准则。

17.2.1　公共产品理论

1. 公共产品的概念和内涵

公共产品理论最早是由保罗·萨缪尔森在 1954 年提出的，此后该理论在经济分析，特别是公共经济学领域得到了世界范围内的广泛关注。

保罗·萨缪尔森将全部社会产品分为 3 类：公共产品、私人产品及准公共产品；其中，公共产品具有非排他性和非竞争性两个特征。随后，布坎南和蒂布特提出了著名的"俱乐部理论"，将准公共产品的内涵进行了延伸，指出，准公共产品不仅包括具有利益外溢性特征的产品，还包括边际生产成本和边际拥挤成本都为零及边际生产成本为零但边际拥挤成本不为零的产品。在过去，经济学界的普遍观点认为，公共产品及准公共产品只应由政府提供，也就是说，政府在提供公共产品的过程中应扮演投资者的角色。然而德姆塞茨指出，如果可以采取某种策略排除不付费者，那么公共产品及准公共产品可以由私人企业进行有效提供。在这种设定下，政府承担部分财政补贴即可，无须承担全部费用。例如，高速公路作为一种典型的准公共产品，存在"选择性进入"，因此高速公路可以通过私人投资、私人收费的方式来兴建。在一些欧洲国家，私人投资、收费的高速公路的存在为这一理论提供了现实佐证。

2. 公共产品的特征[1]

从消费和使用特性出发，进一步归纳提出公共产品常具有的两大定义性特性：消费中的非竞争性和非排他性。消费的非竞争性，即增加一个人消费并不会减少其他成员从中所获得的好处，消费者增加所带来的边际成本为零。公共物品的非竞争性意味着增加消费者引起的社会边际成本为零，在公共物品的消费上，人人都可获得相同的利益，而且互不干扰。例如，一个国家的国防系统使该国的每一居民都可享受同样的好处。消费的非排他性，是指某人在消费一种公共物品时，不能排除其他人消费这一物品（不论他们是否付费），或者排除的成本很高。除以上基本特征外，一般认为，公共物品有时还具有一些其他特征：

① 生产具有不可分性。即指要么向集体内所有人提供，要么不向任何人提供。例如国防。

② 规模效益大。规模经济往往是公共物品产生的一个重要原因。例如灯塔。

③ 网络经济性。一些公共物品行业常具有明显的网络效应，网络经济的特性明显。例如互联网、电话网。

④ 初始投资特别大，而随后所需的经营资本额却较小。例如通信光缆、电视发射塔等的投资和运营。

⑤ 生产具有自然垄断性。例如铁路交通。

⑥ 外部性特征。大多数公共物品表现出正外部性的特点，如基础设施、教

---

① 张梦龙. 基于公共物品属性视角的铁路改革结构特性研究[D]. 北京交通大学，2014.

育等。

⑦ 对消费者收费不易，或者收费本身所需成本过高。如农村公路。

⑧ 其消费具有社会文化价值。例如国家对于文化艺术事业的支持就是如此。

3. 公共产品的分类

严格意义上，同时具有非竞争性和非排他性特征的物品才是公共产品，称为纯公共产品。与纯公共产品相对应的是私人产品，私人产品具有消费上的竞争性和排他性。在纯公共产品和私人产品之间，存在一些产品，具有纯公共产品非排他性与非竞争性的其中一个特性，从而形成了公共产品的多样性。

下面依据是否具有非排他性和非竞争性，对社会产品作出如表 17-1 所示分类：

表 17-1　社会产品分类

	排 他 性	非 排 他 性
竞争性	[1] 私人产品	[3] 公共资源
非竞争性	[2] 俱乐部产品	[4] 纯公共产品

在表 17-1 中，除了第一类私人产品外，其他三类产品都属于公共产品范畴。其中，第四类是纯公共产品，第二类和第三类是准公共产品。下面将重点对准公共产品的特点进行分析。

俱乐部产品的特点是在消费上具有非竞争性，但是却可以较轻易地做到排他。如设卡收费的桥梁、收费高速公路、公共游泳池、电影院、健身会所、图书馆等。由于消费这些产品的使用者数目总是有限的，这种现象与人们印象中俱乐部产品的消费模式相仿，因此它们被形象地称为俱乐部产品。保证该类产品具有非竞争性和排他性的条件在于：一方面，当俱乐部成员的数目超过一定标准后会发生拥挤问题，从而破坏非竞争性的特征，所以应该限制使用者数目；另一方面，由于该产品具有排他性，必须采取措施限制使用者数目。

公共资源的特点是在消费上具有竞争性，但是却无法有效地做到排他。如公共渔场、牧场等。这类物品有两个典型特点：一是它与纯公共物品一样，总量既定，不归任何人专有，且具有向任何人开放的非排他性特点，这决定了在其消费中容易出现不合作问题，即每个参与者都按自身的理性行事，但结果却是集体的非理性，从而导致公共劣等品的出现。二是消费的竞争性导致某人消费的增加在给其他人带来负的外部效应的同时，也使自己陷于其中，常表现为共同资源的使用在超出一定限度之后出现的拥挤现象，导致草场过度放牧等"公地悲剧"出现。

4. 公共产品市场失灵分析

（1）纯公共产品市场失灵分析

纯公共产品由于具有非排他性、非竞争性，会产生"搭便车"现象，消费者不愿意为这类产品付费，从而使市场失去了提供这种产品的前提和基础。因此，这类物品应该由政府提供，否则可能会造成社会福利损失。

在图 17-1 中，如果没有政府干预，社会将把用于生产公共产品的资源全部用于私人产品生产，由此形成产品组合点 B，而社会最优的资源配置点在 E 点，B 点

和 E 点处于同一生产可能性曲线上，由于 B 点处的无差异曲线低于 E 点处的无差异曲线，从 B 点处得到的社会福利低于从 E 点处得到的社会福利，说明市场供应公共产品会造成社会福利损失。

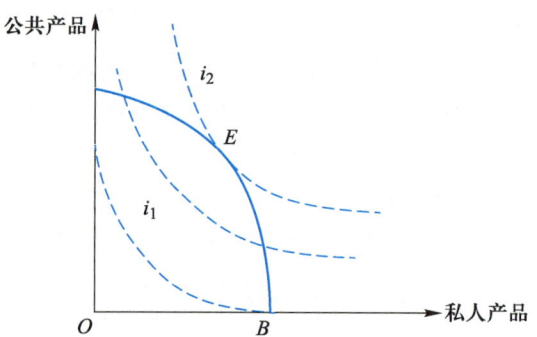

图 17-1　市场提供公共产品的效率损失

公共物品的非排他性，导致公共物品的消费经常是过度消费，纯公共物品经常出现拥挤现象。在出现拥挤现象时，又可能导致使用排他性技术是经济可行的，从而使拥挤性的公共物品转变为拥挤状态的收费准公共物品。

（2）非竞争性、排他性准公共物品市场失灵分析

对非竞争性、排他性的准公共物品应该考虑由市场方式提供，即使用者只有购买才能对其消费，因为如果这类物品采用公共提供方式，就会产生过度消费问题。但是，由市场方式提供这类设施，仍然会产生两个问题，一是供给者不能有效地定价，二是设施供给一般不会使社会剩余最大化，如图 17-2 所示。

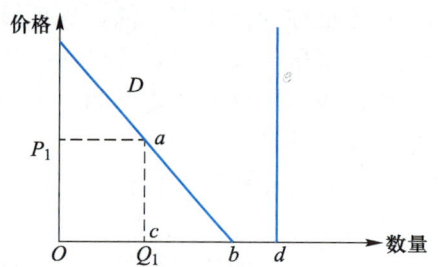

图 17-2　非拥挤公共产品正价位的效率损失

在非拥挤状态下由于消费的边际社会成本为 0，任何一种正的价格都会抑制准公共物品的使用，使得社会福利不能达到最大化，例如，价格定为 P_1，由于 $P_1>0$，这就限制了一些人的使用，只有那些得到边际收益大于 P_1 的人才会使用，在价格 P_1 下，需求数量为 Q_1。而根据边际社会成本等于边际收益所决定的需求数量应该为 b，正的价格产生了 abc 面积的福利损失。

这种准公共物品如果由私人供给，由于他们追求利润最大化，企业的收费定价会高于边际社会成本，企业会把价格限制在 P_1，使得企业所得的租金 P_1OQ_1a 最大。由于企业收费会限制一部分需求，企业的设施提供也会小于最优规模 b。

（3）竞争性、非排他性准公共产品市场失灵分析

由于任何人都可以使用这种物品而不妨碍其他人使用，因此，在非拥挤状态下，

这种物品被称为免费物品。在拥挤状态下，则被称为开放性进入资源。

非排他性会导致竞争性物品的过量消费，因为每个消费者都会意识到，如果自己不消费，则它会被其他人消费掉。图 17-3 给出了开放性进入资源过量消费的有关效率损失情况。

MPC：边际消费倾向
ASC：平均社会成本

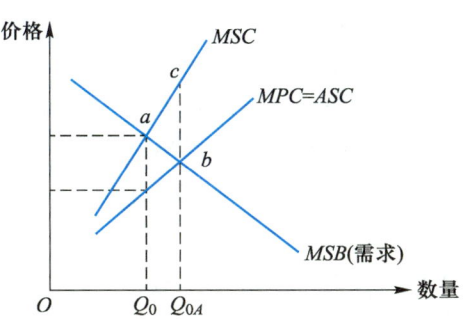

图 17-3　开放性进入资源过量消费的有关效率损失

当边际社会成本（MSC）等于边际社会收益（MSB）时，产生了消费量的经济有效水平 Q_0。然而，每个人在消费时，均只考虑个人直接承担的成本，即边际私人成本，如果边际社会成本由所有消费者平均分摊，该边际私人成本其实就是所有需求者的平均成本，结果会出现均衡消费量 Q_{0A}，它会大于 Q_0，三角形 abc 面积就是过量消费造成的社会剩余损失。

17.2.2　自然垄断理论

1. 自然垄断

如果一个企业是某产品唯一的卖者，而且其产品并没有相近的替代品，那么经营该产品的企业就是一个垄断企业（monopoly）。垄断产生的基本原因是进入壁垒，而进入壁垒又有三个主要形成原因：

垄断资源：生产所需要的关键资源由单个企业所拥有；

政府管制：政府给予单个企业排他性地生产某种物品或劳务的权利；

生产流程：某个企业能以低于大量生产者的成本生产产品。

资源垄断是自然垄断的一种形式，现实经济巨大且资源多人拥有，许多物品市场自然范围往往很广泛，拥有相近替代品资源的企业较多，因此由垄断资源产生的自然垄断一般很少出现。政府管制所产生的垄断是政府创造的垄断，如专利法与版权法，它与自然垄断形式有明显的不同特征。由生产流程产生的垄断是自然垄断的另一种形式，即一个企业能以低于多个企业的成本为整个市场供给一种物品或劳务。

2. 自然垄断理论基础

西方自然垄断理论从产生到发展大概经历了规模经济、范围经济和成本次可加性三个阶段，它们各自解释了自然垄断出现和存在的原因。从总体上推进了社会对自然垄断的认识。

规模经济与范围经济的差异：1. 规模经济与范围经济的定义。规模经济是指在一个给定的技术水平上，随着规模扩大，产出的增加则平均成本（单位产出成本）逐步下降。范围经济是指在同一核心专长，从而导致各项活动的多样化，多项活动共享一种核心专长，从而导致各项活动费用的降低和经济效益的提高。2. 内部规模经济与内部范围经济。内部规模经济是指随着产量的增加，企业的长期平均成本下降。内部范围经济是指随着产品品种的增加，企业长期平均成本下降。3. 外部规模经济与外部范围经济。外部规模经济是指在同一个地方同行业企业的增加，多个同行企业共享当地的辅助性生产、共同的基础设施与服务、劳动力供给与培训所带来的成本的节约。外部范围经济是指

（1）规模经济

从 18 世纪亚当·斯密的《国富论》开始，人们认识到分工可以提高效率，规模越大的企业，其分工也必然是更详细，到 19 世纪末 20 世纪初著名的经济学家马歇尔的新古典经济学理论都有提出规模经济。大规模生产导致的经济效益简称规模经济（economies of scale），是指在一定的产量范围内，随着产量的增加，平均成本不断降低的现象。规模经济之所以产生，是因为在一定的产量范围内，固定成本相对变化不大，新增的产品可以分摊更多的固定成本，进而使总成本下降。当社会对某些行业的长期平均成本的降低速度与幅度提出要求时，这个行业往往就是自然垄断。规模经济很好地解释了产品单一领域行业的自然垄断。

（2）范围经济

当同时生产两种及以上产品的费用低于分别生产每种产品时，所存在的状况就被称为范围经济。范围经济的概念是 20 世纪 80 年代初由美国学者蒂斯（Teece）（1980）、潘泽（Panzar）、威利格（Willig）（1981）及钱德勒（Chandler）（1990）等人首先使用。范围经济包含以下三点含义：① 范围经济是指由于一个地区集中了某项产业所需的人力、相关服务业、原材料和半成品供给、销售等环节供应者，从而使这一地区在继续发展这一产业中拥有比其他地区更大的优势。② 范围经济指企业通过扩大经营范围，增加产品种类，生产两种或两种以上的产品而引起的单位成本的降低。与规模经济不同，它通常是企业或生产单位从生产或提供某种系列产品（与大量生产同一产品不同）的单位成本中获得节省。而这种节约来自分销、研究与开发和服务中心（像财会、公关）等部门。范围经济一般成为企业采取多样化经营战略的理论依据。③ 范围经济是指在相同的投入下，由单一企业生产联产品（联产品是两种或两种以上的可以使用共用设备、技术、管理等资源条件的技术特性相同或相近的产品）比多个不同企业分别生产这些联产品中每种单一产品的产出水平要高。

（3）成本次可加性

成本次可加性也可称为成本部分可加性或成本劣可加性，是 1982 年威廉·杰克·鲍莫尔（William Jack Baumol）、潘泽和威利格用来描述自然垄断的概念。如果在某行业中某单一企业生产所有各种产品的成本小于若干个企业分别生产这些产品的成本之和，则该行业的成本就是劣可加的，该行业属于自然垄断行业。它表明由一个主体提供整个产业的产量的成本小于多个主体分别生产的成本之和，成本方程具有弱增性。严格的成本次可加性（strict cost sub additivity）所要强调的是，在产量区间内的任一产出水平上处处都存在着平均成本递减的情况，其成本函数具有严格的弱增性或劣加性。成本次可加性还可以通过成本函数来表达。如果对任意的产出向量 $y_1, y_2, \cdots, y_k, 0 < y_i < y, y_i \neq y, i = 1, 2, \cdots, k$；有 $C(y_1 + \cdots + y_i) < C(y_1) + \cdots + C(y_i)$ 成立，则成本函数 $C(y)$ 在产出水平 y 具有严格的成本次可加性。

成本次可加性与规模经济、范围经济之间的关系。规模经济是指在一定的产出范围内，生产函数呈规模报酬递增（成本递减）状态，即生产规模越大，单位产品的成本越小，由一家企业大规模生产要比由几家较小规模企业同时生产更有效率。范围经济是指当同时提供多种产品（或服务）时，由一家企业提供的效率要高于这

些产品（或服务）分别由不同企业提供时的效率。规模经济和范围经济是成本次可加性的特殊情况，是自然垄断产生的充分条件，但不是必要条件。在成本次可加性理论提出之前，人们主要用规模经济和范围经济解释自然垄断。

3. 自然垄断基本特征

（1）效率主导性

从自然垄断的经济学理论基础来看，无论是规模经济还是范围经济或者是成本的次可加性，自然垄断主导取决于经济效益而不是其他因素。规模经济意味着生产更多产品时固定成本被逐渐摊薄、越来越小，范围经济意味着在追加生产相关新产品和服务时进行联合生产要比单独生产的成本低，成本次可加性则意味着独家垄断经营的总成本小于多家分散经营的成本之和。自然垄断主导建立在效率目的基础上并且保障效率的实现。

（2）呈现网络经济特征

综观世界各国的自然垄断存在的行业和产业，如供水、电力、煤气、热力供应、电信、铁路、航空等，不难发现采取自然垄断经营的产业一般具有网络经济的特征，即依赖一定的产业网络为市场提供商品和服务。如果离开这些产业网络，企业所生产或者提供的商品和服务是无法流转到社会消费领域的。衡量这些产业网络作用的最佳指标是网络上的流量（交通、电力、通信信号等），而网络上的流量将随网络节点的几何级数增加。网络节点数量越多，边际投资收益越大。

（3）资产具有沉淀性与专用性

由于自然垄断依赖于网络经济为整个市场提供产品和服务，因此企业在经营自然垄断行业时，将要投入大量的资金进行基础产业网络的建设。这些产业网络形成了大规模的固定资本，它们折旧时间长，变现能力差，从而导致了整个垄断产业大量的资本沉淀。另外，由于基础产业网络占有的资产往往具有相应产业或者行业的专用性，所以资金一旦投入也就很难收回，所形成的企业资产也难以改为其他用途。

（4）产品的日常性

供水、电力、煤气、热力供应、电信、铁路、航空等垄断行业，他们所提供的产品都是人们的日常生活必需品，具有日常性与必需性的特征。自然垄断行业通过它们的网络触角将这些日常生活必需资料转流到千家万户去以保持社会生活的稳定与有序。

17.2.3　外部性理论

外部性是指一个人（个人、家庭、企业或其他经济主体）的行为对他人产生的利益或成本影响而又未将这些影响计入市场交易的成本与价格之中。外部性分为外部效益（正外部性）和外部成本（负外部性）。外部效益是某个经济行为主体的活动使他人或社会受益，而受益者又无须花费代价。例如，私人花园的美景给过路人带来美的享受，但他不必付费，这样，私人花园的主人就给过路人产生了正外部性。外部成本是某个经济行为主体的活动使他人或社会受损，而造成负外部性的人却没有为此承担成本。例如，隔壁邻居音响的音量开得太大影响了我的休眠，这时，隔

在同一个地方，单个企业生产活动专业化，多个企业分工协作，组成地方生产系统。外部经济是通过企业之间的分工与协作、交流与沟通引起成本的节约。

壁邻居给我带来了负外部性。

从外部性产生的领域可分为生产的外部性和消费的外部性。生产的外部性就是由生产活动所导致的外部性，消费的外部性就是由消费行为所带来的外部性。以往经济理论重视的是生产领域的外部性问题。20 世纪 70 年代以后，关于外部性理论的研究范围扩展至消费领域。从正外部性与负外部性、生产的外部性与消费的外部性两种分类出发，可以把外部性进一步细分成生产的正外部性、消费的正外部性、生产的负外部性和消费的负外部性四种类型。进一步进行细分，外部效应又可以分成八种类型：生产者对生产者的正外部性，如水果园园主与养蜂场场主的关系；生产者对消费者的正外部性，如花园式厂房对周围居民区居民的影响；消费者对生产者的正外部性，如居住环境的改善大大增加生产性投资；消费者对消费者的正外部性，如私人花园对过路人的影响；生产者对生产者的负外部性，如上游的化工厂对下游渔场的污染；生产者对消费者的负外部性，如建筑施工对夜间休息的居民的影响；消费者对生产者的负外部性，如空调的噪声对隔壁牙医的看病带来的影响；消费者对消费者的负外部性，如隔壁邻居放声高歌影响自己的休息。

经济学家常用社会效益来描述某些活动产生的高于生产成本的那部分收益，社会收益可以由消费者受益，也可以以利润的形式由生产者受益。也就是说，社会效益既包括了企业内部受益的部分，也包括了所谓的外部效益部分。与社会效益对应的概念是社会成本，一项经济活动的社会成本既包括经济活动的生产者本身产生的私人成本（内部成本），也包括所谓的外部成本。以长江上游地区林木砍伐和植树造林为例，说明与外部性相关概念的关系，如图 17-4 所示。

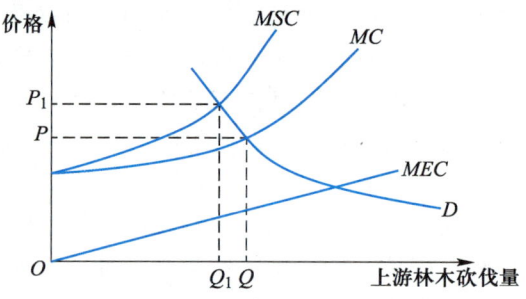

图 17-4　上游林木砍伐的负外部性

图中曲线 D 代表长江上游地区整个社会对林木的需求曲线，即边际社会收益曲线；MC 表示长江上游砍伐的边际成本，即林业产业供给曲线；MEC 是上游砍伐林木对下游造成的危害，即边际外部成本；MSC 曲线是上游砍伐的边际成本与边际外部成本之和，即边际社会成本，有 $MSC=MC+MEC$。

无疑，上游地区根据自己的边际成本进行砍伐，即由 MC 与需求曲线 D 决定的 Q 点；但从整个长江流域来看，有效的树木砍伐量应该是社会边际成本等于社会边际收益时的树木砍伐量，即 MSC 曲线与需求曲线 D 的交点决定的有效树木砍伐量 Q_1。显然与林木砍伐的社会需求相比，由于区域经济活动的负外部效应，长江上游地区林木砍伐导致的社会成本大于对自身区域产生的成本，上游地区基于地区利益考虑会砍伐林木。

　　长江上游地区大力开展植树造林对整个社会来讲是一件好事。问题在于，由于区域经济活动正外部性的存在，使长江上游地区植树造林活动动机不足。在图 17-5 中，MC 代表上游地区植树造林的边际成本，D 是其边际收益曲线，MEB 是上游地区植树造林对下游所产生的边际外部收益。MSB 曲线代表上游植树造林对整个长江流域的收益，即 $MSB = D + MEB$。长江上游地区将选择在其边际收益曲线 D 与边际成本曲线 MC 相交处进行 Q 水平的造林。但对于整个流域来讲，有效的造林水平应该是 MSB 曲线和 MC 曲线的交点所决定的 Q_1。显然，与社会对林业和生态的需求相比，造林不足，即长江上游地区植树造林的正外部性导致了造林水平太低和生态供给不足。

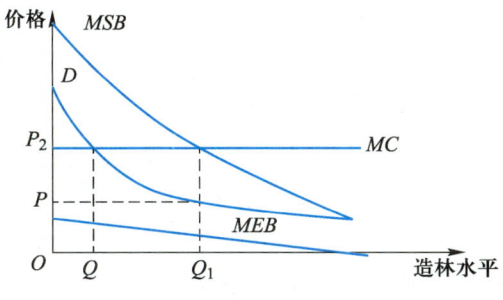

图 17-5　上游植树造林的正外部性

　　经济活动外部性在利益主体间的信息不对称条件下，不同的目标和利益追求将导致博弈各方出现利益冲突及行为不一致，诱发经济体逆向选择与道德风险，引发区际冲突，破坏区域协调发展格局。

17.2.4　政府规制理论

1. 政府规制理论产生的背景

　　政府规制理论也被称为管制经济学（economics of regulation），是一门新兴的经济学分支。从历史上看，政府规制是伴随着产业革命的发生而出现的。在产业革命中，随着新技术的发明和应用，传统的自由放任思想面临很大的挑战，政府在经济中的作用逐渐凸显。尤其是城市轨道交通的发展需要大量固定资本投资，而单靠自由竞争市场难以迅速聚集所需的大量资金。为此，英、美等国政府成立了政府规制部门，以解决城市轨道交通建设中的资金问题、固定成本和沉淀成本问题。

　　对规制部门实施规制的经济效果，包括对生产者福利和消费者福利所造成的影响等问题的分析研究，成为早期政府规制理论的主要内容。此后，新古典经济学的代表人物马歇尔提出了"外部效应"思想，以及以此为基础，庇古提出了以税收或补贴形式进行政府干预的思想等，都为政府规制问题的研究提供了重要的理论基础。进入 20 世纪，政府规制理论与实践得到进一步的发展。20 世纪 30 年代，以美国为首的西方国家在经济大危机期间，对具有自然垄断特征的公用事业部门进行了政府规制。如罗斯福新政之前，电力、铁路等大型垄断公司，为获得高额垄断利润，人为制定过高的垄断价格，损害了消费者福利，阻碍了经济发展。"新政"颁布法令，对交通运输和公用事业实行联邦规制，并成立了各种委员会，如铁路管理委员会、电力管理委员会等，来规制相应的自然垄断部门，特别是对运费、电价等实行联邦规制价格。正是在这种经济背景下，政府规制理论的研究得到进一步发展。

20世纪70年代以来的几十年来，政府规制理论取得了迅速发展，特别是自然垄断问题逐渐成为政府规制理论研究的中心问题。除此之外，外部性、信息不对称性，以及与此相关的委托代理问题也相继进入政府规制经济学的研究视野，并成为政府规制理论研究的重要内容。

2. 政府规制理论概念

"政府规制"来源于英文的"government regulation"，又被称为政府管制、政府调节等。许多学者对政府规制的内涵有不同见解。卡恩（1970）通过经验观察认为，规制的实质是政府命令对竞争的明显取代，作为一种基本的制度安排，它企图维护良好的经济绩效。施蒂格勒（1971）指出：规制是国家强制权力的运用，是产业所需并主要为其利益所设计和操作的。吉尔洪和皮尔斯（1982）认为，"经济规制是规制者的判断对商业或市场判断的决然取代"，并在直接规制与法律限制之间作了区分。认为前者主要是规定的（prescriptive），后者是禁止的（proscriptive）。他们指出，"政府的产业规制仅仅是对众多私人经济力量的法律控制形式中的一种"。金哲良雄（1980）认为，政府规制是"在以市场机制为基础的经济体制下，以矫正、改善市场机制内在的问题为目的，政府干预和干涉经济主体活动的行为"。植草益认为，政府规制是"社会公共机构依照一定的规则对企业的活动进行限制的行为"。我国学者对规制概念的含义也提出了自己的论述。樊纲认为，政府规制是特指政府对私人经济部门的活动进行的某种规制或规定。余晖提出，规制是指政府的许多行政机构，以治理市场失灵为己任，以法律为根据，以大量颁布法律、规章、命令及裁决为手段，对微观经济主体的不完全公正的市场交易行为进行直接的控制和干预。

3. 政府规制理论发展的理论基础

政府规制研究自20世纪以来经历了公共利益规制理论、利益集团规制理论、放松规制理论和激励性规制理论四大理论的变迁。下面分别对这四种理论产生的背景、内涵进行详细描述。

公共利益规制理论是一种建立在规范分析框架基础上的理论，以市场失灵理论和福利经济学为基础，将市场失灵作为政府规制的动因，把政府看作公共利益的代表，应公众矫正市场活动带来的无效率和不公平的要求来提供规制，以保护公众的利益，提高整个社会的福利水平。公共利益规制理论是规制理论发展的逻辑起点，是关于规制的规范分析，它因研究"市场失灵与政府的矫正措施"而产生，主要包括两大内容：一是对市场存在失灵的认定。不被规制的市场中存在着自然垄断、外部性、公共产品、信息不对称等因素，导致其运行不能达到帕累托最优，从而使政府规制的必要性得以显现。二是寻求"最优"的政策来矫正市场失灵的现象，使政府规制的效率显而易见。

利益集团规制理论的假设前提是：政府拥有和掌握的基本资源是权力，利益集团能够说服政府运用其权力为本集团的利益服务，规制者作为经济人，能理性地选择可使其效用最大化的规制行动。利益集团理论强调利益集团通过寻求规制来增进自己的私人利益，从而强调利益集团在公共政策形成过程中发挥重要作用，相信在市场失灵的背后有其他原因导致规制的产生。规制俘虏理论是利益集团理论形成的最早雏形，它认为，政府规制是为了满足产业对规制的需要而产生的，政府往往并不是规制的最初发动者，产业组织却扮演着规制者的角色。政府规制的实质是规制者和立法者被产业组织所俘虏和控制。施蒂格勒认为"规制由产业谋取，并主要根据其利益来设计和运作""规制结果有利于生产者，生产者总能赢"，更高的效率和更低的价格并不必然出现无政府规制的产业。继施蒂格勒之后，佩尔兹曼、贝克尔等经济学家进一步完善了规制俘虏理论。佩尔兹曼指出，规制者的政策选择受制于不同社会群体的政治影响力。政府规制立法总是有利于那些组织良好的利益集团，因为他们能够更有效地提供政治支持，并愿意花费更多的资源来取得政治支持，所以这些利益集团总是能够从政府规制立法中获益匪浅。贝克尔通过对利益集团之间的竞争进行分析，得出的研究结论是，政府规制倾向于增加具有较大影响力的利益集团的福利。

放松规制理论产生于 20 世纪 50—60 年代，因政府规制失灵现象日益凸显而被提出。放松政府规制，是指政府对各种规制的部分内容或全部内容放宽限制或予以废除。技术的变化、理论的创新和被规制企业的低效率等均可称为放松规制的动因。放松政府规制的主要对象是经济规则，形式多种多样。放松规制的目的都是在被规制产业中导入竞争机制。也就是说，对企业的进入规制、价格规制一旦予以放松，即刻便会因新企业的进入导致企业竞争的加剧和新老企业间价格竞争的激化。由此可见，通过放松规制，引入竞争，可以起到提供多种新型服务，降低价格水准，完善价格体系，促进技术进步的效果。放松政府规制，引入市场竞争，原规制产业的规制方式发生变化，一般体现为三种类型：① 原有规制全部废除；② 放宽新企业对天然垄断产业的进入规制，该产业由垄断结构转换为竞争结构；③ 规制范围逐步缩小，具体规制方式呈放宽趋势。比如进入规制、价格规制的规制方式由许可制向申报制转变。

激励性规制（incentive regulation）是基于规制双方的信息不对称问题而提出的规制机制。激励性规制是指在保持原有规制结构的条件下，给予受规制企业以竞争压力或提高生产经营效率的正面诱因，激励企业提高内部效率。激励性规制给予受规制企业一定的价格制定权，让其利用信息优势和利润最大化动机，主动提高内部效率、降低成本，并获取由此带来的利润增额。因此，激励性规制相对于传统规制而言，只需关注企业的产出绩效和外部效应，而较少控制企业的具体行为，企业在生产经营中具有更大的自主权。激励性规制经常采用的激励工具主要有：最高限价规制（price caps regulation），即规制部门以合同或命令的形式确定某一产业商品和服务的价格上限，被规制的厂商可以在最高限价之下自由定价，从而促使厂商降低成本、提高效率。特许投标规制（franchise bidding regulation），即政府通过投标竞争方式赋予某个企业以特许经营权，从而在投标阶段对服务质量和服务价格形成较

规制俘虏理论（regulatory capture theory）描述了一种政治腐败或政府行政失败的现象。它指政府制定出的某种公共政策损害公众利益，使少数人的利益团体受益。通常政府作出这一类决策是由于受到某一行业从业者的重大影响，而短时期作出违背公众利益的行政决定。它将造成社会中某些公司以"遵守政府规章制度"为名，持续开展损害公众利益的经营行为。

为充分的竞争。特许经营权具有时间限制，在特许期结束后再通过竞争投标的形式确定特许权归属，以激励特许企业提高效率。区域间标尺竞争规制（yardstick competition regulation），它是以其他地区在生产技术、市场需求方面相似的企业的绩效和价格为参照，制定本区域内受规制企业的价格和服务水准，激励本区域内垄断企业提高内部效率，降低经营成本，改善服务质量。

17.3 城市轨道交通产业特性分析

城市轨道运输具有独特的产业特性，对产业特性的分析构成了交通运输政策制定的基础。城市轨道运输产业特性使得它的政策和一般的产业政策无论在理论基础还是政策内容上都有很大的区别。我们可以从城市轨道交通业的准公共产品、自然垄断、显著外部性等方面加以认识。

1. 准公共产品特性

公共产品的生产，固然也是为了满足每一个消费个体的需求，但从"公共"的角度而言，则更注重其根本目的——以广泛的社会大众的利益为核心，满足社会大众的共同需求。运输活动及运输活动所依赖的城市轨道交通基础设施的生产，是一项具有广泛社会参与度的社会经济行为。任何社会群体、组织以及个体都可直接或间接地参与运输活动、参与交通基础设施的使用和消费。因而，城市轨道交通运输产品天然地具备了公共产品满足社会大众共同需求的特性。

为更准确研究城市轨道交通产品的特性，我们从经济学视角来进一步评判其是否满足公共产品性质的要求。在排他性方面，任何个体都可以为了实现移动目的而进入并离开城市轨道交通基础设施或交通网络，一个消费者进入，不会也不可能排斥其他消费者进入该交通设施，并且该设施上的所有消费者所获得的消费权是等量的。在竞争性方面，消费者在不同时间按照先后次序进入某交通设施，离开后结束消费，新增消费者的社会边际成本为零；一个消费者消费此交通产品，不会限制其他人消费，消费者之间不存在竞争关系，亦不会因为自己消费了该产品而敌视其他的消费者——因为一旦产生敌视，敌视的就是除自己之外的全部消费者，而公共产品不是为一个人所生产，每个人都有消费公共产品的权利，包括自己，这是每一个理性消费者所共知的。可见，城市轨道交通产品不但具有显著的非排他性，还具有非竞争性，属于公共产品的范畴。

然而城市轨道交通在形成一定运量规模后，就具有一定的竞争性。特别的，当城市轨道交通出现显著的拥挤性特征时，即消费者人数显著增加，乘客边际成本迅速上升，将会产生显著的竞争性。此时的城市轨道交通产品表现出准公共产品特性。

2. 自然垄断特性

根据自然垄断理论，判断行业是否具有自然垄断特性的理论依据主要有规模经济（马歇尔）、范围经济（潘泽和威利格）和成本次可加性（鲍莫尔、潘泽和威利格）。

对于城市轨道交通企业而言，由于各种交通方式所需投资均较大，加之交通一体化发展尚不完全，所以我国尚没有出现包含城市轨道交通在内的几种交通方式综合运营的交通企业，因而其范围经济特征尚不突出。可以预见的是，未来综合交通运营企业的出现，将会导致平均成本因其研究、开发和服务中心（像财会、公关）等部门的公用而降低，最终使得范围经济特征逐渐凸显。而城市轨道交通的规模经济是明显存在的：城市轨道交通发挥作用以网络规模为前提，客运量与路网规模成正比，路网的覆盖面越大，密度越高，城市轨道交通服务质量越高，则竞争力越强，轨道交通项目的效益就越高，长期平均成本曲线向下倾斜，投资规模效应和沿线商业价值将充分体现，边际投资收益不断放大，具有非常明显的规模经济特征。所以至少就城市轨道交通目前较为突出的规模经济而言，我们可以判定城市轨道交通行业属于自然垄断行业。

进一步依据自然垄断的特征分析，城市轨道交通行业具有巨额的沉淀成本特性，这种特性指的是城市轨道交通系统往往投资巨大，投资的回收时间较长，而且投资一旦形成即具有较强的专用性，如果中途退出，这些资产很难转作他用。在轨道交通企业中，投资不仅包括了载运工具购买成本和能源成本，还包括交通运行线路的铺设成本，特别是地铁企业表现尤为突出。就载运工具而言，都具有专用使用价值，如果线路拆除，这些载运工具将无法运转。总体看，城市轨道交通行业面临较高的进入壁垒。

除表现出自然垄断的巨额沉淀成本特性外，城市轨道交通还体现出自然垄断的网络经济特征。城市轨道交通网络是由以地铁站为纽带的交通运输枢纽和各种城市轨道线路共同布局连接构成的网络系统。从不同角度可以将网络系统理解成三种网络的综合：一是由交通运输固定设施组成的运输实体网络，也就是通常所指的交通运输基础网络；二是由交通运输线路与运输移动设备共同组成的交通运输运营网络；三是由各种交通运输资源信息组成的交通运输信息资源网络。因此，城市轨道交通网络系统的作用一方面是为城市轨道交通企业运输服务提供通道，另一方面，网络的"节点效应"又会给城市轨道交通企业提供收益。一般而言，网络节点数量越多，企业边际投资收益将越大。由此可见，城市轨道交通行业具有网络经济特性。

3. 显著外部性

城市轨道交通从线路网规划、建设、运营到发展成熟需要相当长的一段时间，在这个过程中，将产生各种外部性。我们根据其影响效果将城市轨道交通的外部性分为城市轨道交通的正外部性和负外部性，并进行简单介绍。

（1）正外部性

这里依据不同的受益主体，将城市轨道交通的正外部性分为城市轨道交通系统内、系统外正外部性。

城市轨道交通系统内的正外部性主要表现为：第一，节约乘客出行时间，提高出行效率，创造更多的边际效益；第二，相比其他交通方式，具有提供舒适度，减少疲劳的优势，从而提高劳动生产效率；第三，刺激城市轨道交通沿线土地的需求，给城市轨道交通企业带来了土地增值效应，提升土地和房产的价格。

城市轨道交通系统外的正外部性主要表现为：第一，缓解交通拥堵。城市轨道交通作为城市交通骨干，吸引了大量客流，减少城市中汽车流量，对地面交通的紧张状况起到很好的缓解作用。第二，减少交通事故。城市轨道交通系统一般都是全封闭全隔离的交通系统，不受其他交通方式及行人和天气的影响，降低了交通事故发生率，减少了交通事故造成的经济损失。第三，减少城市环境污染。城市轨道交通采用电力牵引，避免了公共汽车及小汽车带来的汽车尾气排放污染，给城市环境质量改善带来效益。第四，节约城市土地资源。城市轨道交通多数在地下运行，不占用城市地面资源，节约交通用地。少数在地面运行的线路，由于其运输能力大，单位人均占用土地面积也相对其他交通方式较小，从而相对也节约了城市用地。第五，节约能源。从能源消耗情况看，城市轨道交通使用的是无污染、廉价的电能。与其他交通方式比较，在节约能源方面有着较为明显的优势。

此外，城市轨道交通基础设施对于经济的发展也具有正外部性。现有的相关理论研究认为，交通基础设施能够降低企业成本，完善投资环境，提高要素生产率、产出生产率及劳动生产率，提升人民健康水平和人力资本水平，降低贫困人口，缩小地区间经济发展差异，促进各地区经济互动发展。从交通基础设施在经济发展中的作用可以看出，城市轨道交通基础设施具有经济先导性，其适度超前发展可以支撑和促进经济发展，否则其有可能成为经济发展的瓶颈约束。

（2）负外部性

负外部效应又称为外部成本，指一个生产者或消费者的生产或活动使其他社会成员蒙受损失而未给予补偿。城市轨道交通作为准公共产品，具有极强的正外部效应，但不可避免也会存在负外部效应。其负外部效应主要表现在以下几个方面：

城市地铁具有初期投入大的特点，而我国绝大多数地铁的建设依靠于政府税收。但并不是所有纳税人均乘坐地铁出行，造成了部分纳税人的义务与权力不对等，这种不对等现象有碍于社会公平。

施工不当则可能影响市政工程中的地下管道线路，对周围居民用水、用电、供热或通信等带来不便。同时建设期间的工程排水、施工垃圾、施工运输车辆和施工人员宿营地产生的各种污染物都将给市容带来一定的影响。最后，地下线路的开挖施工等可能会带来一些深远的影响，使得地下岩土体及地表发生位移或变形，甚至造成地面沉降及滑坡等地质灾害。

轨道交通线路在运行过程中会给沿线区域带来一定程度的噪声和振动影响，地铁的车场、综合基地的列车、设备等也对周围环境带来不利影响。除此之外，由于城市轨道交通的建设会促进人口聚集，生活噪声也会增大，对周围的居民及企业产生很大的负外部性影响。

若城市轨道交通系统设计不当，而且当地铁线路采用地面或者高架敷设方式时，会对地铁沿线的城市景观造成一定的负面影响。同时，采用地面敷设方式的城市轨道交通则会割裂城市道路网络平面，而采用高架敷设方式的线路则会给两侧建筑物的采光、日照和通风带来不利影响。

17.4　城市轨道交通行业政策分析

城市轨道交通政策作为国家产业政策的一部分，它最基本的目标是以社会资源的合理分配实现交通运输部门结构合理化，综合利用一切可能利用的政策内容实现城市轨道交通系统运行的高效与安全。

17.4.1　城市轨道交通定价政策

轨道交通具有准公共产品与自然垄断双重特性，故其票价的制定不同于一般产品的价格制定，它需要兼顾轨道交通管理者（政府层面）、轨道交通使用者和轨道交通供给者三方利益。因此，轨道交通票价应综合考虑社会效益、建设与运营成本、价格杠杆和乘客承受能力等因素，同时兼顾公共服务和市场规律予以确定。下面将从票价制定的影响因素、相关理论和策略角度进行阐述。

1. 票价制定的影响因素

建设与运营成本。城市轨道交通的建设和运营都需要投入大量的资金，因此建设与运营成本是影响票价的重要因素之一。城市轨道交通票价一般很难按市场化定价，多数情况下是由建设运营成本和居民生活水平综合考虑，其定价水平既不宜过高也不宜过低。如果票价过高，城市居民与使用者不易承受，如果定价过低，盲目满足社会公益性需要，则很难维持城市轨道交通企业运营可持续性，同时也给政府财政造成巨大的压力。

政府政策。一般情况下，政府通过制定相关政策来影响城市轨道交通的票价。一方面，政府可以通过最高限价、限定利润率及加强监管等措施，维持城市轨道交通社会效益；另一方面，政府还可以通过给予地产开发与商业经营权、优惠电价或者直接财政补贴等措施对城市轨道交通运营企业的亏损进行补贴。因此，政府政策对城市轨道交通票价制定有着重要影响。

客流因素。城市轨道交通定价水平直接影响该方式的客流分担情况，城市公共交通综合体系各方式合理分担是管理者期望的目标，当城市轨道交通定价水平较高时，会使部分流量分担到其他交通方式，有利于提高城市轨道交通的管理服务水平。当城市轨道交通定价水平较低时，将会吸引更多的乘客选择城市轨道交通方式。

市场需求。对城市轨道交通来说，乘客对乘坐城市轨道交通的需求，在一定程度上决定了票价的高低。按照市场经济运作的规律，需求越旺盛，则价格越高；相反，价格则越低。另外，乘客也会根据价格的变化，不断调整自身对城市轨道交通的需求。

居民的可支配收入。居民的可支配收入状况，对于制定合理的票价方案，吸引客流，具有非常重要的意义。乘客对票价的经济承受能力，主要取决于城市或地区的经济发展水平和物质文化生活水平，故不同经济发展水平的城市在制定票价的方案上应有所差异。

乘客心理定价。乘客心理定价，即乘客对城市轨道交通票价的心理预期。这种预期主要取决于城市轨道交通的候车时间、旅行时间、舒适度等服务质量因素。乘客综合权衡众多因素，实现价格和服务匹配效用的最大化。

2.　票价制定的理论

在制定票价的过程中，价格上限定价理论得到了较为广泛的应用。城市轨道交通管理者常常采用价格上限定价方法来设置计程票制下的轨道交通最高票价，该方法的目的就是实现社会效益的最大化。通过需求曲线与企业的真实成本函数确定价格上限是最简便的方法，但在实际中因为信息不对称，政府的价格管理部门往往难以对需求曲线与企业的真实成本函数作出准确地判断，以确定合理的价格上限。因而，以服务产品价格及销售数量等历史数据为基础，结合价格变化估算边际收入与边际成本的相应数值，来确定最高限价是容易实现的。

运输价值理论是定价理论在运输领域的一个应用，它主要是从需求者的视角来进行票价的研究。运输价值是通过运输手段给出行者提供一定的运输服务来体现的，在这个过程中产生的运输价值可以作为制定票价的依据。在交通运输领域票价制定的过程中，根据运输价值理论，票价制定者需要从两个方面来进行考虑：一方面，应当考虑不同时期出行者对于票价的承受能力和敏感度；另一方面，还应考虑运输服务带来的市场价值是否与相应的投入成比例。

均衡价格理论。均衡价格是指相应的商品供给曲线与需求曲线相交时的价格，在此交点处所对应的商品市场供给量与市场需求量相等。均衡价格理论的原理是当供给和需求逐渐接近时，相应的市场价格也逐渐接近均衡价格。当市场价格大于均衡价格时，市场所对应的供给大于需求，使得市场价格逐渐降低；当市场价格小于均衡价格时，市场所对应的需求大于供给，使得市场价格逐渐上升。市场的竞争作用使得市场价格稳定在均衡价格上。

厂商均衡理论。厂商均衡是指一个厂商在其所处的市场环境中决定合适的产品生产量和价格，从而获得最大的利润。厂商为了使利润达到最大化，根据利润最大化原则，其产品产量由边际成本曲线与边际收益曲线的交点确定，将交点处对应的平均收益定为票价。整个定价过程要求运输企业在运营的过程中对其成本和收益能够进行准确把握。

3.　票价制定的策略

城市轨道交通系统在达到一定运量规模前，具有非竞争性；在达到一定运量规模后，其竞争性就逐渐显现，随着运量的进一步提高，将呈现显著的拥挤特征，边际成本急剧上升。基于上述原理，需要对城市轨道交通系统不同发展阶段（发展期、稳定期和成熟期）的定价策略进行区别对待。

对处于运营初期的城市轨道交通系统，由于运营成本较高，乘客对轨道交通方式的接受程度有限，有效的市场需求尚未形成，因此在这个时期，定价的基本出发点就是要吸引和诱发客流。吸引和诱发客流的立足点主要是利用乘客对票价的灵敏程度，刺激对城市轨道交通运输的需求，培养出行者选择城市轨道交通出行的习惯。

均衡价格（equilibrium price）：

是商品的供给曲线与需求曲线相交时的价格。也就是商品的市场供给量与市场需求量相等，商品的供给价格与需求价格相等时的价格。在市场上，由于供给和需求力量的相互作用，市场价格趋向于均衡价格。如果市场价格高于均衡价格，则市场上出现超额供给，超额供给使市场价格趋于下降；反之，如果市场价格低于均衡价格，则市场上出现超额需求，超额需求使市场价格趋于上升直至均衡价格。因此，市场竞争使市场稳定于均衡价格。在均衡价格水平下的相等的供求数量被称为均衡数量。

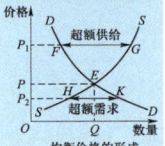

均衡价格的形成

具体价格策略可采用票价优惠方式,如包月票、奖励折扣、建立分段计价体系、团体票、纪念票、往返票等。

对处于运营稳定期的城市轨道交通系统,由于城市轨道交通系统的运营已经步入正轨,居民也逐渐接受并习惯该出行方式,这一阶段的主要目的是稳定并继续扩大客流量,在保持服务质量不断提升的同时尽可能通过定价策略提高盈收、减少财政补贴,使轨道交通可持续发展。具体来说,一是要尊重价格规律,充分考虑市场供求关系,以合理的价格促进发展,扩大消费群体;二是实行差别化定价,既可以根据不同线路合理调整票价,也可以根据不同时段(高峰期和平峰期)差别化定价。

对处于运营成熟期的城市轨道交通系统,其轨道交通网络覆盖往往已日趋完善,大多数市民也已习惯了这种出行方式,与其他交通方式相比有较大的比较优势。所以,这一阶段的定价策略主要是通过对价格机制的调整,扩大企业运营收入,实现企业可持续发展。

17.4.2 城市轨道交通投融资政策

17-2:投融资
实例

城市轨道交通的巨额沉淀成本特性,意味着城市轨道交通投资巨大,投资的回收时间较长,投资一旦形成便具有较强的专用性;城市轨道交通的网络经济特征,意味着城市轨道交通只有形成网络系统才能更好地发挥其效能,因此需要巨额资金来支撑城市轨道交通系统网络化发展。由此可知,城市轨道交通需要相应的投融资政策来保证其建设与可持续发展。目前我国城市轨道交通建设以政府投资为主,投资主体单一、资金缺口量大,因此研究和完善合理的城市轨道交通的投融资模式,是保证城市轨道交通建设不断顺利发展的关键所在。

1. 城市轨道交通投融资特点

(1)投资大,造价高

城市轨道交通是资本密集型产业,一般来说建设工程复杂、投资额度较大、占用资金较多,对单个投资者而言,具有较大的不确定性,不利于吸引社会投资,需要多元化融资渠道来解决资金难题。

(2)周期长,资金回收慢

城市轨道交通经营具有规模经济效益特性,中短期内很难形成便于居民出行的网络规模,实现规模效益。同时城市轨道交通投资大、运营成本高,仅靠票价难以短时间收回投资,其投资回收期一般都很长。

(3)营利性低,社会公益性明显

城市轨道交通属于准公共产品,主要以方便居民出行为目的,票价不高,直接经济效益不明显,其对沿线土地升值的外部效益,投资者一般无法直接收回,基本上都需要政府给予财政补贴及扶持来维持运转和发展。其低营利性特点不利于吸引投资者投资。

(4)融资政策作用明显

城市轨道交通的准公共产品、外部效益和规模经济特性使得市场作用不明显,需要政策的有效干预才能实现有效配置。在城市轨道交通投融资过程中，政府政策主导作用的充分发挥，有助于吸引社会资本进入，实现投资主体多元化，融资模式多样化，从而解决城市轨道交通融资难题。

2. 城市轨道交通投融资模式

城市轨道交通建设投融资模式主要分为政府为主体的投融资模式、市场化导向投融资模式两大类。政府为主体的投融资模式主要包括政府财政投资、政府主导的负债型融资。市场化导向投融资模式有 BOT、PPP、BT 等模式。

（1）政府财政投资模式

政府财政资金投入是传统的融资模式，指政府作为投资主体，利用财政资金投入，指定企业负责经营，必要时需依靠财政补贴来实现盈亏平衡。采用政府财政投资模式，资金来源可靠，融资速度快，有助于加快项目建设进度，但加重了政府财政负担，政府的有限财力无法满足建设需求，且政企不分、长期补贴导致效率低下，控制成本意识缺乏，已不适应当前城市轨道交通的建设融资。北京地铁早期修建的1、2 号线属于单一主体的政府财政投资模式，地铁的设计、建设、运营全由政府出资。

（2）政府主导的负债型融资模式

政府为主导的负债型融资模式是以政府为投资主体，财政投入部分资金，其余资金依托政府信用，以国内贷款、国外贷款、发行债券等方式进行债务融资。政府主导的负债融资模式是当前我国城市轨道交通项目建设主要的融资模式，资金来源主要有政府财政、税费、城市轨道交通建设专项基金、能源交通重点建设资金、国债、土地增值收益、商业贷款等。此融资模式关系简单，融资速度快，可操作性高，但是由政府承担还本付息，最终投资资金还是出自财政收入，融资的能力不足，政府依然背负沉重财政压力，无法从根本上解决城市轨道交通建设资金匮乏难题。北京地铁 13 号线和八通线、上海地铁 1 号线和 2 号线、广州地铁 1 至 5 号线修建时就采用了政府主导的负债型融资模式。

（3）BOT（build-operate-transfer）融资模式

BOT 融资模式的基本思路是政府通过特许权协议，授权签约方的项目公司承担项目的融资、建造、经营和维护，项目公司获得一定年限的特许经营期，通过向项目的使用者收取合理费用来回收项目的投资、经营和维护成本，并获得一定的投资回报，特许期满后将项目移交一般是免费给政府。模式是通过项目本身的收益来补偿投资，成功的关键是合理确定特许经营权，平衡政府部门与投资者之间的利益，既保证地方政府利益与监管，有效控制票价，又要让投资者能够获得期望的利润。该融资模式由项目公司负责融资，减轻了政府的直接财政负担，分散投资风险，有利于提高项目建设与运营效率，但是其环节繁琐，融资成本高，在特许权期内失去项目直接控制权，若出现经营风险可能造成运营困难。深圳地铁 4 号线属于 BOT 融资模式。

（4）PPP（public-private-partnership）融资模式

PPP 融资模式为公共部门与私人民营机构合作的模式。主要指政府部门与民营机构签署合作伙伴关系，在合同中明确双方的权利和义务，最终目的是共同完成某些基础设施项目的投资、建设及运营任务。通过这种合作形式，合作各方可以达到与预期单独行动相比更为有利的结果。与 BOT 模式不同的是，合作各方在项目生命周期全过程参与项目。PPP 融资模式中参与合作各方共同承担责任和融资风险，风险分配更合理，有利于吸引社会资本，拓宽融资渠道，促进投资主体多元化，减轻政府的财政压力。同时运用融资模式可改变轨道交通垄断经营、缺乏竞争、效率低下的局面，有利于提高城市轨道交通管理水平和运营效率。但对于首次建设轨道交通项目的中等城市，由于缺乏建设、运营经验和人才，运用该模式需慎重。北京地铁 4 号线、14 号线为特许经营，16 号线为特许经营+股权融资，6 号线则是股权融资，都属于 PPP 融资模式。

（5）BT（building-transfer）融资模式

BT 融资模式，指政府经法定程序选择项目承包公司进行基础设施建设，由投资人负责项目融资与建设，竣工验收合格后移交政府，政府通过购买形式支付项目公司的建设投资并给予一定的投资回报。融资模式不需要政府在初期直接投入大量建设资金，回购资金可以采用分期付款方式，能够暂时缓解政府资金匮乏的问题，加快城市轨道交通建设。BT 融资模式是政府利用非政府资金来进行项目建设，适用于准经营性和非经营性的基础设施，城市轨道交通属于准经营性基础设施，比较适宜采用这种新型融资模式。北京地铁 8 号线、深圳地铁 5 号线、南京地铁 6 号线属于 BT 融资模式。

3. 我国城市轨道交通投融资发展

目前我国的城市轨道交通项目投融资正在向市场化融资转变，很多城市已开始尝试市场化的新型融资模式，通过政企合作的项目融资方式，由政府与企业共同负担轨道交通建设，一定程度减轻了资金压力。但从总体来看，我国城市轨道交通投融资还没有从根本上消除过分依赖政府投资和补贴的状况，依靠政府财政投资与银行贷款仍然是主要方式，仅有少数采用新型融资模式。考虑到城市轨道交通的准公益性特点，城市轨道交通建设的投融资模式不能按一般的商业性原则思考，而应该通过有序引入非政府资金，拓宽融资渠道，实行投资主体与经营多元化，来构建一种长远的、可持续的投融资模式。

17.4.3　城市轨道交通补贴机制

投资者在进行城市轨道建设投资时往往会商定一个不高的利润回报，其具体实现方式是在运营期间通过固定资产折旧方式收回投资和利润回报。因此，城市轨道交通运营期主要成本既包含固定资产折旧成本，还包含运营成本。理论上讲，如果每年的票款及非主营业收入大于这两部分成本，则企业会营利。实际上，由于城市轨道交通具有准公共产品特性，其票价不宜过高，每年的收入不足以支付这两部分成本，一般很难有约定的利润回报，甚至无法维持企业正常运营。在这种情况下就需要政府对城市轨道交通企业进行宏观调控，给予必要的财政补贴，实现企业盈亏平衡。政府财政补贴既可以采用直接运营补贴方式，也可以采用间接运营补贴方式，下面分别进行介绍。

17-3：补贴实例

1. 直接运营补贴方式

直接运营补贴方式是政府对于某年度的直接补贴额，通过综合考虑当地的财政能力、企业所上报的上年度财务决算及本年度运营的计划补贴额，最终确定并按计划给予轨道交通企业财政补贴。城市轨道交通运营过程中会产生一定程度亏损，根据其亏损依据来源不同可分为政策性亏损和经营性亏损两类。政策性亏损是政府的政策导致的，理应由政府承担；经营性亏损是企业运营导致的，则应由企业自身承担。然而城市轨道交通属于基础设施，是准公共物品，加上在企业运营过程中，缺乏一套明晰精准的评判标准，对于补贴的额度计算也没有统一的办法，监督机制也基本属于空白阶段，这些弊端都会直接导致无法将政策性亏损和经营性亏损明确区分。因此对于城市轨道交通企业在进行直接运营补贴方式的时候，主要采用统包补贴、包干补贴、基于客运周转量的补贴、加入服务及成本监督的补贴等方式。

（1）统包补贴

所谓政府统包补贴，是政府根据企业申报的上年度财务决算和本年度运营计划，确定补贴额，直接对运营企业的实际亏损情况进行全额补贴。这种模式的基本补贴逻辑是：由于票价管制及外部性等因素，运营企业产生的所有亏损均为政策性亏损，为弥补市场调节的不足，政府理应对这部分亏损进行全额补贴。它的一个假设前提就是企业的经营是有效率的，而事实并不一定如此。企业的决策失误或者其内部治理的缺陷等原因也会产生亏损，即经营性亏损。如果政府对二者不加以区分、均给予补贴的话，会产生负向激励，或者说"棘轮效应"。一方面，企业从自身利益最大化的角度出发，有可能会在政府财政承受范围内，尽量夸大其亏损程度以获取更多的补贴；另一方面，企业如果努力经营，尽量减少其经营性亏损，换来的是财政补贴的减少。因此，政府在确定补贴额度时应尽可能鼓励企业提高经营管理水平，减少经营性亏损。

（2）包干补贴

所谓政府包干补贴，是由政府和运营企业进行协商，根据每年度企业的运行环境和运营状况，给企业一个包干补贴额度，除非出现较大的政策变动，否则该年度补贴额度不变。这种补贴模式的突出特点是企业不必上缴所有收入，并有一定的经营自主权。同时，政府也可以较统包模式时掌握企业经营的更多信息，能够对每年度企业运营过程中产生的政策性亏损进行粗略的判断，给出一个近似于最优补贴额度的补贴量。这样，政府只承担全部政策性亏损和一部分企业的经营性亏损，减少了补贴量。对于企业而言，此时它也要承担一部分经营性亏损，故必须更加注重自己经营决策和内部治理，以寻求自身利益的最大化。

包干额度的大小直接关系补贴的效果。如果包干补贴不能弥补企业的政策性亏损，那么企业每提供一单位轨道交通服务，都会产生额外的亏损，这样对企业来说最好的选择就是尽量少地提供交通服务以减少亏损额度，不利于调动企业提供交通服务的积极性。如果包干额度过大，甚至能够覆盖其经营性亏损，企业又会像统包补贴那样，产生负向激励。只有当包干补贴额度介于政策性亏损额度与企业全部亏损额度之间时，才会在减少补贴支出的同时，产生正向激励。

由此可见，这种补贴模式是否有效主要依赖两个因素：一是政府是否掌握了足

统包补贴一般在计划经济体制下一直使用，在这种模式下企业没有增加收入、降低成本、设备技术更新改造和提高服务质量的动力，政府也无法确定补贴是否用于政策性亏损，在造成政府沉重财政负担的同时，城市公共交通的公益性得不到保障。

够的信息，对企业的政策性亏损进行较为准确的判断；二是政府工作人员是否具备一定的谈判能力，说服企业自己承担更多的经营性亏损。当政府的补贴只承担政策性亏损时，企业将承担全部经营性亏损，补贴效果达到最优。

（3）基于客运周转量的补贴

基于客运周转量的财政补贴模式，是按照企业客运周转量的水平确定补贴额度。这种补贴的基本思路是，政府将运营企业的客运周转量作为衡量其经营效果的主要指标，并对此进行定价，成为轨道交通服务的"购买者"。基于客运周转量的补贴模式要求政府部门能够在不完全依靠运营企业的情况下，较为精确地掌握客运周转量，并据此确定补贴数额。它明确地将客运周转量这一指标写进补贴合同中，并努力收集相关信息，从而对企业产生较强的正向激励。

该种补贴模式下运营企业基本不存在负向激励或者激励不足的问题。同时，由于此时企业基本拥有完全的经营自主权，它会追逐自身利益。但是过分地追求企业自身利益最大化，有可能会使其行为与政府目标产生偏离，最直接的表现就是损害城市轨道交通的公益性。例如，既然运营企业获得补贴的额度完全由客运周转量来确定，那么有可能使企业偏好于某些客流量较好的路线，而放弃一些较为偏远的路线；或者偏好于长距离的客运服务，而懈怠短距离的客运服务。同时，假如企业在经营过程中，只专注于客运周转量的增加而忽视成本控制、服务质量等其他指标，不仅会因车内拥挤等原因损害公众的利益，还会加重政府的财政负担。

总体来看，基于客运周转量的补贴模式，较好地解决了以往运营企业激励不足的问题，但是单一的客运周转量指标并不能完全衡量企业经营效果，其他关键信息的缺失导致这种模式下的补贴合同是不完全的，仍然会产生较为典型的委托代理问题。

（4）加入服务及成本监督的补贴

加入服务及成本监督的补贴，是政府根据企业的客运周转量，确定一个初步的补贴价格，然后定期或不定期对运营企业的服务质量及成本控制等方面进行监督检查，如果发现相关指标符合要求，则给予适当的奖励，反之，则给予相应的惩罚。从本质上讲，基于客运周转量和加入服务及成本监督的补贴原理是一致的，都可以称为绩效补贴。但后者显然拥有更多的质量内涵相关信息，所以其补贴合同相对于前者来说，为一个严格的帕累托优化。

加入服务及成本监督的补贴模式的优缺点，与基于客运周转量补贴相类似。某些指标一旦被写入补贴合同，将对运营企业在能够体现该指标的方面产生较强的正向激励。但是对于那些没有写入补贴合同的其他衡量企业经营效果的关键性指标，则容易被忽视，并有可能因此损害城市轨道交通的公益性。所以只要信息不完全，该种模式下的补贴合同也是不完全的。但是通过实践，将尽可能多的有用信息写进补贴合同，最终会使城市轨道交通的补贴效率向帕累托最优的目标逐渐靠近。

2. 间接运营补贴模式

间接运营补贴相对于直接运营补贴，并非政府直接给予运营企业财政补贴，是指政府通过宏观政策，对运营的企业提供了资金外的一些政策性补助。如在价格调整方面，政府允许城市轨道交通运营企业适当地提高原有的定价水平，由此带来的

包干补贴方式在城市公共交通企业体制改革后使用，目前在很多城市存在。运用这种补贴方式，政府给予城市公共交通企业每年固定的补贴额度，几年不变，多亏不补，少亏不退缴。这种方式能够在一定程度上调动企业的积极性、增收减支，同时减轻了政府的负担。但是，政府在确定补贴额度时，往往依据历史数据，每年的补贴额度可能会与企业当年的盈亏相差甚远，缺乏公平和合理性。

基于客运周转量的财政补贴模式是按照企业运营里程和客运量的综合水平确定补贴额度。运用这种补贴方式可以促使城市公共交通企业为获得更多补贴、努力提高客运量同时注重设备更新与服务质量，发挥补贴的积极作用，是对前两种补贴方式的改进。但是，企业可能由于偏远线路客运量很小而不愿意或者消极运营，损害了公益性。

帕累托优化（Pareto improvement），也称为帕累托改善或帕累托改进，是以意大利经济学家帕累托（Vilfredo Pareto）命名的，指在没有使任何人境况变坏的前提下，使得至少一个人变得更好。一方面，帕累托最优是指没有进行帕累托改进的余地的状态；另一方面，帕累托改进是达到帕累托最优的路径和方法。帕累托最优是公平与效率的"理想王国"。

收益可以为企业的正常运营提供资金支持；在市场许可方面，政府可以据其经济职能来限制市场份额的瓜分和进入方式。若一家企业独立运营，独享经营权，市场份额不会被划分，这样就可以用地铁系统的盈利线路来补贴亏损的线路；在城市轨道交通非主营业务方面（包括地铁站内的广告业务、沿线地产经营和地铁站内商业投资和活动等），政府在适当的情形下给予一定的优惠政策，使得城市轨道交通企业获得更多盈利补贴地铁运营的亏损，进而能够保持城市轨道交通的持续盈利。香港地铁便是采用的这种补贴的方式，来保证整体的盈利。除了上述补贴方式，在我国各大城市，政府通过各种有关财税、水电费等优惠政策来对城市轨道交通运营企业进行间接补贴，已经成为一个普遍的现象。例如我国上海轨道交通企业在运营中，政府对其不仅实施了财政退税、房产税减免，还有针对城市轨道交通盈利五年内的所得税优惠。针对北京轨道交通，政府则采用了"设备更新"贴息贷款、技术改造专项财政拨款、土地使用税减免、地下建筑房产税减免等优惠措施，同时在折旧计提、成本核算等方面也给予了实际的优惠。

从政府补贴的角度来看，间接运营补贴不会直接大量地运用财政补贴，大多是采取了优惠的政策，并不会给政府带来过多的财政压力，并且根据不同城市的情况能及时地调整政策优惠，灵活性相对较高。因此，对于城市轨道交通的运营补贴，间接运营补贴模式是政府更乐于采用的补贴模式。

17.5　城市轨道交通经营管理模式分类

城市轨道交通的经营管理模式在世界各国出现了多样化的趋势。由于世界各个城市发展城市轨道交通的历史条件和经营环境不同，形成了各种各样的城市轨道交通的管理模式。按资产属性及运营企业性质划分，世界城市轨道交通的运营管理模式主要可分为以下6种。

1. 无竞争条件下的官办官营模式

无竞争条件下的官办官营模式，线路为政府所有，一家单位独家经营，或两家以上单位按行政区域划分经营范围。

伦敦、纽约、北京、广州、柏林、巴黎的地铁运营管理都是属于这种模式。这种模式的特点是城市轨道交通的运营者由政府指定，政府给予相应的补贴。

如纽约的地铁系统在纽约市运输局（Metropolitan Transportation Authority，简称MTA）的管理之下。MTA是纽约州政府的下属机构，负责管理纽约市内的公共交通系统。MTA的董事会成员基本都由纽约州政府指定，其余部分由纽约市市长或郊区各县的官员指定。自1950年以来，纽约的所有城市轨道交通系统的资金补助都来自市政府、州政府和联邦政府的拨款；运营费用占总拨款的65%，不足的部分由州和联邦政府补贴；用税收收入补贴运营所需的资金。

欧美国家多是采用无竞争条件下的官办官营的管理模式，主要是因为欧美国家的城市轨道交通系统客流密度比较低，系统少有营利的可能性；这些城市一般由非营利性的公共团体代表政府管理城市轨道交通；票价带有极大的福利性，运营收入不能抵偿运营成本，主要靠补助金支持日常开销。

2. 有竞争条件下的官办官营模式

有竞争条件下的官办官营模式，线路为政府所有，两家或两家以上的运营单位通过招标方式获得经营权。

韩国首尔采用了这种模式。首尔的城市轨道交通系统由政府出资修建，并委托国有企业运营；在同一个城市内有两家以上的城市轨道交通运输企业，它们通过招投标的方式获得新线路的建设及经营权。

首尔的城市轨道交通网络包括首尔地铁和首尔铁路系统两部分，分别由首尔地下铁公司（SMSC）、首尔快速城市轨道交通公司（SMRT）和韩国国家铁路公司（KNR）三家国有公司运营。地铁从运输税务系统得到补助金，但每年仍有亏损。燃料税是运输税务系统资金的主要来源。为弥补亏损，市政府不得不注入额外的资金发行债券。地铁系统获得不动产和注册方面是免税的，也不用公司所得税、城市建设税和营业税。

有竞争条件下的官办官营模式是一种带有计划性质的市场竞争。在此模式下，政府作为业主给企业的补助较为优厚；官办性质的企业不能过分重视盈利，所以票价带有福利性；但是由于创造了一定的竞争环境，客观上提高了企业的主观能动性。

3. 官办半民营模式

官办半民营模式，线路为政府所有，交由政府股份占主导地位的上市公司经营。

香港地铁的运营管理采用这种模式。香港铁路有限公司（简称港铁）是一家上市公司，它的第一大股东为香港特区政府。虽然是市场化运作，但是香港特区政府为港铁提供担保，从多个方面监督地铁公司的经营。因此，港铁不能算是完全民营的模式，只能算作半民营。

政府委任有关人员组成香港铁路有限公司董事局后，就让其按商业原则运作。政府主要靠法律手段规范市场主体的行为。2000 年，香港特区政府又对港铁进行股份制改造，让高层主管及员工持股，该公司 10% 的股份通过上市私有化。

4. 官办民营模式

官办民营模式，线路为政府所有，交由民间股份占主导地位的上市公司经营。

新加坡的地铁运营管理属于这种模式。新加坡快速城市轨道交通公司负责新加坡地铁的运营。公司的最大股东为一家私人企业。新加坡国土运输局拥有城市轨道交通的所有权和建设权并承担建设费用。

国土运输局（Land Transport Authority，简称 LTA）是新加坡城市轨道交通系统的建设者和所有者，同时还是运输规则的制定者。它制定规则确保系统的正常运营和养护维修等工作。LTA 通过与新加坡快速城市轨道交通公司（SMRT）签订租借合同授予 SMRT 地铁线路的经营权，并对 SMRT 的运输行为进行约束。

新加坡地铁是把建设和运营分开的一种管理模式，所有线路都在国土运输局（LTA）建设完成以后交付运营公司使用。它的主要特点有：① 地铁作为福利由政府负担建设费用；② 淡化运营公司的职能，运营公司无线路的所有权，政府不干涉运营收入也不对运营开支进行补贴；③ 运营公司完全民营，第一大股东为私人投资公司；④ 由政府指定运营水平和规则，以此保证城市轨道交通的公共福利性质。

5. 公私合营模式

公私合营模式即由多种经济成分构成的模式，线路归政府和地方公共团体所共有，同样由政府和地方公共团体共同组织人员经营。

东京的城市轨道交通系统很早就引入了多种经济成分，有政府投资、商业贷款、民间投资、交通债券等多种形式，充分开拓了融资渠道。

以日本早期帝都高速度交通营团（TRTA）为例，它的资本金由日本政府和东京都政府分摊，运营补助金 50% 以上来自地方公共团体，贷款来源于政府的公共基金、运输设备整备事业团的无息贷款、民间借入金和交通债券等。政府对帝都高速度交通营团的控制在于高层人员的任免（董事长由东京都政府任命）。帝都高速度交通营团的管理委员会是真正的实权机构，它决定收支预算、营业计划和资金计划等。管理委员会共有 5 名成员，其中 4 名由国土交通局任命，1 人由出资的地方公共团体推荐。

6. 私办私营模式

私办私营模式，线路由私人集团投资兴建，由私人集团经营，政府无权干涉私人工作。

以曼谷轻轨为例，曼谷轻轨的建设和运营由一家由私人企业控股的公司——曼谷大众交通系统公共有限公司（Bangkok mass transit system public limited，简称 BTS）负责。泰国政府通过合同形式对轻轨建设和运营及 BTS 的股本结构进行约束，如特许经营协议规定，票价范围在 10~40 泰铢之间，等等。

在这种模式下能最大程度地激发私人投资者的兴趣，但在票价、线路走向等敏感问题上，政府与私人投资者不可避免地会发生冲突，政府难以保证城市轨道交通作为公共福利事业的本质。城市轨道交通的投资回收期长，私人投资者要有在头几年亏损的情况下偿还贷款利息的心理准备。这种模式会激发私人投资者严格控制建设和运营成本。

总体而言，西方发达国家城市的城市轨道交通线路几乎都是国家政府或市政府所有，由政府机构直接运营或是交给公有性质的企业运营；而亚洲主要城市的情况就比较复杂。

17.6　不同运营管理模式的适用性

通过上述分析，我们发现，城市轨道交通的运营管理模式在世界各国呈现出多样化的格局。由于不同的管理模式是在不同的社会环境下发展起来的，在具体选择时应立足城市实际状况，设计和选择适应具体城市的管理模式，以有利于城市轨道交通的持续、健康、稳定的发展。从以上分析可知，不同模式均存在自身的优势与不足，有自己的适应范围。

① 强调地铁福利性质的城市如纽约、新加坡，政府承担了过多的责任，都存在后续投资困难的危机；在强调营利性的城市如曼谷，难以保证城市轨道交通项目本身的有序发展；而在香港、东京、首尔，城市轨道交通发展已逐渐进入良性循环，城市轨道交通的福利性和赢利性得到了较好的融合，基本上能够自给自足，以线养线，政府的角色也在逐渐淡出。

② 客流密度是影响城市轨道交通管理模式选择的重要依据。

客流密度是城市轨道交通管理模式选择的重要因素。客流密度较小的城市，其主业的盈利能力较小，一般宜采用官办官营模式；而客流密度较大的城市，主业收入较好，自我盈利能力较强，可以选择其他模式运营。一般来讲，依据客流密度选取轨道交通管理模式时可参考如下建议：

a. 当客流密度在 $0 \sim 1.5$ 万人/$(km \cdot d)$ 时，城市轨道交通系统缺乏赢利所需的必要客流，因此需要在政府的扶持下存活。这种类型的城市轨道交通系统适用采用官办官营的管理模式。

b. 当客流密度在 $(1.5 \sim 2.5)$ 万人/$(km \cdot d)$ 时，城市轨道交通系统基本具备维持运营成本所需的客流且能略有盈利，因此可考虑采用有竞争条件下的官办官营模式、公私合营、官办半民营的模式。

c. 当客流密度达到 2.5 万人/$(km \cdot d)$ 以上时，城市轨道交通系统具备维持运营成本所需的客流且有一定的盈利能力，可采用官办半民营、官办民营的模式。

d. 当城市轨道交通系统的业主（政府）独自承担建设费用，且其建设成本不从运营收入中抵扣时，在大于 1 万人/$(km \cdot d)$ 的客流密度时就可尝试官办民营的管理模式。

e. 考虑到市中心地区修建城市轨道交通的成本和物业开发的难度较高，市中心区城市轨道交通线路不宜采用私办私营的管理模式，必须有公共资本参与。私办私营的模式最好用于市郊铁路。在市郊铁路的条件下，客流密度达到 1.7 万人/$(km \cdot d)$ 以上时就可考虑采用私办私营的模式。

部分特大城市的城市轨道交通系统线路长度、客流密度和采取的管理模式情况列于表 17-2。

表 17-2　部分特大城市的轨道交通客流密度分析　　万人/$(km \cdot d)$

	伦敦	巴黎	纽约	柏林	香港	首尔	东京	曼谷	新加坡	上海
数据年份	2012年	2012年	2014年	2012年	2014年	2012年	2014年	2012年	2011年	2015年
全年人次/百万	1 229	1 541	1 766.8	507.3	1 904.6	2 559	2 496.6	80.6	794.2	3 068
线路长度/km	420	220	373	146	214.6	596.9	332.9	20	152.9	617
客流密度	0.80	1.92	1.30	0.95	2.43	1.17	2.05	1.10	1.42	1.36
模式	官办官营	官办官营	官办官营	官办官营	官办半民营	官办官营	公私合营	私办私营	官办民营	官办官营

思考题

1. 简述城市轨道交通产业特性与公共产品特性、外部性、自然垄断及政府规制的关系。

2. 政府补贴几乎成为城市轨道交通行业的共识。站在政府的立场，选择合适的补贴形式应该考虑哪些因素？

3. 查找上海地铁行业管理模式的资料，从其投资、建设和运营主体合而分、分又合的过程中，谈谈你的思考和分析。